Das
preußische Baupolizeirecht

nebst den einschlägigen Bestimmungen

des

**Ansiedelungs-, Feld- und Forstpolizei-, Waldschutz- und Deich-
gesetzes, sowie dem Fluchtlinien-, Rayongesetz**

und dem Gesetz über die

Zulässigkeit des Rechtsweges gegen polizeiliche Verfügungen.

Kommentar

unter eingehender Berücksichtigung der Entscheidungen des Reichs-
gerichts, Oberverwaltungs- und Kammergerichts

herausgegeben von

A. Born,
Kgl. Polizei-Assessor in Königsberg i. Pr.

Berlin 1902.
J. Guttentag, Verlagsbuchhandlung,
G. m. b. H.

Vorwort.

Der Mangel einer Zusammenstellung derjenigen Bestimmungen, welche allgemein für das Baupolizeirecht in Betracht kommen oder auf dasselbe von wesentlichem Einfluß sind, haben mich veranlaßt, ein dementsprechendes Werk herauszugeben, in welchem nicht bloß die allgemeinen rechtlichen Gesichtspunkte des öffentlichen Baurechts einer eingehenden Erörterung unterzogen worden sind, sondern auch die speziellen Vorschriften Aufnahme gefunden haben, sofern sie nicht durch auf bestimmte Gebietstheile beschränkte Polizeiverordnungen erlassen sind, vielmehr in der ganzen Monarchie oder wenigstens in dem weitaus größten Theile derselben Geltung haben, sowie endlich die mit dem Baupolizeirecht in engem Zusammenhange stehenden Gesetze. Alle diese Bestimmungen in einem Werke gesammelt und erörtert zu finden, sofern eine Kommentirung erforderlich ist, ist für den praktischen Gebrauch sowohl ein Bedürfniß, wie es andererseits dem mit dem Studium des materiellen Baurechts sich Befassenden eine bedeutende Erleichterung verschafft.

Der Verfasser, seit mehreren Jahren Dezernent für die baupolizeilichen Angelegenheiten, hofft daher mit dem vorliegenden Buche einem wirklichen Bedürfniß Rechnung getragen und zugleich ein bequemes Nachschlagebuch nicht bloß für die mit der Wahrnehmung der Baupolizei betrauten Beamten, sondern ebenso für die Verwaltungsgerichte, Rechtsanwälte ꝛc. um so mehr geschaffen zu haben, als vornehmlich die Rechtsprechung der obersten Gerichtshöfe — in erster Linie des Oberverwaltungsgerichts — in eingehendster Weise unter Hervorhebung ihrer Rechtsanschauungen Berücksichtigung gefunden hat.

Inhaltsverzeichniß.

Seite

I. Theil.

Einleitung 1

Erster Abschnitt.

Die allgemeinen baupolizeirechtlichen Bestimmungen.

§ 1. Der Begriff des Bauens und des Bauwerks 12
§ 2. Das Prinzip der Baufreiheit 17
§ 3. Die Baugenehmigung 20
§ 4. Die Baubedingung 55
§ 5. Zurücknahme bezw. Widerruf und Abänderung der ertheilten Baugenehmigung und Baubedingung 65
§ 6. Versagung der Baugenehmigung 76
§ 7. Anwendbarkeit und Anwendung der in den §§ 2ff. dargelegten Rechtssätze und ihre Wirkungen auf in der Ausführung begriffene oder hergestellte Bauten, die des erforderlichen Konsenses entbehren . 102
§ 8. Verhalten und Kontrolle der Polizeibehörde gegenüber den mit Genehmigung und vorschriftsmäßig hergestellten baulichen Anlagen 118
§ 9. Polizeiliche Verfügung. Gegen wen ist die Verfügung zu richten? Zwangsmittel. Rechtsmittel gegen baupolizeiliche Verfügungen 145
§ 10. Der Dispens 158
§ 11. Die strafrechtliche Ahndung der Verletzung des Baupolizeirechts . . 167
§ 12. Die Baupolizeigebühr 182

Zweiter Abschnitt.

Die speziellen baupolizeilichen Bestimmungen.

§ 13. Allgemeines Landrecht 195
§ 14. Die einschlägigen Bestimmungen der Reichsgewerbeordnung 201
§ 15. Die für Aufzüge (Fahrstühle) erlassenen Vorschriften 263
§ 16. Die baupolizeilichen Bestimmungen für Waarenhäuser 270
§ 17. Die wichtigsten, in den einzelnen Bauordnungen stets wiederkehrenden Bezeichnungen und ihre Begriffsmerkmale 275

II. Theil.

Seite

Die wichtigsten, mit dem Baupolizeirecht in engem Zusammenhange stehenden Gesetze.

§ 18. Das Ansiedelungsgesetz vom 25. August 1876 293
§ 19. Das Ansiedelungsgesetz für die Provinz Hannover vom 4. Juli 1887 316
§ 20. Das Ansiedelungsgesetz für die Provinz Schleswig-Holstein vom 13. Juni 1888 321
§ 21. Das Ansiedelungsgesetz für die Provinz Hessen-Nassau vom 11. Juni 1890 322
§ 22. Die in das Baupolizeirecht einschlägigen Bestimmungen des Feld- und Forstpolizeigesetzes vom 1. April 1880 und des Waldschutzgesetzes vom 6. Juli 1875 328
§ 23. Das Straßen- und Baufluchtliniengesetz vom 2. Juli 1875 . . . 333
§ 24. Das Deichgesetz vom 28. Januar 1848, soweit es für das Baupolizeirecht von Interesse ist 404
§ 25. Das Rayongesetz vom 21. Dezember 1871 409
§ 26. Gesetz über die Zulässigkeit des Rechtsweges in Beziehung auf polizeiliche Verfügungen vom 11. Mai 1842 423
Anhang: Bestimmungen aus dem A.L.R., B.G.B. und die Berliner Baupolizeiordnung vom 15. August 1897 426
Sachregister 452

Abkürzungen.

A.L.R. = Allgemeines Landrecht.
Bd. = Band.
B.G.B. = Bürgerliches Gesetzbuch.
E.G. = Einführungsgesetz.
Jahrg. = Jahrgang.
K.G. = Entscheidung des Kammergerichts.
Min.-Bl. d. i. Verw. = Ministerialblatt der inneren Verwaltung.
Preuß. Verwltgsbl. = Preußisches Verwaltungsblatt.
O.G. = Entscheidung des Oberverwaltungsgerichts.
O.T. = Entscheidung des vormaligen Obertribunals.
R.G. i. Civils. = Entscheidung des Reichsgerichts in Civilsachen.
R.G. i. Straff. = Entscheidung des Reichsgerichts in Straffachen.
S. = Seite.

I. Theil.

Das Baupolizeirecht.

Einleitung.

Wie jedes Recht, so ist auch das Baurecht nach zwei Seiten hin zu betrachten, nach der subjektiven und objektiven Seite. Darnach stellt sich das Baurecht in erster Richtung als die Berechtigung, die Befugniß zu bauen dar, in der anderen Richtung als der Inbegriff derjenigen Normen, welche sich mit Bauten sowohl als auch mit den Bauenden befassen. Die auf die Bauten sich beziehenden Bestimmungen zerfallen in solche, welche die entstehenden und die bestehenden Bauten zum Gegenstande haben. Unter den Bauenden sind vornehmlich der Bauherr, also für gewöhnlich der Eigenthümer eines Grundstückes, und der Bauleiter zu verstehen.

Die das objektive Baurecht darstellenden Normen gehören theils dem öffentlichen, theils dem privaten Rechte an. Die ersteren bilden, sofern sie das Gebiet betreffen, welches der Polizei zur Verwaltung überwiesen ist, den Theil des Baurechts im objektiven Sinne, welcher als Baupolizeirecht zu bezeichnen ist.

Das ursprüngliche Recht ist, wie es sich von selbst ergiebt, das subjektive Recht, als die Befugniß, bezw. der Inbegriff derselben, die eine Person für sich in begründeter Weise in Anspruch nimmt. Es findet seine Grenze und Begrenzung in dem subjektiven Rechte Anderer, die zur Feststellung führt, welcher Art die in Anspruch genommene Befugniß ist, welchen Umfang die letztere und was sie zum Gegenstande hat. Die Feststellung dieser Momente einer Berechtigung ergiebt das objektive Recht zunächst im speziellen Falle. Die Wiederkehr solcher Feststellungen bewirkt eine verallgemeinernde Feststellung, indem bestimmte Kriterien festgelegt werden, deren Vorhandensein erforderlich ist, um eine Befugniß als unter eine bestimmte Kategorie von Rechten gehörig zu bezeichnen und einzureihen. Hierdurch erhalten wir die Norm. Wenn nun eine größere Anzahl von Menschen sich zu einer Gemeinschaft vereinigen, so zeigt sich als unmittelbare Wirkung hiervon, daß sie nicht bloß im persönlichen Verkehr verschiedener Meinung sind und daher Differenzen entstehen, die einer Schlichtung bedürfen, sondern auch in der Inanspruchnahme von Befugnissen verschiedene Ansicht haben, insofern solche von anderen Mitgliedern der Gemeinschaft in irgend einer Weise beanstandet werden. Auch in diesem Falle ist eine Regelung nothwendig. Hierzu bedarf es einer Autorität, welcher die streitenden Theile sich zu unterwerfen bereit sind, und welcher außerdem die Macht und die Möglichkeit beigelegt ist bezw. innewohnt, die von ihr ausgesprochene Regelung zur Durchführung zu bringen. Aber auch aus dem Zusammenleben an sich und der dadurch nothwendig werdenden Rücksichtnahme des Einen auf den Anderen und die übrigen Gemeinschaftsmitglieder sowie der Gemeinschaft — diese als ein Ganzes im Gegensatze zu dem einzelnen Mitgliede betrachtet — auf das einzelne Mitglied werden sich bestimmte Regeln ergeben, deren Beobachtung die Voraussetzung für ein geordnetes Zusammenleben ist. Die im Einzelnen fixirten Normen nach dieser Seite des Zusammenlebens stellen sich als der Inbegriff desjenigen Rechtes im objektiven Sinne dar, welcher als öffentliches Recht bezeichnet wird. Auch hier ist die Kontrole durch eine mit den erforderlichen Macht- und Zwangsmitteln ausgestattete Autorität nothwendig, um das Zusammenleben, das Gemeinwesen, zu einem geordneten zu machen und als solches zu erhalten. So mannigfach die Rücksichtnahmen und die Interessen sind, so mannigfach sind die Gebiete, auf denen sich öffentliches Recht bildet und bethätigt. Ein derartiges, wichtiges Gebiet ist dasjenige des Polizeirechtes, welches diejenigen Aufgaben umfaßt, die die Sicherheit — in des Wortes allgemeinster Bedeutung — des Publikums und seiner einzelnen Mitglieder betreffen, und zu diesem Zwecke, insbesondere auch über den Umfang des Gebietes bestimmte Normen aufstellt. Die grundlegende Bestimmung hierüber ist der § 10 II 17 A.L.R., welcher sagt:

„Die nöthigen Anstalten zur Erhaltung der öffentlichen Ruhe, Sicherheit und Ordnung und zur Abwendung der dem Publiko oder einzelnen Mitgliedern desselben bevorstehenden Gefahr zu treffen, ist das Amt der Polizei."

Diese Bestimmung gilt für die gesammte preußische Monarchie als ein dem allgemeinen preußischen Recht angehörender Rechtssatz, wie auch in den verschiedensten Entscheidungen des Oberverwaltungsgerichts hervorgehoben worden ist (Bd. 7 S. 391, Bd. 30 S. 213 u. A. m.).

Alle späteren, auf dem Gebiete des Polizeirechts erlassenen, und die Handhabung desselben regelnden gesetzlichen Bestimmungen bewegen sich stets innerhalb der durch den vorstehend genannten § 10 gezogenen Schranken, so daß eine darüber hinausgehende Thätigkeit der Polizeibehörde als der für die Ausübung der hier in Frage kommenden Autorität bestimmten Behörde nicht mehr als ein Akt der Polizeigewalt anzusehen und darum rechtsungültig ist.

So haben insbesondere das Gesetz über die Polizeiverwaltung vom 11. März 1850 (Ges.-Samml. S. 265), die Verordnung über die Polizeiverwaltung in den neu erworbenen Landestheilen vom 20. September 1867 (Ges.-Samml. S. 1529) und das Lauenburgsche Gesetz für Lauenburg vom 7. Januar 1870 (Offizielles Wochenblatt S. 13) keine erweiternden Befugnisse der Polizeibehörde zugesprochen, d. h. mit anderen Worten keine weitergehenden Normen des Polizeirechts im objektiven Sinne geschaffen.

Das hindert andrerseits den Gesetzgeber nicht, der Polizeibehörde auf Gebieten, die außerhalb der polizeilichen Aufsicht liegen, so auf dem Gebiete der eigentlichen Wohlfahrtspflege, eine positive Mitwirkung zuzuweisen, ohne daß damit von dem die Zuständigkeit der Polizeiverwaltung angebenden Standpunkte abgewichen wird. Vergl. in dieser Beziehung das Fluchtliniengesetz vom 2. Juli 1875 (Ges.-Samml. S. 561).

Da das Baupolizeirecht ein Theil des Polizeirechts ist, so kann es ebensowenig wie dieses selbst über die für die polizeilichen Befugnisse gezogene Grenze hinausgehen, wie in dem Erkenntnisse des Oberverwaltungsgerichts vom 14. Juni 1882 (Bd. 9 S. 353), dessen Rechtsanschauung noch heute gilt, eingehend auseinander gesetzt ist.

Im Hinblick auf die Wichtigkeit und den prinzipiellen Standpunkt, der von dem Gerichtshof bezüglich des Umfanges der Polizeigewalt eingenommen wird, sollen die wichtigsten Grundsätze aus dem Erkenntnisse angeführt werden.

„Spricht schon die Vermuthung entschieden dafür, daß der Gesetzgeber absichtlich und wohl bewußt von den in den §§ 2, 3 Tit. 13 Th. II A.L.R. aufgeführten, das ganze staatliche Leben umfassenden Pflichten des Staatsoberhauptes nur den in dem § 10 II 17 hinübergenommenen Theil als Aufgabe der ihre Anforderungen mit Zwangsmaßregeln durchsetzenden Polizei hat hinstellen wollen — eine Vermuthung, welche durch die später noch zu berührenden Materialien des § 10 a. a. O. vollauf bestätigt wird —, so kann jedenfalls in den Bestimmungen aus den Jahren 1808 und 1817 nicht eine gesetzliche Anordnung gefunden werden, wodurch der Beruf der Polizei als solcher näher normirt wäre."

„Es war, als das Gesetz über die Polizeiverwaltung vom 11. März 1850 erlassen wurde, die Grenze für das polizeiliche Zwangs- und Verordnungsrecht in Beziehung auf die Beschränkung des Grundeigenthümers lediglich durch den § 10 II 17 A.L.R. gezogen. Von diesem Gesetze hat nun der Beklagte selbst anerkannt, daß hier das Verordnungsrecht nur für diejenigen Gegenstände eingeführt sei, für welche schon nach den bis dahin festgestellten und festgehaltenen Begriffen und Rechtsgrundsätzen eine polizeiliche Einwirkung und Regelung stattgefunden habe. Es bedarf demnach keines ausführlichen Nachweises, wie vom Gesetzgeber im Jahre 1850 nicht beabsichtigt ist, die Befugnisse der Polizeibehörde über den bisherigen, im § 10 a. a. O. gegebenen Rahmen hinaus zu erweitern oder gar auf das gesammte Gebiet der Wohlfahrtspflege zu erstrecken. Sonst ließe sich leicht darthun, daß im § 6 — der hauptsächlich entscheidenden Bestimmung des Gesetzes — die unter den Buchstaben a—h aufgeführten Gegenstände sich im Allgemeinen innerhalb der Schranken jenes § 10 halten, daß ferner sowohl nach der ganzen Fassung des § 6 wie nach der völlig klaren Entstehungsgeschichte die Vorschrift unter i nur zur Ausfüllung etwaiger, in dem Voraufgehenden gebliebener Lücken hat dienen sollen, und daß endlich in dem Buchstaben h ein Zusatz, welcher auch die Ordnung bei Benutzung der Felder zc. der polizeilichen Regelung unterstellen wollte, um deswillen gestrichen ist, weil eine über den „Schutz" der Felder zc. hinausgehende Anordnung bedenklich erscheine — der bündigste Beweis dafür, daß eine Ausdehnung des polizeilichen Eingreifens zum Zwecke der Wohlfahrtspflege damals entschieden abgewiesen worden ist.

Das Ergebniß dieser Erörterung faßt sich in dem Satze zusammen, daß die Polizeibehörden bei Erlaß von Polizeiverordnungen — im Allgemeinen und von speziellen Gesetzen abgesehen — an den § 10 II 17 A.L.R. und an das zu seiner Erläuterung und näheren Ausführung bestimmte Gesetz vom 11. März 1850 gebunden sind."

„Aus dem Verhältnisse zwischen der Grund legenden Bestimmung über den Begriff der Polizei im A.L.R. einerseits und dem Gesetze vom 11. März 1850 andererseits folgt aber weiter, daß Ausdrücke in dem letzteren Gesetze, welche wegen ihrer Unbestimmtheit zu Zweifeln Anlaß geben, in ihrer Bedeutung mit Rückblick auf § 10 a. a. O. festgestellt werden müssen. Das gilt namentlich von der Fürsorge gegen „gemeinschädliche und gemeingefährliche Handlungen, Unternehmungen und Ereignisse, von welchen unter lit. g des § 6 gehandelt wird."

„Nach der Ansicht des Kommissars des Ministers des Innern ist unter öffentlicher Ordnung „Alles, was die Interessen des öffentlichen Wohles, des Gemeinwohls angeht", begriffen. Dem ist indessen nicht beizutreten. Der gewöhnliche Sprachgebrauch — auch derjenige der Gesetze — steht einer solchen Deutung des Ausdrucks „öffentliche Ordnung" nicht nur nicht zur Seite, sondern sogar entgegen. Auf einer ganzen Reihe von Gebieten des öffentlichen Rechts ist längst jener Ausdruck zu einem terminus technicus in offenbar überall weit engerem Sinne geworden.

Vergl. Verordnung über die anderweite Organisation der Gendarmerie vom 30. Dezember 1820.

Einleitung des Gesetzes über den Waffengebrauch des Militärs vom 20. Mai 1837.

Verordnung über die Verhütung eines die gesetzliche Freiheit und Ordnung gefährdenden Mißbrauchs des Versammlungs- und Vereinigungsrechtes vom 11. März 1850.

Strafgesetzbuch vom 14. April 1851 Th. II Tit. 6 „Vergehen wider die öffentliche Ordnung".

Kreisordnung vom 13. Dezember 1872.

Reichs-Strafgesetzbuch Th. II Abschn. 7 „Verbrechen und Vergehen wider die öffentliche Ordnung".

„Abgesehen aber auch hiervon kann der Ausdruck „Ordnung" in jenem nahezu Alles umfassenden Sinne einmal schon deshalb nicht füglich verstanden werden, weil er im § 10 II 17 A.L.R. mit „Ruhe" und „Sicherheit" zusammengestellt ist und dann für diese beiden ein selbständiger Inhalt kaum noch übrig bliebe und weiter auch deshalb nicht, weil der § 3 der Verordnung vom 26. Dezember 1808 der „Fürsorge wegen des Gemeinwohls unserer getreuen Unterthanen in negativer Hinsicht" — wobei die Worte des § 10 II 17 A.L.R.: „die nöthigen Anstalten zur Erhaltung der öffentlichen Ruhe, Sicherheit und Ordnung zu treffen", wiedergegeben werden — dann erst als die positive Seite der Aufgabe der „Landespolizeibehörde", anknüpfend an § 3 II 13 A.L.R., die Beförderung und Erhöhung des allgemeinen Wohles gerade gegensätzlich gegenüberstellt."

„Endlich ergeben auch die Materialien des A.L.R., daß es keineswegs in der Absicht gelegen hat, im § 10 II 17 A.L.R. „Alles, was die Interessen des öffentlichen Wohles angeht", im Sinne des Kommissars des Ministers des Innern, zumal einschließlich der positiven Forderung des Gemeinwohls zu umfassen."

Das Gesetz über die Polizeiverwaltung vom 11. März 1850 zählt im § 6 auf, was zu den Gegenständen der ortspolizeilichen Vorschriften gehört, nämlich:

a) der Schutz der Personen und des Eigenthums;
b) Ordnung, Sicherheit und Leichtigkeit des Verkehrs auf öffentlichen Straßen, Wegen und Plätzen, Brücken, Ufern und Gewässern;
c) der Marktverkehr und das öffentliche Feilhalten von Nahrungsmitteln;
d) Ordnung und Gesetzlichkeit bei dem öffentlichen Zusammensein einer größeren Anzahl von Personen;
e) das öffentliche Interesse in Bezug auf die Aufnahme und Beherbergung von Fremden; die Wein-, Bier- und Kaffeewirthschaften und sonstige Einrichtungen zur Verabreichung von Speisen und Getränken;
f) Sorge für Leben und Gesundheit;
g) Fürsorge gegen Feuersgefahr bei Bau-Ausführungen, sowie

gegen gemeinschädliche und gemeingefährliche Handlungen, Unternehmungen und Ereignisse überhaupt;

h) Schutz der Felder, Wiesen, Weiden, Wälder, Baumpflanzungen, Weinberge u. s. w.;

i) alles Andere, was im besonderen Interesse der Gemeinden und ihrer Angehörigen polizeilich geordnet werden muß.

Die Verordnung über die Polizeiverwaltung in den neuerworbenen Landestheilen vom 20. September 1867 und das Lauenburgsche Gesetz vom 7. Januar 1870 stimmen, diese Gegenstände anlangend, mit dem Gesetz vom 11. März 1850 überein.

Im Anschluß hieran sei noch das Wichtigste über das Polizeiverordnungsrecht, unter besonderer Berücksichtigung des baupolizeirechtlichen Gebietes, hervorgehoben.

Das Gesetz über die allgemeine Landesverwaltung vom 30. Juli 1883 enthält in seinem sechsten Titel: „Polizeiverordnungsrecht" folgende Bestimmungen:

§ 136. Soweit die Gesetze ausdrücklich auf den Erlaß besonderer polizeilicher Vorschriften (Verordnungen, Anordnungen, Reglements 2c.) durch die Centralbehörden verweisen, sind die Minister befugt, innerhalb ihres Ressorts dergleichen Vorschriften für den ganzen Umfang der Monarchie oder für einzelne Theile derselben zu erlassen und gegen die Nichtbefolgung dieser Vorschriften Geldstrafen bis zum Betrage von einhundert Mark anzudrohen.

Die gleiche Befugniß steht zu:

1. dem Minister der öffentlichen Arbeiten in Betreff der Uebertretungen der Vorschriften der Eisenbahnpolizei-Reglements;

2. dem Minister für Handel und Gewerbe in Betreff der zur Regelung der Strom-, Schifffahrts- und Hafenpolizei zu erlassenden Vorschriften, sofern dieselben sich über das Gebiet einer einzelnen Provinz hinaus erstrecken sollen.

Zum Erlasse der im § 367 Nr. 5 des Strafgesetzbuchs für das Deutsche Reich gedachten Verordnungen sind auch die zuständigen Minister befugt.

§ 137. Der Oberpräsident ist befugt, gemäß §§ 6, 12 und 15 des Gesetzes über die Polizeiverwaltung vom 11. März 1850 (Ges.-Samml. S. 265) beziehungsweise der §§ 6, 12 und 13 der Verordnung vom 20. September 1867 (Ges.-Samml. S. 1529) und des

Lauenburgischen Gesetzes vom 7. Januar 1870 (Offizielles Wochenblatt S. 13) für mehrere Kreise, sofern dieselben verschiedenen Regierungsbezirken angehören, für mehr als einen Regierungsbezirk oder für den Umfang der ganzen Provinz gültige Polizeivorschriften zu erlassen und gegen die Nichtbefolgung derselben Geldstrafen bis zum Betrage von sechszig Mark anzudrohen.

Die gleiche Befugniß steht dem Regierungspräsidenten für mehrere Kreise oder für den Umfang des ganzen Regierungsbezirks zu.

Die Befugniß der Regierung zum Erlasse von Polizeivorschriften wird aufgehoben.

§ 138. Die Befugniß, Polizeivorschriften über Gegenstände der Strom-, Schifffahrts- und Hafenpolizei zu erlassen, steht, vorbehaltlich der Bestimmungen des § 136 Abs. 2 Nr. 2, ausschließlich dem Regierungspräsidenten und, wenn die Vorschriften sich auf mehr als einen Regierungsbezirk oder auf die ganze Provinz erstrecken sollen, dem Oberpräsidenten, soweit aber mit der Verwaltung dieser Zweige der Polizei besondere, unmittelbar von dem Minister für Handel und Gewerbe ressortirende Behörden beauftragt sind, den Letzteren zu. Die Befugniß des Regierungspräsidenten erstreckt sich auch auf den Erlaß solcher Polizeivorschriften für einzelne Kreise oder Theile derselben.

Für Zuwiderhandlungen gegen diese Verordnungen können Geldstrafen bis zu sechszig Mark angedroht werden.

Bei den Vorschriften des Gesetzes vom 9. Mai 1853, betreffend die Erleichterung des Lootsenzwanges in den Häfen und Binnengewässern der Provinzen Preußen und Pommern (Ges.-Samml. S. 216) behält es mit der Maßgabe sein Bewenden, daß an die Stelle der Bezirksregierung der Regierungspräsident tritt.

§ 139. Die gemäß §§ 137, 138 von dem Oberpräsidenten zu erlassenden Polizeivorschriften bedürfen der Zustimmung des Provinzialraths, die von dem Regierungspräsidenten zu erlassenden Polizeivorschriften der Zustimmung des Bezirksausschusses. In Fällen, welche keinen Aufschub zulassen, ist der Oberpräsident sowie der Regierungspräsident befugt, die Polizeivorschrift vor Einholung der Zustimmung des Provinzialraths bezw. des Bezirksausschusses zu erlassen. Wird diese Zustimmung nicht innerhalb drei Monaten nach dem Tage der Publikation der Polizeivorschrift ertheilt, so hat der Oberpräsident bezw. der Regierungspräsident die Vorschrift außer Kraft zu setzen.

§ 140. Polizeivorschriften der in den §§ 136, 137 und 138 bezeichneten Art sind unter der Bezeichnung „Polizeiverordnung“ und unter Bezugnahme auf die Bestimmungen des § 136 bezw. der §§ 137 oder 138, sowie in den Fällen des § 137 auf die in demselben angezogenen gesetzlichen Bestimmungen durch die Amtsblätter derjenigen Bezirke bekannt zu machen, in welchen dieselben Geltung erlangen sollen.

§ 141. Ist in einer gemäß § 140 verkündeten Polizeiverordnung der Zeitpunkt bestimmt, mit welchem dieselbe in Kraft treten soll, so ist der Anfang ihrer Wirksamkeit nach dieser Bestimmung zu beurtheilen, enthält aber die verkündete Polizeiverordnung eine solche Zeitbestimmung nicht, so beginnt die Wirksamkeit derselben mit dem achten Tage nach dem Ablaufe desjenigen Tages, an welchem das betreffende Stück des Amtsblattes, welches die Polizeiverordnung verkündet, ausgegeben worden ist.

§ 142. Der Landrath ist befugt, unter Zustimmung des Kreisausschusses nach Maßgabe der Vorschriften des Gesetzes über die Polizeiverwaltung vom 11. März 1850 beziehungsweise der Verordnung vom 20. September 1867 und des Lauenburgischen Gesetzes vom 7. Januar 1870 für mehrere Ortspolizeibezirke oder für den ganzen Umfang des Kreises gültige Polizeivorschriften zu erlassen und gegen die Nichtbefolgung derselben Geldstrafen bis zum Betrage von dreißig Mark anzudrohen.

§ 143. Ortspolizeiliche Vorschriften (§§ 5 ff. des Gesetzes vom 11. März 1850 beziehungsweise der Verordnung vom 20. September 1867 und des Lauenburgischen Gesetzes vom 7. Januar 1870), soweit sie nicht zum Gebiete der Sicherheitspolizei gehören, bedürfen in Städten der Zustimmung des Gemeindevorstandes. Versagt der Gemeindevorstand die Zustimmung, so kann dieselbe auf Antrag der Behörde durch Beschluß des Bezirksausschusses ergänzt werden.

In Fällen, welche keinen Aufschub zulassen, ist die Ortspolizeibehörde befugt, die Polizeivorschrift vor Einholung der Zustimmung des Gemeindevorstandes zu erlassen. Wird diese Zustimmung nicht innerhalb vier Wochen nach dem Tage der Publikation der Polizeivorschrift ertheilt, so hat die Behörde die Vorschrift außer Kraft zu setzen.

§ 144. In Stadtkreisen ist die Ortspolizeibehörde befugt, gegen die Nichtbefolgung der von ihr erlassenen polizeilichen Vorschriften Geldstrafen bis zum Betrage von dreißig Mark anzudrohen. Im Uebrigen steht die Ertheilung der Genehmigung zum Erlasse ortspolizeilicher Vorschriften mit einer Strafandrohung bis zum Betrage von dreißig Mark gemäß § 5 der im § 137 angezogenen Gesetze dem Regierungspräsidenten zu.

Ingleichen hat der Regierungspräsident über die Art der Verkündigung orts- und kreispolizeilicher Vorschriften, sowie über die Form, von deren Beobachtung die Gültigkeit derselben abhängt, zu bestimmen.

§ 145. Die Befugniß, orts- oder kreispolizeiliche Vorschriften außer Kraft zu setzen, steht dem Regierungspräsidenten zu. Mit Ausnahme von Fällen, welche keinen Aufschub zulassen, darf diese Befugniß nur unter Zustimmung des Bezirksausschusses ausgeübt werden.

Bei der Befugniß des Ministers des Innern, jede (orts-, kreis-, bezirks- oder provinzial-)polizeiliche Vorschrift, soweit Gesetze nicht entgegenstehen, außer Kraft zu setzen (§ 16 des Gesetzes vom 11. März 1850, § 14 der Verordnung vom 20. September 1867 beziehungsweise des Lauenburgischen Gesetzes vom 7. Januar 1870), behält es mit der Maßgabe sein Bewenden, daß diese Befugniß hinsichtlich der Strom-, Schifffahrts- und Hafenpolizeivorschriften (§ 138) auf den Minister für Handel und Gewerbe übergeht.

Entscheidungen des Oberverwaltungsrechts, das Polizeiverordnungsrecht auf dem Gebiete der Baupolizeiverwaltung betreffend:

Zu den Formen, von deren Beobachtung die Gültigkeit der von den Bezirksregierungen auf Grund des Polizeiverwaltungsgesetzes vom 11. März 1850 erlassenen Polizeiverordnungen abhängt. Insbesondere die Bezeichnung Baupolizeiordnung statt Baupolizeiverordnung oder Polizeireglement.

Aus den Gründen: Die gesetzliche Form, welche gewahrt sein muß, wenn den von den Bezirksregierungen auf Grund des § 11 des Gesetzes vom 11. März 1850 erlassenen Polizeivorschriften Rechtsgültigkeit zuerkannt werden soll, ist in dem Ministerial-Erlasse vom 6. Juni 1850 (Min.-Bl. f. d. i. Verw. S. 176) enthalten, worin es heißt, daß der Erlaß ausdrücklich auf den § 11 des genannten Gesetzes Bezug nehmen und als polizeiliche Vorschrift, Polizeiverordnung oder Polizeireglement bezeichnet sein muß. Das Wort „ausdrücklich" in der Verfügung des Ministers betrifft nicht bloß die vorgeschriebene Bezugnahme auf § 11 des Gesetzes vom 11. März 1850, sondern bezieht sich auch auf die kopulativ angeschlossene Vorschrift, nach welcher der polizeiliche Erlaß als polizeiliche Vorschrift, Polizeiverordnung oder Polizei-Reglement bezeichnet sein muß. Auch dies ist ohne Weiteres klar, daß sich buchstäblich die Bezeichnung „Baupolizeiordnung“ mit keiner jener Bezeichnungen deckt, welche in der Cirkularverfügung des Ministers zur Auswahl gestellt worden sind. Endlich spricht für die Auffassung, daß diese Bezeichnung nicht statthaft sei, unbedenklich die Erwägung, daß jede Formvorschrift strikt auszulegen ist, und daß sie nicht in demselben Maße einer sinngemäßen Anwendung unterliegt, wie dies bei Vorschriften materiellrechtlicher Natur der Fall sein muß.

Gleichwohl bietet gerade diese letztere Erwägung denjenigen Gesichtspunkt, von welchem aus es möglich ist und geboten, einer zu formellen Auffassung des Ministerial-Erlasses entgegenzutreten und sie auf ihr rechtliches Maß zurückzuführen. —

Die Entscheidung führt dann aus, daß darnach der Ausdruck „Baupolizeiordnung“ zulässig ist und dadurch die Polizeiverordnung nicht ungültig wird.

O.G. vom 24. Oktober 1894, Bd. 27, S. 414. —

Bezeichnung einer Baupolizeiordnung als „Polizeiverordnung“.

Aus den Gründen: Die Regierung hat zur Ausführung des § 78 in Verbindung mit § 62 der Kreisordnung vom 13. Dezember 1872 und unter Bezugnahme auf §§ 5 ff. des Gesetzes vom 11. März 1850 über die Polizeiverwaltung eine Bekanntmachung erlassen, wonach polizeiliche Erlasse der Ortspolizeibehörden, nach denen eine Strafe auf das Zuwiderhandeln oder Unterlassen gesetzt ist, wenn sie rechtsverbindlich sein sollen, im Texte sich als „Polizeiverordnungen“ ausdrücklich ankündigen müssen. Eine unter der Herrschaft dieser Regierungsbekanntmachung erlassene Baupolizeiordnung, die im Texte nirgends als „Polizeiverordnung“ bezeichnet ist, ist daher ungültig. Da die Bekanntmachung der Regierung die Rechtsverbindlichkeit solcher Vorschriften ausdrücklich davon abhängig macht, daß gerade die eine Bezeichnung „Polizeiverordnung“ im Texte vorkommt, so können die Grundsätze, welche das im 27. Bande der Entscheidungen des Oberverwaltungsgerichts S. 414 abgedruckte Erkenntniß vom 24. Oktober 1894 entwickelt, hier keine Anwendung finden.

O.G. vom 14. April 1897, Bd. 31 S. 355. —

Siehe ferner die O.G. vom 18. März 1886 und 18. Januar 1886, Bd. 13 S. 389 und 397, unten § 4 citirt.

Für die formelle Gültigkeit einer polizeilichen Vorschrift, welche von einer Bezirksregierung auf Grund des § 11 des Gesetzes über die Polizeiverwaltung vom 11. März 1850 erlassen wird, ist die Cirkularverfügung des Ministers des Innern vom 6. Juni 1850, betreffend die Erfordernisse zur Gültigkeit der von den Bezirksregierungen erlassenen polizeilichen Vorschriften (Min.-Bl. d. i. Verw. S. 176) maßgebend, indem der Minister von der ihm im § 11 a. a. O. ertheilten Ermächtigung Gebrauch gemacht hat. Diese Cirkularverfügung ist daher als eine mit Gesetzeskraft bestehende anzusehn. — Gerade darin, daß eben derjenige Paragraph in Bezug genommen wird, welcher die im gegebenen Falle verordnende Behörde zum Erlasse der Vorschriften ermächtigt, liegt erst der Schwerpunkt jener ministeriellen Anordnung.

Vergl. Entscheidungen des O.T. Bd. 67 S. 203, Bd. 68 S. 52 — auch Oppenhoff, Rechtsprechung Bd. 13 S. 593.

O.G. vom 19. September 1881, Bd. 8 S. 311.

Rechtsungültigkeit einer baupolizeilichen Vorschrift wegen Widerspruchs mit der Verordnung einer höheren Instanz. Ergänzung solcher Verordnung durch die einer nachgeordneten Behörde im Gegensatz zur Abänderung.

Ungültigkeit einer polizeilichen Vorschrift wegen Unbestimmtheit?

Aus den Gründen: Die Thatsache, daß eine Polizeiverordnung von zuständiger Stelle aus aufgehoben ist, macht eine auf die Polizeiverordnung gegründete polizeiliche Verfügung nicht ohne Weiteres ungültig; die Polizeiverordnung kann aber nun der Verfügung nicht mehr zur Stütze dienen.

Nach den in der Rechtsprechung des Oberverwaltungsgerichts unverändert festgehaltenen Grundsätzen kann über Klagen wegen Verweigerung der Bauerlaubniß nur in Gemäßheit des öffentlichen Baurechts, wie es zur Zeit des Urtheils besteht, entschieden werden. Es müssen daher Beschränkungen der Baufreiheit, die erst nach Einleitung des Streitverfahrens in Wirksamkeit getreten sind, ebenso zu Ungunsten des Bauunternehmers berücksichtigt werden, wie umgekehrt Milderungen in diesen Beschränkungen dem Unternehmer zu Gute kommen (vergl. O.G Bd. 5 S. 378—380; Bd. 6 S. 258—259; Bd. 8 S. 291; Bd. 10 S. 269). Es sind das Sachen, die aus der rechtlichen Bedeutung der Bauerlaubniß nothwendig folgen.

Es ist eine durch nichts begründete Ansicht, wenn geglaubt wird, gegenüber einer nach früherem Rechte gültig erlassenen polizeilichen Verfügung sei der Betheiligte darauf beschränkt, den Erlaß einer neuen Verfügung zu erwirken; es ist nicht abzusehen, wie dem Betheiligten das Recht abgesprochen werden könnte, in dem bereits eingeleiteten Streitverfahren eine Entscheidung darüber zu verlangen, ob die angegriffene Verfügung dem geltenden Rechte entspricht oder nicht.

An sich liegt in dem Eigenthum auch die Befugniß des Eigenthümers, auf seinem Grundstücke Gebäude nach seinem Gutdünken zu errichten; grundsätzlich ist diese Baufreiheit im § 65 I 8 A.L.R. anerkannt. Beschränkt wird die Baufreiheit indes durch die unmittelbar folgende Bestimmung des § 66. Hierauf ruht das, später auch im § 6 f und g des Gesetzes über die Polizeiverwaltung vom 11. März 1850 anerkannte und näher umschriebene Recht der Polizeibehörde, allgemein geltende Einschränkungen des Eigenthümers bei dem Bau vermittelst Polizeiverordnung einzuführen. Jede Baupolizeiordnung enthält daher begrifflich eine mehr oder weniger einschneidende Beschränkung der Baufreiheit.

Sofern die Polizeibehörde dazu übergehen sollte, ihre Verfügung nicht mehr auf polizeiliche Gesichtspunkte zu gründen, würde einer dagegen gerichteten Klage Statt zu geben und die Aufhebung der Verfügung auszusprechen sein.

Die Forderung, daß jede Vorschrift einer Polizeiverordnung „einen objektiv fest bestimmten, abstrakten Thatbestand" im Gegensatz zu einer nur relativ bestimmten Norm eine absolut bestimmte Norm aufstellen müsse, ist in dem bestehenden Rechte nicht begründet; in den Baupolizeiordnungen finden sich denn auch sehr häufig solche, nur relativ bestimmte Anordnungen; sie werden auch nicht immer zu vermeiden sein. Ob die Bestrafung ihrer Uebertretung für den Strafrichter mit Schwierigkeiten verknüpft ist, muß für die Frage nach ihrer Rechtsgültigkeit jedenfalls außer Betracht bleiben.

O.G. vom 31. Januar 1893, Bd. 24 S. 351. —

Erster Abschnitt.

Die allgemeinen baupolizeirechtlichen Bestimmungen.

§ 1.

1. Der Begriff des Bauwerkes. 2. Was ist unter „bauen“ zu verstehen?

Der Begriff des Bauwerkes und damit zusammenhängend des Bauens ist wiederholt vom Reichsgericht erörtert worden, so daß es wohl keiner weiteren Darlegung bedarf, vielmehr es genügt, die einzelnen Entscheidungen dieses höchsten Gerichtshofes zu citieren.

Anläßlich der Feststellung, ob ein Brunnen, insbesondere ein artesischer Brunnen, als ein Bau im Sinne des preußischen Landrechtes — §§ 966 ff. A.L.R. I 11 — anzusehen ist, giebt das Reichsgericht folgende Entscheidung vom 25. Mai 1892 — Entscheidungen 1. Civils. Bd. 30 S. 153 — ab: „Dem Berufungsrichter muß darin beigetreten werden, daß ein sogenannter artesischer Brunnen nicht als ein Bau im Sinne der §§ 966 ff. A.L.R. I 11 anzusehen ist. Der herrschende Sprachgebrauch führt darauf, unter einem „Bau“ eine unbewegliche, durch Verwendung von Arbeit und Material in Verbindung mit dem Erdboden hergestellte Sache zu verstehen. Zwar wird auch vom Bau beweglicher Sachen — z. B. von Maschinen — gesprochen, und andrerseits wird der Ausdruck auch von der bloßen Bearbeitung und Zubereitung des Erdbodens zu Nutzungszwecken gebraucht („Wiesenbau, Gartenbau“). Indessen hat der Ausdruck bei diesem ausgedehnteren Gebrauch die Bedeutung der Handlung des Bauens; die fertige Sache (die Maschine, die Wiese oder der Garten) pflegt als ein „Bau“ nicht bezeichnet zu werden. Diesem gewöhnlichen Sprachgebrauch gegenüber scheint der Sprachgebrauch des A.L.R. eher enger, als weiter zu sein. In den §§ 65—67, 71, 72 A.L.R. I 8 wird der Ausdruck „Bau" gleichbedeutend und abwechselnd mit „Gebäude" gebraucht, ebenso in den §§ 327—333 I 9, im Marginale dazu und in den §§ 340—342 daselbst. Im § 96 I 8 ist allerdings von „Wasserleitungen und anderen Wasserbauten" die Rede; Schleusen, Wehre, Dämme und Brücken, ingleichen auch Wege, Chausseen und andere Straßen werden jedoch nach dem konstanten Ausdrucke des Landrechts nicht „gebaut", sondern „angelegt" (§ 109 I 8, §§ 16—18, 114 II 15). Ist es danach schon nicht unbedenklich, Anlagen solcher Art unter die Bauten im Sinne der §§ 966 ff. A.L.R. I 11 zu rechnen, so können keinenfalls Gräben und Brunnen dazu gezählt werden, die der Hauptsache nach in einer bloßen Veränderung der Erdoberfläche mittels Grabens bestehen. Das Landrecht hat diese Anlagen nirgends als einen Bau bezeichnet und spricht ebensowenig von einem „Bauen" derselben, sondern vom „Ziehen" oder „Anlegen" eines Grabens (§§ 106—108, 113, 117 I 8)." —

Zum Begriff eines „Bauwerkes" gehört es nicht, daß dasselbe mit dem Erdboden fest verbunden oder für die Dauer errichtet ist, es genügt vielmehr, wenn dasselbe unbeweglich, d. h. zur Fortbewegung in seiner Gesammtheit nicht geeignet ist, mag es nun seiner Bestimmung nach einem dauernden oder vorübergehenden Zwecke dienen, z. B. zu einer Ausstellung. Auch ein hölzernes, auf dem Boden lose aufgesetztes, aber seiner Schwere wegen nicht zu bewegendes Haus ist als ein „Bauwerk" zu betrachten (in casu ist ein zum Schutz einer Lokomobile dienender, auf mehreren nicht in die Erde versenkten Schwellstücken ruhender Schuppen dann, wenn das Erforderniß der Unbeweglichkeit bei diesem Schuppen zutrifft, als ein „Bauwerk" anzusehen, dessen Errichtung ohne vorgängige Erlaubniß der Ortspolizeibehörde strafbar ist). Kg. vom 9. Juni 1890, siehe Preuß. Verwltgsbl., Jahrg. 12 S. 547. —

Der allgemeine Ausdruck „bauliche Anlagen" umfaßt sowohl Hochbauten, wie Tiefbauten. Kg. vom 15. Januar 1891, Entschdgen. 1. Straff. Bd. XI S. 260 ff., s. Preuß. Verwltgsbl., Jahrg. 13 S. 615.

Das Dresdener Oberlandesgericht findet das wesentliche Begriffsmerkmal eines Baues in der Immobilieneigenschaft desselben. Um diese Eigenschaft zu erlangen, so führt der Gerichtshof aus, muß das als Erzeugniß sich darstellende Gebäude mit dem Grund und Boden dergestalt in mechanische Verbindung gebracht werden, daß es als Ganzes und ohne Auflösung in seine einzelnen beweglichen Bestandtheile nicht von der Grundfläche getrennt werden kann. Nur ein solches Gebäude wird Bestandtheil des Grund und Bodens, dessen Unbeweglichkeit sich auf dasselbe überträgt. Unter den Begriff eines Baues können daher nicht gestellt werden solche Vorrichtungen, welche zwar auf dem Grund und Boden ruhen, jedoch von demselben als Ganzes ohne Zerlegung in die einzelnen Bestandtheile jederzeit wieder entfernt werden können. Siehe Preuß. Verwltgsbl. Jahrg. 15 S. 204. — Ueber den Begriff des Bauens und des Bauwerkes im Sinne der einschlägigen Bestimmungen des St.G.B. siehe unten § 11.

Die erschöpfende Definition hat wohl das Reichsgericht in der oben angeführten Entscheidung vom 25. Mai 1892 gegeben, wonach unter Bauen die auf die Herstellung einer unbeweglichen, durch Verwendung von Material in Verbindung mit dem Erdboden zu bringenden Sache gerichtete Thätigkeit zu verstehen ist. Diese Begriffsfeststellung ergiebt sich schon aus den Voraussetzungen, wie sie vorhanden sein müssen, um den gewöhnlichsten und daher unseren Gedanken am nächsten liegenden Bau, den Hausbau, vornehmen zu können. In erster Linie muß eine Sache schon vorhanden sein, nämlich der Grund und Boden, sodann zweitens Material zur Verfügung stehen, um mit diesem drittens die auf die Herstellung einer neuen unbeweglichen, mit dem Grund und Boden in Verbindung zu bringenden Sache gerichtete Thätigkeit vorzunehmen. Die durch diese Thätigkeit erzeugte Sache ist als Bauwerk zu bezeichnen. Stellt sich ein solches Bauwerk als eine durch Umfassungsmauern und Dach abgeschlossene Anlage dar, welche zum Aufenthalt, sei es von Personen oder Sachen, dienen soll, so bezeichnen wir sie als Gebäude.

Das Oberverwaltungsgericht führt in seiner Entscheidung vom 14. Juni 1881 — Bd. 7 S. 321 — über den Begriff der Bebauung bezw. der Errichtung von Neubauten im Sinne des Fluchtliniengesetzes vom 2. Juli 1875 Folgendes aus: Für die Frage, ob in und mittels der Benutzung des Straßenterrains mit einem Bau eine „Bebauung“ — die Errichtung eines „Neubaues“ — stattfindet, ist es weiter ohne jeden Einfluß, welches Material dabei verwendet, ob in Sonderheit das Werk nur aus Holz oder Eisen oder aus Mauerwerk hergestellt wird. Die §§ 1 und 11 a. a. O. bedienen sich endlich nicht etwa des Ausdrucks „Gebäude", weshalb es dahingestellt bleiben kann, ob z. B. Zäune ganz allgemein oder etwa nur unter gewissen, im Einzelfalle besonders festzustellenden Umständen als „Gebäude" angesehen werden dürfen. Das Gesetz wendet sich vielmehr gegen das „Bebauen", gegen die Errichtung von „Neubauten", mithin gegen die Thätigkeit des „Bauens" überhaupt. „Gebaut" aber werden nach dem Sprachgebrauche des gewöhnlichen Lebens und des Gesetzes nicht allein Häuser und was dem zunächst gleichsteht, nicht nur umschlossene und bedachte Räume, sondern auch offene Schuppen, Thürme, Denkmäler, Thore, Portale und in Sonderheit auch Mauern und Zäune. Eben diesem Sprachgebrauche folgend, bestimmt deshalb der § 162 A.L.R. I 8, es habe der Besitzer den Zaun rechter Hand des Einganges zu „bauen" und zu unterhalten; von denselben Anschauungen aus wird endlich eine größere Anzahl von örtlichen Baupolizeiordnungen die Errichtung von Zäunen der Genehmigung der Baupolizeibehörde oder doch deren Kontrole unterworfen. —

Siehe auch unten die im § 11 angeführten reichsgerichtlichen Entscheidungen. Gebäude bezeichnet ein unbewegliches (durch Menschenhand hergestelltes) Bauwerk, welches einen Theil der Erdoberfläche einnimmt und eine weitergehende Zweckbestimmung erkennen läßt, als die der Umfriedung des Raumes, ein nach seiner äußeren Erscheinung und inneren Einrichtung als ein einheitliches Ganze sich darstellendes Bauwerk.

Ein in den rohen Mauern dastehender Neubau ist ein Gebäude.

Oppenhoff, Kommentar zum Strafgesetzbuch, Note 13 zu § 243 Nr. 2 des St.G.B.

Olshausen — Kommentar zum Strafgesetzbuch, 6. Auflage, S. 892 — schreibt: „Der Begriff des „Gebäudes" unterscheidet sich außer durch das Requisit der Unbeweglichkeit von demjenigen des „umschlossenen Raumes" in Folgendem:

a) Zunächst ist nicht nothwendig, daß das „Gebäude" eine solche Baulichkeit sei, wodurch ein Theil der Erdoberfläche bedeckt wird; es braucht mit dem Erdboden nicht unbedingt mittels Verdeckung einer Fläche in Verbindung zu stehen (so z. B. eine gewisse Art von Windmühlen); s. R.G. vom 28. November 1882 Bd. 7 S. 262;

b) Während der umschlossene Raum einen anderen Zweck als die Abhaltung Unbefugter nicht erfordert, freilich, ohne nothwendig andere Zwecke auszuschließen, so ist die Zweckbestimmung eines „Gebäudes“ gleichzeitig eine positive: der Schutz von Menschen, Thieren oder Sachen. Die Erfüllung dieses Zweckes bedingt, daß das Bauwerk mit einer Bedachung und mit Wänden versehen sei. Ob ein „Neubau“ als ein Gebäude zu erachten sei, wird hiernach davon „abhängen“, ob er schon mit einem Dach versehen ist oder nicht.

Wenn ein Bauwerk sich als ein selbständiges, von Menschenhand auf dem Erdboden errichtetes, für eine gewisse Dauer bestimmtes Ganzes darstellt (R.G. in Strafsachen Bd. 15 S. 263), so ist im Uebrigen in der Praxis mit Recht als Bauwerk angesehen: ein Hofthor, als ein „von Menschenhand errichtetes, mit dem Grundstück zusammenhängendes, für einen dauernden Zweck bestimmtes Werk, R.G. vom 30. Juni 1880 Bd. 2 S. 140; eine in festem Steinbau, bezw. Steinen und Lehm aufgeführte Grenz- oder Umwehrungsmauer (ohne Rücksicht auf den Vermögenswerth oder die Vollendung), R.G. Bd. 6 S. 477, Entscheidung des Obertribunals vom 31. Oktober 1876; die künstlichen, einen Fischzuchtteich herstellenden Anlagen, R.G. Bd. 15 S. 263. Olshausen a. a. O. S. 1178.

Oppenhoff sagt in Note 8 zu § 305 in seinem Kommentar zum Strafgesetzbuche: Als „Bauwerk“ ist nur eine unbewegliche Sache anzusehen: eine bewegliche Hirtenbude (Schäferkarre) fällt nicht unter diesen Begriff, wohl aber ein Mühlenwehr, O.T.-Entscheidung vom 21. Dezember 1855.

v. Liszt, Lehrbuch des Deutschen Strafrechts, 11. Auflage, nennt S. 418 „Gebäude“ den durch Wände und Dach umgrenzten, mit der Erdoberfläche fest (unbeweglich), wenn auch nur durch die eigene Schwere verbundenen Raum, der Menschen den Eintritt gestattet; also auch Hütten, Ställe, Zelte, Marktbuden von gewisser Schwere, nicht aber Schäferkarren, Schiffe, Künstlerwagen, Schlitten, Luftballons. Dem Gebäude ist gleichgestellt der „umschlossene Raum“, d. h. ein Theil der Erdoberfläche, welcher durch gewisse, wenn auch nicht bedeutende Hindernisse gegen das Eindringen Unberufener geschützt ist; also auch der Wildpark, der Ziehbrunnen, der Bergwerksschacht.

Oppenhoff, 14. Aufl., a. a. O. S. 853 u. 854 Nr. 1 zu § 330 St.G.B.: „Vorausgesetzt wird ein „Bau“, d. h. die Errichtung eines

Bauwerkes (§ 305 N. 8). Der Ausdruck ist daher nicht auf den sogenannten Hochbau einzuschränken, er umfaßt vielmehr auch die einen solchen vorbereitenden Erdarbeiten, sowie überhaupt den Wasser-, Brücken-, Straßen- und Grubenbau. Es gehört ferner hierher die Errichtung der Schutzmaßregeln für das Publikum sowie der Absteifungen, endlich die Aufstellung des Baugerüstes."

Olshausen (VI. umgearb. Aufl.) a. a. O. S. 1236 unter Nr. 2: „Unter einem „Bau" im Sinne des § 330 St.G.B. ist — dem Zwecke der Gesetzesvorschrift entsprechend — jede in das Gebiet der Bauthätigkeit, der Ausübung des Bauhandwerkes fallende Thätigkeit zu verstehen, für deren Vornahme allgemein anerkannte Regeln der Baukunst von solcher Bedeutung, daß ein Zuwiderhandeln gegen sie mit Gefahr für Andere verbunden ist, bestehen. So R.G. vom 23. Januar 1897."

Zu vergl. auch O.G. Bd. 7 S. 321 und 327, Bd. 12 S. 366, Bd. 25 S. 379, Preuß. Verwltgsbl., Jahrg. 6 S. 6, Jahrg. 11 S. 586, Jahrg. 16 S. 149.

§ 2.

Das Prinzip der Baufreiheit.

Der Ausgangspunkt, der Stamm, an dem sich das objektive Baupolizeirecht emporrankt, ist das subjektive Baurecht, die Berechtigung zu bauen, welches sich als eine Wirkung des Eigenthums darstellt. Letzteres ist das Recht der ausschließlichen Herrschaft über eine Sache, so daß dem Eigenthümer es frei steht, mit der in seinem Eigenthum stehenden Sache nach Belieben zu schalten und zu walten und jede Einwirkung eines Dritten auf seine Sache auszuschließen. Zum Eigenthum am Grund und Boden gehört sowohl der Raum über dem Grundstücke als auch Alles, was sich unter der Oberfläche — nicht bloß diese selbst — befindet, wie das römische Recht sagt: Caelum quod supra id solum intercedit, liberum esse debet, und: in opere novo tam soli quam caeli mensura facienda est. Vergl. Randa, Besitz 3. Aufl. S. 23ff.: „Das Eigenthum ist die begrifflich unbeschränkte rechtliche Herrschaft über die Sache .... ein absolutes Recht in dem eminenten Sinne, daß es begrifflich jeder Beziehung auf fremdes Recht entbehrt. Der Begriff desselben wird durch eine Beschränkung durch das Recht eines Anderen nicht aufgehoben, da immer die Möglichkeit offen steht, daß mit dem Aufhören des beschränkenden Rechts das Eigenthumsrecht seinen ursprünglichen Umfang wieder gewinnt." Siehe auch Arndts Lehrbuch der Pandekten, 11. Aufl. S. 217ff.

Die **Ausübung** des Eigenthums ist indessen vielfach beschränkt, namentlich auch im Hinblick auf die Zugehörigkeit zu einer Gemeinschaft in Folge der Verpflichtung zur Rücksichtnahme auf dieselbe und ihre einzelnen Mitglieder, welche die schrankenlose Ausübung nicht zuläßt. Das römische Recht nennt solche auf Rechtsvorschriften beruhenden Beschränkungen „Legalservituten", die aber an dem Eigenthumsrecht selbst nichts ändern, ebenso wenig wie „der Begriff der persönlichen Freiheit dadurch aufgehoben wird, daß man die den Rechten anderer Personen entsprechenden Pflichten erfüllen und sich den allgemeinen Rechtsvorschriften unterordnen muß" (Arndts Pandekten S. 218). Solche Legalservituten finden wir im Nachbarrecht als dem Inbegriff der im Interesse der Grundnachbarn erlassenen Rechtsvorschriften; andrerseits hat das öffentliche Interesse und dessen Berücksichtigung zu Einschränkungen in der Ausübung des Eigenthums geführt, die denselben rechtlichen Charakter der gesetzlichen Dienstbarkeiten (Legalservituten) tragen. Als solche Einschränkungen sind u. A. die baupolizeilichen Bestimmungen anzusehen.

Auf demselben Standpunkte steht das B.G.B.

§ 903 daselbst sagt: „Der Eigenthümer einer Sache kann, soweit nicht das Gesetz oder Rechte Dritter entgegenstehen, mit der Sache nach Belieben verfahren und Andere von jeder Einwirkung ausschließen."

§ 904: „Der Eigenthümer einer Sache ist nicht berechtigt, die Einwirkung eines Anderen auf die Sache zu verbieten, wenn die Einwirkung zur Abwendung einer gegenwärtigen Gefahr nothwendig und der drohende Schaden gegenüber dem aus der Einwirkung dem Eigenthümer entstehenden Schaden unverhältnißmäßig groß ist. Der Eigenthümer kann Ersatz des ihm entstehenden Schadens verlangen."

§ 905: „Das Recht des Eigenthümers eines Grundstücks erstreckt sich auf den Raum über der Oberfläche und auf den Erdkörper unter der Oberfläche. Der Eigenthümer kann jedoch Einwirkungen nicht verbieten, die in solcher Höhe oder Tiefe vorgenommen werden, daß er an der Ausschließung kein Interesse hat."

Gemäß Art. 2 des E.G. zum B.G.B. ist Gesetz im Sinne des B.G.B. und dieses Gesetzes (des E.G. nämlich) jede Rechtsnorm, also auch Gewohnheitsrecht, ebenso wie Polizeiverordnung.

Eigenthumsbeschränkungen, d. h. Beschränkungen in der Ausübung des Eigenthums, soweit sie dem öffentlichen Recht angehören, im öffentlichen Interesse vorgesehen sind, haben ihren Grund u. A. m. in der Bau-, Gesundheits-, Feuerpolizei.

Der in zahlreichen Entscheidungen des Gerichtshofes ausgesprochene Grundsatz, nach welchem jedem Eigenthümer die öffentlichrechtliche Pflicht obliegt, sein Grundstück in einem solchen Zustand zu erhalten, daß polizeilich zu schützende öffentliche Interessen nicht gefährdet werden, beruht keineswegs auf speziellen Normen des A.L.R., sondern auf dem Begriffe des Eigenthums selbst und den allgemeinen Pflichten des Eigenthümers, ohne welche eine geordnete menschliche Gemeinschaft überhaupt nicht bestehen kann. O.G. vom 28. Oktober 1896, Bd. 30 S. 213.

Da nach Art. 111 des E.G. zum B.G.B. die landesgesetzlichen Vorschriften unberührt bleiben, welche im öffentlichen Interesse das Eigenthum in Ansehung thatsächlicher Verfügung beschränken, so bleiben die landesgesetzlichen Vorschriften in Kraft, welche die Ausübung des im Eigenthum liegenden Rechts beschränken. Darunter fallen die dem öffentlichen Rechte angehörigen Beschränkungen der an sich zu Recht bestehenden Baufreiheit, wie sie in den §§ 35ff. I 8 A.L.R. festgelegt sind.

Den Ausgangspunkt bildet der im § 65 I 8 A.L.R. aufgestellte Grundsatz der Baufreiheit: „In der Regel ist jeder Eigenthümer seinen Grund und Boden mit Gebäuden zu besetzen oder seine Gebäude zu verändern wohl befugt."

Dieser Grundsatz ist das Fundament, auf dem sich das objektive Baupolizeirecht aufbaut, das in allen seinen Vorschriften stets von dem Prinzip der subjektiven Baufreiheit ausgeht, und sich dementsprechend gestaltet. Dieser dem A.L.R. angehörende Grundsatz steht in Uebereinstimmung mit den Rechtsanschauungen über den Begriff des Eigenthums, sowohl wie ihn das römische Recht, als auch wie ihn das Bürgerliche Gesetzbuch kennt. Die Baufreiheit ist ein Ausfluß des Eigenthumsrechts, als der ausschließlichen Herrschaft über eine Sache, in diesem Falle des Grund und Bodens. -Die Verneinung der Baufreiheit als grundsätzliche Befugniß, seinen Grund und Boden zu bebauen, d. h. Gebäude zu errichten und bestehende Gebäude zu verändern oder zu beseitigen, würde eine Verkennung der rechtlichen Natur des Eigenthums sein, über welche das römische und das deutsche Recht die gleichen Anschauungen vertreten.

Ebenso wie das Eigenthum so findet auch die ihm entspringende Baufreiheit ihre Grenzen an den gesetzlichen Vorschriften, die im Interesse der benachbarten Grundstücke bezw. ihrer Eigenthümer oder des gesammten Gemeinwesens oder eines Theiles desselben erlassen sind. Soweit das Interesse ein öffentliches ist, gehören die zu seiner Wahrung erlassenen Vorschriften dem öffentlichen Rechte an. Hierunter gruppirt sich das Baupolizeirecht im objektiven Sinne. Seine Vorschriften sind bei Ausübung der Baufreiheit zu beobachten. Das Interesse der Gesammtheit, sie beobachtet zu wissen, führt einerseits zur Ausübung der Kontrole, die, ein Recht der Staatshoheit, von der mit der Wahrnehmung der daraus ressortirenden Rechte und Pflichten betrauten Behörde zu erfolgen hat, andrerseits zur Verpflichtung, von der Geltendmachung der Baufreiheit durch Ausführung von Bauten — sei es Neubau oder Um- oder Ausbau, oder Veränderung oder Beseitigung von Bauten — der für die Kontrole zuständigen Behörde Anzeige zu erstatten und den Bescheid über die behördliche Stellungnahme hierzu vor der thatsächlichen Ausübung der Baufreiheit abzuwarten, indem ohne behördliche Genehmigung hiervon kein Gebrauch gemacht werden darf, sofern dies durch Gesetzesvorschrift ausdrücklich vorgesehen ist.

§ 3.

Die Baugenehmigung.

§ 67 A.L.R. I 8 schreibt vor: „Wer also einen neuen Bau in Städten anlegen will, muß davon zuvor der Obrigkeit zur Beurtheilung Anzeige machen“, nachdem vorher in § 66 angeordnet ist, daß „zum Schaden oder zur Unsicherheit des gemeinen Wesens, oder zur Verunstaltung der Städte und öffentlichen Plätze kein Bau und keine Veränderung vorgenommen werden soll.“

I. Der Gesetzgeber verlangt, daß der Baulustige von seiner Absicht, einen neuen Bau anzulegen, vorher der Obrigkeit Anzeige macht und zwar „zur Beurtheilung", d. h. zur Prüfung, ob gegen den beabsichtigten Bau Einwendungen zu machen sind. Diese Einwendungen dürfen nur dem öffentlichen Rechte entnommen, da an die Bestimmungen des § 66 a. a. O. der § 67 mit dem Folgerungswort „also" anknüpft, und sich daraus der Zweck der Anzeige und der Beurtheilung ergiebt, nämlich zu verhindern, daß „zum Schaden oder zur Unsicherheit des gemeinen Wesens" ꝛc. (§ 66) gebaut werde. Nachdem diese Prüfung des Bauprojektes erfolgt, ist dasselbe dem Baulustigen wieder zurückzugeben mit der gleichzeitigen Erklärung, ob Einwendungen der genannten Art zu erheben sind oder nicht. Werden keine erhoben, so steht der Ausführung des vorgelegten Bauprojektes nichts entgegen, das Projekt ist sonach genehmigt.

Die Baugenehmigung ist daher die Erklärung der zuständigen Behörde, daß der Ausführung des vorgelegten Bauprojektes aus dem zur Zeit der Vorlage desselben geltenden öffentlichen Rechte keine Hindernisse entgegenstehen.

Der Bauschein ist die Urkunde, in welcher die baupolizeiliche Genehmigung zur Ausführung des projektirten Baues nach Maßgabe der vorgelegten Unterlagen hierfür ertheilt bezw. ausgesprochen wird. Da es sich hierbei um öffentliches Recht handelt, so ist die Urkunde eine öffentlich-rechtliche.

Eine solche Erklärung ist keine Verfügung der betreffenden Behörde, es finden deshalb auch nicht die gegen Verfügungen, d. h. Anordnungen (Gebote oder Verbote), zulässigen Rechtsmittel statt, vielmehr ist es nur eine Erklärung, zu deren Herbeiführung der Baulustige allerdings verpflichtet ist, indem er unter Vorlage des Bauprojektes die zuständige Behörde von seiner Bauabsicht in Kenntniß setzt und sie damit zwingt, als Hüterin des öffentlichen Rechts zu der Bauabsicht und dem Projekt Stellung zu nehmen, diese Stellungnahme zu kennzeichnen und hiervon den Baulustigen in Kenntniß zu setzen, d. h. gegebenenfalls ihn zu benachrichtigen, daß das öffentliche Recht durch die Ausführung des vorgelegten Bauprojektes nicht alterirt wird und es in Folge dessen dem Baulustigen freisteht, dasselbe zur Ausführung zu bringen. Ob der Bau auch wirklich ausgeführt wird, daran hat die Behörde kein Interesse, es entsteht also durch die Baugenehmigung keine Verpflichtung, den genehmigten Bau auszuführen, selbst nicht einmal die, den Bau in der genehmigten Art auszuführen, wenn auch selbstverständlich die andere Bauausführung, d. h. das veränderte Bauprojekt, erst der vorgängigen Beurtheilung, der Genehmigung bedarf.

Die baupolizeiliche Thätigkeit dokumentirt sich also im Allgemeinen als eine kontrolirende, den Zweck verfolgende Thätigkeit, zu verhüten, daß bei Ausübung des subjektiven Baurechtes das öffentliche Interesse verletzt werde, die aus dem Eigenthum sich ergebenden Bau-Befugnisse zum Nachtheil des öffentlichen Wohles überschritten werden.

Eine Polizeiverordnung, welche für Neubauten und Hauptreparaturen in Städten und auf dem platten Lande eine polizeiliche Genehmigung vorschreibt, steht mit den Vorschriften des A.L.R. über das Erforderniß polizeilicher Genehmigung zu Bauten nicht im Widerspruch, sondern bestimmt nur deren Anwendung und dehnt sie auf analoge Fälle aus (O.T. vom 15. März 1877, Minist.-Bl. S. 127).

II. Da die Bauerlaubniß nichts Anderes ist als eine von und in Folge der Wahrnehmung des öffentlichen Rechts diktirte Erklärung, so bleiben selbstverständlich die dem Privatrechte angehörenden Interessen hierbei unberührt. Die Bauerlaubniß ist eine Erklärung, die unbeschadet und ohne Rücksicht auf die Privatrechte Dritter abgegeben wird; sie kann diese Rechte also auch nicht alteriren, sofern sie nicht etwa mit dem öffentlichen Rechte in Widerspruch stehen.

III. Bei der Prüfung eines Bauprojektes hat die zuständige Behörde nicht bloß die polizeilichen Gesichtspunkte zu berücksichtigen, sei es wie sie in dem lokalen Baupolizeirecht (Baupolizeiordnung) festgelegt sind, sei es allgemein aus § 10 A.L.R. II 17 in Verbindung mit § 6 des Gesetzes über die Polizeiverwaltung vom 11. März 1850, sondern auch die sonstigen, vom Gesetzgeber erlassenen positiven, das subjektive Baurecht betreffenden, d. h. einschränkenden Bestimmungen, wie z. B. aus dem Fluchtliniengesetze, und danach festzustellen, ob dem beabsichtigten Bau öffentlich-rechtliche Hindernisse entgegenstehen.

IV. Die Genehmigung ist nicht bloß für neue bauliche Anlagen, sondern auch für Reparaturen und Veränderungen an vorhandenen baulichen Anlagen erforderlich, sofern diese Reparaturen und Veränderungen im Hinblick auf ihren Umfang, Konstruktion, Zweckbestimmung, Lage die der polizeilichen Obhut anvertrauten öffentlichen Interessen berühren und unter Umständen gefährden könnten.

Im Allgemeinen wird die Konsenspflichtigkeit für Neubauten, Reparaturen und Veränderungen existent, sobald dadurch dem polizeilichen Schutze unterstellte Interessen berührt werden, da alsdann behördlich geprüft werden muß, ob letztere durch Ausführung des Bauprojektes benachtheiligt bezw. gefährdet werden.

Der Umfang der genehmigungspflichtigen baulichen Anlagen wird stets durch Baupolizeiordnungen festgelegt, in welchen in erster Linie solche Anlagen, deren Genehmigungspflicht schon der Gesetzgeber ausgesprochen hat, aufzunehmen sind (zu vergl. §§ 69, 79, 80 A.L.R. I 8).

V. Die für die Ertheilung der Baugenehmigung zuständige Behörde — die „Obrigkeit" (§ 67 A.L.R. I 8) — ist die Ortspolizeibehörde. Denn aus § 10 A.L.R. II 17 bezw. §§ 1, 6 des Gesetzes über die Polizeiverwaltung vom 11. März 1850 in Verbindung mit §§ 35 ff., insbesondere §§ 66 ff. A.L.R. I 8 ergiebt sich, daß es sich um der Obhut der Ortspolizeibehörde anvertraute öffentliche Interessen handelt, welche zur Beschränkung der grundsätzlichen Baufreiheit führen. Die Wahrnehmung dieser Interessen ist Sache der Ortspolizeibehörde. Sie allein ist daher in Handhabung der Baupolizei zuständig, einen Bau zu genehmigen, die Erlaubniß hierzu zu versagen, überhaupt baupolizeiliche Verfügungen zu erlassen. Daher bestimmt auch § 82 A.L.R. I 8, daß die näheren Bestimmungen über die §§ 78—81 a. a. O. berührten Gegenstände, welche unter dem Marginale: „Einschränkungen des Eigenthümers bei dem Bauen" stehen, den besonderen Polizeigesetzen eines jeden Ortes vorbehalten bleiben, d. h. den Baupolizei-Verordnungen.

VI. Wenn § 67 A.L.R. I 8 vorschreibt, daß, wer einen Bau in Städten anlegen will, davon zuvor der Obrigkeit zur Beurtheilung Anzeige machen muß, so ergiebt sich daraus die Verpflichtung des Baulustigen, von dem Bauprojekt der zuständigen Behörde Anzeige zu erstatten, sofern es sich um eine genehmigungspflichtige bauliche Anlage handelt — Neubau, Reparatur, Veränderung, die beiden letzten unter gewissen Voraussetzungen —, andrerseits das Recht der Behörde, die Vorlage der Anzeige zu verlangen, sowie das Recht des Anzeigenden, von der Behörde eine Erklärung über ihre Stellungnahme zu dem Bauprojekt zu erhalten. (Genehmigung, bedingte Genehmigung, Versagung.) Es bleibt hierbei ohne Einfluß, ob es sich um einen Privatbau, oder um einen Staats- oder Kommunalbau handelt. Der Anzeigende muß nicht immer mit dem Eigenthümer identisch sein, wenn auch das subjektive Recht, zu bauen, ein Ausfluß des Eigenthumsrechtes ist. Es kann der Nutznießer, der Miether an die Behörde mit dem Anfordern herantreten, ein von ihm vorgelegtes Bauprojekt zu prüfen; die Behörde wird nicht den Antrag, in die Prüfung des Bauprojektes einzutreten, a limine abweisen können, es müßte denn der berechtigte Protest des Eigenthümers bereits zu ihrer Kenntniß gelangt sein. Andrerseits ist die Behörde gerade im Hinblick auf den rechtlichen Charakter der Baubefugniß berechtigt, bei jeder Vorlage eines Bauprojektes seitens eines Nicht-Eigenthümers die Vornahme der Prüfung des Projektes von dem Nachweis des Einverständnisses des Eigenthümers abhängig zu machen.

Die Baugenehmigung ist eine an die Person, nicht an das in Betracht kommende Grundstück geknüpfte Genehmigung, also eine Personal-, nicht Real-Konzession, wenn es gestattet ist, diese termini technici auf die Genehmigung zur Ausführung eines Baues anzuwenden, so daß also beim Wechsel des Bauherrn die Baugenehmigung nicht ohne Weiteres auf den neuen Bauherrn übergeht. Die Person kann eine physische oder eine juristische Person sein.

VII. Die Gültigkeit der ertheilten Baugenehmigung ist stets eine zeitlich begrenzte. Die Gültigkeitsdauer wird durch die lokalen Baupolizeiordnungen besonders festgesetzt (gewöhnlich ein, höchstens zwei Jahre), insofern von der ertheilten Bauerlaubniß binnen einer bestimmten Frist Gebrauch gemacht werden muß, andernfalls die Genehmigung ihre Wirkung verliert, die Gültigkeit des die Genehmigung enthaltenden Bauscheins erlischt.

Es ist aber auch innerhalb der Frist die Gültigkeit eine bedingte, indem bei der rechtlichen Natur der Baugenehmigung die stete Voraussetzung für die Gültigkeit ist, daß das Bauprojekt nicht mit dem geltenden öffentlichen Recht durch die Aenderung des letzteren in Widerspruch gekommen ist.

Dagegen halte ich die Ansicht nicht für richtig, daß ein Bauschein in Folge der vollständigen Ausführung des Bauprojektes seine Gültigkeit verliert. Der Bauschein hat zwar seinen Zweck erfüllt, aber damit nicht seine Gültigkeit verloren.

Die zeitliche Begrenzung der ertheilten baupolizeilichen Genehmigung ist eine in den einzelnen Baupolizeiordnungen wohl allgemein übliche. Die Gründe hierfür sind vor Allem darin zu suchen, daß die Ausführung eines genehmigten Bauprojektes nicht der Zeit nach ad libitum des Baulustigen hinausschiebbar sein soll, da innerhalb eines wenn auch nicht zu klein bemessenen Zeitraums die thatsächlichen und rechtlichen Verhältnisse sich ändern, insbesondere in den öffentlich-rechtlichen Verhältnissen in die Baufreiheit tief eingreifende Beschränkungen eingetreten sein können. Dabei sei nicht vergessen, welche Umwälzungen in den letzten Jahrzehnten auf den Gebieten der Gesundheitslehre und der Technik vorgekommen sind und noch vorkommen werden, welche die Bestimmungen des Baupolizeirechts wesentlich alteriren, sei es daß dadurch vorhandene Vorschriften umgeändert oder neue erlassen werden müssen. Das Alles sind Zweckmäßigkeitsgründe, die dazu führen, die Baugenehmigung auf eine bestimmte Zeit zu beschränken.

Zweifelhaft aber ist es, ob sich für die zeitliche Beschränkung rechtliche, d. h. dem öffentlichen Rechte angehörende Gründe geltend machen lassen. Die Bestimmungen einer Baupolizeiordnung können sich nur auf solche Interessen beziehen, deren Obhut der Polizeibehörde anvertraut ist, dürfen daher auch wenigstens in ihrer Gesammtheit nicht aus den Grenzen, die der Gesetzgeber gezogen hat, heraustreten. Jede Anordnung, gleichgültig, ob sie auf Grund einer Polizeiverordnung oder durch spezielle Verfügung ergeht, muß sich durch den Schutz eines polizeilichen Interesses rechtfertigen lassen, andernfalls sie der Berechtigung entbehrt. Daß ein solches Interesse die Voraussetzung für die zeitliche Begrenzung einer ertheilten Baugenehmigung ist, läßt sich nicht gut nachweisen. Der Zweifel an der Berechtigung der Zeitbeschränkung findet noch darin Unterstützung, daß in Anbetracht des rechtlichen Charakters der Baugenehmigung auch ein genehmigtes Projekt, so lange es noch nicht in der Ausführung begriffen ist, den inzwischen eingetretenen Veränderungen in den baupolizeilichen Vorschriften unterworfen ist, so daß dadurch also ein Nachtheil des öffentlichen Interesses ausgeschlossen ist. Gerade dieser Charakter der Genehmigung macht es unzulässig, von einer Prolongation einer Baugenehmigung zu sprechen, wie sie in den Baupolizeigebührenordnungen ihre Berücksichtigung findet. Eine Prolongation giebt es nicht. Denn das Gesuch um Prolongation führt zur erneuten Prüfung des Projektes, das mit dem bereits genehmigten identisch ist, das aber sozusagen mit der Lupe der gegenwärtig geltenden Bestimmungen besehen und nach Maßgabe der letzteren auf seine Zulässigkeit kontrolirt wird, so daß, falls inzwischen neue, z. B. verschärfende Vorschriften in Kraft getreten sind, diese berücksichtigt werden, andrerseits aufgehobene Bestimmungen bei der „Prolongirung" einer Baugenehmigung außer Anwendung kommen müssen.

Die vorstehenden allgemeinen Betrachtungen sollen im Folgenden durch die verschiedensten Entscheidungen der höchsten Gerichtshöfe ihre Bestätigung erhalten.

Zu I: Für die Beurtheilung eines Baukonsenses kommen die rechtlichen Bestimmungen, welche zur Zeit der Ertheilung des Konsenses in Geltung standen und hierbei zu Grunde zu legen waren, in Frage. O.G. v. 19. Mai 1877, Bd. 2 S. 355.

Nach §§ 65, 66, 67 A.L.R. I 8 ist zwar jeder Eigenthümer seinen Grund und Boden mit Gebäuden zu besetzen und seine Gebäude zu verändern wohl befugt; doch soll zum Schaden und zur Unsicherheit des gemeinen Wesens oder zur Verunstaltung der Städte und öffentlichen Plätze kein Bau und keine Veränderung vorgenommen werden und muß, wer einen Neubau in Städten anlegen will, zuvor der Obrigkeit zur Beurtheilung Anzeige machen. Diese Beurtheilung hat, wie aus den Worten und aus dem Zwecke des Gesetzes hervorgeht, sich darauf zu erstrecken, ob nicht das Unternehmen, wenn es in der projektirten Art zur Ausführung gelangt, mit solchen allgemeinen oder besonderen, in Geltung befindlichen Vorschriften in Widerspruch tritt, welche „die Unsicherheit des gemeinen Wesens", Schädigung oder Verunstaltung der Städte und öffentlichen Plätze abzuwenden oder sonstige, der polizeilichen Fürsorge anvertrauten Interessen zu schützen bestimmt sind. Ertheilt die Polizeibehörde nach vorgenommener Prüfung die Bauerlaubniß, so erklärt sie damit — abgesehen von etwaigen besonderen Auflagen — der Sache nach weiter nichts, als daß aus dem bestehenden und geltenden Rechte ein Hinderniß für die Ausführung des vorgelegten Projektes nicht zu entnehmen sei. — Daß die Behörde, wenn sie in der Ertheilung des Konsenses diesen Ausspruch that, sich nicht an ältere, etwa aufgehobene oder modifizirte Bestimmungen anlehnen, sondern ausschließlich nur durch diejenigen Vorschriften leiten lassen darf, welche zu eben der Zeit in Kraft sind, da die Erlaubniß ertheilt wird, liegt in dem Wesen eines Baukonsenses selbst, welcher eben nur beurkunden soll und beurkundet, daß die Gesetze — d. i. die zur Zeit bestehenden — den Beginn und die Ausführung des Projekts gestatten. Der Verwaltungsrichter tritt im Falle des § 155 des Zuständigkeitsgesetzes vom 26. Juli 1876 überall an die Stelle der Polizeiobrigkeit; er hat gleich der letzteren zunächst selbständig die Frage, ob nach den bestehenden thatsächlichen Verhältnissen und gesetzlichen Bestimmungen die Herstellung des Bauwerkes statthaft erscheint, zu prüfen, und sodann bejahendenfalls — zwar nicht selbst den Konsens auszufertigen, wohl aber — in schließlich allein maßgebender Weise darüber zu erkennen, ob die Bauerlaubniß zu ertheilen ist. Auch der Verwaltungsrichter kann über die Frage, ob ein Bau zulässig oder unzulässig ist, nur nach jenen Thatsachen oder Vorschriften entscheiden, welche ihm vorliegen, bezw. dann in Geltung sind, wenn er sich über die Ertheilung oder Versagung der Bauerlaubniß schlüssig zu machen hat. O.G. v. 16. Oktober 1879, Bd. 5 S. 376. — Zu vergl. O.G. vom 18. März 1886 Bd. 13 S. 389. Bei Ertheilung des Baukonsenses hat die Polizeibehörde nicht bloß zu prüfen, wie zu bauen sei, sondern sich auch mit der Frage zu beschäftigen, ob überhaupt gebaut werden darf. O.G. vom 5. Mai 1881, Bd. 7 S. 314.

Der Baukonsens ist, wie das Oberverwaltungsgericht stets festgehalten hat, nur die Erklärung der Baupolizeibehörde, daß dem Bau in dem geltenden öffentlichen Rechte keine Hindernisse entgegenstehen. O.G. v. 3. Dezember 1889, Bd. 19 S. 375ff.

Zu vergl. O.G. vom 17. Dezember 1890 Bd. 20 S. 395ff.

Der Baukonsens ist an sich nichts weiter, als die Erklärung der zuständigen Behörde, daß aus dem bestehenden und geltenden Rechte ein Hinderniß für die Ausführung des beabsichtigten Baues nicht zu entnehmen ist. Hieraus folgt, daß eine Abweichung von dem genehmigten Bauprojekte dann nicht gehindert werden kann, wenn sie nicht dem bestehenden Baurechte widerspricht. Nur wenn die Anlage gegen das bestehende, dem Schutze der Polizei anvertraute öffentliche Recht verstößt, ist ein unstatthafter Zustand vorhanden, den abzustellen die Polizeibehörde ebensowohl das Recht als die Pflicht hat, wobei sie in ihren Anforderungen über dasjenige nicht hinausgehen darf, was sie nach dem bestehenden Rechte im öffentlichen Interesse zu fordern hat.

Dem Besitzer eines Hauses gegenüber, welcher dasselbe von dem Erbauer erworben hat, kann die Bauausführung als eine rechtswidrige nur unter der Bedingung gelten, daß die gestellte Bedingung ihre rechtliche Basis nicht ausschließlich in den besonderen Satzungen, welche der Baukonsens dem Unternehmer vorschrieb, sondern weiter in allgemein gültigen, unmittelbar gesetzlichen oder doch denjenigen dem Gesetze gleichstehenden baupolizeilichen Bestimmungen findet, auf Grund und nach Maßgabe welcher der Baukonsens überhaupt ertheilt wurde (vergl. O.G. Bd. 2 S. 358). O.G. vom 17. Dezember 1890, Bd. 20 S. 395ff.

Gegen eine polizeiliche Verfügung, durch welche ein nachgesuchter Baukonsens zur Errichtung eines Wohngebäudes mit einem Ausgange nach einer noch nicht für den Anbau fertiggestellten Straße trotz des Widerspruches der Gemeinde ertheilt wird, steht der Gemeinde nur die Anrufung der Aufsichtsbehörde, nicht aber der Weg der Beschwerde oder Klage offen.

Aus den Gründen: Das Oberverwaltungsgericht hat allerdings in zahlreichen Entscheidungen anerkannt, daß zur Einlegung von Rechtsmitteln gegen polizeiliche Verfügungen nicht nur der direkt in Anspruch Genommene, sondern auch derjenige legitimirt sei, in dessen Rechte durch die Ausführung der Verfügung ein Eingriff, dessen Person oder Vermögen durch die Verfügung also getroffen werden. Unerläßliche Voraussetzung dabei ist aber, daß die Verfügung nicht nur indirekt die Interessen des Dritten berührt, sondern daß sie in ihm zustehende Rechte unmittelbar eingreife (vergl. O.G. Bd. 1 S. 330, Bd. 3 S. 222, Bd. 5 S. 412, Bd. 7 S. 312, Bd. 10 S. 199, Bd. 14 S. 379, Bd. 15 S. 417, Preuß. Verwltgsbl. Jahrg. 11 S. 411). Vergl. Fluchtliniengesetz § 12.

Es kann nicht gestattet sein, durch Klage die Polizeibehörde zu einer Versagung des Baukonsenses lediglich um deswillen anzuhalten, weil der Bau etwa dem bestehenden öffentlichen Rechte materiell zuwiderlaufe, denn zur Wahrung des öffentlichen Interesses beruft das Gesetz auf dem Gebiete des Baurechts nicht jeden Betheiligten (vergl. Preuß. Verwltgsbl. Jahrg. 11 S. 411), vielmehr ist es die Polizeibehörde allein, welche unter allen Umständen über die Ertheilung des Baukonsenses zu befinden hat. O.G. vom 27. Juni 1894, Preuß. Verwltgsbl. Jahrg. 15 S. 509.

Die Ertheilung des Baukonsenses ist nicht zu verweigern, wenn der Besitzer der Baustelle auch nur mittels einer Wegegerechtigkeit an die Baustelle gelangen kann. Min.-Erl. vom 20. Dezember 1872 (Min.-Bl. f. d. i. Verw. 1873 S. 14).

Zu II. Wenn eine bauliche Anlage der polizeilichen Bauerlaubniß zuwider oder ohne solche angelegt worden ist, dann steht einem Dritten ein Anspruch auf Aufhebung einer polizeilichen Verfügung überhaupt nicht zu, weil eine solche Verfügung nicht erlassen ist, während andrerseits, wenn lediglich eine erst zu erlassende Verfügung als Ziel der Klage anzusehen gewesen wäre, dem Kläger entgegensteht, daß die preußische Gesetzgebung im Allgemeinen ein hierauf gerichtetes Klagerecht dem einzelnen Betheiligten der Polizeibehörde gegenüber überhaupt nicht einräumt.

Aber auch dann, wenn der Baukonsens ausgeführt ist, steht einem Dritten das Klagerecht nicht zu.

Denn die Anwendung des § 79 und der beiden ersten Absätze des § 80 der Kreisordnung ist ausgeschlossen, weil der Baukonsens keine „Anordnung" im Sinne dieser Bestimmung ist, keine Verfügung, an welche sich ohne Weiteres ein „Zwangsverfahren" anknüpfen kann. Allerdings können an den Baukonsens auch „Anordnungen" sich anschließen — in der Art, daß der Unternehmer, wenn anders er überhaupt von dem Konsens Gebrauch macht, hierbei an gewisse — gleichviel ob seinen Plänen entsprechende oder zuwiderlaufende — Schranken gebunden ist. Allein Dritten gegenüber ist der Baukonsens eine „Anordnung" in keiner Beziehung.

Zwar gewährt § 135 VI der Kreisordnung gerade gegen Verfügungen in baupolizeilichen Angelegenheiten die Klage im Verwaltungs-Streitverfahren. Gleichwohl steht dem Dritten eine solche Klage nicht zu.

Das Verwaltungs-Streitverfahren ist seiner ganzen Anlage und Aufgabe nach — wie jedes andere gerichtliche Streitverfahren — darauf beschränkt und nur dazu bestimmt, dem Schutze solcher Interessen zu dienen, deren Verletzung zugleich eine Verletzung subjektiver Rechte in sich schließt. Diese Beschränkung ergiebt sich schon aus dem Begriffe der „Gerichtsbarkeit in streitigen Verwaltungssachen", wie solcher auch in den Worten einen entsprechenden Ausdruck findet. Wie alle polizeilichen Vorschriften ihrer Natur nach nicht das einzelne Interesse, sondern lediglich die Interessen der Gesammtheit oder doch diejenigen eines weiteren unbestimmten Kreises von Betheiligten zur Grundlage und zugleich zum Ziele haben, so sind auch die baupolizeilichen Bestimmungen zunächst auf Rücksichten des Gemeinwohls zurückzuführen. Das Recht zur freien Verfügung über das Eigenthum begreift an sich auch die unbeschränkte Befugniß zum Bauen in sich; nur insoweit, wie das positive Gesetz oder die in solchen zugelassenen polizeilichen Bestimmungen Schranken ziehen, tritt jene Befugniß zurück; wo Beides mit einander in Kollision geräth, findet, wenn das Hinderniß im öffentlichen Rechte begründet liegt, die Klage im Verwaltungs-Streitverfahren statt. Der Dritte dagegen, der Nicht-Eigenthümer, kann zwar unter Umständen ein nicht minder dringendes Interesse daran haben, als der Eigenthümer selbst, daß der Baukonsens nach einer bestimmten Richtung hin ertheilt oder nicht ertheilt werde. Ein subjektives Recht hierauf hat er aber nicht und das selbst dann nicht, wenn etwa die einzelnen baupolizeilichen Bestimmungen, welche er zur Geltung gebracht zu sehen wünscht, neben den zunächst maßgebenden öffentlichen allgemeinen bis zu einem gewissen Grade auch die besonderen Interessen der Nachbarschaft zu schützen bestimmt sein mag. Eine Klage steht so wenig ihm wie irgend einem ganz unbetheiligten anderen Dritten zu — es sei denn die privatrechtlich zu begründende Klage bei dem ordentlichen Richter. In letzterer Beziehung ist auch Kläger nach Ertheilung des Baukonsenses nicht weniger und nicht mehr thatsächlich und rechtlich in der Lage, das ihm etwa zustehende Privatrecht des Widerspruchs gegen die bauliche Anlage geltend zu machen, als er es vorher war, und wenn dennoch inzwischen seine Lage erschwert sein sollte, so liegt der Grund nicht darin, daß der Konsens ertheilt ist — hierdurch öffentliches Interesse für nicht betheiligt erklärt worden —, sondern lediglich darin, daß inzwischen der Bau, ohne daß dagegen der ordentliche Rechtsweg betreten wäre, zur Ausführung gelangt ist. O.G. vom 30. April 1877, Bd. 2 S. 351.

Gegen eine polizeiliche Verfügung, durch welche ein nachgesuchter Baukonsens ertheilt wird, steht einem Dritten auf die Behauptung hin, die Zulassung des Baues enthalte einen Eingriff in sein Rechtsgebiet, und zu dem Zwecke, die Behörde zur Versagung des Konsenses oder zur Beifügung einschränkender Baubedingungen veranlaßt zu sehen, der Regel nach nur die Anrufung der Aufsichtsbehörde, nicht aber der Weg der Beschwerde oder der Klage offen.

Ein subjektives durch die Rechtsmittel der §§ 127ff. des Landesverwaltungsgesetzes geschütztes und auf diesem Wege erzwingbares Recht des einzelnen betheiligten Staatsangehörigen auf die seines Erachtens erforderliche polizeiliche Aktion ist dem bestehenden Rechte fremd (vergl. O.G. Bd. II, 2. Auflage S. 351 nebst den in der Anmerkung daselbst angezogenen späteren Endurtheilen). — Glaubt der betheiligte Private, daß die Polizei zu Ungebühr den Erlaß oder die Durchführung einer Verfügung hinsichtlich eines ihrer Obhut unterstellten Gegenstandes ablehnt oder unterläßt, so ist es — abgesehen von den Fällen, wo Gesetze oder Polizeiverordnungen die Vornahme von Handlungen, die an sich der Ausfluß des Rechts der einzelnen Personen sind, an die vorgängige polizeiliche Genehmigung knüpfen — die Aufsichtsbehörde, bei welcher er Abhülfe zu suchen hat, deren Erwägung es alsdann überlassen bleibt, ob und in welchem Umfange zu Gunsten des Antragstellers vorzugehen sein möchte. Die in den §§ 127ff. a. a. O. gewährten Rechtsmittel greifen den diesfälligen Entschließungen der Ortspolizei- und Aufsichtsbehörde gegenüber nicht Platz (Entscheidungen Bd. 6 S. 237, Bd. 9 S. 402, Bd. 12 S. 365). O.G. vom 11. Februar 1887, Bd. 14 S. 378. Siehe auch unten zu III O.G. vom 7. April 1897 (Bd. 32 S. 338).

Zu III. Die Rechtsgültigkeit polizeilicher Vorschriften, betreffend die Errichtung von Baulichkeiten an Chausseen, ist durch die O.G. vom 27. Juni 1884, Bd. 11 S. 374 bejaht und nachgewiesen.

Zur Abgrenzung des Gebietes der Baupolizei von dem der sonstigen örtlichen Polizei, insbesondere der Gesundheitspolizei:

Da die Baupolizei in einem unlösbaren sachlichen Zusammenhange mit zahlreichen anderweitigen polizeilichen Gebieten steht (vergl. Entscheidungen des Ober-Verwaltungsgerichts Bd. 5 S. 366), namentlich auch mit dem der Gesundheitspolizei, so ist, wenn die Baupolizei einer anderen Behörde übertragen wird, als die sonstigen Zweige der Polizeiverwaltung, eine strenge Scheidung dessen, was zur Baupolizei gehört, und dessen, was dabei der allgemeinen Polizei verbleibt, sachlich oft kaum möglich. Hieraus ergiebt sich, daß in einem Orte, in welchem die Baupolizei aus der allgemeinen Polizei als besonderer Zweig der Polizei ohne nähere Bestimmung ausgesondert wird, über die Grenzen der so geschaffenen Ressortgebiete sich nothwendig vielfache Zweifel ergeben werden, die aber schließlich für die Handhabung im einzelnen Falle gelöst werden müssen, da es nicht angängig erscheint, daß zwei verschiedene Polizeibehörden für ein und dasselbe polizeiliche Gebiet, von demselben polizeilichen Standpunkte aus zu demselben polizeilichen Zwecke gleichzeitig zuständig seien, oder daß etwa die Zuständigkeit davon abhängig gemacht werden könnte, welche Behörde sich zuerst der bestimmten Angelegenheit angenommen hat. —

Es ist daher z. B. die polizeiliche Forderung, bauliche Vorkehrungen zu treffen, wenn auch in der Absicht der Verhütung gesundheitsschädlicher Wirkungen geschehen, als eine baupolizeiliche anzusehen. Die Forderung aber, daß ein Bauwerk zum Zwecke seiner Bewohnbarkeit einer baulichen Umänderung unterzogen werde, fällt unstreitbar in das Gebiet der Baupolizei. Wenn darüber noch ein Zweifel sein könnte, so würde der Hinweis darauf genügen, daß allgemein in den Baupolizeiordnungen nähere Bestimmungen darüber getroffen sind, welche polizeiliche Anforderungen in der fraglichen Richtung gestellt werden. O.G. vom 10. Juni 1892, Bd. 23 S. 315.

Zur Abgrenzung des Gebietes der Baupolizei von dem der sonstigen örtlichen Polizei, insbesondere der Gesundheitspolizei.

Der unterzeichnete Gerichtshof hat in wiederholten Entscheidungen ausgesprochen (vergl. Entscheidungen des Oberverwaltungsgerichts Bd. 5 S. 366, Bd. 23 S. 315ff.) und hält daran fest, daß regelmäßig immer nur eine der in Betracht kommenden polizeilichen Behörden zum Erlaß einer einheitlichen ortspolizeilichen Verfügung für zuständig erachtet werden kann, und daß nach Lage des einzelnen Falles zu bestimmen ist, welche Behörde gerade zum Erlaß solcher thatsächlich erlassenen Verfügung zuständig ist. Dabei werden sich freilich Zweifel und Schwierigkeiten namentlich dann ergeben, wenn die Baupolizei einschließlich der Straßenbaupolizei aus der allgemeinen Polizei ohne nähere Bestimmung ausgesondert und einer besonderen Behörde übertragen worden ist. Denn eine strenge Scheidung dessen, was zur Baupolizei und Straßenpolizei gehört, und dessen, was der allgemeinen Polizei verbleiben soll, läßt sich kaum feststellen, und auch für den einzelnen Fall wird die Unterscheidung dadurch schwierig, daß die Baupolizei in einem unlösbaren sachlichen Zusammenhange mit zahlreichen anderweiten polizeilichen

Gebieten steht, namentlich auch mit dem der Gesundheitspolizei.

Die Entscheidung im Einzelfalle ist nicht aus den Motiven der polizeilichen Verfügung zu entnehmen. Den baupolizeilichen Anforderungen liegt häufig genug ein gesundheitspolizeiliches oder sicherheitspolizeiliches Motiv zu Grunde, ohne daß man deshalb an dem Charakter der Anordnung als einer baupolizeilichen zweifeln könnte, wie denn auch die meisten Vorschriften der Bauordnungen auf sanitäre oder sicherheitspolizeiliche Rücksichten zurückzuführen sind. Andrerseits kann wiederum nicht entscheidend sein, daß gerade eine bauliche Maßnahme vorgeschrieben — daß eine bauliche Anlage verlangt oder eine bauliche Veränderung aufgegeben — wird; denn die Nothwendigkeit einer solchen kann sich auch auf Gebieten ergeben, die nicht zur Baupolizei gehören. Auch in dem oben angezogenen Erkenntnisse des Gerichtshofes ist keineswegs der Standpunkt vertreten, daß einer baupolizeilichen Verfügung schon um deshalb allein der Charakter einer baupolizeilichen Anordnung zukomme, weil sie eine bauliche Maßnahme betrifft. Wenn z. B. die Entwässerung eines Grundstücks vorgeschrieben wird, nachdem die bisherige Art der Entwässerung zu polizeiwidrigen Mißständen geführt hat, so hält sich die Verfügung auf dem Gebiete, welches unbedenklich der Baupolizei anheimfällt; sie bezielt eine Angelegenheit — die Entwässerung eines bebauten Grundstückes —, deren Regelung nach dem Begriffe und den Aufgaben der Baupolizei dieser zugehört und die daher auch in den meisten Baupolizeiordnungen der Baupolizei zugewiesen ist. Mag die polizeiliche Verfügung auch in Mißständen ihre Veranlassung haben, die sich in sanitärer oder straßenpolizeilicher Hinsicht bemerkbar machten, so ändert das an dem Charakter der Verfügung als baupolizeilichen nichts. Ob sich die Polizeibehörde mit der nothwendigen Entwässerung des Grundstücks von vorn herein — bei Ertheilung des Baukonsenses — oder erst nachträglich befaßte, kann rücksichtlich ihrer Kompetenz keinen Unterschied machen. O.G. vom 14. November 1894, Bd. 27 S. 386.

Grenzen des Rechts zur Einschränkung der Baufreiheit durch Polizei-Verordnung.

Der Gerichtshof steht auf dem Boden des in Bd. 9 S. 353 ff. der diesseitigen Entscheidung abgedruckten Urtheils vom 14. Juni 1882, betreffend die zum Schutze des National-Denkmals auf dem Kreuzberge zu Berlin erlassene Polizei-Verordnung vom 10. März 1879. (Zu vergl. auch Bd. 12 S. 384, Bd. 15 S. 434 der Entscheidungen des Gerichtshofes.) Baupolizeiliche Bestimmungen können also nur von den Gesichtspunkten des § 10 a. a. O. erlassen werden, also zur Erhaltung der öffentlichen Ruhe, Sicherheit und Ordnung und zur Abwendung der dem Publikum oder einzelnen Mitgliedern desselben bevorstehenden Gefahren, insbesondere im Hinblick auf § 6 des Gesetzes über die Polizeiverwaltung vom 11. März 1850 in der Fürsorge für Leben und Gesundheit (litt. f) oder in der Fürsorge gegen Feuersgefahr, sowie gegen gemeinschädliche und gemeingefährliche Handlungen, Unternehmungen und Ereignisse überhaupt (litt. g) oder endlich auf Grund der durch die §§ 66 und 71 A.L.R. I 8 anerkannten, im Wesentlichen mit § 10 a. a. O. im Einklang stehenden Befugniß, Bauten zu hindern, welche zum Schaden oder zur Unsicherheit des gemeinen Wesens gereichen, welche schädlich oder gefährlich für das Publikum sind. O.G. vom 13. Januar 1894, Bd. 26 S. 323.

Grenzen des Gebiets der Orts- insbesondere der Baupolizeibehörde gegen dasjenige der Bahnaufsichtsbehörde.

Die Bestimmungen des § 66 I 8 A.L.R. „doch soll . . . zur Verunstaltung der Städte und öffentlichen Plätze kein Bau oder keine Veränderung vorgenommen werden" ist nach der Rechtsprechung des O.G. (Bd. 9 S. 380—382 d. Entsch.) nur von einer groben Verunstaltung, der Herbeiführung einer positiv häßlichen, jedes offene Auge verletzenden Zustandes zu verstehen. Insoweit die Bestimmung einer Baupolizeiordnung die Absicht haben sollte, eine weitergehende Beschränkung aufzulegen, würde sie der Rechtsgültigkeit entbehren.

Wenn die Ortspolizeibehörde aber aus anderen als baupolizeilichen Gesichtspunkten den Baukonsens versagen will, so muß sie für das Gebiet, dem die Versagungsgründe angehören, zuständig sein. Dies ist nicht der Fall, wenn es sich um Angelegenheiten handelt, welche unter die Bestimmungen des Gesetzes über die Eisenbahn-Unternehmungen vom 3. November 1838 fallen. Zu vergl. das von den Ministern des Innern und für Handel, Gewerbe und öffentliche Arbeiten unter dem 24. November 1848 erlassene Regulativ (Min.-Bl. d. i. Verw. S. 390), wonach zu dem Ressort der Königlichen Eisenbahn-Kommissariate gehört die Wahrung der Rechte des Staates den Eisenbahn-Gesellschaften gegenüber, sowie der Interessen der Eisenbahn-Unternehmungen als gemeinnütziger Anstalten und der Interessen des Eisenbahn benutzenden Publikums. O.G. vom 18. Oktober 1897, Bd. 32 S. 341.

Grenzen des Gebiets der Bau- und der Wegepolizei.

Der Gerichtshof hat allerdings stets angenommen, daß die Bauerlaubniß nicht mit Rücksicht auf die entgegenstehenden Privatrechte versagt werden könne, daß dabei vielmehr nur öffentliche Interessen in Betracht kämen, auf der anderen Seite aber anerkannt, daß auch andere als baupolizeiliche Gesichtspunkte im engsten Sinne zu berücksichtigen sind. Der Baukonsens ist daher definirt als die Erklärung der zuständigen Behörde, daß dem beabsichtigten Bau Hindernisse in dem öffentlichen Rechte nicht entgegenstehen. (O.G. Bd. 12 S. 369, Bd. 13 S. 394.)

Wenn jemand den Konsens zu einem Bau mitten auf einer unbestritten öffentlichen Straße nachsuchte, so würde die Baupolizeibehörde, auch wenn sie nicht gleichzeitig Wegepolizeibehörde ist, berechtigt sein, den Konsens ohne sonstige Prüfung des Projekts abzulehnen.

Anders liegt jedoch die Sache, wenn der Antragsteller behauptet, das zu bebauende Gelände sei nicht Theil eines öffentlichen Weges, sondern stehe in seinem uneingeschränkten Privateigenthume.

Die Ablehnung des Konsenses enthält in einem solchen Falle ein Verbot, auf dem in Aussicht genommenen Platze zu bauen, da dieser zu einem öffentlichen Wege gehört. Gegenüber der Behauptung freien Privateigenthums von Seiten des Klägers stellt sich die den Baukonsens versagende Verfügung inhaltlich als eine Inanspruchnahme des Platzes für den öffentlichen Verkehr dar. Hieraus ergiebt sich die Nothwendigkeit, das besondere Verfahren des § 56 des Zuständigkeitsgesetzes, Einspruch, Beschluß der zuständigen Polizeibehörde und demnächst Klage, einzuschlagen.

Nur die Wegepolizeibehörde ist daher befugt, ein Verbot zu erlassen, welches die Inanspruchnahme des in Betracht kommenden Bauplatzes für den öffentlichen Verkehr darstellt.

In solchen Fällen ist es der gewiesene Weg, daß die Baupolizeibehörde das Baugesuch der Wegepolizeibehörde mittheilt, damit sie sich darüber schlüssig machen kann, ob der Bauplatz für den öffentlichen Verkehr in Anspruch zu nehmen ist. Verneint die Wegepolizeibehörde einen dazu gegebenen Anlaß, so scheidet dieser Gesichtspunkt für die Baupolizeibehörde aus. Anderenfalls kann die Wegepolizeibehörde entweder selbst auf Grund des § 56 des Zuständigkeitsgesetzes an den Baulustigen verfügen oder im Einverständnisse mit ihr kann nunmehr die Baupolizeibehörde den Konsens versagen; sie darf dem Baulustigen aber keinen Zweifel darüber lassen, daß die Konsensverweigerung auf einer Verfügung der Wegepolizeibehörde beruht. Dann findet gegen die den Konsens versagende Verfügung der Baupolizeibehörde Einspruch bei der Wegepolizeibehörde und gegen deren abweisenden Beschluß die Klage statt (zu vergl. O.G. Bd. 8 S. 331ff. und Bd. 18 S. 390ff., woselbst in gleichem Sinne Fälle entschieden sind, in denen der Grund der Versagung des Baukonsenses auf dem Gebiete der von der Landespolizeibehörde wahrzunehmenden Strompolizei bezw. der dem Landrathe als dem Organ der Landespolizeibehörde zustehenden Chausseepolizei lag). O.G. vom 7. April 1897, Bd. 32 S. 338.

Befugniß der Ortspolizeibehörde bei Handhabung der Baupolizei für den Schutz der öffentlichen Ordnung, Sicherheit und Ruhe Sorge zu tragen.

(Es handelt sich um die Erlaubniß zur Errichtung eines neuen Eingangsthores für den im Eigenthum der Stadt Berlin stehenden Friedhof im Friedrichshain, auf welchem die in den Straßenkämpfen des 18. März 1848 gefallenen Civilpersonen beerdigt sind.)

Die Handhabung der Baupolizei beschränkt sich keineswegs auf die Wahrnehmung bautechnischer Anforderungen, wie sie in der Regel durch die Baupolizeiordnungen festgestellt werden. Ihre Schranken sind nur diejenigen, welche das Gesetz (§ 10 II 17 A.L.R.) der Handhabung der Polizei überhaupt zieht. Es steht ihr also auch hier der Schutz der öffentlichen Ordnung, Sicherheit und Ruhe zu, oder, wie es im § 66 I 8 A.L.R., einer unzweifelhaften öffentlich-rechtlichen Norm des Polizeirechts, ausgedrückt ist und in § 71 daselbst im Wesentlichen wiederholt wird: sie hat Alles zum Schaden oder zur Unsicherheit des gemeinen Wesens Dienende zu hindern. Ueber das Alles hat in der Rechtsprechung des Gerichtshofes nie ein Zweifel bestanden (zu vergl. Urtheile des O.G. vom 1. April 1879, Bd. 5 S. 360ff., vom 18. März 1886, Bd. 13 S. 389ff., 394, vom 28. Februar 1898, Bd. 33 S. 421 und vom 14. Juni 1882, Bd. 9 S. 353ff., 377).

Nach der feststehenden Rechtsprechung des Oberverwaltungsgerichts kommt es nicht darauf an, ob die Polizeibehörde selbst bei Erlaß ihrer Verfügung überall von zutreffenden rechtlichen Gesichtspunkten ausgegangen ist, sondern nur darauf, ob die Verfügung objektiv dem bestehenden Recht entspricht (Urth. des O.G. vom 10. April 1880, Bd. 6 S. 366). O.G. vom 14. Dezember 1899, Bd. 36 S. 403.

Grenzen des Rechts, durch Polizei-Verordnungen die Baufreiheit einzuschränken und die Verwendung von Räumen zu bestimmten Zwecken zu untersagen.

Den Polizeibehörden steht aus allgemein polizeilichen Gründen (§ 10 II 17 A.L.R.) nicht das Recht zu, über das Material Bestimmung zu treffen, aus welchem Mauern zur Einfriedigung eines Grundstückes hergestellt werden dürfen. O.G. vom 30. Januar 1895, Preuß. Verwltgsbl. Jahrg. 16 S. 412.

Es ist in der Rechtsprechung des Oberverwaltungsgerichts bisher der Standpunkt festgehalten worden (Bd. 9 S. 353, Bd. 12 S. 384, Bd. 15 S. 434, Bd. 26 S. 323; Preuß. Verwltgsbl. Jahrg. 15 S. 275), daß das Bau-Polizeiverordnungsrecht sich innerhalb der ihm durch § 10 II 17 A.L.R. und §§ 66 ff. I 8 daselbst gezogenen Grenzen zu halten habe, wie solche später durch das Gesetz vom 11. März 1850 noch näher bezeichnet und ausgedehnt worden sind, und daß es hiernach nicht die Aufgabe der Polizei sei, ihre Anordnungen auf das Gebiet der Wohlfahrtspflege zu erstrecken.

Bereits in früheren Entscheidungen hat der Gerichtshof hervorgehoben und dargethan (Bd. 26 S. 330 ff.), daß es geradezu sachwidrig sein würde, wenn sich die Polizeibehörde in solchen Fällen, wo Baubeschränkungen im öffentlichen Interesse nothwendig erschienen, über die Verhältnisse, wie sie thatsächlich bisher bestanden haben, einfach hinwegsetzen wollte.

Wenn so umfangreiche Gelände, wie sie der § 1 und Nr. I der Berliner Verordnung vom 27. April 1894 bezeichnet, in der Höhe der Bebauung eingeschränkt und theilweise mit einem Bauwich durchsetzt werden, und wenn dann weiter im § 1 unter Nr. II bestimmte Straßenzüge gleichsam als Kanäle für die frische Luftzuführung nach Möglichkeit und Maßgabe der bereits bestehenden örtlichen Verhältnisse mit denselben Hülfsmitteln offen gehalten werden, so läßt sich nicht verkennen, daß diese Vorschriften in ihrer Totalität, in der Gesammtwirkung, die man von ihnen erwarten darf, geeignet sind, den erstrebten sanitätspolizeilichen Zweck zu erfüllen.

Und wenn nun die Polizeiverordnung, statt eine niedrige Maximalhöhe der Gebäude vorzuschreiben, den Weg wählte, daß sie die Zahl der Geschosse vorschrieb, welche höchstens gestattet sein sollte, so war dafür nicht nur die Rücksicht auf die Grundstücksbesitzer maßgebend, denen so die Freiheit gewährt wurde, innerhalb der gebotenen Schranken sich nach ihren Bedürfnissen den gewählten Stil, Art u. s. w. nach Gefallen einzurichten, vielmehr kam gleichzeitig auch noch ein zweiter sanitärer Gesichtspunkt dabei zur Geltung, nämlich der, daß zugleich der Bevölkerungsdichtigkeit eine gewisse Schranke gezogen wurde.

Die Polizeiverordnung vom 27. April 1894 beabsichtigt im sanitären Interesse zum Zwecke der besseren Zuführung von frischer Luft eine Einschränkung der Bebaubarkeit der Grundstücke und dadurch eine Verminderung der Bevölkerungs-Dichtigkeit in der von den Klägern bewohnten Gegend. Die in dieser Absicht getroffenen Bestimmungen sind in ihrem Zusammenhange zu beurtheilen, da sie, wie dies in dem Erkenntnisse des Gerichtshofes vom 4. Dezember 1895 ausgeführt wird, in ihrer Totalität, in der Gesamtwirkung, die man von ihnen erwarten darf, darauf berechnet und auch geeignet sind, den erstrebten sanitätspolizeilichen Zweck zu erfüllen. (Vergl. u. a. O.G. Bd. 6 S. 370). O.G. vom 7. März 1898, Bd. 34 S. 375.

Ueber die Frage, in welchem Umfange Beschränkungen in der Art und dem Umfange der Bebauung und in der Benutzung der Gebäude, insbesondere für gewerbliche Zwecke in bestimmten Theilen von Ortschaften durch Polizeiverordnungen auferlegt werden können, hat sich das Oberverwaltungsgericht bereits mehrfach, u. A. in den Urtheilen vom 21. Oktober 1889, Bd. 18 S. 302 ff. und vom 4. Oktober 1892, Bd. 23 S. 349 ff., 351, 352 der gedruckten Enscheidungen, ausgesprochen. Für rechtsgültig ist in letzterem Erkenntnisse folgende Bestimmung erklärt worden: „Werden Fabriken, Werkstätten mit geräuschvollem oder feuergefährlichem Betriebe, oder sonstige durch Rauch, Ruß, übelen Geruch oder schädliche Ausdünstungen lästig fallende gewerbliche Anlagen innerhalb eines Wohnviertels errichtet, so müssen sämmtliche zum Betriebe gehörige Gebäude auf allen Seiten in der inneren

Zone mindestens 20 Meter und in der äußeren Zone 40 Meter von der Grundstücksgrenze und von der Straße entfernt sein.

In dem Bd. 18 der Entscheidungen des Oberverwaltungsgerichts behandelten Falle wurde die Vorschrift, daß in einem bestimmten Theile eines Kommunalbezirkes Fabrikgebäude und solche Anlagen nicht geschaffen werden dürfen, welche beim Betriebe durch Verbreitung schädlicher Dünste bezw. starken Rauches oder durch Erregung ungewöhnlichen Geräusches Gefahren, Nachtheile oder Belästigungen des Publikums herbeiführen würden, für rechtlich zulässig erachtet. Derartige Bestimmungen dienen der Sorge für Leben und Gesundheit des Publikums, auch der Sicherheit und Leichtigkeit des Verkehrs auf öffentlichen Straßen u. s. w., und sind nach § 6f und b des Gesetzes über die Polizeiverwaltung vom 11. März 1850 bezw. in den neuen Provinzen der Verordnung vom 20. September 1867 gerechtfertigt. Bei Fabriken, d. h. umfangreichen, in der Regel mit zahlreichen Maschinen betriebenen Werkstätten, wird dabei eine derartige Gefährdung in der Regel vorausgesetzt.

Der Ausdruck „Gebäude, welche gewerblichen Zwecken dienen", umfaßt nicht nur solche Baulichkeiten, in denen gewerbliche Arbeiten verrichtet, sondern z. B. auch solche, in denen Rohstoffe oder fertige Fabrikate gelagert werden. O.G. vom 8. November 1898, Bd. 34 S. 394.

Diese Entscheidung hat zu der von dem Minister der öffentlichen Arbeiten erlassenen allgemeinen Verfügung vom 18. Dezember 1898 (Min.=Bl. d. i. V. 1899, S. 14) geführt, welcher die Ausführungen der Entscheidung rekapitulirt und die Anweisung enthält, dieselbe beim Erlasse entsprechender Polizeiverordnungen zu beachten. Von einer Wiedergabe des Erlasses wird daher Abstand genommen.

Zu IV. Ueber den Begriff des Bauwerkes, zu dessen Errichtung polizeilicher Konsens erforderlich ist, siehe oben § 1 die K.G. vom 9. Juni 1890.

Was speziell den „Umbau" anlangt, der in der Mitte zwischen Neubau und Reparatur steht, namentlich aber zu der letzteren, also zur bloßen Wiederherstellung einzelner abgängig gewordener Theile eines Bauwerkes, den Gegensatz bildet, so ist es für den Begriff desselben nicht entscheidend, ob eine größere Stabilität des Gebäudes herbeigeführt oder ob gerade eine andere Bestimmung desselben in seinen inneren Räumen in Aussicht genommen ist (Entsch. d. O.G. Bd. 8 S. 302, 309).

Regelmäßig werden zwar, wenn zum Zweck einer anderen Benutzung bauliche Veränderungen vorgenommen werden, diese unter den Begriff des Umbaues fallen; an sich aber ist es für letzteren nicht ausschlaggebend, welche Zwecke bei der Bauausführung verfolgt werden. Es kann also auch ein Bau, welcher lediglich dem Schönheitssinne Rechnung tragen soll und bei welchem eine veränderte Benutzung der Innenräume nicht beabsichtigt wird, sehr wohl unter den Begriff des Umbaues fallen. Dies ist jedenfalls dann anzunehmen, wenn das Gebäude derartig in seiner Substanz verändert werden soll, daß es eine erheblich veränderte Gestalt — sei es in seinem Aeußern, sei es im Innern — erhält. Wenn z. B. die untere Hälfte des Daches eines Wohnhauses in Wegfall kommen und dadurch der Bodenraum in einen mit Fenstern versehenen Innenraum umgewandelt werden soll, so kann darin ein Umbau erblickt werden. O.G. vom 2. März 1894, Preuß. Verwltgsbl. Jahrg. 15 S. 383.

Neu errichtete Gebäude im Sinne der §§ 13, 140 I 8 A.L.R. sind nur solche, welche auf einem Platze ausgeführt worden, worauf bis dahin noch kein Gebäude gestanden hat.

Hat auf dem Platze bereits ein Gebäude gestanden, ist dasselbe abgebrochen worden und hat der Platz eine neue Bestimmung erhalten, es soll darauf aber wiederum ein Gebäude aufgeführt werden, so ist in jedem einzelnen Falle nach den Umständen — je nachdem nach den Grundsätzen des Privatrechts aus der dem Platz gegebenen Bestimmung eine Aufgabe des Rechtes des Wiederaufbaues gefolgert werden kann — zu beurtheilen: ob dasselbe zu den neu zu errichtenden Gebäuden zu zählen ist oder nicht.

Angenommen in pleno Berlin, 11. Mai 1846.

Das Geheime Obertribunal.

Min.-Bl. d. i. Verw. 1846.

Zum Begriff des Umbaues im Sinne des Baupolizeirechts.

Von Umbauten kann nur dann die Rede sein, wenn es sich um eine immerhin eingreifende, das Gebäude theilweise umgestaltende und so um eine wesentliche Veränderung der Substanz handelt, und es muß hierauf namentlich da besonders Gewicht gelegt werden, wo das sonst meist den Umbauten eigenthümliche Kennzeichen der Veränderung der Zweckbestimmung des Gebäudes mangelt. Es ist auch nicht entscheidend, ob der nöthige Zusatz die Dauerhaftigkeit und den Werth des Gebäudes um etwas erhöht, da dies Folgen sind, die auch mit jeder Reparatur verknüpft sein können. O.G. vom 25. Januar 1896, Bd. 29 S. 372.

Siehe hierüber auch unter § 23: Das Fluchtliniengesetz.

Zu V: Städtische baupolizeiliche Vorschriften, deren Anwendung bei Gebäuden auf diejenigen zum platten Lande gehörigen Grundstücke, welche innerhalb der Städte oder im Gemenge mit städtischen bebauten Grundstücken liegen: Wo die feuer- und baupolizeilichen Vorschriften in den Städten und auf dem platten Lande von einander abweichen, und wo in Anwendung der für das platte Land bestehenden feuer- und baupolizeilichen Vorschriften bei Gebäuden auf solche zum platten Lande gehörigen Grundstücke, welche sich innerhalb der Städte oder im Gemenge mit städtischen bebauten Grundstücken befinden, die Feuersicherheit der Stadt erheblich gefährdet wird, können diese Gebäude, zu denen auch die auf Vorwerken oder Rittergütern befindlichen Gebäude zu rechnen sind, durch Verordnung der Regierung den für die städtischen Gebäude geltenden bau- und feuerpolizeilichen Vorschriften unterworfen werden. Ist dieses in einzelnen Fällen ohne wesentliche Belästigung und Störung des ländlichen Gewerbebetriebes nicht ausführbar, so hat die Regierung zu ermessen, inwiefern mit Rücksicht hierauf die Anwendung jener Vorschriften zu modifiziren oder eine Ausnahme davon zu gestatten sei. Verordnung vom 17. Juli 1846 (Ges.-Samml. S. 399).

Gemäß § 143 des Zuständigkeitsgesetzes vom 1. August 1883 ist diese Zuständigkeit auf den Bezirksausschuß übergegangen.

§ 144 a. a. O.: Ueber die Anwendung der Bestimmungen der Verordnung vom 21. Dezember 1846, betreffend die bei dem Bau von Eisenbahnen beschäftigten Handarbeiter (Ges.-Samml. 1847 S. 21), auf andere öffentliche Bauausführungen (Kanal- und Chausseebauten 2c.) gemäß § 26 der gedachten Verordnung beschließt:

1. insoweit es sich um Bauten der Kreise-, Amts-, Wegeverbände oder Gemeinden handelt, der Regierungspräsident unter Zustimmung des Bezirksausschusses,

2. insoweit es sich um Bauten des Provinzialverbandes handelt, der Oberpräsident unter Zustimmung des Provinzialraths,
3. für den Stadtkreis Berlin der Oberpräsident.

Die Baupolizei wird in den Gemeinden und Amtsbezirken von dem Amtsvorsteher verwaltet. Ueber Beschwerden gegen die Anordnungen der Amtsvorsteher hat der Kreisausschuß zu entscheiden (§§ 59, 135 der Kreisordnung vom 13. Dezember 1872, Ges.-Samml. S. 661; auch Bekanntmachung, betreffend die Redaktion der Kreisordnung für die Provinzen Ost- und Westpreußen, Brandenburg, Pommern, Schlesien und Sachsen, vom 19. März 1881, Ges.-Samml. S. 179).

Mittels Cirkular-Verfügung an sämmtliche Königl. Eisenbahn-Direktionen, Eisenbahn-Kommissariate und Kommissarien, die den Ortspolizeibehörden zustehende Prüfung der Entwürfe zur Ausführung von Eisenbahn-Bauwerken betreffend, vom 14. Juli 1870 sind die Königlichen Direktionen darauf aufmerksam gemacht worden, daß durch die seitens des Ministeriums bewirkte Revision von Eisenbahnbauplänen die nach speziellen Verordnungen den betreffenden Ortspolizeibehörden zustehende Prüfung der Entwürfe für Hochbauten keineswegs entbehrlich gemacht wird, vielmehr nach wie vor zu geschehen hat, entgegen der Anschauung des Obertribunals.

Min.-Bl. d. i. Verw. 1870, S. 213.

Durch Verfügung an die Königl. Regierung zu N. und Abschrift zur Kenntnißnahme und gleichmäßigen Beachtung an sämmtliche übrigen Königl. Regierungen und Landdrosteien, die Entbehrlichkeit förmlicher Baukonsense für Staatsbauten betreffend, vom 12. Oktober 1872 ist angeordnet, daß für alle Bauten, welche für Rechnung des Staates und unter Leitung von Staatsbaubeamten ausgeführt werden, ein förmlicher Baukonsens der Ortspolizeibehörde nach den auch in anderen Fällen adoptirten Grundsätzen nicht für erforderlich zu erachten ist, vielmehr vollkommen ausreichend ist, wenn der Ortspolizeibehörde das Bauprojekt vor der Bauausführung zur Erklärung darüber mitgetheilt wird, ob und was etwa in ortspolizeilicher Beziehung dagegen zu erinnern ist, um dadurch eine entsprechende Ordnung des Projektes herbeizuführen. Ebensowenig ist die Abnahme des Rohbaues durch die Ortspolizeibehörde erforderlich, zumal auch eine Abnahme der von Staatsbehörden ausgeführten Rohbaue seitens der Ortspolizeibehörde bei Gefängniß-, Justiz- und Seminarbauten ꝛc. nicht stattgefunden hat.

Min.-Bl. d. i. Verw. 1872, S. 258.

Vergl. hierzu noch Min.-Erlaß vom 9. November 1887, Min.-Bl. d. i. Verw. S. 274.

Die Revision der Neubau-Projekte durch Königl. Baubeamte betreffend, sind die Landräthe, Amtsvorsteher und städtischen Polizeiverwaltungen in gleicher Weise, wie dies durch den Cirkular-Erlaß vom 9. Mai vor. Jahres hinsichtlich der Kreisausschüsse und Verwaltungsgerichte ausgesprochen ist, für befugt zu erachten, zur Erledigung der ihnen durch die Kreisordnung übergetragenen resp. noch weiter hin zu übertragenen Geschäfte der Landesverwaltung die Königl. Baubeamten durch Vermittelung ihrer vorgesetzten Dienstbehörden zu requiriren. Die genannten Beamten haben für die im Allgemeinen staatlichen Interesse von ihnen zu vollziehenden Verrichtungen der gedachten Art, für welche sie bisher eine besondere Vergütung aus der Staatskasse nicht zu erhalten hatten, auf die Gewährung einer solchen aus Kommunalmitteln keinen Anspruch.

Dagegen erscheinen die Königlichen Baubeamten nicht verpflichtet, den Amtsvorstehern und städtischen Polizeiverwaltungen für die von diesen zu ertheilenden Baukonsense unentgeltlich ihren Beirath zu leihen, vielmehr werden die betreffenden Kosten von jenen zu zahlen sein, welche zur Tragung der sächlichen Kosten der betreffenden Polizeiverwaltungen verpflichtet sind.

Berlin, 11. Dezember 1875.

Der Minister des Innern. Der Minister für Handel, Gewerbe ꝛc.

(Min.-Bl. d. i. Verw. 1875, S. 285.)

Vergl. auch Min.-Erlaß vom 9. November 1887, Min.-Bl. 1887 S. 274.

Cirkularerlaß an sämmtliche Königl. Regierungs-Präsidenten mit Ausnahme derjenigen in der Provinz Hannover und Cassel, vom 4. April 1890 und Erkenntniß des Königl. Oberverwaltungsgerichts vom 25. November 1889, betreffend die Regelung des Verhältnisses (zwischen Landrath und Amtsvorsteher) bezüglich der Bauerlaubniß (Min.-Bl. d. i. Verw. 1890 S. 64):

pp. Wir bestimmen in Abänderung unseres Erlasses vom 6. September 1874 Folgendes: Die Ertheilung der Bauerlaubniß für Bauten an Chausseen und Eisenbahnen, sowie für den Wiederaufbau einer Mehrheit von abgebrannten Gebäuden bleibt hinfort den Amtsvorstehern überlassen. Die Amtsvorsteher haben jedoch die Bauerlaubniß für Bauten an Chausseen und Eisenbahnen vor Ertheilung des baupolizeilichen Bescheides den Landräthen vorzulegen, welche in Ansehung derselben nach wie vor die ihnen von der Staatsregierung übertragenen Obliegenheiten wahrzunehmen haben und demgemäß durch Verfügung an den Amtsvorsteher über die Bedingungen befinden, welche vom Standpunkte der chaussee- und eisenbahnpolizeilichen Interessen gestellt werden müssen. Dem Baulustigen wird unter Berücksichtigung dieser Verfügung von dem Amtsvorsteher ein Bescheid ertheilt, welcher keinen Zweifel darüber läßt, von welcher Stelle die der Verweigerung oder Einschränkung der Bauerlaubniß zur Unterlage dienende polizeiliche Verfügung ausgeht.

In dem Erkenntniß des Oberverwaltungsgerichts vom 25. November 1889 — siehe Min.-Bl. f. d. i. Verw. 1890 S. 65 — heißt es u. A.: Zutreffend legt der Vorderrichter dar, wie die Baupolizei durch § 59 der Kreisordnung vom 13. Dezember 1872 dem Amtsvorsteher zugewiesen, dagegen dem Landrath durch ein besonderes Gesetz auch nicht für Bauten an Chausseen übertragen ist. Die Ausführungen des vom Beklagten in Bezug genommenen Ministerialerlasses vom 6. September 1874 sind bereits in der Vorentscheidung richtig gewürdigt, so daß in dieser Beziehung eine Verweisung auf die Gründe des angegriffenen Urtheils genügt. Der weitere Inhalt der Berufungsschrift trifft nicht den Kern der Sache; eine Einwirkung des Landraths soll bei Bauten an Chausseen nicht ausgeschlossen werden; es handelt sich vielmehr nur darum, ob dem Amtsvorsteher die ihm durch § 59 der Kreisordnung beigelegten Befugnisse dadurch entzogen werden können, daß der Landrath bei Bauten an Chausseen auch über die lediglich bau-, d. h. ortspolizeilichen Rücksichten befindet. Wie keines Beweises bedarf, ist Letzteres jedenfalls nicht nothwendig, um die Einheitlichkeit der Chausseepolizei zu sichern. Andere Gründe aber, welche die Vorschrift im § 5c der — für den vorliegenden Fall in Frage kommenden — Baupolizeiordnung vom 13. Oktober 1862 und das damit in Einklang stehende Vorgehen des Beklagten zu rechtfertigen vermöchten, lassen sich nicht auffinden. Es könnte hier nur etwa noch dasjenige Moment in Betracht kommen, welches bei Berathung einer Petition der Amtsvorsteher aus dem Kreise Wanzleben in der Kommission des Abgeordnetenhauses für das Gemeindewesen (vgl. Nr. 84 der Drucksachen des Abgeordnetenhauses 1875) von dem Vertreter des Handelsministers zur Sprache gebracht ist. Derselbe bemerkte, es sei bereits eine Revision der sämmtlichen Baupolizeiordnungen, um diese den Bestimmungen der Kreisordnung anzupassen, angeordnet; sie solle von dem Gesichtspunkte aus erfolgen, daß die baupolizeilichen Funktionen, soweit sie ortspolizeilicher Natur seien, den Amtsvorstehern übertragen und der Regierung bezw. den Landräthen nur diejenigen Funktionen vorbehalten bleiben sollten, welche landespolizeilicher Natur seien. Ueber die Art und Weise, wie das Verfahren in den zuletzt bezeichneten Fällen zu gestalten sei, erfolgte eine Aeußerung nicht.

Ob in dieser Richtung später eine Anweisung an die Behörden ergangen ist, entzieht sich der diesseitigen Beurtheilung, da Veröffentlichungen hierüber nicht zu ermitteln gewesen sind, auch die Herren Minister des Innern und der öffentlichen Arbeiten sich bei der mündlichen Verhandlung vor dem unterzeichneten Gerichtshofe nicht haben vertreten lassen. Sollte die Regelung, wie sie im Regierungsbezirke Breslau vorgenommen ist, auf einer höheren Anweisung beruhen, so könnte derselben etwa nur die Auffassung zu Grunde liegen, daß in denjenigen Fällen, wo ortspolizeiliche und landespolizeiliche Interessen zusammentreffen, die Entscheidung ausschließlich der Landespolizeibehörde übertragen werden dürfe. Dies kann aber als eine allgemein durchgreifende Rechtsregel nicht angesehen werden. Die Ermächtigung der höheren Polizeibehörde, Befugnisse der untergeordneten Organe an sich zu ziehen, hat auch, wo beide Behörden zu einer Thätigkeit berufen sind, regelmäßig zur Voraussetzung, daß die betreffende Angelegenheit der Natur der Sache nach in einem einheitlichen Verfahren erledigt werden muß. Um eine solche Angelegenheit handelt es sich bei der Prüfung von Baugesuchen nicht; denn es steht nichts im Wege, die Ertheilung der Baukonsense, welche als ein Akt der Baupolizei an sich gemäß § 59 der Kreisordnung dem Amtsvorsteher zufällt, auch bei Bauten an Chausseen dem Amtsvorsteher in der Hauptsache zu belassen und die Mitwirkung des Landraths dabei auf die selbständige Wahrung der ihm anvertrauten chausseepolizeilichen Interessen zu beschränken. Wie dies Verfahren im Einzelnen am zweckmäßigsten zu ordnen sein mag, bleibt der Landespolizei- und Aufsichtsbehörde überlassen; die Möglichkeit aber, auf diesem Wege sowohl den Amtsvorstehern wie dem Landrathe die ihnen gebührenden Zuständigkeiten zu wahren, kann jedenfalls nicht in Zweifel gezogen werden, wie sich schon daraus ergiebt, daß keineswegs überall eine dem § 5c der Baupolizeiordnung vom 13. Oktober 1862 entsprechende Vorschrift besteht, vielmehr Anordnungen, welche dem hier vertretenen Grundsatze gerecht werden, sogar bereits vor Erlaß der Kreisordnung Aufnahme in verschiedene Baupolizeiordnungen gefunden haben und in analoger Weise überall da Platz greifen müssen, wo die ortspolizeilichen Interessen, soweit sie bei der Ertheilung von Baukonsensen in Betracht kommen, von verschiedenen Behörden, wie beispielsweise Magisträten und Königlichen Polizeidirektionen, wahrzunehmen sind. Etwaigen Unzuträglichkeiten, welche sich aus einer solchen Behandlung der Baugesuche nach dem gegenwärtigen Aufbau der gegen polizeiliche Verfügungen statthaften Rechtsmittel für die Betheiligten möglicherweise ergeben könnten, läßt sich ohne besondere Schwierigkeiten vorbeugen, wenn nur Fürsorge getroffen wird, daß bei Versagung der Zustimmung von Seiten des Landraths die desfallsige Eröffnung an den Betheiligten keinen Zweifel darüber läßt, von welcher Stelle die der Konsensverweigerung zur Unterlage dienende polizeiliche Verfügung ausgegangen ist.

Betheiligung der Gemeindebehörde bei der Beschlußfassung über Baukonsensgesuche — insbesondere da, wo die Anwendung des die Anlegung und Veränderung von Straßen 2c. betreffenden Gesetzes vom 2. Juli 1875 in Frage kommt.

Anfechtung derartiger Beschlüsse der Gemeindebehörden im Verwaltungsstreitverfahren.

Wenn die Ertheilung oder Versagung eines Baukonsenses der Ortspolizeibehörde zusteht, ist es auch rechtlich nicht anzuerkennen, daß für derartige Fälle die an sich im Begriffe und Berufe der Polizei begründete Zuständigkeit dieser Behörde — wie der Kläger voraussetzt — auf den Magistrat übergegangen sei. Es macht dabei zunächst keinen Unterschied, ob es sich gerade um die Anwendung ortsstatutarischer, in Gemäßheit des § 12 oder des § 15 des Gesetzes ergangener oder um diejenige solcher Bestimmungen, welche mit einer in Gemäßheit der §§ 1ff. stattgehabten Festsetzung von Fluchtlinien unmittelbar zusammenhängen. Denn für die Grenze der Zuständigkeit zwischen Magistrat und Polizeibehörde bestimmt das Gesetz an sich so wenig in Beziehung auf ortsstatutarische Satzung wie in Beziehung auf eigentliche Fluchtlinienfestsetzung, daß deren Handhabung im einzelnen Falle, zumal insoweit dieselbe mit der Entscheidung über Baukonsensgesuche zusammenhängt, Sache der Gemeindebehörde sei. Dort wie hier ist dieser Behörde allerdings eine weitreichende Mitwirkung bei der Vorbereitung und dem Erlasse bezüglicher Bestimmungen zugestanden worden, und auch darüber hinaus sind die Befugnisse der Ortspolizeibehörde insofern erheblich beschränkt worden, als derartige Bestimmungen, wenn sie einmal auf dem vorgeschriebenen Wege vereinbart und erlassen sind, nicht minder wie jeder andere Rechtssatz auch jene Behörde, insbesondere bei der Entscheidung über Baukonsensgesuche, verbinden. Es kann weiter auch in dem besonderen Inhalte der Ortsstatute oder von anderen Gesichtspunkten aus mehr oder minder zwingender Anlaß für die Polizeibehörde gegeben sein, vor Ertheilung von Baukonsensen sich in Einvernehmen mit dem Gemeindevorstande zu setzen, wobei etwa hervortretende und anderweit nicht auszugleichende Meinungsverschiedenheiten mittels Anrufung der Aufsichtsbehörde zum Austrag zu bringen sein würden. Die schließliche Entscheidung aber, die mittels Klage anzufechtende Verfügung kann immer und unter allen Umständen nur allein von der Polizeibehörde ausgehen; die im Gesetze geordnete Stellung der betheiligten Behörden — zu einander sowohl als auch nach außen hin — würde völlig verschoben werden, wenn dasjenige Verhältniß zur Geltung gelangen sollte, welches thatsächlich in Ch. bereits Eingang gefunden zu haben scheint. Keinenfalls aber steht es den Verwaltungsgerichten zu, einer solchen thatsächlichen Uebung in der Weise Rechnung zu tragen, daß das Verwaltungsstreitverfahren für einen im Gesetze nicht vorgesehenen Fall zugelassen wird. O.G. vom 10. Oktober 1877, Bd. 3 S. 281.

Zur Ausführung eines an sich konsenspflichtigen Bauwerkes bedarf es auch dann der ortspolizeilichen Genehmigung — des Baukonsenses —, wenn das Unternehmen von einer Staatsbehörde ausgeht und den Gegenstand desselben ein bereits ministeriell genehmigter Hochbau auf einem Eisenbahnhofe bildet.

Das durch die neuere Gesetzgebung eingeführte Verwaltungs-Streitverfahren ist allerdings zur rechtlichen Controle der öffentlichen Verwaltung gegeben und findet folgeweise nur da statt, wo rechtlich geschützte Interessen, subjektive Rechte, sei es physischer Personen, sei es einer Korporation — also auch des Staates als Subjekt von Privatrechten — mit den durch die Verwaltungsbehörden vertretenen Anforderungen des öffentlichen Interesses in Kollision gerathen. Eine Kollision des von verschiedenen Behörden wahrzunehmenden öffentlichen Interesses dagegen würde nur „durch das Zusammenwirken der höheren und höchsten Verwaltungsbehörden" zum Ausgleich gebracht werden können (vergl. die Erkenntnisse des Oberverwaltungsgerichts vom 5. Mai 1877 und vom 6. März 1878 — Entscheidungen Bd. 2 S. 404, Bd. 3 S. 196).

Es fragt sich, ob und inwieweit die Vorschrift im § 4 des Gesetzes über die Eisenbahnunternehmungen vom 3. November 1838: „Die Genehmigung der Bahnlinie in ihrer vollständigen Durchführung durch alle Zwischenpunkte wird dem Handels-Ministerium vorbehalten; ebenso sind die Verhältnisse der Konstruktion, sowohl der Bahn als der anzuwendenden Fahrzeuge, an diese Genehmigung gebunden. Alle Vorarbeiten zur Begründung der Genehmigung hat die Gesellschaft auf ihre Kosten zu beschaffen", zu einem von Obigem abweichenden Erkenntnisse führt.

Wenn auch alle als Theile der Bahnanlage sich charakterisirenden Anlagen, mithin auch die Bahnhofsanlagen der Genehmigung des Handelsministeriums unterliegen, so ergeben dagegen die vorstehenden mitgetheilten Motive des § 4 so wenig wie die ganze Tendenz des Gesetzes und am wenigsten das Gesetz selbst irgend einen Anhalt dafür, daß durch die dem Handelsminister vorbehaltene Genehmigung der Bahnlinie in ihren Details diejenige Prüfung hätte ausgeschlossen werden sollen, welche die Ortspolizeibehörde hinsichtlich der in ihrem Polizeibezirk zur Ausführung kommenden Bauten nach Gesetz und Verordnung vorzunehmen berufen sind. Eine anderweite Regulirung der Ressortverhältnisse in Baupolizeiangelegenheiten lag außerhalb des durch den Zweck und den Umfang des Eisenbahngesetzes bezeichneten Rahmens.

Hiermit im Einklange steht denn auch die bereits in der Klage erwähnte Cirkular-Verfügung des Handelsministers vom 14. Juli 1870.

Die höhere Instanz ist der Regel nach überhaupt nicht — wenigstens nicht ohne Weiteres — für befugt zu erachten, die Funktionen der unteren Instanz an sich zu ziehen. O.G. vom 5. September 1878, Bd. 5 S. 324.

Daraus, daß die Landräthe die Organe der Chausseepolizei sind, folgt nicht ihre Zuständigkeit zur Handhabung der örtlichen Baupolizei bei Hochbauten an Chausseen über die Wahrung der besonderen chaussepolizeilichen Interessen hinaus: Die Ermächtigung der höheren Polizeibehörde, Befugnisse der untergeordneten Organe an sich zu ziehen, hat auch, wo beide Behörden zu einer Thätigkeit berufen sind, regelmäßig zur Voraussetzung, daß die betreffende Angelegenheit der Natur der Sache nach in einem einheitlichen Verfahren erledigt werden muß. Um eine solche Angelegenheit handelt es sich bei der Prüfung von Baugesuchen nicht; denn es steht nichts im Wege, die Ertheilung der Baukonsense, welche als ein Akt der Baupolizei an sich gemäß § 59 der Kreisordnung dem Amtsvorsteher zufällt, auch bei Bauten an Chausseen dem Amtsvorsteher in der Hauptsache zu belassen und die Mitwirkung des Landraths dabei auf die selbständige Wahrung der ihm anvertrauten chausseepolizeilichen Interessen zu beschränken. Wie dies Verfahren im Einzelnen am zweckmäßigsten zu ordnen sein mag, bleibt der Landespolizei- und Aufsichtsbehörde überlassen. O.G. vom 25. November 1889, Bd. 18 S. 390.

Allgemeine Verfügung vom 25. Mai 1898, betreffend die Genehmigung von Bauprojekten durch die Ortspolizeibehörde.

Durch den Runderlaß vom 15. Dezember 1878 ist im Anschluß an die Rechtsprechung des Oberverwaltungsgerichts grundsätzlich bestimmt worden, daß im Geltungsbereich der Kreisordnung, sofern Gesetz, Verordnung oder Statut für Bauprojekte die Genehmigung der Ortspolizeibehörde erfordern, letzterer die Prüfung der Projekte und die Entschließung über die im ortspolizeilichen Interesse zu stellenden Anforderungen, sowie die Abnahme des Rohbaues nicht entzogen werden darf. Hiernach ist die Frage, inwieweit eine Beschränkung der baupolizeilichen Prüfung fiskalischer Bauprojekte als zulässig anzusehen ist, nach dem jeweiligen örtlichen Baupolizeirecht zu beurtheilen. Wo die Baupolizeiordnungen, wie es vielfach geschehen ist, bestimmen, daß es bei auf Rechnung des Reiches oder Staates von Staatsbeamten ausgeführten Bauten der Einholung der förmlichen baupolizeilichen Erlaubniß nicht bedarf, es vielmehr genügt, wenn das Bauvorhaben vor der Ausführung der Polizeibehörde zur Erklärung darüber vorgelegt wird, ob und was in baupolizeilicher Hinsicht dagegen zu erinnern sei, oder auch bei solchen Bauten die Abnahme des Rohbaues oder die Schlußabnahme ganz nachlassen, hat es dabei sein Bewenden. Anderenfalls sind die Vorschriften des örtlichen Baurechtes auch für fiskalische Bauten maßgebend.

Der im Ministerial-Erlaß f. d. i. Verw. 1887 S. 274/75 zum Abdruck gelangte Erlaß vom 9. November 1887, betreffend polizeiliche Baukonsense bei Bauten der Staatsbehörden, hat mit Rücksicht auf den darin enthaltenen Satz, daß die Polizeibehörde vorliegend zur materiellen Prüfung des von der Königl. Fortifikation aufgestellten Bauprojektes zwar befugt gewesen sei, sich aber darauf hätte beschränken sollen, die gegen die Ausführung desselben bestehenden Bedenken der Fortifikationsbehörde einfach mitzutheilen, statt die ortspolizeiliche Genehmigung, wie geschehen, unter Vorbehalt, zu ertheilen, in der Praxis verschiedentlich zu der Auffassung Veranlassung gegeben, daß der oben gedachte Rund-Erlaß vom 15. Dezember 1878 hiernach eine Einschränkung erleide.

Zur Vermeidung von Irrthümern wird darauf aufmerksam gemacht, daß dies nicht der Fall ist.

Der Erlaß vom 9. November 1887 war an den Regierungs-Präsidenten zu Cöln gerichtet und stammt noch aus der Zeit vor der Einführung der Kreisordnung und der neuen Verwaltungsgesetze in der Rheinprovinz. Zur Interpretation des Erlasses vom 15. Dezember 1878, welcher sich ausdrücklich nur auf das Geltungsgebiet der Kreisordnung bezieht, kann derselbe nicht herangezogen werden.

Durch Rund-Erlaß an die Regierungs-Präsidenten und Oberpräsidenten, und an den Polizei-Präsidenten in Berlin vom 7. Februar 1897, betreffend die baupolizeiliche Genehmigung zu gewerblichen Anlagen für ausländische Korporationen wird erneut darauf hingewiesen, daß ausländischen Korporationen und juristischen Personen des Auslandes die baupolizeiliche Genehmigung zu gewerblichen Anlagen nicht eher ertheilt werden darf, als bis die zum Erwerbe von Grundbesitz erforderliche landesherrliche Genehmigung auf Grund des Gesetzes vom 4. Mai 1846 (Ges.-Samml. S. 235) bezw. die auf Grund des Allerhöchsten Erlasses vom 14. Februar 1882 (Ges.-Samml. S. 18) oder die nach § 18 der Gewerbeordnung vom 17. Januar 1845 in der Fassung des Gesetzes vom 22. Juni 1861 (§ 120 der Gewerbeordnung vom 21. Juni 1869 in der Fassung des Reichsgesetzes vom 1. Juli 1883 — Reichs-Gesetzblatt S. 177 ff.) nothwendige ministerielle Erlaubniß zum Geschäftsbetriebe in Preußen ausgesprochen ist.

Gemäß Ausführungsgesetz zum B.G.B. vom 20. September 1899 (Ges.-Samml. S. 177) Art. 89 Nr. 13 ist das Gesetz über die Erwerbung von Grundeigenthum für Korporationen und andere juristische Personen des Auslandes vom 4. Mai 1846 aufgehoben. An dessen Stelle bestimmt Art. 7 § 2 daselbst: „Juristische Personen, die in einem anderen Bundesstaate ihren Sitz haben, bedürfen zum Erwerbe von Grundstücken im Werthe von mehr als 5000 Mark der Genehmigung des Königs oder der durch Königl. Verordnung bestimmten Behörde.

Der gleichen Genehmigung bedürfen ausländische juristische Personen zum Erwerbe von Grundstücken ohne Rücksicht auf den Werth.

§ 3 daselbst: Die in den §§ 1, 2 vorgeschriebene Genehmigung ist nicht erforderlich zu einem Erwerbe, der auf Grund einer nach Maßgabe des Art. 6 genehmigten Schenkung oder Zuwendung von Todes wegen erfolgt.

Art. 6 der Verordnung zur Ausführung des B.G.B. vom 16. November 1899 (Ges.-Samml. S. 562): Die zum Erwerbe von Grundstücken nach Art. 7 § 2 Abth. 1 des Ausführungsgesetzes zum B.G.B. erforderliche Genehmigung wird Aktiengesellschaften, Kommanditgesellschaften auf Aktien, eingetragenen Genossenschaften, eingeschriebenen Hilfskassen, rechtsfähigen gegenseitigen Versicherungsgesellschaften und Gewerkschaften, die außerhalb Preußens in einem deutschen Bundesstaate ihren Sitz haben, von den zuständigen Ministern ertheilt.

Zu VI. Das Oberverwaltungsgericht hat stets daran festgehalten, daß ein abgelehntes Baugesuch jederzeit wiederholt werden und die Polizeibehörde sich einer erneuten Prüfung und Bescheidung auf dasselbe nicht entziehen, in dieser Hinsicht also von einer res judicata mit den ihr zukommenden Wirkungen nicht füglich die Rede sein kann.

Es kann keinem Zweifel unterliegen, daß an sich die Polizeibehörde auf Grund des § 10 A.L.R. II 17 und des § 6b des Polizeigesetzes vom 11. März 1850 berechtigt und verpflichtet ist, der Ausführung einer Anlage entgegenzutreten, wenn die nothwendig vorauszusetzende Folge ihrer Benutzung die wäre, daß Gefahren für Leben und Gesundheit auf der öffentlichen Straße dadurch bewirkt würden oder daß die Ordnung und Leichtigkeit des Verkehrs in unzulässiger, in anderer Weise nicht zu beseitigender Art in Frage gestellt würde. O.G. vom 26. April 1892, Preuß. Verwltgsbl. Jahrg. 14 S. 67.

Durch die Einreichung eines Bauantrages erlangt der Antragsteller keinen anderen Anspruch als den auf seine Prüfung. Nach welchem objektiven Rechte diese zu erfolgen hat, richtet sich nach der Zeit, in welcher sie abschließend stattfindet. Wie für die Polizeibehörde so für die Beschwerdeinstanz und den Richter im Streitverfahren ist dabei lediglich dasjenige öffentliche Recht maßgebend, das zu der Zeit, wo die Verfügung, der Bescheid oder die Entscheidung ergehen, in Kraft steht. Entspricht ein Bauprojekt zwar nicht der Bauordnung, unter deren Herrschaft es zur Prüfung eingereicht wird, wohl aber einer späteren Bauordnung, so kann seine Genehmigung nicht versagt werden, während letztere die für die Entschließung und Entscheidung der Behörde maßgebende geworden ist, und ebenso steht es in dem umgekehrten Falle, wenn spätere Ordnungen die an Bauten zu stellenden Anforderungen verschärfen. O.G. vom 21. Oktober 1896, Bd. 30 S. 370.

In der Weigerung der Baupolizeibehörde, die Prüfung eines Baugenehmigungsgesuches vorzunehmen, liegt eine die Genehmigung einstweilen versagende polizeiliche Verfügung, gegen welche die Rechtsmittel der §§ 127ff. des Landesverwaltungsgesetzes gegeben sind.

Ein mit den Rechtsmitteln des § 127 des Landesverwaltungsgesetzes vom 30. Juli 1883 zu bekämpfender Eingriff in die Rechtssphäre des Einzelnen liegt vor, wenn die für die Vornahme gewisser Handlungen, die an sich der Einfluß der Rechte der einzelnen Person sind, vorgeschriebene Genehmigung auch nur einstweilen versagt wird. Das Gleiche gilt aber, wenn die Polizeibehörde sich weigert, in eine Prüfung des Genehmigungsgesuches einzutreten. Auch hierin liegt eine Vorenthaltung der Genehmigung, auf deren Ertheilung der Antragsteller ein im Verwaltungsstreitverfahren verfolgbares Recht hat, sofern die gesetzlichen Voraussetzungen für die Genehmigung vorliegen. Aus dem gleichen Grunde hat der Gerichtshof in einem

Urtheile vom 1. November 1897 — Bd. 32 S. 377 Anm. — für das verwandte Gebiet der Errichtung einer Ansiedelung ausgesprochen, daß die Klage gegen eine Verfügung zulässig sei, in welcher die beantragte Genehmigung nicht ausdrücklich versagt, sondern für überflüssig erklärt worden ist.

Der Bauherr ist verpflichtet, so weit es die geltenden baupolizeilichen Vorschriften verlangen, zu seinem Bauvorhaben die Genehmigung der Baupolizeibehörden nachzusuchen und ihr dabei alle Unterlagen zu unterbreiten, deren sie bedarf, um zu beurtheilen, ob das Bauvorhaben dem geltenden Baurecht entspricht, und es ist zulässig, im Wege der Polizeiverordnung Bestimmungen darüber zu treffen, welche Beschaffenheit die Bauvorlagen haben müssen, um die Prüfung zu ermöglichen. Es ist aber nicht untersagt, und es wäre dafür auch kein polizeilicher Grund ersichtlich, ein Genehmigungsgesuch in der Form zu stellen, daß auf ein älteres, im Wesentlichen dasselbe Bauvorhaben betreffendes Gesuch verwiesen wird, mögen auch immerhin einige Aenderungen mit dem Projekte vorgenommen sein. Liegt in solcher Form ein schriftliches Baugenehmigungsgesuch von früher vor, so kann nicht die Forderung gestellt werden, ein Baugenehmigungsgesuch einzureichen, da diese Forderung bereits erfüllt ist. Daher wäre eine Weigerung, in die Prüfung eines solchen erneuerten Gesuchs einzutreten, durch polizeiliche Gründe nicht zu rechtfertigen, selbst wenn das frühere, in Bezug genommene Gesuch etwa zur unanfechtbar gewordenen unbedingten und vollständigen Ablehnung oder durch ausdrückliche Zurücknahme als geschäftlich vollständig erledigt angesehen sein möchte. O.G. vom 28. Februar 1898, Bd. 33 S. 414.

Zur Sicherung des polizeimäßigen Zustandes eines im ungetheilten Eigenthume Mehrerer befindlichen Grundstückes ist das polizeiliche Einschreiten auch gegen einen einzelnen Miteigenthümer zulässig ohne Rücksicht darauf, ob die Anordnung sich auf die Benutzung des Grundstückes bezieht und diese von dem in Anspruch genommenen Miteigenthümer geübt wird, wofern er nur nicht rechtlich oder thatsächlich gehindert ist, der Auflage zu genügen. O.G. vom 16. Mai 1898, Bd. 33 S. 444.

Das wissentliche Geschehenlassen des Baues durch den Grundeigenthümer im Falle des § 332 A.L.R. I 8 hat nicht die Bedeutung einer rechtsgeschäftlichen Willenserklärung.

Der Eigenthumserwerb des Bauenden ist ein unmittelbarer, der sich durch den Akt der Bebauung der einem Anderen gehörigen Grundfläche vollzieht. Die gesetzliche Bedingung für diesen unmittelbaren Eigenthumserwerb sind: 1. daß der Grundeigenthümer um den Bau weiß; und 2. daß er keinen Widerspruch dagegen erhebt. Aus welchem Grunde der Eigenthümer den Widerspruch unterläßt, ist — sofern nicht ein Willensfehler: Zwang, Irrthum, Betrug vorliegt — gleichgültig; einer Prüfung und Feststellung, ob der Grundeigenthümer den Willen gehabt hat, sein Eigenthum zu Gunsten des Bauenden aufzugeben, bedarf es nicht. R.G. i. Civils. vom 8. Mai 1895, Bd. 35 S. 263.

Diese dem Privatrecht angehörende Entscheidung ist hier citirt, um durch sie darzuthun, daß schon privatrechtlich die Bebauung eines Grundstückes durch einen Dritten nicht ausgeschlossen ist, und daher bei dem rechtlichen Charakter der Baugenehmigung die letztere nicht die nothwendige Voraussetzung enthält, daß der zu bebauende Grund und Boden im Eigenthum des Baulustigen steht.

Der rechtliche Charakter der Prolongationen polizeilicher Baukonsense:

Der Begriff der Prolongation ist durch die Ordnung, betreffend die Erhebung von Gebühren für die Genehmigung 2c. von Neubauten eingeführt worden, da diese für „jede Konsensverlängerung" die Hälfte der für die Ertheilung von Baukonsensen zu zahlenden Gebühren fordert. Jene Gebührenordnung ist keine Polizeiverordnung, sie ist für die Handhabung des Baupolizeirechts weder maßgebend noch überhaupt von der Polizei zu handhaben. Im Sinne des Polizeirechtes fordert daher der Baulustige mit der „Prolongation" nichts weiter als einen neuen Bauerlaubnißschein für eine weitere Zeit, und die Ortspolizeibehörde ist nicht nur berechtigt, sondern auch verpflichtet, den Antrag so, wie er sich nach dem Baupolizeirecht allein darstellt, nämlich als einen Antrag auf nochmalige Ertheilung der schon früher ausgesprochenen Bauerlaubniß zu behandeln, sachlich zu prüfen und über ihn zu befinden. Welche Gebühr dann der Kläger, wenn der erloschene Konsens von Neuem ertheilt wurde, zu zahlen hat, entzieht sich der Beurtheilung der Polizeibehörde. Sie hat daher auch gar nicht zu prüfen, ob die wiederholte Ertheilung des erlöschenden oder erloschenen Konsenses sich als „Konsensverlängerung" im Sinne der Gebührenordnung darstellt oder nicht, einen Punkt, bezüglich dessen übrigens bemerkt werden mag, daß die Fassung der polizeilichen „Konsensverlängerung" oder Neuertheilung für die Handhabung der Gebührenordnung wohl ebensowenig entscheidet, als die Gebührenordnung in polizeilicher Hinsicht maßgebend ist. O.G. vom 21. Oktober 1896, Bd. 30 S. 370.

§ 4.

Die Baubedingung.

Wenn rechtlich unter Bedingung der Wille zu verstehen ist, der einen Rechtserfolg von dem Eintreten einer bestimmten Thatsache abhängig macht, sodann aber auch die Thatsache selbst, welcher diese Wirkung beigelegt wird (zu vergl. Arndts Pandekten, Begriff der Bedingungen), so ist die dem öffentlichen Rechte angehörende Baubedingung in dieser Weise nicht aufzufassen. Von Bedingung ist allerdings insofern zu sprechen, als die Thatsache der Bauausführung vorliegen muß, welche eine bestimmte Wirkung ausübt, indem dadurch die Pflicht des Baulustigen auflebt, bestimmte Anordnungen zu befolgen. Doch ist unter Baubedingung begrifflich der Inhalt dieser Pflicht, die Anordnung zu verstehen.

Ein Bauprojekt wird nur in den seltensten Fällen alle im öffentlichen Interesse nothwendigen Beschränkungen berücksichtigt zeigen; es wird für gewöhnlich einen oder mehrere Verstöße gegen die baupolizeilichen Vorschriften enthalten, welche die Erklärung, es liege gegen die Ausführung des vorgelegten Projektes kein öffentlich-rechtliches Hinderniß vor, verbieten. Statt das Projekt zurückzuweisen, wird diese Erklärung an die Nothwendigkeit geknüpft, bestimmte Anordnungen der Genehmigungsbehörde bei der Bauausführung zu erfüllen. Hierbei können positive, dem Gesetz oder dem lokalen Baupolizeirecht entnommene, auf das vorliegende Projekt anzuwendende Vorschriften, oder auf Grund pflichtmäßigen Ermessens, auf den allgemeinen Bestimmungen des § 10 II 17 A.L.R. in Verbindung mit §§ 66, 67 I 8 daselbst und dem Gesetze über die Polizeiverwaltung vom 11. März 1850 (§ 6) basirenden Anordnungen in Frage kommen. Anordnungen solcher Art sind, wie überhaupt das objektive Baupolizeirecht — daher führen auch die §§ 33ff. a. a. O. das Marginale: Gesetzliche Einschränkungen zum Besten des gemeinen Wesens, und die §§ 65ff. a. a. O. das Marginale: Einschränkungen des Eigenthümers bei dem Bauen —, Beschränkungen der Baufreiheit des Eigenthümers, und stellen sich als Eingriffe in dessen Rechtssphäre dar. Sie müssen genau angegeben, auch die Berechtigung hierzu nachgewiesen werden, schon aus dem Grunde, weil der von den Anordnungen Betroffene in der Lage sein muß, ihre Berechtigung zu erkennen und, falls er sich in seinem Rechte verletzt glaubt, d. h. die Anordnungen für unberechtigt hält, hierfür den Nachweis zu erbringen, nothwendigenfalls durch Geltendmachung der ihm vom Gesetzgeber zu Gebote gestellten Rechtsmittel.

Daß zur Auferlegung bestimmter Baubedingungen das vorgelegte Bauprojekt die unmittelbare Veranlassung giebt, also die Art der Ausführung, wie sie in den Zeichnungen dargelegt ist, die Forderung bestimmter baulicher, von der Sicherheit, Gesundheit u. s. w. diktirter Handlungen bei der Ausführung bewirkt, bedarf erst keiner besonderen Hervorhebung.

Nach alledem ergiebt sich, daß begrifflich die Baubedingung eine polizeiliche Verfügung ist, deren Ausführung von der Ausführung des genehmigten Projektes abhängig ist, eine Verfügung, die nicht ohne Weiteres erzwingbar, sondern erst praktische Bedeutung mit dem Beginn des Baues erhält. Ihre Existenz und die an sie geknüpften Wirkungen treten erst mit der Ausführung des Projektes ein. Andrerseits beschränken sie die Baufreiheit und geben dem Projekte eine Richtung, die nicht gewollt ist. Indem das beabsichtigte Projekt nicht die behördliche Genehmigung gefunden hat und das bedingt genehmigte nicht gewollt ist, muß es natürlich dem Baugesuchsteller zustehen, sich hiergegen, d. h. den durch die Baubedingungen erfolgten Eingriff in seine Rechtssphäre, zu wehren, wenn er in ihnen eine Verletzung seines Rechtes finden zu müssen glaubt.

In weiterer Ausführung dieser rechtlichen Darlegungen sei auf die nachfolgenden Entscheidungen der höchsten Gerichtshöfe verwiesen.

Inwieweit darf der Konsens zur Ausführung eines für sich bestehenden Hintergebäudes, um eine Verunstaltung der Straße abzuwenden, an die Bedingung geknüpft werden, daß nach letzterer hinaus der Bauplatz durch eine andere Baulichkeit abgeschlossen werde?

Kann eine bezügliche Baukonsensbedingung auch dann noch mit Erfolg angefochten werden, nachdem der Unternehmer den Konsens ohne Einspruch entgegengenommen und den genehmigten Bau entsprechend ausgeführt hat?

Der Umstand, daß Kläger die mit Bedingungen beschwerten Baukonsense angenommen und Gebrauch von denselben gemacht hat, schließt keineswegs dessen Befugniß aus, die Gesetzmäßigkeit, sowie die polizeiliche Nothwendigkeit, Angemessenheit und Zweckmäßigkeit jener Bedingungen durch Klage anzufechten.

In erster Beziehung — die Gesetzmäßigkeit betreffend — ist nun zwar darin dem Vorderrichter beizutreten, daß der Polizeibehörde nach §§ 66, 71, 78 I 8 A.L.R. die Befugniß beiwohnt, Verunstaltungen von Straßen zu verhindern, oder, falls ein ohne vorhergegangene Anzeige unternommener Bau zur groben Verunstaltung der Straße gereicht, eine solche auch nachträglich zu beseitigen. Aber diese Befugniß der Polizeibehörde kann nicht weiter reichen, als der Zweck ihres Einschreitens es bedingt. O.G. vom 7. November 1878, Bd. 4 S. 374.

Inwieweit kann der Nachfolger im Besitze eines Hauses, bei dessen Erbauung von dem Baukonsense abgewichen ist, polizeilich angehalten werden, in den abweichenden Punkten den Bau dem Konsense entsprechend umzugestalten?

Ihm gegenüber (dem Nachfolger nämlich) kann die Bauausführung als eine konsenswidrige nur unter der Voraussetzung gelten, daß die gestellten Bedingungen ihre rechtliche Basis nicht ausschließlich in den besonderen Satzungen, welche der Baukonsens dem Unternehmer vorschreibt, sondern weiter in allgemeingültigen, unmittelbar gesetzlichen oder doch denjenigen, dem Gesetze gleichstehenden baupolizeilichen Bestimmungen fand, auf Grund und nach Maßgabe welcher der Baukonsens überhaupt ertheilt wurde. O.G. vom 19. Mai 1877, Bd. 2 S. 355.

Die polizeiliche Erlaubniß zum Anbau an einer neuen Straße darf nicht zu dem Zwecke an Bedingungen geknüpft werden, um die Erfüllung der dem Bauunternehmer in Betreff der Kosten der Straßenanlagen obliegenden (kommunalen) Verpflichtungen herbeizuführen. O.G. vom 6. Dezember 1878, Bd. 4 S. 364.

Die Polizeibehörde ist nicht befugt, vorzuschreiben, daß ein Grundstück mit einer an sich rechtswirksam auferlegten Beschränkung zu Gunsten eines anderen Grundstückes, mit dem es wirthschaftlich verbunden war, auch nach wirthschaftlicher Trennung und Wechsel des Eigenthümers belastet bleibe; denn der Grundstückseigenthümer ist zwar verpflichtet, sein Grundstück in einem den polizeilichen Anforderungen entsprechenden Zustande zu erhalten, nicht aber Einschränkungen zu erleiden, damit ein anderes, selbständiges Grundstück in einem polizeimäßigen Zustande bleibe.

Aus den Gründen: Wie der Gerichtshof schon vielfach dargelegt hat, gehört es zu den Aufgaben der Bauordnungen, im Interesse der Gesundheit der Hausbewohner für genügenden Luft- und Lichtraum zu sorgen. Die Baupolizeibehörde ist daher auch berechtigt, nach Maßgabe der Ausdehnung des Baugrundstückes und nach Maßgabe der Zahl der in den beabsichtigten Bauten einzurichtenden Wohnungen die Freilassung bestimmter Flächen vorzuschreiben. Aber diese Freilassung eines genügenden Hofes und die Unbebaubarkeit der betreffenden Fläche kann nur mit Rücksicht auf die Zugehörigkeit der Fläche zu einem bestimmten Hause vorgeschrieben werden. Scheidet die Fläche aus dem wirthschaftlichen Zusammenhange mit dem Hausgrundstück aus, so fällt auch der Grund für die Freilassung und die Unbebaubarkeit fort. Nur so lange der Zusammenhang besteht, hat die Fläche überhaupt wirthschaftlich die Eigenschaft eines Hofes für das betreffende Haus und ist sie in Folge dieser Eigenschaft mit der Beschränkung der Bebaubarkeit belastet. Wird die Fläche von dem Hause abgetrennt, geht sie in das Eigenthum eines Anderen über, so verliert sie jene wirthschaftliche Eigenschaft und Zweckbestimmung, und damit hört auch die ihr nur in Folge ihrer Eigenschaft und Bestimmung anhaftende Beschränkung auf. Die Fortdauer der Beschränkung trotz wirthschaftlicher Trennung und Wechsels des Eigenthümers kann die Polizei nicht bestimmen. Sie kann nicht vorschreiben, daß ein Grundstück zu Gunsten eines andern Grundstücks mit einer dauernden Baubeschränkung belastet bleibe. Solche Vorschriften würden über die Schranken, welche der Polizeiverordnung durch das bestehende Recht gezogen sind, hinausgehen und deshalb rechtsungültig sein. Denn jeder Eigenthümer ist zwar verpflichtet, das einzelne Grundstück in einem den polizeilichen Anforderungen entsprechenden Zustand zu erhalten, und die Polizei ist berechtigt, über das Bestehen dieses Zustandes zu wachen. Sie kann aber nicht verlangen, daß der Eigenthümer in seinen aus dem Eigenthum folgenden Befugnissen Einschränkungen erdulde, damit ein anderes, wirthschaftlich getrenntes und selbständiges Grundstück in einem polizeimäßigen Zustande bleibe. Für die Wahrung dieses Zustandes hat nur der Eigenthümer dieses anderen Grundstückes zu sorgen. An ihn muß sich die Polizei halten.

Die Frage der polizeimäßigen Beschaffenheit ist grundsätzlich für jedes einzelne, wirthschaftlich selbständige Grundstück besonders zu prüfen, und jedes einzelne Grundstück ist den polizeilichen Anforderungen gemäß einzurichten. O.G. vom 21. März 1898, Bd. 33 S. 409.

Der rechtliche Charakter der den Baukonsensen beizufügenden Baubedingungen als polizeiliche, erforderlichenfalls im Zwangsverfahren durchzusetzende Verfügung. Die sich daraus hinsichtlich des nothwendigen, durch das konkrete Bauprojekt beschränkten Anlasses zur Verfügung und der Bestimmtheit ihres Inhalts ergebenden Anforderungen. Aufgabe und Grenzen der Rechtskontrole im Streitverfahren über diese Baubedingungen.

Aus den Gründen: Die Verbindung von Zwangsandrohungen mit dem Baukonsens ist zulässig. Es ist richtig, daß der Baukonsens selbst an sich keine Anordnung im Sinne des § 132 des Landesverwaltungsgesetzes vom 30. Juli 1883, auch keine Verfügung ist, an welche sich ohne Weiteres ein Zwangsverfahren anschließen könne. Das Oberverwaltungsgericht ist in konstanter Rechtsprechung stets davon ausgegangen, daß dem Baukonsense in Form von Bedingungen auch „Anordnungen" sich anschließen können in der Art, daß der Unternehmer, wenn anders er überhaupt von dem Konsense Gebrauch macht, hierbei an gewisse — gleichviel ob seinen Plänen entsprechende oder ihnen zuwiderlaufende — Schranken gebunden ist, und daß diese Anordnungen dann aufrecht zu erhalten sind, wenn sie sich mit dem bestehenden Baurechte in Uebereinstimmung befinden. Daß aber die so gegebenen polizeilichen Anordnungen auch mit Zwangsandrohung versehen werden können — falls nicht der

Grundsatz ne bis in idem zur Anwendung zu kommen hat —, folgt aus der allgemeinen Bestimmung des § 132 des Landesverwaltungsgesetzes.

Es ist das Recht und die Pflicht der Polizeibehörde, Aenderungen des Projektes zu fordern, bezw. die Ausführung desselben nur bedingt zu genehmigen, wenn das Projekt, wie es vorgelegt ist, an der Hand des maßgebenden objektiven Baupolizeirechts dazu Anlaß giebt. Die Voraussetzungen, unter welchen der Verwaltungsrichter eine polizeiliche Verfügung aufheben kann, sind in den §§ 127 und 128 des Landesverwaltungsgesetzes genau bestimmt.

Die Polizeibehörde ist zwar völlig berechtigt, den Unternehmer im Baukonsense auf die bezüglich des Baues bestehenden Vorschriften und Bestimmungen hinzuweisen und deren Befolgung zur Pflicht zu machen, eine unerläßliche Voraussetzung für solche in Form von Baubedingungen erlassene Anordnungen ist aber, daß in dem Bauprojekte selbst zu ihnen ein genügender praktischer Anlaß gegeben ist. Nur wenn der vorgelegte Plan selbst oder wenigstens solche Einrichtungen und Anlagen, welche nach den Gewohnheiten und Gepflogenheiten des betreffenden Ortes mit dem Projekte in sachlicher enger Beziehung zu stehen pflegen und dabei gewöhnlich zugleich zur Ausführung kommen oder durch dasselbe bedingt sind, durch die dem Baukonsense zugefügten Anordnungen für den Fall der Ausführung des Projektes betroffen werden, sind die letzteren gerechtfertigt; ist dies aber nicht der Fall und hat die Polizeibehörde keine so berechtigte Veranlassung zu der Annahme, daß Anlagen, auf welche sich die Anordnungen beziehen, überhaupt mit dem Bau zugleich errichtet werden sollen, so hat der Unternehmer ein Recht darauf, zu verlangen, daß er mit solchen polizeilichen Verfügungen nicht behelligt wird. Schreitet der Unternehmer dann trotzdem zu solchen Anlagen, so hat die Polizeibehörde vollen Anlaß, ihm die Ausführung zu untersagen, sofern sie mit dem bestehenden Rechte in Widerspruch stehen; aber die Möglichkeit allein, daß der Unternehmer allenfalls in naher oder ferner Zukunft solche Einrichtungen einmal treffen werde, kann die Polizeibehörde nicht berechtigen, demselben Normen vorzuschreiben, nach denen er sich eintretenden Falls richten soll; sie beschreitet damit ein Gebiet, welches der einzelnen Polizeiverfügung entzogen und für welches die Polizeiverordnung der eigentlich gegebene Weg ist.

Wenn weiter z. B. vorgeschrieben wird, daß die Anlage von Düngergruben, Ställen und Aborten den sanitätspolizeilichen Vorschriften entsprechen müssen, so entbehrt diese Verfügung der für jede polizeiliche Anordnung erforderlichen Bestimmtheit; welche sanitätspolizeilichen Vorschriften gemeint sind, erhellt nicht, und der Kläger ist gar nicht in der Lage, zu ermessen, was er bei der Anlage der an sich allerdings für nothwendig zu erachtenden Düngergrube und Aborte beobachten und ausführen soll. (Vergl. O.G. Bd. 9 S. 231, Bd. 20 S. 278, 283, Preuß. Verwltgsbl. Jahrg. 8 S. 208, 210—212).

Es liegt im allgemeinen polizeilichen und sanitären Interesse, daß die Behörde sich, ehe solches durch das Beziehen der Wohnungen unmöglich gemacht oder erheblich erschwert wird, überzeugt, ob der Bau den bestehenden Bestimmungen oder den gestellten Bedingungen gemäß ausgeführt und in gesundheitlicher Beziehung zum Bewohnen geeignet ist, oder ob zu diesem Behufe noch weitere Arbeiten auszuführen und dementsprechende Auflagen zu machen sind. Sie kann deshalb mit Recht verlangen, daß die Fertigstellung des Neubaus ihr mitgetheilt wird und das Beziehen der Wohnungen nicht eher stattfindet, bis sie ihre Zustimmung dazu ertheilt, d. h. konstatirt hat, daß polizeiliche Hindernisse dem Bewohnen des Hauses nicht mehr entgegenstehen.

Wird schon nach § 14 des Ansiedelungsgesetzes vom 25. August 1876 verlangt, daß der Platz, auf welchem die Ansiedelung gegründet werden soll, durch einen jederzeit offenen Weg **zugänglich** sein soll, so liegt es nicht minder im Interesse der Sicherheits-, Feuer- ꝛc. Polizei, daß jedes Wohnhaus einen ungehinderten Zugang von einer öffentlichen Straße aus hat, und die Polizeibehörde ist deshalb wohl befugt, von demjenigen, der ein Wohnhaus errichten will, zu verlangen, daß er, falls er von dem Baukonsens Gebrauch macht, die dem entgegenstehenden Hindernisse beseitigt. O.G. vom 24. Mai 1892, Bd. 23 S. 321.

Zur Bedeutung der grundbuchlichen Behandlung der Grundstücke, insbesondere ihrer Zusammenschreibung auf einem Grundbuchblatt für die Handhabung des Baupolizeirechts. Ist diese Zusammenschreibung namentlich für die Frage nach der Einheitlichkeit der Grundstücke im baupolizeilichen Sinne entscheidend?

Baukonsensen hinzugefügte Bedingungen als Gegenstand des Angriffs und der richterlichen Prüfung im Streitverfahren über polizeiliche Verfügungen und Androhung von Zwangsmitteln, welche ihre Erfüllung zum Gegenstande haben.

Die Entscheidung hängt lediglich davon ab, ob das Gartengrundstück — um das es sich in dem Streitverfahren handelt — so lange es nicht grundbuchlich mit dem Stammgrundstück vereinigt ist, als ein selbständiges Grundstück im Sinne der Baupolizeiordnung behandelt werden muß. Die Frage, ob zwei neben einander liegende Grundstücke als ein Grundstück oder als zwei selbständige Grundstücke anzusehen sind, kann nur nach Maßgabe der in jedem einzelnen Falle thatsächlich bestehenden Verhältnisse beantwortet werden. Die Anschauung, daß stets die grundbuchliche Eintragung maßgebend sein solle, läßt sich aus dem Wesen der Sache nicht entnehmen; im Gegentheil bewegen sich die grundbuchlichen Eintragungen, die wesentlich nur zur Regelung privatrechtlicher Verhältnisse bestimmt sind, auf einem Gebiete, das von dem des öffentlichen Baurechtes völlig verschieden ist. Die Erfahrungen des täglichen Lebens geben davon die überzeugendsten Beweise; es braucht nur an den häufig vorkommenden Fall erinnert zu werden, daß auf zwei neben einander liegenden, grundbuchlich aber nicht vereinigten Grundstücken ein gemeinsames, einheitliches Bauwerk errichtet wird; hier kann nicht füglich daran gezweifelt werden, daß die Einheitlichkeit des Grundstückes mit Ausführung des Baues selbst ohne Weiteres hergestellt wird.

Der unterzeichnete Gerichtshof hat daher auch in seiner Rechtsprechung an der Anschauung festgehalten, daß einerseits eine bestimmte Fläche nicht bloß schon deshalb, weil sie auf einem und demselben Grundbuchblatte verzeichnet stehen, als ein einheitliches Grundstück anzusehen sei, und daß andrerseits zwei neben einander liegende, im Grundbuch getrennt aufgeführte Flächen sehr wohl eine Einheit bilden können. Besonderes Gewicht für die Beurtheilung wird vor Allem auf die wirthschaftliche Benutzung zu legen sein; Grundstücke, die zu einem wirthschaftlichen Ganzen verbunden sind, werden, wenigstens der Regel nach, als eine Einheit zu behandeln sein. Im Uebrigen kann nur die Gesammtheit aller in Betracht kommenden thatsächlichen Verhältnisse entscheiden.

Die Ansicht, zwei Grundstücke müßten schon wegen ihres verschiedenartigen Nutzungszweckes als zwei selbständige Grundstücke aufgefaßt werden, geht offenbar fehl; ihr zufolge würde die Einheitlichkeit des Grundstückes in allen Fällen geleugnet werden müssen, wo neben einem Wohnhaus sich ein dazu gehöriger Garten befindet. Darauf aber, ob die Verbindung erst kurze Zeit gedauert hat, kann es hier nicht ankommen; mit dem Augenblicke, wo der Kläger die Verbindung thatsächlich vollzog, wurde auch die Einheitlichkeit des Grundstückes hergestellt. O.G. vom 1. November 1892, Bd. 23 S. 331.

In dieser Materie erging noch die Entscheidung desselben Gerichtshofes vom 1. November 1892, Bd. 23 S. 336.

Läuft die Frist zur Anfechtung einer polizeilichen Verfügung, in welcher der Konsens zum Bau eines Hauses und einer für den Umbau noch nicht fertigen Straße unter der Bedingung ertheilt wird, daß die Gemeinde-Verwaltungsbehörde zu dem Bau ihre Zustimmung giebt, von der Behändigung des polizeilichen Baukonsenses oder von der Behändigung der Verfügung ab, in der die Gemeindebehörde ihre Zustimmung versagt?

Aus den Gründen: Wird ein Baukonsens mit der Bedingung, daß vor dem Beginn des Baues die Zustimmung einer städtischen Behörde eingeholt werden müsse, ertheilt, so bedeutet dies nichts Anderes, als daß die Polizeibehörde den Konsens versage, wofern nicht die Zustimmung der Gemeindebehörde beschafft und damit ausnahmsweise der Bau zugelassen werde. An sich wird also durch einen Baukonsens mit einer derartigen Bedingung zum Ausdruck gebracht, daß der projektirte Bau unzulässig sei und deshalb nicht genehmigt werde, und es wird nun zugleich der Weg angezeigt, auf welchem die Unzulässigkeit des Projektes behoben und damit auch die polizeiliche Genehmigung des Baues erreicht werden könne. Ist dies aber die eigentliche Bedeutung eines derartig ertheilten Konsenses, so leuchtet ohne Weiteres ein, daß die Partei, die sich mit ihm nicht bescheiden will, weil sie der Meinung ist, daß die Polizeibehörde mit Unrecht das ortsstatutarische Bauverbot auf das vorgelegte Bauprojekt zur Anwendung bringe, diesen Bescheid innerhalb der gesetzlichen Frist von zwei Wochen im Beschwerdewege anzugreifen hat und daß sie mit diesem Angriffe nicht warten darf, bis feststeht, ob ihr die Gemeindebehörde ihre Zustimmung ertheilen wird oder nicht. Denn die Entscheidung, daß das Bauverbot an sich Anwendung finde, also gerade die Entscheidung, durch welche die Partei sich beschwert fühlt und gegen welche sie allein Abhilfe im Beschwerdeverfahren erlangen kann, liegt schon in dem unter der gedachten Beschränkung ertheilten Baukonsense selbst. O.G. vom 12. Februar 1896, Bd. 29 S. 395.

Baubedingung kann lediglich als solche dem Besitznachfolger gegenüber nicht erzwungen werden; ein polizeiliches Einschreiten ist nur dann zulässig, wenn es sich außerdem um die Beseitigung eines normwidrigen Zustandes handelt.

Polizeiliches Verlangen der Erhöhung des Hofes am Hause behufs Entwässerung nach der Straße.

Sind zur Abänderung eines polizeiwidrigen Zustandes verschiedene gleichberechtigte Mittel gegeben, so muß dem Verpflichteten die Wahl unter denselben freigestellt werden.

Aus den Gründen: Wie in dem O.G. Bd. 2 S. 355, Bd. 12 S. 366, Bd. 13 S. 424 ausführlich begründet, kann eine Baubedingung lediglich als solche dem Besitznachfolger gegenüber nicht erzwungen werden; ein polizeiliches Einschreiten ist nur dann zulässig, wenn es sich außerdem um die Beseitigung eines normwidrigen Zustandes handelt, wenn also die Bedingung auch im materiellen Rechte ihre fortdauernde Begründung hat. Von dem Kläger würde hiernach die Ausführung der polizeilichen Verfügung, in welcher ihm die Erledigung der dem Rechtsvorgänger auferlegten Bedingung zur Pflicht gemacht wurde, nur dann mit Recht verlangt werden können, wenn unabhängig von dem früheren Vorgange ihm eine gleiche Auflage nach dem jetzt geltenden Rechte gemacht werden könnte.

Bebauungspläne und Fluchtlinien beziehen sich nach §§ 1ff. des Gesetzes vom 2. Juli 1875 lediglich auf die Straßen und Plätze selbst, und ihre desfallsige Wirkung ist im § 11 daselbst näher dargelegt; nirgends aber findet sich in dem Gesetze auch nur eine Andeutung darüber, daß die Festsetzung einer Fluchtlinie auf die Höhenlage der angrenzenden Grundstücke eine bestimmende Wirkung auszuüben berufen sei, und es kann deshalb in derselben eine rechtliche Grundlage für die Anordnung der Beklagten nicht gefunden werden.

Beklagte Polizeibehörde stützt sich für ihre Anordnung — Erhöhung des Hofes — aber noch auf den Inhalt des § 10 II 17

A.L.R. Es kann ihr ohne Weiteres zugegeben werden, wie daraus, daß die Gebrauchs- und Niederschlagswasser auf dem Hofe offen stehen bleiben, ein sanitätspolizeiwidriger Zustand entstehen kann und unter dieser Voraussetzung die Polizeibehörde auf Grund der eben genannten Bestimmung verpflichtet ist, Abhilfe herbeizuführen; dagegen kann nicht anerkannt werden, daß die Erhöhung des Hofes, um welche es sich hier allein handelt, das einzige mögliche oder auch nur allein zweckentsprechende Mittel sei, um dem Mißstande abzuhelfen. O.G. vom 6. Januar 1891, Preuß. Verwltgsbl. Jahrg. 12 S. 303.

§ 5.

Zurücknahme bezw. Widerruf und Abänderung der ertheilten Baugenehmigung und Baubedingung.

Nach ihrem rechtlichen Begriff ist die Baugenehmigung die Erklärung der zuständigen Behörde, daß einem beabsichtigten Bau nach Maßgabe der vorgelegten Zeichnungen ꝛc. darüber zur Zeit der Erklärung Hindernisse aus dem öffentlichen Rechte nicht entgegenstehen.

Diese Erklärung kann auch unter dem Vorbehalt abgegeben werden, daß bestimmte Anordnungen (d. i. die Baubedingungen) bei Ausführung des Baues beachtet und befolgt werden.

Eine Zurücknahme dieser Erklärung kommt daher in Frage, wenn die letztere im Widerspruch und unter Nichtbeachtung der zur Zeit der Erklärung geltenden materiellrechtlichen Bestimmungen des Polizeirechts — nicht bloß des Baupolizeirechts — abgegeben worden ist oder wenn das öffentliche Recht, wie es zur Zeit der Abgabe der Erklärung bestanden, eine Aenderung erfahren hat, gleichgiltig, ob die Aenderung in einer Verschärfung der bestehenden Bestimmungen zu finden ist oder in dem Verbot bisher zulässiger, das Bauen bezw. Gebäude betreffender Handlungen oder Verhältnisse, z. B. das Verbot zweier Dachgeschosse, die nach dem bisherigen Rechte geltend waren. Die Zurücknahme der zweiten Art kann natürlich nur erfolgen, so lange das Bauprojekt noch Projekt geblieben ist, ist aber nicht mehr zulässig, sobald es bereits in der Ausführung begriffen, mit letzterer begonnen worden ist.

Außerdem ist für die Zurücknehmbarkeit bezw. Widerrufbarkeit einer Baugenehmigung eine weitere Voraussetzung, daß die Aenderung des bestehenden öffentlichen Rechts durch positive, gesetzliche oder durch Polizeiverordnung gegebene Bestimmungen bewirkt ist. Die Zurücknahme einer Baugenehmigung ist dagegen nicht zulässig, wenn die darin liegende Erklärung aus § 10 II 17 A.L.R. abgegeben ist, die Behörde aber hinterher zu der Ueberzeugung gelangt, daß sie bei Beurtheilung des vorgelegten Projektes aus § 10 a. a. O. sich geirrt und danach eine auf Verkennung der Verhältnisse beruhende Erklärung abgegeben hat. Daß eine Baugenehmigung zurückzunehmen ist, welche in Folge falscher Angaben und Unterlagen ertheilt worden ist, bedarf wohl keines besonderen Nachweises. Eine solche Genehmigung ist sogar ohne Weiteres ungültig, wenn sie durch wissentlich falsche Angaben und Unterlagen erlangt worden ist. In diesem Falle baut der betreffende Baulustige, als wenn er überhaupt keinen Konsens erhalten hat.

Bei der Zurücknahme einer ertheilten Baugenehmigung wird übrigens stets erwogen werden müssen, ob die Vorschriften, die bei Ertheilung der Baugenehmigung zu berücksichtigen waren, derartig einschneidende sind, daß dieselben ohne Rücksicht auf das Interesse des Bauherrn und die Schädigung dieses Interesses durchgeführt werden müssen, oder ob die dadurch verursachte Schädigung eine so erhebliche ist, dagegen die Verletzung der gesetzlichen Vorschriften eine so unerhebliche, daß sie zu der Schädigung in keinem Verhältnisse steht. Es wird hier in analoger Weise öffentliches und Privatinteresse zur Abwägung gelangen müssen als bei Ertheilung der Ansiedelungsgenehmigung (s. unten Ansiedelungsgesetz).

Was die Abänderung anbelangt, so gilt für sie im Allgemeinen das vorstehend Gesagte. Auch hier wird für die Frage der Berechtigung zur Abänderung einer bereits ertheilten Baugenehmigung die Voraussetzung vorliegen müssen, daß entweder bestehende materielle Bestimmungen des Polizeirechtes verletzt, oder, sofern ein Projekt bereits genehmigt, mit dem Bau aber noch nicht begonnen ist, daß die polizeirechtlichen Bestimmungen eine Aenderung erfahren haben, und dadurch die Erklärung der Behörde modifizirt wird, indem z. B. eine bedingungslos abgegebene Erklärung mit Bedingungen versehen wird. Diese Rechtsdarlegungen treffen auch hinsichtlich der Zurücknahme bezw. Widerruf sowie der Abänderung von Baubedingungen zu. Baubedingungen sind ihrem Charakter nach polizeiliche Anordnungen und fallen als solche unter die Rubrik der polizeilichen Verfügung im Sinne der §§ 127 ff. des Gesetzes über die allgemeine Landesverwaltung vom 30. Juli 1883. Sie sind daher zurücknehmbar und zurückzunehmen, bezw. entsprechend abzuändern, wenn sie mit den materiellen polizeirechtlichen Bestimmungen in Widerspruch stehen. Ergiebt sich für ein genehmigtes, mit Baubedingungen versehenes Bauprojekt die Nothwendigkeit, diese Bedingungen in Folge neuer, in Kraft getretener baupolizeilicher Vorschriften abzuändern, so gelten auch hierfür die obigen Ausführungen, indem die erste Voraussetzung ist, daß das Projekt zur Zeit des Inkrafttretens der neuen Vorschriften noch nicht in der Ausführung begriffen ist, um der Behörde die Berechtigung zu geben, eine Aenderung der einzelnen Bedingungen vorzunehmen.

Ist der Bauherr im Allgemeinen bei Eintritt neuer baupolizeilicher Vorschriften berechtigt, unberücksichtigt derselben seinen beabsichtigten Bau nach Maßgabe der ertheilten Baugenehmigung weiterzuführen, so stellt sich die Frage, ob er, sofern er das genehmigte Projekt ausführt, verpflichtet ist, die darin auferlegten Baubedingungen zu erfüllen, obwohl einzelne derselben in polizeirechtlichen Bestimmungen ihre Begründung haben, die durch die neu erlassenen Bestimmungen aufgehoben sind. Der Bau ist begonnen noch unter der Herrschaft der aufgehobenen Bestimmungen; deswegen kommen die neuen Bestimmungen nicht in Frage, sofern sie etwa verschärfter, d. h. die Baufreiheit noch weiter einschränkender Art sind. Kommen sie aber auch nicht in Betracht, soweit sie hinsichtlich der Baubeschränkung milder als die bisherigen Bestimmungen sind? Dies muß verneint werden. Denn es ist nicht ersichtlich, warum die an sich bestehende grundsätzlich anerkannte Baufreiheit in Folge Aufhebung von Baubeschränkungen, als welche sich die polizeirechtlichen Bestimmungen darstellen, nicht auch für in der Ausführung begriffene, noch nach Maßgabe der bisherigen Bestimmungen geprüfte Bauten ohne Weiteres zur Geltung kommen und in ihr Recht treten sollte.

Auch an dieser Stelle folgen im Anschluß an die vorhergegangenen Ausführungen eine Anzahl einschlägiger letztinstanzlicher Entscheidungen:

Polizeiliche Verfügungen können, auch wenn sie im förmlichen Beschwerdeverfahren außer Kraft gesetzt sind, mit voller rechtlicher Wirkung von Neuem erlassen werden, und sind, nicht unter Bezugnahme auf die im Beschwerdeverfahren endgültig ergangenen Bescheide aus dem Grunde der rechtskräftig entschiedenen Sache (res judicata) anfechtbar.

Der Regel nach beantwortet sich die Frage, ob Gebäude nach den für Eckhäuser bestehenden baupolizeilichen Vorschriften gebaut werden dürfen, nach dem rechtlichen und thatsächlichen Bestande des Straßennetzes, nicht nach den in den festgesetzten Bebauungsplänen zwar in Aussicht genommenen, aber noch nicht ausgeführten Straßenanlagen.

Aus den Gründen: Der Umstand, daß früher eine inhaltlich gleiche polizeiliche Verfügung erlassen und mittels Beschwerde angegriffen war, kann nicht verhindern, nunmehr den Weg der Klage zu betreten; es besteht keine Verpflichtung, wiederum die Beschwerdeinstanzen anzurufen.

Es ist fehlgegriffen, wenn den im Beschwerdeverfahren ergehenden Bescheiden eine dem richterlichen Urtheile analoge Rechtskraft beigelegt wird. Wie schon wiederholt von dem Oberverwaltungsgericht ausgesprochen ist (vergl. auch Entscheidungen Bd. 11 S. 397) kann der Ausdruck „Rechtskraft" auf diesem Gebiete im eigentlichen Sinne überhaupt nicht gebraucht werden, vielmehr immer nur die Bedeutung haben, daß entweder den Betheiligten, wenn sie den Bescheid nicht rechtzeitig angreifen, das Recht zu einer weiteren Anfechtung der polizeilichen Verfügung verloren geht, oder daß die Verfügung, wenn sie in der Beschwerdeinstanz aufgehoben wird, gegen die Betheiligten nicht mehr in Vollzug gesetzt werden kann. Darüber hinaus erstreckt sich die Rechtswirkung der Bescheide nicht; insbesondere kann nicht dadurch, ebenso wie durch ein rechtskräftiges Urtheil, ein bestimmtes Rechtsverhältniß zwischen der Polizeibehörde und dem Betheiligten ein für alle Male festgestellt werden. Die erste Voraussetzung hierfür würde sein, daß in dem Beschwerdeverfahren von einer dazu berufenen Instanz eine Entscheidung zwischen zwei streitenden Parteien — also der Polizeibehörde auf der einen, dem Betheiligten auf der anderen Seite — getroffen würde. Hieran fehlt es indessen völlig. Die in der Beschwerdeinstanz entscheidenden Behörden bilden mit der untergeordneten Polizeibehörde, deren Verfügung angegriffen ist, die an sich einheitliche und nur in verschiedene Instanzen gegliederte staatliche Polizeiverwaltung, so daß die Aufsichtsbehörde, wenn sie die Verfügung aufhebt oder abändert, lediglich an die Stelle der letzteren tritt, nicht aber eine Entscheidung zwischen der Polizeiverwaltung und den Betheiligten fällt (O.G. Bd. 3 S. 347). Die Aufhebung einer polizeilichen Verfügung in der Beschwerdeinstanz kann daher rechtlich keine andere Wirkung haben, als eine Zurücknahme der Verfügung seitens der unteren Polizeibehörde selbst äußern würde. Wie eben in diesem Falle die Polizeibehörde zweifellos befugt bleibt, auch ohne Veränderung der thatsächlichen und rechtlichen Verhältnisse die gleiche Verfügung von Neuem zu erlassen, sofern sie sich überzeugt, daß ihre Rechtsauffassung, welche die Zurücknahme der früheren Verfügung veranlaßt hat, auf einem Irrthum beruht; ebenso muß die Polizeibehörde auch bei einer Aufhebung ihrer Verfügung durch die Beschwerdeinstanz in gleicher Weise verfahren können. Sollte sie dabei in einen Widerspruch mit der vorgesetzten Behörde treten, so mag das unter Umständen Grund zu einem disziplinaren Einschreiten bieten; für die rechtliche Beurtheilung bleibt es aber ohne Einfluß. Die Beschwerdeinstanz kann ferner, wenn sie wieder angegangen wird, die neue Verfügung einfach unter Verweisung auf ihren früheren Bescheid nochmals beseitigen, und ebenso steht es dem Verwaltungsrichter bei erhobener Klage frei, sich die Gründe anzueignen, welche in dem Beschwerdeverfahren zu einer Aufhebung der Verfügung geführt haben. Eine selbständige Prüfung der neuen Verfügung ist aber an sich unentbehrlich.

Der Baukonsens ist, wie das Oberverwaltungsgericht stets festgehalten hat, nur die Erklärung der Baupolizeibehörde, daß dem Bauen in dem geltenden öffentlichen Rechte keine Hindernisse entgegenstehen; irrt sich die Behörde hierin und ertheilt sie demgemäß eine Bauerlaubniß in Fällen, wo dieselbe zu versagen gewesen wäre, so bleibt sie immer befugt, nachträglich die Herstellung des gesetzmäßigen Zustandes zu fordern, da sie auf ihr Recht und ihre Pflicht, die öffentlich-rechtlichen Normen zur Geltung zu bringen, mit Rechtswirksamkeit nicht verzichten kann. Dem Eigenthümer mögen aus einem solchen Verfahren Regreßansprüche erwachsen; dieselben können aber das polizeiliche Einschreiten gegen ordnungswidrige bauliche Zustände nicht ausschließen. O.G. vom 3. Dezember 1889, Bd. 19 S. 375ff.

Wenn der Baukonsens zu Unrecht ertheilt ist, ist die Polizeibehörde durch die Ertheilung desselben nicht gebunden. Es kann aber nicht jeder Konsens, welcher das öffentliche Interesse nicht gewahrt hat, abgeändert bezw. zurückgezogen werden. Die Frage, ob in einem solchen Falle ein Konsens, bei dem die Polizeibehörde das öffentliche Interesse nicht genügend gewahrt erachtet, dieserhalb zurückgezogen werden dürfe, kann von der verwaltungsrichterlichen Prüfung nicht ausgeschlossen sein. Es handelt sich vielmehr wesentlich darum, ob der Konsens rechtswidrig ertheilt, d. h. ob seine Ertheilung im Widerspruch mit dem zur Zeit derselben geltenden Baurechte erfolgt ist. Nur in diesem Falle kann ein ertheilter Konsens als nicht rechtswirksam angesehen werden. O.G. vom 30. Juni 1891, Preuß. Verwltgsbl. Jahrg. 12 S. 569.

Die Voraussetzungen, unter denen die Zurücknahme einer polizeilichen Bauerlaubniß nach Beginn der Bauausführung zulässig ist. Zurücknahme seitens der Aufsichtsbehörde an Stelle der Ortspolizeibehörde, die den Konsens ertheilt hat.

Polizeiliche Genehmigung der Errichtung öffentlicher Bedürfnißanstalten auf öffentlichen Straßen und Plätzen.

Aus den Gründen: Die Zurücknahme der ertheilten Bauerlaubniß hatte, wenn sie im öffentlichen Interesse unzulässig war, von der Ortspolizeibehörde, der Stelle, von der die Ertheilung ausgegangen war, zu erfolgen; ebenso fällt das Verbot, den begonnenen Bau auszuführen, in das Gebiet der Ortspolizeiverwaltung. Denn ein unmittelbares Eingreifen der höheren Instanz rechtfertigt sich zwar überall da, wo ohnedies die Zwecke der durch das Gesetz geordneten Aufsicht nicht erfüllt werden können, also auch da, wo wegen besonderer Dringlichkeit der im öffentlichen Interesse zu erreichende Erfolg nicht auf dem regelmäßigen Wege — durch Ertheilung von Anweisungen an die untere Instanz —, sondern mit Sicherheit nur von dem sofortigen unmittelbaren Einschreiten der Aufsichtsinstanz erwartet werden kann. Ohne diese Voraussetzung erscheint aber ein Eingreifen der höheren Instanz in die gesetzlich geordnete Zuständigkeit der unteren Behörde, welche die ihr übertragenen Befugnisse selbständig und unter eigener Verantwortung zu üben hat, nach der gesetzlichen Behörde-Organisation und nach dem Aufbau der gegen polizeiliche Verfügungen zugelassenen Rechtsmittel als unstatthaft (vergl. O.G. Bd. 2 S. 424, Bd. 10 S. 366, Bd. 20 S. 302, Bd. 23 S. 214).

Die von der zuständigen Behörde ertheilte Bauerlaubniß für eine Anlage auf der Straße, welche — die Anlage — mit dem Verkehr auf der öffentlichen Straße in einem derartigen Zusammenhange steht, daß durch ihre Herstellung auf der Straße diese ihrer Bestimmung nicht entzogen wird, kann nicht um deswillen zurückgenommen werden, weil der Bau auf einer öffentlichen Straße errichtet wird. Ob diese Anlage aus bau-, gesundheits-, verkehrs- und sitten- bezw. ordnungspolizeilichen Gründen nicht zu genehmigen war, das Alles war von der Ortspolizeibehörde zu erwägen, als die Genehmigung hierzu nachgesucht wurde. Wenn hierüber positive Normen nicht bestehen, so blieb die Entschließung dem pflichtgemäßen Ermessen der Polizeibehörde anheimgestellt. Hat die Behörde den Bau mit den öffentlichen Interessen für vereinbar befunden, so kann dies Resultat demnächst, wie von der verfügenden Behörde selbst, so von deren Aufsichtsbehörde, abweichend beurtheilt werden, ohne daß dem doch eine rechtliche Bedeutung beizumessen wäre. Die Ertheilung der Bauerlaubniß stellt fest, daß die zuständige Polizeibehörde nach ihrem pflichtmäßigen Ermessen keinen Anlaß zur Beanstandung des Baues gefunden hat. Ein einmal ertheilter Baukonsens kann aber jedenfalls nach bereits eingetretenem Beginn der Ausführung nicht bloß deshalb zurückgenommen werden, weil die Baupolizeibehörde nachträglich zu der Ueberzeugung gelangt, daß sie sich bei dem ihr zustehenden freien Ermessen geirrt habe und daß die Verhältnisse anders, als geschehen, zu beurtheilen seien. Und dasselbe gilt von der Kognition der Aufsichtsbehörde. Die Zurücknahme einer Bauerlaubniß kann vielmehr der Regel nach nur dann erfolgen, wenn die Bauerlaubniß sich mit dem zur Zeit der Ertheilung geltenden öffentlichen Polizeirechte in Widerspruch setzt. Ein solcher Widerspruch liegt da klar vor, wo die Bauerlaubniß gegen positiv bindende, das freie Ermessen im Einzelfalle ausschließende Vorschriften des materiellen Polizeirechtes ertheilt ist. Diesen Fällen mögen unter Umständen auch solche gleichzustellen sein, wo beim Mangel konkreter Vorschriften die allgemein dem Ermessen der Polizeibehörde als Richtschnur gegebenen Normen des Polizeirechts (§ 10 II 17 A.L.R. und dergl. m.) maßgebend sind und durch offenbar sach- und pflichtwidrige Handhabung im Einzelfalle derartig verletzt werden, daß das öffentliche Interesse eine Remedur unabweisbar erheischt. Keineswegs ist dagegen jener Widerspruch mit dem bestehenden Rechte da gegeben, wo in den Grenzen des durch das Polizeirecht der Behörde eingeräumten freien pflichtmäßigen Ermessens eine verschiedene Beurtheilung polizeilicher Gesichtspunkte möglich ist und thatsächlich eintritt. Denn hier hat bei Ertheilung des Konsenses die Behörde eben nur das bestehende Baurecht in Gemäßheit der ihr überlassenen Anwendung auf den einzelnen Fall gehandhabt. Hierüber hinaus mag da, wo es sich um den Bau auf einer öffentlichen Straße handelt, der Polizeibehörde die Zurücknahme einer früher ertheilten Bauerlaubniß auch dann gestattet sein, wenn die thatsächlichen Verhältnisse sich inzwischen wesentlich geändert haben und eine Beseitigung des Bauwerkes im Interesse des öffentlichen Verkehres unumgänglich fordern. O.G. vom 7. April 1893, Bd. 24 S. 344.

Neue baurechtliche Bestimmungen finden der Regel nach auf Bauten, die auf Grund eines ordnungsmäßig ertheilten Baukonsenses bereits in der Ausführung begriffen sind, keine Anwendung. Dies gilt insbesondere auch von Ortsstatuten, nach denen an Straßen oder Straßentheilen, die noch nicht gemäß den baupolizeilichen Bestimmungen des Ortes für den öffentlichen Verkehr und den Anbau hergestellt sind, Wohngebäude, die nach diesen Straßen einen Ausgang haben, nicht errichtet werden dürfen.

Aus den Gründen: Ein nach Maßgabe des bestehenden Baurechts ordnungsmäßig genehmigter Bau unterliegt bei nachträglicher Aenderung des Baurechts, insoweit als er noch nicht vollendet worden, nicht den neuen Vorschriften. Die gegentheilige Folgerung aus dem allerdings richtigen und vom Oberverwaltungsgericht wiederholt ausgesprochenen Satze, die Bauerlaubniß enthalte ihrer rechtlichen Natur nach in der Regel nur den Ausspruch der Baupolizeibehörde, daß dem Baue nach dem zur Zeit der Ertheilung des Konsenses geltenden öffentlichen Rechte Hindernisse nicht entgegenständen, geht in ihrer Allgemeinheit zu weit. Die Fälle, in denen die Bauerlaubniß ein Mehreres in sich schließt — es mag nur an die vielfach vorkommenden Fälle erinnert werden, wo die Ertheilung der Bauerlaubniß in geringerem oder ausgedehnterem pflichtmäßigen Ermessen der Polizeibehörde abhängig gemacht ist, diese sich also durch Ertheilung des Konsenses in einem bedingten Sinne zu Gunsten des Unternehmers schlüssig macht — können auf sich beruhen bleiben. Auch da, wo die Bauerlaubniß nur jenen Ausspruch enthält, äußert die Ertheilung des Konsenses gegenüber einer späteren Aenderung des öffentlichen Rechtes eine wesentliche Wirkung. Wie nicht bezweifelt werden kann, kommen nachträglich ergangene Bestimmungen des Baurechts auf bereits vollendete Bauten regelmäßig nicht zur Anwendung; es beruht dies auf der an sich überall und ohne Weiteres begründeten Voraussetzung, daß solche neue Bestimmungen zunächst nur für die unter ihrer Herrschaft auszuführenden Bauten gegeben sind (O.G. Bd. 4 S. 361, Bd. 6 S. 316), daß es also einer besonderen, ausdrücklichen Anordnung bedarf, wenn auch andere Bauten, insbesondere schon vorhandene Bauwerke den neuen Vorschriften unterworfen werden sollen. Aus demselben Grunde muß aber auch angenommen werden, daß neue baurechtliche Bestimmungen der Regel nach keine Geltung für Bauten haben, die auf Grund eines ordnungsmäßig ertheilten Konsenses bereits in der Ausführung begriffen sind. Es rechtfertigt sich das um so mehr, als die entgegengesetzte Auffassung nicht bloß zu den bedenklichsten, zum Theil sogar ganz unannehmbaren Folgerungen für die Bauunternehmer führen müßte, sondern auch in ihrer Handhabung auf kaum zu lösende Schwierigkeiten stoßen würde. Ein in der Ausführung begriffenes Bauwerk kann nicht derart in zwei Theile gespalten werden, daß nur der beim Inkrafttreten der neuen Bestimmungen noch unvollendete Theil von diesen Bestimmungen getroffen würde, der bereits aufgeführte Theil aber davon unberührt bliebe; das verbietet sich von selbst; es müßte also jeder noch nicht ganz vollendete Bau den neuen Vorschriften unterworfen werden.

Abgesehen von Ausnahmefällen wie dem, wo ein begonnener Bau aufgegeben ist und die geschaffenen Bautheile später bei der Ausführung eines Neubaues benutzt werden, vollzieht sich die Errichtung eines Gebäudes regelmäßig in einer Reihe von Arbeiten, die, mögen sie nun ununterbrochen fortgeführt werden oder mögen sie — sei es aus Ursachen, die im Laufe der Dinge gewöhnlich wiederkehren (Ungunst der Witterung) sei es aus besonderen Gründen (Mangel an den erforderlichen Baumaterialien oder an den erforderlichen Geldmitteln u. s. w.) — zeitweise unterbrochen werden, als ein einheitliches Ganzes aufgefaßt werden müssen. Sind diese Arbeiten ernstlich, d. h. nicht bloß zum Schein oder zur Umgehung des Gesetzes begonnen, so ist auch das Gebäude in der Errichtung begriffen; eine andere Grenze läßt sich hier überhaupt nicht ziehen; namentlich muß es abgelehnt werden, die Entscheidung danach zu treffen, ob die Herstellung dessen, was an dem Bau noch fehlt, als die Errichtung eines Gebäudes betrachtet werden können; denn damit werden die Arbeiten, die ein zusammenhängendes Ganzes bilden, in unstatthafter Weise zerlegt und es wird ein Theil von ihnen, der doch zur Errichtung eines Gebäudes unentbehrlich ist, für unwesentlich und bedeutungslos erklärt.

Die Ausschachtung der Baugrube bildet zweifellos den Anfang der Ausführung. O.G. vom 18. April 1893, Bd. 24 S. 362.

Widerruf eines von der Polizeibehörde ertheilten Baukonsenses nach theilweiser Ausführung des Baues wegen der mit der Benutzung des letzteren zu Wohnzwecken für die Bewohner verbundenen Gefahren.

Verbot der Errichtung von Wohnhäusern in der Umgebung von Anlagen zur Herstellung nitroglycerinhaltiger Sprengstoffe.

Aus den Gründen: Es handelt sich um die Zurücknahme einer polizeilich ertheilten Bauerlaubniß. Ueber die Gesichtspunkte, welche bei der Prüfung der Rechtmäßigkeit eines solchen Vorgehens der Polizeibehörde maßgebend sein müssen, enthält das in Bd. 24 S. 344 ff. der Entscheidung des Oberverwaltungsgerichts veröffentlichte Endurtheil vom 7. April 1893 ausführliche Darlegungen, auf welche hier verwiesen werden kann. In jener Entscheidung vom 7. April 1893 ist aber auch schon im Anschluß an den als die Regel aufgestellten, vorstehend wiedergegebenen Grundsatz hervorgehoben, daß den Fällen, in welchen der Widerspruch mit bindenden Vorschriften klar vorliege, unter Umständen auch solche gleichzustellen seien, wo beim Mangel konkreter Vorschriften die allgemeinen, dem Ermessen der Polizeibehörde als Richtschnur gegebenen Normen des Polizeirechtes (§ 10 II 17 A.L.R.) maßgebend seien und durch offenbare sach- und pflichtwidrige Handhabung im Einzelfalle derartig verletzt würden, daß das öffentliche Interesse eine Remedur unabweisbar erheische.

Wenn man — in dem hier zur Entscheidung kommenden Falle — zu Gunsten des Klägers auch annehmen wollte, daß dem Amtsvorsteher wohl die Thatsache bekannt gewesen sei, daß die Entfernung zwischen den projektirten Wohnhäusern und den Patronir- und Packräumen der Fabrik zum Theil erheblich unter 1000 Meter betrage, und also davon ausgehen wollte, daß in der Ertheilung der Bauerlaubniß die Billigung dieses Zustandes zu finden sei, so würde die Zurücknahme der Erlaubniß dadurch nicht ausgeschlossen sein, wenn der so polizeilich gebilligte Zustand eine derartige Gefahr für die Bewohner der Häuser in sich birgt, daß das öffentliche Interesse eine Remedur erheischt.

Die Königliche technische Deputation erachtet in ihrem Gutachten eine Ausnahme von der auf Grund der bisherigen Erfahrungen als erforderlich erkannten Entfernungen für die Umgebung einer solchen Fabrik nur dann für gerechtfertigt, wenn insbesondere in örtlichen Verhältnissen ein außergewöhnlicher Schutz für die zu errichtenden Wohngebäude gefunden werden könnte. O.G. vom 25. Januar 1896, Bd. 29 S. 390.

Die Ortspolizeibehörde kann nicht eine von ihr ertheilte Bauerlaubniß deshalb zurücknehmen, weil die nach dem Deichgesetze erforderliche Genehmigung des Bezirksausschusses nicht eingeholt worden ist.

Aus den Gründen: Nach dem § 1 Abs. 2 des Deichgesetzes muß nicht bei dem Mangel der erforderlichen Genehmigung des Bezirksausschusses stets der frühere Zustand wieder hergestellt werden, sondern der Regierungs-Präsident als Landespolizeibehörde kann nur die Wiederherstellung verlangen, von ihr also auch absehen, wenn es an einem öffentlichen Interesse fehlt, sie zu fordern. In das so der Landespolizeibehörde zustehende Ermessen würde die Ortspolizeibehörde eingreifen und ein fremdes Ermessen als ein eigenes üben, wenn sie wegen des Mangels der Genehmigung des Bezirksausschusses die Bauerlaubniß zurücknehmen und den Abbruch des errichteten Gebäudes, d. i. die Wiederherstellung des früheren Zustandes, verlangen wollte. In

Folge der Möglichkeit, daß die Landespolizeibehörde eine nicht genehmigte deichähnliche Erhöhung der Erdoberfläche fortbestehen läßt, ist die Bauerlaubniß nicht in der Weise unbedingt im Widerspruche mit dem öffentlichen Rechte ertheilt worden, wie es nothwendig sein würde, um sie wegen eines solchen Widerspruches zurücknehmen zu können. O.G. vom 13. Dezember 1899, Bd. 36 S. 310.

Eine Bauordnung kann lediglich nur auf solche baulichen Einrichtungen angewendet werden, die während der Zeit ihrer Geltung ausgeführt sind. Wenn nun ein Baukonsens zu Unrecht ertheilt worden ist, d. h. im Widerspruch mit der zur Zeit der Ertheilung geltenden Bauordnung, so lag ein rechtswidriger Zustand vor, dessen Abänderung, da er durch eine spätere Verordnung nicht sanktionirt ist, vielmehr auch nach dem zur Zeit geltenden Baurechte sich als unzulässig darstellt, die Polizeibehörde zu verlangen berechtigt ist. Die Forderung, die gestellt wird, muß auf Grund des gegenwärtigen geltenden Baurechtes hergestellt werden. O.G. vom 12. April 1892, Preuß. Verwltgsbl. Jahrg. 13 S. 433.

Der Umstand, daß ein Bau nicht dem genehmigten Projekt entsprechend hergestellt, bei der baupolizeilichen Abnahme aber übersehen worden ist, giebt dem Bauherrn kein Recht auf den vorschriftswidrigen Zustand. Der Behörde bleibt das Recht und die Pflicht, Remedur zu schaffen, ohne Rücksicht auf das Versehen bei der Abnahme. O.G. vom 19. September 1894, Preuß. Verwltgsbl. Jahrg. 16 S. 65.

§ 6.

Versagung der Baugenehmigung.

Auch hier muß wiederum auf die rechtliche Natur der Baugenehmigung zurückgegangen werden. Ist diese die Erklärung der zuständigen Behörde, daß der Ausführung eines Baues nach Maßgabe des vorgelegten Projektes aus dem zur Zeit der Erklärung geltenden öffentlichen Rechte keine Hindernisse entgegenstehen, so ist einmal in der Versagung der nachgesuchten Baugenehmigung die Erklärung zu finden, daß solche Hindernisse entgegenstehen, sodann zugleich das Verbot, einen Bau, dem vorgelegten, mit dem öffentlichen Recht in Widerspruch stehenden Projekt entsprechend, zur Ausführung zu bringen. Dieses Verbot enthält also eine Anordnung, nämlich einen Bau zu unterlassen, stellt sich somit als ein Eingriff in die Rechtssphäre des Baulustigen, in sein Eigenthumsrecht und seine daraus entspringende Baufreiheit dar, also als eine Verfügung im Sinne des § 127 des Gesetzes über die allgemeine Landesverwaltung vom 30. Juli 1883, die mit den daselbst gegebenen Rechtsmitteln angefochten werden kann. Es muß daher auch genau angegeben werden, worauf sich die Versagungsberechtigung der Behörde stützt, damit der davon Betroffene in der Lage ist, hierzu Stellung zu nehmen, d. h. event. gegen die Berechtigung zu remonstriren und darzuthun, daß eine zur Versagung führende Verletzung einer dem materiellen Polizeirechte angehörenden Vorschrift nicht vorliegt. Bei Geltendmachung des zuständigen Rechtsmittels ist es von Wichtigkeit, nachzuweisen, daß das vorgelegte Projekt überhaupt dem öffentlichen Recht entspricht, da die Versagungsverfügung auch aus anderen als in der Verfügung angegebenen, wenn nur dem materiellen Polizeirecht angehörigen Gründen aufrecht zu erhalten ist, oder aber hierfür Bestimmungen in Frage kommen, deren Beobachtung der Baupolizei ausdrücklich zur Pflicht gemacht ist. Es sei hier nur an das Fluchtlinien- und Ansiedelungsgesetz gedacht. Abgesehen von solchen außerhalb des polizeirechtlichen Gebietes liegenden, zur Versagung führenden Gründen sind letztere allgemein im § 66 I 8 A.L.R. bezw. § 10 II 17 daselbst, im speziellen in den einzelnen Baupolizeiordnungen enthalten. Ersterer bestimmt, daß zum Schaden oder zur Unsicherheit des gemeinen Wesens oder zur Verunstaltung der Städte und öffentlichen Plätze kein Bau und keine Veränderung vorgenommen werden soll. Einem Bauprojekt, mit welchem eine solche Folge verknüpft ist, ist daher die Genehmigung zu versagen. Die Folge, d. h. der Schaden oder die Unsicherheit des gemeinen Wesens, also des Publikums, muß durch das Bauwerk selbst eintreten; daß sie eintreten muß, wenn das Projekt zur Ausführung gebracht wird, das nachzuweisen, ist natürlich Sache der versagenden Behörden. Dasselbe gilt bezüglich der Verunstaltung der Städte und öffentlichen Plätze. Unter Verunstaltung ist eine grobe zu verstehen. Welche Erfordernisse zur Verunstaltung gehören, um sie als eine grobe zu bezeichnen, darüber siehe unten unter den Entscheidungen.

Schließlich soll noch hervorgehoben werden, daß es in dem Ermessen der Behörde liegt, ob sie einem Bauprojekte, welches gegen die eine oder die andere baupolizeiliche Vorschrift verstößt, die Genehmigung, mit den entsprechenden Bedingungen versehen, ertheilen oder versagen will. Handelt es sich um Verstöße geringerer Art, dann wird der bedingten Genehmigung der Vorzug zu geben sein, von dem Versagungsrecht aber Gebrauch zu machen sein, wenn grobe Verletzungen der baupolizeilichen Vorschriften in Frage kommen, namentlich solche, die das Bauprojekt als Ganzes dadurch vorschriftswidrig machen.

Einschlägige Entscheidungen hierzu:

Baukonsensverweigerung wegen Verunstaltung des Stadttheils u. s. w.

Für die Tragweite des § 66 I 8 A.L.R. kann — wie Stellung im System des Gesetzes und Entstehung gleichmäßig ergeben — nur der § 71 a. a. O. maßgebend sein, so daß die zur Entscheidung stehende Frage sich dahin gestaltet, ob der vom Kläger beabsichtigte Bau dem hier in Betracht kommenden Stadttheile zur groben Verunstaltung gereichen würde. Durchaus zutreffend geht der Vorderrichter davon aus, daß der Maßstab für die thatsächliche Beurtheilung jener Frage den örtlichen Verhältnissen entnommen werden muß. O.G. vom 26. Juni 1888, Preuß. Verwltgsbl. Jahrg. 10 S. 96.

Inwieweit darf die Versagung des Baukonsenses auf privatrechtliche Streitpunkte, insbesondere darauf gegründet werden, daß über das Eigenthum an der Baustelle Streit besteht?

Hat, wenn die Versagung selbst ausschließlich aus einem solchen Grunde erfolgte, das hieran sich anschließende Streitverfahren sich zugleich auf weitere, erst in diesem erhobene Anstände eigentlich baupolizeilichen Inhalts zu erstrecken?

Es bestimmt zwar der § 68 I 8 A.L.R.[1]), die Obrigkeit solle dahin sehen, daß durch eine richtige und vollständige Beschreibung eines abzutragenden Gebäudes nach seiner Lage, den Grenzen und der

[1]) § 68: Bei der anzustellenden Prüfung muß die Obrigkeit zugleich dahin sehen, daß durch eine richtige und vollständige Beschreibung des abzutragenden Gebäudes, nach seiner Lage, Grenzen und übrigen Beschaffenheit, künftigen Streitigkeiten bei dem Wiederaufbaue in Ansehung des Winkelrechts und sonst möglichst vorgebeugt werde.

übrigen Beschaffenheit künftigen Streitigkeiten bei dem Wiederaufbau in Ansehung des Winkelrechtes und sonst möglichst vorgebeugt werde, und es ist aus dieser Vorschrift schon in dem Reskripte des Ministers des Innern und der Polizei vom 6. April 1835 (Annalen Bd. 19 S. 497 — v. Rönne, Baupolizei III. Auflage S. 643) die Verpflichtung der Polizeibehörde abgeleitet worden, bei Beurtheilung der Baugesuche die nachbarlichen Verhältnisse nicht unberücksichtigt zu lassen. In jenem Reskripte wird nur das als die Aufgabe der Polizei bezeichnet, künftigen Streitigkeiten vorbehaltlich dessen, was nur Gegenstand der gerichtlichen Entscheidung sein kann, vorzubeugen, und daß, wenn es nicht gelingt, die in Ansehung solcher Punkte streitigen Interessenten zu vereinigen, dieselben an die Gerichte zu verweisen, und die Baugesuche im Uebrigen nach den bestehenden baupolizeilichen Bestimmungen zu prüfen und zur Erledigung zu bringen sind. Letztere bis zur Entscheidung der bestehenden Streitpunkte auszusetzen, ist nach allgemeinen gesetzlichen Bestimmungen nicht zulässig. O.G. vom 10. Februar 1879, Bd. 5 S. 350.

Klage gegen eine Verfügung der Ortspolizeibehörde, mittels welcher ein Baukonsens aus einem auf landespolizeilichem Gebiete liegenden Grunde versagt wurde, ist zulässig.

Aus den Gründen: Was die Zulässigkeit der Rechtsmittel gegen die polizeilichen Verfügungen der Ortspolizeibehörde im Allgemeinen betrifft, so weist das Zuständigkeitsgesetz seinem gesammten Inhalte wie seiner Entstehungsgeschichte nach darauf hin, daß der Instanzenzug gegen solche Verfügungen, soweit überhaupt eine Beschwerde oder Klage gegen dieselben gegeben werden konnte, vollständig geregelt werden sollte — ohne Unterschied des Inhalts der polizeilichen Verfügung und ohne Unterschied, ob die Verfügung von der Ortspolizeibehörde aus eigener Machtbefugniß oder auf Grund besonderer Ermächtigung oder auch auf Anweisung seitens einer höheren Behörde erlassen ist — mit der selbstverständlichen Einschränkung, daß im letzteren Falle es sich überhaupt noch um eine selbständige Verfügung der Ortspolizeibehörde handelt. O.G. vom 13. März 1879, Bd. 5 S. 355.

So wenig es sich rechtfertigen ließe, im Falle einer nach Anbringung eines Baugesuches eingetretenen Verminderung der Beschränkungen der Baufreiheit, noch das Gesuch etwa um deswillen abzulehnen, weil früher verboten war, was jetzt erlaubt ist, ebensowenig ist der Verwaltungsrichter in der Lage, die Ertheilung der Bauerlaubniß für ein Projekt anzuordnen, welchem zwar bisher kein Hinderniß entgegenstand, dessen Ausführung aber nach der gegenwärtigen Rechtslage einen ungesetzlichen Zustand zur Folge haben würde. O.G. vom 16. Oktober 1879, Bd. 5 S. 376.

Klage auf Ertheilung eines nach den maßgebenden baupolizeilichen Bestimmungen nur ausnahmsweise statthaften Baukonsens.

Ist das Verwaltungsstreitverfahren schon allein dadurch für ausgeschlossen zu erachten, daß die Zulassung der Ausnahme in das Ermessen der Ortspolizeibehörde gestellt ist?

Aus den Gründen: Bezüglich der den nachgesuchten Baukonsens versagenden Verfügung der Ortspolizeibehörde und der gegen diese Verfügung erhobenen Klage folgt die durch das erste Urtheil verneinte Zulässigkeit des Verwaltungs-Streitverfahrens und damit zugleich die Zuständigkeit des Bezirksverwaltungsgerichtes an und für sich unmittelbar aus § 3 des Gesetzes vom 2. Juli 1875 — Ges.-Samml. S. 375 — in Verbindung mit § 155 des Zuständigkeitsgesetzes vom 26. Juli 1836 (pr. not.: jetzt gilt das Gesetz vom 30. Juli 1883). O.G. vom 12. Februar 1880, Bd. 6 S. 295.

Darf der Baukonsens zu einem Wohnhause, weil aus dessen Lage den Bewohnern Gefahr erwachsen würde, versagt werden — insbesondere dann noch, nachdem die Ansiedelungsgenehmigung in Betreff desselben Grundstückes dem Unternehmer endgültig zuerkannt worden ist?

Aus den Gründen: Die Ertheilung der Ansiedelungsgenehmigung giebt dem Unternehmer kein unbedingtes Recht, auf dem fraglichen Grundstücke ein Wohnhaus zu erbauen oder in einem vorhandenen Gebäude eine Wohnung einzurichten. Dem beugt das Gesetz selbst vor, indem es jener Bestimmung über die von der Ortspolizeibehörde zu ertheilende Ansiedelungsgenehmigung sofort die weitere Bestimmung folgen läßt: „Vor deren Aushändigung darf die polizeiliche Bauerlaubniß nicht ertheilt werden."

Hierin hat der — übrigens ohnehin nicht zweifelhafte — Satz noch besonders Anerkennung gefunden, daß durch die Ansiedelungsgenehmigung der Baukonsens nicht entbehrlich gemacht ist.

Durch die Ansiedelungsgenehmigung soll nichts weiter als die Gründung einer neuen Ansiedelung gestattet werden. Dazu gehört nun allerdings nach dem Begriffe, welchen der erste Satz im § 13 des Gesetzes aufstellt, auch die Herrichtung einer Wohnung; das Charakteristische der Ansiedelung ist aber nicht die Schaffung einer neuen Wohnung, sondern die Thatsache, daß eine Wohnung „außerhalb einer im Zusammenhange gebauten Ortschaft" hergestellt werden soll. Dieser Umstand macht außer dem Baukonsens noch eine weitere Genehmigung, eben die Ansiedelungsgenehmigung, nothwendig; er hat den Gesetzgeber veranlaßt, diese Genehmigung an bestimmte Voraussetzungen, wie sie in den §§ 14 und 15 näher bezeichnet sind, zu knüpfen, und bezieht sich deshalb auch das Verfahren, welches bei einer beabsichtigten Neuansiedelung in Gemäßheit des Gesetzes eintritt, nur auf die Frage, ob die Genehmigung mit Rücksicht auf jenen Umstand zufolge der in den §§ 14 und 15 getroffenen Bestimmungen zu versagen ist. Soweit also die Verweigerung eines Baukonsenses auf andere Gründe gestützt wird, ist weder die Polizeibehörde noch der Verwaltungsrichter durch die in dem Ansiedelungsverfahren ergangene Entscheidung gebunden.

Die Annahme ist ausgeschlossen, der Gesetzgeber habe die Prüfung des Baukonsenses, welche die Polizeibehörde dem bestehenden Rechte gemäß eintreten lassen muß, bei voraufgegangener Ansiedelungsgenehmigung in der Weise beschränken wollen, daß nur die im § 24 Abs. 2 einzeln bezeichneten polizeilichen Bestimmungen noch zu beachten seien. Die Versagung des Baukonsenses aus anderen Gründen kann keinenfalls bloß deshalb unstatthaft sein, weil dem Unternehmer bereits eine Ansiedelungsgenehmigung, deren Gewährung von völlig anderen Voraussetzungen abhängt, zu Theil geworden ist; damit würde eine durch nichts gerechtfertigte gesetzliche Ungleichheit in der Behandlung von Baugesuchen eingeführt sein, je nachdem der Bau außerhalb oder innerhalb einer im Zusammenhange gebauten Ortschaft errichtet werden soll.

Die Anschauung, Gefahren, welche eine bauliche Anlage bedrohten, gehörten nicht in den Rahmen dessen, was die Polizeibehörde bei Ertheilung eines Baukonsenses zu berücksichtigen habe, läßt sich mit den allgemeinen Pflichten und Rechten der Polizeibehörde, insbesondere mit der Bestimmung im § 66 I 8 A.L.R. nicht vereinigen, vielmehr liegt es im Berufe dieser Behörde begründet, daß Rücksichten der Sicherheitspolizei sie jederzeit zu einem Einschreiten ermächtigen und folglich auch befugt erscheinen lassen, einem Bau dann schon im Entstehen hindernd entgegenzutreten, wenn das Bewohnen des Grundstückes mit einer unmittelbaren Gefahr für Leben und Gesundheit verbunden sein würde. Der Umstand, daß eine Baupolizeiordnung derartige Rücksichten, welche sich außerdem einer speziellen Aufzählung und Regelung naturgemäß entziehen, mit Stillschweigen übergeht, kann jedenfalls nicht dahin führen, die Polizeibehörde in ihren auf allgemeinen Gesetzen beruhenden Befugnissen zu beschränken oder auch nur dies als die jenem örtlichen Rechte zu Grunde liegende Absicht vorauszusetzen. O.G. vom 5. Mai 1881, Bd. 7 S. 314.

Anlangend den § 66 I 8 A.L.R., wonach „zum Schaden oder zur Unsicherheit des gemeinen Wesens oder zur Verunstaltung der Städte und öffentlichen Plätze" kein Bau vorgenommen werden soll vergl. auch das Urtheil des Reichsgerichts vom 9. Januar 1882.

Die Dehnbarkeit des Ausdrucks: Bauten zum Schaden des gemeinen Wesens ist zuzugeben. Gerade deshalb aber streitet von vorn herein die Vermuthung dagegen, daß dem Ausdruck eine Bedeutung zukommt, welche von derjenigen wesentlich abweicht, die sich aus der für die Aufgabe der Polizei grundlegenden Bestimmung des § 10 II 17 A.L.R. ergiebt. Wäre dies die Absicht des Gesetzgebers gewesen, so war es unerläßlich, mindestens durch die Wahl eines schärfer abgrenzenden Ausdrucks das Inwieweit der Abweichung näher zu bestimmen.

In Beziehung auf den § 66 I 8 A.L.R. liegt noch ein weiterer und besonderer Anlaß vor, den Ausdruck hier im engeren Sinne zu deuten. Wenn der Gesetzgeber den „zum Schaden oder zur Unsicherheit des gemeinen Wesens" gereichenden Fällen daselbst noch den Fall der „Verunstaltung" als einen selbständigen anreiht, so kann dabei die Absicht kaum eine andere als die gewesen sein, mit dem letzteren Ausdruck erschöpfend Ziel und Maß aller die Schonung, Wahrung und Förderung des Schönheitssinnes bezweckenden Anforderungen zu bestimmen und mit dem ersteren nur noch die auf anderen Gebieten sich bewegenden, wesentlich materiellen Interessen zu decken.

Endlich ergeben die Materialien zum allgemeinen Landrechte, daß unter „Schaden" des gemeinen Wesens nicht ein bloßer „Nachtheil" verstanden ist.

(Schaden ist darnach wirklicher Schaden, erheblicher Schaden.)

In Beziehung auf den Begriff der „Verunstaltung" muß wesentlich an der in der diesseitigen früheren Entscheidung dargelegten Ansicht dahin festgehalten werden, daß darunter im Hinblick auf § 71 I 8 A.L.R. jedenfalls nur eine „grobe" Verunstaltung zu verstehen ist. Damit stimmen wiederum auch die Materialien des A.L.R. insofern überein, als der dem § 71 entsprechende § 55 Titel 5 Abth. I Theil II des Entwurfes eines allgemeinen Gesetzbuches für die preußischen Staaten lautete: „Wird das Gebäude unschicklich, schädlich oder gefährlich befunden, so muß Solches vorschriftsmäßig geändert werden". Hierzu befindet sich in der Revisio monitorum referirt, das Wort „unschicklich" sei als zu schwankend monirt und dabei wird bemerkt: „nicht ohne Grund". Die Meinung ist wohl, daß daraus eine grobe Verunstaltung entstehe.

Demzufolge ist in dem § 71 a. a. O. nur der Fall angenommen, daß ein Bau „zur groben Verunstaltung" einer Straße oder eines Platzes gereiche.

Nicht schon jede Störung der architektonischen Harmonie fällt unter den Begriff der Verunstaltung. Unerläßlich ist zum Begriff der Verunstaltung im Sinne der hier in Frage kommenden gesetzlichen Bestimmungen die Herbeiführung eines positiv häßlichen, jedes offene Auge verletzenden Zustandes. O.G. vom 14. Juni 1882, Bd. 9 S. 353.

Zur Erläuterung der Bestimmung, wonach Bauten, welche zum Schaden oder zur Unsicherheit des gemeinen Wesens dienen, nicht vorgenommen werden dürfen:

Wenn eine Verfügung, wonach die Erlaubniß zum Bauen versagt wird, mittels Beschwerde oder Klage im Verwaltungs-Streitverfahren angefochten werden kann, so setzt dies voraus, daß die Behörde ihre Verfügung rechtlich und thatsächlich so weit begründet, daß dadurch dem Betroffenen die Möglichkeit gegeben ist, die Verfügung in ihrer Grundlage durch das ihm zustehende Rechtsmittel anzugreifen (vergl. O.G. Bd. 7 S. 255, Preuß. Verwltgsbl. Jahrg. 8 S. 232).

Wenn nach § 66 I 8 A.L.R. „zum Schaden oder zur Unsicherheit des gemeinen Wesens" kein Bau vorgenommen werden soll, so wird dabei vorausgesetzt, daß Schaden oder Gefahr des Publikums die nothwendige Folge des Baues, seiner Art (Bestimmung) und Konstruktion ist, daß der Bau als solcher gemeinschädlich oder gemeingefährlich ist. Vergl. O.G. Bd. 9 S. 377 ff. Nur dann würde der § 66 a. a. O. Anwendung finden können, wenn der Bau selbst, sei es durch seine Konstruktion, sei es durch eine sonst ihm anhaftende Eigenschaft eine solche Wirkung nothwendigerweise ausüben müßte, daß durch ihn eine Schädigung oder Gefahr für das öffentliche Interesse erwüchse. Das Oberverwaltungsgericht hat stets den Rechtsgrundsatz anerkannt, daß die Freiheit des Eigenthümers in einer an sich völlig legalen Nutzung seines Eigenthums nicht um deswillen polizeilich beschränkt werden kann, weil durch sie möglicherweise die Begehung von Mißthaten erleichtert wird. Wenn der § 15 des Ansiedelungsgesetzes der Polizei für Ansiedelungen (Wohnhäuser) ein weiter gehendes Recht gesetzlich zuspricht, so kann dies eben nur für das darin vorgesehene Rechtsverhältniß, nicht aber für andere Anwendung finden; die besondere gesetzliche Einräumung der polizeilichen Beschränkung der Ansiedelungsfreiheit läßt vielmehr erkennen, daß außerhalb dieses Rechtsgebietes für ihre Anwendung kein Raum ist. Die polizeiliche Regelung des Ansiedelungsrechtes stellt keine Einschränkung, sondern eine Erweiterung der §§ 66 und 71 I 8 A.L.R. dar. O.G. vom 28. März 1893, Bd. 24 S. 340.

Bezüglich des § 66 I 8 A.L.R. handelt es sich um gesetzliche Bestimmungen, welche die Zuständigkeit der exekutiven Polizei über die im § 10 II 17 A.L.R. gezogenen allgemein gültigen Grenzen hinaus erweitern, welche die Entschließung der Polizei auf das ihr sonst grundsätzlich entzogene Gebiet der Obhut über ästhetische Interessen ausnahmsweise ausdehnen. Schon dieser Gesichtspunkt zwingt dazu, wenn überhaupt eine verschiedene Auffassung des Begriffes „grobe Verunstaltung" möglich wäre, diejenige zu wählen, die sich von dem grundsätzlichen Wesen der exekutiven Polizei am wenigsten entfernt, d. h. die polizeiliche Verhinderung nur solcher Verunstaltungen zuzulassen, die etwa mit dem „Schaden des gemeinen Wesens" in Parallele gestellt werden können.

Auch nach dem § 66 I 8 A.L.R. ist die Voraussetzung eines polizeilichen Bauverbots nur eine grobe Verunstaltung der Straßen und öffentlichen Plätze. Die Frage, was unter grober Verunstaltung zu verstehen ist, beantwortet sich so wenig nach dem thatsächlichen

„Empfinden der breiten Masse des Volkes oder auch nur einer überwiegenden Mehrheit des Publikums" als „nach dem Urtheil eines kleineren ästhetisch besonders gebildeten Kreises"; diese Antwort kann, vielmehr nur nach dem, was objektiv aus den Worten, dem Sinne und der Absicht des Gesetzes zu entnehmen ist, dahin gegeben werden, daß unter solcher Verunstaltung die Schaffung eines positiv häßlichen und daher jedes für ästhetische Gestaltung offene Auge verletzenden Zustandes zu verstehen ist; die Wirkung in der fraglichen Beziehung ist endlich auch keineswegs überall die gleiche, kann vielmehr nach der Anlage, Bedeutung und architektonischen Ausgestaltung der umgebenden Straßen und Plätze eine sehr verschiedene sein. O.G. vom 24. März 1898, Bd. 33 S. 404.

Verunstaltung von Straßen.

Nach dem für das vormalige Herzogthum Nassau geltenden Recht ist die Polizei befugt, der Verunstaltung der Straße durch Gebäude entgegenzutreten.

In den Verwaltungsordnungen für die sämmtlichen Amtsbehörden des Herzogthums Nassau vom 5. Juni 1816, die auf Grund des landesherrlichen Edikts vom 4. desselben Monats erging, ist im § 23 unter n als zur Handhabung der Polizei gehörig vorgesehen: „Die Aufsicht auf die Erbauung neuer Häuser, insbesondere die Sorge für möglichste Anständigkeit im Aeußern. Damit wird die Wirksamkeit der exekutiven Polizei und die ihr nach gemeinem Recht für die Handhabung der Baupolizei gestellten Aufgaben der Erhaltung und der Abwendung von Gefahren hinaus auf das ihr sonst grundsätzlich entzogene Gebiet der Obhut ästhetischer Interessen ausgedehnt, so daß jene Bestimmung nur dann als dem besonderen Rechte entsprechend und daher rechtsverbindlich erachtet werden kann, wenn sonst das materielle Recht des hier in Frage stehenden örtlichen Gebietes eine entsprechende Ausdehnung der polizeilichen Zuständigkeit begründet, wie es beispielsweise für den Geltungsbereich des A.L.R. durch § 66 I 8 geschehen ist.

Die einstweilige Vorenthaltung (Versagung) des Baukonsenses seitens der Polizeibehörde ist eine als zur Klage berechtigende „polizeiliche Verfügung".

Der Begriff der polizeilichen Verfügung wird nicht erschöpft durch Erlasse, welche dem davon Betroffenen ein Thun oder Unterlassen aufgeben; es sind vielmehr denselben auch solche amtliche Aeußerungen der Polizeibehörde beizuzählen, welche das Gesetz als Vorbedingungen für die Ausübung von Rechten durch die betheiligten Privaten hinstellt. Das Interesse, welches eine Person daran hat, daß gegen eine andere polizeilich eingeschritten werde, berechtigt die erstere allerdings nicht zur Klage auf Erlaß einer diesfälligen Verfügung; vielmehr bleibt hier nur das Anrufen der Aufsichtsbehörde übrig; es fehlt solchenfalls an der Voraussetzung einer Klage, an dem vorgängigen Erlasse einer Verfügung; dieselbe soll vielmehr erst herbeigeführt werden. Hiervon durchaus verschieden ist die rechtliche Lage der Sache, wenn Gesetze oder Polizeiverordnungen die Vornahme von Handlungen, welche an sich der Ausfluß des Rechtes der einzelnen Person sind, aus Gründen des öffentlichen Interesses an die vorgängige polizeiliche Genehmigung knüpfen. Hier handelt es sich, wenn die polizeiliche Genehmigung versagt wird, um einen Eingriff in die Rechtssphäre des Einzelnen — ganz ebenso, wie wenn gegen den Einzelnen ein Verbot erlassen ist, welches von der Versagung der erbetenen Erlaubniß eingeschlossen wird — und die Rechtskontrolle findet daher nach dem allgemeinen, den §§ 127 ff. a. a. O. zu Grunde liegenden Prinzip statt, indem es sich darum handelt, die Grenzen zwischen der Polizeigewalt und dem Rechte des Einzelnen zu ziehen. (O.G. Bd. 4 S. 229, 230, Bd. 9 S. 402. v. Brauchitsch, Die neuen preußischen Verwaltungsgesetze S. 110 — die Note 211 zu §§ 127 ff. des Landesverwaltungsgesetzes.)

Daß eine Ablehnung oder eine Verweigerung des Konsenses bis zu einem gewissen Zeitpunkte oder bis zum Eintritt eines ungewissen Ereignisses eine „Verweigerung" darstellt, darüber ist ein Streit kaum möglich. Einer einstweiligen Vorbehaltung aber, einer Ablehnung zur Zeit, wohnt, ebenso wie der bedingten Versagung oder Ertheilung des Baukonsenses, derselbe Charakter bei, wie einer definitiven Versagung; sie alle sind polizeiliche Verfügungen im Sinne des § 127; deshalb findet die Kontrolle des Verwaltungsgerichtes statt und der Kläger ist an sich für berechtigt zu erachten, dessen Entscheidung über seinen Klageantrag zu fordern. O.G. vom 16. Februar 1885, Bd. 12 S. 363.

Inwiefern darf der Baukonsens wegen einer in das Grundbuch eingetragenen baulichen Beschränkung versagt werden?

Inwiefern wird ein nur bedingungsweise ertheilter Baukonsens bei nicht rechtzeitiger Anfechtung „rechtskräftig"?

Aus einer Eintragung in das Grundbuch, mögen sie nun zu Gunsten der Stadtgemeinde oder etwa auch der Polizeibehörde erfolgt sein, würde immer nur ein privatrechtlicher Anspruch hervorgehen, über welchen in dem Verwaltungsstreitverfahren nicht geurtheilt werden könnte. Hier ist lediglich das zu untersuchen und festzustellen, ob die Polizeibehörde nach Maßgabe des bestehenden öffentlichen Rechts die Genehmigung zu dem Bau verweigern durfte. Wäre dies nicht anzuerkennen, so erschiene die Versagung der baupolizeilichen Erlaubniß ungerechtfertigt. Denn die der Polizeibehörde überwiesene Prüfung der Baugesuche darf nicht dazu benutzt werden, um Privatrechte, welche einem Dritten oder auch der Behörde selbst zustehen, zur Geltung zu bringen; die Behörde hat vielmehr bei der von ihr zu treffenden Entschließung allein das öffentliche Interesse wahrzunehmen und selbst, wo letzteres durch Privatrechte geschützt werden sollte, kann der Grund, auf welchen sich die Behörde stützt, nicht aus diesem Privatrechte, sondern lediglich aus dem öffentlichen Interesse selbst bezw. aus den in diesem Interesse gegebenen Bestimmungen des öffentlichen Rechtes entnommen werden. Vergl. §§ 65ff. I 8, § 10 II 17 A.L.R.

Die Ansicht ist unrichtig, daß nur Entscheidungen über Rechtsverhältnisse, nicht aber Anordnungen rein thatsächlicher Natur rechtskräftig werden können, der Ausdruck „rechtskräftig" paßt allerdings — streng genommen — nicht, sachlich aber muß zugestimmt werden, daß eine polizeiliche Anordnung noch nach Verabsäumung rechtzeitiger Anfechtung für den Betheiligten verbindlich sei und in Folge dessen eine sichere Grundlage für das weitere Vorgehen der Polizeibehörde bilde. Alle polizeilichen Maßregeln enthalten mehr oder weniger Anordnungen thatsächlicher Natur und der Mehrzahl nach sind polizeiliche Verfügungen keine der Rechtskraft fähige „Entscheidungen" über Rechtsverhältnisse; das Gesetz hat aber allgemein für die im § 127 erwähnte polizeiliche Verfügung, soweit nicht ausdrücklich Anderes bestimmt ist, ein Anfechtungsverfahren geordnet, bei dessen Nichtinnehaltung das Recht zur Anfechtung verloren geht. Die früher von dem unterzeichneten Gerichtshofe festgehaltene Auffassung, daß die einem Baukonsens beigefügte Bedingung auch nachträglich ohne Rücksicht auf die verflossene Zeit mittels Klage angegriffen werden konnte (O.G. Bd. 4 S. 375), beruhte lediglich darauf, daß die Klagen in Gemäßheit des § 155 des Zuständigkeitsgesetzes vom 26. Juli 1876 an eine bestimmte Frist überhaupt nicht gebunden waren. Dieser Rechtszustand hat sich gegenwärtig geändert; die durch den § 155 zugelassene besondere Klage ist fortgefallen und die Baukonsense sowie die darin enthaltenen polizeilichen Auflagen unterliegen nunmehr einer Anfechtung nur noch mittels der allgemeinen Rechtsmittel, welche das Gesetz gegen polizeiliche Verfügungen überhaupt gewährt. O.G. vom 5. Oktober 1885, Bd. 12 S. 366.

Wird eine den geforderten Baukonsens versagende Verfügung angefochten, so darf der Richter im Streitverfahren seiner Entscheidung kein anderes Bauprojekt zu Grunde legen, als dasjenige, welches der Polizeibehörde zur Genehmigung vorgelegt und von ihr verworfen war.

(Zu vergl. O.G. Bd. 6 S. 294, Bd. 10 S. 267.)

O.G. vom 13. November 1891, Bd. 22 S. 372.

Ortspolizeiliche Versagung der Genehmigung zum Bau einer Schmiede wegen der von dem Gewerbebetriebe für die Gottesdienste in einer nahe belegenen Kirche zu erwartenden Störung. Ein endgültiger Beschluß des Bezirksausschusses, daß die Ausübung des Schmiedegewerbes an der gewählten Betriebsstätte unzulässig ist, als die nothwendige Voraussetzung jener Versagung.

Aus den Gründen: Der § 16 der Gewerbeordnung findet auf die beabsichtigte Anlage (Schmiede) keine Anwendung. Dennoch würde es an sich nicht unzulässig sein, die Errichtung der vom Kläger beabsichtigten Anlage aus den Gründen des § 27 der Reichsgewerbeordnung polizeilich zu hindern. Aus den Bestimmungen dieses Paragraphen in Verbindung mit § 111 des Zuständigkeitsgesetzes vom 1. August 1883 ergiebt sich aber, daß die Ortspolizeibehörde zur Behinderung der Errichtung einer der in § 27 der Reichsgewerbeordnung bezeichneten Anlagen aus dem dort vorausgesetzten Grunde nicht für sich zuständig ist, ihre Befugniß vielmehr nur dahin geht, die Beschlußnahme des Bezirksausschusses hierüber einzuholen. Die hierauf im Beschlußverfahren erfolgende Entscheidung ist für die Ortspolizeibehörde maßgebend.

Indem die Ortspolizeibehörde, ohne durch einen endgültigen Beschluß des **Bezirksausschusses** hierzu ermächtigt zu sein, die beantragte baupolizeiliche Genehmigung lediglich aus einem Grunde aus § 27 der Reichsgewerbeordnung zurückweist, überschreitet sie ihre Zuständigkeit.

Gegen den Beschluß des Bezirksausschusses würde innerhalb zweier Wochen nach Maßgabe des § 121 des Landesverwaltungsgesetzes vom 30. Juli 1883 in Verbindung mit § 113 des Zuständigkeitsgesetzes vom 1. August 1883 die Beschwerde an den Minister für Handel und Gewerbe stattfinden. O.G. vom 20. Juni 1893, Bd. 25 S. 393.

Dadurch allein, daß eine die geforderte Bauerlaubniß versagende polizeiliche Verfügung demnächst von der Polizeibehörde selbst zurückgezogen oder der Baukonsens später bedingungslos ertheilt ist, wird eine Klage mit dem Antrage, die Verfügung als zu der Zeit, wo sie erlassen, rechtswidrig aufzuheben, nicht unstatthaft.

Aus den Gründen: Es findet sich kein Anhalt dafür, das Rechtsmittel der §§ 127, 128 des Landesverwaltungsgesetzes derart als eingeschränkt zu erachten, daß es sich nur darum handelt, eine Entscheidung über die Frage zu erhalten, wie die Polizeibehörde sich vom Zeitpunkte dieser Entscheidung ab, in Zukunft demjenigen gegenüber, der die von ihr erlassene Verfügung anficht, zu verhalten habe, sondern das Rechtsmittel ist auch zu dem Zwecke gegeben, um, soweit für den Anfechtenden hierzu ein rechtliches Interesse obwaltet, eine Entscheidung darüber zu erhalten, ob die angefochtene Verfügung zur Zeit ihres Erlasses gerechtfertigt oder ungerechtfertigt war. Schon der Wortlaut des § 127 a. a. O. läßt das erkennen. Die Klage soll danach darauf gestützt werden können, daß der angefochtene Bescheid, also der Bescheid, wie und wann er erlassen ist, in Verkennung des bestehenden Rechts den Kläger in seinen Rechten verletzt. Hiermit allein ist die Grenze der Zulässigkeit der Rechtsmittel aus den §§ 127, 128 a. a. O. gegeben. Soweit in ein Recht des Einzelnen durch polizeiliche Verfügungen unmittelbar eingegriffen wird, ist die Rechtskontrolle durch Klage und Beschwerde gegeben, um die Zulässigkeit dieses Eingriffes festzustellen.

Demgegenüber kann die Auffassung, daß eine Entscheidung über polizeiliche Verfügungen auf Grund der §§ 127ff. des Landesverwaltungsgesetzes nur so lange zulässig sei, als die angefochtene Verfügung eine „wirklich bestehende", also wohl eine als Gebot oder Verbot fortwirkende sei, nicht als zutreffend erachtet werden; durch sie wird der vom Gesetze beabsichtigte Rechtsschutz gegen unzulässige polizeiliche Anordnungen in zahlreichen Fällen geradezu ausgeschlossen. Auch durch eine vorübergehend in Kraft gewesene polizeiliche Anordnung kann dem davon Betroffenen ein Schaden zugefügt worden sein, und so ein Regreßanspruch entstehen, dessen Geltendmachung durch § 6 des Gesetzes vom 11. Mai 1842 an die Vorbedingung geknüpft ist, daß die polizeiliche Verfügung im Wege der Beschwerde als gesetzwidrig oder unzulässig aufgehoben ist. Daß in solchen Fällen der Regreßanspruch und die zu seiner Geltendmachung vorgeschriebene Kognition über die Rechtmäßigkeit und Zulässigkeit der polizeilichen Anordnung deshalb ausgeschlossen sein solle, weil die Beschädigung nur durch eine vorübergehend wirkende Anordnung herbeigeführt sei, dafür bietet das Gesetz keinerlei Anhalt.

Bezüglich derjenigen Fälle, in welchen unmittelbarer Zwang geübt wird, ist das Oberverwaltungsgericht in gleichmäßiger Rechtsprechung davon ausgegangen, daß dem durch das thatsächliche Eingreifen der Polizei in seinen Rechten Verletzten die Rechtsmittel der Beschwerde und Klage zustehen, soweit es sich um die polizeiliche Verfügung handelt, welche durch Anwendung unmittelbaren Zwanges zur Durchführung gelangt ist (zu vergl. O.G. Bd. 16 S. 286). Dabei fragt es sich regelmäßig nicht mehr um eine in der Wirklichkeit bestehende, sondern um eine bereits erledigte Anordnung (zu vergl. das Urtheil des ersten Senates des Gerichtshofes vom 9. März 1892, Bd. 22 S. 409ff.). Dementsprechend ist denn auch bereits auf eine Klage wegen Verweigerung der Bauerlaubniß in einer diesseitigen Entscheidung vom 23. September 1890 zum Ausdrucke gebracht, daß ein Antrag, der lediglich die Aufhebung einer die Erlaubniß versagenden Verfügung als zur Zeit ihres Erlasses ungerechtfertigt fordert, nicht als rechtlich unzulässig anzusehen ist, da keine Bestimmung besteht, die solche Unzulässigkeit ausspricht, ohne diese aber die Regel der §§ 127, 128 des Landesverwaltungsgesetzes eintritt, nach der jede polizeiliche Verfügung ohne Unterscheidung, ob sie dauernd oder nur vorübergehend wirkt, ob sie nach ihrem Erlasse einmal hinfällig wird oder nicht, Gegenstand des Angriffs durch die Klage im Streitverfahren sein kann, und daß nur so auch den Betheiligten die rechtliche Möglichkeit zur Verfolgung von Regreßansprüchen in dem vom Gesetze gewollten Umfange gewährt wird. O.G. vom 3. Juli 1895, Bd. 28 S. 343.

Baukonsensversagung wegen fehlenden Nachweises, daß für eine ausreichende Entwässerung des Grundstückes und des Neubaues Sorge getragen ist.

Aus den Gründen: Wenn der Bauherr nach dem bestehenden Baurechte verpflichtet ist, für genügende Entwässerung des Grundstückes und des Gebäudes zu sorgen, liegt es ihm ob, in dem Gesuche und den Zeichnungen nachzuweisen, wie diese Entwässerung bewirkt werden soll.

Es liegt in der Regel in der Aufgabe des Verwaltungsrichters, eine angefochtene polizeiliche Verfügung nach allen Seiten darauf hin zu prüfen, ob sie mit dem bestehenden öffentlichen Rechte in Einklang steht. Findet er hierbei, daß dieses der Fall ist, und die Anordnung sich etwa aus einem anderen, als dem von der Polizeiverwaltung angegebenen Grunde rechtfertigt, so hat er keinen Anlaß, die Verfügung aufzuheben, selbst wenn der in der polizeilichen Verfügung angegebene Grund hinfällig sein würde. Voraussetzung dabei ist in der Regel natürlich, daß dem Kläger hinreichend Gelegenheit gegeben ist, auch bezüglich dieses neuen Grundes von seinem Rechte der Vertheidigung Gebrauch zu machen.

Das Oberverwaltungsgericht hat stets angenommen und bleibt dabei stehen, daß unter den Begriff „polizeiliche Bestimmung" alle allgemeinen polizeilichen Maßnahmen fallen, mögen sie nun in Gestalt von Verordnungen, Bekanntmachungen, Reglements oder Anordnungen im weitesten Sinne getroffen werden.

Das Oberverwaltungsgericht ist stets davon ausgegangen, daß das Verordnungsrecht der Ortspolizeibehörde in sachlicher Hinsicht sich innerhalb der durch den § 10 II 17 A.L.R. umschriebenen Grenzen halten müsse, soweit nicht dieselben durch § 6 des Polizeigesetzes eine Erweiterung erfahren haben. Danach aber können solche Bestimmungen nur soweit Anspruch auf Rechtsgültigkeit haben, als sie bestimmt sind, Gefahren vorzubeugen, von welchen das Publikum und seine Mitglieder bedroht sind. Belästigungen können nur dann in Frage kommen, als durch solche, d. h. Fabrikanlagen die Ordnung, Sicherheit und Leichtigkeit des Verkehrs auf öffentlichen Wegen 2c. berührt würden. Weitergehende Berücksichtigung von Belästigungen durch solche Betriebe würde rechtsungültig sein.

Es wird bei Prüfung eines Baugesuches daran festzuhalten sein, daß Dünste, starker Rauch und ungewöhnliches Geräusch nur dann — abgesehen von der Einwirkung auf den Verkehr auf öffentlichen Wegen — die Errichtung solcher (Fabrik-)Anlagen hindern können, wenn feststeht, daß sie geeignet sind, dem Publikum oder einzelnen Mitgliedern desselben Gefahr zu bringen. O.G. vom 1. Dezember 1894, Preuß. Verwaltgsbl. Jahrg. 16 S. 299.

Die Polizei ist berechtigt, im Interesse größerer Sicherheit vor Feuersgefahr und vor Gefährdung der Gesundheit durch Genuß verseuchten Brunnenwassers allgemein den Anschluß aller bebauten Grundstücke einer Gemeinde an die städtische Wasserleitung vorzuschreiben (O.G. Bd. 28 S. 354, Bd. 31 S. 360), worauf im Anschluß an vorstehende Entscheidung hingewiesen werden soll.

Der Einwand der rechtskräftig entschiedenen Sache gegenüber Entscheidungen der Verwaltungsbehörden, durch welche die Ertheilung einer bei ihnen beantragten Erlaubniß abgelehnt wird.

Aus den Gründen: Der civilrechtliche Satz „res judicata jus facit inter partes“ findet, wie von dem Oberverwaltungsgericht bereits mehrfach anerkannt worden ist, auf Verhältnisse des öffentlichen Rechtes nur beschränkte Anwendung. Insbesondere wohnt jenen Entscheidungen der Verwaltungsbehörden, durch welche die Ertheilung einer bei ihnen beantragten Erlaubniß abgelehnt wird, nach dem bestehenden Recht in der Regel nicht die Bedeutung einer die Angelegenheit für die Zukunft prinzipiell erledigenden, bei unveränderter Sach- und Rechtslage künftigen gleichen Anträgen ausschließenden, sondern lediglich die Bedeutung einer ausschließlich über den vorliegenden Antrag getroffenen, späteren gleichen Anträgen nicht präjudizirenden Entscheidung bei. Demgemäß sind die Verwaltungsbehörden in der Regel nicht berechtigt, erneute Anträge auf Ertheilung einer Genehmigung aus dem Grunde, weil ein früherer gleicher Antrag bei gleicher Sach- und Rechtslage rechtskräftig abgelehnt worden ist, zurückzuweisen. In der Regel erfordert jener neue Antrag eine neue sachliche Prüfung, wie eine neue sachliche Entscheidung. Zu solchen Entschließungen der Verwaltungsbehörde, welchen keine über den einzelnen gestellten Antrag hinausgreifende Bedeutung beiwohnt, gehören die die Ertheilung einer bei ihnen beantragten baupolizeilichen Erlaubniß ablehnenden Verfügungen der Polizeibehörde. Durch eine derartige Verfügung wird die Polizeibehörde der Verpflichtung nicht überhoben, einen gleichen, unter gleicher Sach- und Rechtslage erneuten Antrag einer erneuten sachlichen Prüfung und Entscheidung zu unterziehen. Insbesondere entzieht eine derartige Verfügung der Polizeibehörde selbst die Berechtigung nicht, über einen erneuten Antrag bei gleicher Sach- und Rechtslage anders zu entscheiden, als über den früheren Antrag, sobald sie sich von der Unhaltbarkeit der früheren Entscheidung überzeugt. Unerheblich ist es, ob die die Ertheilung der Bauerlaubniß ablehnende polizeiliche Verfügung durch die Klage im Verwaltungs-Streitverfahren angegriffen und durch die demnächst ergangene verwaltungsgerichtliche Entscheidung für gerechtfertigt erklärt worden ist. Denn eine solche Entscheidung greift in ihren Wirkungen nicht weiter als die polizeiliche Verfügung, über welche sie ergangen ist. Aus dieser nicht über den einzelnen Fall hinausgreifenden Bedeutung derartiger Entscheidungen der Verwaltungsgerichte folgt, daß eine Klage gegen eine polizeiliche Verfügung, durch welche die Ertheilung einer Bauerlaubniß abgelehnt worden ist, aus einer früheren Entscheidung über eine frühere Klage gegen eine die Ertheilung der Bauerlaubniß versagende frühere polizeiliche Verfügung der Einwand der rechtskräftig entschiedenen Sache nicht entgegengestellt werden darf. O.G. vom 4. Februar 1899, Preuß. Verwltgsbl. Jahrg. 10 S. 361.

Baukonsensversagung aus dem Grunde 1. weil die Straße noch nicht anbaufähig sei, indem die vor dem Grundstücke innerhalb der unfertigen Straße belegene Fläche nicht der Gemeinde übereignet sei, 2. weil in die an der Straße befindlichen „Vorgärten" Gebäudetheile vorspringen, 3. weil die „an der (bloß projektirten) Straße" belegenen Gebäudetheile als an dem inneren Hofe des Grundstückes belegen anzusehen sind.

Aus den Gründen: Wie das Oberverwaltungsgericht wiederholt ausgesprochen hat, enthält der § 12 des Gesetzes vom 2. Juli 1875 keine Nöthigung für die Gemeinden, das dort erwähnte Bauverbot in vollem Uufange in Kraft zu setzen oder darauf ganz zu verzichten; in der Ermächtigung, ein Bauverbot einzuführen, liegt zugleich die

Befugniß, das Bauverbot je nach den in Betracht kommenden Verhältnissen angemessen zu gestalten. Daraus folgt, daß für die Frage, in welchem Umfange ein Bauverbot besteht, in erster Linie das Ortsstatut maßgebend ist. Gegenüber baupolizeilichen Bestimmungen, welche die Fertigstellung einer Straße an die Verfügung weitgehender Forderungen binden, können durch ortsstatutarische Anordnungen auch Bauten an solchen Straßen zugelassen werden, welche diesen Bedingungen nicht in allen Stücken entsprechen; dann entscheiden über die Zulässigkeit des Baues nach § 12 des Gesetzes eben nicht jene Bestimmungen, sondern lediglich die Festsetzung des Ortsstatuts. Nun möge in jenen Fällen, wo gewissermaßen zur Ergänzung eines Ortsstatuts die erforderlichen baupolizeilichen Bestimmungen über die an fertige Straßen zu stellenden Anforderungen durch eine nachträglich erlassene Polizeiverordnung getroffen werden, je nach den Umständen von der Ausnahme ausgegangen werden können, daß im Ortsstatut ein Verbot des Bauens an solchen Straßen ausgesprochen sei, welche sich nach der später ergangenen Polizeiverordnung als unfertig kennzeichnen. Insbesondere wird sich eine derartige Auslegung des Ortsstatuts überall da rechtfertigen, wo das Bauverbot in die Worte des Gesetzes gekleidet ist und somit lediglich auf die baupolizeilichen Bestimmungen verwiesen wird. Wenn aber ein Ortsstatut eine völlig abweichende Fassung erhalten hat und z. B. wie das Charlottenburger Statut das Bauen an unfertigen Straßen nur dann, wenn diese noch nicht den baupolizeilichen Bestimmungen gemäß befestigt, entwässert und mindestens mittels einer schon bestehenden, wenn auch noch nicht vollständig regulirten Straße zugänglich sind, verbietet, so kann der Baukonsens nicht um deswillen versagt werden, weil die baupolizeilichen Vorschriften noch ein Mehr verlangen, so z. B., daß der in Frage kommende Grund und Boden in das Eigenthum der Stadt übergegangen sei.

Wo die Festsetzung einer besonderen Baufluchtlinie stattgefunden hat, ist die Verpflichtung der angrenzenden Eigenthümer zur Anlegung und Unterhaltung eines Vorgartens schon an sich gegeben; der zwischen Straßen- und Baufluchtlinie liegende Raum, ein im Eigenthum dem Anlieger verbleibendes Mittelstück zwischen Straße und Baugrundstück, hat eben die Bestimmung, als Vorgarten zu dienen und muß deshalb von dem Eigenthümer als Vorgarten hergestellt werden.

Besteht eine von der Baufluchtlinie verschiedene Straßenfluchtlinie, so kann diese, mag sie nun auf Grund des Gesetzes festgestellt oder älteren Ursprungs sein, zufolge § 10 des Gesetzes oder „nach Maßgabe der gesetzlichen Bestimmungen aufgehoben oder abgeändert" werden. Die Beseitigung eines Vorgartens, welche nur in der Weise, daß die Vorgartenfläche zum Bürgersteig gezogen wird, ausgeführt werden kann, bewirkt aber nothwendig eine Verlegung der Straßenfluchtlinie; diese fällt nunmehr mit der Baufluchtlinie zusammen. Die besondere Straßenfluchtlinie wird also völlig aufgehoben. Daß dies nicht dem bloß an die polizeiliche Genehmigung geknüpften Belieben des Eigenthümers überlassen sein kann, bedarf keines Nachweises; eine derartige Anordnung läßt sich aber nur auf dem durch das Gesetz vom 2. Juli 1875 vorgesehenen Wege treffen. O.G. vom 20. Juni 1890, Preuß. Verwltgsbl. Jahrg. 11 S. 572.

Aus den weiteren Ausführungen dieser Entscheidung ist zu entnehmen, daß im Allgemeinen in Baupolizeiordnungen unter Straßen nicht solche Straßenanlagen gedacht seien, welche lediglich durch einen Fluchtlinien- oder Bebauungsplan in Aussicht genommen, thatsächlich aber noch gar nicht vorhanden sind. Bloß projektirte Straßenanlagen können damit für gewöhnlich nicht gemeint sein; es sollen bloß projektirte Straßen nicht schon als vorhanden anzusehen sein.

Keine Entschädigung für die Einschränkungen beim Bauen, so wegen Baukonsensversagung im öffentlichen Interesse.

Zu den gesetzlichen Einschränkungen zum Besten des gemeinen Wesens (Marginale zu §§ 33ff. I 8 A.L.R.) gehören die Einschränkungen des Eigenthümers bei dem Bauen (Marginale zu § 65 daselbst). Dieselben bestehen unter Anderem darin, daß die regelmäßige Befugniß des Eigenthümers, seinen Grund und Boden nach Willkür mit Gebäuden zu besetzen, insofern eingeschränkt ist, als zum Schaden oder zur Unsicherheit des gemeinen Wesens kein Bau vorgenommen werden soll. Es ist deshalb dem Eigenthümer, welcher bauen will, die Verpflichtung auferlegt, davon zuvor der Obrigkeit Anzeige zu machen, und der Eigenthümer hat, will er sich nicht strafbar machen (St.G.B. § 367 Nr. 15) und der Gefahr aussetzen, das Gebäude ändern und wieder abtragen zu müssen, ohne eine besondere obrigkeitliche Erlaubniß einen Bau nicht zu unternehmen (A.L.R. I 8 §§ 67—72). Die Obrigkeit kann in Ausübung ihrer Pflicht für das Publikum schädliche oder gefährliche Bauten zu verhindern, entweder in jedem einzelnen Falle die erforderlichen Anweisungen ertheilen, oder auf dem gesetzlich vorgeschriebenen Wege (Landesverwaltungsgesetz vom 30. Juli 1883 §§ 136ff., in Verbindung mit dem Polizeiverwaltungsgesetz vom 11. März 1850 §§ 5—15) den Erlaß von ortspolizeilichen Vorschriften bewirken, durch welche die im öffentlichen Interesse an Bauten zu stellenden Anforderungen allgemein bestimmt werden, und darauf bei ihrer Entscheidung über die Bauerlaubniß verweisen. Ob die Obrigkeit in der einen oder der anderen Weise ihre Entscheidung begründet, ist ohne rechtliche Bedeutung: es handelt sich immer um eine Anordnung, welcher sich der Eigenthümer auf Grund der gesetzlichen Einschränkungen beim Bauen fügen muß. „Den gesetzlichen Einschränkungen des Eigenthums ist ein jeder Grundbesitzer sich zu unterwerfen verbunden (I 8 §§ 33ff. A.L.R.). Für Ablösung und Einschränkung dieser Art kann kein Grundbesitzer eine im Gesetze ihm nicht ausdrücklich vorbehaltene Entschädigung fordern.“ (A.L.R. I. 22 §§ 1, 2.) Für die Einschränkung beim Bauen, welcher sich nach §§ 65ff. I 8 A.L.R. der Grundbesitzer unterwerfen muß, ist dem letzteren im Gesetze eine Entschädigung nicht vorbehalten. Derselbe ist daher nicht in der Lage, einen Entschädigungsanspruch daraus herzuleiten, daß ihm von der Obrigkeit die Ausführung eines Baues in der projektirten Art oder in dem beabsichtigten Umfange aus Gründen des gemeinen Wohls nicht erlaubt ist. Ein solcher Anspruch kann auch nicht auf die Bestimmung des § 75 Einleitung, des § 31 I 8 A.L.R. und des Artikel 9 der Verfassungsurkunde gestützt werden, dieselbe bezieht sich nicht auf die in Folge der gesetzlichen Eigenthumsbeschränkungen etwa entstehenden Schäden und Nachtheile. Denn durch die gesetzlichen Eigenthumseinschränkungen werden der Ausdehnung des Eigenthums positive Grenzen gesteckt, und das Gesetz erkennt den Gebrauch des Eigenthums als Recht nur soweit an, als diese Grenzen reichen. Wird der Eigenthümer von der Obrigkeit an der Ueberschreitung dieser Grenzen gehindert oder in dieselben zurückgedrängt, so kann davon nicht die Rede sein, daß derselbe seine besonderen Rechte und Vortheile dem Wohle des Gemeinwesens aufzuopfern genöthigt wird (§ 75 Einleitung zum A.L.R.), oder daß sein Eigenthum aus Gründen des öffentlichen Wohles entzogen oder beschränkt wird (Art. 9 der Verfassungsurkunde) oder daß sein Privateigenthum vom Staate eingeschränkt wird (A.L.R. I 8 §§ 29—31). Die Rechte, deren Ausübung dem Eigenthümer durch die gesetzliche Festsetzung von Einschränkungen versagt wird, sind überhaupt nicht in dem Eigenthume, wie es das Gesetz anerkennt, enthalten (vergl. die Urtheile des Reichsgerichtes Bd. 19, sowie vom 14. Juni 1890 V 47/90). R.G. vom 17. September 1890, Preuß. Verwltgsbl., Jahrg. 12 S. 18.

Baukonsensversagung ist nicht deshalb zulässig, weil nicht für jedes der Häuser auf einem einheitlichen Grundstücke ein Hof in der vorgeschriebenen Größe angelegt werden soll. O.G. vom 2. Dezember 1890, Preuß. Verwltgsbl. Jahrg. 12 S. 265.

Keine Klage der Gemeinde auf Versagung oder Zurücknahme bezw. Aufhebung eines Baukonsenses.

Aus den Gründen: Es ist der Klägerin (d. i. der Gemeinde) zugegeben, sowohl daß bei der Entscheidung der Frage, ob an einer Straße, deren Anbaufähigkeit nach Maßgabe des bestehenden Ortsrechtes streitig, seitens der Polizeibehörde eine Bauerlaubniß zu ertheilen ist, die vermögensrechtlichen Interessen der Stadtgemeinde wesentlich berührt werden können, als auch, daß der Polizeibehörde im Allgemeinen die Pflicht obliegt, bei der gesetzlich ihr allein zustehenden Entscheidung die vermögensrechtlichen Interessen der Gemeinde nicht zu verletzen, soweit das von ihr zu schützende polizeiliche Interesse dies zuläßt. Ein im Streitverfahren verfolgbares Recht aber, zu verlangen, daß die Polizeibehörde, um angebliche Vermögensinteressen der Stadt zu verfolgen, einen Baukonsens versage, steht der Stadtgemeinde nicht zu. Die Ertheilung des Baukonsenses ist nichts Anderes, als die Erklärung der zuständigen Behörde, daß dem beabsichtigten Bau Gründe polizeilicher Natur, Hindernisse in dem öffentlichen Rechte nicht entgegenstehen — nicht aber liegt darin eine polizeiliche Auflage, daß der Bau nunmehr auch (so wie das Projekt es nachweist) ausgeführt werden muß. Ist eine solche Erklärung in Form eines Baukonsenses abgegeben, so würde eine Klage, wie die hier vorliegende, den Antrag darstellen, die Polizeibehörde zu verurtheilen, daß sie eine die Ausführung des Baues verbietende polizeiliche Verfügung erlasse. Allein ein solches subjektives, auf dem Wege der §§ 127 ff. Landesverwaltungsgesetzes erzwingbares Recht des Einzelnen auf die seines Erachtens erforderliche polizeiliche Aktion, also eine Klage auf Erlaß einer polizeilichen Verfügung, ist dem bestehenden Rechte der Regel nach fremd und insbesondere durch dieses für Fälle der vorliegenden Art nicht gegeben. Glaubt Klägerin, daß die Polizeibehörde bei Handhabung des Ortsstatutes die vermögensrechtlichen Interessen der Stadtgemeinde verletzt habe, so wird sie die Thätigkeit derselben nur im Wege der Beschwerde bei der Aufsichtsbehörde angreifen können; ein Klagerecht im Verwaltungs-Streitverfahren steht ihr zu diesem Behufe nicht zu. O.G. vom 23. Juni 1891, Preuß. Verwltgsbl. Jahrg. 12 S. 570.

Eine Verpflichtung, in der Bauzeichnung noch besonders anzugeben, welche Flächen des Gartens als der in einem neuen Gebäude gehörige Hof behandelt werden soll, läßt sich nicht begründen. Deswegen den Baukonsens zu versagen, ist unberechtigt. O.G. vom 3. April 1891, Preuß. Verwltgsbl. Jahrg. 13 S. 138.

Baukonsensversagung ist zulässig 1. wegen Mangel von Vorlagen betreffend Entwässerung der Baustelle, 2. wegen Mangel eines zulässigen Zugangsweges zum Wohnhause. O.G. vom 16. Oktober 1891, Preuß. Verwltgsbl. Jahrg. 13 S. 116.

In Uebereinstimmung mit der bisherigen Rechtsprechung des Oberverwaltungsgerichts ist davon auszugehen, daß die Verweigerung der Bauerlaubniß die Erklärung enthält, daß aus dem geltenden Baurechte ein Hinderniß für die Ausführung des vorgelegten Projektes zu entnehmen ist und demgemäß der Bau danach nicht ausgeführt werden darf. Bei der Anfechtung der die Erlaubniß zum Bau versagenden polizeilichen Verfügung sowohl im Beschwerde- wie im Verwaltungs-Streitverfahren ist von den zuständigen Instanzen in gleicher Weise wie von der Polizeibehörde selbständig zu prüfen, ob nach dem bestehenden Rechte der Bau statthaft erscheint. Hieraus folgt, daß auch die auf Beschwerde oder Klage entscheidende Instanz über die Frage, ob ein Bau zulässig ist oder nicht, nur nach jenen Vorschriften entscheiden kann, welche dann in Geltung sind, wenn sie sich über die Zulässigkeit der Ertheilung oder Versagung der Bauerlaubniß schlüssig zu machen hat. Durch die Anbringung eines Baugesuches kann kein Rechtsanspruch auf eine Entscheidung nach Maßgabe lediglich des zur Zeit des Antrages bestehenden Rechtszustandes erworben werden, ohne Rücksicht auf eine im öffentlichen Recht inzwischen eingetretenen Veränderung. Selbst wenn daher das öffentliche Recht, wie es zur Zeit des Antrages oder zur Zeit der polizeilichen Verfügung in Giltigkeit war, der Ausführung des beabsichtigten Baues nicht entgegenstand, so mußte doch seitens der Baupolizei die Zulässigkeit einer Ertheilung der Bauerlaubniß dann verneint werden, wenn diese Ertheilung einen mit dem jetzt geltenden Baurecht nicht übereinstimmenden Zustand herbeiführen würde (vergl. O.G. Bd. 5 S. 376, Bd. 6 S. 258, 270, Bd. 8 S. 291, Bd. 10 S. 269 u. A. m.).

Ein solcher rechtswidriger Zustand würde aber durch die Genehmigung eines Baues eingetreten sein, nachdem ein neues, rechtsgiltig zu Stande gekommenes Ortsstatut inzwischen in Kraft getreten ist, mit dem der beabsichtigte Bau nicht im Einklang steht. O.G. vom 30. Januar 1894, Preuß. Verwltgsbl. Jahrg. 16 S. 173.

Die Absicht, einen Hafen anzulegen, und die bereits geschehene Einleitung des Enteignungsverfahrens zur Verwirklichung des Planes giebt der Polizeibehörde nicht die Befugniß, eine Bauerlaubniß zu versagen, da in dem Bestehen des Hafenprojektes an und für sich jedenfalls ein genügender Grund für die Verhinderung des damit unvereinbaren Baues nicht zu finden ist (vergl. O.G. Bd. 14 S. 306ff.). O.G. vom 17. Mai 1892, Bd. 23 S. 361.

Die Stellung der um den Baukonsens angegangenen Ortspolizeibehörde und des nach dortseitiger Versagung angerufenen Verwaltungsrichters zu einer bereits landespolizeilich beanstandeten Bauausführung am Ufer eines öffentlichen Flusses.

Aus den Gründen: Es genügt, daß die Angelegenheit sich als eine solche darstellt, welche ohne Mitwirkung der Landespolizei nicht erledigt werden konnte. Wenn darin dann thatsächlich auch eine Anordnung von einer Behörde getroffen ist, welche regelmäßig als Landespolizeibehörde fungirt, so kann bis zum überzeugenden Nachweise des Gegentheils in der Anordnung nur eine Handlung der Landespolizei erblickt werden.

Die Befugniß der Landespolizei zu einem Einschreiten ergiebt sich daraus, daß das Einschreiten nichts weiter ist, als ein Erlassen eines Verbotes, das Ufer eines öffentlichen Flusses bis zu einer gewissen Entfernung vom Flusse mit Gebäuden zu besetzen, und eine solche Maßregel kann der Strompolizei an sich nicht verwehrt werden. Ob dieselbe einen Ausdruck in der Form gefunden hat, es werde eine „Baufluchtlinie“ festgesetzt, trägt nichts aus. Demnach ist die Auffassung, daß in der Verfügung, welche die „Bauflucht“ festsetzte, eine landespolizeiliche Anordnung vorliege, zutreffend. Gegenüber dieser Anordnung ist eine Genehmigung eines Bauprojektes für die Ortspolizei unthunlich, sofern dadurch die Bauflucht überschritten wird. Wenn nicht alle Grenzen der für die Behörden bestehenden Ressort- und Kompetenz-Verhältnisse verwischt werden sollen, kann es der Ortspolizeibehörde nicht gestattet sein, bei Erledigung der in ihren Geschäftskreis fallenden Angelegenheiten sich über die einschlagenden, von der Landespolizeibehörde getroffenen Anordnungen hinwegzusetzen und Verfügungen zu erlassen, welche mit jenen Anordnungen im Widerspruch stehen. Das erscheint auch noch von einer anderen Erwägung aus als nothwendig. Eine Bauerlaubniß enthält die Erklärung der Polizeibehörde, daß der Ausführung des Baues nach den geltenden Vorschriften des öffentlichen Rechtes ein Hinderniß nicht entgegenstehe; ein solcher Ausspruch kann aber nicht erfolgen, wenn die Landespolizeibehörde bereits das Gegentheil festgestellt hat. Daß die betreffenden Anordnungen der Landespolizeibehörde nicht von Seiten der Ortspolizeibehörde einer selbständigen Prüfung in der Richtung, ob sie unter den vorliegenden Umständen gerechtfertigt sei, unterzogen werden darf, leuchtet ohne Weiteres ein, die Ortspolizeibehörde ist einfach durch die Anordnung, so lange sie besteht, gebunden.

Mußte die Ortspolizeibehörde nach dem bestehenden Rechte, wie solches durch jene Anordnung Gestalt gewonnen hatte, den Konsens versagen, so erscheint ihre Weigerung begründet, und sie kann nicht durch den Spruch des Verwaltungsrichters zu einer Thätigkeit angehalten werden, welche gegen das bestehende Recht verstößt. Auch die Frage, inwieweit die landespolizeiliche Anordnung sachlich begründet ist, entzieht sich einer Prüfung des Verwaltungsrichters im gegenwärtigen Verfahren; denn diese erstreckt sich seinem Gegenstande nach nicht über die Frage hinaus, ob die Versagung des Baukonsenses gerechtfertigt war; mag auch auf anderem Wege das Gesetz eine Anfechtung der landespolizeilichen Anordnung vor den

Verwaltungsgerichten zulassen, gelegentlich der Klage kann dies umsoweniger statthaft sein, als in diesem Verfahren die Landespolizei nicht in der Rolle einer Partei auftritt und ihre Anordnung zu vertheidigen nicht in der Lage ist. O.G. vom 14. März 1882, Bd. 8 S. 331.

Die Erlaubniß zur Errichtung von Baulichkeiten an dem Ufer eines öffentlichen Stromes kann um deswillen nicht versagt werden, weil dieselbe, wenn auch mit der bestehenden Uferlinie verträglich, doch der — zunächst nur projektirten — Durchführung einer Flußregulirung und Festsetzung einer anderweiten Normaluferlinie hinderlich sein würde. O.G. vom 30. Januar 1887, Bd. 14 S. 306.

Findet die durch § 155 des (jetzt nicht mehr giltigen) Zuständigkeitsgesetzes vom 26. Juli 1876 (an dessen Stelle sind §§ 127ff. des Gesetzes über die allgemeine Landesverwaltung vom 30. Juli 1883 getreten) gegebene Klage auch dann statt, wenn der Baukonsens für eine Anlage versagt ist, für welche es eines solchen nicht bedarf?

Aus den Gründen: Das Landrecht hat in denjenigen Abschnitten des Tit. 8 Th. I (§§ 149ff.), in welchen es von Zäunen, Planken, Scheidewänden und von dem Bauen von Zäunen handelt (§ 162), der Nothwendigkeit eines polizeilichen Konsenses nicht gedacht, während die §§ 65ff. — wenigstens, soweit sie von der Konsenspflichtigkeit handeln — nach dem gesammten Zusammenhange nicht auf Zäune, sondern auf Gebäude im engeren Sinne zu beziehen sind. Wollte man annehmen, daß der § 78 ebenso auch auf Zäune Anwendung finden könnte, so ist darauf hinzuweisen, daß diese Vorschrift bestehende Straßen und Plätze, nicht aber künftige im Auge hat (vergl. Erkenntniß des vormaligen Obertribunals vom 20. Dezember 1877 — Striethorst Archiv, Bd. 98 S. 189).

Daraus, daß ein Baukonsens versagt wird, wo ein solcher überhaupt nicht nothwendig ist, folgt nicht, daß die Verfügung aufgehoben werden muß; vielmehr ergiebt sich aus diesem Thatbestande die Nothwendigkeit, die dahin gerichtete Klage zurückzuweisen. Bezweckte die letztere etwa die Ertheilung des Konsenses, so kann dem keine Folge gegeben werden, weil in Fällen, in denen es keines Baukonsenses bedarf, die Polizeibehörde zur Gewährung eines solchen nicht für verpflichtet erklärt werden kann. Andrerseits fehlt es auf Seiten desjenigen, der auf Ertheilung eines **Baukonsenses** keinen Anspruch hat, einen solchen auch selbst nicht erhebt, gegenüber einer polizeilichen Verfügung, welche sich darauf beschränkt, ihm einen gesetzlich nicht vorgeschriebenen Baukonsens zu versagen, an den wesentlichen Voraussetzungen für eine Klage, vor Allem an derjenigen der Verletzung eines subjektiven Rechtes.

Die vorstehend entwickelten Gründe ergeben zugleich, daß die Polizeibehörde nicht in der Lage sein wird, die auf irrigen Voraussetzungen beruhende Versagung des Baukonsenses zum Ausgangspunkte weiterer Maßnahmen zu machen. O.G. vom 19. September 1881, Bd. 8 S. 311.

Ist das Bett eines Privatflusses durch Hochwasser erweitert, so ist die Polizeibehörde befugt, den Wiederaufbau eines dabei ganz oder theilweise zerstörten Gebäudes in seinen alten Grenzen insoweit zu untersagen, als das wieder hergestellte Gebäude in das neue Flußbett hineinragen und den nöthigen freien Abfluß des Wassers hindern würde.

O.G. vom 2. Juli 1889, Bd. 18 S. 361. — Vergl. auch die O.G. vom 13. Januar 1894, Bd. 26 S. 323, betreffend die landhausmäßige Bebauung, O.G. vom 9. Dezember 1890 und 4. Oktober 1892, Bd. 23 S. 324 und 349, betreffend den Bauwich.

§ 7.

Anwendbarkeit und Anwendung der in den §§ 2ff. dargelegten Rechtssätze und ihrer Wirkungen auf in der Ausführung begriffene oder hergestellte Bauten, die des erforderlichen baupolizeilichen Konsenses entbehren.

Die in den vorangegangenen Paragraphen entwickelten Rechtsbegriffe der Baugenehmigung, Baubedingung 2c. und die daraus sich ergebenden Befugnisse der Baupolizeibehörde haben, beherrscht u. A. durch die Bestimmung des § 67 I 8 A.L.R.: „Wer also einen neuen Bau in Städten anlegen will, muß davon zuvor der Obrigkeit zur Beurtheilung Anzeige machen", zur Voraussetzung, daß noch nicht zur Verwirklichung eines Bauplanes geschritten oder derselbe bereits vollständig ausgeführt ist, der Bauplan vielmehr erst bis zur Veranschaulichung durch Zeichnungen ꝛc. gereift, d. h. das Projekt aufgestellt und dasselbe zwecks Prüfung bei der zuständigen Behörde zur Vorlage gekommen ist. Es bedarf nunmehr der Untersuchung und Feststellung, ob und inwiefern für diejenigen Bauten, welche ohne die vorher erforderliche baupolizeiliche Genehmigung begonnen oder vollendet sind, dieselben Rechtsgrundsätze in Anwendung zu finden, und welche Stellung demzufolge die zuständige Behörde solchen Bauten gegenüber einzunehmen hat. Ausschlaggebend ist hierfür § 71 a. a. O., welcher vorschreibt: „In allen Fällen, wo sich findet, daß ein ohne vorhergegangene Anzeige unternommener Bau schädlich oder gefährlich für das Publikum sei, oder zur groben Verunstaltung einer Straße oder eines Platzes gereiche, muß derselbe nach der Anweisung der Obrigkeit geändert werden", in Verbindung mit § 66 ebendaselbst, der da sagt: „Doch soll zum Schaden oder zur Unsicherheit des gemeinen Wesens, oder zur Verunstaltung der Städte und öffentlichen Plätze kein Bau und keine Veränderung vorgenommen werden."

Abgesehen von den strafrechtlichen Folgen, die sich an das konsenslose Bauen — soweit natürlich eine Genehmigung vorgeschrieben ist — knüpfen, und die an besonderer Stelle der Erörterung unterzogen werden sollen, ist es die Pflicht der Behörde, in Wahrnehmung der ihrer Obhut anvertrauten Interessen zu verhüten, daß willkürlich und schrankenlos, d. h. ohne die behördliche Kontrolle, gebaut werde. Erhält sie Kenntniß von einem konsenslos in der Ausführung begriffenen oder bereits vollendeten Bauwerk, so ist sie gehalten, den durch den Mangel der Baugenehmigung entstandenen gesetzwidrigen Zustand zu beseitigen, nöthigenfalls unter Anwendung der ihr vom Gesetzgeber zu Gebote gestellten Zwangsmittel (§ 132 des Gesetzes über die allgemeine Landesverwaltung vom 30. Juli 1883). Sie hat also demnach die erforderlichen Handlungen oder Unterlassungen unter Zwangsandrohung und event. Ausführung anzuordnen. Diese Verfügungen werden sich verschieden gestalten je nachdem, daß ein Bau erst im Beginnen oder schon fertig ist. Im ersteren Falle wird es zunächst dazu führen, daß die Behörde den Weiterbau verhindert und nicht eher wieder gestattet, bis sie ihre, gegebenenfalls mit Bedingungen verbundene Genehmigung ertheilt hat, oder daß sie nach Feststellung seiner Unzulässigkeit seine Beseitigung fordert und durchführt. Im letzteren Falle kommen nur die letztgenannten Punkte in Betracht. Für die vollendeten Bauten kann noch die Möglichkeit eintreten, daß sie zwar nicht beseitigt werden müssen, daß aber ihre Benutzung für näher anzugebende Zwecke unzulässig und darum zu unterlassen ist, was in einer besonderen Untersagungsverfügung zum Ausdruck zu bringen ist.

Den Ausgangspunkt für die Stellungnahme der Behörde solchen genehmigungslosen Bauten gegenüber bilden die oben zitirten Paragraphen des A.L.R. Danach hat die Behörde für diese Bauten zur Beseitigung der im § 71 I 8 A.L.R. näher bezeichneten Mißstände die nothwendigen Aenderungen anzuordnen. Um nun feststellen zu können, welche Aenderungen erforderlich sind, wird es für gewöhnlich der Vorlage von Zeichnungen ꝛc. des in Frage kommenden Bauwerkes bedürfen. Es wird sich daher das erste Einschreiten gegen ein konsensloses Bauwerk für gewöhnlich in einer Verfügung dokumentiren, mittels deren — zweckmäßigenfalls unter Androhung des geeigneten Zwangsmittels — die Vorlage der nothwendigen Unterlagen für die Prüfung des Baues, d. h. Zeichnungen, statische Berechnungen u. A. m. gefordert wird. Sobald diese Forderung erfüllt ist, folgt die eigentliche Entscheidung der Behörde, indem sie entweder nachträglich die Erklärung abgiebt, daß dem bereits hergestellten Bau aus dem zur Zeit der Erklärung geltenden öffentlichen Rechte kein Hinderniß entgegensteht, oder aber diese Erklärung nur unter Anschließung von Baubedingungen ausspricht oder endlich ganz versagt. Natürlich können die ersten beiden Erklärungen aus den im § 4 dargelegten Ursachen eine Abänderung oder Widerruf erleiden.

Wird nun diese Erklärung bedingungslos ausgesprochen, so ist damit der bisher rechtswidrige Zustand beseitigt; der Bau hat nunmehr die behördliche Sanktion erhalten. Dieser Fall wird allerdings in den seltensten Fällen eintreten. In der Regel wird an einem konsenslos in der Herstellung begriffenen oder vollendeten Bau verschiedenerlei zu bemängeln sein. Es wird daher die nachträgliche Genehmigung mit der gleichzeitigen Auflage ertheilt werden, die vorgefundenen Mängel zu beseitigen oder es wird die Ertheilung dieser Genehmigung von der Beseitigung der Mängel abhängig gemacht. Welche von beiden Anordnungen in den einzelnen Fällen das nothwendige Mittel sind, um den vorschriftswidrigen Zustand in einen gesetzmäßigen herzustellen, muß dem pflichtmäßigen Ermessen der Genehmigungsbehörde überlassen bleiben. Das letztere wird jedenfalls dann zu wählen sein, wenn der Bau gröbere Verstöße gegen die baupolizeilichen Bestimmungen zeigt, vor deren Beseitigung die Genehmigung zu ertheilen zu großen Bedenken führen würde. In dem ersteren Falle wird die Behörde nothwendigenfalls ihre Verfügung mit einer entsprechenden, namentlich der Nr. 1 des § 132 des Landesverwaltungsgesetzes vom 30. Juli 1883 entnommenen Androhung versehen, die bei Nichtbeachtung zur Durchführung zu gelangen haben wird. Dasselbe gilt zunächst auch von dem zweiten Falle, in dem die Ertheilung der Genehmigung von der Beseitigung bestimmter Mängel abhängig gemacht wird. Hier wird es aber darauf ankommen, ob die Anwendung eines Zwangsmittels angängig ist, d. h. ob es thunlich ist, die Mängel in Anwendung und mit Hülfe von § 132 Nr. 1 a. a. O. zu beseitigen — denn um eine Entscheidung darüber wird es sich in den weitaus meisten Fällen handeln, da die Anwendung unmittelbaren Zwanges als geeignetes Zwangsmittel meistens nur zur Erreichung einer Unterlassung, oder anders gesagt, zur Unterdrückung oder Verhinderung der verpönten Handlung in Betracht kommen wird. Andernfalls wird, falls die Voraussetzungen des § 71 I 8 A.L.R. vorliegen, die Bestimmung des § 72 daselbst in ihre Wirkung treten, indem der Bau beseitigt werden muß.

Steht aber der Bau derartig im Widerspruch mit den Bestimmungen des Baupolizeirechts, daß durch keinerlei Maßnahme die Vorschriftswidrigkeit beseitigt werden kann, dieselbe auch eine erhebliche ist, die unbedingt der Remedur bedarf, so ist der Bau zu beseitigen. Es ist diese Anordnung nur berechtigt, wenn auf andere Weise eine Abhülfe nicht möglich ist, es ist die ultima ratio. Baut jemand z. B. zwei Dachgeschosse, obwohl das örtliche Baurecht nur ein solches zuläßt, so giebt es kein Mittel, den vorschriftswidrigen Bau in einen den bestehenden und geltenden Vorschriften entsprechenden, durch Umänderung herzustellen; nur die Beseitigung eines Dachgeschosses schafft den gesetzmäßigen Zustand. Es bedarf daher vor Erlaß einer dementsprechenden Verfügung stets der Feststellung und Entscheidung, daß auf eine andere Weise Remedur nicht bewerkstelligt, das öffentliche Recht nicht zur Geltung und Beachtung gebracht werden kann.

Daß auch eine nachträglich ertheilte Baugenehmigung geändert oder zurückgenommen werden kann, wofür dieselben Voraussetzungen vorhanden sein müssen, wie für die zu einem erst beabsichtigten Bau ausgesprochene Genehmigung, bedarf erst keines weiteren Nachweises.

Welche Erklärung auch immer eine Behörde über einen konsenslosen Bau dem Eigenthümer zukommen läßt, immer wird diese Erklärung zunächst den Charakter der polizeilichen Verfügung haben, deren Inhalt in erster Linie auf die Vorlage der den konsenslosen Bau darstellenden, prüfungsfähigen Unterlagen abzielt, um an der Hand derselben die weitere Entscheidung über den Bau nach Feststellung, ob und inwieweit das öffentliche Recht etwa verletzt worden ist, treffen zu können. Der Inhalt der Verfügung ist mangels freiwilliger Ausführung nach vorangegangener Androhung zu erzwingen und sind zu diesem Zwecke bei Ausführung der Forderung durch einen Dritten die erforderlichen Kosten im Verwaltungs-Zwangsverfahren einzuziehen.

Einschlägige Entscheidungen letzter Instanz hierzu:

Grenzen des polizeilichen Einschreitens zur Beseitigung der Feuergefährlichkeit eines ohne Genehmigung der Ortspolizeibehörde ausgeführten Baues.

Die Beseitigung eines ohne polizeiliche Erlaubniß ausgeführten Baues ist nur für den Fall zulässig, daß den im Interesse der öffentlichen Sicherheit zu stellenden Anforderungen auf keine andere Weise genügt werden kann. O.G. vom 8. September 1876 Bd. 1 S. 324.

Wenn eine bauliche Anlage ohne die erforderliche baupolizeiliche Genehmigung errichtet worden ist, so kommen diesem illegalen Zustande gegenüber die Bestimmungen der neuesten Baupolizeiordnung zur Anwendung, da die Polizeibehörde, sobald sie zu der rechtlich vorgeschriebenen Prüfung der polizeilichen Zulässigkeit einer Anlage veranlaßt wird, diese nur nach Maßgabe des zur Zeit dieser Prüfung und der danach erfolgenden Entscheidung geltenden öffentlichen Rechts vornehmen kann. Wenn es sich darum handelt, ob uralte Bauten mit oder ohne Genehmigung hergestellt sind, wird sich in der Regel die Sache so gestalten, daß bei dem Mangel jedweden Materials von der Annahme auszugehen sein wird, daß legal verfahren ist, so daß es in einem solchen Falle regelmäßig Aufgabe der Behörde sein würde, nachzuweisen, daß die Genehmigung nicht ertheilt sei. O.G. vom 3. April 1895, Preuß. Verwltgsbl. Jahrg. 16 S. 489.

Die nachträgliche Baubedingung im Gegensatze zur Anordnung der Beseitigung einer nicht genehmigten baulichen Einrichtung.

Aus den Gründen: Es ist zutreffend, daß Klagen gegen Verfügungen der Ortspolizeibehörde, „durch welche ein Baukonsens versagt oder nur unter Bedingungen ertheilt ist, oder nachträglich Baubedingungen auferlegt sind" (§ 155 des Zuständigkeitsgesetzes vom 26. Juli 1876) — pro not.: Diese Bestimmung bezw. dieses Gesetz ist aufgehoben; es gelten jetzt §§ 127 ff. des Gesetzes über die allgemeine Landesverwaltung vom 30. Juli 1883, wonach baupolizeiliche Verfügungen denselben Bestimmungen unterliegen, wie jede andere polizeiliche Verfügung —, nicht an die im § 32 daselbst für die Anfechtung polizeilicher Verfügungen bestimmte Frist geknüpft sind (O.G. Bd. 3 S. 288).

Jede Bedingung setzt begrifflich eine Willenserklärung voraus, der sie als Nebenbestimmung beigefügt wird, um von ihrer Erfüllung oder Nichterfüllung die Wirkung jener ganz oder theilweise abhängig zu machen. Auch im Sinne des § 155 a. a. O. kann daher von der Beifügung oder nachträglichen Auferlegung von Baubedingungen nicht ohne die Genehmigung eines Baues, ohne die Ertheilung eines polizeilichen Baukonsenses, auf den sie sich beziehen, die Rede sein. O.G. vom 18. August 1879 Bd. 5 S. 370.

Grenzen des polizeilichen Einschreitens gegen den Eigenthümer eines ohne polizeiliche Genehmigung oder abweichend von den Vorschriften des Baukonsenses hergestellten Bauwerkes.

Aus den Gründen: Nach allgemeinen Grundsätzen und nach den §§ 65 ff. I 8 A.L.R. liegt es der Polizeibehörde ob, Bauwerken gegenüber, für welche die polizeiliche Erlaubniß erforderlich, aber nicht ertheilt ist, oder welche in Abweichung von den gestellten Bedingungen ausgeführt sind, im öffentlichen Interesse eine Umänderung nach Maßgabe der bestehenden gesetzlichen Vorschriften zu fordern. Wenn die Aenderung nicht stattfindet — aber auch nur in diesem

Falle —, muß das Gebäude wieder abgetragen und Alles, auf Kosten des Bauenden, in den vorigen Stand gesetzt werden — § 72 a. a. O.

Es war eine unerläßliche Voraussetzung der bedingungslos den Abbruch des Hauses fordernden Anordnung vor Allem die Unmöglichkeit, das Gebäude in einen dem Gesetze entsprechenden und damit die behauptete Feuergefährlichkeit beseitigenden Zustand zu versetzen. O.G. vom 8. Dezember 1879, Bd. 6 S. 290.

Die polizeiliche Beanstandung des Fortbestehens baulicher Anlagen, wenn ohne den erforderlichen Konsens oder konsenswidrig gebaut wurde, wenn positiv baurechtliche Vorschriften der Anlage nicht entgegenstehen, vielmehr lediglich auf Grund der allgemeinen Satzungen über „das Amt der Polizei" eingeschritten werden soll (Gegensatz von Verfügung und Verordnung), wenn das Bauwerk zur Konkursmasse gehört, wenn zur Herstellung vorschriftsmäßiger Zustände es nur einer Umgestaltung der Anlage — nicht einer vollständigen Beseitigung — bedarf.

Aus den Gründen: Ein der polizeilichen Vorschrift entsprechender Zustand kann auch in anderer Weise als durch Herstellung des genehmigten Projektes geschaffen werden.

In der Bestimmung des § 367 Nr. 15 des R.St.G.B. ist nicht angeordnet, daß im Wege der Uebertretung errichtete Anlagen zu beseitigen sind; die Polizeibehörde kann deshalb die Beseitigung aus dem Grunde allein, weil der § 367 Nr. 15 zur Anwendung kommt, nicht fordern.

Auch nach allgemeinen Rechtsgrundsätzen bewirkt der Mangel einer polizeilichen Erlaubniß zu dem ausgeführten Baue noch nicht ohne Weiteres einen unstatthaften, von der Polizeibehörde abzustellenden Zustand (vergl. Bd. 1 S. 326, Bd 5 S. 389, Bd. 6 S. 292, Bd. 11 S. 381); ein solcher ist vielmehr erst dann vorhanden, wenn die Anlage gegen das bestehende, dem Schutze der Polizeibehörde anvertraute öffentliche Recht verstößt. Das ist bereits in den einschlagenden Bestimmungen des A.L.R. (§§ 65 ff. I 8) anerkannt; danach bedarf es zwar für die Errichtung von Neubauten einer vorgängigen Anzeige bei der Obrigkeit; ein ohne dieselbe vorgenommener Bau soll aber nicht unter allen Umständen beseitigt werden, sondern nach § 71 a. a. O. hat die Obrigkeit nur dann einzuschreiten, wenn sich findet, daß der Bau schädlich oder gefährlich für das Publikum ist oder zur groben Verunstaltung einer Straße oder eines Platzes gereicht. Schon hieraus folgt, daß auch bei einer Abweichung von dem genehmigten Bauplane — welche rechtlich doch nicht schärfer als die Ausführung eines Baues ohne jeden Konsens beurtheilt werden kann — ein polizeiliches Vorgehen nur dann statthaft erscheint, wenn die Anlage im öffentlichen Interesse nicht zu dulden ist. Daher ist die Anschauung, der Inhalt des ertheilten Konsenses bilde die ohne erneute polizeiliche Zustimmung nicht verrückbare Grundlage für den Umfang der Baubefugnisse des Baulustigen, mindestens geeignet, Mißverständnisse zu erregen. Die Bauerlaubniß ist vielmehr nichts anderes als die Erklärung der zuständigen Behörde, daß dem beabsichtigten Baue Hindernisse in dem öffentlichen Rechte nicht entgegenstehen (vergl. Bd. 2 S. 353, Bd. 5 S. 379). Durch einen derartigen Ausspruch kann aber, wie ohne weiteren Nachweis einleuchtet, an sich darüber nicht befunden werden, inwieweit der Bauunternehmer befugt sein würde, den Bau auch in anderer Weise als der projektirten auszuführen. Darin, sofern mit dem Konsense bestimmte Auflagen verbunden werden, der Bauerlaubniß ein Gebot oder Verbot hinzugefügt wird, kann für den Antragsteller, welcher hiergegen die in den §§ 127 ff. des Landesverwaltungsgesetzes erwähnten Rechtsmittel nicht ergreift, eine Beschränkung seiner Baubefugnisse eintreten.

Gewährt somit auch der Baukonsens keine Stütze, so könnte die angegriffene Verfügung nur auf Grund der allgemeinen, den Polizeibehörden eingeräumten Befugniß, wie sie in dem § 10 II 17 A.L.R., betreffend „das Amt der Polizei“ bezw. in dem § 6 des Gesetzes über die Polizeiverwaltung vom 11. März 1850 abgegrenzt sind, gerechtfertigt werden. Ausgehend von dem zutreffenden Satze, daß Gegenstand einer Polizeiverwaltung alles dasjenige sein könne, was nach dem Gesetze vom 11. März 1850 durch Polizeiverordnung geregelt werden darf (vergl. Bd. 1 S. 322, Bd. 2 S. 432, Bd. 11 S. 369, Bd. 12 S. 384), nimmt der Vorderrichter an, die Verfügung bewege sich innerhalb der Grenzen der polizeilichen Befugnisse. Während eine polizeiliche Verfügung nur dann erlassen werden darf, wenn die Voraussetzungen des § 10 a. a. O. in dem betreffenden Falle vorliegen, kann die Frage, ob diese Voraussetzungen **gegeben sind**, gegenüber einer zu Recht bestehenden Polizeiverordnung überhaupt nicht aufgeworfen werden; die in der Polizeiverordnung enthaltenen Gebote oder Verbote sind mit gesetzlicher Kraft ausgerüstet; in Folge dessen müssen alle Fälle von den aufgestellten Normen beurtheilt und erledigt werden, auch wenn sie an und für sich betrachtet ein polizeiliches Einschreiten wegen Mangel der Voraussetzungen des § 10 nicht rechtfertigen würden. Derartige allgemeingültige Anordnungen zu treffen, ist gerade Zweck und Aufgabe der Polizeiverordnungen; für ihren Erlaß können daher auch völlig andere Rücksichten als für den Erlaß einer Polizeiverfügung maßgebend sein; es erscheint nicht bloß zulässig, sondern oft genug auch geboten, eine Regel aufzustellen, welche das öffentliche Interesse bloß für die Mehrzahl der vorkommenden Fälle erfordert oder welche erst vermöge ihrer allgemeinen Anwendung eine Bedeutung für das öffentliche Wohl erlangt. Deshalb läßt sich aus dem Umstande, daß in einer formell ungültigen Polizeiverordnung ein bestimmtes Verbot ausgesprochen ist, keineswegs mit irgend welcher Sicherheit der Schluß ableiten, dieses Verbot sei nothwendig in jedem einzelnen Falle durchzuführen, wenn nicht das öffentliche Interesse Schaden leiden solle. O.G. vom 18. März 1886, Bd. 13 S. 389.

Zu der in der vorstehenden Entscheidung behandelten Materie hat auch die folgende Entscheidung Stellung genommen.

Aus den Gründen: Die Polizeibehörde wird sich wegen Beseitigung eines polizeilich unzulässigen Bauwerkes in der Regel zunächst entweder an den Bauenden oder an den Eigenthümer des Grundstückes als den „Inhaber der thatsächlichen und rechtlichen Herrschaft über dasselbe" zu halten haben (vergl. O.G. Bd. 7 S. 351ff.). Allein der Eigenthümer hat, seitdem er in Konkurs gerathen und ein Konkursverwalter ernannt worden ist, die Befugniß, sein zur Konkursmasse gehöriges Vermögen zu verwalten und darüber zu verfügen, verloren, und dieses Verwaltungs- und Verfügungsrecht wird seitdem durch den Konkursverwalter ausgeübt (§ 5 der Reichskonkurs-Ordnung vom 16. Februar 1877 — Reichs-Gesetzbl. S. 351). Unter solchen Umständen durfte die Polizeibehörde sich wegen Beseitigung der polizeiwidrigen Beschaffenheit des mit den beiden Schuppen besetzten Grundstückes an den Konkursverwalter, als den gesetzlichen Verwalter des die Konkursmasse bildenden Vermögens, also auch des in Rede stehenden Grundstückes, halten. Als solcher hat er das Grundstück der Polizeibehörde gegenüber zu vertreten. An die „Konkursmasse" konnte die Polizeibehörde die Verfügung schon deshalb nicht richten, weil die Konkursmasse als solche keine juristische Persönlichkeit hat. Durfte aber die Polizeibehörde dem Konkursverwalter die Beseitigung der Schuppen aufgeben, so war sie nach § 132 des Landesverwaltungsgesetzes auch befugt, gegen ihn ihre Anordnungen durch Anwendung der gesetzlichen Zwangsmittel, insbesondere durch die — einen kriminellen Charakter keineswegs an sich tragenden — Androhung der Ausführung durch einen Dritten auf Kosten des Konkursverwalters durchzusetzen. Diese Kosten erscheinen als Massenkosten und zwar „als Ausgaben für die Verwaltung der Masse" im Sinne des § 51 Nr. 2 der Reichskonkursordnung, welche nach § 50 a. a. O. aus der Konkursmasse vorweg zu berichtigen sind.

Nach allgemeinen, auf dem Gebiete des Bauwesens diesseits in gleichmäßiger Rechtsprechung stets festgehaltenen Grundsätzen hat bei dem Vorhandensein eines polizeilich unzulässigen Bauwerkes das polizeiliche Einschreiten sich zunächst nur auf eine Umänderung des Baues in einen den bestehenden gesetzlichen Vorschriften entsprechenden Zustand zu richten, während die Beseitigung des ganzen Werkes erst für den Fall gefordert werden darf, wenn die Unmöglichkeit, den Bau in einen den Gesetzen entsprechenden Zustand zu versetzen, vorliegt (vergl. §§ 71, 72 I 8 A.L.R.) O.G. Bd. 1 S. 326, Bd. 6 S. 290, 318ff., Bd. 11 S. 381).

Es ist falsch, aus einer Baupolizeiordnung das Recht der Polizeibehörde herzuleiten, in jedem Falle eines nicht genehmigten in der ausgeführten Art unzulässigen Baues nach ihrer freien Wahl die Abänderung oder die Fortschaffung des Baues zu verlangen. Die Wahl zwischen „Veränderungen" oder „Fortschaffen" steht vielmehr in dem Falle, daß durch die Abänderung ein den gesetzlichen Vorschriften entsprechender Zustand hergestellt werden kann, dem Verpflichteten zu. O.G. vom 18. Januar 1886, Bd. 13 S. 397. Siehe auch O.G. vom 7. April 1893, Bd. 24 S. 344.

Darf polizeilich angeordnet werden, daß Wohnungsräume unbewohnbar gemacht werden, damit sie nicht an

Personen vermiethet werden können, welche die öffentliche Sicherheit und die Nutzung benachbarter Grundstücke durch Diebstähle gefährden?

Die rechtliche Bedeutung von Abmachungen zwischen Polizeibehörde und Hauseigenthümern, nach denen letztere sich verpflichten, nicht ohne polizeiliche Genehmigung Miether anzunehmen.

Aus den Gründen: Die Verfügung der Polizeiverwaltung, die ohne Konsens angelegten Dachwohnungen durch Beseitigung der Wände und Vermauerung der Fenster unbewohnbar zu machen, kann keinesfalls auf die von der Polizeiverwaltung mit einem Vorbesitzer des Klägers getroffenen Abmachungen gestützt werden, inhalts deren dieser sich verpflichtet hatte, ohne polizeiliche Genehmigung keine Miether in das Haus aufzunehmen, und diese Verpflichtung in das Grundbuch eintragen ließ. Aus dem Eingehen einer solchen Verpflichtung und aus der zu Gunsten der Polizeibehörde erfolgten Eintragung der bezeichneten Einschränkung des Eigenthümers des klägerischen Grundstückes in das Grundbuch ist für die öffentlich-rechtliche Beurtheilung der angegriffenen polizeilichen Verfügung zu deren Rechtfertigung nichts zu entnehmen; die Uebernahme dieser Verpflichtung bietet keine polizeilich zur Geltung zu bringenden Momente, es kann daraus keinenfalls etwas Anderes als vielleicht ein privatrechtlicher Anspruch hervorgehen (O.G. Bd. 12 S. 368).

Aus Gründen öffentlichen Rechtes ist aber eine derartige Befugniß für die Polizeibehörde nach Lage der Sache nicht zu entnehmen.

Es fehlt der Polizeibehörde die Befugniß, die Entschließung des Eigenthümers bezüglich der Auswahl seiner Miether allgemein an ihre Zustimmung zu knüpfen oder gar, um ganz sicher und bequem zu erlangen, daß keine Wohnung ohne ihre Zustimmung vermiethet wird, die Wohnung ganz zu beseitigen. Daß ferner der vom Beklagten gerügte Mangel einer polizeilichen Erlaubniß noch nicht ohne Weiteres einen unstatthaften, von der Polizeibehörde abzustellenden Zustand bewirkt, ein solcher vielmehr erst dann vorhanden ist, wenn eine unkonsentirte Anlage gegen das bestehende, dem Schutze der Polizeibehörde anvertraute öffentliche Recht verstößt, ergiebt sich aus zahlreichen Entscheidungen des Gerichtshofes (vergl.

O.G. Bd. 13 S. 393) und die dort in der Anmerkung allegirten Erkenntnisse.

Das bestehende Recht gestattet nicht, Häuser, welche, sei es durch kürzere oder längere Zeit, Verbrechern zur Wohnung gedient haben, dieserhalb als Wohnräume zu beseitigen.

Ist der Ansiedelungskonsens für das Grundstück des Klägers seiner Zeit von zuständiger Stelle ertheilt worden, so ist das Bestehen der Ansiedelung und, da es eine Ansiedelungsgenehmigung mit Klauseln nicht giebt und nicht gab, auch die Vergrößerung und Vermehrung der Wohnräume in dem erbauten Hause aus der Rücksicht auf die vorkommenden Felddiebstähle nicht weiter anfechtbar.

Ist dagegen der Ansiedelungskonsens seiner Zeit von zuständiger Stelle nicht ertheilt worden, so würde allerdings das Bestehen der Ansiedelung dem bestehenden Rechte nicht ohne Weiteres entsprechen und es würde dann die Polizeibehörde zu einem Einschreiten gegen den Kläger berechtigt sein, jedoch nur in der Weise, daß sie den Kläger vor die Alternative stellt, entweder innerhalb einer entsprechend zu bemessenden Frist den gesetzlich noch erforderlichen Ansiedelungskonsens nachzusuchen, oder aber falls dies nicht, oder falls es resultatlos geschieht, das Wohnhaus als solches, d. h. in seiner besonderen Einrichtung zu Wohnzwecken zu beseitigen, und es jedenfalls auch bis dahin, wo über die Zulässigkeit der Ansiedelung entschieden ist, nicht bewohnen zu dürfen.

Ein Mehreres zu fordern ist die Polizeibehörde nicht berechtigt (vergl. O.G. vom 2. Dezember 1882, Preuß. Verwltgsbl. Jahrg. 4 S. 87 und vom 19. Februar 1892, ebendaselbst Jahrg. 13 S. 398, und Entscheidungen Bd. 22 S. 388).

Selbst wenn dieser Konsens nicht erlangt werden könnte, würde die Forderung des Zumauerns der Fenster und der Beseitigung der Wände zu dem Bedenken Anlaß geben, daß damit über die Entfernung der dem Wohnungszweck dienenden Einrichtungen hinaus die Benutzung der Räume auch zu anderen als Wohnzwecken beeinträchtigt und unmöglich gemacht würde, und daß die Polizeibehörde nicht berechtigt ist, soweit lediglich zur Erleichterung der ihr obliegenden Aufgabe der Ueberwachung eines ordnungsmäßigen Gebrauches zu gehen (vergl. O.G. vom 11. April 1890 Bd. 19 S. 371). O.G. vom 24. Mai 1892, Bd. 23 S. 355.

Polizeiliches Einschreiten gegen ein polizeilich unzulässiges Bauwerk, speziell auf Beseitigung eines baurechtswidrigen Dachausbaues.

Aus den Gründen: Der Gerichtshof hat wiederholt ausgesprochen, und es ist auch hier daran festzuhalten, daß bei dem Vorhandensein eines polizeilich unzulässigen Bauwerkes das polizeiliche Einschreiten sich zunächst nur auf eine Umänderung des Baues in einen den bestehenden gesetzlichen Vorschriften entsprechenden Zustand zu richten hat, während die Beseitigung des ganzen Werkes erst für den Fall gefordert werden kann, wenn die Unthunlichkeit, den Bau in einen dem Gesetze entsprechenden Zustand zu versetzen, vorliegt (zu vergl. O.G. Bd. 1 S. 326, Bd. 4 S. 290, 318ff., Bd. 11 S. 381, Bd. 13 S. 400). Es genügt, um eine polizeiliche Verfügung als sachwidrig erscheinen zu lassen, nicht, in Zweifel zu stellen, ob nicht doch eine Möglichkeit zur vorschriftsmäßigen Umänderung vorliege. Es würde vielmehr, um die Verfügung als sachwidrig erscheinen zu lassen, umgekehrt positiv dargethan sein müssen, daß die Möglichkeit solcher Umänderungen vorhanden sei. O.G. vom 20. Mai 1890, Preuß. Verwltgsbl. Jahrg. 11 S. 546.

Bau ohne die erforderliche polizeiliche Genehmigung.

Allerdings ist für die in § 367 Nr. 15 St.G.B. gedachte polizeiliche Genehmigung eine besondere Form nicht vorgeschrieben. Dadurch ist aber die Ertheilung bindender Formvorschriften seitens der zuständigen Behörde nicht ausgeschlossen. Demgemäß erhellt, daß da, wo durch Baupolizeiordnungen bestimmt ist, daß die Bauerlaubniß schriftlich ertheilt wird, d. h. im Geltungsbereiche einer solchen Verordnung die Beobachtung der schriftlichen Form des Konsenses zur Gültigkeit gehört, eine nicht in dieser Form ertheilte polizeiliche Genehmigung also wirkungslos und der ohne schriftliche Erlaubniß Bauende dem § 367 zuwiderhandelt. R.G. vom 3. April 1891, Preuß. Verwltgsbl. Jahrg. 12 S. 571.

Es ist ein Unterschied, ob ein Antrag auf Ertheilung eines Nachtrags-Baukonsenses zu einer bereits vorhandenen Bauanlage (Treppe) an dem Orte, wo die Bauanlage bereits vorhanden ist, und in ganz derselben Gestalt gestellt wird — falls eine polizeiliche Anordnung, wonach die bereits vorhandene Bauanlage beseitigt werden soll, unanfechtbar geworden ist, oder ob die Erlaubniß zur Errichtung einer Bauanlage an dem Orte, wo sich eine solche schon befindet, und in ganz derselben Gestalt, wie die schon vorhandene, nachgesucht wird. Im letzteren Falle unterliegt es keinem Zweifel, anzunehmen, daß jene Sach- und Rechtslage (scil. der erste Fall) hierfür ohne maßgebenden Einfluß ist. O.G. vom 27. September 1892, Preuß. Verwltgsbl. Jahrg. 14 S. 77.

Die Beseitigung eines Bauwerkes kann nur dann verlangt werden, wenn sich die Anlage mit den Vorschriften des bestehenden Rechtes im Widerspruch befindet und auf andere Weise ein ordnungsmäßiger Zustand nicht herbeizuführen ist.

Was die Sicherheitsgefährlichkeit des (streitigen) Spaliers (d. i. die hier in Frage kommende zu beseitigende Baulichkeit) anlangt, so bedarf es einer weiteren Feststellung über die Standfähigkeit der Anlage nicht. Denn, selbst wenn diese nicht in dem jede Gefahr ausschließenden Maße vorhanden sein sollte, so rechtfertigt dieser Umstand nicht die Forderung der Beseitigung der Anlage selbst. Es muß dem Kläger die Möglichkeit gelassen werden, auf andere sachgemäße Weise die Anlage in einen ungefährlichen Zustand zu versetzen (vergl. u. A. O.G. Bd. 1 S. 234, Bd. 6 S. 318, 292, Bd. 13 S. 400).

An sich würde zwar eine Feuergefährlichkeit der Spalieranlage insofern nicht bezweifelt werden können, als bei einem etwa in dem Nachbarhause ausbrechenden Brande die Uebertragung des Feuers auf einen anderen Theil des Hauses bei der leichten Brennbarkeit des Holzgitterwerkes in erheblichem Maße erleichtert und befördert werden kann. Da jedoch das Spalier in einem solchen Falle sich ohne jede Schwierigkeit rasch beseitigen oder zerstören läßt, und dem auch die etwa angebrachten oben erwähnten Strebestützen kein nennenswerthes Hinderniß bereiten, so kann eine drohende Gefahr auch nach dieser Richtung hin nicht anerkannt werden.

Fehlen sonach auch die Voraussetzungen für die Anwendbarkeit des § 10 II 17 A.L.R., so konnte die angegriffene Anordnung nicht aufrecht erhalten werden. O.G. vom 30. Juni 1894, Preuß. Verwltgsbl. Jahrg. 16 S. 31.

Es liegt in der rechtlichen Natur der Polizeiverordnungen, daß die als solche ergehenden Bauordnungen der im § 65 I 8 A.L.R. grundsätzlich anerkannten Baufreiheit diejenigen Grenzen ziehen, die

die polizeiliche „Norm für Leben und Gesundheit“ sowie „die Fürsorge gegen Feuersgefahr und Bauausführungen, sowie gegen gemeinschädliche und gemeingefährliche Handlungen, Unternehmungen und Ereignisse überhaupt“ erheischt (§ 6 pos. f, g, i des Gesetzes über die Polizeiverwaltung vom 11. März 1850 Ges.-Samml. S. 265). Soweit solche Verordnungen ergangen sind, bestimmen sie daher die Normen, nach welchen bemessen werden muß, ob ein Bau „schädlich oder gefährlich für das Publikum“ ist. — Die Beobachtung der Vorschriften der Baupolizeiordnung wird gefordert und erzwungen, um schädliche und gefährliche Bauten zu hindern, und, wenn gleichwohl Bauten entstehen, die solchen Ordnungen widersprechen, so sind sie schon lediglich durch diesen Widerspruch als schädlich und gefährlich im Sinne des § 71 rechtlich gekennzeichnet. — Es ist somit ausgeschlossen, neben dem Maßstabe, den die vorhandene Bauordnung für die Zulassung und Gutheißung von Bauten vor deren Ausführung zur Ausschließung schädlicher und gefährlicher Bauten statuiren, noch einen zweiten solchen Maßstab für konsenswidrig oder konsenslos ausgeführte Bauten aus § 71 a. a. O. zu konstruiren und dem bauenden Publikum die Möglichkeit einzuräumen, durch gesetzwidrige Handlungen das für ihre Bauten zur Anwendung kommende objektive Baurecht zu ändern. Es könnte dies auch gar nicht geschehen, ohne damit das öffentliche Interesse in weitem Umfange in Frage zu stellen. Es darf nicht übersehen werden, daß die Baupolizeiordnungen, weil sie nothwendig generalisiren müssen, vielfach für einzelne konkrete Baufälle der Baufreiheit engere Schranken ziehen, als es möglich ist, wenn die Schädlichkeit und Gefährlichkeit eines Baues unabhängig von den Vorschriften der Bauordnungen lediglich nach der thatsächlichen Lage des einzelnen Baufalles beurtheilt werden muß.

Sind somit aber die Rechtsgrundsätze, die das Urtheil vom 3. April 1888 für die Behandlung konsenslos oder konsenswidrig ausgeführter Bauten nach Maßgabe der bestehenden Baupolizeiordnungen aufgestellt hat, und an denen der Gerichtshof seitdem stets festgehalten hat, in dem Ministerial-Erlasse vom 5. November 1888 im Gegensatze zu dem vom 18. November 1885 mit gutem Grunde gebilligt worden, so ergiebt sich daraus mit Nothwendigkeit, daß auch die Einschränkung der Dispense auf noch nicht ausgeführte Bauten in dem letzteren Erlasse nicht haltbar ist und, was lediglich um deswillen, weil die Bestimmungen der Bauordnung über Dispensertheilung eine untrennbare Einheit mit den materiellen Normen über Beschränkung der Baufreiheit bilden. O.G. vom 27. November 1895 Bd. 29 S. 354.

Diese Entscheidung führte zu dem Ministerial-Erlaß vom 21. Februar 1896 — siehe Preuß. Verwltgsbl. Jahrg. 17 S. 275 —, welcher u. A. Folgendes ausführt:

Es folgt aus den vorgedachten Entscheidungsgründen — d. i. die eben citirte Entscheidung — die Verpflichtung der Baupolizeibehörden, auch bezüglich der konsenswidrig oder konsenslos ausgeführten baulichen Anlagen die Erfüllung der sämmtlichen einschlagenden baupolizeilichen Vorschriften zu fordern und zu erzwingen, sofern nicht diesen Behörden die Befugniß zur Gewährung von Ausnahmen eingeräumt ist. Nur in denjenigen Fällen wird es sich rechtfertigen lassen, hiervon abzuweichen, wo die Verstöße gegen die Bestimmungen der Baupolizeiordnung von ganz geringfügiger Bedeutung sind, und den mit ihnen verfolgten Zweck ernstlich nicht in Frage stellen, andererseits aber die den Vorschriften entsprechende Herstellung einen unverhältnißmäßig hohen Kostenaufwand erfordern würde. Der Umstand dagegen, daß die vorschriftsmäßige Herstellung den Bauherrn zu erheblichen Aufwendungen nöthigen wird, kann allein keinen Grund geben, von der Forderung einer solchen Herstellung abzusehen.

Das in Frage stehende Erkenntniß des Oberverwaltungsgerichts hat auf sein Urtheil vom 3. April 1888 Bezug genommen, in welchem mit Bezug auf die §§ 71 und 72 I 8 A.L.R. ausgesprochen ist, daß, wo das örtliche Baupolizeirecht durch Polizeiverordnungen geregelt sei, Maß und Umfang der dem Unternehmer und der Baupolizeibehörde zustehenden Rechte und obliegenden Pflichten regelmäßig sich nicht mehr nach den allgemeinen im § 71 a. a. O. hervorgehobenen Gesichtspunkten bestimmte, vielmehr dann der daselbst aufgestellte Grundsatz dahin zu formuliren sei: der Bau müsse nach der Anweisung der Polizei geändert werden in allen Fällen, wo sich finde, daß er den Vorschriften des geltenden örtlichen Baurechts nicht entspreche — und zwar unbedingt und ohne Rücksicht auf die Lage des einzelnen Falles, sofern nicht etwa die Zulassung von Ausnahmen besonders vorgesehen sei.

§ 8.

Verhalten und Kontrolle der Polizeibehörde gegenüber den mit Genehmigung und vorschriftsmäßig hergestellten baulichen Anlagen.

Die Polizeibehörde hat in Erfüllung der ihr übertragenen Pflichten ein berechtigtes Interesse daran, daß die bestehenden Bauten in einem Zustande erhalten bleiben, welcher eine Schädigung oder Gefährdung des Publikums ausschließt. Sie hat daher, sobald ein Bauwerk in einen das Publikum schädigenden oder gefährdenden Zustand kommt, die erforderlichen Anordnungen zu treffen und die Ausführung derselben nothwendigenfalls zu erzwingen. Es kommen hierbei nicht bloß die positiven Bestimmungen des örtlichen Baurechtes in Frage, wobei zu bemerken ist, daß immer nur die Baupolizeiordnung Anwendung finden kann, welche zur Zeit der Erbauung des betroffenen Bauwerkes in Geltung war, sofern nicht in der zur Zeit der Verfügung maßgebenden Polizeiverordnung der einen oder anderen Bestimmung ausdrücklich rückwirkende Kraft beigelegt ist; es kommen vielmehr auch die allgemeinen Bestimmungen des § 10 II 17 A.L.R. und des den letzteren erläuternden Polizeigesetzes vom 11. März 1850 in Frage. Es wird daher z. B. auch von einem alten Hause stets verlangt werden können, daß feuer- und gesundheitsgefährliche Zustände beseitigt werden müssen, auch wenn die zur Zeit der Erbauung dieses Hauses in Geltung gewesene Bauordnung für den Erlaß der entsprechenden Anordnung nicht die genügenden Handhaben bietet. Es sei hierbei nur an die ungesunden Kellerwohnungsverhältnisse gedacht, indem die Anforderungen, die an solche Wohnungen in gesundheitspolizeilicher Hinsicht gestellt wurden, früher auf ein sehr geringes Maß beschränkt blieben, und in Folge dessen die Herstellung und Benutzung mancher derartiger Wohnungen genehmigt wurde, die auf Grund der Erfahrungen auf hygienischem Gebiete als zu Wohnzwecken durchaus ungeeignet und gefährlich, später verboten werden mußten und müssen.

Wir finden nun, was das Kontrollerecht und die Pflichten der Polizeibehörde nach der vorstehend erörterten Richtung hin anlangt, eingehende Bestimmungen in §§ 35 — 59 I 8 A. L. R., welche mit dem Marginale „Pflichten des Eigenthümers wegen der Unterhaltung und Wiederherstellung von Gebäuden" versehen sind (§§ 60—64 daselbst sind in Wegfall gekommen; sie hatten die Anwendung der §§ 35—59 auf ländliche Grundstücke zum Gegenstande).

§ 35. Statuen und Denkmäler, die auf öffentlichen Plätzen errichtet worden, darf niemand, wer er auch sei, beschädigen, oder ohne obrigkeitliche Erlaubniß wegnehmen oder einreißen.

Die Kabinetsordre vom 4. Oktober 1815 (Ges.-Samml. S. 206) bestimmt: „Gemeindebeschlüsse über die Veräußerung oder wesentliche Veränderung von Sachen, welche einen besonderen wissenschaftlichen, historischen oder Kunstwerth haben, insbesondere von Archiven oder Theilen desselben, unterliegen der Genehmigung des Regierungs-Präsidenten."

§ 50 der Städteordnung vom 30. Mai 1853 schreibt im Absatz 2 vor: „Die Genehmigung des Regierungs-Präsidenten ist erforderlich zur Veräußerung oder wesentlichen Veränderung von Sachen, welche einen besonderen wissenschaftlichen, historischen oder Kunstwerth haben, namentlich von Archiven."

In Bezug auf die Erhaltung von Kunst- und Baudenkmälern vergl. Minist.-Reskript vom 24. Januar 1844 (Min.-Bl. S. 38) und vom 5. November 1854 (Min.-Bl. 1855 S. 2), sowie Kabinetsordre vom 20. Juni 1830 (Ges.-Samml. S. 113), in Betreff der Erhaltung der Archive: Min.-Reskr. vom 17. Februar 1859 (Min.-Bl. S. 89), in Betreff der Konservirung vorgefundener Ueberreste der Vorzeit, wie Stein- oder Erdmonumente, Hünengräber, Schanzen, Pfahlbauten u. s. w. Min.-Reskr. vom 30. Dezember 1896 (Min.-Bl. 1897 S. 8). Siehe v. Brauchitsch, Verwaltungsgesetze, 11. Auflage, Bd. 3 S. 50.

§ 16 des Zuständigkeitsgesetzes vom 1. August 1883: Gemeindebeschlüsse über die Veräußerung oder wesentliche Veränderung von Sachen, welche einen besonderen wissenschaftlichen, historischen oder Kunstwerth haben, insbesondere von Archiven oder Theilen derselben, unterliegen der Genehmigung des Regierungs-Präsidenten.

Hierdurch und durch § 30 desselben Gesetzes hat die Bestimmung der Kabinetsordre und der Städteordnung Ausdehnung auf die gesammte Monarchie erhalten.

Der Runderlaß des Ministers der geistlichen ꝛc. Angelegenheiten an sämmtliche Königliche Regierungs-Präsidenten, betreffend rechtzeitige Einholung der vorgeschriebenen staatlichen Genehmigung zur Niederlegung, Veränderung und Veräußerung von Baudenkmälern und beweglichen Gegenständen, welche einen geschichtlichen, wissenschaftlichen oder Kunstwerth haben, vom 9. April 1896 macht auf die Nothwendigkeit aufmerksam, rechtzeitig die Genehmigung nachzusuchen, da sonst die Ausführung der beabsichtigten baulichen (und Straßen-) Veränderungen Verzögerung erleidet, auch, wenn sogar in Unkenntniß oder Nichtbeachtung der bezüglichen Bestimmungen mit Ausführung der betreffenden Bauarbeiten ohne jede Anzeige begonnen wird, dies die spätere Inhibirung der Arbeiten zur Folge hat. Preuß. Verwltgsbl. Jahrg. 17 S. 389. Vergl. auch Erlaß betreffend theilweise Neueindeckung der Dächer an alten Baudenkmälern vom 3. Januar 1896 u. Erlaß vom 6. März 1897, betreffend die Wahrung der Interessen der Denkmalspflege bei baulichen Veränderungen an Kirchen (C. Bl. f. d. U. V.).

§ 36. „Noch weniger dürfen, ohne dergleichen Erlaubniß, Gebäude in den Städten, die an Straßen oder öffentliche Plätze stoßen, zerstört oder vernichtet werden."

Es ist anzuerkennen, daß die §§ 35ff., wenn sie unter den Marginalien: „Gesetzliche Einschränkungen zum Besten des gemeinen Wesens." „Bei Gebäuden — Pflichten des Eigenthümers wegen deren Unterhaltung und Wiederherstellung", die Durchführung der in den §§ 33, 36[1]) eben dort ausgesprochenen Grundsätze:

„Soweit die Erhaltung einer Sache auf die Erhaltung und Beförderung des gemeinen Wohles erheblichen Einfluß hat, soweit ist der Staat deren Zerstörung oder Vernichtung zu untersagen berechtigt" .... „noch weniger dürfen, ohne dergleichen Erlaubniß, Gebäude in den Städten .... zerstört oder vernichtet werden"

---

[1]) Gesetzliche Einschränkungen zum Besten des gemeinen Wesens.

§ 33. Soweit die Erhaltung einer Sache auf die Erhaltung und Beförderung des gemeinen Wohls erheblichen Einfluß hat, so weit ist der Staat deren Zerstörung oder Vernichtung zu untersagen berechtigt.

§ 34. Soweit die Benutzung einer Sache zur Erhaltung des gemeinen Wohles erforderlich ist, kann der Staat diese Benutzung befehlen, und die Unterlassung derselben durch Strafgesetze ahnden.

des Näheren regeln, nach ihrer Stellung in der Gesammtheit der fraglichen Vorschriften, nach ihrem Zusammenhange und inhaltlich lediglich von der Erhaltung und der Wiederherstellung schon vorhandener Gebäude handeln, nicht aber eine Handhabe dafür bieten, die Errichtung neuer Gebäude auf bisher unbebaute oder anderweit bebaut gewesene Grundstücke im Wege obrigkeitlichen Zwanges der Vollendung entgegenzuführen. Die auf die Bebauung solcher Grundstücke bezüglichen Bestimmungen sind vielmehr erst in dem nunmehr folgenden mit § 65 unter dem Marginale „Einschränkungen des Eigenthümers bei den Bauten" beginnenden Abschnitte zu finden.

Die hiernach allein entscheidende Auslegung des § 66 ebendaselbst anlangend, kann zwar gewiß nicht bezweifelt werden, daß ein enger Zusammenhang zwischen dem § 66 und den §§ 67—72 a. a. O. besteht; nur ist derselbe kein derartiger, daß ein polizeiliches Einschreiten ausschließlich gegen solche, zum Schaden oder zur Unsicherheit des gemeinen Wesens oder zur Verunstaltung der Städte und öffentlichen Plätze vorgenommenen Bauten statthaft scheint, bei denen es an der vorgeschriebenen Anzeige fehlt. Allerdings wird, wenn letztere erstattet worden ist, die Polizeibehörde in der Regel schon bei der Prüfung des ihr vorgelegten Projektes im Stande sein, einer gesetzlichen Verletzung entgegenzutreten. Daraus folgt aber nicht, daß, wenn die Beanstandung unterblieben ist, — sei es, weil der Mangel ohne Weiteres überhaupt nicht erkennbar war, oder weil er doch thatsächlich nicht erkannt wurde —, nunmehr der mit dem Gesetze an sich vereinbare Zustand ein unantastbarer geworden wäre und ein unbedingtes Recht des Fortbestandes erlangt hätte. Vielmehr ist die Polizeibehörde, wenn hiernächst erst die Schädlichkeit oder Gefährlichkeit des Baues oder die Verunstaltung zu Tage tritt, noch zu jeder Zeit und unter allen Umständen berechtigt, auf Herstellung eines gesetzlichen Zustandes zu dringen — einem unkonsentirten Bau gegenüber unmittelbar auf Grund der §§ 71, 72, und wenn das Projekt an sich genehmigt worden ist, gemäß § 66 I 8 A.L.R. in Verbindung mit § 10 II 17 ebendort, von welchen Bestimmungen der § 66 den allgemein geltenden Grundsatz enthält, der § 71 aber zwar einen besonderen, jedoch keineswegs den einzigen Fall der Anwendbarkeit eben dieses Grundsatzes betrifft.

Nach allgemeinen, gerade auf dem Gebiete des Bauwesens diesseits in gleichmäßiger Rechtsprechung stets festgehaltenen Grundsatze hat die polizeiliche Einwirkung sich zunächst nur auf eine entsprechende Aenderung des Baues zu richten, während die Beseitigung des ganzen Werkes erst für den Fall zu fordern sein würde, daß den im öffentlichen Interesse zu stellenden Anforderungen auf keine andere Weise genügt werden könnte. Eben dieser Grundsatz ist in den §§ 71, 72 I 8 A.L.R. ausgesprochen. O.G. vom 22. April 1880, Bd. 6 S. 318.

Anwendbarkeit der §§ 36ff. I 8 A.L.R. auch auf Gebäude in den Landgemeinden.

Entschädigungsanspruch dafür, daß der Abbruch eines Gebäudes wegen irreparabler Baufälligkeit von der Polizei angeordnet und bewerkstelligt ist.

Aus den Gründen: Nach § 75 Einleitung zum A.L.R. ist der Staat denjenigen, welcher seine besonderen Rechte und Vortheile dem Wohle des gemeinen Wesens aufzuopfern genöthigt wird, zu entschädigen gehalten. Diese Bestimmung ist, wie der § 31 I 8 A.L.R. nur dann anwendbar, wenn ein in seinem Eigenthumsrechte nicht eingeschränkter Besitzer einer Sache, nach den in jedem einzelnen Falle besonders zu treffenden Anordnungen des Staates, zum Wohle des Ganzen oder einzelner Bürger sich Beschränkungen seines Eigenthums unterwerfen muß, welche ihm Nachtheil bringen. Das ist aber nicht der Fall, soweit das Eigenthum gesetzlichen Beschränkungen unterliegt. Denn durch die Beschränkungen dieser Art, „welche gleichsam dem Privateigenthum eingeboren" sind, werden der Ausdehnung des Eigenthums positive Grenzen gesteckt, und die Rechtsordnung erkennt den Gebrauch des Eigenthums als Recht nur soweit an, als diese Grenzen reichen. In den §§ 1 und 2 I 22 A.L.R. werden denn auch ausdrücklich die sich hieraus ergebenden Folgen dahin gegeben, daß den gesetzlichen Einschränkungen des Eigenthums ein jeder Grundbesitzer sich zu unterwerfen verbunden ist, und daß für Einschränkungen und Belastungen dieser Art kein Grundbesitzer eine im Gesetze ihm nicht ausdrücklich vorbehaltene Entschädigung fordern kann. Hierin ist in Art. 9 der Verfassungsurkunde: „Das Eigenthum ist unverletzlich. Es kann nur aus Gründen des öffentlichen Wohles gegen vorgängige, in dringenden Fällen wenigstens vorläufig festzustellende Entschädigung nach Maßgabe des Gesetzes ..... beschränkt werden", nichts geändert worden, auch wenn dieser Grundsatz nicht bloß als Richtschnur für die künftige Gesetzgebung, sondern als ein unmittelbar anwendbarer Rechtssatz angesehen wird. Denn die hier gemeinten Beschränkungen können nur solche sein, welche den Eigenthümer in der Ausübung einer an sich in seinem Eigenthumsrechte liegenden Befugniß hindern. Die Rechte aber, deren Ausübung dem Eigenthümer durch die gesetzliche Festsetzung von Einschränkungen versagt sind, fallen, wie schon bemerkt, nicht unter den Begriff des Eigenthums, wie er vom Gesetze anerkannt wird. Die gesetzlichen Einschränkungen des Eigenthums sind in den §§ 33ff. I 8 A.L.R. aufgeführt. Dazu gehört die vom Gesetz an das Eigenthum geknüpfte Pflicht zur Unterhaltung der Gebäude, welche die an sich von der Willkür des Eigenthümers abhängende Erhaltung oder Vernichtung eines Gebäudes zum Besten des gemeinen Wesens einschränkt, eine Pflicht, deren Erfüllung nicht allein erzwingbar, deren Verletzung sogar mit Strafe bedroht ist (A.L.R. I 8 §§ 33ff., St.G.B. § 367 Nr. 13, 14). Der Eigenthümer muß seine Gebäude in einer Stadt, die an Straßen oder öffentliche Plätze stoßen, soweit es zur Erhaltung der Substanz und Verhütung alles Schadens oder Nachtheils für das Publikum nothwendig ist, in baulichem Stande unterhalten. Vernachlässigt er diese Pflicht dergestalt, daß der Einsturz des ganzen Gebäudes oder eine Gefahr für das Publikum zu besorgen ist, so muß die Obrigkeit ihn zur Veranstaltung der nothwendigen Reparaturen innerhalb einer nach den Umständen zu bemessenden Frist, allenfalls durch Zwangsmittel anhalten. Kann auch durch die Veranstaltung des Magistrats dergleichen verfallendes Gebäude nicht wiederhergestellt werden, so ist bei fortdauernder Gefahr für das Publikum, die Obrigkeit selbiges abbrechen und die Materialien an den Meistbietenden verkaufen zu lassen berechtigt (A.L.R. I 8 §§ 36—38, 56). Die letztere Bestimmung (§ 56) hat freilich nur den Fall im Auge, daß die Wiederherstellung des verfallenen Gebäudes, auf dem in den §§ 39—55 a. a. O. angegebenen Wege nicht zu bewirken ist; sie ist jedoch, wie sich aus der Natur der Sache nothwendig von selbst ergiebt und auch durch die Strafvorschrift des § 367 Nr. 13 St.G.B. bestätigt wird, auch da zur Anwendung zu bringen, wo den im öffentlichen Interesse zu stellenden Ansprüchen in keiner anderen Weise zu genügen ist, als durch die Beseitigung des Gebäudes, wo also das Gebäude in einem derartig verfallenen Zustande sich befindet, daß die Gefahr des Einsturzes auch durch Reparatur nicht abgewendet werden kann. Die Bestimmungen in den §§ 36ff. I 8 A.L.R. können hier allerdings nicht unmittelbar zur Anwendung gebracht werden, weil dieselben sich ausdrücklich auf Gebäude in „Städten“ beziehen (§ 36) und das abgebrochene Gebäude des Klägers in einer Landgemeinde belegen ist. Ihre Anwendbarkeit wird aber vermittelt durch die Vorschrift § 60 a. a. O., nach welcher auch von den Grundstücken auf dem Lande gilt, was von städtischen Grundstücken vorher verordnet ist. Mag nun auch darüber gestritten werden können, ob und inwieweit die §§ 60—64 durch die spätere Agrar-Gesetzgebung beseitigt worden sind, jedenfalls darf die im § 60 verordnete Anwendung der in den §§ 36ff. für Städte gegebenen Bestimmungen auf Landgemeinden nicht in Zweifel gezogen werden, sofern darin im Interesse der öffentlichen Sicherheit die Pflicht zur Erhaltung, Wiederherstellung und eventuell durch Abbruch der an öffentlichen Straßen oder Plätzen belegenen Gebäuden festgesetzt und der Obrigkeit die Befugniß zur Erzwingung der Erfüllung dieser Pflicht beigelegt ist; würde es doch anderen Falls an Vorschriften dieser Art für Landgemeinden fehlen, obwohl solche zum Besten des Gemeinwesens für Landgemeinden in gleichem Maße nothwendig sind, wie für Städte. Freilich darf die äußerste Maßregel des Abbruches nur dann ergriffen werden, wenn nach vorheriger Feststellung eine Wiederherstellung des vorhandenen Gebäudes ausgeschlossen ist. Hieraus folgt, daß, wenn der Abbruch des Gebäudes angeordnet und bewirkt wird, wo noch durch Reparatur geholfen und die Einsturzgefahr beseitigt werden kann, der Obrigkeit nicht das ihr aus der gesetzlichen Einschränkung des Eigenthümers entfließende Recht zur Seite steht, daß dieselbe vielmehr dann, wenn auch zum Wohle des gemeinen Wesens, in die Rechtssphäre des Eigenthümers eingreift. Solchenfalls wird der Eigenthümer genöthigt, seine besonderen Rechte und Vortheile dem Wohle des gemeinen Wesens aufzuopfern, und er muß nach § 75 Einleitung zum A.L.R. und nach §§ 29—31 I 8 A.L.R. für den erlittenen Verlust vollständig schadlos gehalten werden. Hat dagegen die Obrigkeit durch den Abbruch des Gebäudes lediglich von der ihr durch das Gesetz beigelegten Befugniß zur Erzwingung der durch die gesetzlichen Einschränkungen dem Eigenthümer auferlegten Pflicht Gebrauch gemacht, so ist dadurch kein Recht des letzteren verletzt; es wird deshalb auch in keiner der Bestimmungen der §§ 36 I 8 A.L.R. dem Eigenthümer eine Entschädigung vorbehalten und der Eigenthümer kann nach § 2 I 22 A.L.R. eine Entschädigung nicht fordern. R.G. vom 14. Juni 1890, Preuß. Verwltgsbl. Jahrg. 11 S. 493.

Von Interesse ist hier auch eine Entscheidung, die sich zwar nicht auf Gebäude unmittelbar bezieht, die aber zur Kommentirung der oben in der Anmerkung citirten §§ 33 bezw. 34 I 8 A.L.R. sehr geeignet ist.

Polizeiliches Einschreiten wider den Eigenthümer einer öffentlichen Verkehrsanstalt gegen deren Beschädigung oder Gefährdung — so polizeiliche Untersagung der Anlage von Steinbrüchen, Torfstichen, Lehmgruben in gefährlicher Nähe von Wegen — so hier polizeiliches Verbot des Ausgrabens von Lehm, Erde oder Sand auf dem einer Eisenbahnanlage benachbarten Grundstücke.

Aus den Gründen: Zunächst ist die privatrechtliche Befugniß des Eigenthümers, sein Grundstück auch dann, wenn dadurch der Zusammenbruch des Nachbargrundstückes verursacht wird, beliebig auszuschichten, keineswegs unstreitig (vergl. Dernburg, Preuß. Privatrecht, Bd. 1 § 220 S. 551). Und wenn das Urtheil des R.G. vom 7. Dezember 1887 den Ersatzanspruch des Eigenthümers, dem wegen Nähe einer Chaussee die Fortsetzung eines Schuppens zur Lagerung von Pulver untersagt war, abgewiesen hat, wenn ferner dasjenige vom 27. Oktober 1881 den Grundbesitzer, der durch Aushebung einer Baugrube das Nachbarhaus beschädigte, wegen Nichtbeachtung der erforderlichen Sicherungsmaßregeln und des § 367 Nr. 14 des St.G.B. für schadensersatzpflichtig erklärt hat, so kann auch die Befugniß des Eigenthümers, durch eine sonst statthafte Benutzung seines Grundstückes die benachbarte Eisenbahn zu beschädigen, gegenüber den §§ 315 und 316 St.G.B. als eine zweifellose kaum bezeichnet werden; denn der Thatbestand des § 315 erfordert — wie eine weitverbreitete Ansicht annimmt — nur das Bewußtsein, daß die Anlage beschädigt, bezw. ein Hinderniß bereitet wird, das den Transport zeitweise gefährden kann, nicht aber den Vorsatz dieser Gefährdung (Oppenhoff, St.G.B. § 315 Anm. 1 S. 833); und für die Fahrlässigkeit des § 316 genügt es, daß diese Gefährdung wesentlich, wenn auch nur mittelbar, durch die Handlung verursacht ist, und daß dieser Erfolg bei gewöhnlicher Umsicht und Sorgfalt vorhergesehen werden konnte, einerlei, ob die Handlung gegen anderweite straf-

oder civil- oder polizeirechtliche Normen verstößt oder nicht (a. a. O. Anmerkungen 19 bis 21a zu § 59 S. 163).

Alle diese Fragen können indessen hier dahingestellt bleiben. Denn wenn das Privatrecht auch die Eigenthümer an der beliebigen Ausschachtung ihrer Grundstücke ohne Rücksicht auf die benachbarten nicht behindern sollte, und wenn eine derartige Beschränkung auch im Wege der Enteignung herbeigeführt werden kann, so wird dadurch allein die Zulässigkeit des polizeilichen Einschreitens nicht unbedingt ausgeschlossen. Hier folgt dies Recht der Polizei — selbst wenn von den besonderen Vorschriften der §§ 315 und 316 St.G.B. zum Schutze der Eisenbahn völlig abgesehen wird — aus dem allgemeinen Grundsatze des öffentlichen Rechts, wonach jeder Eigenthümer sein Eigenthum so erhalten muß und nur so benutzen darf, daß dadurch die polizeilich zu schützenden Interessen, insbesondere Leben und Gesundheit nicht gefährdet werden. Aus diesem Gesichtspunkte sind Verfügungen, welche die Anlage von Steinbrüchen, Torfstichen, Lehmgruben in gefährlicher Nähe von Wegen untersagten, stets für rechtmäßig erachtet, und es ist ferner noch durch Endurtheil vom 6. Juli 1892 das Verbot des Lehmausschachtens, durch welches ein benachbarter Eisenbahndamm gefährdet wurde, aufrechterhalten worden.

Denn durch solche Verfügung wird dem Grundbesitzer nicht eine Beschränkung seines Eigenthums neu auferlegt, sondern nur eine ihm als Grundeigenthümer bereits obliegende Verpflichtung geltend gemacht. Derartige polizeiliche Anordnungen fallen daher nicht unter die Vorschriften des Art. 9 Verfassungsurkunde, wie dies vom unterzeichneten Gerichtshofe mehrfach (vergl. Bd. 8 S. 329, Bd. 21 S. 414, Preuß. Verwltgsbl. Jahrg. 14 S. 39/41) dargelegt und bei der Berathung des Enteignungsgesetzes vom 12. Juni 1874 anerkannt ist. O.G. vom 7. Januar 1893, Preuß. Verwltgsbl. Jahrg. 14 S. 442.

§ 37: „Dergleichen Gebäude muß der Eigenthümer, soweit es zur Erhaltung der Substanz und Verhütung alles Schadens und Nachtheils für das Publikum nothwendig ist, in baulichem Stande unterhalten."

Es kommen hier also nur solche Gebäude in Frage, welche an Straßen oder öffentliche Plätze stoßen.

Die Pflicht des Eigenthümers, wie sie § 37 I 8 A.L.R. zum Ausdruck bringt, ergiebt sich aus dem Begriff des Eigenthums; indem der Eigenthümer auf der einen Seite die totale Herrschaft über sein Grund und Boden hat, ist er andrerseits in Folge dieser Herrschaft, da ein Dritter zunächst jeglicher Einwirkung auf den Grund und Boden ermangelt, sich durch eine eine Einwirkung enthaltende Handlung eines Eingriffes in ein fremdes Recht schuldig machen würde, verpflichtet, auf sein Eigenthum nach der Richtung hin Acht zu haben, daß dasselbe nicht die Rechte Anderer, in Sonderheit das Recht und Interesse des Gemeinwesens verletzt, wie es der Fall ist, wenn der Eigenthümer die auf seinem Grundstück vorhandenen Gebäude nicht in baulichem Zustande erhält, soweit es zur Erhaltung der Substanz und Verhütung alles Schadens und Nachtheils für das Publikum nothwendig ist. Vernachlässigt er diese Pflicht, so ist es Sache der zuständigen Behörde, d. i. der Polizei, in der nothwendigen Weise einzuschreiten. Zu vergl. § 10 II 17 A.L.R.

Die in den §§ 39 bis 59 I 8 A.L.R. der Obrigkeit in Ansehung des Eigenthümers verfallener oder durch einen Unfall zerstörter städtischer Gebäude beigelegte Berechtigung, in dem eben dort geordneten Verfahren auf deren Wiederherstellung zu dringen, besteht nicht in gleicher Weise gegenüber dem Erwerber und Eigenthümer eines unbebauten, dereinst bebaut gewesenen, städtischen Grundstückes. Die §§ 36—59 I 8 A.L.R. richten sich ausschließlich gegen den Eigenthümer der zu konservirenden Sache und sind ziel- und gegenstandslos gegenüber einem Grundeigenthümer, der niemals Eigenthümer der Gebäude — einer an sich ganz unabhängig von dem bebauten Grundeigenthum des Eigenthums gehörigen Sache — gewesen ist. O.G. vom 20. Dezember 1883, Bd. 10 S. 315.

Erhaltung der an städtischen Straßen stoßenden Gebäude in baulichem Zustande.

Die Zuständigkeit der Verwaltungsgerichte auf dem in den §§ 37ff. I 8 A.L.R. abgehandelten Gebiete polizeilicher Thätigkeit.

Aus den Gründen: Wo auf dem Gebiete polizeilicher Thätigkeit durch die Inanspruchnahme eines Privaten ein gewisser Erfolg erreicht werden soll, treten für die Regel die drei Stadien zunächst in Anordnung, weiter der Androhung und endlich der Festsetzung und Ausführung in den Vordergrund, von denen nach gegenwärtiger

Lage der Gesetzgebung nur die beiden ersten der **Kontrolle** der Verwaltungsgerichte unterworfen sind, während gegen **die** Festsetzung und Ausführung eines Zwangsmittels in allen Fällen nur die Beschwerde im Aufsichtswege stattfindet.

Nach der allgemein zur Anwendung kommenden Vorschrift des § 132 des Gesetzes über die allgemeine Landesverwaltung sind die Ortspolizeibehörden berechtigt, die von ihnen in Ausübung ihrer obrigkeitlichen Gewalt getroffenen Anordnungen durch Anwendung der eben dort aufgeführten Zwangsmittel durchzusetzen, und zwar ist unter diesen in erster Linie (§ 132 Nr. 1 und 2 a. E.) gerade derjenige Weg vorgezeichnet, den die Beklagte eingeschlagen hat. Auch die Bestimmungen des Landesrechts, welche die Klägerinnen für sich in Anspruch nehmen, enthalten davon Abweichendes nicht. Geräth der nach Anleitung des § 37 I 8 A.L.R. mit einer entsprechenden Anordnung versehene Betheiligte mit der Ausführung dergestalt in Verzug, daß letztere nicht länger ausgesetzt werden kann, und sind die Maßregeln zur Herbeiführung derselben fruchtlos, so ist die Obrigkeit den nothwendigen Bau auf Kosten des Eigenthümers zu veranstalten berechtigt (§§ 38, 39 a. a. O.).

Der § 40 a. a. O. bestimmt: „Kann oder will der Eigenthümer die Kosten nicht herbeischaffen, so kann die Obrigkeit dergleichen Gebäude zum öffentlichen Verkaufe ausbieten". Aus dieser Bestimmung kann nicht das Recht hergeleitet werden, die Polizeibehörde ohne Weiteres lediglich auf das Mittel des öffentlichen Verkaufes zu verweisen. Denn der § 40 hat nach seinem Wortlaute und dem Zusammenhange der fraglichen Bestimmungen das Vorhandensein nicht nur einer die Vornahme eines Baues verlangenden Anordnung, sondern auch gerade einer Androhung zur Voraussetzung, welche die Vornahme des Baues auf Kosten des Eigenthümers in Aussicht stellt, so daß die Androhung nicht füglich deshalb als eine ungesetzliche bezeichnet werden kann, weil für jenen Abschnitt des Verfahrens, in welchem es sich um Herbeischaffung der Kosten handelt, und zwar für den Fall, daß der Eigenthümer die Kosten nicht herbeischaffen kann oder will, besondere Bestimmungen gegeben und anzuwenden sind.

Mit dieser Herbeischaffung tritt das dritte der oben gedachten Stadien ins Leben. Zweifellos besteht die Befugniß, für den Fall, daß demnächst zur Ausführung der Verfügung und zur Beitreibung der Kosten geschritten werden sollte, diejenigen Rechte geltend zu machen, welche aus den §§ 40ff. herleiten zu können geglaubt wird, allein die Entscheidung darüber, ob und in welcher Weise die Durchführung der Anordnung von den Bestimmungen des § 40 beeinflußt wird, gebührt zufolge § 133 Abs. 3 des Landesverwaltungsgesetzes nicht den Verwaltungsgerichten, auch nicht etwa deshalb, weil der Eigenthümer es für angezeigt hält, schon jetzt zu erklären, daß er die Kosten nicht hergeben wolle und nicht hergeben könne.

Der hier antezipirte, aus § 40 a. a. O. hergeleitete Einwand richtet sich nicht gegen die Anordnung und die Androhung, sondern lediglich gegen die etwaige Ausführung des Zwangsmittels. O.G. vom 15. April 1886, Bd. 13 S. 402.

Befugniß der Polizeibehörde, die Abstellung der Baufälligkeit eines Gebäudes wahlweise von dem, der den gefahrdrohenden Zustand herbeigeführt hat, oder von dem Eigenthümer des Grundstückes zu fordern.

Aus den Gründen: Der Einwand des Eigenthümers, er verschulde die unzulässig befundene Beschaffenheit nicht, er habe beispielsweise die Baufälligkeit seines Hauses nicht herbeigeführt, vielmehr beruhten die Mängel auf rechtswidrigem Verhalten Dritter, entbindet den Eigenthümer der Behörde gegenüber nicht davon, die unzulässige Beschaffenheit seines Besitzthums zu vertreten (vergl. auch die Urtheile des Oberverwaltungsgerichts vom 14. September 1885 und vom 23. November 1889, Bd. 12 S. 310 und Bd. 18 S. 414 der Entscheidungen). Dieser aus § 10 II 17 A.L.R. hergeleitete Grundsatz findet freilich, wie der Gerichtshof in dem Erkenntnisse vom 2. Januar 1888 (Entscheidungen Bd. 16 S. 325) ausgeführt hat, bei der Anwendung auf Verhältnisse, für welche die öffentlich-rechtlichen Pflichten des Grundstücks-Eigenthümers als solchen durch spezielle gesetzliche Bestimmungen geregelt sind, an diesen speziellen Bestimmungen seine rechtlichen Schranken.

Es ist daher nach den dargelegten Grundsätzen belanglos, ob die Ausweichung und die damit gegebene Gefährlichkeit und Polizeiwidrigkeit eines Hauses auf ein dem Eigenthümer zur Last fallendes Verschulden in der Unterhaltung seines Grundstückes oder auf die von ihm als rechtswidrig hingestellte Handlungsweise des Nachbars zurückzuführen ist. O.G. vom 27. November 1899, Bd. 36 S. 400.

Polizeiliches Einschreiten gegen den Hauseigenthümer zur Erzwingung der Unterlassung polizeiwidriger Handlungen seitens Dritter, insbesondere seiner Miether.

Aus den Gründen: Kläger haftet als Hauseigenthümer der Polizeibehörde auch für die Unterlassung polizeiwidriger Handlungen seitens dritter Personen, insbesondere seiner Miether. Dies ist auf dem Gebiete des Polizeirechts in noch weiterem Umfange, als es privatrechtlich für die Frage des Schadensersatzes geschehen ist. Dem Eigenthümer liegt unstreitig die Verbindlichkeit ob, sein Haus im polizeimäßigen Zustande zu erhalten. Dieselbe ist inhaltlich nicht darauf beschränkt, daß er sich selbst und lediglich für seine Person jeder solchen Zustand störenden Handlung enthalte. Sie verpflichtet den Hauseigenthümer, nicht nur in dieser Beziehung seine eigenen Wohnungs- und Wirthschaftsgenossen, Kinder, Gesinde, Handwerksgehilfen u. s. w. zu überwachen, sondern, falls er sein Haus oder einzelne Theile desselben durch Vermiethung nutzt, auch alles in seinen Kräften Stehende zu thun, um die Miether und deren Wirthschaftsgenossen an der Störung des gebotenen Zustandes zu hindern und auch sie in dieser Beziehung zu kontrolliren. Diese Verpflichtung besteht auf alle Fälle für die nothwendig allen Hausbewohnern und in gewissem Umfange dem Publikum zugänglichen Hausräume, die Durchfahrten, die Höfe, Treppen, Korridore u. s. w., auf welche sich in besonderem Maße die Hausordnung erstreckt.

Die Polizeibehörde ist zwar in der Lage, sich gegebenenfalls an den Miether zu halten. Sie ist hierzu unzweifelhaft berechtigt, sie ist aber nicht verpflichtet, ihre Anordnungen nur oder zugleich an diese zu richten, da jene Verbindlichkeiten des Eigenthümers unabhängig von der der Miether und für sich selbständig besteht. O.G. vom 21. April 1888, Preuß. Verwltgsbl. Jahrg. 10 S. 79.

§ 37 I 8 A.L.R. trifft nach seinem Wortlaute und Zusammenhange darüber, ob und inwieweit der Eigenthümer verpflichtet ist, die inneren Theile seines Gebäudes zur Verhütung von Schaden in baulichem Stande zu erhalten und den für die Benutzung im Innern gefährlichen Mängeln rechtzeitig durch Reparatur abzuhelfen, keinerlei Bestimmung; er bezieht sich vielmehr lediglich auf die Außenseite der Gebäude, indem er einerseits Straßen und öffentliche Plätze ihrem äußeren Ansehen nach erhalten und andrerseits das Publikum gegen den Schaden, welcher durch Einsturz oder

Abfall der Gebäude entstehen könnte, schützen will. R.G. vom 27. Januar 1887, Preuß. Verwltgsbl. Jahrg. 10 S. 62.

Haftpflicht des Hauseigenthümers bezüglich der Außenseite und bezüglich des Innern des Gebäudes.

Aus den Gründen: Der § 367 Nr. 14 St.G.B. will den Schaden verhüten, welcher bei der Ausführung von Bauten oder Ausbesserungen entstehen kann und verpflichtet deshalb den Unternehmer solcher Bauten oder Ausbesserungen zu Sicherungsmaßregeln, deren Unterlassung übrigens nur, sofern dies eine verschuldete ist, einen Entschädigungsanspruch begründen würde. Der § 37 I 8 A.L.R. aber bezieht sich, wie das Reichsgericht bereits in einem Urtheile vom 27. Januar 1887 dargelegt hat, lediglich auf die Außenseite der Gebäude und trifft keinerlei Bestimmung darüber, ob und inwieweit der Eigenthümer verpflichtet ist, die inneren Theile seines Gebäudes zur Verhütung von Schaden in baulichem Zustande zu erhalten. Ganz dasselbe gilt endlich von den §§ 66ff., insbesondere 71, 73, 74 I 8, da diese Vorschriften nach ihrem Wortlaute und Zusammenhange nur darauf abzielen, einerseits einer Verunstaltung der Straßen und öffentlichen Plätze entgegenzuwirken und andrerseits das auf Straßen oder Plätzen verkehrende Publikum vor Schaden zu schützen. Umsomehr muß hiernach die Annahme für gerechtfertigt angesehen werden, daß der Eigenthümer für die ordnungsmäßige Anbringung der im Innern des Gebäudes befindlichen Einrichtungs-Gegenstände, insbesondere auch für die ausreichende Befestigung der in den Zimmern aufgestellten Repositorien nur im Falle eines eigenen vertretbaren Versehens einzustehen hat. R.G. vom 16. Juni 1890, Preuß. Verwltgsbl. Jahrg. 11 S. 492.

§ 38. **„Vernachlässigt er diese Pflicht dergestalt, daß der Einsturz des ganzen Gebäudes oder eine Gefahr für das Publikum zu besorgen ist, so muß die Obrigkeit ihn zur Veranstaltung der nothwendigen Reparatur, innerhalb einer nach den Umständen zu bestimmenden billigen Frist, allenfalls durch Zwangsmittel anhalten."**

Voraussetzung für das behördliche Einschreiten ist in erster Linie die Befürchtung des Einsturzes oder der Gefahr für das Publikum, sei es durch den Zustand des ganzen Gebäudes oder Theile desselben, ohne daß der Eigenthümer Maßnahmen zur Beseitigung dieses Zustandes trifft.

Diese Bestimmung, wie die folgenden der §§ 39—55, hat nur solche Gebäude zum Gegenstande, welche überhaupt noch reparaturfähig sind.

§ 39. „Sind diese fruchtlos, so ist die Obrigkeit den nothwendigen Bau auf seine Kosten zu veranstalten berechtigt."

Vergl. hierzu § 132 Nr. 1 des Gesetzes über die allgemeine Landesverwaltung vom 30. Juli 1883.

§ 40. „Kann oder will er die Kosten nicht herbeischaffen, so kann die Obrigkeit dergleichen Gebäude zum öffentlichen Verkaufe ausbieten."

Zwangsversteigerung zur Erreichung eines bestimmten Zweckes.

§ 41. „Dem Käufer eines solchen Gebäudes muß allemal die Wiederherstellung desselben zur Bedingung gemacht werden."

Hier stellt sich die Frage auf, ob diese Bedingung als eine eigentliche Bedingung aufzufassen ist, so daß bei Nichterfüllung derselben der Kaufvertrag hinfällig wird, oder ob sie im Sinne der Baubedingung als eine behördliche, bei Zuschlag des reparaturbedürftigen Hauses auferlegte und gegen den neuen Eigenthümer erzwingbare Auflage anzusehen ist.

Ich halte sie für das Letztere, so daß diese Vorschriften (§§ 39 ff.) auch auf den neuen Eigenthümer nothwendigenfalls Anwendung finden.

§ 42. „Das außerdem erlegte Kaufgeld kommt dem bisherigen Eigenthümer oder dessen Gläubiger zu Gute."

§ 43. „Doch muß davon dasjenige, was die Obrigkeit etwa schon auf einstweilige Veranstaltungen zur Abwendung dringender Gefahr hat verwenden müssen, zuvor abgezogen werden."

Gefahr im Verzuge ist die nothwendige Voraussetzung zu solchen Veranstaltungen ohne Beobachtung des in diesen Paragraphen vorgeschriebenen Verfahrens.

§ 44. „Findet sich kein Käufer, so müssen die auf dem Grundstücke versicherten Gläubiger über die Mittel zur Erhaltung und Wiederherstellung des Gebäudes vernommen werden."

Es ist natürlich keineswegs ausgeschlossen, daß auch der oder einer der Gläubiger gemäß § 41 das zum öffentlichen Verkauf gelangte Haus kauft.

§ 45. „Können sich diese darüber nicht vereinigen, so muß das Gebäude demjenigen unter ihnen, welcher, außer der Wiederherstellung desselben, die vortheilhaftesten Bedingungen für seine Mitgläubiger und den Eigenthümer anbietet, zugeschlagen werden."

§ 46. „Will auch kein Gläubiger das Gebäude als Meistbietender erstehen, so ist der erste unter ihnen den Zuschlag, gegen die bloße Uebernahme der Wiederherstellung, zu verlangen berechtigt."

§ 47. „Will dieser von seinem Rechte keinen Gebrauch machen, so geht dasselbe auf die folgenden, immer nach Ordnung der Priorität, über."

§ 48. „Will keiner von den Gläubigern die Wiederherstellung des Gebäudes übernehmen, so muß dasselbe der Kämmerei des Orts zugeschlagen werden."

§ 49. „Der Magistrat ist alsdann berechtigt, dergleichen Gebäude einem Jeden, unter der Bedingung des zu vollführenden Baues, als sein freies Eigenthum zu überlassen."

Vergl. das zu § 41 Gesagte.

§ 50. „So lange jedoch der wirkliche Zuschlag an einen solchen dritten Uebernehmer noch nicht erfolgt ist, behält der bisherige Eigenthümer sowie jeder Gläubiger desselben das Recht, sich annoch zur Ausführung des Baues zu melden."

§ 51. „Doch müssen in einem solchen Falle der Eigenthümer oder der Gläubiger, welche dem Zuschlage an einen Dritten widersprechen wollen, der Obrigkeit wegen wirklicher Vollführung des Baues genügsame Sicherheit sofort nachweisen."

Sonst würde die Behörde unter Umständen in die Zwangslage kommen, das ganze Versteigerungsverfahren noch einmal durchzuführen, indem die Vermuthung dafür spricht, daß der Eigenthümer ꝛc.

nicht in der Lage ist, die Kosten für die erforderlichen Reparaturen zu tragen. Diese Vermuthung hat er durch den Nachweis der Sicherheit als hinfällig darzuthun.

§ 52. „Unter übrigens gleichen Umständen hat der Eigenthümer vor dem Gläubiger den Vorzug."

§ 53. „Wenn in den Fällen der §§ 46, 47 und 50 das Gebäude einem der Gläubiger zugeschlagen wird, so verlieren die übrigen, und wenn dasselbe, in dem Falle des § 48, der Kämmerei anheimfällt, so verlieren alle Gläubiger ihr Recht an dergleichen Grundstück."

§ 54. „Wenn also bei dem durch den Magistrat nach § 49 veranstalteten Zuschlage außer der Uebernahme der Wiederherstellung noch andere Vortheile bewilligt werden, so kommen dieselben der Kämmerei zu statten."

§ 55. „Dagegen wird aber auch der bisherige Eigenthümer von der Zeit an, wo er nach § 48 das Gebäude der Kämmerei lassen, und sich aller ferneren Nutzung desselben begeben muß, von der weiteren Entrichtung der darauf haftenden dinglichen Lasten frei."

§ 56. „Kann auch durch die Veranstaltungen des Magistrats dergleichen verfallenes Gebäude nicht wieder hergestellt werden, so ist, bei fortdauernder Gefahr für das Publikum, die Obrigkeit, selbiges abbrechen und die Materialien an den Meistbietenden verkaufen zu lassen, berechtigt."

§ 57. „Das daraus gelöste Geld aber kommt der Kämmerei, welche bisher die nothwendigen Unterhaltungskosten hat hergeben müssen, zu statten."

§ 58. „Was § 36 sqq. von verfallenen städtischen Gebäuden verordnet ist, gilt auch von solchen, die durch Feuer oder anderes Unglück zerstört worden, wenn der bisherige Eigenthümer dieselben innerhalb einer von der Obrigkeit zu bestimmenden Frist nicht wieder herstellen kann oder will."

§ 59. „Die für einen solchen Unglücksfall ausgesetzten Feuer-Sozietätsbeiträge und andere dergleichen Vergütungen kommen alsdann nicht dem bisherigen Eigenthümer oder dessen Konkursmasse, sondern dem Uebernehmer des Bauplatzes zu statten."

In den vorstehenden Paragraphen ist die unter bestimmten Voraussetzungen im öffentlichen Interesse erforderliche Zwangsversteigerung nach der Richtung hin geregelt, welche Personen zur Beseitigung des vorschriftswidrigen, Gefahren für das Publikum enthaltenden Zustandes eines Gebäudes oder zur Verhütung seines drohenden Einsturzes herangezogen werden können. Da im Uebrigen besondere formelle Vorschriften über das bei der Zwangsversteigerung zu beobachtende Verfahren hierbei nicht erlassen sind, so kommen hierfür die Bestimmungen der Subhastationsordnung in Anwendung, auf welche indessen hier näher einzugehen zu weit führen würde. Es ergiebt sich aber daraus, daß für die Vornahme und Durchführung des Versteigerungsverfahrens der Subhastationsrichter zuständig ist, an den demnach die Polizeibehörde unter Führung des Nachweises, daß die Voraussetzungen für die Anwendung des § 40 vorliegen, den entsprechenden Antrag auf Versteigerung des reparaturbedürftigen Gebäudes zu richten hat.

Hat sich für das Grundstück kein Käufer gefunden und ist keiner der Gläubiger gewillt, die Wiederherstellung des Gebäudes zu übernehmen, so muß es der Kämmerei des Ortes zugeschlagen werden, d. h. es tritt nunmehr nothgedrungen die Stadtverwaltung an Stelle des fehlenden Käufers; sie ist ihrerseits berechtigt, das Gebäude einem Jeden, der sich zur Beseitigung des Mißstandes verpflichtet, zum freien Eigenthum zu überlassen. Das Eigenthum wird sonach dadurch von allen hypothekarischen Belastungen ipso iure befreit. Findet sich aber ein solcher Dritter nicht und ist auch der Magistrat nicht in der Lage, ein solches verfallenes Gebäude wieder herzustellen, indem dasselbe überhaupt nicht mehr wiederherstellungsfähig ist, dann tritt das letzte Mittel in sein Recht. Die Polizeibehörde ist nämlich in diesem Falle befugt, das Gebäude abbrechen zu lassen und die Materialien an den Meistbietenden zu Gunsten der Stadtverwaltung zu verkaufen.

Wenn dieses Kapitel (§§ 35—37) zunächst die Pflicht des Eigenthümers wegen der Unterhaltung und Wiederherstellung seiner Gebäude behandelt und sodann die Konsequenzen festlegt, die die Vernachlässigung dieser Pflichten dem Eigenthümer nachzieht, so sollen damit nicht gleichzeitig die Befugnisse der Polizeibehörde hinsichtlich ihres Einschreitens gegen den Eigenthümer umgrenzt werden. Es sind dies zwei verschiedene Gebiete.

Das Oberverwaltungsgericht hat in seiner Entscheidung vom 8. Mai 1896 — siehe Preuß. Verwltgsbl. Jahrg. 18 S. 164 — folgende Rechtsanschauungen niedergelegt:

„Das Recht der Polizei, bei Lebens- und Feuersgefahr die Bewohnung und Benutzung baufälliger Gebäude zu untersagen, steht außer Zweifel. Dieses Recht ergiebt sich daraus, daß die Polizei nach § 10 II 17 A.L.R. die nöthigen Anstalten zur Abwendung der dem Publikum oder einzelnen Mitgliedern desselben drohenden Gefahr zu treffen hat, wie denn auch nach § 6 a und f des Gesetzes über die Polizeiverwaltung vom 11. März 1850 der Schutz der Personen und des Eigenthums sowie die Sorge für Leben und Gesundheit zu den Gegenständen ortspolizeilicher Vorschriften gehören. Die Polizei kann daher auch zur Beseitigung der mit dem Bewohnen und Benutzen eines Gebäudes verbundenen Gefahr nach ihrem Ermessen Vorkehrungen treffen, welche die Bewohnung und Benutzung des Gebäudes verhindern, zu dem Ende also auch eine Schließung des Gebäudes dadurch herbeiführen, daß die Hausthüren vernagelt und die Fensteröffnungen verdeckt werden. Diese Maßnahmen kann die Polizei nach § 132 des Landesverwaltungsgesetzes vom 30. Juli 1883 durch unmittelbaren Zwang zur Ausführung bringen, wenn sie so dringlich erscheinen, daß die Befolgung einer an den Eigenthümer zu richtenden Aufforderung nicht abgewartet werden kann. Die betreffenden Befugnisse der Polizei bestimmen sich nicht nach den vom Kläger in Bezug genommenen §§ 35ff. I 8 A.L.R., welche von den Pflichten des Eigenthümers zur Unterhaltung und Wiederherstellung der Gebäude handeln. Wenn die Obrigkeit den Eigenthümer im Falle der Vernachlässigung dieser Pflicht nach § 38 a. a. O. zur Veranstaltung der nothwendigen Reparaturen innerhalb einer Frist anzuhalten hat, bei Fruchtlosigkeit der anzuwendenden Zwangsmittel nach § 39 ebenda den nothwendigen Bau auf seine Kosten zu veranstalten berechtigt ist und, sofern der Eigenthümer nicht im Stande oder nicht Willens ist, die Kosten herbeizuschaffen, nach § 40 dergleichen Gebäude zum öffentlichen Verkaufe ausbieten darf, so regeln diese, im Titel „Vom Eigenthum“ enthaltenen Vorschriften zwar in Bezug auf das Eigenthumsrecht die Folgen der Nichterfüllung der

Pflicht zur Unterhaltung der Gebäude, aber sie erschöpfen nicht die Befugnisse der Polizei in Bezug auf die Abwendung einer aus der Nichterfüllung dieser Pflicht entspringenden Gefahr. Im § 43 a. a. O. — wonach von dem Subhastationserlöse dasjenige zu kürzen ist, was etwa die Obrigkeit auf einstweilige Veranstaltungen zur Abwendung dringender Gefahr hat verwenden müssen — wird die Befugniß der Polizei zu derartigen Veranstaltungen ohne Weiteres vorausgesetzt. Eine Schranke für das sonst gerechtfertigte polizeiliche Vorgehen zur schleunigen Beseitigung einer dringenden Gefahr kann somit in den gedachten Bestimmungen nicht gefunden werden und daher auch unerörtert bleiben, ob diese Bestimmungen für Gebäude auf dem Lande noch gelten, was in den §§ 60 ff. I 8 A.L.R. ausgesprochen ist, oder ob diese letzteren Vorschriften — deren fortdauernde Geltung übrigens in den §§ 180 Abs. 2 Ziff. 4 und 187 des Zwangsvollstreckungsgesetzes vom 13. Juli 1883 vorausgesetzt wird — etwa obsolet geworden sind.

Steht hiernach der Polizei das Recht zu, im Falle dringender Gefahr ein baufälliges Gebäude in der angegebenen Weise zu schließen, so sind auch die Organe der Polizei berufen, festzustellen, ob die Voraussetzungen für eine solche Maßnahme vorliegen, ob also das Gebäude derartig baufällig ist, daß daraus eine unmittelbare Gefahr entsteht, ob deshalb die fernere Bewohnung und Benutzung sofort inhibirt werden muß und ob zur Durchführung des Verbotes die Vernagelung der Thüren und Verdeckung der Fensteröffnungen geboten erscheinen.

Wenn nach den Bestimmungen der Subhastationsordnung lediglich der Subhastationsrichter zur Versteigerung eines Grundstückes zuständig ist, so sind ihm nach den §§ 40 ff. I 8 A.L.R. nur diejenigen Befugnisse zugestanden, welche sich unmittelbar auf die Subhastation beziehen. Es steht ihm daher kein Recht zu, zu prüfen, ob die polizeilichen Anordnungen in Bezug auf das Grundstück gerechtfertigt sind.

Sind in Vorstehendem die besonderen Pflichten des Eigenthümers in Bezug auf seine Gebäude positiv bestimmt, so sind damit, wie in obigem Erkenntnisse vom 8. Mai 1896 des Näheren dargelegt ist, die Befugnisse der Polizeibehörde gegen den Eigenthümer wegen des mangelhaften, das öffentliche Interesse verletzenden Zustandes seines

Grundstückes, d. h. wegen der Vernachlässigung seiner Pflichten, nicht erschöpft. Die verschiedenfachsten Mängel, wie sie an einem Bauwerk zu Tage treten, werden zur Prüfung Veranlassung geben, ob ein polizeiliches Einschreiten im Rahmen des § 10 II 17 A.L.R. erforderlich ist. Alle diejenigen Mißstände an einem Bauwerk aufzuzählen, deren Beseitigung Pflicht des Eigenthümers ist, ist natürlich nicht möglich. Das nothwendigenfalls erfolgende Einschreiten der Polizeibehörde wird theils in dem lokalen Baupolizeirecht (der Baupolizeiordnung), theils allgemein in dem ebengenannten § 10 seinen Grund und Berechtigung finden.

Im Folgenden seien eine Reihe von letztinstanzlichen Entscheidungen angeführt, aus denen die Berechtigung der Kontrole und des Einschreitens in Bezug auf bestehende bauliche Anlagen sich ergiebt, aus denen aber auch ersichtlich ist, wie mannigfach die Veranlassungen zum behördlichen Einschreiten sind, so daß sie niemals in erschöpfender Weise aufgezählt werden können, für welche aber stets eine Verletzung der dem Schutze der Polizeibehörde anvertrauten öffentlichen Interessen nachgewiesen werden muß, um den Eingriff der Behörde in das Recht des Eigenthümers mit der Verpflichtung des Letzteren, ihn zu dulden, zu rechtfertigen.

Polizeiliche Maßnahmen gegenüber einer aus dem Nebeneinanderstehen einer Schornsteinanlage und später angelegter Fenster hervorgehenden Feuergefährlichkeit.

Es ist die am nächsten liegende Maßregel, wenn die zum Schutz des Publikums und unter Umständen auch des Einzelnen berufene Polizeibehörde sich zuerst und vor Allem gegen jenen wendet, der von seinem, der verschiedensten Ausübungsart fähigen Rechte, zu bauen, gerade in gemeingefährlicher Weise Gebrauch macht und wenn sie ihn zwingt, durch die verlangte Abänderung des Baues den seinerseits erst hervorgerufenen Zustand der Gefahr wiederum abzustellen. O.G. vom 1. Juli 1878, Bd. 4 S. 370.

Der Mißbrauch solcher Räume, die den polizeilichen Anforderungen an Wohn- und Schlafräume nicht entsprechen, zu Wohn- ꝛc. Zwecken berechtigt die Polizeibehörde über das Verbot des Mißbrauches hinaus zu der Anforderung der Beseitigung der baulichen Einrichtungen nur dann, wenn letztere erkennbar eben nur dem unerlaubten Zweck dienen sollen.

Aus den Gründen: Eine Bestimmung, daß in den Häusern nur solche Räume vorhanden sein dürfen, welche zum dauernden Aufenthalt von Menschen geeignet sind, besteht nicht. Werden Räume, welche hierzu ungeeignet sind, dennoch zum dauernden Aufenthalte von Menschen benutzt, so wird die Polizei hiergegen einzuschreiten haben; sie wird diese Benutzung zu verhindern haben, nicht aber ist sie in der Lage, zu verlangen, daß jeder vorhandene Raum in einen für den dauernden Aufenthalt von Menschen geeigneten umgewandelt werde. Es würde nach Lage des zur Zeit bestehenden Rechtes zu weit gehen, lediglich aus der Besorgniß, ein solcher Raum könne polizeiwidrig zum Wohnen oder Schlafen benutzt werden, das Bestehen des Raumes als solchen unmöglich zu machen.

Die Entscheidung vom 25. Januar 1889 beruht im Wesentlichen auf der Erwägung, daß auch die begründete Besorgniß eines Mißbrauches solcher Räume, die den polizeilichen Anforderungen an Wohn- und Schlafräume nicht entsprechen, zu Wohn- 2c. Zwecken von Seiten der Miether, die Polizeibehörden in der Regel nicht dazu ermächtigt, die Herstellung eines im Uebrigen polizeilich nicht unstatthaften Raumes zu verbieten, und daß auch eine solche Berechtigung nicht aus der Schwierigkeit der Kontrolle darüber, daß die Räume künftig nicht zum Wohnen oder Schlafen benutzt werden, herzuleiten ist.

Die Entscheidung vom 14. Juni 1889 ist nach Darlegung der thatsächlich in Betracht kommenden Verhältnisse auf folgenden Satz begründet: „Durfte aber bei so bewandten Umständen die Behörde füglich davon ausgehen, daß der Ofen lediglich dazu hergestellt sei, auch künftig nur dazu dienen solle, den Keller zu einem Arbeitsraum zu machen, so war sie auch befugt, den nachträglichen Konsens zur Errichtung des Ofens zu verweigern, um hierdurch die Benutzung des Kellers zu einem täglichen Aufenthalte von Menschen zu verhindern". (Es handelt sich um die Versagung der polizeilichen Genehmigung zur Herstellung von Feuerungsanlagen in zum dauernden Aufenthalte von Menschen ungeeigneten Kellerräumen.) Der zwischen dem so entschiedenen und dem vorliegenden Falle bestehende durchgreifende

Unterschied ist der, daß um deswillen allein, weil ein einzelner Miether den durch eine Bretterwand abgetrennten Raum als Schlafzimmer benutzt hat, — mag ihm das von der Vermietherin, wie sie jetzt behauptet, ausdrücklich verboten worden sein oder nicht — keineswegs mit einiger Sicherheit angenommen werden kann, der fragliche Raum sei in der Absicht geschaffen, um ihn als Wohnraum zu benutzen und könne auch füglich zu anderen Zwecken nicht gebraucht werden. O.G. vom 11. April 1890, Bd. 19 S. 371.

Grenzen des Rechts der Baupolizeibehörde, die Baufreiheit einzuschränken und die Verwendung von Räumen zu bestimmten Zwecken zu untersagen.

Aus den Gründen: Nach der Rechtsprechung des Gerichtshofes steht es fest, daß Anlagen, welche durch Verbreitung schädlicher Dünste und starken Rauches oder durch Erregung ungewöhnlichen Geräusches Gefahren für das Leben oder die Gesundheit des Publikums zur Folge haben, oder die Sicherheit und Leichtigkeit des Verkehrs auf öffentlichen Wegen beeinträchtigen, gemäß § 6 b und f des Gesetzes über die Polizeiverwaltung vom 11. März 1850 und die Verordnung vom 20. September 1867 von bestimmten Theilen eines Kommunalbezirkes ausgeschlossen werden können (O.G. Bd. 18 S. 302 ff., Bd. 23 S. 349 ff.).

Gegen Belästigungen kann nur dann polizeilich eingeschritten werden, wenn dadurch die Ordnung, Sicherheit und Leichtigkeit des Verkehrs auf öffentlichen Straßen rc. beeinträchtigt wird (§ 6 b und f der Verordnung vom 20. September 1867).

Wenn die Baupolizeibehörde Bauten für gewerbliche Anlagen, d. h. Bauten, die in irgend einer Weise zu gewerblichen Anlagen gehören, verbietet, obwohl der Zweck, dem der Bau selbst dienen soll, nicht mit der geringsten Gefahr für die Nachbarschaft oder Belästigungen des Verkehrs auf öffentlichen Straßen rc. verbunden ist, jedoch solche Wirkungen von der gewerblichen Anlage erwartet werden, zu welcher der davon räumlich getrennte Bau in geschäftlicher Beziehung steht, so entbehrt, wenn eine eine solche Bestimmung enthaltende Polizeiverordnung besteht, die letztere der Rechtsgültigkeit. Die Polizeibehörde kann nicht die Errichtung eines Comptoirgebäudes in einem bestimmten Bezirk verbieten, weil die Schriftstücke, die dort angefertigt, die Geschäfte, die dort abgeschlossen werden sollen, auf ein mit Gefahr oder Belästigung verknüpftes Gewerbe Bezug haben würden, dessen Betrieb dem Bezirk fernzuhalten die Polizeibehörde nach den maßgebenden Vorschriften befugt ist. Wenn auch Baukonsense nicht nur mit Rücksicht auf die Konstruktion des Bauwerkes, sondern auch mit Rücksicht auf die beabsichtigte Benutzung versagt werden können, so setzt das doch voraus, daß von dem Theile des Gewerbebetriebes, der sich in dem Bauwerke vollziehen soll, eine nachtheilige Wirkung zu erwarten ist. O.G. vom 27. März 1899 Bd. 35 S. 382.

Polizeiliche Untersagung der (ferneren) Benutzung von Räumen zum dauernden Aufenthalt von Menschen (zu Wohnzwecken).

Aus den Gründen: Die Bezugnahme auf den § 10 II 17 A.L.R. ist dann nicht als zutreffend anzuerkennen, wenn die Baupolizeiordnung besondere, jene allgemein subsidiäre Norm näher bestimmende Vorschriften enthält. O.G. vom 13. Mai 1890, Preuß. Verwltgsbl. Jahrg. 11 S. 561.

Polizeiliches Einschreiten gegen durch Grundstückstheilung geschaffene baupolizeiwidrige Zustände, so da die erfolgte Theilung eines Gebäudekomplexes in selbständige Gebäude gegenüber dem für den einheitlichen Bau ertheilten polizeilichen Konsens die Polizeibehörde in die Lage bringt, bezüglich dieser selbständigen Gebäude, insoweit durch die herbeigeführte Veränderung ein den baupolizeilichen Bestimmungen widersprechender Zustand herbeigeführt ist, von dem Eigenthümer eines jeden der selbständigen Gebäude zu fordern, daß er sein Gebäude in einen dem geltenden Baupolizeirecht entsprechenden Zustand versetzt.

Aus den Gründen: Wenn eine Baupolizeiordnung einen Bau an bestimmte thatsächliche und rechtliche Verhältnisse als nothwendige Voraussetzung knüpft, wenn beim Vorliegen dieser Verhältnisse die Polizei den Baukonsens ertheilt und nun der Eigenthümer nach ausgeführtem Bau die Verhältnisse so ändert, daß die nothwendigen Voraussetzungen der Uebereinstimmung mit dem geltenden Baupolizeirecht nicht mehr gegeben sind, so bedarf es keiner besonderen Ermächtigung der Polizei, gegen diese gesetzwidrigen Zustände einzuschreiten; dies liegt ohne

Weiteres in ihrer Aufgabe, die Beobachtung jenes Rechtes zu überwachen.

Hiernach ist davon auszugehen, daß die erfolgte Theilung eines Gebäudekomplexes in vier selbständige Gebäude gegenüber dem für den einheitlichen Bau ertheilten polizeilichen Konsens die Polizeibehörde in die Lage bringt, bezüglich dieser selbständigen Gebäude, insoweit durch die herbeigeführte Veränderung ein den baupolizeilichen Bestimmungen widersprechender Zustand herbeigeführt ist, von dem Eigenthümer eines jeden der selbständigen Gebäude zu fordern, daß er sein Gebäude in einen dem geltenden Baupolizeirecht entsprechenden Zustand versetzt. O.G. vom 19. September 1890, Preuß. Verwltgsbl. Jahrg. 12 S. 88.

Polizeiliches Verlangen der Herstellung eines vorschriftsmäßigen Anstriches von Gebäuden.

Aus den Gründen: Wenn verlangt wird, daß die Gebäude mit einem das Blenden verhütenden Anstrich versehen werden müssen, so kann diese Anordnung nur die Bedeutung haben, daß alle von außen mit Verputz versehenen Gebäude mit einer für die Augen unschädlichen Farbe angestrichen werden müssen. Nur so aufgefaßt, bewegt sie sich auf dem der Wirksamkeit der Polizei durch den § 10 II 17 A.L.R. bezw. den § 6 des Polizeigesetzes vom 11. März 1850 anvertrauten Gebiete, indem sie eine der Gesundheit drohende Gefahr abwenden will. Jede andere Auslegung und Anwendung etwa auf ästhetischem Gebiete im Sinne der §§ 66 und 71 I 8 A.L.R. könnte nur unter ganz besonderen Voraussetzungen gerechtfertigt erscheinen. O.G. vom 3. April 1891, Preuß. Verwltgsbl. Jahrg. 12 S. 601.

Polizeiliches Verbot, Zwischengeschoßräume in einem Hause zum dauernden Aufenthalt von Menschen zu benutzen, und polizeiliches Gebot, die Feuerungsanlagen aus denselben zu entfernen. Polizeiliche Erlaubniß zum Aufstellen von Oefen.

Das Gebot, Oefen aus Räumen, die zum dauernden Aufenthalte von Menschen nicht geeignet sind, zu entfernen, ist berechtigt, sofern kein Zweifel besteht, daß dieselben gesetzt sind, um die fraglichen Räume zu dem verbotenen Zwecke zum dauernden Aufenthalte von Menschen zu verwenden.

Ist eine konsenspflichtige bauliche Anlage ohne die erforderliche Genehmigung hergestellt worden, so liegt ein illegaler Zustand vor. Bei Prüfung der Frage, ob derselbe beibehalten werden kann, ist aber nach bekannten Rechtsgrundsätzen das jetzt, d. h. zur Zeit der Prüfung geltende Recht maßgebend. O.G. vom 4. Juli 1894, Preuß. Verwltgsbl. Jahrg. 16 S. 186.

Nach einem von dem Oberverwaltungsgericht in wiederholten Entscheidungen anerkannten Grundsatze des öffentlichen Rechtes liegt dem Eigenthümer eines Hauses die Verpflichtung ob, dasselbe in einem polizeilichen Zustande zu erhalten und auch die Benutzung desselben derart einzurichten, daß die polizeilich zu schützenden Interessen — insbesondere Leben und Gesundheit — nicht gefährdet werden. Diese Verpflichtung des Eigenthümers beschränkt sich inhaltlich nicht darauf, daß er selbst und lediglich für seine Person sich jeder den polizeimäßigen Zustand störenden Handlung enthalte, vielmehr muß der Eigenthümer in dieser Beziehung auch seine Wohnungs- und Wirthschaftsgenossen überwachen und falls es sich um vermiethete Räume handelt, alles in seinen Kräften Stehende thun, um auch die Miether an einer Störung des gebotenen Zustandes zu hindern (O.G. Bd. 8 S. 230, Bd. 16 S. 393/394). Der gedachten Verpflichtung sind freilich in Bezug auf abgeschlossene Miethsräume gewisse, sich aus dem Recht des Miethers von selbst ergebende Schranken gezogen. Daraus folgt indessen keineswegs, daß, wenn der Hauseigenthümer zu Wohnzwecken ungeeignete Lokalitäten als Lagerräume vermiethet und deren Nichtbewohnen kontraktlich ausbedingt, er hierzu der Polizeibehörde gegenüber schon jeder Verantwortlichkeit überhoben wird; derselbe soll auch darüber wachen und nach Kräften dahin wirken, daß die Miether eine solche Bedingung auch wirklich innehalten. Hierzu gehört in erster Reihe, daß er Einrichtungen in dem vermietheten Raume nicht duldet, durch welche deren polizeiwidrige Benutzung überhaupt erst ermöglicht wird.

Die Polizeibehörde ist nicht berechtigt, mit Verboten vorzugehen, wenn nicht aus dem Verhalten desjenigen, an welchen das Verbot ergeht, zu entnehmen ist, daß er sich mit den maßgebenden Vorschriften, denen durch das Verbot Beachtung gesichert werden soll, im Widerspruch gesetzt, oder doch der Polizeibehörde berechtigte Veranlassung zu der Annahme gegeben hat, er werde diesen Vorschriften zuwiderhandeln. O.G. vom 27. Juni 1894, Preuß. Verwltgsbl. Jahrg. 16 S. 186.

Die Pflicht des Grundeigenthümers, sein Eigenthum nur so zu benutzen, oder in einem solchen Zustande zu erhalten, daß aus dessen Benutzung oder Zustand eine polizeilich nicht zu duldende Gefahr nicht entstehen kann, ist eine durch das öffentliche Recht begründete, bereits bestehende Beschränkung des Eigenthums.

Aus den Gründen: Wenn die Polizei die Erfüllung der dem Grundstückseigenthümer obliegenden Pflichten im Einzelfalle durch Verfügung erzwingt, legt sie dem Eigenthümer keine neue, bisher nicht bestandene Beschränkung auf und vollzieht keinen Akt der Enteignung. Es können solcher Anordnung deshalb auch der Artikel 9 der Verfassungsurkunde und die Vorschriften des Enteignungsgesetzes vom 11. Juni 1874 nicht entgegenstehen (vergl. O.G. Bd. 8 S. 339, Bd. 21 S. 413, Preuß. Verwltgsbl. Jahrg. 14 S. 40ff.).

Die Bestimmung einer Polizeiverordnung: „Die Ortspolizeibehörde kann die Beseitigung bezw. Abänderung der bereits vorhandenen, den polizeilichen Anforderungen nicht entsprechenden Anlagen der vorstehenden Art anordnen", giebt der Polizeibehörde nicht das Recht, nach ihrem freien Ermessen zu bestimmen, ob die Anlage zu beseitigen oder abzuändern ist, so daß eine Nachprüfung durch den Verwaltungsrichter nicht stattzufinden hätte, sie giebt vielmehr nur den zweifachen Weg an, den die Polizeibehörde beschreiten kann, je nachdem die thatsächlichen Voraussetzungen dafür vorliegen. Der Sinn der Bestimmung ist der, daß die Beseitigung der Anlage dann verfügt werden kann, falls durch eine Abänderung ein den polizeilichen Anforderungen entsprechender Zustand nicht herbeigeführt werden kann, wobei selbstverständlich dem Betroffenen immer die Wahl frei steht, einen polizeiwidrigen Zustand durch gänzliche Entfernung der Anlage zu beseitigen. O.G. vom 21. April 1894, Preuß. Verwltgsbl. Jahrg. 16 S. 197.

§ 9.

Polizeiliche Verfügung. Gegen wen ist die Verfügung zu richten? Zwangsmittel. Rechtsmittel gegen baupolizeiliche Verfügungen.

Polizeiliche Verfügung.

Eine Verfügung ist die an eine dritte Person erlassene Anordnung, eine bestimmte, positive oder negative (d. i. Unterlassung) Handlung vorzunehmen.

Eine polizeiliche Verfügung ist demgemäß die von der Polizeibehörde auf Grund der ihr von dem Gesetzgeber übertragenen Machtbefugnisse an eine dritte Person erlassene Anordnung, eine bestimmte, positive oder negative Handlung vorzunehmen.

Für die Berechtigung und Rechtmäßigkeit einer polizeilichen Verfügung ist es nothwendige Voraussetzung, daß sie den Schutz der der Obhut der Polizei überwiesenen Interessen bezweckt. Welche Interessen von der Polizeiobrigkeit zu schützen sind, bestimmt im weitesten Rahmen der § 10 II 17 A.L.R., welcher durch das spätere Polizeiverwaltungsgesetz vom 11. März 1850 seine Erläuterung findet. Auch die baupolizeilichen Bestimmungen des A.L.R. (§§ 35 ff. I 8 daselbst) gehen nicht über die von dem eben citirten § 10 gezogene Schranke hinaus, sondern spezialisiren nur denselben auf einem bestimmten Gebiete polizeilicher Thätigkeit, auf den vom Gesetzgeber der Baufreiheit gesetzten Grenzen, deren Ueberwachung Sache der Polizei ist.

Jede Verfügung, so auch die baupolizeiliche, ist an eine bestimmte physische oder juristische Person zu richten. Es ist aber nicht nothwendig, daß dieselbe der Eigenthümer des Grundstückes oder der baulichen Anlage ist; es genügt einerseits, daß er ein berechtigtes Interesse an dem Grundstück u. s. w. hat oder aber für dasselbe die Verantwortung trägt oder auch der Urheber der die baupolizeiliche Verfügung veranlassenden Handlung ist. Zweck der baupolizeilichen Verfügung ist der Schutz des öffentlichen Interesses, welches durch das Verhalten und die Thätigkeit einer Person in Bezug auf ein Grundstück verletzt oder gefährdet wird. Diese Rechts-

widrigkeit zu beseitigen ist Pflicht ihres **Urhebers oder des** für das Grundstück der Behörde Verpflichteten; thut er es nicht freiwillig, so muß er von der Behörde dazu angehalten werden.

Da durch die bloße Anordnung der gesetzwidrige Zustand noch nicht ohne Weiteres beseitigt wird, so muß die Behörde in der Lage sein, ihrer Anordnung auch Achtung zu verschaffen; sie muß daher in der Lage sein, nothwendigenfalls die Ausführung ihrer Anordnung zu erzwingen. Zu diesem Zwecke sind ihr mehrere Mittel gegeben, aus denen sie sich das geeignete heraussucht und zur Anwendung bringt, indem sie es entweder gleichzeitig mit der Anordnung oder hinter ihr folgend androht und alsdann in Kraft treten läßt. Diese Zwangsbefugnisse sind in dem § 132 des Gesetzes über die allgemeine Landesverwaltung vom 30. Juli 1883 niedergelegt, während die §§ 133—135 a. a. O. die Rechtsmittel gegen die Androhung und Anwendung der Zwangsmittel vorsehen.

§ 132 bestimmt: „Der Regierungspräsident, der Landrath, die Ortspolizeibehörde und der Gemeinde- (Guts-) Vorsteher (-Vorstand) sind berechtigt, die von ihnen in Ausübung der obrigkeitlichen Gewalt getroffenen, durch ihre gesetzlichen Befugnisse gerechtfertigten Anordnungen durch Anwendung folgender Zwangsmittel durchzusetzen:

1. Die Behörde hat, sofern es thunlich ist, die zu erzwingende Handlung durch einen Dritten ausführen zu lassen und den vorläufig zu bestimmenden Kostenbetrag im Zwangswege von dem Verpflichteten einzuziehen.
2. Kann die zu erzwingende Handlung nicht durch einen Dritten geleistet werden, — oder steht es fest, daß der Verpflichtete nicht im Stande ist, die aus der Ausführung durch einen Dritten entstehenden Kosten zu tragen, — oder soll eine Unterlassung erzwungen werden, so sind die Behörden berechtigt, Geldstrafen anzudrohen und festzusetzen, und zwar:
   a) die Gemeinde- (Guts-) Vorsteher bis zur Höhe von fünf Mark;
   b) die Ortspolizeibehörden und die städtischen Gemeinde-Vorsteher (-Vorstände) in einem Landkreise bis zur Höhe von sechszig Mark;
   c) die Landräthe, sowie die Polizeibehörden und Gemeinde-Vorsteher (-Vorstände) in einem Stadtkreise bis zur Höhe von einhundertfünfzig Mark;

d) der Regierungspräsident bis zur Höhe von dreihundert Mark.

Gleichzeitig ist nach Maßgabe der §§ 28, 29 des Strafgesetzbuchs für das Deutsche Reich die Dauer der Haft festzusetzen, welche für den Fall des Unvermögens an die Stelle der Geldstrafe treten soll.

Der Höchstbetrag dieser Haft ist

in den Fällen zu a = Ein Tag,
" " " " b = Eine Woche,
" " " " c = Zwei Wochen,
" " " " d = Vier Wochen.

Der Ausführung durch einen Dritten (Nr. 1), sowie der Festsetzung einer Strafe (Nr. 2) muß immer eine schriftliche Androhung vorhergehen; in dieser ist, sofern eine Handlung erzwungen werden soll, die Frist zu bestimmen, innerhalb welcher die Ausführung gefordert wird.

3. Unmittelbarer Zwang darf nur angewendet werden, wenn die Anordnung ohne einen solchen unausführbar ist."

§ 133: „Gegen die Androhung eines Zwangsmittels finden dieselben Rechtsmittel statt, wie gegen die Anordnungen, um deren Durchsetzung es sich handelt. Die Rechtsmittel erstrecken sich zugleich auf diese Anordnungen, sofern dieselben nicht bereits Gegenstand eines besonderen Beschwerde- oder Verwaltungsstreitverfahrens geworden sind.

Gegen die Festsetzung und Ausführung eines Zwangsmittels findet in allen Fällen nur die Beschwerde im Aufsichtswege innerhalb zwei Wochen statt.

Haftstrafen, welche an Stelle einer Geldstrafe nach § 132 Nr. 2 festgesetzt sind, dürfen vor ergangener endgültiger Beschlußfassung oder rechtskräftiger Entscheidung auf das eingelegte Rechtsmittel bezw. vor Ablauf der zur Einlegung desselben bestimmten Frist nicht vollstreckt werden."

Von Interesse ist hier noch der § 53 desselben Gesetzes. Derselbe lautet: „Die Anbringung der Beschwerde, sowie der Klage bezw. des Antrags auf mündliche Verhandlung im Verwaltungsstreitverfahren hat, sofern nicht die Gesetze Anderes vorschreiben, aufschiebende Wirkung. Verfügungen, Bescheide und Beschlüsse können jedoch, auch wenn dieselben mit der Beschwerde oder mit der

Klage bezw. dem Antrag auf mündliche Verhandlung im Verwaltungsstreitverfahren angefochten sind, zur Ausführung gebracht werden, sofern letztere nach dem Ermessen der Behörde ohne Nachtheil für das Gemeinwesen nicht ausgesetzt bleiben kann, vorbehaltlich der Bestimmung im § 133 Abs. 3 dieses Gesetzes."

Glaubt nun der von der baupolizeilichen Verfügung Betroffene, daß von ihm mehr als es das öffentliche Interesse erheischt, gefordert werde, so muß ihm die Möglichkeit gegeben sein, hierfür den Nachweis zu erbringen und die Abstandnahme von dem zu viel Geforderten zu verlangen und zu erzwingen. In derselben Weise wie das öffentliche Interesse gegen ihn geschützt wird, muß auch er und sein Recht gegen Verletzung geschützt werden. Um diesen Schutz zu erlangen, sind ihm bestimmte Mittel zur Verfügung gestellt, deren Anwendung ihm gegebenenfalls freisteht, und welche mit dem Namen „Rechtsmittel" bezeichnet werden.

Ist daher der von einer baupolizeilichen Verfügung Betroffene der Ansicht, daß sie über die polizeilichen Grenzen hinausgeht und ihn in seinem Recht verletzt, so legt er hiergegen mittels der vom Gesetze vorgesehenen Rechtsmittel Verwahrung ein.

Es giebt zweierlei Rechtsmittel, die in ihrem Wesen verschieden sind: die Beschwerde und die Klage.

Mittels der ersteren ruft der Betreffende die hierfür vom Gesetzgeber bestimmte Behörde an, an Stelle der Polizeibehörde die fragliche Angelegenheit einer Prüfung zu unterziehen und danach die Entscheidung zu treffen und zu verfügen; diese Behörde tritt damit an Stelle der zur Verwaltung der Baupolizei berufenen Behörde und gelangt in Folge dessen genau in dasselbe Verhältniß, wie letztere zu der sich beschwerenden Person. Sie nimmt demnach nicht die Stelle eines zwischen zwei Parteien schlichtenden und den Streit entscheidenden Dritten, eines Richters, ein, sondern ist selbst Partei als Vertreterin des öffentlichen Rechts. Das Verhältniß des Richters wird erst geschaffen durch die Anwendung des Rechtsmittels der Klage. Hier wird eine dritte, bei dem Streit unbetheiligte Stelle bestimmt, vor welcher die Streitenden, d. i. hier die Baupolizeibehörde oder die an ihre Stelle getretene Behörde und der von ihrer Verfügung Betroffene, erscheinen und Entscheidung verlangen. Diese Stelle ist das Verwaltungsgericht, als welches in der unteren Instanz entweder der Kreis- oder Bezirksausschuß, in der oberen und letzten Instanz das Oberverwaltungsgericht ausersehen ist.

Das Gesetz über die allgemeine Landesverwaltung vom 30. Juli 1883 giebt in seinem vierten Titel die Rechtsmittel gegen polizeiliche Verfügungen.

§ 127: Gegen polizeiliche Verfügungen der Orts- und Kreispolizeibehörden findet, soweit das Gesetz nicht ausdrücklich Anderes bestimmt, die Beschwerde statt, und zwar:

a) gegen die Verfügungen der Ortspolizeibehörden auf dem Lande oder einer zu einem Landkreise gehörigen Stadt, deren Einwohnerzahl bis zu 10000 Einwohnern beträgt, an den Landrath und gegen dessen Bescheid an den Regierungspräsidenten;
b) gegen die Verfügungen der Ortspolizeibehörden eines Stadtkreises, mit Ausnahme von Berlin, einer zu einem Landkreise gehörigen Stadt mit mehr als 10000 Einwohnern, oder des Landraths an den Regierungspräsidenten, und gegen dessen Bescheid an den Oberpräsidenten;
c) gegen ortspolizeiliche Verfügungen in Berlin an den Oberpräsidenten.

Gegen den in letzter Instanz ergangenen Bescheid des Regierungs-Präsidenten bezw. des Oberpräsidenten findet die Klage bei dem Oberverwaltungsgerichte statt.

Die Klage kann nur darauf gestützt werden,

1. daß der angefochtene Bescheid durch Nichtanwendung oder unrichtige Anwendung des bestehenden Rechts, insbesondere auch der von den Behörden innerhalb ihrer Zuständigkeit erlassenen Verordnungen den Kläger in seinen Rechten verletze;
2. daß die thatsächlichen Voraussetzungen nicht vorhanden seien, welche die Polizeibehörde zum Erlasse der Verfügung berechtigt haben würden.

Die Prüfung der Gesetzmäßigkeit der angefochtenen polizeilichen Verfügung erstreckt sich auch auf diejenigen Fälle, in welchen bisher nach § 2 des Gesetzes vom 11. Mai 1842 (Gesetz-Samml. S. 192) der ordentliche Rechtsweg zulässig war.

Die Entscheidung ist endgültig, unbeschadet aller privatrechtlichen Verhältnisse.

§ 128. An Stelle der Beschwerde in allen Fällen des § 127 findet die Klage statt und zwar:

a) gegen die Verfügungen der Ortspolizeibehörden auf dem Lande oder einer zu einem Landkreise gehörigen Stadt, deren Einwohnerzahl bis zu 10000 Einwohnern beträgt, bei dem Kreisausschusse;

b) gegen die Verfügungen des Landraths oder der Ortspolizeibehörden eines Stadtkreises oder einer zu einem Landkreise gehörigen Stadt mit mehr als 10000 Einwohnern bei dem Bezirksausschusse.

Die Klage kann nur auf die gleichen Behauptungen gestützt werden, wie die Klage bei dem Oberverwaltungsgerichte (§ 127 Abs. 3 und 4).

§ 129. Die Beschwerde im Falle des § 127 Abs. 1 und die Klage im Falle des § 128 sind bei derjenigen Behörde anzubringen, gegen deren Verfügung sie gerichtet sind.

Die Behörde, bei welcher die Beschwerde oder Klage angebracht ist, hat dieselbe an diejenige Behörde abzugeben, welche darüber zu beschließen oder zu entscheiden hat. Der Beschwerdeführer bezw. Kläger ist hiervon in Kenntniß zu setzen.

Die Frist zur Einlegung der Beschwerde und zur Anbringung der Klage gegen die polizeiliche Verfügung, sowie gegen den auf Beschwerde ergangenen Bescheid beträgt zwei Wochen.

Die Anbringung des einen Rechtsmittels schließt das andere aus. Ist die Schrift, mittels deren das Rechtsmittel angebracht wird, nicht als Klage bezeichnet oder enthält dieselbe nicht ausdrücklich den Antrag auf Entscheidung im Verwaltungsstreitverfahren, so gilt dieselbe als Beschwerde. Bei gleichzeitiger Anbringung beider Rechtsmittel ist nur der Beschwerde Fortgang zu geben. Das hiernach unzuläſsigerweise angebrachte Rechtsmittel ist durch Verfügung der im Abs. 1 bezeichneten Behörden zurückzuweisen. Gegen die zurückweisende Verfügung findet innerhalb zwei Wochen die Beschwerde an die zur Entscheidung auf die Klage berufene Behörde statt.

Wird die Beschwerde oder Klage der Vorschrift des ersten Absatzes zuwider innerhalb der gesetzlichen Frist bei derjenigen Behörde angebracht, welche zur Beschlußfassung oder Entscheidung darüber zuständig ist, so gilt die Frist als gewahrt. Die Beschwerde oder

Klage ist in solchen Fällen von der angerufenen Behörde zur weiteren Veranlassung an diejenige Behörde abzugeben, gegen deren Beschluß sie gerichtet ist.

§ 130. Gegen polizeiliche Verfügungen des Regierungspräsidenten findet innerhalb zwei Wochen die Beschwerde an den Oberpräsidenten und gegen den vom Oberpräsidenten auf die Beschwerde erlassenen Bescheid innerhalb gleicher Frist die Klage bei dem Oberverwaltungsgerichte nach Maßgabe der Bestimmungen des § 127 Abs. 3 und 4 statt.

Gegen polizeiliche Verfügungen des Regierungspräsidenten in Sigmaringen findet innerhalb zwei Wochen unmittelbar die Klage bei dem Oberverwaltungsgerichte statt.

Gegen die Landesverweisung steht Personen, welche nicht Reichsangehörige sind, die Klage nicht zu.

§ 131. Der § 6 des Gesetzes vom 11. Mai 1842 (Ges.-Samml. S. 192) findet auch Anwendung, wenn eine polizeiliche Verfügung im Verwaltungsstreitverfahren durch rechtskräftiges Endurtheil aufgehoben worden ist.

Entscheidungen der höchsten Gerichtshöfe:

Zum Begriff einer nach § 127 des Landesverwaltungsgesetzes anfechtbaren polizeilichen Verfügung.

Aus den Gründen: Wie das Oberverwaltungsgericht schon häufig ausgeführt hat, ist hierunter nicht jede von einer Polizeibehörde erlassene Verfügung, sondern nur eine solche zu verstehen, welche ein polizeiliches Gebot (Forderung einer Leistung) oder ein polizeiliches Verbot (Anordnung einer Unterlassung) oder die Ertheilung bezw. Versagung einer erforderlichen polizeilichen Erlaubniß enthält.

Wenn daher eine Handlung verlangt wird oder eine Unterlassung mit der Androhung, bei Nichtbeachtung die richterliche Hülfe anzurufen, so ist das keine Verfügung im Sinne des § 127. Es handelt sich da nicht um eine Handhabung der polizeilichen Verfügungsgewalt (Entsch. O.G. Bd. 11 S. 372). Das Schreiben enthält nicht ein Verbot im Sinne des § 127, d. h. ein Verbot, das die Polizei mit ihren eigenen polizeilichen Mitteln durchführen will, auch nicht einmal die Ankündigung eines künftigen Einschreitens mit polizeilichen Mitteln, sondern lediglich eine Mahnung, verbunden mit dem

Hinweis, daß bei Nichtbeachtung gerichtliche Bestrafung zu gewärtigen sei. Eine solche Mahnung fällt nicht unter den § 127. O.G. vom 4. Januar 1899, Bd. 34 S. 429.

Bei Nichtbeobachtung baupolizeilicher Vorschriften ist über die angebliche Unausführbarkeit der Baupolizeiordnung sowie auf angebliche Mittellosigkeit gestützte Einwendungen nicht im Strafverfahren, sondern im Verwaltungswege zu befinden. Kg. i. Straff., vom 16. Oktober 1890, Bd. 11 S. 262ff., Preuß. Verwltgsbl. Jahrg. 13 S. 615.

In der Entscheidung des Gerichtshofes vom 2. Juni 1881 (Bd. 7 S. 252ff. der Entscheidungen des Oberverwaltungsgerichts) ist ausgeführt, daß, wenn in Folge von „Gegenvorstellungen" des von einer polizeilichen Verfügung Betroffenen die Behörde eine erneute Prüfung in der Sache eintreten läßt, sich demnächst anderweitig schlüssig macht und ihre endgültige Entschließung durch einen neuen, obschon die frühere Verfügung inhaltlich aufrecht erhaltenden Bescheid zum Ausdruck bringt, dann an Stelle der ursprünglichen Verfügung der spätere anderweitige Bescheid getreten und vom Tage der Zustellung desselben die Rechtsmittelfrist zu berechnen ist. Dieser Grundsatz sieht den Begriff der „Gegenvorstellung" als gegeben an, und hat sich mit dem Unterschiede der letzteren und der formellen „Beschwerde" nicht befaßt, während es im vorliegenden Falle, wo Kläger die Beschwerde — und diese dann allerdings rechtzeitig — angebracht haben will, gerade auf diesen Unterschied ankommt.

Das Kennzeichen der „Gegenvorstellung" besteht darin, daß der von der Verfügung Betroffene die Abänderung oder Aufhebung der Verfügung durch die verfügende Behörde bezweckte, während die „Beschwerde" denselben Erfolg durch die vorgesetzte Behörde zu erreichen sucht. O.G. vom 29. Juni 1892, Preuß. Verwltgsbl. Jahrg. 14 S. 17.

Ein Verbot kann, wenn es nicht ohne genügenden Grund, nicht zwecklos erlassen werden soll, nur an denjenigen gerichtet werden, der durch sein Verhalten zu demselben Veranlassung gegeben hat und von dem sich daher auch annehmen läßt, daß er ohne das Verbot dieses Verhalten fortsetzen würde. Dies gilt wie von polizeilichen Verboten überhaupt, so auch von solchen, welche sich auf die Benutzung eines Grundstückes beziehen und in ihr dem Eigenthümer gewisse Schranken setzen. Es wäre ebenso ungehörig wie zwecklos, mit derartigen Verboten — abgesehen von jenen, welche im Wege allgemeiner Polizeiverordnungen ergehen — jeden Eigenthümer eines Grundstückes nur um deshalb zu behelligen, weil er Eigenthümer ist. Steht nun das Grundstück im Miteigenthum Mehrerer, von denen nur einer mit der Verwaltung und thatsächlichen Verfügung über das Grundstück sich bisher befaßt hat, so ist nicht einzusehen, weshalb das Verbot auch an die übrigen Miteigenthümer erlassen werden müßte, und weshalb es nicht genügen sollte, wenn dasselbe an jenen ergangen ist, der bisher als der verwaltende und die Benutzung thatsächlich ausübende Eigenthümer aufgetreten ist. O.G. vom 6. Juni 1894, Preuß. Verwltgsbl. Jahrg. 16 S. 55.

Vergl. die oben § 7 angeführte O.G. vom 15. April 1886 Bd. 13 S. 402, sowie die § 6 citirte O.G. vom 3. Dezember 1889, Bd. 19 S. 375.

Die rechtliche Bedeutung eines Bescheides, in welchem die gegen eine polizeiliche Verfügung verspätet erhobene Beschwerde zwar wegen Fristversäumniß abgewiesen, zugleich aber auch für materiell unbegründet erklärt wird, gegenüber der Bestimmung, wonach sich die gegen die Androhung eines polizeilichen Zwangsmittels gegebenen Rechtsmittel zugleich gegen die zu vollstreckenden Anordnungen richten, sofern dieselben nicht bereits Gegenstand eines besonderen Beschwerde- oder Verwaltungsstreitverfahrens geworden sind.

Aus den Gründen: Es ist nicht richtig, daß eine Beschwerde dann zum Gegenstande eines besonderen Beschwerdeverfahrens im Sinne des § 133 Abs. 1 des Landesverwaltungsgesetzes geworden ist, wenn sie als verspätet, aber mit dem Beifügen zurückgewiesen wurde, daß sie auch sachlich unbegründet sei. Der Grund, aus welchem das Gesetz die Erstreckung des gegen die Androhung einer Zwangsmaßregel gerichteten Rechtsmittels auf die Anordnung selbst alsdann ausgeschlossen hat, wenn letztere bereits Gegenstand eines besonderen Beschwerdeverfahrens geworden ist, ist der, daß materiell verschiedene Entscheidungen über dieselbe Anordnung vermieden werden sollen (Entsch. O.G. Bd. 10 S. 347). Die Voraussetzung ist also nicht bloß, daß im Beschwerdeverfahren eine materielle Prüfung stattgefun-

den hat, sondern weiter auch, daß auf Grund derselben die Beschwerde zurückgewiesen worden ist. Nur insoweit Letzteres der Fall ist, liegt überhaupt eine Entscheidung im Sinne des vorgedachten Erkenntnisses vor. Wenn einer solchen Entscheidung Erwägungen hinzugefügt werden, die nicht zu dem Zwecke aufgestellt sind, um auf Grund derselben erst die Entscheidung zu treffen, so haben sie nur die Bedeutung, den Beschwerdeführer über das vorliegende Sach- und Rechtsverhältniß zu belehren. Rechtsnachtheile können hieraus für die Partei, die Belehrung mag richtig oder unrichtig sein, niemals erwachsen. O.G. vom 12. Februar 1896, Bd. 29 S. 395.

Vertretung eines Hauseigenthümers, dessen Vermögen in Beschlag genommen worden ist, der Baupolizeibehörde gegenüber durch den zur Verwaltung des Vermögens bestellten Pfleger und durch den Zwangsverwalter des Hauses.

Aus den Gründen: Dem Eigenthümer, dem die Verwaltung des Hauses entzogen wird, ist jede Einmischung in die Geschäftsführung des Verwalters untersagt. Die Verwaltung geht auf den Zwangsverwalter über, er hat dasselbe nach Maßgabe der Vorschriften des genannten Gesetzes und der allgemeinen Verfügung des Justizministers vom 7. März 1892 (Just.-Min.-Bl. S. 87) unabhängig von etwaigen Weisungen des Eigenthümers zu verwalten, für eine ordnungsmäßige Benutzung des Grundstückes zu sorgen, die Einkünfte einzuziehen, die zur Unterhaltung des Hauses nothwendigen gewöhnlichen Ausbesserungen vorzunehmen, überhaupt Alles zu thun, was erforderlich ist, um das Haus im wirthschaftlichen und nutzbaren Stande zu erhalten. Danach kann es nicht zweifelhaft sein, daß der Zwangsverwalter auch berechtigt und verpflichtet ist, das von ihm verwaltete Gebäude stets auch in einem den baupolizeilichen Vorschriften entsprechenden Zustande zu erhalten und alle diejenigen Ausbesserungen und Aenderungen vorzunehmen, die nach dem bestehenden Baurechte erforderlich sind, damit das Gebäude den polizeilichen Vorschriften gemäß weiter bestehen und genutzt werden kann. Es ist daher Sache des Zwangsverwalters, den polizeiwidrigen Zustand des Hauses zu beseitigen. Die Polizei konnte sich mit ihren, auf diese Beseitigung gerichteten Maßnahmen nur an ihn wenden.

Weiter aber ergiebt sich aus Obigem, daß mit der Aufhebung der Zwangsverwaltung die Legitimation zur Fortführung der eben bezeichneten Geschäfte für den Zwangsverwalter aufhört und auf den nunmehrigen Besitzer übergeht. Denn eine Verfügung wird nicht an ihn persönlich, sondern lediglich in seiner Eigenschaft als Zwangsverwalter erlassen. O.G. vom 17. Mai 1897, Bd. 32 S. 335.

Haftung des Urhebers eines polizeiwidrigen Zustandes insbesondere bei Aufgeben oder Uebertragung des Eigenthums an dem in diesem Zustande befindlichen oder ihn verursachenden Gegenstande. Zum Begriff des ursächlichen Zusammenhanges.

Aus den Gründen: Das Oberverwaltungsgericht hat bereits in der Bd. 11 S. 233 abgedruckten Entscheidung vom 15. April 1884 auf S. 242 den Rechtssatz ausgesprochen: „Jeder, der — sei es auch unter Benutzung fremden Eigenthums — eine an sich erlaubte Verrichtung vornimmt, muß sich dabei, sobald sie eine Wirkung nach außen zur Folge hat, berechtigten polizeilichen Anforderungen bezüglich der Art der Ausübung unterwerfen und kann eine Befolgung polizeilicher Gebote, welche der Gefährdung der Gesundheit vorbeugen sollen, nicht mit dem Einwande ablehnen, die durch ihn in einen polizeiwidrigen Zustand versetzte Sache gehöre einem Dritten."

Ebensowenig kann sich der Urheber eines polizeiwidrigen Zustandes der ihm an sich gesetzlich obliegenden Verpflichtung, auf Erfordern der Polizei die von ihm verursachte Polizeiwidrigkeit wieder zu beseitigen, dadurch entziehen, daß er sich des Eigenthums der Sache, durch die er jenen Zustand herbeigeführt hat, nachträglich durch Aufgabe oder Uebertragung auf einen Dritten entledigt. Der ihn zur Beseitigung der Polizeiwidrigkeit verpflichtende Umstand ist der, daß er die Polizeiwidrigkeit veranlaßt hat. Ob die Sache, die er in den polizeiwidrigen Zustand versetzt oder mittels deren er ihn herbeigeführt hat, in seinem Eigenthum oder dem eines Dritten oder als herrenlos in Niemandes Eigenthum stand, ist für seine der Polizei gegenüber bestehende, lediglich auf der Urheberschaft beruhenden öffentlich-rechtlichen Verpflichtung völlig gleichgültig, und es liegt daher auch auf der Hand, daß ein Wechsel in der Person des Eigenthümers dieser Sache, sei er von dem Urheber selbst oder von einem Dritten herbeigeführt worden, auf den Fortbestand der unabhängig von der Eigenschaft des Urhebers als gleichzeitigen Eigenthümers der Sache entstandenen öffentlich-rechtlichen Verpflichtung keinerlei Einfluß ausüben kann. Der rein privatrechtliche und als solcher durch die Verpflichtung des Urhebers zur Beseitigung des polizeiwidrigen Zustandes der Sache in seiner Gültigkeit in keiner Weise berührte Akt der Eigenthumsübertragung dieser Sache ist für die polizeilichen Befugnisse gegenüber dem Urheber der Polizeiwidrigkeit durchaus gleichgültig und muß es der Natur der Sache nach sein, da es nicht von dem Belieben des der Polizei bis dahin haftbaren Urhebers abhängen kann, durch eine in seinem freien Willen stehende Uebertragung des Eigenthums der Sache sich seiner Haftung zu entziehen und die Polizei zu zwingen, sich an den neuen möglicherweise weniger leistungsfähigen Eigenthümer zu halten, in dessen Hand es stände, durch eine nochmalige weitere Veräußerung eine abermalige Aenderung in der Person des Pflichtigen herbeizuführen. O.G. vom 1. Oktober 1898, Bd. 34 S. 432.

Von denselben Gesichtspunkten ist das Urtheil des Oberverwaltungsgerichts vom 4. Januar 1899 Bd. 34 S. 436 ausgegangen.

Für die Rechtsgültigkeit einer polizeilichen Anordnung ist es unwesentlich, ob die Polizeibehörde dabei überall von zutreffenden rechtlichen Gesichtspunkten ausgegangen und ob die angezogene Vorschrift die Verfügung zu stützen geeignet ist. Vielmehr kommt es allein darauf an, ob der Inhalt der Anordnung objektiv dem bestehenden öffentlichen Rechte entspricht. O.G. vom 22. Januar 1900, Bd. 36 S. 237.

Die Polizeibehörde ist aus dem Grunde, weil die Weigerung eines Eigenthümers, die behufs der Entwässerung und Zugänglichkeit eines Nachbargrundstücks von ihm bis dahin gestattete Benutzung seines Besitzthums auch fernerhin zu dulden, polizeilich unzulässige Verhältnisse auf dem Nachbargrundstücke zur Folge habe, ihrerseits nicht berechtigt, dem Weigernden gegenüber die Aufrechterhaltung des bisherigen Zustandes zu erzwingen. O.G. vom 14. September 1885, Bd. 12 S. 306ff.

An wen eine polizeiliche Verfügung, ein Grundstück betreffend, zu richten ist.

1. Die gegen den Ehemann als Nießbraucher eines zum Eingebrachten der Frau gehörigen Grundstückes ergangene polizeiliche

Verfügung, sowie die ohne Zuziehung der Frau ergangene endgültige Entscheidung, durch welche die Klage auf Aufhebung der Verfügung abgewiesen ist, sind nur dem Ehemann gegenüber und nur für die Dauer seines Nießbrauches wirksam. O.G. vom 12. November 1887.

2. Erscheint nicht sowohl der Zustand eines Gebäudes an sich als polizeiwidrig, sondern eine bestimmte Verwendung desselben, so kann die Einstellung dieser Verwendung oder eine entsprechende Abänderung der Baulichkeit dem Eigenthümer auch in dem Falle aufgegeben werden, daß er die polizeiwidrige Verwendung nicht selbst vornimmt, sondern seitens eines Miethers oder sonstiger Gebrauchsberechtigter geschehen läßt; die polizeiliche Verfügung kann sich indessen auch gegen die letzteren richten. O.G. vom 27. Januar 1888. Siehe Preuß. Verwltgsbl. Jahrg. 10 S. 37. Siehe ferner die O.G. vom 27. Juni 1894, Preuß. Verwltgsbl. Jahrg. 16 S. 186, oben in § 7 angeführt.

Für die Privatperson, welcher die Verfügung einer Behörde zugeht, kommt es lediglich auf den Inhalt dieser Verfügung an, sodaß dieselbe sich nicht mit der Prüfung der Frage zu befassen hat, ob etwa dieselbe auf einem Irrthum beruhe und daher für sie bedeutungslos sei. O.G. vom 7. November 1894, Preuß. Verwltgsbl. Jahrg. 16 S. 262.

Eine baupolizeiliche Verfügung kann demjenigen, der, ohne Eigenthümer zu sein, verfügungsberechtigt über ein Grundstück ist, die Herstellung von Baulichkeiten auferlegen. O.G. vom 14. November 1894, Preuß. Verwltgsbl. Jahrg. 16 S. 272.

Polizeiliche Verfügungen sind an den eingetragenen Eigenthümer eines Grundstückes, welcher das Grundstück freiwillig veräußert hat, so lange zu richten, bis die Auflassung erfolgt ist. O.G. vom 9. Mai 1895, Preuß. Verwltgsbl. Jahrg. 16 S. 598.

Der Begriff der Polizeiverordnung fordert im Unterschied zur polizeilichen Verfügung eine allgemeine Anordnung, da vorausgesetzt werden muß, daß die Polizeiverordnung, ihrem Wesen entsprechend, objektive Normen zu geben beabsichtigt. O.G. vom 10. Juli 1895, Preuß. Verwltgsbl. Jahrg. 16 S. 610.

Eine polizeiliche Verfügung, in welcher nicht genügend zum Ausdruck gelangt, was der von der Polizei in Anspruch Genommene leisten soll, ist ungültig.

Der Verwaltungsrichter kann nicht auf Modifikation einer angefochtenen polizeilichen Verfügung erkennen. O.G. vom 7. Mai 1895, Preuß. Verwltgsbl. Jahrg. 16 S. 619. Im Uebrigen siehe auch oben §§ 5, 6, 7.

Wahrung der Klagefrist. Läßt eine Behörde die an sie gerichteten Briefe von der Post abholen, so sind die Briefe als bei der Behörde eingegangen in dem Zeitpunkte anzusehen, wo die Behörde über die Briefe verfügen konnte.

Die rechtliche Zulässigkeit einer polizeilichen Verfügung ist nach dem zur Zeit der Urtheilsfindung giltigen Recht und nach der dann obwaltenden thatsächlichen Sachlage zu beurtheilen. O.G. vom 23. Januar 1895, Preuß. Verwltgsbl. Jahrg. 16 S. 389.

§ 10.

Der Dispens.

Dispensiren heißt Ausnahme bewilligen, auf baupolizeilichem Gebiete also eine Ausnahme von baupolizeilichen Vorschriften. Da bestimmt ausgesprochene Vorschriften, die im allgemeinen von den Baulustigen zu beobachten sind, vorhanden sein müssen, um hiervon eine Ausnahme genehmigen zu können, so kann in denjenigen Fällen natürlich keine Rede von Dispens sein, in welchen die Anordnung von baupolizeilichen Vorschriften dem pflichtmäßigen Ermessen der Behörde innerhalb der Schranken des § 10 II 17 A.L.R. in Verbindung mit § 6 des Gesetzes über die Polizeiverwaltung vom 11. März 1850 (vergl. auch §§ 35ff. I 8 A.L.R.) überlassen ist. Hier handelt es sich um bestimmte, im Einzelfalle und aus Anlaß des einen zur Prüfung vorgelegten Falles erlassene Bestimmungen, nicht aber um allgemeine, durch Baupolizeiverordnung ein für alle Male festgelegte, als Normen geltende Vorschriften. Der Dispens ist sowohl die Ausnahme selbst als auch die Erklärung der zuständigen Behörde, in dem einzelnen Falle eine Ausnahme, d. h. eine Befreiung des Petenten von der in Frage kommenden Vorschrift zu bewilligen. Das Motiv, das die Möglichkeit des Dispenses geschaffen hat, liegt in der Erwägung, daß eine Baupolizeiordnung niemals derartige erschöpfende Vorschriften aufstellen kann, welche für jeden einzelnen Bau ohne Schwierigkeiten und in passender Weise getroffen sind. In Anbetracht der nothwendigen allgemeinen Gesichtspunkte, welche bei Erlaß solcher Vorschriften das leitende Moment sein müssen, wird es sich nie vermeiden lassen, daß die eine oder andere Vorschrift für den einzelnen Baufall eine gewisse Härte enthält, die vom Gesetzgeber, d. h. also von dem Erlasser der baupolizeilichen Vorschriften nicht beabsichtigt ist, die sich aber durch verschiedene Umstände, so z. B. durch die eigenartige Lage des Grundstückes, ergiebt. Es ist daher ein Akt der ausgleichenden Gerechtigkeit, wenn der Gesetzgeber in Berücksichtigung derartiger nicht vorauszusehender Verhältnisse die Bestimmung trifft, daß unter bestimmten Bedingungen von den Vorschriften der Baupolizeiordnung abgesehen werden soll, daß also in speziellen Fällen unter den vorgesehenen Voraussetzungen die eine oder andere Vorschrift aufgehoben wird.

Der Charakter des Dispenses ist demnach ein Akt der Gnade, auf welchen der Einzelne kein Recht hat, sondern die ihm nur im Hinblick auf unverschuldete oder unvorhergesehene Schwierigkeiten den allgemeinen Vorschriften zu genügen, bewilligt werden soll. Es besteht daher kein mit den gesetzlich vorgesehenen Rechtsmitteln verfolgbares Recht auf Dispens. Auch hat der Dispens Nachsuchende den Beweis zu liefern, daß die Voraussetzungen für Gewährung des Dispenses vorliegen, nicht aber die zuständige Behörde nachzuweisen, daß diese Voraussetzungen nicht vorhanden sind. Endlich wird ein Dispens nur dann in Frage kommen können, wenn die Verhältnisse, welche die Erfüllung der baupolizeilichen Vorschriften äußerst schwierig machen, nicht vom Petenten selbst verursacht sind, so daß es nicht seine Schuld ist, wenn derartige Schwierigkeiten sich geltend machen. Eine stillschweigende Voraussetzung wird also stets die sein, daß die fraglichen Verhältnisse nicht auf den Dolus des Dispens Erbittenden zurückzuführen sind.

Daß der Bauherr nach Ertheilung eines Dispenses nicht eine Verpflichtung übernimmt, nach Maßgabe des Dispensbeschlusses zu bauen, bedarf erst keiner besonderen Hervorhebung und Begründung.

Ueber den Dispens bestimmt das Zuständigkeitsgesetz vom 1. August 1883 (Ges.-Samml. S. 237) in dem 20. Titel „Baupolizei" Folgendes: „Ueber Dispense von Bestimmungen der Baupolizeiordnungen beschließt nach Maßgabe dieser Ordnungen der Kreisausschuß in Stadtkreisen und in den zu einem Landkreise gehörigen

Städten von mehr als 10000 Einwohnern der Bezirksausschuß, soweit die Angelegenheit nicht nach diesen Ordnungen zur Zuständigkeit anderer Organe gehört. Verfügungen der letzteren unterliegen der Anfechtung nur im Wege der Beschwerde an die Aufsichtsbehörde.

Der Bezirksausschuß tritt in Betreff der Zuständigkeit zur Ertheilung von Dispensen in allen Fällen an die Stelle der Bezirksregierung.

Zur Einlegung der Beschwerde gegen den Beschluß ist auch die zur Ertheilung der Bauerlaubniß zuständige Behörde befugt, welcher der Beschluß zuzustellen ist.

Gegen den Beschluß des Bezirksausschusses in erster Instanz findet die Beschwerde an den Minister der öffentlichen Arbeiten statt."

Einen Dispens von gesetzlichen Vorschriften, welche dem Baupolizeirecht angehören, giebt es nicht.

Ueber die Frage, ob und wer dispensirt, ist dem Polizeiverordner ein großer Spielraum gelassen. Inwieweit ein Dispens überhaupt zulässig ist, bestimmt die Polizeiverordnung selbst, ebenso, falls nicht Kreisausschuß bezw. Bezirksausschuß zur Beschlußfassung berufen sind, welche anderen Organe das Dispensationsrecht ausüben sollen.

Die Ausführungen des Oberverwaltungsgerichts über den Begriff ꝛc. des Dispenses:

Kann der Bezirksrath Dispensationen von baupolizeilichen Bestimmungen auch in solchen Fällen ertheilen, für welche in der zur Anwendung kommenden Baupolizeiordnung eine Dispensation nicht vorgesehen ist?

Aus den Gründen: Das Recht, Polizeiordnungen mit Gesetzeskraft zu erlassen, ist eine den betreffenden Verwaltungsbehörden von der gesetzgebenden Gewalt übertragenes ius delegatum und muß sich folglich innerhalb der Delegation halten. Nun wird allerdings durch die Delegation derjenigen Behörde, welche eine Polizeiverordnung erlassen hat, mit diesem Rechte ohne Weiteres auch die Befugniß gegeben, die von ihr erlassene Polizeiverordnung wieder aufzuheben. Aber davon wesentlich verschieden ist die Dispensationsbefugniß, das Recht, trotz des Bestehens des Gesetzes die Anwendung desselben auf einen einzelnen Fall auszuschließen, mit anderen Worten: von dem Gesetze für einen einzelnen Fall abzusehen, im Uebrigen aber dasselbe in seiner Wirksamkeit bestehen zu lassen. Hierin liegt an sich ein Bruch der Rechtsordnung, da das Gesetz seiner Natur nach jeden einzelnen Fall, auf welchen es überhaupt Anwendung findet, gleichmäßig treffen muß. Deshalb kann das Dispensationsrecht nur, insoweit es auf gesetzlichem Wege ausdrücklich verliehen ist, als gegeben anerkannt werden. Eine ausdrückliche Ermächtigung, allgemein von baupolizeilichen Bestimmungen dispensiren zu können, ist den Bezirksregierungen aber nirgends in den Gesetzen ertheilt. Durchaus verfehlt ist es, ein solches Recht den Bezirksregierungen in ihrer Eigenschaft als der Ortspolizeiverwaltung übergeordneten Aufsichtsbehörden zuzuschreiben. Zum Wesen der Aufsicht gehört nicht die Befugniß, die von den Unterbehörden erlassenen, mit Gesetzeskraft ausgerüsteten Polizeiverordnungen lediglich für den einzelnen Fall außer Anwendung zu setzen. Vermöge der Oberaufsicht wird die Ortspolizeiverwaltung an dem Erlasse einer Polizeiverordnung gehindert oder zu dem Erlasse einer solchen angehalten werden können. Das Recht der Oberaufsicht wird auch dahin führen müssen, daß die Aufsichtsbehörde unter bestimmten Voraussetzungen eine von der Unterbehörde erlassene Polizeiverordnung wieder aufheben darf. Dieses letztere Recht ist gesetzlich des Näheren geregelt; nach dem vorhin Bemerkten schließt aber dasselbe eine Dispensationsbefugniß nicht ein; und wenn der Gesetzgeber jene Regelung für nöthig erachtet, dagegen von allen besonderen Vorschriften über das Recht, von Polizeiverordnungen zu dispensiren, abgesehen hat, so wird dadurch nur bestätigt, daß er selbst nicht davon ausgegangen ist, es sei in dem Aufsichtsrechte als solchem ein generelles Dispensationsrecht einbegriffen. O.G. vom 30. November 1882, Bd. 9 S. 332.

Sind die Rechtsgrundsätze, die das Urtheil vom 3. April 1888 für die Behandlung konsenslos oder konsenswidrig ausgeführter Bauten nach Maßgabe der bestehenden Baupolizeiordnungen aufgestellt hat, und an denen der Gerichtshof seitdem stets festgehalten hat, in dem Ministererlasse vom 5. November 1888 im Gegensatze zu dem vom 18. November 1885 mit gutem Grunde gebilligt worden, so ergiebt sich daraus mit Nothwendigkeit, daß auch die Einschränkung der Dispense auf noch nicht ausgeführte Bauten in dem letzteren Erlasse nicht haltbar ist, und zwar lediglich um deswillen, weil die Bestimmungen der Bauordnungen über Dispensertheilung eine untrennbare Einheit mit den materiellen Normen über Beschränkungen der Baufreiheit bilden.

So lange solche Normen durch Baupolizeiordnungen gegeben sind, hat man auch die Möglichkeit, von ihrer Beobachtung Ausnahmen zuzulassen, vorgesehen, weil es unmöglich ist, die allgemeinen Rechtssätze derartig zu geben, daß sich jeder konkrete Thatbestand unter sie ohne Härten und materielle Ungerechtigkeiten subsumiren lasse.

Der § 145 des Zuständigkeitsgesetzes regelt lediglich die Zuständigkeit zur Ertheilung „der Dispense von Bestimmungen der Baupolizeiordnungen" unter den verschiedenen dabei in Betracht kommenden Behörden, läßt aber die materielle Frage, bis zu welchem Zeitpunkte hin solche Dispense ertheilt werden können, unberührt. Nur insofern ist die Entstehungsgeschichte der Bestimmung für das materielle Baupolizeirecht von Bedeutung, als sie erkennen läßt, daß man urspрüglich beabsichtigte, den zur Ertheilung von Dispensen berufenen Behörden die mit dem Wesen einer Polizeiverordnung nicht leicht zu vereinbarende Befugniß einzuräumen, Dispense auch da zu geben, wo die Verordnung die rechtliche Möglichkeit einer Dispensationsbefugniß gar nicht vorsah, daß man aber schließlich diesen Gedanken aufgab. Daß Ausnahmen von baupolizeilichen Vorschriften nur im Bauerlaubnißschein, also allein für noch nicht ausgeführte bauliche Anlagen ertheilt werden können, kann nicht wohl zugegeben werden, vielmehr erscheint das Gegentheil mit dem Begriffe des Baudispenses wohl vereinbar, steht auch mit der thatsächlichen Uebung der Baupolizei im Einklang und kann nicht verneint werden, ohne damit eine weitgreifende Rechtsunsicherheit anzubahnen und die Vermögensrechte der Staatsangehörigen in der empfindlichsten Weise zu berühren. Gewiß soll nach §§ 65 ff. I 8 A.L.R. wie nach allen Baupolizeiordnungen der polizeiliche Baukonsens vor der Ausführung gewisser Bauten gefordert werden, und es macht sich der strafbar, der vor Ertheilung des Konsenses baut. Daraus folgt aber noch nicht, daß nur ein projektirter Bau, nicht ein schon begonnener oder vollendeter Bau polizeilich gebilligt werden kann. Das Gegentheil sieht schon § 71 ebendaselbst vor und ergiebt sich aus der gesetzlich anerkannten Möglichkeit, nachträglich, mag der Bau auf Grund des ertheilten Konsenses aufgeführt sein oder nicht, Baubedingungen aufzuerlegen.

Zunächst ist, was häufig betont worden ist, der polizeiliche Baukonsens nichts weiter als die Erklärung der Baupolizeibehörde, daß ein Bau dem bestehenden materiellen Baupolizeirecht entspreche. Diese Erklärung ist wie für einen erst beabsichtigten, so auch für einen in der Ausführung befindlichen und schon vollendeten Bau möglich. Will man gleichwohl die Ertheilung des Konsenses auf nur projektirte, noch nicht ausgeführte Bauten beschränken, so knüpft man an die Versagung des Konsenses rechtliche Folgen, die das materielle Baupolizeirecht nicht vorsieht. — Es ist nicht zu übersehen, daß nach der gleichmäßigen, von der Verwaltung nicht angezweifelten, sondern stets beachteten Rechtsprechung des Gerichtshofes die Polizeibehörde die rechtliche Zulässigkeit einer bestehenden baulichen Anlage, wenn sie vor deren Beurtheilung gestellt wird, nur nach Maßgabe des zur Zeit ihrer Prüfung bestehenden materiellen Baurechts, nicht nach dem, das zur Zeit der Bauausführung in Kraft stand, zu prüfen hat. Verneint man gleichwohl die Zulässigkeit, eine polizeiliche Prüfung und Konsensertheilung nach begonnenem oder ausgeführtem Bau zu fordern, so statuirt man damit die rechtliche Möglichkeit, den thatsächlichen Bestand zahlreicher Bauten je nach den wechselnden Anforderungen ergehender Baupolizeiordnungen (es ist leicht nachweisbar, daß solche Anordnungen für einen und denselben Geltungsbereich sich in wenigen Jahren mehrfach ablösen) polizeilich in Frage zu stellen. Und diese Folgen würden sich keineswegs etwa nur an die dolose Umgebung bestehender Baupolizeiordnungen knüpfen. Zu welchen baulichen Anlagen ein vorgängiger polizeilicher Konsens erforderlich ist, wird in den verschiedenen Baupolizeiordnungen sehr verschieden und oft so bestimmt, daß die Beantwortung dieser Frage schwierig und zweifelhaft ist. Sie kommt in Folge dessen häufig zur Entscheidung der Verwaltungsgerichte, indem die Polizeibehörden, insoweit ihres Amtes sachgemäß waltend, die Eigenthümer anhalten, den Baukonsens einzuholen, auch wenn der Bau bereits begonnen oder vollendet ist. — Es mag zugegeben werden, daß die polizeiliche Prüfung und Gutheißung bereits ausgeführter baulicher Anlagen von der projektirter Bauten Verschiedenheiten nachweist, und zwar nicht nur in formeller, sondern auch in materieller Beziehung. — Selbst wenn man aber unter Nichtbeachtung der vorstehend dargelegten Rechtsverhältnisse soweit gehen wollte zu deduziren, daß die Versagung des Konsenses zu einem erst projektirten Bau das Verbot des Baues in sich schließe, lediglich aus diesem Grunde eine polizeiliche Verfügung im Sinne des § 127 des Landesverwaltungsgesetzes darstelle und so die Zulässigkeit der daselbst vorgesehenen Rechtsmittel begründe, von dem Allem aber bei einem bereits ausgeführten Bau nicht die Rede sein könne, so würde daraus immer noch nicht die Unzulässigkeit von Dispensertheilungen nach vollendetem Bau zu folgern sein. — Die Handhabung des Dispensationsrechtes, mag sie sich in der Ertheilung oder der Versagung von Dispensen äußern, enthält niemals eine polizeiliche Verfügung im Sinne des § 127 a. a. O., und so wenig eine Baupolizeibehörde ihre Befugnisse überschreitet, wenn sie einen ohne Konsens vollzogenen Bau prüft und dabei auch von ihrer etwaigen Befugniß zur Zulassung von Ausnahmen von baupolizeilichen Vorschriften Gebrauch macht, ebenso wenig die zur Ertheilung von Dispensen bestellte Behörde, wenn sie vollendete Bauten in Betracht zieht.

Ob die Baupolizeibehörde die Pflicht hat, gegen jede auch noch so geringfügige Abweichung bestehender Bauten von den Vorschriften der Baupolizeiordnung einzuschreiten, oder ob sie die Befugniß hat, solche Abweichungen bestehen zu lassen, ist eine Frage, die keineswegs nur dem Baupolizeirecht eigenthümlich ist; sie regelt sich vielmehr nach den allgemeinen Normen für die Handhabung des Polizeirechtes und insbesondere der Polizeiverordnung überhaupt. Sie kann daher auch nicht mit der Uebung des Dispensationsrechtes in Beziehung gebracht und am wenigsten für die hier allein zu entscheidende Frage, ob dieses Recht nur für beabsichtigte oder auch für ausgeführte Bauten gegeben ist, verwerthet werden. Entscheidet man jene Frage auch im Sinne der zweiten Alternative, so kann die thatsächliche Zulassung polizeiwidriger Zustände seitens der Baupolizeibehörde rechtlich doch niemals die Dispensertheilung ersetzen. Darüber hat bisher weder in der Verwaltung noch in der Verwaltungsrechtsprechung ein Zweifel bestanden, daß ein von der Baupolizeibehörde rechtswidrig, d. h. gegen eine strikte, keine Ausnahme seitens der Behörde und kein freies Ermessen derselben zulassende Vorschrift einer Polizeiverordnung, konsentirter und zugelassener Bau jederzeit wieder von der Baupolizeibehörde selbst in seinem Bestande angefochten und seine

Umänderung oder Beseitigung nach Maßgabe des jeweilig bestehenden materiellen Baurechtes gefordert werden kann. Unmöglich wird dies aber gemacht, sobald die Baupolizeiordnung Dispense von solchen strikten Bestimmungen zuläßt und ein solcher Dispens ertheilt wird. — Durch diesen Akt wird das materielle Baurecht wie für einen erst bevorstehenden, so für einen begonnenen oder vollendeten Bau derartig geändert, daß er, dem Dispense entsprechend ausgeführt, jeder Anfechtung seitens der Baupolizeibehörde entrückt ist, eine rechtliche Wirkung, welche die bloß thatsächliche Zulassung polizeiwidriger Bauten durch die Baupolizeibehörde niemals üben kann. — Es kann daher auch nicht wohl behauptet werden, daß so zwei von einander unabhängige Behörden zur Entscheidung ein und derselben Klasse von Fällen berufen wären.

Allein entscheidend für die streitige Frage ist es, ob das materielle Baupolizeirecht für die Ertheilung von Baukonsensen und für konsentirte Bauten ein Anderes ist, als für konsenspflichtige, aber ohne Konsens ausgeführte bauliche Anlagen, ob für erstere die erlassenen, regelmäßig Dispense zulassenden Polizeiverordnungen maßgebend sind, für letztere nicht, sondern lediglich § 71 I 8 A.L.R. Dies wurde in dem Ministerial-Erlasse vom 8. Mai 1888 bejaht, und daraus möchte sich die Konsequenz ergeben, daß die Ertheilung von Dispensen nur bezüglich noch nicht ausgeführter Bauten zulässig sei. Das Gegentheil ist in dem Urtheile des Gerichtshofes vom 3. April 1888 vertreten worden und ist auch in dem späteren Ministerial-Erlasse vom 5. November 1888 insoweit gutgeheißen, als es sich um die für die Thätigkeit der Baupolizeibehörde maßgebenden Normen handelt. Davon läßt sich aber die Frage der Dispensationsbefugniß nicht trennen, da die Vorschriften der Polizeiverordnungen, die solche Befugniß einräumen, untrennbare Theile des materiellen Baurechtes sind.

Was das bestehende Recht der Ortspolizeibehörde einer Dispensation gegenüber einräumt, spricht der § 145 des Zuständigkeitsgesetzes vom 1. August 1883 mit den Worten unmißverständlich aus: „Zur Einlegung der Beschwerde gegen den Beschluß ist auch die zur Ertheilung der Bauerlaubniß zuständige Behörde befugt, welcher der Beschluß zuzustellen ist." O.G. vom 27. November 1895, Bd. 29 S. 354.

Unter Umständen kann aus der Ertheilung des Konsenses darauf geschlossen werden, daß die Polizeibehörde stillschweigend eine Ausnahme von einer bestimmten baupolizeilichen Vorschrift habe bewilligen wollen, vorausgesetzt, daß sie zu solchen Ausnahmebewilligungen überhaupt berechtigt ist. O.G. vom 25. Oktober 1900, Preuß. Verwltgsbl. Jahrg. 22 S. 206.

Auf dieses Erkenntniß hinweisend und aus Anlaß desselben ist der Min.-Erlaß vom 21. Februar 1896 (Min.-Bl. f. d. i. Verw. 1896 S. 52) ergangen, welcher den früheren Erlaß, worin die Dispensertheilung für schon ausgeführte Bauten als unzulässig bezeichnet wurde, aufhob. Siehe übrigens oben § 6. Begriff des Dispenses von Bestimmungen der Baupolizeiordnungen.

Kann der zur Ertheilung der Bauerlaubniß zuständigen Behörde die Beschlußfassung über solche Dispense durch eine Baupolizeiordnung übertragen werden?

Aus den Gründen: Es ist richtig, daß die Handhabung des Dispensationsrechtes, mag sie sich in der Ertheilung oder Versagung von Dispensen äußern, niemals eine polizeiliche Verfügung im Sinne des § 127 des Landesverwaltungsgesetzes vom 30. Juli 1883 enthält.

Der Bericht der Kommission (Abgeordnetenhaus-Drucksachen 1882/83 Nr. 158 S. 105, 106) faßt die Ergebnisse ihrer Berathungen bezüglich des jetzigen § 145 des Zuständigkeitsgesetzes vom 1. August 1883 folgendermaßen zusammen: „Alsdann gab die Frage bezüglich der Dispense von Bestimmungen der Baupolizeiordnungen zu einer längeren Diskussion Veranlassung.

Der § 147 der Regierungsvorlage schließt sich dem § 132 des Entwurfes von 1880 an. . . . . Die Kommission konnte sich nicht überzeugen, daß der Entwurf von 1880 das Richtige getroffen. Insbesondere hielt man es nicht für angemessen, den Kreis- und Bezirksausschüssen — obschon sie Kollegien seien — eine so allgemeine Dispensationsbefugniß einzuräumen, daß sie sich schließlich über alle baupolizeilichen Vorschriften einfach hinwegsetzen könnten. Dies gehe vielmehr zu weit und stelle zugleich alle Baupolizei-Ordnungen in Frage, zerstöre auch die Autonomie der Gemeinden auf dem so wichtigen Gebiete der Baupolizei. Man konnte eine Dispensationsbefugniß überhaupt nur nach Maßgabe der bestehenden Baupolizeiordnungen zulassen. Nur in dem Rahmen dieser Ordnungen durfte die Kompetenz der Einzelbeamten, sowie der Kreis- resp. Bezirksausschüsse .... eintreten, gegen den Beschluß der Dispensationsbehörde durfte, da es sich um eine res merae gratiae handle, nicht die Klage, sondern nur die Beschwerde Platz greifen. Sei die Dispensationsbehörde ein Einzelbeamter, so gehe die Beschwerde selbstverständlich an dessen Aufsichtsbehörde, sonst an die vorgesetzte Kollegialinstanz. Zur Beschwerde erscheine nicht bloß der legitimirt, welcher den Dispens nachsuche, sondern auch die zur Ertheilung der Bauerlaubniß zuständige Behörde, welcher deshalb der Beschluß zuzustellen sei."

Der jetzige § 145 ist demnächst ohne weitere Erörterung angenommen und Gesetz geworden.

Auch in der jetzigen Fassung liegt, wie die Entstehungsgeschichte zeigt, eine Gegenüberstellung der zur Ertheilung der Bauerlaubniß zuständigen Behörde nicht nur gegen die kollegialen Beschlußbehörden, sondern auch gegen die Einzelbeamten, deren Dispensationsbefugniß der Paragraph regelt. Doch mag dahingestellt bleiben, ob eine Ausnahme von baupolizeilichen Bestimmungen, welche die Baupolizeibehörde zu bewilligen befugt ist, unter Umständen als eine Dispensation im Sinne dieser gesetzlichen Vorschrift angesehen werde, und ob sonach diese Behörde zu den im Abs. 1 daselbst neben dem Kreisausschuß und dem Bezirksausschuß erwähnten, zur Ertheilung von Dispensen zuständigen Organen gehören kann, deren einen solchen Dispens betreffende Verfügung der Anfechtung nur im Wege der Beschwerde an die Aufsichtsbehörde unterliege. O.G. vom 4. November 1897, Bd. 32 S. 345.

Ueber die Dispensationsbefugniß der Baupolizei siehe auch R.G. vom 30. Januar 1900, Juristische Wochenschrift 1900 S. 197.

§ 11.

Die strafrechtliche Ahndung der Verletzung des Baupolizeirechtes.

§ 222 R.St.G.B.: „Wer durch Fahrlässigkeit den Tod eines Menschen verursacht, wird mit Gefängniß bis zu drei Jahren bestraft.

Wenn der Thäter zu der Aufmerksamkeit, welche er aus den Augen setzte, vermöge seines Amtes, Berufes oder Gewerbes besonders verpflichtet war, so kann die Strafe bis auf fünf Jahre Gefängniß erhöht werden."

§ 230. „Wer durch Fahrlässigkeit die Körperverletzung eines Anderen verursacht, wird mit Geldstrafe bis zu neunhundert Mark oder mit Gefängniß bis zu zwei Jahren bestraft.

War der Thäter zu der Aufmerksamkeit, welche er aus den Augen setzte, vermöge seines Amtes, Berufes oder Gewerbes besonders verpflichtet, so kann die Strafe auf drei Jahre Gefängniß erhöht werden."

§ 305. „Wer vorsätzlich und rechtswidrig ein Gebäude, ein Schiff, eine Brücke, einen Damm, eine gebaute Straße, eine Eisenbahn oder ein anderes Bauwerk, welche fremdes Eigenthum sind, ganz oder theilweise zerstört, wird mit Gefängniß nicht unter Einem Monat bestraft.

Der Versuch ist strafbar."

Es handelt sich hier um eine qualifizirte Sachbeschädigung.

Das Urtheil des Reichsgerichts in Strafsachen vom 11. Februar 1887, Bd. 15 S. 263 führt Folgendes an: Der § 305 St.G.B. bedient sich der Worte „oder andere Bauwerke" als einer clausula generalis. Er giebt durch sie zu erkennen, einestheils, daß die von ihm aufgezählten einzelnen Werke als Bauwerke angesehen werden sollen, und anderentheils, daß die in der Klausel zusammengefaßten Bauwerke denselben Charakter wie jene haben, ihnen begrifflich gleich sein müssen. Da nun von diesen das Gebäude, die Brücke, der Damm, die gebaute Straße und die Eisenbahn Werke sind, die, als untrennbar mit dem Grund und Boden verbunden, die Eigenschaft unbeweglicher Sachen haben, so bietet sich der Schluß dar, daß auch unter den „anderen Bauwerken" nur Werke zu verstehen sind, welche gleichfalls die Immobilienqualität besitzen. Die Richtigkeit des Schlusses findet auch in der Entstehungsgeschichte des Paragraphen ihre Bestätigung. Der Paragraph ist aus dem preußischen Strafgesetzbuche § 283 wörtlich übernommen und ist in das preußische Strafgesetzbuch aus dem Art. 437 Code pénal aufgenommen worden. Die in diesem enthaltenen Worte „ou autres constructions", welche in „andere Bauwerke" übertragen worden, waren an Stelle der im Entwurfe stehenden „ou autres immobilières" getreten, nicht weil man den in letzterem ausgedrückten Begriff ändern wollte, sondern weil man Zweifel darüber befürchtete, was unter dem Worte „immobilières" zu verstehen sei.

War hiernach anzunehmen, daß unter dem Bauwerke im § 305 St.G.B. eine unbewegliche Sache zu verstehen, so ergiebt der Ausdruck „Bauwerk" zwei weitere Erfordernisse des unter den Paragraphen zu rubrizirenden Gegenstandes. Es muß derselbe zunächst gebaut, d. h. durch menschliche Kunst und Arbeit hergestellt sein und dann sich als ein Werk, also ein selbständiges, in sich abgeschlossenes und für eine gewisse Dauer bestimmtes Ganzes darstellen.

Was ist unter einem Bauwerk im Sinne des § 305 St.G.B. zu verstehen?

Aus den Gründen: Die Sprache des Gesetzes ist die des gemeinen deutschen Sprachgebrauchs. Nach diesem muß die nach den Regeln der Baukunst vorgenommene und mit dem Grund und Boden dauernd verbundene Zusammenfügung von Baumaterialien ein Werk, und zwar ein Bauwerk genannt werden, und es möchte schwer fallen, dafür während der Zeit seiner Weiterführung zum vollendeten Gebäude eine andere Bezeichnung zu finden. Auch der im Urtheil ausschließlich gebrauchte Ausdruck „Neubau" umfaßt sowohl das fertige Gebäude als den hier festgestellten Zustand und hebt nur die Neben-eigenschaft der Neuheit, keine Gegensätzlichkeit zum Begriffe Bauwerk hervor.

Unvollendete Wohnhäuser, Rohbauten sind als Bauwerke bereits in mehreren Entscheidungen des Reichsgerichts bezeichnet. Vergl. R.G. Bd. 9 S. 203, 204; Bd. 6 S. 477. R.G. vom 16. September 1897 Bd. 30 S. 246.

Kann ein verbliebener Resttheil eines großentheils zerstörten Bauwerkes selbst noch als Bauwerk im Sinne des § 305 St.G.B. in Betracht kommen?

Aus den Gründen: Es erscheint nicht angängig, aus dem Bestehen gewisser, gerade die Schornsteinanlagen betreffender baupolizeilicher Vorschriften zu folgen, daß dadurch der Schornstein „zu einem selbständigen, in sich abgeschlossenen Bauwerke innerhalb des Gebäudes gestempelt" sei; so lange ein Wohnhaus als einheitliches Gebäude be-

steht, bildet der in demselben vorhandene, den Zwecken desselben mitdienende Schornstein regelmäßig nicht anders, wie z. B. die Umfassungsmauern, einen Substanztheil dieses Gebäudes. — Ein derartiges nebensächliches, für sich allein nicht weiter benutzbares Ueberbleibsel von einem größtentheils zerstörten ehemaligen Bauwerke, wie jenes in dem hier in Rede stehenden Schornstein anzutreffen ist, ermangelt der Eigenschaft als eines Werkes, also eines selbständigen, in sich abgeschlossenen und für eine gewisse Dauer bestimmten Ganzen und kann daher nicht selbst noch als ein „Bauwerk" angesehen werden. R.G. vom 11. November 1895, Bd. 27 S. 420.

Vergl. dagegen Olshausen, Kommentar zum Strafgesetzbuch, 6. Auflage, S. 1177, Anm. 2: Die speziell für § 305 als Objekte in Betracht kommenden Sachen sind — nach Auffassung des Gesetzgebers — durchweg Bauwerke: denn die Worte „oder ein anderes Bauwerk" müssen grammatikalisch auf alle vorangegangenen, einschließlich der „Schiffe" bezogen werden. Ist es nun hiernach zwar nicht richtig, daß der Ausdruck „Bauwerke" in § 305 lediglich immobile Konstruktionen bezeichne, so wird man doch aus den in § 305 aufgeführten Beispielen der „Bauwerke" in Verbindung damit, daß eine besondere Vorschrift zum Schutze fremden Eigenthums dieser Art überhaupt für nothwendig erachtet ist, entnehmen müssen, daß der Gesetzgeber in der That nur solche Herrichtungen von Menschenhand im Auge habe, welche mit dem Grund und Boden in Zusammenhang stehen, oder welche in volkswirthschaftlicher Hinsicht eine gleiche Bedeutung wie diese beanspruchen; dazu gehören namentlich die „Schiffe"; man wird aber unter jener Voraussetzung auch andere mit dem Grund und Boden in fester Verbindung nicht stehende Bauwerke (vergl. § 243 Nr. 11) gleichfalls als Objekte des Vergehens aus § 305 ansehen müssen, wie z. B. transportable Mühlen. Nach Anm. Nr. 11 zu § 243 des St.G.B. in dem genannten Kommentar ist ein Gebäude ein, weil mit Grund und Boden — der Erdoberfläche — in fester Verbindung stehendes, in seiner Gesammtheit unbewegliches Bauwerk.

§ 330 R.St.G.B.: „Wer bei der Leitung oder Ausführung eines Baues wider die allgemein anerkannten Regeln der Baukunst dergestalt handelt, daß hieraus für Andere Gefahr entsteht, wird mit Geldstrafe bis zu neunhundert Mark oder mit Gefängniß bis zu Einem Jahre bestraft."

Genügt für die Anwendung § 330 St.G.B. die Feststellung, daß der Beklagte bei der Leitung oder Ausführung eines Baues wider die allgemein anerkannten Regeln der Baukunst dergestalt gehandelt habe, daß bei einem Weiterbau für Andere Gefahr entstehen werde?

Es steht fest — so heißt es in den Gründen —, daß, wenn der Angeklagte dem Bauplane entsprechend, weiter gebaut hätte, daraus für Andere Gefahr entstanden wäre. § 330 kann dann aber nicht angewendet werden, wenn die Gefahr für Andere nicht in dem Bau, wie er thatsächlich vorliegt, sondern in dem Weiterbau, mithin in einer Handlung des Angeklagten gefunden wird, welche dieser zwar zweifellos beabsichtigt hat, an deren Ausführung er aber durch das polizeiliche Inhibitorium verhindert ist. Da nach § 43 Abs. 2 und § 330 St.G.B. der Versuch des in der letzteren Strafvorschrift normirten Vergehens nicht mit Strafe bedroht ist, so kann dem Angeklagten eine Strafe für Handlungen, welche einen Anfang der Ausführung dieses Vergehens enthalten, nicht treffen, wenn das beabsichtigte Vergehen nicht zur Vollendung gekommen ist. Vollendet ist aber das Vergehen nach dem Wortlaute des § 330 erst dann, wenn der Betreffende bei der Leitung oder Ausführung eines Baues wider die allgemein anerkannten Regeln der Baukunst dergestalt handelt, daß hieraus für Andere Gefahr entsteht. Der § 330 a. a. O. setzt hiernach voraus, daß dasjenige, was der Handelnde gethan hat, für Andere gefahrdrohend sei. Solange der gegenwärtige Zustand des Baues nicht gefahrdrohend ist, fehlt es an einer wesentlichen Voraussetzung für die Anwendbarkeit der in Rede stehenden Strafvorschrift. R.G. vom 22. November 1881, Bd. 5 (d. Entscheid. i. Strafs.) S. 254.

Kann als Ausführung eines „Baues" auch der Abbruch eines Hauses angesehen werden?

Aus den Gründen: § 330 St.G.B. will Schutz gewähren gegen Gefahren, welche aus einem gewissen fehlerhaften Betriebe des Baugewerbes entspringen. Trägt man diesem Gedanken Rechnung, so hat man unter einem „Bau" im Sinne des Paragraphen jede in das Gebiet der Bauthätigkeit, der Ausübung des Bauhandwerkes fallende Thätigkeit zu verstehen, für deren Vornahme allgemein anerkannte Regeln der Baukunst von solcher Bedeutung, daß ein Zuwiderhandeln gegen sie mit Gefahr für Andere verbunden ist, bestehen. Eine solche Thätigkeit ist als Vornahme eines „Baues" anzusehen, ohne Rücksicht darauf, ob sie die Herstellung eines Bauwerkes bezweckt oder die Beseitigung eines solchen beabsichtigt, also sich als Abbrucharbeit darstellt. Wenn nun das Gesetz von der Leitung und der Ausführung eines Baues spricht, so hat es damit nur die Person bezeichnen wollen, die es für ein Zuwiderhandeln gegen die diese Thätigkeit ordnenden Regeln verantwortlich macht, sobald dieses Zuwiderhandeln eine Gefahr für Andere zur Folge hat.

Es ist zwar richtig, daß man im täglichen Leben unter einem Bau ein durch Bauthätigkeit hergestelltes fertiges Werk zu verstehen pflegt, und daß in diesem Sinne auch die in den §§ 305, 321 gebrauchten Ausdrücke aufzufassen sind, da in denselben das Beschädigen oder Zerstören von Bauten mit Strafe bedroht wird. Aber das schließt nicht aus, daß das Wort in den anderen Paragraphen in dem erweiterten Sinne gebraucht wird, wofür im § 367 schon der Umstand spricht, daß dem Bau eine Ausbesserung gleichgestellt und der doch nicht auf einzelne Akte der Bauthätigkeit beschränkten polizeilichen Vorsichtsmaßregeln gedacht wird. Jedenfalls hindert der Wortlaut des Paragraphen nicht, den Ausdruck „Bau" in diesem Sinne aufzufassen.

Was sodann die Entstehungsgeschichte des Paragraphen anlangt, so gewährt auch sie einen bestimmten, jede andere Auslegung ausschließenden Anhalt dafür nicht, daß der Paragraph nur die die Herstellung von Bauwerken bezweckende Bauthätigkeit habe treffen wollen. Es ergiebt sich aus ihr eine bestimmte Erklärung des Gesetzgebers, was er unter dem Ausdruck „Bau" verstanden wissen will, nicht. Dagegen läßt sich die in bewußter Abweichung vom preußischen Strafgesetzbuche erfolgte Einreihung des Paragraphen in den Abschnitt über die gemeingefährlichen Vergehungen und die Motivirung dieser Abweichung erkennen, daß der Gesetzgeber die mit dem Betriebe des Baugewerbes verbundene gemeine Gefahr besonders berücksichtigt und in den Vordergrund gestellt hat. Hieraus aber ist der Schluß gestattet, daß er seine Fürsorge auf alle in dem Betriebe vorkommenden Handlungen, mit welchen eine solche Gefahr verbunden, hat erstrecken, sie aber nicht auf einzelne von ihnen beschränken wollen. R.G. vom 23. Januar 1894, Bd. 25 S. 90 (Entsch. i. Straff.).

Grube als Bauwerk.

Die Grube, welche massiv aufgemauert werden soll, ist ein Bauwerk (O.G. vom 14. Juni 1881, Bd. 7 S. 327).

Nach § 230 Abs. 2 St.G.B. ist die fahrlässige Körperverletzung mit einer schwereren Strafe bedroht, falls der Thäter zu der Aufmerksamkeit, welche er aus den Augen setzte, vermöge seines Gewerbes besonders verpflichtet war. Voraussetzung für die Anwendung dieser Strafvorschrift ist also vor Allem, daß der Thäter zur Zeit der That ein Gewerbe betrieb.

Diese besondere Pflicht fällt aber fort bei Handlungen, welche zur Ausübung des Gewerbes nicht gehören. R.G. vom 27. April 1896, Bd. 28 S. 318.

Die Herrichtung eines Bahnkörpers für eine Eisenbahn fällt unter den Begriff eines Baues.

Steinsprengungsarbeiten zum Zwecke der Erweiterung des Bahnkörpers einer Eisenbahn gehören zur „Ausführung" eines Baues.

Aus den Gründen: Der Begriff eines „Baues" bezieht sich nicht bloß ausschließlich auf den sogenannten Hochbau, d. h. auf die Herstellung von Gebäuden, sondern ebenso auch auf den gesammten Wasser-, Straßen- und Bergbau.

Alle Arbeiten, welche zur Herstellung des Baues gehören, welche einen Theil des Baues bilden, sind Arbeiten, welche zur Ausführung des Baues vorgenommen werden. Hierher sind beispielsweise ebensowohl die Herstellung eines für den Bau erforderlichen Gerüstes zu rechnen, wie die Erdarbeiten zur Ausschachtung der Baugrube, und in noch höherem Maße die „Schaffung eines ebenen Terrains durch Beseitigung von Felswänden" behufs Herrichtung einer Erweiterung des Bahnkörpers. Denn diese Arbeiten bilden nicht bloß eine Vorbedingung des Bahnbaues, sondern führen die Erweiterung des Bahnkörpers unmittelbar herbei. Indem ferner bei der Herstellung einer Eisenbahn auch die Technik den Unterbau von dem Oberbau unterscheidet und zu jenem die Errichtung eines geeigneten Terrains, zu diesem insbesondere die Bettung der Schwellen und Schienen zählt, kennzeichnet sie ebenfalls, daß die auf die Fertigstellung jenes Unterbaues gerichteten Arbeiten einen Theil der Herstellung des ganzen Werkes bilden. R.G. vom 10. November 1892, Bd. 23, S. 277.

Wie weit erstreckt sich die strafrechtliche Haftung des Leiters eines Neubaues für Beobachtung der allgemein anerkannten Regeln der Baukunst?

Aus den Gründen: Es ist rechtsirrig, den Begriff eines Baues auf den „Rohbau" zu beschränken oder einen engeren Zusammenhang der einzelnen Thätigkeiten des Bauführers zu fordern als den im gemeinsamen Objekte — der Aufführung des Hauses — begründeten, oder endlich die strafrechtliche Haftung des Leiters eines neuen Baues für Einhaltung der Regeln der Baukunst nur auf die Errichtung des Rohbaues zu beziehen.

Das Gesetz will durch die Strafbestimmungen des § 330 St.G.B. Fürsorge gegen alle in dem Betriebe des Baugewerbes vorkommenden, mit Gemeingefahr verbundenen fahrlässigen oder vorsätzlichen Kunstfehler treffen. R.G. vom 17. September 1896, Bd. 29 S. 71.

1. Findet § 330 auch auf Gefährdung der beim Bau beschäftigten Handwerker und Arbeiter durch Herbeiführung eines den anerkannten Regeln der Baukunst widersprechenden, aber nicht für die Dauer berechneten baulichen Zustandes Anwendung?

2. Zum Begriff der „gegenwärtigen" Gefahr.

Aus den Gründen: Angesichts des Wortlautes des § 330 und seiner Tendenz, Schutz zu gewähren gegen die Gefahren, welche aus dem fehlerhaften Betriebe des Baugewerbes überhaupt entspringen, ist allerdings anzunehmen, daß unter Strafe gestellt sind nicht nur Zuwiderhandlungen gegen die allgemein anerkannten Regeln der Baukunst, begangen im Hinblick auf die Herstellung eines Bauwerkes im Ganzen dergestalt, daß das Vergehen nur vollendet werden könnte mit Vollendung dieses Bauwerkes, sondern auch Zuwiderhandlungen, begangen durch Vornahme von Einzelakten zu seiner Herstellung, durch fehlerhafte Ausführung von Einzelheiten oder Einzeltheilen des Bauwerkes während des Baues, so daß das Vergehen vollendet erscheint mit dem Zeitpunkte, wo diese Ausführung für Andere eine Gefahr zur Existenz gebracht hat. Diese „Anderen" sind im Gesetze unterschiedlos dem Leiter und Ausführer des Baues gegenübergestellt, umfassen also auch die neben diesen Personen beim Bauen beschäftigten Handwerker und sonstigen Arbeiter. Hat die

Ausführung irgend einer baulichen Einzelheit solche Gefahren zur Existenz gebracht, so kann es vom Rechtsstandpunkte aus keinen Unterschied begründen, ob die Herstellung, die Anlage, der bauliche Zustand nach dem Bauplane als ein dauernder oder als ein provisorischer in Aussicht genommen war. Umfaßt die Dauer des Zustandes nur einen solchen Zeitraum, daß thatsächlich von dem Vorhandensein einer Gefährdung Anderer gesprochen werden konnte, so erscheint der Thatbestand des Gesetzes gegeben.

Zum Begriff einer existenten Gefahr aber gehört es, wie bereits in dem Urtheile des Reichsgerichtes Bd. 5 S. 254 betont worden ist, daß sie in der Gegenwart vorhanden ist. Von einer solchen gegenwärtigen Gefahr im Gegensatz zu einer erst in Zukunft eintretenden kann aber da nicht gesprochen werden, wo der im Zeitpunkte der angeblichen Begehung der That vorliegende Zustand Niemand gefährdete, vielmehr ein schädigendes Ereigniß erst beim Eintritt weiterer Umstände zu gewärtigen war, solcher Eintritt aber vom Willen desjenigen, der den Bau leitete oder ausführte, abhängig, und daß dieser Bauleiter rc. ihn zu hindern Willens wie im Stande war, auch dementsprechend Maßregeln traf. R.G. vom 7. Juni 1898, Bd. 31 S. 180.

Ist für den Begriff des Entstehens einer Gefahr, speziell der Feuergefährlichkeit, erforderlich, daß das Gebäude bereits seiner Bestimmung übergeben worden, und daß bestimmte Personen als gefährdete individuell bezeichnet werden können?

Aus den Gründen: Durch die Fassung des Gesetzes ist deutlich und bestimmt zum Ausdruck gebracht, daß für den Thatbestand des Vergehens nichts weiter gefordert wird, als daß anerkannte Regeln der Baukunst verletzt sind, daß diese Verletzung bei Leitung der Ausführung eines Baues vorgekommen, und die regelwidrige Herstellung in ihrem zur Zeit der Anklage bestehenden Zustande Gefahr für Menschen herbeizuführen geeignet ist. Diese Begriffsbestimmung kann es zweifelhaft erscheinen lassen, ob und inwieweit das Vergehen schon mit Herstellung desjenigen Theiles des Bauwerkes, bei welchem die Fehler vorgekommen sind, vor Fertigstellung des Ganzen als vollendet angesehen werden dürfe, jedenfalls aber bietet die Ausdrucksweise des Gesetzes keinen Anhalt für die Annahme, daß über die Vollendung des fehlerhaften Bauwerks als Ganzen hinaus noch andere Handlungen des Bauleiters oder dritter Personen, welche mit der Herstellung der Ausführung des Bauwerkes in keiner direkten Beziehung stehen, sondern nur seine Nutzbarmachung bezielen, hinzutreten müßten, bevor eine Gefährdung im Sinne des Gesetzes als vorhanden angesehen werden dürfe, oder daß es des Eintrittes des Gefahr bringenden Ereignisses, welches durch die Fehler der Herstellung verursacht oder befördert worden, hierzu bedürfen solle; jenes Kausalitätsverhältniß zwischen der Verletzung der Bauregeln und der Gefährdung wird vielmehr für festgestellt zu erachten sein, sobald bei ordnungs- und bestimmungsmäßiger Verwendung des hergestellten Bauwerkes in Folge der begangenen Fehler Leben und Gesundheit Anderer bedroht erscheint. R.G. vom 11. Februar 1882, Bd. 6 S. 129.

Die „Regeln der Baukunst", welche § 330 im Auge hat, müssen „allgemeine", d. h. im Kreise der die Baukunst bezw. deren Zweige Betreibenden, nicht nothwendig auch im Laienkreise „anerkannte" sein, weshalb es nicht genügt, daß sie nach wissenschaftlicher Erkenntniß als richtig und unanfechtbar sich darstellen; R.G. vom 26. Juni 1891. Im Uebrigen ist die Frage, ob solche Regeln verletzt seien, eine thatsächliche. Olshausen, Kommentar zum Reichsstrafgesetzbuch, 6. Auflage, S. 1237 Nr. 4.

§ 367 St.G.B.

Mit Geldstrafe bis zu einhundertfünfzig Mark oder mit Haft wird bestraft:

Nr. 12. Wer auf öffentlichen Straßen, Wegen oder Plätzen, auf Höfen, in Häusern und überhaupt an Orten, an welchen Menschen verkehren, Brunnen, Keller, Gruben, Oeffnungen oder Abhänge dergestalt unverdeckt oder unverwahrt läßt, daß daraus Gefahr für Andere entstehen kann.

Zu § 367 Nr. 12. Orte, wo Menschen verkehren, sind alle (auch nicht öffentliche), welche im gewöhnlichen Laufe der Dinge von Menschen besucht werden, für die aus dem Offenlassen der Gruben 2c. eine Gefahr entstehen kann, gleichviel, ob dort das „Verkehren" der Menschen ein berechtigtes, geduldetes oder gar ein widerrechtliches ist. Oppenhoff, Kommentar zum Strafgesetzbuch, Note 69. Das Gebot richtet sich keineswegs ausschließlich an den Eigenthümer der

Oeffnung; dagegen spricht schon das Eingangswörtchen „Wer". Das Gebot richtet sich vielmehr an denjenigen, der thatsächlich die Verfügung über die Grube hat, also — wenn somit in vielen Fällen an den Eigenthümer selbst — doch auch an den Inhaber oder Verwalter, der nicht zugleich Eigenthümer ist; es ist nicht einmal nothwendig, daß dieser zur Innehabung ein Recht besaß. Olshausen, Kommentar zum Strafgesetzbuch, 6. Aufl., S. 1372.

Nr. 13. **Wer trotz der polizeilichen Aufforderung es unterläßt, Gebäude, welche dem Einsturz drohen, auszubessern oder niederzureißen.**

Zu § 367 Nr. 13. Das Gebot tritt erst in Kraft, nachdem eine bezügliche „polizeiliche Aufforderung", gleichgültig in welcher Form, ergangen ist. Die Aufforderung hat zur objektiven Voraussetzung, daß das Gebäude „dem Einsturz droht" (braucht aber dieser Worte sich nicht zu bedienen); deshalb steht dem Richter die Nachprüfung zu, ob diese Voraussetzung vorlag. Olshausen a. a. O. S. 1372.

Gebäude umfaßt hier jedes Bauwerk, z. B. eine Mauer. Oppenhoff a. a. O. Note 74 zu § 367 Nr. 13 St.G.B.

Nr. 14. **Wer Bauten oder Ausbesserungen von Gebäuden, Brunnen, Brücken, Schleusen oder anderen Bauwerken vornimmt, ohne die von der Polizei angeordneten oder sonst erforderlichen Sicherungsmaßregeln zu treffen.**

Zu § 367 Nr. 14. Im Gegensatz zum § 330 wird konkrete Gefährdung nicht gefordert; es handelt sich sonach um ein reines Polizeidelikt, so daß folgeweise auch fahrlässige Zuwiderhandlung strafbar ist. Mit Rücksicht auf den Thatbestand des § 330 nimmt übrigens Berner S. 719 mit Recht an, daß unter den „Sicherungsmaßregeln" in Nr. 14 nicht solche zu verstehen seien, welche in der regelrechten Art des Baues selbst liegen. Es handelt sich um Sicherungsmaßregeln, die aus Anlaß eines Baues zu treffen sind, jedoch nicht nur um solche zum Schutze von Personen — des sogenannten Publikums —, sondern um Sicherungsmaßregeln gegen Gefahren jeglicher Art, ohne in Ansehung von Personen oder Sachen (z. B. Nachbargebäuden) zu unterscheiden. R.G. i. Civils. Bd. 6 S. 260. Olshausen a. a. O. S. 1373.

Ist die Bestimmung des § 367 Nr. 14 St.G.B. noch auf Sicherungsmaßregeln zum Schutz von Nachbargebäuden zu beziehen?

Findet bei einem Baue, mit dessen Vornahme eine Erniedrigung des Grund und Bodens verbunden ist, neben A.L.R. I 8 § 187 auch die Bestimmung des § 367 Nr. 14 St.G.B. Anwendung?

Aus den Gründen: Die ganz allgemeine Fassung der in Rede stehenden Vorschrift verlangt schlechthin die Anwendung der von der Polizei angeordneten oder sonst erforderlichen Sicherungsmaßregeln, ohne in Ansehung der verschiedenen Arten möglicher Gefahren und Schäden, welchen dadurch vorgebeugt werden solle, oder in Ansehung von Personen oder Sachen, auf deren Schutz sie es abgesehen haben, irgend wie zu unterscheiden und diesbezügliche Einschränkungen zu machen. — Das Strafgesetz verlangt nicht bloß Anwendung der von der Polizei angeordneten, sondern auch der sonst erforderlichen, und somit überhaupt aller derjenigen Sicherungsmaßregeln, welche im einzelnen Falle der Natur der Sache und den Umständen nach als nothwendig zu erachten sind, mögen sie auch nicht gerade von der Polizei angeordnet sein.

Die Strafbestimmung des § 367 Nr. 14 St.G.B. findet auch Anwendung, wenn bei Vornahme von Bauten solche Maßregeln unterlassen wurden, welche zur Verhütung von Beschädigungen eines der Baustätte benachbarten Gebäudes erforderlich waren. R.G. in Civilsachen vom 27. Oktober 1881 Bd. 6 S. 260.

Nach der Vorschrift des § 367 Nr. 14 St.G.B. ist straffällig, wer Bauten oder Ausbesserungen von Gebäuden, Brunnen, Brücken, Schleusen oder andere Bauwerke vornimmt, ohne die von der Polizei angeordneten oder sonst erforderlichen Sicherungsmaßregeln zu treffen. Durch diese auf Bauten aller Art, also auch auf Wegebauten bezügliche Bestimmung wird nicht bloß der ausführende Baumeister und Bauführer, sondern, wer den Bau vornimmt, also namentlich auch der Bauherr selbst verpflichtet, alle erforderlichen Sicherungsmaßregeln zu treffen, dafür also, daß diese nicht unterlassen werden, civilrechtlich verantwortlich und haftbar gemacht. R.G. in Civils. vom 21. Dezember 1886 Bd. 17 S. 105ff.

Die Bestimmung des § 367 Nr. 14 St.G.B. soll nur der durch Vornahme von Bauten leicht eintretenden Gefährdung der allgemeinen Sicherheit entgegentreten, sieht aber völlig davon ab, ob im konkreten Falle eine Gefahr oder gar eine nachtheilige Folge eingetreten ist. Bei dieser Sachlage konnte der Gesetzgeber aus überwiegenden Zweckmäßigkeitsgründen vielleicht für geboten halten, im Interesse des gemeinen Wohls jede Unterlassung der Sicherung ohne Rücksicht auf konkrete Gefahr oder auf Verschulden mit einer Polizeistrafe zu bedrohen. R.G. i. Civilsachen vom 23. Oktober 1896 Bd. 38 S. 183.

Nr. 15. Wer als Bauherr, Baumeister oder Bauhandwerker einen Bau oder eine Ausbesserung, wozu die polizeiliche Genehmigung erforderlich ist, ohne diese Genehmigung oder mit eigenmächtiger Abweichung von dem durch die Behörde genehmigten Bauplane ausführt oder ausführen läßt.

Zu § 367 Nr. 15. a) Diese Vorschrift ist eine rein baupolizeiliche Vorschrift, deren auch nur fahrlässige Uebertretung der Regel gemäß strafbar ist. Aus diesem Charakter des Deliktes folgt, daß die eigenmächtige Abweichung von dem genehmigten Bauplane, die übrigens namentlich auch in einer unvollständigen Ausführung oder in der Nichtbeobachtung von Bemerkungen, die seitens der technischen Prüfungsstelle in den Bauplan eingetragen sind, nicht aber in der Weigerung der Beseitigung eines nur widerruflich zugelassenen Baues liegen kann, selbst dann strafbar ist, wenn der Plan ein irriger war. Ueber die Richtigkeit des genehmigten Bauplanes steht dem Richter keinerlei Nachprüfung zu.

b) Die verschiedenen in Nr. 15 bezeichneten Personen sind nebeneinander verantwortlich, eine Uebertragung der ausschließlichen Verantwortlichkeit des Einen auf den Anderen ist unstatthaft. Es kann aber ein Wechsel hinsichtlich der Verantwortlichkeit der Personen stattfinden, z. B. in der Person des Bauherrn durch Uebernahme des Baues vor seiner baupolizeilichen Abnahme; der Neueintretende ist dann verantwortlich für etwaige Abweichungen nach der Uebernahme, sowie für Nichtbeseitigung früherer Abweichungen.

c) Positive Voraussetzung ist aber für die Strafbarkeit, daß nach dem maßgebenden Landesrechte „eine polizeiliche Genehmigung des Baues" überhaupt erforderlich ist; es heißt nicht etwa „ohne polizeiliche Erlaubniß". Ist die für einen Bau der betreffenden Art erforderliche Genehmigung nicht ertheilt, so wird die Bestrafung dadurch nicht ausgeschlossen, daß es nur um Wiederherstellung einer von einem Dritten eigenmächtig zerstörten Anlage sich handelt. Eine nur mündlich ertheilte Genehmigung genügt nicht, wenn durch Polizeiverordnung vorgeschrieben ist, daß der behördliche Baukonsens schriftlich ertheilt werden muß. Siehe Olshausen a. a. O. S. 1373.

Die Verjährung der vorschriftswidrigen Eindachung der Häuser beginnt erst mit dem Zeitpunkte der Beseitigung des vorschriftswidrigen Zustandes. Kg. vom 19. Januar 1891, Bd. 11 S. 263ff. Preuß. Verwltgsbl. Jahrg. 13 S. 615.

Die strafrechtliche Haftung des Bauherrn bei vorzeitiger Ausführung der Putzarbeiten wird durch die stattgefundene Uebertragung der Bauausführung an einen Bau leitenden Unternehmer nicht beseitigt. Kg. (i. Strafs.) vom 30. April 1891, Preuß. Verwltgsbl. Jahrg. 13 S. 615.

§ 368 St.G.B. Mit Geldstrafe bis zu sechszig Mark oder mit Haft bis zu vierzehn Tagen wird bestraft:

Nr. 3. wer ohne polizeiliche Erlaubniß eine neue Feuerstätte errichtet oder eine bereits vorhandene an einen anderen Ort verlegt;

Nr. 4. wer es unterläßt, dafür zu sorgen, daß die Feuerstätten in seinem Hause in baulichem und brandsicherem Zustande unterhalten, oder daß die Schornsteine zur rechten Zeit gereinigt werden.

Zu § 368 Nr. 3 und 4:

a) Die Vorschriften der Nr. 3 und 4 sind dazu bestimmt, gegenseitig sich zu ergänzen, und verfolgen gemeinsam den Zweck, daß alle Feuerstätten der Häuser, mögen sie bereits bestehen oder neu errichtet werden, immer und unter allen Umständen in brandsicherem Zustande sich befinden, da nur unter dieser Voraussetzung die präventivfeuerpolizeiliche Absicht erreicht werden kann; R.G. vom 26. Juni 1882, Bd. 4 S. 621.

Unter Feuerstätten sind übrigens nicht bloß die zur Aufnahme des Feuers dienenden Vorrichtungen, sondern Alles zu verstehen, was zur brandsicheren Konstruktion der Oefen und Herde gehört.

b) Speziell durch Nr. 3 wird die „Errichtung" einer „neuen" und die „Verlegung" einer „bereits vorhandenen Feuerstätte" an einen anderen „Ort" von einer „polizeilichen Erlaubniß" abhängig gemacht; indem diese, und zwar für jeden Einzelfall, als unbedingt erforderlich erklärt wird, soll dadurch gesichert werden, daß die Feuerstätte in feuersicherer Art angelegt bezw. verlegt werde. Daraus folgt die fortdauernde Gültigkeit älterer Polizeivorschriften, welche die Errichtung besonderer Arten von Feuerstätten von einer polizeilichen Erlaubniß abhängig machen.

Die Vornahme anderer baulicher Veränderungen einer „vorhandenen Feuerstätte" als die „Verlegung" fällt nicht unter Nr. 3.

c) pp. Die Unterhaltung der Feuerstätten in „baulichem und brandsicherem Zustande" — d. h. in einem den baulichen Anforderungen in dem Grade entsprechenden Zustande, daß die Gefahr eines Brandunglücks nicht vorliegt — begreift nicht nur die Reparaturpflicht für schadhaft gewordene Feuerstätten, sondern auch die Erhaltung des vorgeschriebenen Zustandes bei Vornahme von Aenderungen jeder Art. Deshalb wird Nr. 4 insbesondere anwendbar, wenn jemand in seinem Hause eine vorher den Anforderungen entsprechende Feuerstätte, zu deren konstruktiver Aenderung er an sich einer polizeilichen Genehmigung nicht bedurfte, in einer Weise ändern läßt, daß dieselbe nunmehr feuergefährlich wird; R.G. vom 26. Juni 1882, Bd. 4 S. 621. Dagegen wird die von vornherein brandunsichere Anlegung von Feuerstätten nach § 330 strafbar sein.

Das Gebot richtet sich übrigens ausweislich der Worte „in seinem Hause" zunächst an den Eigenthümer des Hauses, d. h. denjenigen, der das Haus wie ein Eigenthümer besitzt, nicht also an sich an den Miether oder den Nutzungsberechtigten; andere Personen werden durch das Gebot nur dann als getroffen angesehen werden können, wenn sie an Stelle des Eigenthümers die Verfügungsgewalt über das Haus haben bezw. als Vertreter desselben in der Hausverwaltung fungiren. Olshausen a. a. O. S. 1375/76.

Feuerstätte umfaßt auch den Schornstein. Oppenhoff a. a. O. Note 6 zu § 368 Nr. 3 St.G.B.

Die Frage, ob sich eine Feuerstätte in brandsicherem Zustande befindet, ist nicht nach den zur Zeit ihrer ursprünglichen Anlage gültig gewesenen, sondern nach den gegenwärtig geltenden feuerpolizeilichen Grundsätzen und Bestimmungen zu beurtheilen. K.G. vom 19. Juni 1890, Preuß. Verwltgsbl. Jahrg. 12 S. 547.

Die Errichtung einer neuen Feuerstätte ohne polizeiliche Erlaubniß ist nach dem Urtheile des Reichsgerichts vom 29. März 1892 eine durch § 368 Nr. 3 St.G.B. mit Strafe bedrohte Uebertretung, welche in 3 Monaten nach der Errichtung verjährt; das Fortbestehenlassen der neuen Anlage an sich ist nicht strafbar. Preuß. Verwltgsbl. Jahrg. 13 S. 487.

§ 369 daselbst. Mit Geldstrafe bis zu einhundert Mark oder mit Haft bis zu vier Wochen werden bestraft:

Nr. 3. Gewerbetreibende, welche in Feuer arbeiten, wenn sie die Vorschriften nicht befolgen, welche von der Polizeibehörde wegen Anlegung und Verwahrung ihrer Feuerstätten, sowie wegen der Art und der Zeit, sich des Feuers zu bedienen, erlassen sind.

Im Anschluß hieran sei noch auf die Bestimmung des § 78 aus dem Unfallversicherungsgesetze vom 6. Juli 1884 hingewiesen, die allerdings keine Strafbestimmung im kriminellen Sinne enthält, die aber bei Zuwiderhandlung Ordnungsstrafe androht.

§ 12.

Die Baupolizeigebühr.

Bei diesem Thema wird gleich von vornherein zur Mittheilung der einschlägigen Entscheidungen des Oberverwaltungsgerichtes übergegangen, da in diesen in ausführlicher Weise Begriff, Berechtigung zur Erhebung von Gebühren u. s. w. behandelt und erörtert werden. Vorangeschickt seien nur die hier interessirenden Bestimmungen des Kommunalabgabengesetzes vom 14. Juli 1893 (Ges.-Samml. S. 152), welches in § 6 sagt:

„Die Gemeinden, Amtsbezirke, Aemter und Landbürgermeistereien sind berechtigt, für die Genehmigung und Beaufsichtigung von Neubauten, Umbauten und anderen baulichen Herstellungen, sowie für die ordnungs- und feuerpolizeiliche Beaufsichtigung von Messen und Märkten, von Musikaufführungen, Schaustellungen, theatralischen Vorstellungen und sonstigen Lustbarkeiten Gebühren zu erheben. Die Erhebung von Lustbarkeitssteuern schließt die Erhebung von Gebühren für die Beaufsichtigung der Lustbarkeit aus.

Im Uebrigen bewendet es hinsichtlich der Befugniß der Gemeinden, für einzelne Handlungen ihrer Organe Gebühren (Verwaltungsgebühren) zu erheben, bei den bestehenden Bestimmungen.

Die Gebühren müssen so bemessen werden, daß deren Aufkommen die Kosten des bezüglichen Verwaltungszweiges nicht übersteigt.

§ 7. Gebühren sind im Voraus nach festen Normen und Sätzen zu bestimmen. Eine Berücksichtigung Unbemittelter ist nicht ausgeschlossen.

§ 8 Abs. 1. Die Festsetzung von Gebühren bedarf in den Fällen des § 4 Abs. 3 und 5 und des § 6 der Genehmigung".

Das Recht der Gemeinde, die Bauscheingebühr zu erheben, entsteht, vorausgesetzt, daß die Genehmigung und Beaufsichtigung eines Baues in Anspruch genommen ist, lediglich durch die Ausführung der Leistung und somit auch in dem Zeitpunkte dieser Ausführung.

Die Gebühr kann daher mit Recht gefordert werden, wenn innerhalb des Zeitraumes, der zwischen der Inanspruchnahme und der Ausführung der Leistung liegt, eine öffentlich-rechtliche Norm in Kraft tritt, durch welche die bis dahin unentgeltliche Leistung gebührenpflichtig wird.

Die Gebühr ist aber nicht zu erheben, wenn der Antragsteller sein Gesuch vor der Ausführung zurücknimmt, oder wenn der projektirte Bau entweder nicht oder nur unter solchen Bedingungen genehmigt ist, die zu erfüllen der Bauunternehmer ablehnt.

Aus den Gründen: Die Gebühr ist die einseitig befohlene Gegenleistung für eine beanspruchte öffentliche Leistung (O.G. Bd. 18 S. 28, Bd. 29 S. 63); sie bildet also die öffentlich-rechtliche Folge der Thatsache, daß eine beanspruchte Leistung dem Beanspruchenden gewährt worden ist. Für die Entstehung der Pflicht ist es daher nicht entscheidend, ob der die Leistung Beanspruchende wußte, daß er durch deren Gewährung gebührenpflichtig werde, vielmehr genügt, daß er die öffentliche Leistung beansprucht hat. Unter der Voraussetzung der Inanspruchnahme entsteht das Recht der Gemeinde, die Gegenleistung, d. h. die Gebühr zu fordern, lediglich durch die Ausführung der Leistung und somit auch in dem Zeitpunkte dieser Ausführung.

Hieraus ergiebt sich, daß die Gebühr mit Recht gefordert werden kann, wenn innerhalb des zwischen Inanspruchnahme und Ausführung der Leistung liegenden Zeitraumes eine öffentlich-rechtliche Norm in Kraft tritt, durch welche die bis dahin unentgeltliche Leistung zu einer gebührenpflichtigen gemacht wird. Denn die Thatsache, welche die Forderung rechtfertigt, nämlich die, daß eine beanspruchte Leistung ausgeführt wird, fällt dann unter die Herrschaft der neuen Norm (vergl. O.G. vom 27. November 1895, abgedruckt im Preuß. Verwltgsbl. Jahrg. 17 S. 422). Andrerseits ist aber zweifellos der Beanspruchende befugt, seine Erklärung, durch die er die früher gebührenfreie Leistung beansprucht hatte, bis zu dem Momente der Ausführung zurückzunehmen. Hat er dies gethan, so bleibt er gebührenfrei; denn es fehlte dann an der ersten Voraussetzung der Gebührenpflicht, nämlich an der Inanspruchnahme der Leistung. O.G. vom 30. Oktober 1897, Bd. 32 Bd. 93.

Ein Gebührentarif für die Genehmigung und Beaufsichtigung von Neubauten, Umbauten und andere bauliche Herstellungen beruht auf § 6 des Kommunalabgabengesetzes vom 14. Juli 1893. Daselbst wird den Gemeinden die Berechtigung ertheilt, u. A. auch für die Genehmigung von Neubauten Gebühren zu erheben, und demgemäß enthält auch der vorliegende Tarif (d. h. der für die Entscheidung in Frage kommende) Gebührensätze für die Genehmigung von Neubauten, die je nach dem Umfange und Bedeutung des Neubaues abgestuft und bei Ausfertigung des bezüglichen Bauscheines zu zahlen sind. Daß in dem Bauscheine Aenderungen des vorgelegten Projektes, die ihren Grund in baupolizeilichen Vorschriften haben, vorgeschrieben zu werden pflegen, liegt in der Natur der Sache. Ebenso einleuchtend ist es aber auch, daß dergleichen Abänderungen, sofern sie von irgend welcher Bedeutung sind, den Baulustigen bestimmen können, von seinem Bauprojekt Abstand zu nehmen und einer Gebührenforderung gegenüber geltend zu machen, daß der Antrag auf Ertheilung der baupolizeilichen Erlaubniß so, wie er gestellt und begründet, nicht genehmigt und deshalb die Gebühr nicht zu zahlen sei. In den weit meisten Fällen wird sich der Baulustige den für die Genehmigung gestellten Bedingungen unterwerfen und dadurch, wenn auch nachträglich, sein Einverständniß mit ihnen bethätigen, so daß sein Antrag genau so zu beurtheilen ist, als ob er bereits von Anfang an nach Maßgabe jener Bedingungen gestellt wäre, und die Genehmigung so, als ob ihr bereits ein dergestalt begründeter Antrag zu Grunde gelegen hätte. Ist aber das Gegentheil klar, will der Antragsteller auf den Bau verzichten, so kann der Gebührentarif ihm gegenüber dann nicht zur Anwendung kommen, wenn der beantragte Bau nicht genehmigt ist und der genehmigte gar nicht beantragt ist. Es fehlt dann an dem Rechtstitel für die Gebühr, nämlich an der Genehmigung des (beantragten) Neubaues, weil nämlich das Lokalgesetz für die bloße Prüfung eines nicht genehmigten Projektes eine Gebühr nicht gefordert hat, und weil eine solche nach allgemeinen Grundsätzen nur für die Inanspruchnahme einer Leistung und daher nicht wegen einer nicht verlangten einseitigen Erklärung der Polizei über die Zulässigkeit eines nicht beantragten Baues erfordert werden darf. O.G. vom 26. Juni 1897, Bd. 32 S. 95.

Allerhöchster Erlaß vom 30. Dezember 1895 betreffend die Erhebung von Gebühren für die Genehmigung und Beaufsichtigung von Neubauten, Umbauten und anderen baulichen Herstellungen in denjenigen Gemeinden und Landestheilen, in denen die Baupolizei durch Staatsbeamte verwaltet wird, und die Feststellung der bezüglichen Tarife. (Ges.-Samml. 1896 S. 8.)

Auf den Bericht vom 14. Dezember dieses Jahres will Ich genehmigen, daß auch in denjenigen Gemeinden und Landestheilen, in denen die Baupolizei durch Staatsbeamte verwaltet wird, für die Genehmigung und Beaufsichtigung von Neubauten, Umbauten und anderen baulichen Herstellungen allgemein Gebühren nach den in den §§ 6 und 7 des Kommunalabgabengesetzes vom 14. Juli 1893 ausgesprochenen Grundsätzen erhoben und die bezüglichen Tarife durch die Minister der öffentlichen Arbeiten und des Innern, sowie den Finanzminister festgehalten werden.

Dieser Erlaß ist durch die Gesetzsammlungen zu veröffentlichen.

Der Runderlaß an die Königlichen Oberpräsidenten vom 1. April 1896, betreffend die Gebühren für die Genehmigung und Beaufsichtigung von Neubauten, Umbauten und anderen baulichen Herstellungen (1896, S. 68) bespricht das Verhältniß der Gebührenerhebung zum Polizeikostengesetz vom 20. April 1892. Vergl. Min.-Erl. vom 1. September 1896, Preuß. Verwltgsbl. Jahrg. 18 S. 97.

Die Erhebung von Baupolizeigebühren ist auch in Gemeinden, in denen Staatsbeamte die Baupolizei verwalten, obgleich sie hier von den Polizeibehörden gehandhabt wird, keine polizeiliche Angelegenheit; die Genehmigung eines Baugesuches darf daher nicht von der Bedingung, zuvor die für die Bemessung der Baugebühren erforderlichen Unterlagen einzureichen, abhängig gemacht werden.

Aus den Gründen: Die Erhebung der auf Grund des Allerhöchsten Erlasses vom 30. Dezember 1895 (Ges.-Samml. 1896 S. 8) in Gemeinden, in denen die Baupolizei durch Staatsbeamte verwaltet wird, eingeführten Baupolizeigebühren stellt keine polizeiliche Verfügung dar und kann daher nicht gemäß § 127 des Landesverwaltungsgesetzes angefochten werden. Bezüglich der von den Gemeinden gemäß § 6 des Kommunalabgabengesetzes vom 14. Juli 1893 erlassenen Gebührenordnung sagt das Endurtheil vom 21. Oktober 1896 (Bd. 30 S. 377), sie seien keine Polizeiverordnung, sie seien für die Handhabung des Baupolizeirechts weder maßgebend noch überhaupt von der Polizei zu handhaben. Wenn nun auch in letzterer Beziehung die Sache bei den staatlichen Baupolizeigebühren abweichend liegt, so trifft doch auch für sie zu, daß sie mit der Handhabung des Baupolizeirechts nichts zu thun haben. Dies ist bereits in dem Endurtheile des 2. Senats des Oberverwaltungsgerichts vom 16. Dezember 1896 (Bd. 31 S. 94ff., 98, 99) nachgewiesen, auf dessen Ausführungen hier Bezug genommen werden kann.

Selbst wenn die Einreichung einer Rauminhaltsberechnung bei Nachsuchung von Baukonsensen in Form einer Polizeiverordnung gefordert würde, so würde eine solche Bestimmung dennoch als eine polizeiliche nicht anzusehen sein, weil ihr der polizeiliche Inhalt fehlt.

Selbst wenn es sich um ein unzweifelhaft neues, erst nach der Veröffentlichung einer Gebührenordnung eingegangenes Baugesuch handelte, würde die Prüfung des Baugesuches und die Ertheilung des Baukonsenses von der Einreichung der Rauminhaltsberechnung, die lediglich die Bemessung der Gebühren ermöglichen soll, nicht abhängig gemacht werden dürfen. Dies springt besonders klar in die Augen, wenn die Polizeigewalt zwar, wie stets nach preußischem Staatsrecht, im staatlichen Auftrage, aber von Gemeindeorganen verwaltet wird, und die Baupolizeigebühren von der Gemeinde erhoben und vereinnahmt werden. Dann kann kein Zweifel bestehen, daß die Handhabung der staatlichen Polizeigewalt nicht von Bedingungen abhängig gemacht werden darf, welche dem Gebiete der kommunalen Vermögensinteressen angehören; die Gründe für die Versagung von Baugenehmigungen sind allerdings nicht auf die Wahrnehmung baupolizeilicher Punkte beschränkt, aber die sonstigen öffentlich-rechtlichen Interessen, welche dabei nach dem Erkenntnisse Bd. 12 S. 369 und Bd. 13 S. 394 der Entscheidungen des Oberverwaltungsgerichts zu berücksichtigen sind, müssen doch immer polizeiliche sein, sofern es nicht etwa, wie z. B. im § 12 des Baufluchtengesetzes vom 2. Juli 1875, durch ein Gesetz oder ein dem gleichstehenden Rechtsakt ausnahmsweise gestattet wird, eine polizeiliche Genehmigung an die Erfüllung von Bedingungen zu knüpfen, die nicht dem polizeilichen Gebiete angehören. O.G. vom 28. Februar 1898, Bd. 33 S. 414.

Rechtlicher Charakter der auf Grund des Allerhöchsten Erlasses vom 30. Dezember 1895 eingeführten staatlichen Baupolizeigebühren. Sie sind keine mit der Polizeiverwaltung verbundene Einnahmen im Sinne des § 1 des Ge-

setzes vom 20. April 1892, betreffend die Kosten Königlicher Polizeiverwaltungen in Stadtgemeinden.

Aus den Gründen: Die Ortspolizei, obwohl eine Funktion der Staatshoheit, wird regelmäßig durch Organe der Gemeinden und auf deren alleinige Kosten gehandhabt. Wo ausnahmsweise ihre Verwaltung unmittelbar durch staatliche Organe geführt wurden, entstanden Zweifel über den Antheil an den Gesammtkosten, den der Staat und die Gemeinde zu tragen hatte. Die gesetzgeberischen Versuche zur Behebung dieser Zweifel haben zur Zeit ihren Abschluß in dem Polizeikostengesetz vom 20. April 1892 gefunden.

Daß die Baupolizeigebühren, falls sie auf Grund des § 6 des Kommunalabgabengesetzes vom 14. Juli 1893 von einer Gemeinde zur theilweisen oder vollen Deckung der Kosten der Baupolizeiverwaltung gefordert werden, nichts Anderes sind als eines der verschiedenen, gesetzlichen Mittel zur Bestreitung der Gemeindebedürfnisse, daß deren Erhebung ein Akt des aus der staatlichen Finanzhoheit abgeleiteten kommunalen Besteuerungsrechtes, aber nicht eine Ausübung der von den Gemeinden zu verwaltenden staatlichen Polizeigewalt ist, erhellt — von den allgemeinen Vorschriften in §§ 1, 2 und 54ff. a. a. O. ganz abgesehen — auch aus den sonstigen Bestimmungen jenes Gesetzes ohne Weiteres und völlig unzweideutig. Denn über die Gebühren-Ordnungen, deren Gesetz- und Zweckmäßigkeit, hat nicht die Polizei-, sondern die Kommunal-Aufsichtsinstanz durch Ertheilung der Genehmigung zu befinden (§§ 8 und 77) und gegen die Rechtmäßigkeit der einzelnen Gebührenforderungen geht die Beschwerde nicht an die Polizeiinstanzen, sondern (§ 69) es ist nur der „Einspruch" zuläßig, der bei dem Gemeindevorstand anzubringen ist (zu vergl. wegen der Gebühren in den östlichen Amtsbezirken Reskript vom 3. März 1896, Min.-Bl. d. i. Verw. S. 43).

Wirthschaftlich und nach der Lehre der Finanzwissenschaft gelten die „Gebühren" in Gegensatz zu den selbst erworbenen Einnahmen als Theil des zweiten Hauptzweiges derjenigen Einkünfte, deren der Staat zur Erfüllung seiner Aufgaben bedarf, und sie gehören zusammen mit den Steuern zu der Kategorie der „befohlenen oder geforderten" Einkünfte, zu den sogenannten „Auflagen". Rechtlich werden sie gleich den Steuern kraft des Staatshoheitsrechtes erfordert. Eben deshalb sind sie aber ein Ausfluß der Finanzhoheit und nicht der Polizeihoheit, denn Zweck und Aufgaben der letzteren ist auf die Fürsorge für die öffentliche Ruhe, Sicherheit und Ordnung und für die Abwendung gemeiner Gefahren beschränkt, bisher jedoch niemals — weder in der Theorie noch in der Praxis — auf die Fürsorge dafür ausgedehnt, die zu der polizeilichen Thätigkeit unentbehrlichen Geldmittel zu beschaffen. — Geschieht dies in Form einer Gebühr, d. i. einer für die besondere Inanspruchnahme der Polizeibehörden staatlich auferlegten Gegenleistung, so hat die entsprechende Leistungspflicht die verwaltende Thätigkeit der Polizei allerdings zu ihrer thatsächlichen Voraussetzung. Die rechtliche Grundlage der Pflicht ist aber nicht in der polizeilichen Norm, die jene Thätigkeit umgrenzt und regelt, sondern lediglich und allein in dem Finanzgesetze zu suchen, das die Abgabepflicht an den thatsächlichen Vorgang der Inanspruchnahme der Polizeibehörde ebenso geknüpft hat, wie es sonst jene Pflicht von anderen Thatsachen, von dem Besitz eines Einkommens, ertragsfähiger Grundstücke, von dem Abschlusse von Verträgen, u. s. w. abhängig macht.

Die Baupolizeigebühr ist daher ein zwar aus Anlaß der Handhabung, aber nicht eine durch Handhabung der Polizeigewalt entstandene Einnahme des Staates. Ein allen bestehenden polizeilichen Normen genau entsprechende pflichtmäßige Verwaltung der Ortspolizei ist ohne jede Gebühr nicht nur begrifflich möglich, sondern hat bis jetzt thatsächlich stattgefunden.

Die Neueinführung der Gebühr durch den § 6 des Kommunalabgabengesetzes vom 14. Juli 1893 für die Gemeinden und durch die Königliche Verordnung vom 30. Dezember 1895 für den Staat hat nicht den Zweck und die Aufgabe der Polizei erweitert oder geändert, sondern lediglich den Gemeinden und dem Staate die Aufbringung des Antheils an den polizeilichen Ausgaben erleichtert. Durch die Gebühreneinnahme wird nicht aus der buchmäßigen die effektive Ausgabe der Verwaltung erst erkennbar, sondern durch jene findet die bereits entstandene effektive Ausgabe ihre „Deckung". O.G. vom 16. Dezember 1896, Bd. 31 S. 94.

Die Gemeinden können für die Benutzung der von ihnen im öffentlichen Interesse unterhaltenen Veranstaltungen (Anlagen, Anstalten und Einrichtungen) besondere Vergütung (Gebühren) erheben.

Die Luftsäule über einer öffentlichen Straße ist aber keine Veranstaltung in diesem Sinne. Gebührenordnungen, die das Hineinbauen von Erkern, Balkons u. dergl. in die Luftsäule als deren Benutzung ansehen und mit Gebühren belegen, sind rechtsunwirksam.

Aus den Gründen: Diese Grundsätze gelangten zur Anwendung in dem Endurtheile vom 29. Mai 1895, Bd. 28 S. 74ff. zum Abdruck gebracht. O.G. vom 7. Januar 1899 Bd. 35 S. 26.

Die Feststellung der Pflicht zur Zahlung öffentlicher Abgaben, insbesondere auch von Verwaltungsgebühren, steht der Behörde zu, die mit ihrer Veranlagung oder mit ihrer Berechnung und Erhebung beauftragt ist.

Erfordert daher ein die Baupolizei in einer Stadtgemeinde verwaltender Staatsbeamter von dieser Baupolizeigebühren für den Staat auf Grund des Allerhöchsten Erlasses vom 30. Dezember 1895 und einer dazu ergangenen Ministerial-Ausführungsverordnung, in der die Berechnung und Erhebung derartiger Gebühren ihm übertragen ist, so kennzeichnet sich die Anforderung als Feststellung der Leistung durch die zuständige Behörde und kann die Leistung, ohne daß es einer erneuten Feststellung durch die Kommunalaufsichtsbehörde bedarf, im Wege der Zwangsetatisirung durchgesetzt werden.

Für Stadtgemeinden mit Königlicher, auch die Baupolizei umfassender Polizeiverwaltung wird durch ihre gesetzliche Pflicht, zu den Kosten der örtlichen Polizeiverwaltung einen sich nach der Kopfzahl der Civilbevölkerung berechnenden Beitrag zu zahlen, nicht das Vorrecht auf Freiheit von Baupolizeigebühren begründet.

Zu gehörig verkündeten Königlichen Verordnungen erlassene Ministerial-Ausführungs-Verordnungen unterliegen der richterlichen Prüfung auf ihre Rechtsgültigkeit. Die Prüfung hat sich jedoch darauf zu beschränken, ob sie der zu Grunde liegenden Königlichen Verordnung entsprechen, und darf nicht auf die Frage ausgedehnt werden, ob diese selbst mit der Verfassung und den Gesetzen in Einklang steht. Der Königliche Erlaß vom 30. Dezember 1895

(Ges.-Samml. 1896 S. 6) genehmigt: „daß auch in jenen Gemeinden und Landestheilen, in denen die Baupolizei durch Staatsbeamte verwaltet wird, für die Genehmigung und Beaufsichtigung von Neubauten, Umbauten und anderen baulichen Herstellungen allgemein Gebühren nach den in den §§ 6 und 7 des Kommunalabgabengesetzes vom 14. Juli 1893 ausgesprochenen Grundsätzen erhoben und die bezüglichen Tarife durch die Minister der öffentlichen Arbeiten und des Innern, sowie den Finanzminister festgestellt werden.

Aus den Gründen: Die Baupolizeigebührenordnung hat den Charakter einer ministeriellen Ausführungsverordnung zu einer gehörig verkündeten Königlichen Verordnung. Die rechtliche Natur einer ministeriellen Polizei-Verordnung kommt ihr nicht zu. Ebensowenig läßt sich die Nothwendigkeit der Beobachtung besonderer Formen daraus herleiten, daß die ministerielle Verordnung einen Gebührentarif enthält, denn es bestehen keine Vorschriften, welche die Formen der Bekanntmachung von Gebührentarifen regeln.

Aus dem Umstand, daß die Einnahme aus Gebühren thatsächlich die Kosten des Verwaltungszweiges überstiegen hat, ist noch nicht zu folgern, daß bei ihrer Bemessung die Schranke des § 6 Abs. 3 des Kommunalabgabengesetzes überschritten worden ist. Hierzu würde vielmehr der Nachweis gehören, daß die Gebühren in einer Höhe festgesetzt sind, welche die Absicht erkennen läßt, durch ihre Hebung nicht nur die Kosten des betreffenden Verwaltungszweiges zu decken, sondern darüber hinaus eine Einnahme zu erzielen. Endlich ist nicht zu übersehen, daß die Gebührenordnung nur örtliche Geltung hat, wie dies die Absicht des Erlasses vom 30. Dezember 1895, der die Aufstellung mehrerer Tarife vorsieht, entspricht; denn daraus folgt, daß bei Anwendung des § 6 Abs. 3 nicht die gesammten Kosten der staatlichen Baupolizei mit den Gesammteinnahmen des Staates aus Baupolizeigebühren zu vergleichen sind, sondern daß der Vergleich zwischen den Kosten der örtlichen von einem Staatsbeamten verwalteten Baupolizei unter den auf Grund der örtlich geltenden Gebührenordnung vereinnahmten Gebühren vorzunehmen ist.

Die Festsetzung der Kosten der staatlichen Polizeiverwaltung auf Grund des Polizeikostengesetzes vom 20. April 1892 bezieht sich nur auf die Höhe derjenigen Summe, welche die Stadt kraft ihrer öffentlichrechtlichen Verpflichtung, zu den Kosten der örtlichen Polizeiverwaltung beizutragen, zu entrichten hat, und schließt die Erhebung einer Gebühr für besondere Inanspruchnahme der polizeilichen Thätigkeit, die jeder, auch der zur Tragung von Polizeikosten überhaupt nicht Verpflichtete, zu entrichten hat, auch der Stadt gegenüber nicht aus. O.G. vom 24. Januar 1899, Bd. 35 S. 102.

Unzulässigkeit des Rechtsweges in Betreff der Erhebung von Baupolizeigebühren.

Aus den Gründen: Bei den Gebühren, deren Rückzahlung mit der Klage begehrt wird, handelt es sich um allgemeine Anlagen, denen sämmtliche Einwohner des Staates oder alle Mitglieder einer gewissen Klasse derselben unterworfen sind. Der Allerhöchste Erlaß vom 30. Dezember 1895 und die Baupolizeigebührenordnung vom 31. März 1896, welche gehörig publizirt und hier, wo lediglich die Zulässigkeit des Rechtsweges in Frage steht, auf ihre Berechtigung nach Art. 100 bis 102 der Verfassungsurkunde vom 31. Januar 1850 nicht zu prüfen ist (zu vergl. Urtheil des Reichsgerichts vom 25. November 1895 IV 172/45 — R.G. E. Bd. 36 S. 287, besonders S. 292), fordern die Baupolizeigebühren nicht von individuell bestimmten Personen, sondern von Jedem, bei dem die Voraussetzungen eintreten, von denen die Pflicht zu ihrer Zahlung abhängig gemacht ist. Die Baupolizeigebühren stellen nur eine Vergütung für die dem allgemeinen Wohl dienende Thätigkeit der Polizei bei Genehmigung und Beaufsichtigung von Bauten dar und werden zur theilweisen oder vollen Deckung der Kosten der Baupolizeiverwaltung auf Grund der Finanzhoheit des Staates und seines Besteuerungsrechtes erhoben. Ihre Erhebung ist eines der gesetzlichen Mittel zur Bestreitung der Staats- und Gemeindebedürfnisse.

Mögen also diese Baupolizeigebühren in einer unter Königlicher Polizeiverwaltung stehenden Stadt von dem die Kosten der Polizeiverwaltung daselbst auf Grund des Polizeikostengesetzes vom 20. April 1892 (Ges.-Samml. S. 87) bestreitenden Staate oder in einer mit eigener Polizeiverwaltung versehenen Stadt- oder Landgemeinde von dieser auf Grund der §§ 6 und 7 des Kommunalabgabengesetzes vom 14. Juli 1893 erhoben werden, immer stellen sie zweifellos eine allgemein zur Bestreitung der Bedürfnisse des Staates oder der Gemeinde auferlegten Abgabe dar, welche als ein Beitrag zu den

Kosten der Unterhaltung der Polizei und ihrer Verwaltung von demjenigen gefordert und eingezogen wird, der die Thätigkeit der sonst im allgemeinen Wohlfahrts- und Sicherheitsinteresse von Seiten des Staats oder der Gemeinde eingerichteten Polizeibehörde in seinem eigenen Sonderinteresse in Anspruch nimmt und aus derselben Vortheil zieht. Zur Bestreitung der Staatsaufgaben aber das Privatvermögen, die Person, ihr Gewerbe, Produkte und Konsumtion mit Abgaben zu belegen, ist ein Hoheitsrecht (§ 15 II 13 A.L.R.) und über die Verbindlichkeit zur Entrichtung solch allgemeiner Abgaben findet nach § 78 II 14 A.L.R. kein Prozeß statt.

Die den Rechtsweg eröffnenden Voraussetzungen des § 79 II 14 A.L.R. und der §§ 9 und 10 des Gesetzes vom 24. Mai 1861, betreffend Erweiterung des Rechtsweges, liegen nach Inhalt der Klage nicht vor. Demgemäß ist die Unzulässigkeit des Rechtsweges auszusprechen und der erhobene Kompetenzkonflikt für begründet zu erklären.

Urtheil des Gerichtshofes zur Entscheidung der Kompetenzkonflikte vom 10. April 1897, Preuß. Verwltgsbl. Jahrg. 19 S. 31.

Wird ein Baugesuch abgelehnt, so können wegen Prüfung des Gesuches Gebühren nicht gefordert werden (§ 6 Abs. 1 des Kommunalabgabengesetzes).

Aus den Gründen: Ein Recht auf die Abgabe besteht nur durch die Genehmigung des Gesuchs, die Ertheilung des Baukonsenses. Wenn darauf hingewiesen wird, daß der Stadt schon durch die Prüfung von Baugesuchen Kosten entstehen, so werden damit civilistische Gesichtspunkte in diese rein öffentlich-rechtliche Angelegenheit gebracht. O.G. vom 8. April 1899, Preuß. Verwltgsbl. Jahrg. 20 S. 378.

Es kann in einer Baupolizeigebührenordnung für Ertheilung der Bauerlaubniß in Fällen, in denen zugleich ein Dispens baupolizeilicher Bestimmungen seitens des Bezirksausschusses erwirkt werden muß, eine erhöhte Gebühr rechtsgültig festgesetzt werden, weil sie im Rahmen der gesetzlichen Ermächtigung des § 6 Abs. 1 des Kommunalabgabengesetzes bleibt. Sie läuft auch der Vorschrift in § 6 Abs. 3, daß das Aufkommen an Gebühren die Kosten der bezüglichen Verwaltungszweige nicht übersteigen soll, nicht dadurch zuwider, daß sie die Tarifsätze im Allgemeinen nach dem Mehr oder Weniger der Mühewaltung abstuft.

Es bedarf kaum des besonderen Hinweises darauf, daß hiermit dem in anderen Beziehungen maßgebenden Grundsatze, daß begrifflich die Handhabung des Dispensationsrechtes und die in der Konsensertheilung liegende polizeiliche Verfügung auseinander zu halten sind (vergl. O.G. vom 27. November 1895, Bd. 29 S. 365ff.), in keiner Weise Abbruch geschieht.

Es ist das endlich bedeutungslos, ob als Dispenserwirker der Antragsteller direkt auftritt oder für ihn die Polizeibehörde. Denn letztere muß dabei im einen wie im andern Falle thätig werden und wenn sie auch ohne ausdrückliches Dispensgesuch in dieser Richtung bei der zur Ertheilung des Dispenses berufenen Behörde vorstellig wird, so folgt sie nur dem Antrage des Baulustigen selbst, dessen Zweck nicht ohne Dispens erreichbar ist. O.G. vom 29. Mai 1900 Preuß. Verwltgsbl. Jahrg. 22 S. 70.

Zweiter Abschnitt.

Die speziellen baupolizeilichen Bestimmungen.

§ 13.

Allgemeines Landrecht.

Theil I Titel 8.

§ 69. Vorzüglich ist eine besondere obrigkeitliche Erlaubniß nothwendig, wenn, es sei in Städten oder auf dem Lande, eine neue Feuerstelle errichtet, oder eine alte an einen andern Ort verlegt werden soll.

Feuerstelle ist ein zur Unterhaltung von Feuer bestimmtes Bauwerk, sowie die letzterem in Bezug auf das Feuer dienenden Anlagen, z. B. Schornsteine. Die Feuerstelle mit ihren zugehörigen Anlagen kann innerhalb eines Gebäudes liegen, sie kann aber auch eine selbständige Anlage sein. Vergl. übrigens oben § 10.

§ 73. Bauanlagen auf Straßen, wodurch Gehende, Reitende oder Fahrende Beschädigungen ausgesetzt werden, soll die Obrigkeit nicht dulden.

Dieser Paragraph enthält eine Bestimmung, die zum Schutze des verkehrspolizeilichen Interesses erlassen ist.

Jede dem öffentlichen Verkehr dienende Straße ist der Kontrole durch die Polizeibehörde unterstellt, welche darüber zu wachen hat, daß die Straße nicht ihrer Zweckbestimmung entzogen wird. An sich wird daher der Eigenthümer der Straße oder der sonst Berechtigte nicht gehindert werden können, bauliche Anlagen auf solcher Straße herzustellen; dieses Recht findet aber seine selbstverständliche Grenze an dem Zweck, dem die Straße dient, insofern letzterer durch die bauliche Anlage vereitelt oder beschränkt oder gefährdet werden würde. Hierher gehören auch die in diesem Paragraphen näher bezeichneten baulichen Anlagen.

Hierzu § 366 Nr. 9 des St.G.B.: Wer auf öffentlichen Wegen, Straßen, Plätzen oder Wasserstraßen Gegenstände, durch welche der freie Verkehr gehindert wird, aufstellt, hinlegt oder liegen läßt, wird mit Geldstrafe bis zu sechszig Mark oder mit Haft bis zu vierzehn Tagen bestraft.

§ 74. Niemand darf in Gegenden, die zum Ab- und Zugang des Publikums bestimmt sind, vor seinen Fenstern, oder an seinem

Hause etwas aufstellen oder aufhängen, durch dessen Herabsturz Jemand beschädigt werden könnte.

Hier sei der § 366 Nr. 8 des R.St.G.B. angeführt: Wer nach einer öffentlichen Straße oder Wasserstraße oder nach Orten hinaus, wo Menschen zu verkehren pflegen, Sachen, durch deren Umstürzen oder Herabfallen Jemand beschädigt werden kann, ohne gehörige Befestigung aufstellt oder aufhängt, oder Sachen auf eine Weise ausgießt oder auswirft, daß dadurch Jemand beschädigt oder verunreinigt werden kann, wird mit Geldstrafe bis zu sechszig Mark oder mit Haft bis zu vierzehn Tagen bestraft.

§ 75. Der Uebertreter muß das Aufgestellte oder Aufgehängte sofort wegzuschaffen angehalten werden.

Der weitere Theil dieses Paragraphen: „und hat überdies eine Polizeistrafe von zwei bis fünf Thalern verwirkt", ist durch die einschlägigen Bestimmungen des St.G.B. (§ 366 Nr. 8, 9) aufgehoben.

§ 76. Ohne Erlaubniß der Obrigkeit dürfen Baustellen, die bisher besondere Nummern hatten, nicht in Eins gezogen werden.

§ 77. Auch die Zugestehung einer solchen Erlaubniß kann, in Ansehung der nach den Nummern vertheilten, oder noch zu vertheilenden Lasten und Abgaben, weder dem gemeinen Wesen, noch anderen Privatpersonen zum Nachtheile gereichen.

Die Bestimmung des § 76 verfolgt den Zweck, einen Irrthum über die Lage der einzelnen Grundstücke zu verhüten. So gut wie Personen sich durch Zulegung eines oder mehrerer Namen, die amtlich registrirt werden (Standesamt), zwecks Unterscheidung von andern Personen legitimiren, ebenso dient die einer Baustelle beigelegte Nummer als deren Legitimation, deren hauptsächlichsten Zweck § 77 darlegt.

Nach dieser Richtung sind in den einzelnen Ortschaften die ihren speziellen Verhältnissen entsprechenden, ergänzenden und namentlich auch mit — den §§ 76 und 77 fehlenden — Strafbestimmungen versehenen Polizeiverordnungen erlassen worden.

§ 78. Die Straßen und öffentlichen Plätze dürfen nicht verengt, verunreinigt oder sonst verunstaltet werden.

§ 79. Besonders darf Niemand, ohne ausdrückliche Bewilligung der Obrigkeit, einen Kellerhals oder anderes dergleichen Nebengebäude auf die Straße zu anlegen.

Polizeiliches Einschreiten bei den Bürgersteig verengenden oder den Verkehr auf demselben beeinträchtigenden baulichen Anlagen (Vorbauten) auf Bürgersteigen, so bei Kellerfensterkränzen.

Aus den Gründen: Es liegt in den Befugnissen der Polizeibehörde, einzuschreiten, wenn ein Bau in unzulässiger Weise den Bürgersteig verengt oder den Verkehr auf demselben beeinträchtigt. Bereits das allgemeine Landrecht hat im § 78 I 8 bestimmt, daß die Straßen nicht verengt, verunreinigt oder sonst verunstaltet werden dürfen und hat demnächst im § 79 hinzugefügt, daß „besonders" Niemand ohne ausdrückliche Bewilligung der Obrigkeit einen Kellerhals oder anderes dergleichen Nebengebäude auf die Straße zu anlegen darf, auch im § 80 Beispiele von solchen baulichen Anlagen hervorgehoben, welche Verengungen und Verunstaltungen der Straße herbeiführen können und daher nur mit Erlaubniß der Polizeiobrigkeit und nach den von ihr zu ertheilenden Anweisungen vorgenommen werden dürfen. Es ist dann aber im § 82 darauf hingewiesen worden, daß die näheren Bestimmungen über die in den §§ 78—81 berührten Gegenstände den besonderen Polizeigesetzen eines jeden Ortes vorbehalten sein sollen. O.G. vom 10. September 1889, Preuß. Verwltgsbl. Jahrg. 11 S. 146.

Polizeiliches Einschreiten gegen die Bepflanzung des Bürgersteiges mit Bäumen seitens des Hauseigenthümers.

Aus den Gründen: Der § 78 I 8 A.L.R. bezieht sich nicht nur auf Bauten an der Straße, sondern regelt, ebenso wie die beiden folgenden Paragraphen, den Gebrauch der öffentlichen Straßen durch das Publikum und die Anwohner überhaupt, ist also sehr wohl geeignet, das Einschreiten der Polizeibehörde gegen die unternommene Art der Straßenverengung durch Bepflanzung des Bürgersteiges mit Bäumen zu rechtfertigen. Daraus ergiebt sich zugleich, daß Kläger die von ihm als sein Recht in Anspruch genommene Bepflanzung ohne Grund aus dem § 81 I 8 herleitet; denn das im letzteren den Hauseigenthümern eingeräumte Nutzungsrecht an Bürgersteigen unterliegt denselben Einschränkungen wie nach § 78 a. a. O. der Gebrauch der Straßen, deren Theil eben der Bürgersteig ist. Ein Recht des Klägers zur Bepflanzung des Bürgersteiges folgt endlich auch daraus nicht, daß die Polizei das Anpflanzen von Bäumen an anderen Stellen und Straßen der Stadt geduldet hat. O.G. vom 12. Oktober 1889, Preuß. Verwltgsbl. Jahrg. 11 S. 172.

Polizeiliche Beschränkung der Benutzung des Bürgersteiges seitens der Anwohner zu gewerblichen Zwecken.

Aus den Gründen: Der Bürgersteig, keineswegs lediglich dem Verkehr der Fußgänger gewidmet, dient als Theil der öffentlichen Straße gleich dieser auch zum Transport von Gütern und Lasten, sofern und soweit es sich darum handelt, die letzteren von dem Fahrdamme aus in das Innere der Häuser zu bringen, obwohl eine gewisse Störung des Verkehrs, wenn auch in geringem Umfange, bei derartigen Fällen selten oder nie zu vermeiden sein wird; besonders dann, wenn, wie vorliegend, eine Straße in Frage steht, auf welcher der Verkehr gewöhnlich ein äußerst lebhafter ist. Unbenommen bleibt es der Polizeibehörde, jeder zweckwidrigen Benutzung des Bürgersteiges entgegenzutreten. Gegenüber einer Benutzungsweise aber, welche an sich mit den bestimmungsmäßigen Zwecken des Bürgersteiges wohl in Einklang zu bringen ist, kann ihr die Befugniß des Einschreitens ohne Weiteres nicht zuerkannt werden. O.G. vom 22. März 1889, Preuß. Verwltgsbl. Jahrg. 10 S. 469.

Befugniß der Polizeibehörde, die Anlegung von die Luftlinie der Bauflucht überschreitenden Kellerhälsen, Erkern, Läden, Wetterdächern, Schildern rc. (A.L.R. I 8 §§ 78—82) zu gestatten, auch nach Erlaß des Fluchtliniengesetzes vom 2. Juli 1875, d. h. auch bei projektirten oder nach diesem Gesetze entstandenen Straßen.

Nach der Judikatur des Oberverwaltungsgerichts bezüglich der §§ 1 und 11 Fluchtliniengesetzes vom 2. Juli 1875 ist die Wirkung der Baufluchtlinie an sich die, daß der Regel nach jede die Luftlinie der Bauflucht überschreitende bauliche Anlage, mag man sie nun Ausbau, Hinausbau oder Neubau nennen, seitens der zuständigen Behörde verhindert werden muß. Die §§ 78—82 I 8 A.L.R. geben der Polizeibehörde die Befugniß, nach ihrem Ermessen die Einrichtung von Kellerhälsen, die Anlegung von Erkern, Läden, Wetterdächern und in Straßen sich hineinstreckenden Schildern rc. zu gestatten. Bei einem Verwaltungsstreit war die Frage zu entscheiden, ob nunmehr nach Erlaß des Gesetzes vom 2. Juli 1875 diese Möglichkeit ausgeschlossen sei. In dem Erkenntnisse vom 13. November 1891 hat das Oberverwaltungsgericht dieses verneint, indem es ausführt, daß man, wie die Geschichte die Entstehung und Berathung des Gesetzes nachweise, davon ausgegangen sei, daß bezüglich der hier fraglichen Wirkung der Fluchtlinie etwas von dem bisherigen Rechtszustande Abweichendes nicht geschaffen, dieser vielmehr habe aufrecht erhalten werden sollen. Danach sei die wesentliche Bedeutung des § 11 des lediglich die Neuanlegung und Veränderung der Straßen betreffenden Gesetzes darin zu finden, daß durch denselben zur Erleichterung der Straßenanlegung die durch die Bebauungspläne für Straßen und Plätze bestimmten Flächen schon vor ihrer Enteignung und Widmung zu Straßen diesen selbst bezüglich der Einschränkung ihrer Bebauung gleichgestellt werden würden. Dagegen fehle jeder Anlaß, diese Einschränkung noch über die für schon vorhandene Straßen nach allgemein gesetzlichen Bestimmungen bestehenden Grenzen hinaus derartig auszudehnen, daß insbesondere die Anwendung der oben genannten Bestimmungen des A.L.R. für die projektirten oder nach dem Gesetz vom 2. Juli 1875 entstandenen Straßen ausgeschlossen wurde. Jene landrechtlichen Bestimmungen seien nicht besonders und ausschließlich für die Anlegung und Veränderung von Straßen gegeben und seien deshalb auch nicht durch das Gesetz vom 2. Juli 1875 aufgehoben; sie beherrschen vielmehr als allgemeine Norm auch die Handhabung des § 11 a. a. O. insofern, als die Beschränkung des Grundeigenthümers in der Bebauung seines Grundstückes an der projektirten künftigen Straße in den fraglichen Beziehungen keine größere sein solle, als an der vollendeten bezw. längst bestehenden Straße. Das Oberverwaltungsgericht weist hierbei noch darauf hin, daß es nicht die Absicht des Gesetzgebers hätte sein können, für ältere, sich weiter ausdehnende Städte zwei verschiedene räumlich getrennte Baurechte zu statuiren, eines für die älteren Stadttheile, nach welchen Erker u. s. w. gestattet sein würden, und ein anderes der neuen Stadttheile, in denen jeder Vorsprung ꝛc. bei entstehenden Straßen verboten wäre. Es haben vielmehr nach wie vor in Anwendung der landrechtlichen Bestimmungen die Polizeibehörden berechtigt sein sollen, über Vorsprünge und Hinausbauten der dort genannten Art Vorschriften zu erlassen, wie dieses denn auch in fast allen Städten geschehen sei. Preuß. Verwltgsbl. Jahrg. 13 S. 246.

§ 80. Auch die Einrichtung von Keller- und Laden-Thüren, welche auf die Straße gehen, die Anlegung neuer, oder Wiederherstellung eingegangener Erker, Löben und auf die Straße hinaus gießender Dachrinnen; die Aufsetzung von Wetterdächern und in die Straße hinein sich erstreckenden Schildern, sowie die Errichtung von Blitzableitern, darf nur unter Erlaubniß der Polizeiobrigkeit, und nach den von dieser zu ertheilenden Anweisungen vorgenommen werden.

§ 81. Uebrigens aber kann jeder Hauseigenthümer den sogenannten Bürgersteig, soweit er das Steinpflaster zu unterhalten hat, unter den § 78 bestimmten Einschränkungen nutzen.

§ 82. Nähere Bestimmungen über die §§ 78—81 berührten Gegenstände bleiben den besonderen Polizeigesetzen eines jeden Orts vorbehalten.

Das Oberverwaltungsgericht hat bisher stets angenommen, daß die Weiterleitung der Dachabfallröhren über das Trottoir nach der Straßenrinne zum Gebiete der Hochbaupolizei gehört. Es kommt dabei der Gesichtspunkt zur Geltung, daß es sich um die unmittelbare, mit der Anlage des Gebäudes direkt verbundene Fortführung, gleichsam die Verlängerung des Hausabfallrohres, also eines Theiles der Dachrinnenanlage handelt.

Wenn das Regenwasser durch ein Abfallrohr nur bis auf den Bürgersteig geleitet wird und von hier aus das Wasser dann wild über den Bürgersteig hinüber in den Rinnstein läuft, so hindert ein solcher Zustand die Sicherheit, Ordnung und Leichtigkeit des Verkehrs auf der öffentlichen Straße. Die Polizeibehörde ist daher auch auf Grund des § 6 des Gesetzes über die Polizeiverwaltung vom 11. März 1850 und des § 10 II 17 A.L.R. sowie nach § 80 I 8 A.L.R. befugt, Einrichtungen zu verlangen, welche einen ordnungsmäßigen Gebrauch des Bürgersteiges ermöglichen. Es ist ein Irrthum, zu glauben, daß deshalb, weil die Polizeibehörde den bisherigen Zustand längere Zeit geduldet hat, ein Recht auf den Fortbestand desselben erworben sei. Wenn die Polizeibehörde einem Unterthan gegenüber von ihrer Befugniß auch durch längere Zeit hindurch keinen Gebrauch macht, so geht hierdurch die Befugniß nicht verloren, und der Unterthan kann der Behörde gegenüber dadurch kein Recht auf weiteren Nichtgebrauch der Befugniß erwerben. O.G. vom 14. April 1897, Bd. 31 S. 355.

Die Beseitigung einer Freitreppe, welche auf dem Terrain einer öffentlichen Straße liegt, kann polizeilicherseits gefordert werden, auch wenn die Freitreppe seit Menschengedenken besteht.

Aus den Gründen: Oeffentliche Straßen gehören zu den dem Bürgerverkehr entzogenen Sachen, an denen durch Verjährung keine die Verfügung der Polizeigewalt über dieselbe einschränkenden Rechte erworben werden können. Dies folgt ohne Weiteres auch daraus, daß die Polizeibehörde lediglich nach ihrem pflichtgemäßen Ermessen zu bestimmen hat, wann sie den Zeitpunkt für ihr Einschreiten als gegeben erachtet. Sie kann derartige Anlagen, wie sie hier in Rede stehen, dulden, so lange sie in ihnen ein Hinderniß für den öffentlichen Verkehr nicht findet. Sie ist aber ebenso jeder Zeit berechtigt, ihre Beseitigung zu verlangen, wenn sie dieselbe mit der Entwickelung des Verkehrs für unvereinbar hält. Darüber, ob die Beseitigung im Interesse des Verkehrs nothwendig ist, steht ihr allein das Befinden zu; der Verwaltungsrichter kann daher nur dann angerufen werden, wenn etwa behauptet würde, daß ein polizeiliches Motiv für das Einschreiten der Behörde überhaupt nicht vorliege, mit anderen Worten, daß die Polizei nur aus Chikane die Beseitigung der Anlage verlange. O.G. vom 4. Mai 1895, Preuß. Verwltgsbl. Jahrg. 17 S. 76.

Wohl wird durch § 81 I 8 A.L.R. — wie in der Entscheidung vom 13. Februar 1884 des Näheren ausgeführt ist (vergl. O.G. Bd. 10, S. 203) — die Verpflichtung des Hauseigenthümers zur Unterhaltung des seinem Grundstücke angrenzenden Bürgersteiges als der herkömmliche und gewöhnliche Rechtszustand stillschweigend vorausgesetzt, übrigens aber nichts weiter beabsichtigt, als den Anwohnern das Nutzungsrecht am Bürgersteige, insonderheit das Recht zum Halten von Buden, sicherzustellen, und keinenfalls enthält jener § 81 eine grundlegende Vorschrift über die Baulast. O.G. vom 4. März 1896, Preuß. Verwltgsbl. Jahrg. 17 S. 353.

Die Entscheidung des Oberverwaltungsgerichts vom 13. Februar 1884 sagt: Durch die im § 81 I 8 A.L.R. enthaltene Vorschrift wird nicht zugleich eine Verpflichtung der Hauseigenthümer ausgesprochen, den sogenannten Bürgersteig herzustellen und zu unterhalten.

Eine diesen Gegenstand regelnde Polizeiverordnung, welche zur Bestimmung darüber, was zum Zwecke der Herstellung oder Unterhaltung geschehen muß, eine andere Behörde (Magistrat) statt der Polizeibehörde beruft, entbehrt der Rechtsgültigkeit.

Aus den Gründen: Der § 81 trifft betreffs der fraglichen Verpflichtung überhaupt keine Bestimmung.

Nach der — übrigens selbstverständlichen — Bestimmung des § 15 des Gesetzes über die Polizeiverwaltung vom 11. März 1850 dürfen in die auf Grund der §§ 5 und 11 dieses Gesetzes erlassenen polizeilichen Vorschriften keine Bestimmungen aufgenommen werden, welche mit den Gesetzen und Verordnungen einer höheren Instanz im Widerspruche stehen, und mit dem, was hier unter Gesetz verstanden wird, indentifizirt sich dem Sinne nach jede Rechtsquelle für eine objektive Rechtsnorm. Damit ist eine Aenderung bestehender Verbindlichkeiten auf dem Wege der Polizeiverordnung ausgeschlossen.

Der wörtlich angeführte Kircheisen'sche Vorschlag zum Entwurfe des allgemeinen Gesetzbuches, welchem der § 81 in der gegenwärtigen Gestalt seinen Ursprung verdankt, ergiebt klar, daß zwar das Wort „soweit" räumlich zu verstehen und nicht, wie Hinschius meint, mit „sofern" gleichbedeutend ist, daß auch wohl die Verpflichtung des Hauseigenthümers zur Unterhaltung des seinem Grundstück angrenzenden Bürgersteiges als der herkömmliche und gewöhnliche Rechtszustand stillschweigend vorausgesetzt wurde, daß man aber dabei nichts weiter beabsichtigte, als den Anwohnern das Nutzungsrecht am Bürgersteige, insonderheit das Recht, Buden zu halten, sicherzustellen, und daß man keineswegs daran dachte, damit die Baulast zu regeln.

§ 125. Schweineställe, Kloake, Dünger- und Lohgruben, und andere den Gebäuden schädliche Anlagen müssen wenigstens drei Fuß rheinländisch von den benachbarten Gebäuden, Mauern und Scheunen entfernt bleiben.

§ 126. Auch müssen dergleichen Gruben und Behältnisse von Grund aus aufgemauert werden.

Diese Paragraphen enthalten polizeiliche Vorschriften; sie sind also zum Schutze öffentlicher Interessen erlassen. Voraussetzung für die Anwendbarkeit ist, daß die zu schützenden Gebäude 2c. bereits bestehen, ehe ein Schweinestall u. s. w. auf des Nachbars Grundstück angelegt werden soll.

Schadensersatzpflicht wegen Nichtbeobachtung des als Polizeigesetz anzusehenden § 125 I 8 A.L.R., wonach Schweineställe, Kloake, Dünger- und Lohgruben und andere den Gebäuden schädliche Anlagen wenigstens drei Fuß rheinländisch von den benachbarten Gebäuden, Mauern und Scheunen entfernt bleiben müssen.

Aus den Gründen: Aus den Worten „entfernt bleiben müssen" ist zu folgern, daß sich die Bestimmung nur auf im Werden begriffene Schweineställe einerseits und auf schon vorhandene Gebäude andererseits bezieht; vergl. Koch zu § 125 I 8 A.L.R., und Präjudiz des O.T. 2604 vom 30. Januar 1855, nach welchem § 125 a. a. O. voraussetzt, daß Gebäude und Mauern des Nachbarn schon vor der Anlegung der schädlichen Anlagen vorhanden gewesen sein müssen.

Wenn ein Gebäude, das bisher nicht als Stall gedient hat, zu solchem eingerichtet wird, als das Nachbargebäude schon vorhanden war, so ist dadurch die Anwendung des § 125 a. a. O gerechtfertigt.

Weiter fragt sich indessen, ob dieser Paragraph als Polizeigesetz im Sinne des § 26 I 6 A.L.R.[1]) anzusehen ist. Daß § 125 zu den allgemeinen Gesetzen gehört, schließt nicht aus, daß seine Vorschrift als Polizeigesetz anzusehen ist. Denn die Polizeigesetze stehen dem allgemeinen Gesetze nicht in der Weise gegenüber, daß die in dem letzteren enthaltenen Vorschriften nicht als Polizeigesetze anzusehen sind, auch wenn dieser Inhalt den Charakter derselben hat (vergl. R.G. Bd. 6 S. 621, Reichsoberhandelsgerichts-Entscheidung bei v. Rönne zu § 26 I 6 A.L.R. Note 2c). Es fragt sich also nur, ob § 125 I 8 A.L.R. den Charakter eines Polizeigesetzes hat. Dies ist zu bejahen, da er eine Rechtsnorm ist, die im Interesse des Gemeinwohls und um Schädigungen des Publikums zu verhüten, dem Einzelnen eine bestimmte Handlung oder Unterlassung zur Pflicht macht (Urtheil des Rg. in Gruchot Bd. 26 S. 416).

Es wird der Schaden, dem das Polizeigesetz vorbeugen will, als durch das polizeigesetzwidrige Thun verursacht anzusehen sein, wenn der Schaden nach den Umständen dadurch entstanden sein kann. Es braucht der Geschädigte weder zu zeigen, daß der Schaden re vera durch das polizeigesetzwidrige Verhalten bewirkt ist, noch darzuthun, daß er vermieden sein würde, wenn dem Polizeigesetze genügt wäre (vergl. Entscheidung des Reichsoberhandelsgerichts Bd. 20 S. 165, Striethorst Archiv Bd. 91 S. 178, Rg. in Gruchot Bd. 25 S. 428, 952).

---

[1]) § 26 I 6: Insonderheit muß der, welcher ein auf Schadensverhütungen abzielendes Polizeigesetz vernachlässigt, für allen Schaden, welcher durch die Beobachtung der Gesetze hätte vermieden werden können, ebenso haften, als wenn derselbe aus seiner Handlung unmittelbar entstanden wäre.

Der § 125 I 8 A.L.R. will den Schaden, der dadurch entsteht, daß Flüssigkeit aus dem Stall in das Wohngebäude dringt und ihm nachtheilig wird, vorbeugen. K.G. vom 25. April 1893, Preuß. Verwltgsbl. Jahrg. 14 S. 514.

§ 14.

Die einschlägigen Bestimmungen der Reichsgewerbeordnung.

Anlagen, welche einer besonderen Genehmigung bedürfen.

§ 16. Zur Errichtung von Anlagen, welche durch die örtliche Lage oder die Beschaffenheit der Betriebsstätte für die Besitzer oder Bewohner der benachbarten Grundstücke oder für das Publikum überhaupt erhebliche Nachtheile, Gefahren oder Belästigungen herbeiführen können, ist die Genehmigung der nach den Landesgesetzen zuständigen Behörde erforderlich.

Es gehören dahin:

Schießpulverfabriken, Anlagen zur Feuerwerkerei und zur Bereitung von Zündstoffen aller Art, Gasbereitungs- und Gasbewahrungsanstalten, Anstalten zur Destillation von Erdöl, Anlagen zur Bereitung von Braunkohlentheer, Steinkohlentheer und Koaks, sofern sie außerhalb der Gewinnungsorte des Materials errichtet werden, Glas- und Rußhütten, Kalk-, Ziegel- und Gipsöfen, Anlagen zur Gewinnung roher Metalle, Röstöfen, Metallgießereien, sofern sie nicht bloße Tiegelgießereien sind, Hammerwerke, chemische Fabrken aller Art, Schnellbleichen, Firnißsiedereien, Stärkefabriken mit Ausnahme der Fabriken zur Bereitung von Kartoffelstärke, Stärkesyrupsfabriken, Wachstuch-, Darmsaiten-, Dachpappen- und Dachfilzfabriken, Leim-, Thran- und Seifensiedereien, Knochenbrennereien, Knochendarren, Knochenkochereien und Knochenbleichen, Zubereitungsanstalten für Thierhaare, Talgschmelzen, Schlächtereien, Gerbereien, Abdeckereien, Poudretten-, und Düngpulverfabriken, Stauanlagen für Wassertriebwerke (§ 23), Hopfen-Schwefeldörren, Asphaltkochereien und Pechsiedereien, soweit sie außerhalb der Gewinnungsorte des Materials errichtet werden, Strohpapierstofffabriken, Darmzubereitungsanstalten, Fabriken, in welchen Dampfkessel oder andere Blechgefäße durch Vernieten hergestellt werden, Kalifabriken und Anstalten zum Imprägniren von Holz mit erhitzten Theerölen, Kunstwollefabriken, Anlagen zur Herstellung von Celluloid und Dégrasfabriken, die Fabriken, in welchen Röhren aus Blech durch Vernieten hergestellt werden, sowie die Anlagen zur Erbauung eiserner Schiffe, zur Herstellung eiserner Brücken oder sonstiger eiserner Baukonstruktionen, die Anlagen zur Destillation oder zur Verarbeitung von Theer und von Theerwasser, die Anlagen, in welchen aus Holz oder ähnlichem Fasermaterial auf

chemischem Wege Papierstoff hergestellt wird (Cellulosefabriken), die Anlagen, in welchen Albuminpapier hergestellt wird, die Anstalten zum Trocknen und Einsalzen ungegerbter Thierfelle sowie die Verbleiungs-, Verzinnungs- und Verzinkungsanstalten, die Anlagen zur Herstellung von Gußstahlkugeln mittels Kugelschrotmühlen (Kugelfräsmaschinen), die Anlagen zur Herstellung von Zündschnüren und von elektrischen Zündern.

Das vorstehende Verzeichniß kann, je nach Eintritt oder Wegfall der im Eingange gedachten Voraussetzung, durch Beschluß des Bundesraths, vorbehaltlich der Genehmigung des nächstfolgenden Reichstags, abgeändert werden.

Wie die Ueberschrift „Anlagen, welche einer besonderen Genehmigung bedürfen" besagt, ist damit eine über den Rahmen der gewöhnlichen Erlaubniß, soweit das baupolizeiliche Gebiet in Betracht kommt, hinausgehende Genehmigung gemeint, so daß nicht etwa damit zum Ausdruck gebracht werden soll, für die nicht in § 16 der Gewerbe-Ordnung bezeichneten Anlagen bedürfe es überhaupt keiner baupolizeilichen Genehmigung. Aus den im Abs. 1 genannten Gründen ist nur eine besondere Genehmigung vorgesehen, vor deren Ertheilung die Beschaffenheit, der Grad dieser Nachtheile ꝛc., untersucht werden muß, ebenso die Art ꝛc. der Kautelen, durch welche den Nachtheilen abgeholfen werden soll. Daß auch für die nicht unter diesen Paragraphen fallenden Anlagen nach wie vor in baupolizeilicher Hinsicht die Genehmigung erforderlich, beweist schon der Umstand, daß seitens des Ministers für Handel und Gewerbe zwar keine allgemeine Verfügung hinsichtlich der Behandlung der nicht konzessionspflichtigen Anlagen bei Nachsuchung der baupolizeilichen Genehmigung für sie ergangen, daß aber auf Anweisung desselben die Regierungspräsidenten genaue Vorschriften an die nachgeordneten mit der Handhabung der Baupolizei betrauten Ortspolizeibehörden erlassen haben, wonach aus den zu erfordernden Unterlagen für die Prüfung des Projektes die Beobachtung der Vorschriften der §§ 120a ff. der Gewerbeordnung hervorgehen muß.

Hierbei sei auf die Ministerial-Polizeiverordnung vom 19. Oktober 1893, betreffend den Verkehr mit Sprengstoffen, insbesondere den V. Abschnitt — Bestimmungen über die Lagerung von Sprengstoffen, §§ 28 ff. — hingewiesen (Min.-Bl. S. 225).

Unter Errichtung einer Anlage ist im Allgemeinen die Neuanlage zu verstehen.

Sobald die erforderliche Genehmigung ertheilt ist, können die Anlagen nicht weiteren Beschränkungen unterworfen werden, nicht mit neuen zur Beseitigung der etwaigen Nachtheile bestimmten Auflagen belastet werden — auch mit keinem baupolizeilichen —; vielmehr ist die Behörde, insbesondere die die Aufsicht führende Polizeibehörde, ebenso an die der Genehmigung beigefügten Bedingungen gebunden, wie der Konzessionsinhaber, indem durch die Genehmigungsurkunde das erforderliche Maß der polizeilichen Beschränkungen seine Regelung gefunden hat. Eine Ausnahme hiervon machen die Bestimmungen des § 120d der Gewerbeordnung. Vergl. auch § 51 a. a. O. unten.

Handelt es sich um einen Betrieb, dessen Nachtheile, Gefährdung der Nachbarschaft sich bei Ertheilung der Genehmigung noch nicht übersehen lassen, so wird in solchen Fällen stets der Vorbehalt gemacht und zu machen sein, daß beim Hervortreten späterer, zur Zeit der Genehmigung nicht erkennbarer Nachtheile die Auferlegung weiterer Bedingungen vorbehalten bleibt.

§ 17. Dem Antrag auf die Genehmigung einer solchen Anlage müssen die zur Erläuterung erforderlichen Zeichnungen und Beschreibungen beigefügt werden.

Ist gegen die Vollständigkeit dieser Vorlagen nichts zu erinnern, so wird das Unternehmen mittelst einmaliger Einrückung in das zu den amtlichen Bekanntmachungen der Behörde (§ 16) bestimmte Blatt zur öffentlichen Kenntniß gebracht, mit der Aufforderung, etwaige Einwendungen gegen die neue Anlage binnen vierzehn Tagen anzubringen. Die Frist nimmt ihren Anfang mit Ablauf des Tages, an welchem das die Bekanntmachung enthaltende Blatt ausgegeben worden, und ist für alle Einwendungen, welche nicht auf privatrechtlichen Titeln beruhen, präklusivisch.

Die Veröffentlichung muß durch das Blatt erfolgen, in welchem die Bekanntmachungen der für die Genehmigung zuständigen Behörde überhaupt erfolgen. Es ist dieses Blatt nicht nothwendig das „Amtsblatt".

Die Verletzung dieser Vorschrift über die Bekanntmachung schließt den Eintritt der an die ordnungsmäßige Bekanntmachung geknüpften Folgen selbstverständlich aus, ebenso wie auf der anderen Seite nach Ablauf der Frist auch berechtigte Einwendungen, die sonst vielleicht zur Versagung der Genehmigung geführt hätten, nicht mehr geltend gemacht werden können. Dem Privatrecht angehörende Einwendungen kommen hierbei weder für die eine noch die andere Seite in Betracht.

§ 18. Werden keine Einwendungen angebracht, so hat die Behörde zu prüfen, ob die Anlage erhebliche Gefahren, Nachtheile oder Belästigungen für das Publikum herbeiführen könne. Auf Grund dieser Prüfung, welche sich zugleich auf die Beachtung der bestehenden bau-, feuer- und gesundheitspolizeilichen Vorschriften erstreckt, ist die Genehmigung zu versagen, oder, unter Festsetzung der sich als nöthig ergebenden Bedingungen, zu ertheilen. Zu den letzteren gehören auch diejenigen Anordnungen, welche zum Schutze der Arbeiter gegen Gefahr für Gesundheit und Leben nothwendig sind. Der Bescheid ist schriftlich auszufertigen und muß die festgesetzten Bedingungen enthalten; er muß mit Gründen versehen sein, wenn die Genehmigung versagt oder nur unter Bedingungen ertheilt wird.

Für die konzessionspflichtigen Anlagen erfolgt die baupolizeiliche Prüfung durch die für die Ertheilung der Genehmigung zuständige Behörde, so daß im Genehmigungsfalle darin auch die baupolizeiliche Genehmigung enthalten ist. Es bedarf daher für die genehmigte Anlage nicht noch eines besonderen Baukonsenses. (Zu vergl. Min.-Erlaß vom 2. März 1880, Min.-Bl. S. 80.) Es wird demnach das Genehmigungsgesuch den in Frage kommenden Beamten (Baubeamten, Kreisarzt, Gewerbeaufsichtsbeamten) zur Begutachtung zugehen. Jeder derselben wird die projektirte Anlage an der Hand der Unterlagen der ihm zukommenden Prüfung unterziehen, so der Baubeamte nach Maßgabe der in Frage kommenden Bauordnung, und dann seine Ausstellungen der Genehmigungsbehörde mit dem Gesuche wieder zustellen, welche hierzu Stellung zu nehmen und die Entscheidung zu treffen hat, ob sie die Genehmigung — eventuell bedingungsweise — ertheilt oder versagt. In den Ortschaften, wo die Baupolizei durch eine Königl. Polizeiverwaltung ausgeübt wird, tritt an Stelle des Baubeamten die Königl. Polizeiverwaltung.

Die Genehmigungsbehörde wird zwar auch da, wo ein Dispens für baupolizeiliche Vorschriften vorgesehen ist, an Stelle der für die Ertheilung des Dispenses für gewöhnlich zuständigen Behörde treten, da die Dispensertheilung ihrem Charakter nach dem Baupolizeirecht angehört, nicht aber für die Ertheilung der

Genehmigung in Anbetracht dessen, daß darin auch die baupolizeiliche Erlaubniß **ausgesprochen** ist, Baupolizeigebühren erheben können, da die Baupolizeigebührenordnung nicht zu der Kompetenz der Polizeigewalt gehört, sondern den Charakter der Abgaben trägt.

Wenn auch der gewöhnliche Weg zur Geltendmachung der baupolizeilichen Bedenken der ist, daß das Projekt der zuständigen Behörde zur Begutachtung überwiesen wird, so ist dies doch nicht durchaus nothwendig, da hierfür keine besonderen Bestimmungen erlassen sind. Ob sonach der Baupolizeibehörde es zusteht, ihre Bedenken in Form der Einwendung im Sinne der §§ 17 und 18 der Gewerbeordnung geltend zu machen, ist zweifelhaft. Ich verneine diese Frage, weil die Baupolizeibehörde hier überhaupt eigentlich nicht in Thätigkeit zu treten hat, ihre Funktionen vielmehr ausdrücklich der Genehmigungsbehörde übertragen worden sind.

Hier interessirt der Min.-Erlaß vom 2. März 1880 — Min.-Bl. S. 80 —: Nach den §§ 18 und 24 der Gewerbeordnung vom 21. Juni 1869 soll sich die Prüfung der Gesuche um Konzessionirung gewerblicher Anlagen auch auf die Beachtung der bestehenden bau-, feuer- und gesundheitspolizeilichen Vorschriften erstrecken. Auf Grund dieser Bestimmung und der Materialien zur Gewerbeordnung ist in dem abschriftlich zur gefl. Kenntnißnahme beigefügten Erlasse vom 14. Dezember 1877 — Anl. a — ausgeführt worden, daß die Ertheilung der gewerbepolizeilichen Konzession zugleich die Ertheilung des Baukonsenses in sich schließt. Es ergiebt sich hieraus, daß den Verwaltungsbehörden, welche nach dem Kompetenzgesetz vom 26. Juli 1876 über die Konzessionirung gewerblicher Anlagen zu beschließen haben, insoweit auch die Handhabung der Baupolizei übertragen ist. Diese Aufgabe werden die genannten Behörden nur dann in befriedigender, die Einheitlichkeit der Baupolizeiverwaltung sichernden Weise lösen können, wenn sie entweder in organischer Verbindung mit denjenigen Behörden, welchen im Uebrigen die Verwaltung der Baupolizei obliegt, stehen, oder sich der regelmäßigen Mitwirkung dieser Behörden bedienen. Ersteres trifft hinsichtlich der Bezirksräthe und der Kreisausschüsse, sowie der Stadtausschüsse und Magistrate in denjenigen Städten zu, in welchen die Baupolizeiverwaltung dem Bürgermeister oder einem anderen Organe der städtischen Verwaltung übertragen ist. Anders gestaltet sich die Sachlage in denjenigen Städten, in welchen die Konzessionirung der in § 123 des Kompetenzgesetzes aufgeführten gewerblichen Anlagen den Stadtausschüssen oder Magistraten, die Verwaltung der Baupolizei aber einer Königl. Behörde zusteht. Für diese Städte hat sich die Nothwendigkeit ergeben, behufs Herstellung einer einheitlichen Praxis in der Verwaltung der Baupolizei bei Erledigung der Konzessionssachen die regelmäßige Mitwirkung der Baupolizeibehörde anzuordnen. Die der letzteren Behörde schon jetzt zustehende Befugniß, in dem Bekanntmachungsverfahren gleich jedem anderen Interessenten von den ausliegenden Schriftstücken und Zeichnungen Kenntniß zu nehmen, reicht nicht aus, um eine sorgfältige amtliche Prüfung zu ermöglichen, ganz abgesehen davon, daß in dem wichtigen Falle der Dampfkesselanlagen und unter Umständen auch in den Fällen, in welchen es sich um Abänderung einer konzessionirten Anlage handelt, die Bekanntmachung unterbleibt (§§ 24, 25 der Gewerbeordnung). Demgemäß bestimmen wir, daß die Stadtausschüsse und Magistrate in denjenigen Städten, in welchen die Verwaltung der Baupolizei einer Königl. Behörde zusteht, in den zu ihrer Kompetenz gehörigen Konzessionssachen die sämmtlichen Vorlagen, sobald sie vollständig befunden werden, der letztgenannten Behörde zu übersenden haben. Diese Behörde wird binnen 14 Tagen die Prüfung der Vorlagen beendigen und dieselben unter Beifügung ihrer Bemerkungen zurücksenden. Enthalten diese Bemerken Anstände gegen das Projekt des Unternehmens, so ist ferner von der Königl. Behörde in dem Bekanntmachungsverfahren unter Bezugnahme auf die vorausgegangene Aeußerung Einspruch zu erheben.

Zirkular an die Herren Oberpräsidenten im Geltungsbereiche der Kreisordnung, die Beibringung der Genehmigung der baupolizeilichen Behörde bei Konzessionirung gewerblicher Anlagen betreffend, vom 14. Dezember 1877.

Auf den Bericht vom 29. September d. J. betreffend die Kompetenz des dortigen Stadtausschusses aus § 123 des Zuständigkeitsgesetzes vom 26. Juli 1876, wird der Königlichen Regierung erwidert, daß die Frage, ob es zur Errichtung einer nach § 16 der Gewerbeordnung konzessionspflichtigen Anlage außer der von der kompetenten Behörde zu ertheilenden gewerbepolizeilichen Konzession eines von der Baupolizeibehörde zu ertheilenden Baukonsenses bedürfe, verneint werden muß.

Es ist anzuerkennen, daß die Gewerbetreibenden neben den gewerbepolizeilichen auch die sonstigen polizeilichen Vorschriften zu beobachten und wo die letzteren die Einholung einer Erlaubniß vorschreiben, diesem Erforderniß zu genügen haben. Hiernach würde es für die Errichtung gewerblicher Anlagen allerdings neben der gewerbepolizeilichen Konzession zugleich des für die Errichtung von Gebäuden überhaupt vorgeschriebenen Baukonsenses bedürfen, wenn nicht durch eine ausdrückliche gesetzliche Bestimmung der gewerbepolizeilichen Konzession zugleich die rechtliche Natur des Baukonsenses beigelegt wäre. Dies ist in § 18 der Gewerbeordnung vom 21. Juni 1869 (§ 32 der Gewerbeordnung vom 17. Januar 1845 und § 4 des Gesetzes vom 1. Juli 1861) geschehen. Denn der Konzessionsbehörde ist durch diesen Paragraphen zugleich die baupolizeiliche Prüfung des Konzessionsgesuches übertragen, und hieraus folgt mit Nothwendigkeit, daß die nach dem Resultate dieser doppelten Prüfung ertheilte Erlaubniß die doppelte Eigenschaft einer gewerbepolizeilichen Konzession und eines Baukonsenses hat.

Daß diese dem praktischen Bedürfniß entsprechende Vereinigung beider polizeilichen Funktionen in der Hand der Gewerbepolizeibehörde in der That von dem Gesetzgeber beabsichtigt worden ist, ergeben auf das Klarste die Materialien zu der Gewerbeordnung vom 21. Juni 1869.

Der erste, dem Reichstag in der Sitzungsperiode von 1868 vorgelegte Entwurf enthält in § 16 unter der Ueberschrift:

II. Erforderniß besonderer polizeilicher Genehmigung

eine dem § 26 der Gewerbeordnung vom 17. Januar 1845 entsprechende Bestimmung und demnächst in den §§ 17—28 unter der Ueberschrift:

1. Anlagen, welche einer besonderen polizeilichen Genehmigung bedürfen

die gegenwärtigen §§ 16—28 mit wenigen, hier nicht interessirenden Abweichungen.

Hierzu bemerken die Motive:

„Es ist noch besonders darauf aufmerksam zu machen, daß durch den Ausdruck „besondere Genehmigung" abermals die in den Bemerkungen zu § 1 besprochenen allgemeinen polizeilichen Rücksichten gewahrt werden, daß also mit dem Verzeichnisse in § 17 nur gesagt wird, welche Anlagen bei ihrer Begründung dem im Folgenden vorgeschriebenen Verfahren unterliegen sollen, keineswegs aber, daß nun alle in das Verzeichniß nicht aufgenommenen Anlagen jeder Prüfung der Behörde und jeder Einwirkung derselben auch in bau-, feuer- und gesundheitspolizeilicher Hinsicht überhoben seien", und ferner

„§ 23 verweist im Interesse der Vereinfachung die allgemeine bau- u. s. w. polizeiliche Prüfung der im § 17 bezeichneten Anlagen an die Behörde, welche die Prüfung nach den Grundsätzen des § 16 vorzunehmen hat."

(Statt des mit dem gegenwärtigen § 23 identischen § 23 des Entwurfes ist der dem gegenwärtigen § 18 entsprechende § 19 des Entwurfs gemeint, wie sich aus dem Inhalt dieser Paragraphen ohne Weiteres ergiebt.)

Der im Jahre 1869 dem Reichstag vorgelegte und von demselben angenommene Entwurf enthielt wiederum die den gegenwärtigen §§ 16—28 entsprechenden §§ 17—28, diesmal aber unter der Ueberschrift:

II. Erforderniß besonderer Genehmigung.

1. Die Anlagen, welche einer besonderen Genehmigung bedürfen.

Der § 16 des vorjährigen Entwurfs war weggelassen. Hierzu bemerken die Motive:

„In den Ueberschriften ist das Wort „polizeilich" gestrichen, weil es Mißverständnisse veranlaßt hat und entbehrlich ist. Dagegen ist der Ausdruck „besondere" aufrecht erhalten, um dem Mißverständnisse vorzubeugen, als sei bei den gewerblichen Anlagen, welche der § 17 nicht aufzählt, die allgemeine baupolizeiliche Genehmigung nicht mehr nöthig.

Der § 16 des vorjährigen Entwurfs, welcher bereits in der Kommission des Reichstages beanstandet wurde, ist aus dem vorliegenden Entwurfe weggelassen, weil er lediglich allgemeine Grundsätze aufstellte und die Nr. 1 desselben, welche als maßgebend für die nach § 20 von der Verwaltungsbehörde zu treffende Entscheidung nicht entbehrt werden kann, passend im § 17 des vorliegenden Entwurfes ihre Stellung finden konnte. Durch die Einschaltung dieser Bestimmung in den § 17 wurde auch der § 12 der Kommissions-Anträge entbehrlich, welcher durch seine Fassung der von der Kommission nicht beabsichtigten Auslegung, als seien die im § 17 nicht aufgeführten gewerblichen Anlagen auch der allgemeinen baupolizeilichen Genehmigung enthoben, Vorschub geleistet haben würde."

Aus diesem Inhalt der Motive geht unzweideutig hervor, daß der Ausdruck „besondere Genehmigung" nicht etwa — wie zu deduziren versucht worden ist — gewählt wurde, um für konzessionspflichtige Anlagen das Erforderniß der allgemeinen baupolizeilichen Genehmigung neben der besonderen gewerbepolizeilichen Genehmigung auszusprechen, daß vielmehr die Absicht nur dahin ging, außer Zweifel zu stellen, daß für die nicht konzessionspflichtigen Anlagen das Erforderniß baupolizeilicher Genehmigung fortbestehe. Man befürchtete, daß, wenn das Verzeichniß konzessionspflichtiger Anlagen die Ueberschrift:

Anlagen, welche der Genehmigung bedürfen

erhielte, hieraus der Schluß gezogen werden könne, daß die nicht in dieses Verzeichniß aufgenommenen Anlagen fortan gar keiner, auch nicht der allgemeinen baupolizeilichen Genehmigung bedürfen sollten.

Ebensowenig gestattet die in den Motiven des ersten Entwurfes enthaltene Bemerkung, daß die Verweisung der allgemeinen bau- 2c. polizeilichen Prüfung der konzessionspflichtigen Anlagen an die Gewerbepolizeibehörde im *Interesse der Vereinfachung* erfolgt sei, einen Zweifel daran, daß nach der Absicht des Gesetzgebers die Konzession zugleich den Baukonsens in sich schließen sollte.

Hiernach ist denn auch in der Ministerialpraxis bisher verfahren worden. In Anwendung desselben Grundsatzes auf die zum Ressort der Bergverwaltung gehörenden konzessionspflichtigen Anlagen ist durch die Cirkular-Erlasse vom 6. November 1874 und 7. Dezember 1874 ausgesprochen worden, daß Dampfkesselanlagen auf Bergwerken und Aufbereitungsanstalten neben der von der Bergbehörde zu ertheilenden gewerbepolizeilichen Konzession eines ortspolizeilichen Baukonsenses nicht bedürfen.

Eine abweichende Ansicht hat neuerdings das Oberverwaltungsgericht in den Gründen eines die Ertheilung der Erlaubniß zum Ausschank von Mineralwasser auf der Straße betreffenden Erkenntnisses vom 4. Juli 1877 (Bd. 2 S. 333 ff.) ausgesprochen. Nachdem ausgeführt worden, daß die Ertheilung der gewerbepolizeilichen Konzession die straßenpolizeiliche Erlaubniß zur Benutzung der Straße für den in Rede stehenden Geschäftsbetrieb nicht involvire, heißt es weiter:

„Gleiche Ressortverhältnisse treten auch auf anderen polizeilichen Gebieten hervor, so auf dem der Baupolizei. Ob ein Haus nach Bauart und dergl. zum Gastwirthschaftsbetriebe genügt, ist nach § 33 zu prüfen, und diese Prüfung kann auch vor der Ausführung des Baues erfolgen. Die Genehmigung des Gastwirthschaftsbetriebes in einem neu zu erbauenden Hause erübrigt aber keineswegs die Einholung und Ertheilung des polizeilichen Baukonsenses nach Maßgabe der hierfür bestehenden allgemeinen Bestimmungen. Ganz dasselbe gilt bei der Herrichtung der im § 16 der Gewerbeordnung gedachten gewerblichen Anlagen, welche der gewerbepolizeilichen Genehmigung bedürfen. Die letztere ist in der Ueberschrift zu dem Absatz II im Titel II der Gewerbeordnung ausdrücklich als eine „besondere" bezeichnet worden, um dem Mißverständnisse zu begegnen, als sei künftighin die allgemeine baupolizeiliche Genehmigung nicht mehr erforderlich (vergl. die Motive der Regierungsvorlage dazu)."

Die Vergleichung der Motive der Regierungsvorlage ergiebt aber, daß der betreffende Passus nicht von den konzessionspflichtigen Anlagen, sondern von denjenigen gewerblichen Anlagen, „welche der § 17 nicht aufzählt", redet.

Es wird hierbei auf die technische Anleitung zur Wahrnehmung der den Kreis-(Stadt-)ausschüssen (Magistraten) durch § 109 des Gesetzes über die Zuständigkeit der Verwaltungs- und Verwaltungsgerichtsbehörden vom 1. August 1883 hinsichtlich der Genehmigung gewerblicher Anlagen übertragenen Zuständigkeiten (Min.-Erlaß vom 15. Mai 1895, Min.-Bl. S. 196) aufmerksam gemacht.

§ 19. Einwendungen, welche auf besonderen privatrechtlichen Titeln beruhen, sind zur richterlichen Entscheidung zu verweisen, ohne daß von der Erledigung derselben die Genehmigung der Anlage abhängig gemacht wird.

Andere Einwendungen dagegen sind mit den Parteien vollständig zu erörtern. Nach Abschluß dieser Erörterung erfolgt die Prüfung und Entscheidung nach den im § 18 enthaltenen Vorschriften. Der Bescheid ist sowohl dem Unternehmer als dem Widersprechenden zu eröffnen.

Hierbei sei aus der kurz vorher erwähnten technischen Anleitung aus den „allgemeinen Gesichtspunkten" Folgendes angeführt:

Bei Prüfung der Genehmigungsgesuche ist davon auszugehen, daß nur solche Nachtheile, Gefahren oder Belästigungen, die in der physischen Einwirkung der Anlage auf ihre Umgebung ihren Grund haben, zur Erörterung zu ziehen sind, Nachtheile anderer Art aber, auf die zuweilen im Genehmigungsverfahren Einwendungen der Widersprechenden gestützt werden, z. B. schädliche Konkurrenz, Vertheuerung der Arbeitskräfte, stärkere Abnutzung öffentlicher Wege u. dgl. m. ebenso außer Betracht bleiben, wie Einwendungen, die auf besonderen privatrechtlichen Titeln beruhen. (Vergl. Nr. 38 der Ausführungs-Anweisung zur Gewerbeordnung vom 4. September 1869, vom 19. Juli 1884.)

Es ist zu erwägen, ob jene Nachtheile, Gefahren oder Belästigungen dasjenige Maß überschreiten, dessen Duldung sowohl den Nachbarn als dem Publikum im Interesse der für die allgemeine Wohlfahrt unentbehrlichen Industrie angesonnen werden kann.

Ist diese Frage auf der Grundlage der von dem Antragsteller eingereichten Vorlagen zu bejahen, so wird in eine weitere Erörterung darüber einzutreten sein, ob durch Vorschriften über die Einrichtung der Anlage oder die Art und Weise des Betriebes der Umgebung genügender Schutz gewährt werden kann. Nur wenn sich dies als unausführbar herausstellt, wird die Abweisung des Genehmigungsgesuches, andernfalls aber die Ertheilung der Genehmigung unter gleichzeitiger Festsetzung der für erforderlich erachteten Bedingungen und Vorbehalte auszusprechen sein.

§ 19a. In dem Bescheide kann dem Unternehmer auf seine Gefahr, unbeschadet des Rekursverfahrens (§ 20), die unverzügliche Ausführung der baulichen Anlagen gestattet werden, wenn er dies vor Schluß der Erörterung beantragt. Die Gestattung kann von einer Sicherheitsleistung abhängig gemacht werden.

Welche Behörde für die Entscheidung über Anträge auf Genehmigung der nach § 16 der Gewerbeordnung konzessionspflichtigen Anlagen zuständig, bestimmen §§ 109 ff. des Zuständigkeitsgesetzes vom 1. August 1883.

§ 109 a. a. O. ordnet an: „Der Kreis-(Stadt-)Ausschuß, in den in einem Landkreise angehörigen Städten mit mehr als 10 000 Einwohnern der Magistrat (kollegialische Gemeindevorstand), beschließt über Anträge auf Genehmigung zur Errichtung oder Veränderung gewerblicher Anlagen (§§ 16—25 der Reichsgewerbeordnung vom 21. Juni 1869), soweit konzessionspflichtige Anlagen der nachbezeichneten Art in Frage stehen: Gasbereitungs- und Gasbewahrungsanstalten, Anstalten zur Destillation von Erdöl, Anlagen zur Bereitung von Braunkohlentheer, Steinkohlentheer und Koaks, Asphaltkochereien und Pechsiedereien, Glas- und Rußhütten, Kalk-, Ziegel- und Gypsöfen, Metallgießereien, Hammerwerke, Schnellbleichen, Firnißsiedereien, Stärkefabriken, Stärkesyrupfabriken, Wachstuch-, Darmsaiten-, Dachpappen- und Dachfilzfabriken, Darmzubereitungsanstalten, Leim-, Thran- und Seifensiedereien, Knochenbrennereien, Knochendarren, Knochenkochereien und Knochenbleichen, Hopfenschwefeldarren, Zubereitungsanstalten für Thierhaare, Talgschmelzen, Schlächtereien, Gerbereien, Abdeckereien, Strohpapierstofffabriken, Stauanlagen für Wassertriebwerke, Fabriken, in welchen Dampfkessel oder andere Blechgefäße durch Vernieten hergestellt werden, Anstalten zum Imprägniren von Holz mit erhitzten Theerölen, Kunstwollefabriken und Dégrasfabriken, endlich Dampfkessel, mit Ausnahme der für den Gebrauch auf Eisenbahnen bestimmten Lokomotiven und der zum Betriebe auf Bergwerken und Aufbereitungsanstalten bestimmten Dampfkessel."

„Im Falle fernerer Ergänzung des Verzeichnisses der konzessionspflichtigen Anlagen gemäß § 16, letzter Absatz, der Reichsgewerbeordnung bleibt die Bestimmung darüber, für welche der in das Verzeichniß nachträglich aufgenommenen Anlagen der Kreisausschuß (Stadtausschuß, Magistrat) zuständig ist, Königlicher Verordnung vorbehalten."

Eine solche Verordnung — die hier nicht weiter interessirt — ist unter dem 31. Dezember 1883 ergangen.

§ 110 des Zuständigkeitsgesetzes: Der Bezirksausschuß beschließt über Anträge auf Genehmigung zur Errichtung oder Veränderung gewerblicher Anlagen, soweit die Beschlußnahme darüber nicht nach § 109 dem Kreis-(Stadt-)Ausschusse (Magistrat) überwiesen ist.

Der Bezirksausschuß beschließt ferner im Einvernehmen mit dem zuständigen Oberbergamte über die Zulässigkeit von Wassertriebwerken, welche zum Betriebe von Bergwerken oder Aufbereitungsanstalten dienen (§ 59 Abs. 3 des allgemeinen Berggesetzes vom 24. Juni 1865, Ges.-Samml. S. 705).

§ 20. Gegen den Bescheid ist Rekurs an die nächstvorgesetzte Behörde zulässig, welcher bei Verlust desselben binnen vierzehn Tagen, vom Tage der Eröffnung des Bescheides an gerechnet, gerechtfertigt werden muß.

Der Rekursbescheid ist den Parteien schriftlich zu eröffnen und muß mit Gründen versehen sein.

§ 21. Die näheren Bestimmungen über die Behörden und das Verfahren, sowohl in der ersten als in der Rekurs-Instanz, bleiben den Landesgesetzen vorbehalten. Es sind jedoch folgende Grundsätze einzuhalten:

1. In erster oder in zweiter Instanz muß die Entscheidung durch eine kollegiale Behörde erfolgen. Diese Behörde ist befugt, Untersuchungen an Ort und Stelle zu veranlassen, Zeugen und Sachverständige zu laden und eidlich zu vernehmen, überhaupt den angetretenen Beweis in vollem Umfange zu erheben.

2. Bildet die kollegiale Behörde die erste Instanz, so ertheilt sie ihre Entscheidung in öffentlicher Sitzung, nach erfolgter Ladung und Anhörung der Parteien, auch in dem Falle, wenn zwar Einwendungen nicht angebracht sind, die Behörde aber nicht ohne Weiteres die Genehmigung ertheilen will, und der Antragsteller innerhalb vierzehn Tagen nach Empfang des die Genehmigung versagenden oder nur unter Bedingungen ertheilenden Bescheids der Behörde auf mündliche Verhandlung anträgt.
3. Bildet die kollegiale Behörde die zweite Instanz, so ertheilt sie stets ihre Entscheidung in öffentlicher Sitzung, nach erfolgter Ladung und Anhörung der Parteien.
4. Als Parteien sind der Unternehmer (Antragsteller), sowie diejenigen Personen zu betrachten, welche Einwendungen erhoben haben.
5. Die Oeffentlichkeit der Sitzungen kann unter entsprechender Anwendung der §§ 173 bis 176 des Gerichtsverfassungsgesetzes ausgeschlossen oder beschränkt werden.

§ 22. Die durch unbegründete Einwendungen erwachsenden Kosten fallen dem Widersprechenden, alle übrigen Kosten, welche durch das Verfahren entstehen, dem Unternehmer zur Last.

In den Bescheiden über die Zulässigkeit der neuen Anlage wird zugleich die Vertheilung der Kosten festgesetzt.

§ 23 **Abs. 1.** Bei den Stauanlagen für Wassertriebwerke sind außer den Bestimmungen der §§ 17 bis 22 die dafür bestehenden landesgesetzlichen Vorschriften anzuwenden.

Derartige Gesetze sind bis jetzt nicht gegeben worden.

§ 24. Zur Anlegung von Dampfkesseln, dieselben mögen zum Maschinenbetriebe bestimmt sein oder nicht, ist die Genehmigung der nach den Landesgesetzen zuständigen Behörde erforderlich. Dem Gesuche sind die zur Erläuterung erforderlichen Zeichnungen und Beschreibungen beizufügen.

Die Behörde hat die Zulässigkeit der Anlage nach den bestehenden bau-, feuer- und gesundheitspolizeilichen Vorschriften sowie nach denjenigen allgemeinen polizeilichen Bestimmungen zu prüfen, welche von dem Bundesrath über die Anlegung von Dampfkesseln erlassen werden. Sie hat nach dem Befunde die Genehmigung entweder zu versagen, oder unbedingt zu ertheilen, oder endlich bei Ertheilung derselben die erforderlichen Vorkehrungen und Einrichtungen vorzuschreiben.

Bevor der Kessel in Betrieb genommen wird, ist zu untersuchen, ob die Ausführung den Bestimmungen der ertheilten Genehmigung entspricht. Wer vor dem Empfange der hierüber auszufertigenden

Bescheinigung den Betrieb beginnt, hat die im § 147 angedrohte Strafe verwirkt.

Die vorstehenden Bestimmungen gelten auch für bewegliche Dampfkessel.

Für den Rekurs und das Verfahren über denselben gelten die Vorschriften der §§ 20 und 21.

Ueber die Zuständigkeitsfrage siehe oben § 109 des Zuständigkeitsgesetzes.

Hierzu das Gesetz, den Betrieb der Dampfkessel betreffend, vom 3. Mai 1872 (Ges.=Samml. S. 515):

§ 1. Die Besitzer von Dampfkesselanlagen oder die an ihrer Statt zur Leitung des Betriebes bestellten Vertreter, sowie die mit der Bewartung von Dampfkesseln beauftragten Arbeiter sind verpflichtet, dafür Sorge zu tragen, daß während des Betriebes die bei Genehmigung der Anlage oder allgemein vorgeschriebenen Sicherheitsvorrichtungen bestimmungsmäßig benutzt, und Kessel, die sich nicht in gefahrlosem Zustande befinden, nicht im Betriebe erhalten werden.

§ 2. Wer den ihm nach § 1 obliegenden Verpflichtungen zuwiderhandelt, verfällt in eine Geldstrafe bis zu 600 Mark oder in eine Gefängnißstrafe bis zu drei Monaten.

§ 3. Die Besitzer von Dampfkesselanlagen sind verpflichtet, eine amtliche Revision des Betriebes durch Sachverständige zu gestatten, die zur Untersuchung der Kessel benöthigten Arbeitskräfte und Vorrichtungen bereit zu stellen und die Kosten der Revision zu tragen.

Die näheren Bestimmungen über die Ausführung dieser Vorschrift hat der Minister für Handel, Gewerbe und öffentliche Arbeiten zu erlassen.

§ 4. Alle mit diesem Gesetze nicht im Einklange stehenden Bestimmungen, insbesondere das Gesetz, den Betrieb der Dampfkessel betreffend, vom 7. Mai 1856 (Ges.=Samml. S. 295) werden aufgehoben.

Anweisung, betreffend die Genehmigung und Untersuchung der Dampfkessel, vom 9. März 1900 (Min.=Bl. f. d. i. Verw. S. 142).

In Ausführung der §§ 24 und 25 der Reichs=Gewerbeordnung, sowie auf Grund des § 3 des Gesetzes vom 3. Mai 1872, den Betrieb der Dampfkessel betreffend (G.=S. S. 515), bestimme ich was folgt:

I. Allgemeine Bestimmungen.

§ 1.

Begrenzung des Geltungskreises der Anweisung.

I. Der gegenwärtigen Anweisung unterliegen Dampfkessel aller Art (feststehende, bewegliche Dampfkessel, Dampfschiffskessel), auch wenn sie weder zum Maschinenbetriebe noch zu gewerbsmäßiger Verwendung bestimmt sind, Klein= oder Zwergkessel aber nur insoweit, als für sie besondere Ausnahmen nicht zugelassen sind.

II. Die im § 22 der allgemeinen polizeilichen Bestimmungen des Bundesraths über die Anlegung von Dampfkesseln (Bekanntmachung des Reichskanzlers vom 5. August 1890 — R.=G.=Bl. S. 163) bezeichneten Dampfvorrichtungen gelten nicht als Dampfkessel im Sinne dieser Anweisung.

III. Zur Genehmigung, Inbetriebsetzung und ständigen Ueberwachung der Kessel von Lokomotiven auf Haupt- und Nebeneisenbahnen, Kleinbahnen (§ 1 des Gesetzes über Kleinbahnen und Privatanschlußbahnen vom 28. Juli 1892) sowie solcher Privatanschlußbahnen (§§ 43 und 51 des Kleinbahnengesetzes), deren Lokomotiven auch auf den Geleisen der Haupt-, Neben- oder Kleinbahn, an die der Anschluß stattfindet, verkehren sollen, sind die zur eisenbahntechnischen Aufsicht über die genannten Bahnen berufenen Königlichen Eisenbahn-Behörden zuständig. Die gegenwärtige Anweisung findet auf diese Lokomotiven keine Anwendung, soweit nicht durch den Minister der öffentlichen Arbeiten die Geltung gleicher Bestimmungen angeordnet wird.

IV. Auf die Kessel solcher Lokomotiven von Privatanschlußbahnen (§ 43 des Kleinbahnengesetzes), die ausschließlich auf deren Geleisen verkehren, findet nur der Abschnitt II der gegenwärtigen Anweisung „Anlegung der Dampfkessel" Anwendung. Zur Inbetriebsetzung und ständigen Ueberwachung dieser Kessel ist die zur eisenbahntechnischen Aufsicht über die Privatanschlußbahn berufene Behörde zuständig (§§ 20 und 47 des Kleinbahnengesetzes). Hierbei gilt wegen Einführung von Bestimmungen, die der vorliegenden Anweisung entsprechen, das unter Absatz III (letzter Satz) Gesagte.

V. Die übrigen Lokomotiven, insbesondere die ausschließlich auf Anschlußgeleisen von Betrieben, die der Aufsicht der Bergbehörden unterstehen (§ 51 des Kleinbahnengesetzes), verkehrenden Lokomotiven, sowie Lokomotiven derjenigen nicht dem öffentlichen Verkehr dienenden Bahnen, die keinen Anschluß an Eisenbahnen im Sinne des Gesetzes vom 3. November 1838 oder an Kleinbahnen haben, unterliegen der Anweisung in vollem Umfange. Das Gleiche gilt von Lokomotiven der Privatunternhmer, die beim Bau von Haupt-, Neben-, Klein- und Privatanschlußbahnen verwendet werden.

VI. Insoweit die Anweisung hiernach auf Lokomotivkessel Anwendung findet, werden diese den beweglichen Dampfkesseln gleich geachtet.

§ 2.

Prüfung der Kessel durch staatliche Beamte und im staatlichen Auftrage.

I. Die Ausführung der auf Grund der nachstehenden Vorschriften vorzunehmenden Prüfungen, Druckproben und Untersuchungen der feststehenden, beweglichen und Dampfschiffskessel erfolgt:

1) soweit sie nicht besonders bestellten Beamten übertragen ist,
   bei Dampfkesseln auf den der Aufsicht der Bergbehörden unterstellten Betrieben durch die Königlichen Bergrevierbeamten,
   bei Dampfkesseln auf Hüttenwerken des Staates durch die Leiter dieser Werke oder deren Vertreter;
2) bei den Kesseln der Staatseisenbahnen durch die zuständigen technischen Beamten der Staatseisenbahnverwaltung, bei den Privateisenbahnen durch die von den zuständigen Königlichen Eisenbahndirektionspräsidenten damit beauftragten Sachverständigen, bei den Kesseln der allgemeinen Bauverwaltung, soweit hier besondere, für das Maschinenbaufach vorgebildete höhere Beamte bestellt sind, durch diese, anderenfalls durch die Königlichen Gewerbeaufsichtsbeamten; bei den übrigen preußischen fiskalischen Kesseln durch letztere Beamte;
3) bei den Dampfkesseln der Kaiserlichen Marine, der Postverwaltung, der Heeresverwaltung, soweit bei diesen Verwaltungen besondere, für das Maschinenbaufach vorgebildete höhere Beamte bestellt sind, durch diese, anderenfalls durch die Dampfkessel-Ueberwachungsvereine im staatlichen Auftrage, sofern die genannten Verwaltungen nicht Mitglieder eines solchen Vereins sind;

4) im Uebrigen, auch in Hohenzollern, durch staatlicherseits hierzu ermächtigte Ingenieure der preußischen oder in Preußen anerkannten Dampfkessel-Ueberwachungsvereine im staatlichen Auftrage.

II. Die vom Staate beauftragten Dampfkessel-Ueberwachungsvereine haben die nach Maßgabe der nachstehenden Vorschriften vorzunehmenden Prüfungen zu den durch die Gebührenordnung festgelegten Sätzen auszuführen. Für den Uebergang der von ihnen im staatlichen Auftrage beaufsichtigten Dampfkessel zu einem Ueberwachungsverein gelten die Bestimmungen des § 42.

§ 3.

Dampfkessel-Ueberwachungsvereine.

I. Vereinen von Dampfkesselbesitzern, welche eine regelmäßige und sorgfältige Ueberwachung der Kessel vornehmen lassen, kann durch den Minister für Handel und Gewerbe die Vergünstigung ertheilt werden, daß die Kessel der Mitglieder von den amtlichen Prüfungen ꝛc. (§ 2 Absatz I Ziffer 4) befreit sind.

II. Die vorgeschriebenen Prüfungen, Druckproben und Untersuchungen werden alsdann von den Ingenieuren der Kessel-Ueberwachungsvereine nach Maßgabe der ihnen von dem Minister für Handel und Gewerbe verliehenen Berechtigungen ausgeführt.

III. Die Ertheilung der im Absatz I gedachten Vergünstigung an die Vereine und die Verleihung der im Absatz II erwähnten Berechtigungen an die Vereinsingenieure ist jeder Zeit widerruflich.

IV. Die Entheilung der Vergünstigung an die Vereine und die Entziehung derselben durch Widerruf ist in den Amtsblättern der betheiligten Regierungen öffentlich bekannt zu machen.

§ 4.

I. Die im § 3 bezeichneten Vereine haben dem zu ihrer Beaufsichtigung vom Minister für Handel und Gewerbe berufenen Königlichen Regierungspräsidenten — in Berlin dem Königlichen Polizeipräsidenten — oder Königlichen Oberbergamte bis zum 1. Juli jedes Jahres zur Uebermittelung an den Minister für Handel und Gewerbe einen Bericht über ihre Thätigkeit während des abgelaufenen Etatsjahrs nach den hierüber ergangenen besonderen Vorschriften zu erstatten, sowie außerdem den für ihren Bezirk örtlich zuständigen Königlichen Regierungspräsidenten (in Berlin dem Königlichen Polizeipräsidenten) oder Königlichen Oberbergämtern bis zu demselben Zeitpunkte nachstehende Uebersichten einzureichen:

1) ein Verzeichniß der dem Verein angehörenden Kesselbesitzer und der von letzteren im Bezirke betriebenen Kessel, nebst einer Uebersicht der an diesen Kesseln im Laufe des Etatsjahrs ausgeführten ersten Wasserdruckproben, Abnahmen, regelmäßigen und außerordentlichen Untersuchungen und ihrer Ergebnisse nach Maßgabe des Vordrucks H,

2) ein Verzeichniß der von den Vereinen im staatlichen Auftrage (§ 2 Absatz I Ziffer 4) zu untersuchenden Kesselanlagen, nebst einer der vorstehenden Ziffer 1 entsprechenden Uebersicht.

II. Die Vereine haben ferner von jedem Ausscheiden eines Mitglieds unter Angabe, durch wen die Ueberwachung seiner Kessel in der Folge bewirkt werden wird, der zuständigen staatlichen Aufsichtsbehörde unverzüglich Nachricht zu geben.

§ 5.

Befreiung einzelner Dampfkesselbesitzer von den amtlichen Prüfungen.

I. Eine gleiche Vergünstigung, wie nach § 3 Absatz I den Dampfkessel-Ueberwachungsvereinen, kann ausnahmsweise auch einzelnen Dampfkesselbesitzern, sowie den Privateisenbahnen, welche für eine sachgemäße Ausführung der Prüfungen und Druckproben und für eine regelmäßige Ueberwachung ihrer Dampfkessel entsprechende Einrichtungen getroffen haben, zu Theil werden mit der Maßgabe, daß bei den von den amtlichen Prüfungen befreiten einzelnen Dampfkesselbesitzern mindestens die Abnahme den mit Kesselprüfungen beauftragten Staatsbeamten verbleibt.

II. Die im Genusse der Vergünstigung befindlichen Dampfkesselbesitzer haben den im § 4 Absatz I bezeichneten örtlich zuständigen Behörden innerhalb acht Wochen nach Ablauf des Etatsjahrs die Zahl der von ihnen im Laufe des Etatsjahrs betriebenen Dampfkessel und die unter Ziffer 1 daselbst vorgeschriebene Uebersicht einzureichen.

§ 6.

Freizügigkeit der Kessel.

Bewegliche Kessel und Dampfschiffskessel, welche in einem anderen Bundesstaat auf Grund des § 24 der Gewerbeordnung und der allgemeinen polizeilichen Bestimmungen des Bundesraths über die Anlegung von Dampfkesseln genehmigt worden sind, können in Preußen ohne nochmalige vorgängige Genehmigung in Betrieb gesetzt werden, sofern seit ihrer letzten Untersuchung nicht mehr als ein Jahr verflossen ist. Ferner werden die von einem hierzu ermächtigten Beamten oder Sachverständigen eines anderen Bundesstaats ausgestellten Bescheinigungen über die Bauart und die Abnahmeprüfung von Dampfkesseln, über die auf Grund des § 11 und des § 12 Absatz 1 der allgemeinen polizeilichen Bestimmungen ausgeführten Druckproben, endlich über die Vornahme regelmäßiger Untersuchungen in Preußen anerkannt.

II. Anlegung der Dampfkessel.

§ 7.

Fälle der Genehmigung.

Zur Anlegung von Dampfkesseln bedarf es einer gewerbepolizeilichen Genehmigung, welche bei feststehenden Dampfkesseln für eine bestimmte Betriebsstätte, bei Dampfschiffskesseln für ein bestimmtes Schiff, bei beweglichen Dampfkesseln ohne Beziehung zu einer Betriebsstätte ertheilt wird. Ein neuer an die Stelle eines alten tretender Dampfkessel bedarf stets der gewerbepolizeilichen Genehmigung, auch wenn er von derselben Bauart wie der alte Kessel ist.

§ 8.

I. Einer erneuten Genehmigung bedürfen:

1) Dampfkessel, welche wesentliche Aenderungen in ihrer Bauart erfahren,
2) Dampfkessel, welche wieder in Betrieb genommen werden sollen, nachdem die früher ertheilte Genehmigung wegen unterlassenen Betriebs nach § 49 der Gewerbeordnung erloschen ist,
3) feststehende Dampfkessel, deren Betriebsstätten nach Lage oder Beschaffenheit wesentlichen Aenderungen unterworfen werden sollen,

4) Dampfschiffskessel, welche außerhalb des Schiffes, auf das die Genehmigung lautet — sei es in Verbindung mit einem anderen Schiffe, sei es auf dem Festlande — in Betrieb genommen werden sollen,
5) bewegliche Dampfkessel, welche an einem Betriebsorte zu dauernder Benutzung aufgestellt werden sollen,
6) Dampfkessel, bei denen eine Erhöhung der in der Genehmigungsurkunde festgesetzten höchsten zulässigen Dampfspannung stattfinden soll.

II. Einer Genehmigung der Beschlußbehörde bedarf es ferner, wenn eine Aenderung der in der Genehmigungsurkunde aufgeführten Bedingungen stattfinden soll oder eine wesentliche Aenderung der durch die allgemeinen polizeilichen Bestimmungen des Bundesraths über die Anlegung von Dampfkesseln vom 5. August 1890 vorgeschriebenen, in der Beschreibung zur Dampfkesselanlage angegebenen Sicherheitsvorrichtungen beabsichtigt wird.

§ 9.

Zuständigkeit.

I. Ueber die nach den §§ 7 und 8 vorgeschriebenen Genehmigungen beschließt hinsichtlich der Dampfkessel in den der Aufsicht der Bergbehörden unterstellten Betrieben das Oberbergamt, im Uebrigen der Kreisausschuß (in den Hohenzollernschen Landen der Amtsausschuß), in Stadtkreisen der Stadtausschuß, in den einem Landkreis angehörenden Städten mit mehr als 10000 Einwohnern und in denjenigen Städten der Provinz Hannover, für welche die revidirte Städteordnung vom 24. Juni 1858 gilt — mit Ausnahme der im § 27 Absatz 2 der Kreisordnung für diese Provinz vom 6. Mai 1884 bezeichneten Städte — der Magistrat (kollegialische Gemeindevorstand).

II. Die örtliche Zuständigkeit bestimmt sich:
1) bei feststehenden Dampfkesseln nach dem Orte der Errichtung,
2) bei beweglichen Dampfkesseln nach dem Wohnsitze des Antragstellers,
3) bei Dampfschiffskesseln nach dem Heimathshafen des Schiffes, in Ermangelung eines solchen nach dem Wohnsitze des Schiffseigners.

§ 10.

Form und Unterlagen des Antrags.

I. Anträge auf Ertheilung der in den §§ 7 und 8 gedachten Genehmigungen sind als schleunige Angelegenheiten zu behandeln.

II. Der Antrag ist, entsprechend den durch die §§ 1 Absatz IV und V, 2 und 3 geregelten Zuständigkeitsverhältnissen, bei dem für die regelmäßige Ueberwachung des Kessels zuständigen Beamten oder Dampfkessel-Ueberwachungsverein anzubringen. Kesselbesitzer, deren Kessel gemäß § 5 von den amtlichen Prüfungen befreit sind, haben den Antrag bei dem für den Bezirk zuständigen Gewerbe-Inspektor oder Bergrevierbeamten anzubringen.

III. Aus dem Gesuche muß der vollständige Name, Stand und Wohnort des Besitzers ersichtlich sein. Demselben sind, abgesehen von den Anträgen auf Genehmigung fiskalischer und solcher Anlagen, deren Untersuchung durch Bergrevierbeamte oder deren Abnahme gemäß § 5 durch Staatsbeamte bewirkt wird, für welche je zwei Ausfertigungen genügen, in je drei Ausfertigungen beizufügen:
1) eine Beschreibung, welche nach dem dieser Anweisung anliegenden Muster J für feststehende, bewegliche Kessel und Dampfschiffskessel anzufertigen ist,

2) eine maßstäbliche Zeichnung, aus welcher die Größe der vom Feuer berührten Fläche zu berechnen ist und die Höhe des niedrigsten zulässigen Wasserstandes über den Feuerzügen und die etwa vorhandenen Verankerungen und Versteifungen zu ersehen sind; bei Dampfschiffskesseln hat sich die maßstäbliche Zeichnung auch auf den Theil des Schiffes, in welchem der Kessel eingebaut ist, zu erstrecken.

IV. Wenn die Anlegung eines feststehenden Kessels beabsichtigt wird, so sind ferner in der dem Absatz III entsprechenden Zahl von Ausfertigungen einzureichen:

3) ein Lageplan, welcher die an den Ort der Aufstellung des Kessels stoßenden Grundstücke zu umfassen hat,

4) eine maßstäbliche Zeichnung des Aufstellungsraums des Kessels, aus der auch der Standort des Kessels und des Schornsteins, sowie die Lage der Feuer- und Rauchröhren gegen die benachbarten Grundstücke deutlich zu erkennen sind,

5) die statischen Berechnungen für neu zu errichtende, freistehende Schornsteine sowie für größere Dachkonstruktionen.

V. Bei Dampfkesseln, die einer erneuten Genehmigung bedürfen (§ 8), genügt es, wenn mit dem Antrag und der nach § 18 etwa erforderlichen Bescheinigung die frühere Genehmigungsurkunde mit ihren Anlagen — und bei etwa beabsichtigten Veränderungen — Beschreibung und Zeichnung der letzteren in der nach Absatz III erforderlichen Zahl der Ausfertigungen vorgelegt werden.

VI. Für die erforderlichen Zeichnungen ist ein auf ihnen einzuzeichnender Maßstab zu wählen, welcher eine deutliche Anschauung gewährt. Die Blattgröße der Zeichnungen muß in ein-, zwei- oder vierfacher Größe des Reichsformats für Papier hergestellt werden. Zeichnungen, welche nicht auf Pausleinwand hergestellt sind, sind auf Leinwand aufzuziehen. Zeichnungen, welche im Blauverfahren vervielfältigt sind, dürfen nicht verwendet werden.

VII. Beschreibungen und Zeichnungen sind bei neuen Kesseln von dem Verfertiger der Kessel und dem Besitzer, bei erneut zu genehmigenden, insbesondere bei alten Kesseln mindestens vom Besitzer unter Angabe des Wohnorts und Datums zu unterschreiben.

§ 11.

Verfahren.

I. Die Stelle, bei der der Antrag nach § 10 Absatz II anzubringen ist, hat die Vorlagen technisch zu prüfen (Vorprüfung) und wegen etwa nothwendiger Ergänzungen mit dem Antragsteller unmittelbar in Verbindung zu treten. Sofern die technische Vorprüfung von einem Vereinsingenieur ausgeführt wird, hat dieser die vorgeprüften und bescheinigten Vorlagen zur Prüfung in gewerbe- oder bergpolizeilicher Hinsicht an den zuständigen Gewerbeinspektor oder Bergrevierbeamten weiterzugeben, der sie nach erfolgter Prüfung und Bescheinigung der Beschlußbehörde vorzulegen hat.

II. In denjenigen Städten, in denen die Baupolizei einer Königlichen Behörde zusteht, ist bei feststehenden Dampfkesseln das nach Absatz I begutachtete Genehmigungsgesuch vor der Beschlußfassung dieser Behörde zur Prüfung zu übersenden. Diese Bestimmung findet auf die für Bergwerke, Aufbereitungsanstalten oder Salinen und andere zugehörige Anlagen bestimmten Kessel keine Anwendung.

§ 12.

Beschlußfassung.

I. Die Beschlußfassung über das Genehmigungsgesuch erfolgt durch das Kollegium der Beschlußbehörde. Die Zulässigkeit der Anlage ist nach den bestehenden bau-, feuer- und gesundheitspolizeilichen Vorschriften, sowie nach den allgemeinen polizeilichen Bestimmungen des Bundesraths über die Anlegung von Dampfkesseln zu prüfen.

II. Wird die Genehmigung nach dem Antrage des Unternehmers ohne Bedingungen oder unter Bedingungen, mit denen er sich ausdrücklich einverstanden erklärt hat, ertheilt, so bedarf es eines besonderen Bescheids nicht, sondern die Behörde fertigt alsbald die Genehmigungsurkunde (§ 16) aus. Wird die Genehmigung versagt oder unter Bedingungen ertheilt, mit denen sich der Unternehmer nicht ausdrücklich einverstanden erklärt hat, so erläßt die Beschlußbehörde einen schriftlichen, mit Gründen versehenen Bescheid an ihn.

III. Der Unternehmer kann innerhalb zweier Wochen nach Zustellung des Bescheides entweder Beschwerde an den Minister für Handel und Gewerbe einlegen oder auf mündliche Verhandlung der Sache durch die Beschlußbehörde antragen. Der in letzterem Falle ergehende Bescheid kann innerhalb zweier Wochen nach der Zustellung durch Beschwerde an den Minister für Handel und Gewerbe angefochten werden.

§ 13.

Vorbescheid.

I. In Fällen, welche keinen Aufschub zulassen oder klar liegen, ist der Vorsitzende des Kreis- (Amts-, Stadt-) Ausschusses befugt, Namens dieser Behörde über das Genehmigungsgesuch zu entscheiden. Der § 12 Absatz II findet dabei entsprechende Anwendung.

II. Wird schriftlicher Bescheid ertheilt, so ist dem Unternehmer darin zu eröffnen, daß ihm gegen den Bescheid innerhalb zweier Wochen von der Zustellung an der Antrag auf Beschlußfassung durch das Kollegium (§ 12) zustehe.

III. Für die Berechnung der in diesem und dem vorigen Paragraphen vorgeschriebenen Fristen sind die Vorschriften der Zivilprozeßordnung maßgebend.

§ 14.

Beschwerdeverfahren.

I. Auf die Einlegung der Beschwerde (§ 12 Absatz III) und das weitere Verfahren findet der § 122 des Gesetzes über die allgemeine Landesverwaltung vom 30. Juli 1883 Anwendung. In besonderen Fällen kann zur Begründung der Beschwerde eine Nachfrist bewilligt werden.

II. Der auf die Beschwerde ergehende Bescheid wird der Beschlußbehörde erster Instanz zugefertigt, welche ihn in Ausfertigung dem Unternehmer mittheilt.

§ 15.

I. Bei Ertheilung der Genehmigung zur Anlegung eines Dampfkessels kann von der genehmigenden Behörde eine Frist gesetzt werden, binnen welcher die Anlage bei Vermeidung des Erlöschens der Genehmigung begonnen und ausgeführt und der Betrieb angefangen werden muß. Ist eine solche Frist nicht bestimmt, so erlischt die ertheilte Genehmigung, wenn der Unternehmer nach Empfang derselben ein Jahr verstreichen läßt, ohne davon Gebrauch zu machen.

II. Eine Verlängerung der Frist kann von der Behörde bewilligt werden, wenn erhebliche Gründe nicht entgegenstehen.

§ 16.

Genehmigungsurkunde.

I. Für die Ausstellung der Genehmigungsurkunde ist der anliegende Vordruck A zu benutzen. Für jeden genehmigten Kessel ist eine besondere Urkunde anzufertigen. Werden mehrere Kessel gleicher Bauart und Größe für eine und dieselbe Betriebsstätte genehmigt, so bedarf es zur Ausfertigung der Urkunden nicht der Beifügung der im § 10 und im Vordruck A verlangten Anlagen zu jeder einzelnen Urkunde; es genügt vielmehr ein Hinweis auf diejenige Urkunde, die die Anlagen enthält. In den durch § 8, insbesondere im Absatz II bezeichneten Fällen der erneuten Genehmigung kann nach dem Ermessen der Beschlußbehörde an Stelle der Ausfertigung einer neuen Genehmigungsurkunde nach Vordruck A die Ergänzung der etwa eingereichten älteren Urkunden durch Nachtragsvermerke erfolgen.

II. In denjenigen Fällen, in denen nach den §§ 12 und 13 dem Unternehmer schriftlicher Bescheid zu ertheilen ist, erfolgt die Ausfertigung der Genehmigungsurkunde durch die Beschlußbehörde erster Instanz nach Abschluß des Verfahrens.

III. In der Urkunde sind alle Bedingungen, unter welchen die Kesselanlage genehmigt worden ist, aufzuführen. Die zugehörigen Beschreibungen, Zeichnungen und Pläne sind mit ihr durch Schnur und Siegel zu verbinden.

IV. Eine Ausfertigung der Genehmigungsurkunde ist dem Besitzer, eine zweite der zuständigen Ortspolizeibehörde zu übersenden, an deren Stelle bei den den Bergbehörden unterstellten Dampfkesseln der Bergrevierbeamte tritt. Soweit nach § 10 Absatz III drei Exemplare der Unterlagen des Antrags vorzulegen sind, ist eine dritte Ausfertigung der Genehmigungsurkunde dem zuständigen Dampfkessel-Ueberwachungsverein zuzustellen, der daraufhin mit dem Antragsteller wegen der Abnahme (§ 25) das Erforderliche zu vereinbaren hat. Bei feststehenden Kesselanlagen solcher Betriebe, die der Gewerbeaufsicht unterliegen, ist eine Abschrift der Urkunde (ohne deren Anlagen) dem zuständigen Gewerbeinspektor zu übersenden.

V. Vor Ertheilung der Genehmigungsurkunde ist die bauliche Ausführung der Kesselanlage nicht gestattet. Die in die gewerbepolizeiliche Genehmigung eingeschlossene Bauerlaubniß darf sich über den Aufstellungsraum des Kessels, den Schornstein und den nothwendigen Zubehör zum Kesselhaus hinaus nicht ausdehnen. In der Genehmigungsurkunde ist zum Ausdruck zu bringen, auf welche baulichen Anlagen sich die Genehmigung erstreckt.

§ 17.

Genehmigung mehrerer Lokomobilen durch eine Urkunde.

I. Die Genehmigung kann für mehrere bewegliche Kessel von übereinstimmender Bauart, Ausrüstung und Größe, welche in einer Fabrik im Laufe eines Kalenderjahrs hergestellt werden, gemeinsam im Voraus beantragt und durch eine Urkunde ertheilt werden.

II. Für jeden auf Grund dieser Genehmigungsurkunde hergestellten beweglichen Kessel ist eine mit der Fabriknummer zu versehende, durch den zuständigen Kesselprüfer zu beglaubigende Abschrift der Genehmigungsurkunde mit ihrem Zubehör anzufertigen. Dieselbe gilt als Genehmigungsurkunde für den Kessel, dessen Fabriknummer sie trägt.

§ 18.

Genehmigung alter Kessel.

I. Den Gesuchen um Genehmigung alt angekaufter, bereits anderweit im Betriebe gewesener Kessel ist ein vollständiger Nachweis über den Erbauer des

Kessels, über die früheren Betriebsstätten, über die Zeit, während welcher der Kessel überhaupt schon betrieben worden ist, und über die Gründe beizufügen, welche dazu geführt haben, den Kessel außer Betrieb zu setzen.

II. Vor der Entscheidung über den Genehmigungsantrag ist eine innere Untersuchung des Kessels mit genauer Ermittelung der Beschaffenheit des verwendeten Baustoffs und der in den einzelnen Kesseltheilen vorhandenen Blechstärken (durch Anbohren u. dergl.) vorzunehmen. Auf Grund dieser Ermittelungen wird, falls danach die Genehmigung überhaupt ertheilt werden kann, die höchste zulässige Dampfspannung festgesetzt. Bei denjenigen alten Kesseln, die nicht befahrbar sind, kann nach dem Ermessen des Kesselprüfers zur Ermittelung ihrer Beschaffenheit mit der sonstigen Untersuchung eine Wasserdruckprobe verbunden werden, die alsdann als erste Wasserdruckprobe (§ 22) anzusehen ist. Die Gültigkeitsdauer der hiernach auszustellenden Bescheinigungen wird auf ein Jahr beschränkt, unbeschadet der Bestimmungen im § 23 Absatz II, die sinngemäß anzuwenden sind, sofern sich die Bescheinigungen auch auf Wasserdruckproben erstrecken.

III. Bei denjenigen alt angekauften Dampfkesseln, deren frühere Dampfspannung und Herkunft nicht nachgewiesen werden kann, darf die Wiedergenehmigung nur ausnahmsweise auf Grund einer nach obiger Anleitung besonders sorgfältig ausgeführten Untersuchung der gesammten Beschaffenheit des Kessels und überdies nur dann erfolgen, wenn der Antragsteller selbst die Aufstellung und Benutzung des Kessels beabsichtigt.

IV. Vorstehende Bestimmungen finden auch auf solche alt angekaufte Kessel Anwendung, welche aus Theilen alter Kessel unter Hinzufügung neuen Baustoffs hergestellt sind, sowie auf die im § 8 Absatz I Ziffer 1 bis 6 bezeichneten Fälle der erneuten Genehmigung von Kesseln.

§ 19.

Erlöschen der Genehmigung.

Ist ein Dampfkessel während eines Zeitraums von drei Jahren außer Betrieb gewesen, ohne daß Fristung nachgesucht und bewilligt worden ist, so erlischt die für ihn ertheilte Genehmigung. Das Verfahren für die Fristung richtet sich nach den §§ 11 ff. Dem Antrag auf Fristung ist die Genehmigungsurkunde zwecks Eintragung des Fristungsvermerks beizufügen. Der Ortspolizeibehörde beziehungsweise dem Bergrevierbeamten und dem zuständigen Kesselprüfer ist von bewilligten Fristungen seitens der Beschlußbehörde Mittheilung zu machen.

III. Inbetriebsetzung der Dampfkessel.

§ 20.

Dampfkessel sind, bevor sie in Betrieb gesetzt werden dürfen, in den Fällen des § 7 und des § 8 Absatz I Ziffer 1 bis 6 durch die zuständigen Kesselprüfer einer Prüfung der Bauart (Konstruktionsprüfung), einer Wasserdruckprobe und einer Abnahmeprüfung zu unterwerfen, in den Fällen des § 8 Absatz II nur der letzteren Prüfung.

§ 21.

Prüfung der Bauart.

Die Prüfung der Bauart hat die Untersuchung des Kessels in Beziehung auf Zusammensetzung, Baustoff und Ausführung zum Gegenstande.

§ 22.

Wasserdruckprobe.

I. Die Wasserdruckprobe bezweckt die Feststellung etwaiger bleibender Formveränderungen und der Dichtigkeit des Kessels. Sie erfolgt bei Dampfkesseln, welche für eine Dampfspannung von nicht mehr als fünf Atmosphären Ueberdruck bestimmt sind, mit dem zweifachen Betrage des beabsichtigten Ueberdrucks, bei allen übrigen Dampfkesseln mit einem Drucke, welcher den beabsichtigten Ueberdruck um fünf Atmosphären übersteigt.

II. Unter Atmosphärendruck wird ein Druck von einem Kilogramm auf das Quadratzentimeter verstanden.

III. Für die Ausführung der Druckprobe muß der Kessel vollkommen mit Wasser gefüllt sein; in seinem höchsten Punkte muß eine Oeffnung angebracht sein, durch welche beim Füllen die atmosphärische Luft entweichen kann. Die Kesselwandungen müssen dem Probedruck widerstehen, ohne eine bleibende Veränderung ihrer Form zu zeigen und ohne das Wasser bei dem höchsten Drucke in anderer Form als der von Nebel oder feinen Perlen durch die Fugen dringen zu lassen.

§ 23.

I. Die Wasserdruckprobe, welche womöglich mit der Prüfung der Bauart zu verbinden ist, erfolgt nach der letzten Zusammensetzung, jedoch vor der Einmauerung oder Ummantelung des Kessels. Sie kann vor der Genehmigung der Kesselanlage (in der Kesselfabrik) ausgeführt werden.

II. Dampfkessel, welche der Druckprobe am Verfertigungsort unterworfen und demnächst im Ganzen nach ihrem Aufstellungsorte geschafft worden sind, unterliegen einer weiteren Druckprobe vor ihrer Einmauerung oder Ummantelung nur dann, wenn sie durch die Versendung oder aus anderer Veranlassung Beschädigungen erlitten haben, welche die Wiederholung der Druckprobe geboten erscheinen lassen. Dabei macht es keinen Unterschied, ob der Verfertigungsort in Preußen oder in einem anderen Bundesstaate belegen ist (vgl. § 6). Dampfkessel aus dem Auslande müssen den im Abschnitt III dieser Anweisung vorgeschriebenen Prüfungen stets unterworfen werden, insbesondere ist bei den aus dem Auslande eingeführten Lokomobilen die Ummantelung stets zu entfernen.

§ 24.

Nietstempelung.

Nach Ausführung der Druckprobe hat der Kesselprüfer — vorausgesetzt, daß sie zur Beanstandung des Kessels keinen Anlaß gegeben hat — die Kupferniete, mit welchen das Fabrikschild (§ 10 der allgemeinen polizeilichen Bestimmungen des Bundesraths über die Anlegung von Dampfkesseln) an dem Kessel befestigt ist, mit seinem Stempel zu versehen. Dieser ist in dem Prüfungszeugniß abzudrucken.

§ 25.

Abnahmeprüfung.

I. Die Abnahmeprüfung hat festzustellen, ob die Ausführung der Kesselanlage den Bestimmungen der ertheilten Genehmigung entspricht. Sie ist bei Kesseln, die eingemauert werden, nach der Einmauerung vorzunehmen.

II. Bei Dampfschiffskesseln erfolgt die Abnahmeprüfung in dem Heimathshafen des Schiffes oder in dem ersten deutschen Anlaufshafen oder an dem Orte, an welchem der Kessel in das Schiff eingebaut oder mit demselben verbunden worden ist. Bei Schiffskesseln, welche in einem der Bundesstaaten genehmigt worden sind und in Preußen zur Abnahmeprüfung gestellt werden, hat die Untersuchung sich auch darauf zu erstrecken, ob denjenigen Genehmigungsbedingungen, welche nach Maßgabe der in jenem Bundesstaat über die Anlegung von Dampfschiffskesseln geltenden besonderen polizeilichen Bestimmungen vorgeschrieben wurden, entsprochen worden ist.

§ 26.

Wirkungen der Abnahmeprüfung.

I. Auf Grund der durch den Kesselprüfer ordnungsmäßig bescheinigten (§ 27) Abnahmeprüfung darf der Kessel ohne Weiteres in Betrieb gesetzt werden.

II. Bewegliche Kessel, deren Inbetriebnahme in einem Bundesstaate genehmigt worden ist, können — vorbehaltlich der Bestimmungen über die regelmäßigen Untersuchungen (Abschnitt V) — in jedem anderen Bundesstaat ohne nochmalige vorgängige Genehmigung in Betrieb gesetzt werden. Dasselbe gilt für Dampfschiffskessel, wenn sie sich auf Schiffen befinden, welche Gewässer verschiedener Bundesstaaten befahren. Jedoch ist von der Inbetriebnahme solcher (beweglicher und Dampfschiffs-) Kessel dem zuständigen Kesselprüfer unverzüglich Anzeige zu erstatten (§ 43).

III. Bevor ein beweglicher Kessel in dem Bezirk einer Ortspolizeibehörde in Betrieb genommen wird, ist der Letzteren von dem Betriebsunternehmer oder dessen Stellvertreter unter Angabe der Stelle, an welcher der Betrieb stattfinden soll, Anzeige zu erstatten. Ist der Kessel für die der Aufsicht der Bergbehörden unterstellten Betriebe bestimmt, so ist die Anzeige den im § 2 Absatz I Ziffer 1 bezeichneten Beamten zu erstatten.

§ 27.

Bescheinigungen. Revisionsbuch.

I. Die Kesselprüfer haben über die von ihnen ausgeführten Prüfungen der Bauart, Untersuchungen gemäß § 18 Absatz II, Druckproben und Abnahmeprüfungen schriftliche Bescheinigungen auszustellen. Die Aushändigung der Bescheinigungen muß spätestens binnen sieben Tagen, bei Abnahmebescheinigungen auf ausdrückliches Verlangen der Kesselbesitzer binnen drei Tagen erfolgen. Die Kesselprüfer haben sich zu diesem Behufe der anliegenden Vordrucke B, C, F und G zu bedienen, der Vordrucke B und F jedoch nur in dem Falle, daß die Wasserdruckprobe nicht in Verbindung mit der Prüfung der Bauart bewirkt worden ist. Die Bescheinigungen sind mit der Genehmigungsurkunde (§ 16) und sämmtliche Papiere mit dem Revisionsbuche zu verbinden.

II. Abschrift der Bescheinigung über die Abnahmeprüfung ist der Ortspolizeibehörde oder der an ihre Stelle tretenden Bergbehörde und bei feststehenden Kesseln in Gewerbebetrieben, die der Aufsicht der Gewerbe-Inspektion unterstehen, auch der letzteren mitzutheilen.

III. Derjenige Kesselprüfer, welcher die Abnahmebescheinigung ausstellt, hat gleichzeitig das Titelblatt für das zu dem Kessel gehörige Revisionsbuch, unter Benutzung des anliegenden Vordrucks D, auszufertigen. Als Einlagebogen des Revisionsbuches ist der anliegende Vordruck E zu verwenden. Dem neuen Revisionsbuch ist das bisherige Kesselbuch vorzuheften, oder es sind Abschriften der letzten in dem alten Kesselbuch enthaltenen Bescheinigungen über äußere, innere Untersuchungen und Druckproben in das neue Revisionsbuch zu übertragen und die Abschriften durch den Kesselprüfer zu beglaubigen. Die Beschaffung der Revisionsbücher (Vordruck D und E) ist Sache der Kesselbesitzer und hat auf deren Kosten zu erfolgen.

IV. Revisionsbücher für bewegliche Dampfkessel und Dampfschiffskessel, welche in einem anderen Bundesstaat ausgefertigt sind, werden in Preußen zur Weiterbenutzung zugelassen, auch wenn die Einlagebogen dem Vordruck E nicht entsprechen.

V. Die Genehmigungsurkunde nebst Anlagen und das Revisionsbuch sind an der Betriebsstätte des Kessels aufzubewahren und jedem zur Aufsicht zuständigen Beamten oder Sachverständigen auf Verlangen vorzulegen.

VI. Für Kessel, welche der Wasserdruckprobe (§ 22) in einem anderen Bundesstaat unterworfen worden sind, ist der Nachweis einer Prüfung der Bauart (§ 21) nicht zu fordern.

IV. Prüfung nach einer Hauptausbesserung.

§ 28.

I. Dampfkessel, welche eine Ausbesserung in der Kesselfabrik erfahren haben oder zur Ausbesserung an der Betriebsstätte ganz bloß gelegt worden sind, müssen vor der Wiederinbetriebsetzung einer Prüfung mittels Wasserdrucks unterworfen werden.

II. Einer gleichen Prüfung bedarf es, wenn bei Kesseln mit innerem Feuerrohr ein solches Rohr und bei den nach Art der Lokomotivkessel gebauten Kesseln die Feuerbüchse behufs Ausbesserung oder Erneuerung herausgenommen wird, oder bei Heiz- und Siederohrkesseln eine Auswechselung aller Rohre stattfindet, oder wenn bei cylindrischen und Siederkesseln eine oder mehrere Platten neu eingezogen werden. Art und Umfang der Ausbesserung ist in Spalte „Bemerkungen" des Gebührennachweises kurz anzugeben.

III. Die Ausführung der Druckproben erfolgt nach den Vorschriften der §§ 22 und 23 mit der Maßgabe, daß in den Fällen des Absatzes II dieses Paragraphen die völlige Bloßlegung des Kessels nicht erforderlich ist.

IV. Ueber die Druckprobe ist unter Benutzung des Vordrucks B eine Bescheinigung auszustellen, die mit der Genehmigungsurkunde des Kessels zu verbinden ist. In der Bescheinigung ist anzugeben, worin die ausgeführte Ausbesserung bestanden hat und von wem sie bewirkt worden ist.

V. Eine erneute Stempelung der das Fabrikschild mit dem Kessel verbindenden Niete findet bei Druckproben nach Hauptausbesserungen nicht statt; es genügt vielmehr, in der Bescheinigung auf die frühere Stempelung hinzuweisen.

VI. Bei feststehenden Kesseln, deren Fabrikschilder nach den vor Erlaß der allgemeinen polizeilichen Bestimmungen des Bundesraths über die Anlegung von Dampfkesseln vom 5. August 1890 bestehenden Bestimmungen bisher nicht mit Kupfernieten mit dem Kessel verbunden sind, kann diese Verbindung und die Stempelung der Niete nur bei erneuter Genehmigung (§ 8) gefordert werden. Diese Vorschrift erstreckt sich nicht auf bewegliche Kessel und Dampfschiffskessel (§ 20 der allgemeinen polizeilichen Bestimmungen).

V. Regelmäßige technische Untersuchungen.

§ 29.

I. Jeder zum Betriebe aufgestellte Dampfkessel, er mag unausgesetzt oder nur in bestimmten Zeitabschnitten oder unter gewissen Voraussetzungen (z. B. als Reservekessel) betrieben werden, ist von Zeit zu Zeit einer technischen Untersuchung zu unterziehen.

II. Dieser Vorschrift unterliegen Dampfkessel dann nicht mehr, wenn ihre Genehmigung durch dreijährigen Nichtgebrauch (§ 19) oder durch ausdrücklichen der Polizeibehörde und dem zuständigen Kesselprüfer erklärten Verzicht erloschen ist. Endlich ruhen die Untersuchungen in dem durch § 32 Absatz VIII vorgesehenen Falle.

III. Eine Entbindung von den wiederkehrenden Untersuchungen kann nur durch Verfügung des Ministers für Handel und Gewerbe erfolgen.

§ 30.

Die technische Untersuchung bezweckt die Prüfung:

1. der fortdauernden Uebereinstimmung der Kesselanlage mit den bestehenden gesetzlichen und polizeilichen Vorschriften und mit dem Inhalte der Genehmigungsurkunde,
2. ihres betriebsfähigen Zustandes,
3. ihrer sachgemäßen Wartung, insbesondere der bestimmungsmäßigen Benutzung der vorgeschriebenen Sicherheitsvorrichtungen.

§ 31.

I. Die Untersuchung erfolgt, soweit nicht die im § 2 Absatz I Ziffer 1 bis 3 genannten staatlichen Prüfungsbeamten oder die nach den §§ 3 und 5 zugelassenen Sachverständigen zuständig sind, durch die nach § 2 Absatz I Ziffer 4 ermächtigten Ingenieure der Dampfkessel-Ueberwachungsvereine im staatlichen Auftrag im Umfange der den einzelnen Vereinen zugetheilten Aufsichtsbezirke, deren Abgrenzung öffentlich bekannt gemacht werden wird.

II. Bewegliche Kessel gehören zu demjenigen Bezirk, in welchem ihr Besitzer wohnt oder ein von demselben zu bezeichnender ständiger, mit Vollmacht ausgerüsteter Vertreter seinen dauernden Wohnsitz hat. Dampfschiffskessel gehören zu demjenigen Bezirk, in welchem ihr Heimathshafen liegt, in Ermangelung eines solchen, in welchem sich der Wohnsitz des Schiffseigners oder eines von ihm zu bezeichnenden ständigen, mit Vollmacht ausgestatteten Vertreters befindet.

III. Auf Ersuchen des hiernach zuständigen Kesselprüfers oder auf Antrag des Kesselbesitzers müssen die technischen Untersuchungen von solchen beweglichen und Dampfschiffskesseln, die im staatlichen Auftrage zu untersuchen sind, von dem zuständigen Kesselprüfer ausgeführt werden, in dessen Bezirk sich der Kessel zur Zeit der Fälligkeit der Untersuchung befindet. Das Gleiche gilt von beweglichen und Dampfschiffskesseln von Vereinsmitgliedern. Der die Untersuchung ausführende Kesselprüfer hat in diesen Fällen Abschrift des Prüfungsbefundes dem nach Absatz II zuständigen Dampfkessel-Ueberwachungsverein mitzutheilen.

IV. Die Untersuchung von beweglichen Dampfkesseln, die auf solchen Bergwerken, Aufbereitungsanstalten oder Salinen und anderen zugehörigen Anlagen vorübergehend verwendet werden, deren Kessel der Ueberwachung durch Bergrevierbeamte unterliegen, sind während der Dauer dieser Verwendung den letzteren vorbehalten.

§ 32.

I. Die amtliche Untersuchung der Dampfkessel ist eine äußere oder eine innere oder eine Prüfung durch Wasserdruck. Für die nachgenannten Untersuchungsfristen sind die Etatsjahre, d. h. der Zeitraum zwischen dem ersten April des einen und des folgenden Jahres maßgebend.

II. Die regelmäßige äußere Untersuchung findet bei feststehenden Dampfkesseln alle zwei Jahre, bei beweglichen und Dampfschiffskesseln alle Jahre statt.

III. Die regelmäßige innere Untersuchung ist bei feststehenden Kesseln alle vier Jahre, bei beweglichen alle drei Jahre und bei Dampfschiffskesseln alle zwei Jahre vorzunehmen.

IV. Die regelmäßige Wasserdruckprobe findet bei feststehenden Kesseln mindestens alle acht Jahre, bei beweglichen und Dampfschiffskesseln mindestens alle sechs Jahre statt und ist mit der in demselben Jahre fälligen inneren Untersuchung möglichst zu verbinden.

V. Die innere Untersuchung kann nach dem Ermessen des Prüfers durch eine Wasserdruckprobe ergänzt werden. Sie ist stets durch eine Wasserdruckprobe zu ergänzen oder zu ersetzen bei Kesselkörpern, welche ihrer Bauart halber nicht genügend besichtigt werden können.

VI. In denjenigen Jahren, in denen eine innere Untersuchung oder eine Wasserdruckprobe vorgenommen wird, kommt bei den feststehenden und bei den beweglichen Dampfkesseln die fällige regelmäßige äußere Untersuchung in Fortfall. Bei den Dampfschiffskesseln ist diese thunlichst mit der inneren Untersuchung oder mit der Wasserdruckprobe zu verbinden.

VII. Die äußeren Untersuchungen führt der Prüfungsbeamte im Laufe des Etatsjahrs, in dem sie fällig werden, zu einem ihm genehmen Zeitpunkt aus. Für die inneren Untersuchungen und Wasserdruckproben laufen die Prüfungsfristen vom Tage der technisch-polizeilichen Abnahme oder der letzten gleichartigen Untersuchung ab. Ihre Ueberschreitung um mehr als zwei Monate ist nur ausnahmsweise und nicht über einen Zeitraum von sechs Monaten zulässig und ist in dem Jahresberichte des Kesselprüfers (§ 4) zu begründen. Durch Druckproben nach Hauptausbesserungen werden die regelmäßigen Untersuchungsfristen der Kessel (§§ 29ff.) nicht unterbrochen, jedoch kann eine solche Druckprobe an Stelle einer in demselben Etatsjahre fälligen regelmäßigen Wasserdruckprobe treten. Wird auf Antrag des Kesselbesitzers oder seines mit der Leitung des Betriebs beauftragten Stellvertreters eine innere Untersuchung mit der Druckprobe nach einer Hauptausbesserung verbunden, so können die Fristen der regelmäßigen Untersuchungen von diesem Zeitpunkt an neu berechnet werden. Das Gleiche gilt, wenn in Folge einer inneren Untersuchung eine Druckprobe nach einer Hauptausbesserung erforderlich wird.

VIII. Wenn ein Kessel auf die Dauer mindestens eines Jahres vollständig außer Betrieb gesetzt und dem zuständigen Kesselprüfer entsprechende Anzeige gemacht wird, so ist die Zeit des angemeldeten Stillstandes bis zur Dauer von zwei Jahren bei Berechnung der Prüfungsfristen außer Ansatz zu bringen. Von der Erhebung der Jahresbeiträge ist nur dann Abstand zu nehmen, wenn der angemeldete Stillstand sich über ein ganzes Etatsjahr erstreckt. Nach einer Betriebsunterbrechung von mehr als zweijähriger Dauer darf der Betrieb erst nach Vornahme einer inneren, mit Wasserdruckprobe verbundenen amtlichen Untersuchung wieder eröffnet werden. Die Verjährung der Genehmigung (§ 19) wird durch die angemeldete Außerbetriebstellung nicht unterbrochen und kann auch nicht durch Untersuchungen an nicht im Betriebe befindlichen Kesseln aufgehalten werden.

IX. Bei Bemessung der Fristen werden Untersuchungen, welche in einem anderen Bundesstaate von den daselbst zuständigen Sachverständigen vorgenommen worden sind, den in Preußen vorgenommenen gleich geachtet.

§ 33.

I. Die äußere Untersuchung besteht vornehmlich in einer Prüfung der ganzen Betriebsweise des Kessels; eine Unterbrechung des Betriebs darf dabei nur verlangt werden, wenn Anzeichen gefahrbringender Mängel, deren Vorhandensein und Umfang nicht anders festgestellt werden kann, sich ergeben haben.

II. Die Untersuchung ist zu richten:

auf die Ausführung und den Zustand der Speisevorrichtungen, der Wasserstandsvorrichtungen, wobei zu bemerken ist, daß Probirhähne während des Betriebs in grader Richtung durchstoßbar sein müssen, der Sicherheitsventile und etwaiger anderer Sicherheitsvorrichtungen, der Feuerungsanlage und der Mittel zur Regelung und Absperrung des Zutritts der Luft und zur thunlichst schnellen Beseitigung des Feuers, auf alle ohne Unterbrechung oder Schädigung des Betriebs zugänglichen Kesseltheile, namentlich die Feuerplatten, soweit sie zur Besichtigung frei liegen,

auf die Anordnung und den Zustand der Abblasevorrichtung, die Vorkehrungen zur Reinigung des Kesselinnern oder des Speisewassers und der Feuerzüge, sowie

auf alle etwa noch zum Betriebe des Kessels gehörigen Einrichtungen.

III. Die Betriebseinrichtungen sind in der Regel durch Ingangsetzen zu prüfen.

IV. Ebenso ist bei der äußeren Untersuchung zu prüfen, ob der Kesselwärter die zur Sicherheit des Betriebs erforderlichen Vorrichtungen anzuwenden und die im Augenblicke der Gefahr nothwendigen Maßnahmen zu ergreifen versteht, und ob er mit der sachgemäßen Behandlung der Feuerung und aller Betriebseinrichtungen vertraut ist.

§ 34.

I. Die innere Untersuchung bezweckt die Prüfung der Beschaffenheit des Kesselkörpers, welcher dabei, soweit wie nöthig, von innen und außen durch den Kesselprüfer genau zu besichtigen ist.

II. Zu ihrer Ausführung ist der Betrieb des Kessels so frühzeitig einzustellen, daß der Kessel und die Züge gründlich gereinigt werden können und genügend abgekühlt sind. Auch ist die Einmauerung oder Ummantelung, soweit wie nöthig, zu entfernen, wenn die Untersuchung sich nicht zur Genüge durch Befahrung der Züge oder auf andere Weise bewirken läßt. Ferner kann in besonderen Fällen gefordert werden, daß Feuerröhren, die nach der bei Lokomotiven gebräuchlichen Art eingesetzt sind, herausgenommen werden. Wo zwei oder mehr Dampfkessel mit einer gemeinsamen Dampf- oder Speise- oder Wasserablaß-Rohrleitung verbunden sind, ist der der inneren Untersuchung zu unterwerfende Dampfkessel zum Schutze der untersuchenden Personen von jeder der gemeinsamen Rohrleitungen in augenfälliger und wirksamer Weise durch geeignete Vorrichtungen zu trennen.

III. Die innere Untersuchung ist vornehmlich zu richten:

auf die Beschaffenheit der Kesselwandungen, Niete, Anker, Heiz- und Rauchrohre, wobei zu ermitteln ist, ob die Widerstandsfähigkeit dieser Theile durch den Gebrauch gefährdet ist,

auf das Vorhandensein und die Natur des Kesselsteins, seine genügende Beseitigung und die Mittel dazu,

auf den Zustand der Wasserzuleitungsröhren und der Reinigungsöffnungen,

auf den Zustand der Speise- und Dampfventile,

auf den Zustand der Verbindungsröhren zwischen Kessel und Manometer beziehungsweise Wasserstandszeiger, sowie der übrigen Sicherheitsvorrichtungen,

auf den Zustand der ganzen Feuerungseinrichtung sowie der Feuerzüge außerhalb wie innerhalb des Kessels.

§ 35.

I. Die Wasserdruckprobe bezweckt die Feststellung etwaiger bleibender Formveränderungen und der Dichtigkeit des Kessels. Sie erfolgt bei Kesseln, welche für eine Dampfspannung von nicht mehr als zehn Atmosphären Ueberdruck bestimmt sind, mit dem anderthalbfachen Betrage des genehmigten Ueberdrucks, im Uebrigen mit einem Drucke, welcher den genehmigten Ueberdruck um fünf Atmosphären übersteigt.

II. Die Bestimmungen des § 22 Absatz II und III finden entsprechende Anwendung.

III. Bei der Probe ist, soweit dies vom Prüfer verlangt wird, die Ummauerung oder Ummantelung des Kessels zu beseitigen. Mit der Wasserdruckprobe ist eine Prüfung der Sicherheitsventile auf die Richtigkeit ihrer Belastung zu verbinden.

§ 36.

I. Werden bei einer Untersuchung erhebliche Unregelmäßigkeiten in dem Betriebe des Kessels ermittelt, oder erscheint die Beobachtung eines zur Zeit noch unbedenklichen Schadens geboten, so kann nach dem Ermessen des Kesselprüfers in kürzerer Frist, als im § 32 festgesetzt ist, eine außerordentliche Untersuchung vorgenommen werden.

II. Hat eine Untersuchung Mängel ergeben, welche Gefahr herbeiführen können, und wird diesen nicht sofort abgeholfen, so muß nach Ablauf der zur Herstellung des vorschriftsmäßigen Zustandes festzusetzenden Frist die Untersuchung von Neuem vorgenommen werden.

III. Ergiebt sich bei der Untersuchung des Kessels ein Zustand, der eine unmittelbare Gefahr einschließt, so hat der Kesselprüfer die Fortsetzung des Betriebs bis zur Beseitigung der Gefahr zu untersagen, und zwar, soweit es sich um Sachverständige handelt, die nicht im Besitze polizeilicher Befugnisse sind, durch Vermittelung der zuständigen Ortspolizeibehörde. Diese hat darüber zu wachen, daß der Kessel nicht wieder in Betrieb gesetzt wird, bis durch eine nochmalige Untersuchung der vorschriftsmäßige Zustand der Anlage festgestellt ist.

IV. Bei Dampfkesseln, die einer Königlichen Behörde oder einer solchen Eisenbahnverwaltung gehören, welche den Bestimmungen des Gesetzes vom 3. November 1838 unterliegt, tritt an die Stelle der Ortspolizeibehörde der die Aufsicht über den Kesselbetrieb führende Beamte beziehungsweise die zuständige staatliche Aufsichtsbehörde, bei den den Bergbehörden unterstellten Dampfkesseln der zuständige Bergrevierbeamte. Diese Behörden können, sobald sie nicht am Betriebsorte oder in dessen unmittelbarer Nähe ihren Sitz haben, die Polizeibehörde des Ortes zur Ueberwachung der angeordneten Außerbetriebsetzung eines Dampfkessels unter Mittheilung des Sachverhalts zuziehen.

§ 37.

I. Die äußere Untersuchung erfolgt ohne vorherige Benachrichtigung des Kesselbesitzers. Ausnahmsweise kann bei denjenigen beweglichen und Dampfschiffskesseln, welche ihren Betriebsort häufig wechseln, der Zeitpunkt für diese Untersuchung mit dem Kesselbesitzer vereinbart werden.

II. Von einer bevorstehenden inneren Untersuchung oder Wasserdruckprobe ist der Besitzer mindestens vier Wochen vorher zu unterrichten.

III. Der Zeitpunkt für diese letzteren Untersuchungen ist unbeschadet der Bestimmungen im § 32 Absatz VII nach Anhörung des Besitzers so zu wählen, daß der Betrieb der Anlage so wenig wie möglich beeinträchtigt wird.

IV. Zu dem Ende ist namentlich bei Anlagen, deren Betrieb nur zu gewisser Zeit im Jahre unterbrochen werden kann, diese zu wählen. Bewegliche Dampfkessel können von den Besitzern oder ihren Vertretern an einem beliebigen Orte innerhalb des Amtsbezirks des zuständigen Kesselprüfers für die Untersuchung bereit gestellt werden.

V. Bewegliche Kessel auf Bergwerken, Aufbereitungsanstalten oder Salinen und anderen zugehörigen Anlagen, sowie auf staatlichen Hütten und unter Aufsicht der Bergbehörden betriebenen Steinbrüchen sind auf der Betriebsstelle zu untersuchen.

VI. Durch die Untersuchung der Dampfschiffskessel dürfen die Fahrten der Schiffe nicht gestört werden; die innere Untersuchung und Wasserdruckprobe von

Dampfschiffskesseln ist vor dem Beginn der Fahrten des betreffenden Jahres zu bewirken.

VII. Falls ein Kesselbesitzer der Anforderung des zur Untersuchung berufenen Beamten, den Kessel für die innere Untersuchung oder Wasserdruckprobe bereitzustellen, nicht entspricht, so ist der Besitzer des Kessels auf Ersuchen des Kesselprüfers durch die zuständige Ortspolizeibehörde mittelst polizeilicher Verfügung unter Strafandrohung (Tittel IV und V des Landesverwaltungsgesetzes) anzuhalten, den Kessel an einem vom Kesselprüfer festzusetzenden Tage für die vorzunehmende Untersuchung ordnungsmäßig bereitzustellen oder, wenn Gefahr im Verzuge erscheint, den Betrieb bis auf Weiteres einzustellen.

VIII. Die zur Ausführung der Untersuchung erforderlichen Arbeitskräfte und Vorrichtungen hat der Besitzer des Kessels dem Beamten unentgeltlich zur Verfügung zu stellen.

§ 38.

I. Der Befund der Untersuchungen ist in das Revisionsbuch einzutragen.

II. Zur Abstellung der bei den Untersuchungen vorgefundenen Mängel und Unregelmäßigkeiten kann der untersuchende Beamte unter Mittheilung einer Abschrift des Vermerks über das Ergebniß der Untersuchung die Unterstützung der Polizeibehörde des Ortes, an welchem sich der Kessel befindet, in Anspruch nehmen.

III. Der § 36 Absatz IV findet entsprechende Anwendung.

§ 39.

I. Bis zum 1. Juni jedes Jahres haben die Gewerbeinspektoren dem Königlichen Regierungspräsidenten des Bezirks — in Berlin dem Königlichen Polizeipräsidenten —

1) die Zahl der ihrer Aufsicht unterliegenden fiskalischen Kessel und eine Nachweisung sämmtlicher an denselben im Laufe des verflossenen Etatsjahrs ausgeführten wiederkehrenden, außerordentlichen Untersuchungen, der auf Antrag erfolgten Prüfungen sowie der ersten Wasserdruckproben und Abnahmen nebst deren Ergebniß nach dem anliegenden Vordrucke H mitzutheilen;

2) eine Angabe über die Zahl derjenigen Untersuchungen zu machen, welche den staatlichen Beamten gemäß § 5 vorbehalten sind, oder auf Grund besonderer Anordnung erfolgt.

II. Seitens der im Absatz I genannten Behörden ist hiernach bis zum 1. Juli jedes Jahres dem Minister für Handel und Gewerbe die Zahl der von den einzelnen Gewerbeinspektionen überwachten Kessel und der von ihnen bewirkten Untersuchungen gemäß vorstehenden Ziffern 1 und 2 anzugeben.

VI. Gebühren.

§ 40.

I. Die Gebühren für die von Beamten des Staates oder von staatlich beauftragten Vereinsingenieuren (§ 2 Absatz 1 Ziffer 4) ausgeführten Dampfkessel-Untersuchungen werden auf diejenigen Beträge festgesetzt, welche sich aus Ziffer I—III der beiliegenden Gebührenordnung ergeben. Bei der Gebührenberechnung sind die wasserberührten Heizflächen der Dampfkessel nur bis zur ersten Dezimalstelle ohne Rücksicht auf die zweite Dezimalstelle einzusetzen. Die Festsetzung und Einziehung der Gebühren und Kosten erfolgt durch die Königlichen Regierungspräsidenten, in Berlin durch den Königlichen Polizeipräsidenten, bei Kesseluntersuchungen auf

Bergwerken, Aufbereitungsanstalten oder Salinen und anderen zugehörigen Anlagen durch die Königlichen Oberbergämter.

II. Die Kesselprüfer haben diesen Behörden die Berechnung der Jahresbeiträge nach dem anliegenden Vordruck K. P. 4 mit einem Gebührennachweise nach dem ebenfalls anliegenden Vordruck K. P. 3, nach Kreiskassen geordnet, in einfacher Ausfertigung bis zum 1. Mai jedes Jahres einzureichen. Anderweite Gebührenberechnungen (nach Vordruck K. P. 5 vgl. Abschnitt I und III der Gebührenordnung) sind in derselben Weise den zuständigen Behörden bis zum 10. jedes Monats vorzulegen. Etwa nachträglich einzuziehende Jahresgebühren und solche für im Laufe des Etatsjahrs neu hinzutretende Kessel sind in vorstehenden Terminen zu liquidiren.

§ 41.

I. Die Gebühren für die den Gewerbeinspektionen vorbehaltenen Untersuchungen an nicht fiskalischen Kesseln (vergl. § 5) fließen zur Staatskasse. Die Gebühren für die im staatlichen Auftrage (§ 2 Absatz I Ziffer 4) ausgeführten Untersuchungen sind den betreffenden Dampfkessel-Ueberwachungsvereinen zu überweisen.

II. Hinsichtlich der übrigen staatlichen Prüfungsbeamten bewendet es bei den bestehenden Vorschriften darüber, inwieweit sie einen Anspruch auf die von den Kesselbesitzern einzuziehenden Gebühren haben.

VII. Sonstige Bestimmungen.

§ 42.

I. Der Uebergang von Kesseln aus der staatlichen Ueberwachung (§ 2 Absatz I Ziffer 1) oder der Ueberwachung im staatlichen Auftrage (§ 2 Absatz 1 Ziffer 4) in die Vereinsüberwachung (§ 3) kann, abgesehen von den durch Uebergang von Kesseln in den Besitz von Vereinsmitgliedern (§ 3) bedingten Veränderungen, nur am 1. April jedes Jahres nach rechtzeitiger, spätestens bis zum Ablauf des vorhergehenden Kalenderjahres eingegangener schriftlicher Kündigung des Kesselbesitzers erfolgen. Diese ist, sofern der Kessel von einem staatlichen Beamten überwacht wird, bei diesem, im Uebrigen bei dem nach § 4 Absatz I zur Aufsicht über den Verein zuständigen Königlichen Regierungspräsidenten beziehungsweise Oberbergamte anzubringen.

II. Wer bei Anlegung von Dampfkesseln nicht bereits einem Ueberwachungsverein angehört, untersteht der staatlichen oder der nach § 2 Absatz I Ziffer 4 geregelten Ueberwachung so lange, bis die vorgedachte Kündigung ausgesprochen und wirksam geworden ist.

§ 43.

I. Die Kesselbesitzer sind verpflichtet, dem zuständigen Dampfkessel-Ueberwachungsverein und der Ortspolizeibehörde, bei Bergwerken, Aufbereitungsanstalten oder Salinen und anderen zugehörigen Anlagen, soweit deren Kessel von dem Bergrevierbeamten untersucht werden, dem letzteren von jeder in ihrem Kesselbesitzstande eintretenden Aenderung — insbesondere von der zeitweisen oder gänzlichen Außerbetriebstellung von Kesseln, der etwaigen Wiedereröffnung des Betriebs, dem Abgang von Dampfschiffskesseln wegen dauernden Aufenthalts der zugehörigen Schiffe im Auslande, deren Rückkehr, der Beseitigung, dem Verkauf oder der Neubeschaffung von Kesseln — spätestens bis zum 1. April jedes Jahres Anzeige zu machen.

II. Veränderungen, welche nicht rechtzeitig angezeigt worden sind, werden bei Ausschreibung der Jahresbeiträge nicht berücksichtigt. Eine Rückerstattung hiernach etwa zu viel erhobener Jahresbeiträge findet nicht statt.

§ 44.

I. Die Kesselbesitzer oder deren Stellvertreter sind verpflichtet, von jeder vorkommenden Explosion eines Dampfkessels in erster Linie dem für den Bezirk zuständigen Staatsbeamten (Gewerbeinspektor, Bergrevierbeamten), auch wenn der Kessel unter Ueberwachung eines Vereins steht, unverzüglich Anzeige zu erstatten. Die gleiche Anzeige ist, wenn der Kessel der Ueberwachung durch Vereinsingenieure unterliegt, an den Vereinsingenieur zu richten.

II. Eine Dampfkesselexplosion liegt vor, wenn die Wandung eines Kessels durch den Dampfkesselbetrieb eine Trennung in solchem Umfange erleidet, daß durch Ausströmen von Wasser und Dampf ein plötzlicher Ausgleich der Spannungen innerhalb und außerhalb des Kessels stattfindet.

III. Für die amtliche Untersuchung explodirter Kessel sind Gebühren nicht zu entrichten.

§ 45.

Diese Anweisung nebst der zugehörigen Gebührenordnung tritt unter Aufhebung der Anweisung, betreffend die Genehmigung und Untersuchung der Dampfkessel, vom 15. März 1897 (Min.-Bl. f. d. i. V. 1897 S. 53 ff.) am 1. April 1900 in Kraft.

Berlin, den 9. März 1900.

Der Minister für Handel und Gewerbe.
gez. Brefeld.

Von der Wiedergabe der verschiedenen erwähnten Vordrucke und der Gebührenordnung ist hier Abstand genommen worden.

§ 25. Die Genehmigung zu einer der in den §§ 16 und 24 bezeichneten Anlagen bleibt solange in Kraft, als keine Aenderung in der Lage oder Beschaffenheit der Betriebsstätte vorgenommen wird, und bedarf unter dieser Voraussetzung auch dann, wenn die Anlage an einen neuen Erwerber übergeht, einer Erneuerung nicht. Sobald aber eine Veränderung der Betriebsstätte vorgenommen wird, ist dazu die Genehmigung der zuständigen Behörde nach Maßgabe der §§ 17—23 einschließlich beziehungsweise des § 24 nothwendig. Eine gleiche Genehmigung ist erforderlich bei wesentlichen Veränderungen in dem Betriebe einer der im § 16 genannten Anlagen. Die zuständige Behörde kann jedoch auf Antrag des Unternehmers von der Bekanntmachung (§ 17) Abstand nehmen, wenn sie die Ueberzeugung gewinnt, daß die beabsichtigte Veränderung für die Besitzer oder Bewohner benachbarter Grundstücke oder das Publikum überhaupt neue oder größere Nachtheile, Gefahren oder Belästigungen, als mit der vorhandenen Anlage verbunden sind, nicht herbeiführen werde.

Diese Bestimmungen finden auch auf gewerbliche Anlagen (§§ 16 und 24) Anwendung, welche bereits vor Erlaß dieses Gesetzes bestanden haben.

Die Veränderung muß eine wesentliche sein.

§ 26. Soweit die bestehenden Rechte zur Abwehr benachtheiligender Einwirkungen, welche von einem Grundstück aus auf ein benachbartes Grundstück geübt werden, dem Eigenthümer oder Besitzer des letzteren eine Privatklage gewähren, kann diese Klage einer mit obrigkeitlicher Genehmigung errichteten gewerblichen Anlage gegenüber niemals auf Einstellung des Gewerbebetriebs, sondern nur auf Herstellung von Einrichtungen, welche die benachtheiligende Einwirkung ausschließen, oder, wo solche Einrichtungen unthunlich oder mit einem gehörigen Betriebe des Gewerbes unvereinbar sind, auf Schadloshaltung gerichtet werden.

§ 27. Die Errichtung oder Verlegung solcher Anlagen, deren Betrieb mit ungewöhnlichem Geräusch verbunden ist, muß, sofern sie nicht schon nach den Vorschriften der §§ 16—25 der Genehmigung bedarf, der Ortspolizeibehörde angezeigt werden. Letztere hat, wenn in der Nähe der gewählten Betriebsstätte Kirchen, Schulen oder andere öffentliche Gebäude, Krankenhäuser oder Heilanstalten vorhanden sind, deren bestimmungsmäßige Benutzung durch den Gewerbebetrieb auf dieser Stelle eine erhebliche Störung erleiden würde, die Entscheidung der höheren Verwaltungsbehörde darüber einzuholen, ob die Ausübung des Gewerbes an der gewählten Betriebsstätte zu untersagen oder nur unter Bedingungen zu gestatten sei.

§ 28. Die höheren Verwaltungsbehörden sind befugt, über die Entfernung, welche bei Errichtung von durch Wind bewegten Triebwerken von benachbarten fremden Grundstücken und von öffentlichen Wegen inne zu halten ist, durch Polizeiverordnungen Bestimmung zu treffen.

Die nach § 27 in Betracht kommenden Anlagen sind solche, welche nicht konzessionspflichtig sind. Wenn ihr Betrieb unter Bedingungen gestattet wird, so sind diese zu erfüllen, da andernfalls der Betrieb eingestellt werden muß. Ein Zwang zur Erfüllung besteht nicht.

Hierzu § 111 des Zuständigkeitsgesetzes: Der Bezirksausschuß beschließt auf Antrag der Ortspolizeibehörde darüber, ob die Ausübung eines Gewerbes in Anlagen, deren Betrieb mit ungewöhnlichem Geräusch verbunden ist, an der gewählten Betriebsstätte zu untersagen oder nur unter Bedingungen zu gestatten ist.

§ 51. Wegen überwiegender Nachtheile und Gefahren für das Gemeinwohl kann die fernere Benutzung einer jeden gewerblichen Anlage durch die höhere Verwaltungsbehörde zu jeder Zeit untersagt werden. Doch muß dem Besitzer alsdann für den erweislichen Schaden Ersatz geleistet werden.

Gegen die untersagende Verfügung ist der Rekurs zulässig; wegen der Entschädigung steht der Rechtsweg offen.

§ 52. Die Bestimmung des § 51 findet auch auf die zur Zeit der Verkündigung des gegenwärtigen Gesetzes bereits vorhandenen gewerblichen Anlagen Anwendung; doch entspringt aus der Untersagung der ferneren Benutzung kein Anspruch auf Entschädigung, wenn bei der früher ertheilten Genehmigung ausdrücklich vorbehalten worden ist, dieselbe ohne Entschädigung zu widerrufen.

§§ 51 und 52 der Gewerbeordnung treffen sämmtliche gewerblichen Anlagen, konzessionspflichtige wie nichtkonzessionspflichtige. Natürlich müssen sie den bestehenden Vorschriften entsprechen, so daß, was die nicht konzessionspflichtigen Anlagen anlangt, die Bestimmungen dieser Paragraphen auf Anlagen, die mit den öffentlich-rechtlichen, insbesondere polizeilichen Vorschriften im Widerspruch stehen, nicht Anwendung finden können. Bezüglich der konzessionspflichtigen Anlagen kann dies nicht in Frage kommen, weil eine mit den öffentlich-rechtlichen Bestimmungen in Widerspruch stehende Anlage nicht die Genehmigung erhalten kann, eine später ohne Konzession diesen Bestimmungen entgegen hergestellte Anlage schon wegen des Mangels der Konzession unzulässig ist.

Hierzu § 112 des Zuständigkeitsgesetzes: Die Befugniß, gemäß § 51 der Reichsgewerbeordnung die fernere Benutzung einer gewerblichen Anlage wegen überwiegender Nachtheile und Gefahren für das Gemeinwohl zu untersagen, steht dem Bezirksausschusse zu.

§ 113. In Fällen der §§ 109—112 (nämlich des Zuständigkeitsgesetzes) findet die Beschwerde an den Minister für Handel und Gewerbe statt. Sofern bei Neuanlagen Landeskulturinteressen in Betracht kommen, ist der Minister für Landwirthschaft zuzuziehen.

Im Anschluß hieran folgen die einschlägigen Bestimmungen aus der Anweisung zur Ausführung der Gewerbeordnung vom 9. August 1899 (Min.-Bl. S. 127).

Anweisung vom 9. August 1899 zur Ausführung der Gewerbeordnung Titel I, II, IV, V. (Min.Bl. S. 127).

Zur Ausführung des Titels I, II, IV, V der Gewerbeordnung wird unter Aufhebung der Ausführungsanweisungen vom 4. September 1869, vom 29. Dezember 1883 und vom 19. Juli 1884 (Min.-Bl. 1869 S. 200 und 1884 S. 11 und S. 164) Folgendes bestimmt:

Zu § 15 (der Gewerbeordnung).

5. Die Polizeibehörde prüft, ob von dem Gewerbetreibenden den gesetzlichen Anforderungen genügt ist.

Mangeln ihm für den begonnenen Gewerbebetrieb der vorgeschriebene Befähigungsnachweis (§§ 30 Abs. 2, §§ 30 a, 31, 34 des Gesetzes) oder die erforderliche Approbation, Konzession, Bestallung, Erlaubniß oder Genehmigung (§§ 29, 30 Abs. 1, 32, 33, 33 a, 34, 37, 43 des Gesetzes), so ist, wenn ungeachtet einer dahin gehenden Aufforderung der Polizeibehörde der Betrieb nicht eingestellt wird, die strafrechtliche Verfolgung der Gewerbetreibenden herbeizuführen. Daneben kann die Fortsetzung des Betriebes von der Ortspolizeibehörde durch Anwendung unmittelbaren Zwanges verhindert und die Beseitigung der zur Ausübung des Gewerbebetriebes dienenden Einrichtungen (Schankgeräthe, Firmenschilder u. s. w.) im Verwaltungszwangsverfahren herbeigeführt werden.

6. Mit der Schließung einer gewerblichen Anlage (§ 147 Abs. 3), welche ohne die in §§ 16, 25 vorgeschriebene Genehmigung betrieben wird, soll, sofern nicht ein sofortiges Einschreiten im öffentlichen Interesse geboten erscheint, die Ortspolizeibehörde in der Regel erst vorgehen, wenn der Thatbestand gemäß § 147 Abs. 1 Ziff. 2 durch richterliches Urtheil festgestellt ist. Die Ortspolizeibehörde hat, sofern der Unternehmer der Aufforderung, die Genehmigung einzuholen, nicht nachkommt, davon abzusehen, ihn zur Einholung der Genehmigung anzuhalten und sogleich das strafgerichtliche Verfahren zu veranlassen. Im Uebrigen finden die Bestimmungen der Ziff. 5 Anwendung.

Jede Schließung einer gewerblichen Anlage hat der Regierungspräsident, in Berlin der Polizei-Präsident dem Minister für Handel und Gewerbe unverzüglich anzuzeigen.

Verfahren bei Errichtung oder Veränderung gewerblicher Anlagen §§ 16 ff.

Antrag.

8. Anträge auf Ertheilung der Genehmigung zur Errichtung oder Veränderung gewerblicher Anlagen (§§ 16, 25) und alle sich darauf beziehenden Eingänge sind als schleunige Angelegenheiten zu behandeln und im Geschäftsgange als solche zu bezeichnen.

Der Antrag ist anzubringen:

a) wenn die Anlage innerhalb eines Landgemeindebezirks oder selbständigen Gutsbezirks errichtet werden soll, bei dem Landrath;
b) wenn die Anlage innerhalb eines Stadtbezirks errichtet werden soll, und die Beschlußfassung dem Stadtausschusse oder dem Magistrat zusteht, bei dieser Behörde, andernfalls bei der Polizeibehörde des Stadtbezirks.

Handelt es sich um die Genehmigung einer Stauanlage für eine zum Betriebe auf Bergwerken oder Aufbereitungsanstalten bestimmtes Wasserbetriebswerk, so ist der Antrag bei dem Revierbeamten anzubringen.

Soll eine unter dem § 109 des Zuständigkeitsgesetzes fallende gewerbliche Anlage von einer Stadtgemeinde über 10000 Einwohner oder von einem Landkreise in ihren Bezirken errichtet werden, so ist der Antrag bei dem Regierungspräsidenten, in Berlin bei dem Oberpräsidenten anzubringen. Dieser bezeichnet auf Grund des § 59 des Landesverwaltungsgesetzes die Beschlußbehörde und giebt an diese den Antrag mit dem Auftrage ab, mit der Leitung des Vorverfahrens einen geeigneten Beamten zu beauftragen.

Zu § 17 der Gewerbeordnung.

9. Aus dem Antrage muß der vollständige Name, der Stand und der Wohnort des Unternehmers ersichtlich sein. Demselben sind in drei Exemplaren eine Beschreibung, eine Situationszeichnung und der Bauplan der Anlage beizufügen.

Aus diesen Vorlagen müssen hervorgehen:

a) die Größe des Grundstückes, auf welchem die Betriebsstätte errichtet werden soll, die Bezeichnung, welche dasselbe im Grundbuche oder im Kataster führt, und der etwaige besondere Name;
b) die gleichartige Bezeichnung der Grundstücke, welche es umgeben, und die Namen ihrer Eigenthümer;
c) die Entfernung, in welcher die zum Betriebe bestimmten Gebäude oder Einrichtungen von den Grenzen der benachbarten Grundstücke und den darauf befindlichen Gebäuden, sowie von den nächsten öffentlichen Wegen liegen sollen;
d) die Höhe und Bauart der benachbarten Gebäude, sofern zu der Betriebsstätte Feuerungsanlagen gehören;

e) die Lage, Ausdehnung und Bauart der Betriebsstätte, die Bestimmung der einzelnen Räume und deren Einrichtung im Allgemeinen;

f) der Gegenstand des Betriebes, die Grundzüge des Verfahrens und der anzuwendenden Apparate, die ungefähre Ausdehnung des Betriebes, die Arten der bei demselben entwickelten Gase und die Vorkehrungen, durch welche deren Entweichen verhindert werden soll, die Beschaffenheit der festen und flüssigen Abfallprodukte, sowie die Art ihrer Beseitigung, insbesondere wenn diese durch Ableitung in Wasserläufe erfolgen soll.

Bei Schießpulver- und Sprengstofffabriken sowie bei Anlagen zur Feuerwerkerei und zur Bereitung von Zündstoffen aller Art sind genaue Angaben über die Bestimmung und Einrichtung der einzelnen Räume, sowie über den Hergang der Fabrikation erforderlich. Auch ist für jeden einzelnen Raum das Maximum der darin zu verarbeitenden oder zu lagernden Stoffe anzugeben.

Stauanlagen.

10. Bei Stauanlagen ist eine Zeichnung der gesammten Stauvorrichtungen einschließlich der Gerinne und Wasserräder (Turbinen) beizubringen. Außerdem ist ein Nivellement erforderlich, in welchem dargestellt sein muß

a) das Längenprofil des zum Betriebe bestimmten Wasserlaufs und des Mutterbaches;

b) eine Anzahl von Querprofilen beider,

c) eine Anzahl Thalquerprofile,

und welches soweit auszudehnen ist, als die Wirkungen der anzulegenden Stauwerke bei Hochwasser reichen; auch müssen die Wirkungen der übrigen Wasserführungen erkennbar gemacht werden. Die Profile sind auf ein und dieselbe Horizontale zu beziehen; die letztere ist an einen unverrückbaren Festpunkt anzuschließen.

Es bedarf ferner einer Angabe der Höhe des gewöhnlichen, des niedrigsten und des höchsten Wasserstandes, sowie der Wassermengen, welche der Wasserlauf bei den verschiedenen Wasserständen führt, und einer Mittheilung darüber, welche Stauwerke ober- und unterhalb der projektirten Anlage zunächst derselben sich befinden.

In dem Situationsplane sind die Grundstücke, welche an den Wasserlauf stoßen, soweit der Rückstau reicht, mit der Nummer, welche sie im Grundbuche oder Kataster führen, und mit dem Namen des zeitigen Eigenthümers zu bezeichnen.

Zeichnungen.

11. Für die erforderlichen Zeichnungen ist ein Maßstab zu wählen, welcher eine deutliche Anschauung gewährt; der Maßstab ist stets auf den Zeichnungen einzutragen, ebenso sind die Himmelsrichtungen anzugeben. Für die Zeichnungen ist haltbares Zeichenpapier, das auf Leinwand aufgezogen ist, oder durchsichtige Zeichenleinwand zu verwenden.

Nivellements und die dazu gehörigen Situationspläne sind von vereideten Feldmessern oder von Baubeamten zu fertigen. Alle sonstigen Aufmessungen und Zeichnungen können von den mit der Ausführung betrauten Technikern oder Werkmeistern angefertigt werden.

Beschreibungen, Zeichnungen und Nivellements sind von demjenigen, welcher sie gefertigt hat, und von dem Unternehmer zu unterschreiben.

Prüfung der Vorlagen.

12. Die Behörden, bei welchen der Antrag eingereicht wird — in den Fällen der Ziffer 8 Abs. 4 der mit der Leitung des Vorverfahrens beauftragte Beamte — haben die Vollständigkeit der Vorlagen zu prüfen.

Das erste Exemplar der Vorlagen ist sodann dem zuständigen Baubeamten, das zweite, sofern es sich nicht lediglich um ein Genehmigungsgesuch für eine Stauanlage handelt, dem zuständigen Gewerbeaufsichtsbeamten und das dritte, wenn es sich um Gasbereitungs- und Gasbewahrungsanstalten, Glas- und Rußhütten, Anlagen zur Gewinnung roher Metalle, Röstöfen, Metallgießereien, sofern sie nicht bloße Tiegelgießereien sind, chemische Fabriken aller Art, Schnellbleichen, Firnißsiedereien, Stärkefabriken, mit Ausnahme der Fabriken zur Bereitung von Kartoffelstärke, Stärkesyrupfabriken, Leim-, Thran- und Seifensiedereien, Knochenbrennereien, Knochendarren, Knochenkochereien und Knochenbleichen, Talgschmelzen, Schlächtereien, Gerbereien, Abdeckereien, Poudretten- und Düngpulverfabriken, Strohpapierstofffabriken, Darmzubereitungsanstalten, Kalifabriken, Kunstwollefabriken, Anlagen zur Herstellung von Celluloid, Degrasfabriken, Anlagen zur Destillation oder zur Verarbeitung von Theer und von Theerwasser, Anlagen, in welchen aus Holz oder ähnlichem Fasermaterial auf chemischem Wege Papierstoff hergestellt wird (Cellulosefabriken) und Anstalten zum Trocknen und Einsalzen ungegerbter Thierfelle handelt, dem zuständigen Medizinalbeamten vorzulegen.

Bei Stauanlagen ist in der Regel der Wasserbaubeamte und der Meliorationsbaubeamte zu hören.

Erscheint es mit Rücksicht auf die Natur der projektirten Anlage erforderlich, der Situationszeichnung eine weitere Ausdehnung zu geben, oder finden sich sonstige Mängel, so ist der Unternehmer von dem Sachverständigen zur Ergänzung auf kürzestem Wege, d. h. durch mündliche Verhandlung oder durch unmittelbaren Schriftwechsel zu veranlassen.

Die Beamten haben die Abgabe ihrer Gutachten nach Möglichkeit zu beschleunigen; die erfolgte Prüfung ist auf den Vorlagen zu bescheinigen.

An Stelle des Baubeamten der allgemeinen Bauverwaltung kann ein Beamter der Stadtgemeinde oder des Kreisverbandes, welcher die gleiche Qualifikation besitzt, zugezogen werden.

In Städten, in welchen die Verwaltung der Baupolizei einer Königlichen Behörde zusteht, ist das für den Baubeamten bestimmte Exemplar der Vorlage, sofern ein anderes nicht verfügbar ist, der Baupolizeibehörde zu übersenden. Diese hat die Vorlage unter Bezeichnung der bei der Prüfung gefundenen Anstände binnen acht Tagen zurückzusenden und nöthigenfalls im Vorverfahren Einspruch zu erheben.

Sofern Erhöhungen im Ueberschwemmungsgebiete beabsichtigt werden, ist zunächst Abschnitt I des Deichgesetzes vom 28. Januar 1848 (Ges.-Samml. S. 54) noch die deichpolizeiliche Genehmigung des Bezirksausschusses herbeizuführen.

Bekanntmachung bei Veränderungen von Anlagen.

13. Wird bei Veränderungen bestehender Anlagen (§ 25) der Antrag gestellt, von der öffentlichen Bekanntmachung Abstand zu nehmen, so haben sich der Baubeamte, der Gewerbeaufsichtsbeamte und der Medizinalbeamte (Ziffer 12) bei Rückgabe der Vorlagen auch hierüber auszusprechen. Der Antrag wird der Regel nach dann zu befürworten sein, wenn es sich um eine unzweifelhafte Verbesserung handelt oder die Unschädlichkeit der beabsichtigten Veränderung klar zu Tage liegt. Seine Befürwortung kann auch dann schon zulässig sein, wenn neue oder größere Nachtheile, Gefahren und Belästigungen, als mit der vorhandenen Anlage verbunden sind, durch die beabsichtigte Veränderung nicht herbeigeführt werden können. Demnächst werden die Akten der zuständigen Beschlußbehörde vorgelegt. Gegen den Beschluß, durch welchen der Antrag, die Genehmigung ohne vorausgegangenes Bekanntmachungsverfahren zu ertheilen, abgelehnt wird, findet ein Rechtsmittel nicht statt.

Bekanntmachung (§ 17 Abs. 2).

14. Die Bekanntmachung des Unternehmens und die Erörterung der erhobenen Einwendungen erfolgt durch die Behörde, bei welcher der Antrag angebracht ist; in

den Fällen der Ziffer 8 Abs. 4 durch den mit der Leitung des Vorverfahrens beauftragten Beamten. Der Landrath ist befugt, beide Geschäfte der Ortspolizeibehörde oder einer sonstigen geeigneten Unterbehörde zu übertragen. Will die Ortspolizeibehörde eines Stadtbezirkes im öffentlichen Interesse gegen das Unternehmen Einspruch erheben, so hat die Beschlußbehörde einen anderen Beamten mit der Leitung des Vorverfahrens zu beauftragen.

Das Gleiche gilt, wenn der Bürgermeister die Ortspolizei verwaltet und entweder die Gemeindeverwaltung gegen das Unternehmen Einwendungen erheben will, oder — abgesehen von den Fällen der Ziffer 8 Absatz 4 — das gewerbliche Unternehmen von einer Stadtgemeinde in ihrem Bezirke ausgeführt werden soll.

15. Die Bekanntmachung des Unternehmens muß enthalten

a) Namen, Stand und Wohnort des Unternehmers, den Gegenstand des Unternehmens, die Bezeichnung des Grundstückes, auf welchem dasselbe aufgeführt werden soll, sowie eine Bezeichnung der Wasserläufe, in welche die Abwässer abgeleitet werden sollen;

b) die Aufforderung, etwaige Einwendungen binnen 14 Tagen bei der Behörde, welche die Bekanntmachungen erläßt, schriftlich in zwei Exemplaren oder zu Protokoll anzubringen;

c) die Verwarnung, daß nach Ablauf der Frist Einwendungen in dem Verfahren nicht mehr angebracht werden können;

d) den Hinweis, daß und wo die Beschreibungen, Zeichnungen und Pläne zur Einsicht ausliegen;

e) die Anberaumung eines (nicht über 10 Tage nach dem Ablauf der 14tägigen Widerspruchsfrist anzusetzenden) Termins zur mündlichen Erörterung der rechtzeitig erhobenen Einwendungen vor dem die Bekanntmachung erlassenden Beamten (falls die Bekanntmachung von dem Stadtausschuß oder Magistrat erlassen wird, von einem namhaft zu machenden Kommissar dieser Behörde);

f) die Eröffnung, daß im Falle des Ausbleibens des Unternehmers oder der Widersprechenden gleichwohl mit der Erörterung der Einwendungen werde vorgegangen werden.

16. Die Bekanntmachung ist nur einmal, und zwar durch das Publikationsorgan der zuständigen Beschlußbehörde zu veröffentlichen. In den Fällen der Ziffer 8 Abs. 4 hat die Bekanntmachung in den amtlichen Publikationsorganen desjenigen Magistrats-, Kreis- oder Stadtausschusses zu erfolgen, in dessen Bezirk die gewerbliche Anlage errichtet werden soll. Dafür, daß von den Vorlagen bis zum Ablauf der Frist innerhalb der Dienststunden an geeigneter Stelle Einsicht genommen werden kann, ist von der Behörde Sorge zu tragen.

Ein Belegblatt der Bekanntmachung ist zu den Akten zu bringen. Eine Bekanntmachung in anderen Blättern darf nicht auf Kosten des Unternehmers erfolgen. Im Interesse eines genügenden Bekanntwerdens des beabsichtigten Unternehmens in den betheiligten Kreisen empfiehlt es sich jedoch, namentlich bei bedeutenderen Anlagen, den Redaktionen der Kreisblätter und anderer geeigneter Zeitungen eine kurze Notiz über den wesentlichen Inhalt der Bekanntmachung mit dem Ersuchen um unentgeltliche Aufnahme zu übersenden.

Einwendungen (§ 19).

17. Ausführliche Einwendungen sind dem Unternehmer noch vor dem Erörterungstermin durch Uebersendung des beigefügten Duplikats oder einer Abschrift mitzutheilen.

Sind innerhalb der Widerspruchsfrist Einwendungen nicht erhoben, so wird der Unternehmer hiervon sowie von dem Wegfall des Erörterungstermins in Kenntniß gesetzt und mit Vorlegung der Akten an die Beschlußbehörde nach Ziffer 20 verfahren.

18. Erscheinen im Erörterungstermine beide Theile, so ist zunächst eine gütliche Einigung zu versuchen. Gelingt der Versuch nicht, so werden die Erklärungen über die beiderseitigen Behauptungen zu Protokoll genommen.

Nur solche Nachtheile, Gefahren oder Belästigungen, welche in der physischen Einwirkung der Anlage auf ihre Umgebung ihren Grund haben, können den Gegenstand von Einwendungen im Genehmigungsverfahren bilden. Diese Einwendungen sind jedoch in allen Fällen und auch dann zu prüfen, wenn der Widerspruch nur durch den Hinweis auf wirthschaftliche Folgen begründet wird. Die nur auf die Besorgniß nachtheiliger Folgen anderer z. B. wirthschaftlicher Art gestützten Einwendungen sind ebenso wenig zur Erörterung zu ziehen, wie Einwendungen, welche auf besonderen privatrechtlichen Titeln (wie Vertrag, Verjährung, letztwillige Verfügung) beruhen.

Wenn der Unternehmer vor Schluß der Erörterung den Antrag gestellt hat, daß ihm die unverzügliche Ausführung der baulichen Anlagen gestattet werde, so sind die Widersprechenden darüber zu hören, ob sie gegen diesen Antrag Einwendungen geltend zu machen haben. Ihre Erklärungen und die Entgegnungen des Unternehmers sind in das Protokoll aufzunehmen.

Ueber diejenigen Behauptungen, welche von den Parteien mit Beweis unterstützt werden und dem Beamten erheblich erscheinen, ist entweder alsbald in dem Erörterungstermin oder in einem neuen, in naher Zeit anzuberaumenden Termine Beweis zu erheben. Die Gestellung von Zeugen und Sachverständigen, welche vernommen werden sollen, ist Sache der Partei, welche die Vernehmung beantragt.

Die Sachverständigen sind vor ihrer Vernehmung darauf hinzuweisen, daß sie über die Thatsachen, welche durch das Verfahren zu ihrer Kenntniß kommen, Verschwiegenheit zu beobachten und sich der Nachahmung der von dem Unternehmer geheimgehaltenen, zu ihrer Kenntniß gelangten Betriebseinrichtungen und Betriebsweisen, so lange diese Betriebsgeheimnisse sind, zu enthalten haben (§ 21 a).

Macht der Verlauf der Verhandlungen die Ansetzung weiterer Termine nöthig, so sind diese unverzüglich anzuberaumen und den Parteien mündlich bekannt zu machen.

Bevollmächtigter.

19. Sind mehrere Widersprechende vorhanden, welche ein gleichartiges Interesse haben, so ist zur Vereinfachung des Verfahrens darauf Bedacht zu nehmen, daß sie einen gemeinschaftlichen Bevollmächtigten bestellen, welcher sie bei den weiteren Verhandlungen zu vertreten hat. Soll er zur Empfangnahme der Bescheide, zur Einlegung des Rekurses oder zur vergleichsweisen Einigung mit dem Unternehmer nicht ermächtigt sein, so ist dies ausdrücklich zu erklären.

Abschluß der Verhandlungen.

20. Nach dem Abschlusse der Erörterungen sind die Verhandlungen, wenn es erforderlich erscheint, dem Baubeamten, dem Gewerbeaufsichtsbeamten und dem Medizinalbeamten (Ziff. 12) zur Abgabe eines neuen Gutachtens mitzutheilen. Ist der zuständige Medizinalbeamte noch nicht gehört, so ist in geeigneten Fällen die Abgabe eines Gutachtens nunmehr herbeizuführen. Bei Stauanlagen sind die in Ziff. 12 Abs. 3 bezeichneten Beamten immer nochmals zu hören. Demnächst werden die Verhandlungen mit einer Aeußerung über die Zulässigkeit der Anlage und über die etwa erhobenen Einwendungen in dem vorgeschriebenen Wege der Beschlußbehörde vorgelegt. Wenn es sich um die Genehmigung der Stauanlage für ein zum Betriebe auf Bergwerken und Aufbereitungsanstalten bestimmtes Wassertriebwerk handelt, sind die Verhandlungen zunächst dem Oberbergamt vorzulegen und von diesem mit seiner Aeußerung an den Bezirksausschuß zu befördern.

Beschlußfassung (§ 18).

21. Die Beschlußfassung über das Genehmigungsgesuch erfolgt durch das Kollegium der Beschlußbehörde; der Erlaß eines Vorbescheides durch den Vorsitzenden dieser Behörde (§ 117 des Gesetzes über die allgemeine Landesverwaltung vom 30. Juli 1883) ist ausgeschlossen.

Sind Einwendungen gegen die Anlage nicht erhoben, so erfolgt die Beschlußfassung ohne vorgängige mündliche Verhandlung. Wird dabei die Genehmigung nach dem Antrage des Unternehmers ohne Bedingungen oder Einschränkungen oder unter solchen Bedingungen ertheilt, mit denen sich der Unternehmer unter Verzicht auf den Rekurs schriftlich oder zu Protokoll einverstanden erklärt hat, so fertigt die Behörde alsbald die Genehmigungsurkunde (Ziffer 27) aus. In allen übrigen Fällen erläßt die Beschlußbehörde zunächst einen schriftlichen Bescheid an den Unternehmer. Bei Stauanlagen, deren Zulässigkeit auch durch das Oberbergamt zu prüfen ist, ist der Bescheid von dem Bezirksausschuß und dem Oberbergamt gemeinschaftlich zu erlassen.

Der Unternehmer kann innerhalb 14 Tagen nach Zustellung des Bescheides den Rekurs einlegen. Er kann aber auch zunächst bei der Beschlußbehörde auf mündliche Verhandlung der Sache antragen. Auf das demnächst stattfindende Verfahren finden die Bestimmungen der Ziff. 22 bis 24 sinngemäße Anwendung.

22. Sind Einwendungen gegen die Anlage erhoben, so ist nach Eingang der Verhandlungen das mündliche Verfahren einzuleiten. Der Unternehmer sowie diejenigen, welche Einwendungen erhoben und diese in dem Vorverfahren nicht zurückgenommen haben, sind zur mündlichen Verhandlung zu laden. Die Ladung derselben erfolgt schriftlich gegen Zustellungsurkunde und mit der Verwarnung, daß beim Ausbleiben nach Lage der Verhandlungen werde Beschluß gefaßt werden.

Hinsichtlich der mündlichen Verhandlung sowie der Erhebung und Würdigung des Beweises finden die Vorschriften der §§ 68, 71, 72, 73 und 75, 76 bis 79 und 118, 120 des Gesetzes über die allgemeine Landesverwaltung vom 30. Juli 1883 sinngemäße Anwendung.

Bei der Vernehmung von Sachverständigen ist die Vorschrift des Abs. 5 Ziff. 18 zu beachten.

Für die Ausschließung oder Beschränkung der Oeffentlichkeit sind die in den §§ 173 bis 176 des Gerichtsverfassungsgesetzes enthaltenen Bestimmungen maßgebend.

Der Beschluß ist den Betheiligten in dem Termin zu verkünden. Erscheint die Aussetzung desselben nothwendig, so erfolgt die Verkündung in einer sofort anzuberaumenden und den Parteien bekannt zu machenden Sitzung. Der Bescheid ist, falls er bei der Verkündigung noch nicht in vollständiger Form abgefaßt war, vor Ablauf einer Woche vom Tage der Verkündigung ab schriftlich abzusetzen und mit thunlichster Beschleunigung zuzustellen.

Hat der Unternehmer den Antrag auf Gestattung der unverzüglichen Ausführung der baulichen Anlagen rechtzeitig, d. h. vor Schluß der Erörterung über die Einwendungen (Ziff. 17, 18) gestellt, so ist die Verhandlung auch auf diesen Antrag auszudehnen. Dem Antrage darf nur dann Folge gegeben werden, wenn anzunehmen ist, daß der Unternehmer die von ihm nachgesuchte Erlaubniß ohne wesentliche Aenderung des Planes der baulichen Anlagen erhalten wird und seine Interessen durch die Hinausschiebung der Bauausführungen bis zur Rechtskraft des Bescheides ernstlich gefährdet werden würden.

Liegt die Möglichkeit vor, daß im Falle der Ablehnung des Antrages auf Ertheilung der gewerbepolizeilichen Genehmigung berechtigte Interessen der Nachbarn oder des Publikums durch die Ausführung der Bauten gefährdet werden, so darf die unverzügliche Ausführung der Bauten nur gegen Sicherheitsleistung gestattet werden. Die Höhe der Sicherheit ist auf den Betrag zu bemessen, den die Beseitigung der baulichen Anlagen voraussichtlich erfordert.

Bescheid.

23. In dem Bescheide sind der Unternehmer sowie die Widersprechenden namentlich zu bezeichnen. Die Beschlußformel, welche von den Gründen zu sondern ist, muß die Entscheidung über den Antrag des Unternehmers enthalten, und falls die Genehmigung unter Bedingungen ertheilt ist, diese in ihrem vollen Wortlaute wiedergeben und darüber Bestimmung treffen, von wem die Kosten zu tragen sind.

Ist rechtzeitig der Antrag auf Gestattung der unverzüglichen Ausführung der baulichen Anlagen gestellt, so ist auch die Entscheidung über diesen Antrag in den Bescheid aufzunehmen. Einer Begründung dieser Entscheidung bedarf es nicht. Wird dem Antrage stattgegeben, so ist in dem Bescheide hervorzuheben, daß die Bauausführung auf Gefahr des Unternehmers unbeschadet des Rekursverfahrens erfolgt.

Wird die Gestattung von einer Sicherheitsleistung abhängig gemacht, so ist die Höhe der Sicherheit und die Kasse, bei der sie zu bestellen ist, in dem Bescheide anzugeben. Gleichzeitig mit der Zustellung des Bescheides ist die Kasse unter Mittheilung einer Abschrift der Beschlußformel um Annahme der Sicherheit zu ersuchen.

Die Bestellung der Sicherheit erfolgt durch Hinterlegung bei der Regierungs-Hauptkasse nach Maßgabe der Vorschriften der Hinterlegungsordnung vom 14. März 1879.

Mit der Ausführung der baulichen Anlagen darf der Unternehmer erst dann beginnen, wenn er die Hinterlegung der angeordneten Sicherheit der Baupolizeibehörde nachgewiesen hat.

Wenn die Anlage Gefahren oder Belästigungen für die Nachbarn in besonderem Maße mit sich bringt, und die genehmigende Behörde beim Mangel ausreichender Erfahrungen eine Sicherheit darüber nicht gewinnen kann, ob die zunächst vorgeschriebenen Bedingungen ausreichend sein werden, um die zur Zeit der Genehmigung schon bestehenden Interessen hinlänglich zu schützen, so kann sich die Behörde vorbehalten, die Bedingungen, unter denen die Genehmigung ertheilt worden ist, abzuändern oder zu ergänzen, falls sich ein Bedürfniß hierzu ergeben sollte. In derartigen Ausnahmefällen ist aber der Unternehmer auf den beabsichtigten Vorbehalt und dessen mögliche, den Fortbetrieb der Anlage in Frage stellenden Folgen im voraus und in aktenmäßig nachweisbarer Form aufmerksam zu machen. In den Bescheid ist alsdann die Bemerkung aufzunehmen, daß die Beschlußfassung über die Abänderung oder Ergänzung der Bedingungen auf Antrag der Ortspolizeibehörde in dem für die Beschlußfassung über Genehmigungsgesuche vorgeschriebenen Verfahren unter Zuziehung der in dem vorausgegangenen Verfahren zugezogenen Parteien erfolgt.

In dem Bescheide ist stets darauf hinzuweisen, daß der Unternehmer erst mit der Rechtskraft des Beschlusses die Befugniß zur Ausführung der Anlage erhält.

Unzulässig ist die Bedingung, daß der Betrieb nicht eher eröffnet werden dürfe, als bis eine Bescheinigung des Gewerbeaufsichtsbeamten vorliege, daß die gewerbliche Anlage in allen Theilen den Vorschriften der Genehmigungsurkunde (Ziff. 27) entspreche.

24. Der Bescheid ist einmal für den Unternehmer und einmal für die Widersprechenden auszufertigen. Die Ausfertigung für die letzteren wird dem gemeinschaftlichen Bevollmächtigten oder, wenn ein solcher nicht bestellt ist, einem der Widersprechenden zugestellt; die übrigen erhalten in diesem Falle Abschrift der Beschlußformel und zugleich Nachricht, wem die Ausfertigung übersandt ist. Behörden, welche gegen die Anlage Einspruch erhoben haben, ist stets vollständige Abschrift des Bescheides zuzustellen. Die Uebersendung erfolgt in allen Fällen gegen Zustellungsurkunde.

Rekurs (§ 20).

25. Die Rekursfrist beginnt mit Zustellung des Beschlusses oder der Beschlußformel. Für die Berechnung der Frist sind die Vorschriften der Civilprozeßordnung maßgebend.

Auf die Einlegung des Rekurses und das weitere Verfahren findet der § 122 des Gesetzes über die allgemeine Landesverwaltung vom 30. Juli 1883 Anwendung. Unbeschadet der in Ziff. 8 Abth. 1 dieser Anweisung getroffenen Bestimmung kann in einzelnen Fällen zur Begründung des Rekurses sowie zur Gegenerklärung eine Nachfrist gewährt werden.

26. Die Rekursschrift ist, falls eine Gegenpartei vorhanden ist, die Rekursbeantwortung in allen Fällen in zwei Exemplaren einzureichen. Wenn mehrere Gegner des Rekurrenten vorhanden sind, so erhält jeder eine vollständige Abschrift der Rekursschrift.

Der Rekursbescheid wird der Beschlußbehörde erster Instanz für ihre Akten zugefertigt. Diese theilt ihn in Ausfertigung dem Unternehmer und denjenigen Gegnern mit, welche an dem Rekursverfahren theilgenommen haben, wobei wie bei Mittheilung des Bescheides erster Instanz (Ziff. 24) zu verfahren ist. Die Herstellung der Ausfertigungen und Abschriften obliegt der Beschlußbehörde erster Instanz.

Genehmigungsurkunde.

27. Sind gegen die Anlage Einwendungen nicht erhoben worden, und soll die Genehmigung zur Ausführung ohne weitere Bedingungen nach dem Antrage des Unternehmers oder unter solchen Bedingungen ertheilt werden, mit denen der Unternehmer sich einverstanden erklärt hat (Ziff. 21), so fertigt die Beschlußbehörde alsbald die Genehmigungsurkunde aus. In allen anderen Fällen erfolgt deren Ausfertigung nach Abschluß des Verfahrens, sobald der Beschluß erster Instanz rechtskräftig geworden oder der Rekursbescheid ergangen ist. Zu Stauanlagen für ein zum Betriebe auf Bergwerken und Aufbereitungsanstalten bestimmtes Wassertriebwerk wird die Genehmigungsurkunde von dem Bezirksausschusse und dem Oberbergamt gemeinschaftlich ausgefertigt.

In der Urkunde sind sämmtliche Bedingungen, unter welchen die Anlage genehmigt worden ist, aufzuführen und die von dem Unternehmer eingereichten, dem Verfahren zu Grunde gelegten Beschreibungen, Zeichnungen und Pläne ausführlich zu bezeichnen, auch, soweit angängig, durch Schnur und Siegel damit zu verbinden. Auf Karten und Zeichnungen, welche in dieser Art mit der Urkunde nicht verbunden werden können, ist die Zugehörigkeit zu vermerken.

Bei Stauanlagen ist die Setzung und dauernde Unterhaltung eines Merkzeichens (Merk-, Pegel-, Spiegel-, Meß-, Aichpfahl, Aichmarke), an welchem die zuverlässigen Stauhöhen deutlich bezeichnet sein müssen, dem Unternehmer zur Pflicht zu machen.

Die Genehmigungsurkunde ist dem Unternehmer zuzusenden. Je eine weitere Ausfertigung der Genehmigungsurkunde mit ihren Anlagen erhält der Gewerbeaufsichtsbeamte und die Ortspolizeibehörde. Diese beiden Ausfertigungen sind stempelfrei.

Vor Ertheilung der Genehmigungsurkunde ist die Ausführung der Anlage nicht gestattet.

Von der Inbetriebsetzung einer jeden genehmigten gewerblichen Anlage hat die Ortspolizeibehörde dem zuständigen Gewerbeaufsichtsbeamten sofort eine Benachrichtigung zugehen zu lassen.

Auszahlung der Sicherheit.

27a. Ist gemäß § 19a des Gesetzes eine Sicherheit gestellt worden, so ist, wenn durch den rechtskräftig gewordenen Beschluß erster Instanz oder durch den Rekursbescheid die Ausführung der baulichen Anlagen endgültig genehmigt ist, gleichzeitig mit der Ertheilung der Genehmigungsurkunde die Kasse um Auszahlung der hinterlegten Sicherheit an den Unternehmer zu ersuchen. Wenn durch den Rekursbescheid der Antrag auf Ertheilung der Genehmigung zur Errichtung oder Veränderung der gewerblichen Anlage abgelehnt oder unter der Bedingung der Abänderung der baulichen Anlagen genehmigt ist, so entscheidet die Behörde, von der die Sicherheitsleistung angeordnet worden ist, auf Antrag des Unternehmers darüber, unter welchen Bedingungen die Auszahlung der Sicherheit zu erfolgen hat. Waren von den Widersprechenden im Erörterungstermin Bedenken gegen die Gestattung der unverzüglichen Ausführung der baulichen Anlagen geltend gemacht (Ziff. 18 Abs. 3), so sind die Widersprechenden geeignetenfalls vor der Beschlußfassung zu hören.

Sobald von dem Unternehmer die Erfüllung der Bedingungen nachgewiesen ist, hat die Behörde die Kasse um Auszahlung der hinterlegten Sicherheit an den Unternehmer zu ersuchen.

Kosten (§ 22).

28. Ist die Partei gemäß § 22 der Gewerbeordnung in die Kosten des Verfahrens verurtheilt worden, so fallen ihr außer den baaren Auslagen der Behörde auch die baaren Auslagen des Gegners zur Last, soweit sie nach dem Ermessen der Behörde zur zweckentsprechenden Wahrnehmung des Parteiinteresses nothwendig waren.

Anträge auf Festsetzung der einer Partei zu erstattenden Kosten sind nach Beendigung des Schlußverfahrens bei der Beschlußbehörde erster Instanz anzubringen und von dieser zunächst der Gegenpartei zur Erklärung mitzutheilen. Gegen den Festsetzungsbeschluß steht beiden Theilen innerhalb 14 Tagen die Beschwerde an die Rekursbehörde zu, auf welche die Bestimmungen der Ziff. 25 Anwendung finden.

29. Für die Gebühren der Zeugen und Sachverständigen gelten die in Zivilprozessen zur Anwendung kommenden Vorschriften.

Ist die Annahme eines Rechtsbeistandes zur zweckentsprechenden Wahrnehmung des Parteiinteresses für nothwendig erachtet, so gelten auch die hierdurch erwachsenden Kosten als Kosten des Verfahrens. Ihre Höhe setzt die Behörde nach freiem Ermessen fest. Die Vorschriften der Gebührenordnung für Rechtsanwälte finden hierbei keine Anwendung.

Zu § 27.

30. Bei der Errichtung oder Verlegung von Anlagen, deren Betrieb mit ungewöhnlichem Geräusch verbunden ist (§ 27), ist eine Ausfertigung des Beschlusses dem Unternehmer und dem Vertreter des Gebäudes oder dem Vorsteher der Anstalt, zu deren Schutz der Beschluß gefaßt worden ist, gegen Zustellungsurkunde zu übersenden.

In dem Beschluß ist die Bemerkung aufzunehmen, daß beiden Theilen innerhalb von zwei Wochen die Beschwerde an den Minister für Handel und Gewerbe zusteht (§ 113 des Zuständigkeitsgesetzes und § 121 des Gesetzes über die allgemeine Landesverwaltung) und daß dem Unternehmer erst mit der Rechtskraft des Beschlusses die Befugniß zur Ausführung der Anlage und zu ihrer Inbetriebsetzung zusteht.

Auf das Beschwerdeverfahren finden die Vorschriften Ziff. 25 und 26 sinngemäße Anwendung.

Zu § 51.

31. Die Untersagung der ferneren Benutzung einer gewerblichen Anlage (§ 51) erfolgt durch schriftliche, dem Besitzer der Anlage zuzustellende Verfügung des Bezirksausschusses. Der Erlaß eines Vorbescheides durch den Vorsitzenden dieser Behörde (§ 117 des Gesetzes über die allgemeine Landesverwaltung vom 30. Juli 1883) ist ausgeschlossen.

Dem Erlaß einer solchen Verfügung muß eine kommissarische Erörterung des Gegenstandes vorausgehen, zu welcher der Besitzer der Anlage, etwaige Antragsteller und der Vorstand der Gemeinde, in deren Bezirk die Anlage sich befindet, zuzuziehen sind.

Der Zweck dieser Erörterung ist, festzustellen, ob und in welchem Umfange durch den Betrieb der Anlage Nachtheile und Gefahren für das Gemeinwohl entstehen.

32. Der Besitzer kann innerhalb 14 Tagen nach Zustellung der Verfügung den Rekurs einlegen. Er kann aber auch zunächst bei dem Bezirksausschuß auf mündliche Verhandlung der Sache antragen. Auf die demnächst stattfindende mündliche Verhandlung finden die Bestimmungen der Ziff. 22 bis 24, auf das Rekursverfahren die Bestimmungen der Ziff. 25 und 26 sinngemäße Anwendung.

33. Nachdem die Verfügung, durch welche die fernere Benutzung der Anlage untersagt wird, rechtskräftig geworden ist, kann die Einstellung des Betriebes polizeilich erzwungen werden (vergl. Ziff. 5). Die Bestimmungen des 3. und 4. Abs. Ziff. 18, des letzten Satzes des Abs. 2 Ziff. 22 Abs. 4 ebendaselbst, des Abs. 2, 3, 4 und 5 Ziff. 23 und Ziff. 27a sind neu erlassen durch die ministerielle Anweisung vom 24. August 1900 zur Ausführung der Art. 1, 5 und 14 des Gesetzes, betreffend die Abänderung der Gewerbeordnung vom 30. Juni 1900 (Reichs-Gesetzblatt S. 321). Ministerialbl. d. i. Verw. S. 289.

§ 30. Unternehmer von Privat-Kranken-, Privat-Entbindungs- und Privat-Irrenanstalten bedürfen einer Konzession der höheren Verwaltungsbehörde. Die Konzession ist nur dann zu versagen:

a) wenn Thatsachen vorliegen, welche die Unzuverlässigkeit des Unternehmers in Beziehung auf die Leitung oder Verwaltung der Anstalt darthun,

b) wenn nach den von dem Unternehmer einzureichenden Beschreibungen und Plänen die baulichen und die sonstigen technischen Einrichtungen der Anstalt den gesundheitspolizeilichen Anforderungen nicht entsprechen,

c) wenn die Anstalt nur in einem Theile eines auch von anderen Personen bewohnten Gebäudes untergebracht werden soll und durch ihren Betrieb für die Mitbewohner dieses Gebäudes erhebliche Nachtheile oder Gefahren hervorrufen kann,

d) wenn die Anstalt zur Aufnahme von Personen mit ansteckenden Krankheiten oder von Geisteskranken bestimmt ist und durch ihre örtliche Lage für die Besitzer oder Bewohner der benachbarten Grundstücke erhebliche Nachtheile oder Gefahren hervorrufen kann.

Vor Ertheilung der Konzession sind über die Fragen zu c und d die Ortspolizei- und die Gemeindebehörden zu hören.

Hebammen bedürfen eines Prüfungszeugnisses der nach den Landesgesetzen zuständigen Behörde.

Anweisung vom 9. August 1899 zur Ausführung der Gewerbeordnung Titel I, II, IV, V (Min.-Bl. S. 127):

Zu § 30 Abs. 1.

34. Vor der Beschlußfassung über die Anträge auf Ertheilung der Konzession zu Privat-Kranken-, Entbindungs- und Irrenanstalten (§ 30 Abs. 1) ist durch gutachtliche Aeußerung des zuständigen Medicinalbeamten festzustellen, ob die von dem

Unternehmer eingereichten Beschreibungen, Pläne u. s. w. den im § 115 des Zuständigkeitsgesetzes erwähnten gesundheitspolizeilichen Anordnungen entsprechen.

Wenn nach Ziffer b die baulichen Einrichtungen der Anstalt den gesundheitspolizeilichen Anforderungen entsprechen müssen, so sind damit nicht die baulichen Vorschriften erschöpft. Vielmehr muß die Anstalt wie jede andere bauliche Anlage den baupolizeilichen Vorschriften entsprechen und bedarf ebenso des baulichen Konsenses.

Was unter einer Privat-Krankenanstalt, u. s. w. zu verstehen ist, darauf kann hier nicht näher eingegangen werden, da dies dem Gebiete der Gewerbeordnung angehört.

Ueber die Anträge auf Ertheilung der Konzession zu Privat-Kranken-, Privat-Entbindungs- und Privat-Irrenanstalten beschließt gemäß § 115 des Zuständigkeitsgesetzes der Bezirksausschuß.

Gegen den die Konzession versagenden Beschluß findet innerhalb zwei Wochen der Antrag auf mündliche Verhandlung im Verwaltungsstreitverfahren statt.

Für die im Verwaltungsstreitverfahren zu treffenden Entscheidungen sind die von den Medizinalaufsichtsbehörden innerhalb ihrer gesetzlichen Zuständigkeit getroffenen allgemeinen Anordnungen über die gesundheitspolizeilichen Anforderungen, welche an die baulichen und sonstigen technischen Einrichtungen der bezeichneten Anstalten zu stellen sind, maßgebend.

Betreffend die Anlage, den Bau und die Einrichtung der öffentlichen und Privat-Krankenanstalten ist der Ministerial-Erlaß vom 19. August 1895 (Min.-Bl. S. 261) ergangen, mit der Anweisung an die Oberpräsidenten, entsprechende Polizei-Verordnungen zu erlassen.

a) Entwurf zu einer Polizeiverordnung über Anlage, Bau und Einrichtungen von öffentlichen und Privat-Kranken-, Entbindungs- und Irrenanstalten.

Polizei-Verordnung.

Auf Grund der §§ 6, 12 und 15 des Gesetzes über die Polizeiverwaltung vom 11. März 1850 (Ges.-Samml. S. 265) — §§ 6, 12 und 13 der Verordnung vom 20. September 1867 (Ges.-Samml. S. 1529) und des Lauenburgschen Gesetzes vom 7. Januar 1870 (Offizielles Wochenblatt S. 13) und des § 137 des Gesetzes über die allgemeine Landesverwaltung vom 30. Juli 1883 (Ges.-Samml. S. 195) wird hiermit unter Zustimmung des Provinzialrathes für den Umfang der Provinz 2c. nachstehende Polizeiverordnung erlassen,

Im Sinne dieser Verordnung werden die Krankenanstalten unterschieden:

als große Anstalten mit mehr als 150 Betten,
als mittlere mit 150 bis 50 Betten,
als kleine mit weniger als 50 Betten.

Für die Anlage, den Bau und die Einrichtung von öffentlichen und Privat-Kranken-, Entbindungs- und Irrenanstalten, sowie für den Umbau und die Erweiterung bestehender Anstalten dieser Art gelten folgende Vorschriften.

I. Anlage und Bau.

§ 1. Die Krankenanstalt muß thunlichst frei und entfernt von Betrieben liegen, welche geeignet sind, den Zweck der Anstalt zu beeinträchtigen. Der Baugrund muß in gesundheitlicher Beziehung einwandfrei sein.

Die Frontwände der Krankengebäude müssen untereinander mindestens 20 Meter und von anderen Gebäuden mindestens 10 Meter entfernt bleiben.

Vor den Fenstern der Krankenzimmer muß mindestens ein solcher Freiraum verbleiben, daß die Umfassungswände und Dächer gegenüberliegender Gebäude nicht

über eine Luftlinie hinausgehen, welche in der Fußbodenhöhe der **Krankenzimmer** von **der Frontwand** aus unter einem Neigungswinkel von 30 Grad gezogen wird. Wenn diese Fenster benachbarten, nicht zur Anstalt gehörigen Grundstücken gegenüberliegen, so sind an der Grenze dieser Grundstücke Gebäude von der größten nach den örtlichen Bauordnungen zulässigen Höhe auch dann als vorhanden anzunehmen, wenn die Grenzen unbebaut oder nicht bis zur zulässigen Höhe bebaut sind.

Für kleine Krankenanstalten im Innern großer Städte kann ein größerer Neigungswinkel zugelassen werden, welcher jedoch nicht über 45 Grad hinausgehen darf.

Bei Einheitsbauten (sogenanntes Korridorsystem) sind ringsumschlossene Höfe unzulässig.

§ 2. Flure und Gänge müssen mindestens 1,80 Meter breit sein; die Gänge sollen in der Regel einseitig angelegt werden. Mittelgänge sind nur unter der Bedingung zulässig, daß sie reichliches Licht unmittelbar von außen erhalten und gut lüftbar sind.

§ 3. Die für die Aufnahme von Kranken bestimmten Räume müssen mindestens 1 Meter über dem höchsten bekannten Grundwasserstande liegen und in der ganzen Grundfläche gegen das Eindringen von Bodenfeuchtigkeit gesichert sein.

Räume, deren Fußboden unter der anschließenden Erdoberfläche liegt, dürfen mit Kranken nicht belegt werden.

Krankenzimmer, welche das Tageslicht nur von einer Seite erhalten, dürfen nicht nach Norden liegen.

Die Wände in Operations- und Entbindungszimmern, sowie in solchen Räumen, in welchen Personen mit ansteckenden Krankheiten untergebracht werden, sind zur Erleichterung der Desinfektion glatt und mit ausgerundeten Ecken herzustellen.

§ 4. Die Treppen sollen feuersicher und mindestens 1,30 Meter breit sein, die Stufen mindestens 28 cm Auftrittsbreite und höchstens 16 cm Steigung haben. Die Treppenhäuser müssen Licht und Luft unmittelbar von außen erhalten.

Die Fußböden aller von Kranken benutzten Räume sind möglichst wasserdicht herzustellen.

§ 5. Die Krankenzimmer, alle von den Kranken benutzten Nebenräume, Flure, Gänge und Treppen müssen mit Fenstern versehen werden. Die Fensterfläche soll in Krankenzimmern mindestens 1,5 qm auf jedes Bett einschließlich der Lagerstellen für Wärter betragen.

§ 6. Für jedes Bett (Lagerstelle) ist in Zimmern für mehrere Kranke ein Luftraum von mindestens 35 cbm bei 7,5 qm Bodenfläche und in Einzelzimmern von mindestens 45 cbm bei 10 qm Bodenfläche zu fordern.

Mehr als 30 Betten (Lagerstellen) dürfen in einem Krankenzimmer nicht aufgestellt werden.

II. Innere Einrichtung.

§ 7. In jeder Krankenanstalt muß für jede Abtheilung oder für jedes Geschoß mindestens ein geeigneter Tageraum für zeitweise nicht bettlägerige, in gemeinsamer Pflege befindliche Kranke eingerichtet werden, dessen Größe auf mindestens 2 qm für das Krankenbett zu bemessen ist.

Außerdem muß ein mit Gartenanlagen versehener Erholungsplatz von mindestens 10 qm Fläche für jedes Krankenbett vorgesehen werden.

§ 8. Für Irrenanstalten gilt anstatt der Bestimmungen in dem § 6 Abs. 1 und § 7 Folgendes:

1. In Anstalten mit mehr als 10 Betten müssen ausnahmslos Tageräume und Erholungsplätze vorgesehen werden.
2. Bei Anstalten, welche Tageräume haben, darf die Größe des Luftraumes in den Schlafzimmern für den Kopf nicht unter 20 cbm bei 3 bis 4,50 Meter lichter Höhe betragen; außerdem müssen in den Tageräumen bei gleicher Höhe mindestens 4 qm Grundfläche für den Kopf vorhanden sein. Bei

Kranken unter 14 Jahren genügen für den Kopf in den Schlafzimmern 15 cbm Luftraum, in den Tageräumen 3 qm Grundfläche.

3. Anstalten, welche keine Tageräume haben, müssen für jeden Kranken 35 cbm Luftraum, bei Personen unter 14 Jahren je 27 cbm Luftraum darbieten.
4. Befinden sich in der Anstalt bettlägerige, laute, sich vernachlässigende oder nicht saubere Kranke, so muß für jeden derselben in den Schlafzimmern mindestens 35 cbm Luftraum, für jeden nicht Bettlägerigen 5 qm Grundfläche in den Tageräumen vorhanden sein. Bei Kranken solcher Art unter 14 Jahren genügen für den Kopf in den Schlafzimmern 27 cbm Luftraum und für jeden nicht Bettlägerigen in den Tageräumen 4 qm Grundfläche.
5. Zur Absonderung störender Kranker muß mindestens ein Einzelraum vorhanden sein, dessen Luftraum nicht unter 40 cbm betragen darf.
6. Der Erholungsplatz muß schattig sein und mindestens 30 qm Fläche für den Kopf enthalten.

§ 9. Allen Krankenzimmern und von Kranken benutzten Nebenräumen ist während der Heizperiode frische vorgewärmte Luft aus dem Freien zuzuführen. Die verbrauchte Luft muß in geeigneter Weise abgeführt werden. Als Mindestmaß der Lufterneuerung sind 40 cbm für jedes Bett (Lagerstelle) in der Stunde zu fordern.

§ 10. Der obere Theil der Fenster der Krankenzimmer, der von den Kranken benutzten Nebenräume, der Flure, Gänge und Treppen muß leicht zu öffnen sein und mit Lüftungseinrichtungen versehen werden.

§ 11. Für alle Krankenzimmer, von Kranken benutzten Nebenräume, Flure und Gänge muß in genügender Weise gleichmäßige Erwärmung vorgesehen werden. Hierbei ist jede Belästigung durch strahlende Wärme vorzubeugen und jede Staubentwicklung bei der Bedienung der Heizeinrichtung, jede Ueberhitzung der Luft an den Heizflächen und jede Beimengung von Rauchgasen auszuschließen.

§ 12. Für jedes Krankenbett müssen mindestens 300 Liter gesundheitlich einwandfreies Wasser täglich geliefert werden können. Sollte die Beschaffung dieser Menge mit besonderen Schwierigkeiten verbunden sein, so kann das Maß bis auf 150 Liter verringert werden.

Die Wasserbezugsquelle sowie dazu gehörige Leitung sind nach Lage und Fassung gegen jede Verunreinigung durch Krankheits- oder Abfallstoffe zu sichern.

§ 13. Die Entwässerung und die Entfernung der Abfallstoffe muß in gesundheitlich unschädlicher Weise erfolgen.

Die Fäkalien sind durch Abfallrohre entweder mittels Abfuhr oder mittels Schwemmung unter Wahrung der Reinheit der Luft in den Gebäuden und unter Verhütung jeder Bodenverunreinigung zu beseitigen.

Abtrittsgruben sind unzulässig.

Trockene Abfälle und Kehricht sind in dichten verschließbaren Gruben oder Behältern zu sammeln und so oft abzufahren, daß keine Ueberfüllung der Behälter eintritt.

Ansteckungsverdächtige Auswurfsstoffe müssen sofort unschädlich beseitigt werden.

§ 14. Die Aborte sind von den Krankenzimmern durch einen Vorraum zu trennen, welcher, wie der Abort selbst, hell, lüftbar und heizbar sein muß.

§ 15. In jeder Krankenanstalt ist bei einer Belegzahl bis zu 30 Betten mindestens ein Baderaum für ein Vollbad, bei einer größeren Belegzahl für mindestens je 30 Betten ein Baderaum zu beschaffen.

§ 16. In Krankenanstalten, in welchen chirurgische Operationen ausgeführt zu werden pflegen, ist bei einer Belegzahl von mehr als 50 Betten mindestens ein besonderes Operationszimmer einzurichten.

Ein solches kann auch bei kleineren Anstalten nach Lage der Verhältnisse verlangt werden.

§ 17. In Entbindungsanstalten mit mehr als vier Betten ist ein besonderes Entbindungszimmer einzurichten.

III. Nebengebäude.

§ 18. Für große und mittlere Anstalten sind die Wirthschaftsräume in einem besonderen Gebäude unterzubringen.

§ 19. Jede Krankenanstalt muß eine eigene, ausschließlich für deren Insassen bestimmte Waschküche haben.

Infizirte Wäsche darf ohne vorherige Desinfektion nicht außerhalb der Anstalt gereinigt werden.

§ 20. Für große und mittlere Anstalten ist in einem besonderen nur für diesen Zweck bestimmten Gebäude eine geeignete Desinfektionseinrichtung vorzusehen, sofern nicht am Orte oder in dessen Nachbarschaft eine öffentliche Desinfektionsanstalt zur Verfügung steht.

§ 21. Zur Unterbringung von Leichen ist in allen Anstalten ein besonderer Raum herzustellen, welcher lediglich diesem Zwecke dient und dem Anblick der Kranken möglichst entzogen ist. Für große und mittlere Anstalten ist ein besonderes Leichenhaus mit Sektionszimmer erforderlich.

Leichenhaus und Desinfektionshaus dürfen unter einem Dach unter der Voraussetzung angeordnet werden, daß beide Anlagen durch eine vom Erdboden bis zur Dachfirst reichende massive, undurchbrochene Wand getrennt werden.

IV. Unterbringung der Kranken.

§ 22. In allen Anstalten müssen männliche und weibliche Kranke, abgesehen von Kindern bis zu zehn Jahren, in getrennten Räumen, in großen und mittleren Anstalten in getrennten Abtheilungen untergebracht werden.

§ 23. Für Kranke, welche an ansteckenden, insbesondere akuten Krankheiten leiden, sind in großen und mittleren Krankenhäusern ein oder mehrere Absonderungshäuser, in kleinen Anstalten mindestens abgesonderte Räume, wenn möglich in besonderen Stockwerken, vorzusehen.

In Irrenanstalten muß mindestens ein Zimmer für ansteckende Erkrankungen zu Gebote stehen.

§ 24. In öffentlichen, sowie in großen und mittleren Privat-Krankenanstalten muß für die vorübergehende Unterbringung eines Geisteskranken ein geeigneter Raum mit der erforderlichen Einrichtung vorhanden sein.

§ 25. Zur Feststellung von ansteckenden Krankheiten ist in großen und mittleren öffentlichen Anstalten eine eigene Beobachtungsstation einzurichten.

V. Schluß- und Strafbestimmungen.

§ 26. Die Vorschriften der örtlichen Baupolizeiordnungen bleiben insoweit in Kraft, als sie nicht durch die vorstehenden Bestimmungen abgeändert werden.

§ 27. Von den Bestimmungen des § 1 Abs. 1—3, der §§ 2, 4, 7, 9, 12 Abs. 1, §§ 16, 19 Abs. 1, §§ 20, 21 Abs. 2 kann der Regierungspräsident (für Berlin und Charlottenburg — jetzt auch für Schöneberg und Rixdorf — der Polizei-Präsident von Berlin) in besonderen Fällen Ausnahmen zulassen.

§ 28. Zuwiderhandlungen gegen diese Polizeiverordnung werden, sofern nach den bestehenden Gesetzen keine höhere Strafe verwirkt ist, mit Geldstrafe bis zu 60 Mark, eventuell verhältnißmäßiger Haft geahndet.

Daneben bleibt die Polizeibehörde befugt, die Herstellung vorschriftsmäßiger Zustände herbeizuführen.

. . . ., den . . . . .

Auf Grund dieses Ministerial-Erlasses sind in allen Provinzen dem vorstehenden Entwurfe entsprechende, nur geringfügige Abweichungen enthaltende Polizeiverordnungen erlassen und so einheitliche, in der ganzen Monarchie geltende, namentlich auch baupolizeiliche Vorschriften für die genannten Anstalten geschaffen worden.

Vom Oberverwaltungsgericht ist jedoch die Regelung der polizeilichen Forderungen, wie sie nach dem Min.-Erlasse gestellt werden sollten, mittels Polizeiverordnung für ungültig erklärt worden, insofern dadurch die zur Konzessionirung zuständige Behörde verpflichtet sein solle, die Genehmigung zu versagen, sobald die Forderungen der Polizeiverordnungen nicht erfüllt seien.

Hinsichtlich der Aufnahme und Entlassung von Geisteskranken, Idioten und Epileptischen in und aus Privat-Irrenanstalten ist der Ministerial-Erlaß vom 20. September 1895 (Min.-Bl. S. 271) ergangen.

b) Anweisung vom 20. September 1895 über die Aufnahme und Entlassung von Geisteskranken, Idioten und Epileptischen in und aus Privat-Irrenanstalten (§ 30 der Gewerbeordnung), sowie über die Einrichtung, Leitung und Beaufsichtigung solcher Anstalten.

Unter Aufhebung des Erlasses vom 19. Januar 1888 (Min.-Bl. d. i. V. S. 39) und der zu seiner Ergänzung später ergangenen, sowie der allgemeinen Vorschriften in dem Erlasse vom 17. Juni 1874 bestimmen wir, was folgt:

pp. (Die §§ 1—17 (Abschnitt I—III) interessiren hier nicht).

IV. Einrichtung und Leitung.

§ 18. Die Privatanstalten für Geisteskranke, Idioten und Epileptische unterliegen den allgemeinen gesundheitspolizeilichen Vorschriften über die baulichen und technischen Einrichtungen von Krankenanstalten.

§ 31. Auf die beim Inkrafttreten dieser Anweisung bereits bestehenden Anstalten, deren Einrichtung der Cirkularverfügung vom 19. August 1895 und dem derselben angehängten Entwurfe zu einer Polizeiverordnung über Anlage, Bau und Einrichtung von öffentlichen und Privat-Kranken-Entbindungs- und Irrenanstalten (Min.-Bl. 1895 S. 261 abgedruckt) nicht entsprechen, kommen die dort getroffenen Bestimmungen erst dann zur Anwendung, wenn ein Neubau, Umbau oder Erweiterungsbau stattfindet.

Soweit die Bestimmungen des vorher erwähnten Entwurfes einer Polizeiverordnung (§ 8) nicht Platz greifen, bewendet es für die Bemessung des jedem Kranken zu gewährenden Luftraumes und für die Versorgung der Anstalt mit Badeeinrichtungen bei den bestehenden Bestimmungen.

Jedoch dürfen neue Kranke nicht eher aufgenommen werden, bis in Folge der Verminderung des Bestandes durch Abgang und Entlassung die im § 8 des Entwurfes der Polizeiverordnung vorgeschriebenen Maße des für den Kopf zu gewährenden Raumes auch in diesen Anstalten erreicht worden sind.

Der Minister der geistlichen, Unterrichts- und Medizinal-Angelegenheiten.	Der Justizminister.	Der Minister des Innern.

Ueber die Rechtsgültigkeit einer entsprechenden Polizeiverordnung, soweit sie Privat-Anstalten betrifft, siehe oben das darüber bei Krankenanstalten Gesagte.

Wenn § 32 der Gewerbeordnung für Schauspieler zum Betriebe ihres Gewerbes die Erlaubniß vorschreibt und dabei betont, daß dieselbe nur für das bei Ertheilung der Erlaubniß bezeichnete Unternehmen gilt, so ist hierbei die Versagung der Erlaubniß nur von dem Fehlen bestimmter an die Person des Unternehmers zu stellender Anforderungen abhängig gemacht. Bestimmte Forderungen hinsichtlich der Beschaffenheit der für das Unternehmen bestimmten Anlagen, von deren Erfüllung die Ertheilung der Erlaubniß abhängig ist, sind dagegen nicht gestellt, so daß für die Entscheidung über die Ertheilung oder Versagung der nachgesuchten Erlaubniß eine Prüfung nach dieser Richtung hin ausfällt.

Trotzdem hat die Sicherheit des Publikums und die Pflicht der Polizeibehörde, für die Sicherheit des Publikums Sorge zu tragen, dazu geführt, daß an die zu Schauspielunternehmungen bestimmten Baulichkeiten erhöhte sicherheitliche Anforderungen gestellt werden, die im Interesse der Einheitlichkeit vom Minister für die ganze Monarchie in gleicher Weise aufgestellt worden sind. Hierbei sind in dieser Beziehung nicht bloß die für die Schauspielunternehmungen bestimmten Baulichkeiten, sondern überhaupt alle die Gebäude und Räume, in welchen größere Menschenmassen sich versammeln, Gegenstand für die Auferlegung verschärfter, die Sicherheit bezweckender Vorschriften, insbesondere vom baupolizeilichen Standpunkte geworden, die in nachstehenden Cirkular-Erlassen enthalten sind.

Cirkular an sämmtliche Königl. Regierungs-Präsidenten und dem Polizei-Präsidenten von Berlin, sowie an die Königl. Regierungen zu Posen und Bromberg vom 12. Oktober 1889 nebst der Polizei-Verordnung, betreffend die bauliche Anlage und die innere Einrichtung von Theatern, Cirkusgebäuden und öffentlichen Versammlungsräumen, und den Erläuterungen zu derselben. (Min.-Bl. S. 180).

Ew. 2c. lassen wir beifolgend den Entwurf einer Polizei-Verordnung, betreffend die bauliche Anlage und die innere Einrichtung von Theatern, Cirkusgebäuden und öffentlichen Versammlungsräumen — Anl. a — mit dem Ersuchen zugehen, denselben als Polizei-Verordnung für Ihren Verwaltungsbezirk in den gesetzlich vorgeschriebenen Formen zu erlassen.

Damit die Polizei-Verordnung gleichzeitig in der ganzen Monarchie in Kraft tritt, empfiehlt es sich, dieselbe unter gleichem Datum und zwar unter dem 31. Oktober d. J. zu erlassen.

Zugleich fügen wir ein Exemplar der Erläuterungen zu dem Entwurfe bei — Anl. b —, in welchen die wesentlichsten Zwecke der geforderten Sicherheitsmaßregeln dargelegt und einige von den bisherigen Anschauungen abweichende Bestimmungen kurz begründet worden sind.

a) Polizei-Verordnung, betreffend die bauliche Anlage und die innere Einrichtung von Theatern, Cirkusgebäuden und öffentlichen Versammlungsräumen.

I. Vorschriften für Neubauten und Umbauten.

A. Theater . . . . § 2
1. Große Theater . . . . § 3
2. Kleine Theater . . . . § 40
3. Zeitweilige Baulichkeiten . . . . § 43
B. Cirkus-Anlagen . . . . § 44
C. Oeffentliche Versammlungsräume . . . . . . § 60

II. Vorschriften für bestehende Anlagen.

A. Theater . . . . § 79
B. Cirkusanlagen . . . . § 80
C. Oeffentliche Versammlungsräume . . . . . . § 81
III. Allgemeine Bestimmungen . . . . . § 83

I. Vorschriften für Neubauten und Umbauten.

§ 1. Die Aufführung neuer und der Umbau bestehender Theater und Cirkusgebäude, sowie die Herstellung von Versammlungsräumen in Neubauten und Umbauten unterliegen nebst allen zu solchen Anlagen gehörigen Betriebseinrichtungen polizeilicher Genehmigung nach folgenden besonderen Vorschriften.

Die Bestimmungen der bestehenden allgemeinen Bauordnungen bleiben hinsichtlich der im ersten Absatz bezeichneten Anlagen insoweit in Kraft, als sie nicht im Widerspruch mit dieser Verordnung stehen.

A. Theater.

§ 2. Theater im Sinne dieser Verordnung sind diejenigen Gebäude, welche nach Zweck und Gesammtanlage dauernd zu Schauspielen oder zur Schaustellung von Personen bestimmt sind.

Große Theater sind solche, welche nach den Bestimmungen dieser Verordnung auf Sitz- und Stehplätzen mehr als 800 Zuschauer aufzunehmen vermögen.

Alle übrigen Theater gelten als kleine.

1. Große Theater.

§ 3 spricht von der Lage und Verbindung mit der Straße,

§ 4 von der Bauart.

Nach § 5 sind freitragende Treppen verboten.

§ 6 behandelt die Wohn-, Geschäfts-, Restaurations- und Magazinräume im Theatergebäude.

§ 7 behandelt das Dachgeschoß in Theatern.

§ 8 schreibt für Theatergebäude Blitzableiter vor, sowie Leitern für die Feuerwehr.

§§ 9—19 enthalten Vorschriften für die Anlage des Zuschauerhauses, die Zahl der Ränge daselbst, die Beschaffenheit der Sitze, Gänge, Korridore, Thüren, Höchstzahl der Besucher, Ausgänge, Garderoben u. s. w.

§§ 20—24 befassen sich mit dem Bühnenhause, insbesondere Bühnenöffnung, Treppen daselbst, Kulissen, Vorhängen u. a. m.

§§ 25—28 enthalten die Vorschriften über Beleuchtung, Heizung und Lüftung,

§ 29 über die Feuerlösch-Einrichtungen und

§§ 30—39 die Betriebs-Vorschriften.

2. Kleine Theater.

§ 40 bestimmt, daß die Vorschriften in den §§ 3—39 mit einigen Abänderungen, die näher dargelegt werden, auf kleine Theater Anwendung finden.

§ 41 läßt unter bestimmten Bedingungen in kleinen Theatern Gas zu; es greifen jedoch alsdann die verschiedensten erschwerenden Vorschriften für die Anlage der Zuschauersitze und die Höchstzahl der Zuschauer Platz, welche der § 42 angiebt.

§ 43 bespricht die zeitweiligen Baulichkeiten für Theatervorstellungen.

B. Cirkus-Anlagen.

§§ 44ff. enthalten die Vorschriften für Cirkusanlagen, von denselben oder ähnlichen Gesichtspunkten ausgehend.

C. Oeffentliche Versammlungsräume.

§ 60. Als öffentliche Versammlungsräume im Sinne dieser Verordnung gelten alle baulichen Anlagen, welche zur gleichzeitigen Aufnahme einer größeren Anzahl von Personen zu öffentlichen Lustbarkeiten, öffentlichen Versammlungen oder zu ähnlichen Zwecken dienen sollen.

Baulichkeiten, welche ausschließlich für Gottesdienst oder Unterrichtszwecke bestimmt sind, werden von dieser Verordnung nicht betroffen.

§ 61. Wird für öffentliche Versammlungsräume ein selbständiges Gebäude hergestellt, so muß der Abstand der die Haupt-Ein- und Ausgänge enthaltenden Front von der gegenüberliegenden Straßenbegrenzung mindestens 10 m betragen.

Das Gebäude darf gegen die Nachbargrenzen nur an denjenigen Theilen der Umfassungswände Thür- oder Fensteröffnungen erhalten, welche von der Nachbargrenze oder von anderen Bauten auf demselben Grundstück mindestens 6 m entfernt bleiben.

§ 62. Für Versammlungsräume, welche Theile eines im Uebrigen für anderweite Zwecke bestimmten Gebäudes bilden, kann die Anlage besonderer Flure oder Durchfahrten vorgeschrieben werden, welche mit der Straße in Verbindung stehen und von anderen Theilen desselben Gebäudes durch massive Wände getrennt werden müssen.

§ 63. Versammlungsräume, welche mehr als 2000 Personen aufzunehmen vermögen, müssen nach verschiedenen Straßenzügen hin Ausgänge erhalten. Von dieser Forderung kann jedoch Abstand genommen werden, wenn zwischen den Hauptausgängen aus den Versammlungsräumen und einer öffentlichen Straße Vorplätze, Gärten oder Höfe von solchen Abmessungen liegen, daß sie die gesammte Personenzahl bei Annahme von 4 Personen auf 1 qm Grundfläche aufzunehmen vermögen.

§ 64. Die Umfassungswände und die inneren Wände, soweit sie Durchfahrten, Flure, Treppen und Versammlungssäle umschließen, sind in der Regel massiv oder unverbrennlich herzustellen. Hölzerne Fachwerkskonstruktionen sind zulässig, falls die Gefache ausgemauert werden.

Das äußere Deckmaterial der Dächer muß gegen Uebertragung eines Feuers von außen her sicheren Schutz gewähren.

Die vorgeschriebenen Treppen (§ 71) müssen in besonderen Treppenräumen liegen und letztere Decken aus unverbrennlichem Material erhalten.

Etwaige die Decken der Säle durchbrechende Lüftungsöffnungen oder Oberlichter müssen mit unverbrennlichen über die Dachfläche hinausgeführten Einfassungen versehen werden. Unterhalb der äußeren Oberlichter sind Drahtnetze anzubringen.

§ 65. Die Einrichtung von Lagerräumen für feuergefährliche Stoffe, von Fabriken oder Werkstätten für feuergefährliche Betriebe über oder unter Versammlungsräumen ist verboten. Auch dürfen derartige Räume nicht mit den für die Versammlungsräume dienenden Korridoren, Treppen, Fluren oder Durchfahrten in Verbindung stehen.

§ 66. Der Fußboden eines Versammlungsraumes darf nicht höher als 12 m über der Straße liegen.

Ueber einem Saalparkett sind höchstens 2 Galerien übereinander zulässig.

§ 67. Wird in einem Versammlungsraum die dauernde Einrichtung von Sitzen beabsichtigt, so muß die Breite eines Sitzes mindestens 50 cm und der Abstand der Sitzreihen wenigsten 90 cm betragen.

Bei Anordnung von Klappsitzen und bei befestigten Bänken kann der Abstand der Reihen auf 80 cm ermäßigt werden.

Die Zahl der Sitze in ununterbrochener Reihe neben einem Seiten- oder Zwischengang darf im Saalparkett 14, auf Galerien 12 nicht übersteigen.

Für Stehplätze dürfen höchstens 3 Personen auf 1 qm Grundfläche gerechnet werden.

Die Breite der Gänge innerhalb der Saalparketts und auf Galerien muß mindestens 90 cm betragen und ist im übrigen nach dem Verhältniß von 1 m für 120 Personen zu bemessen.

Die nach vorstehenden Bestimmungen zulässige höchste Besucherzahl ist durch die Polizeibehörde festzustellen.

§ 68. Für Versammlungsräume ohne feste Sitzreihen soll die Personenzahl, nach welcher die Breite der Thüren, Korridore, Treppen, Flure und Ausgänge zu bestimmen ist, so ermittelt werden, daß in der Regel auf 1 qm Grundfläche des Saalparketts 2 Personen und auf 1 qm Grundfläche der Galerien 3 Personen gerechnet werden. In einzelnen Fällen können jedoch ausnahmsweise mit Rücksicht auf die Lage und Benutzungsart der Versammlungsräume auf je 10 qm Grundfläche für das Saalparkett 15, für die Galerien 20 Personen gerechnet werden.

Wenn mehrere Versammlungsräume in einem Geschoß oder in verschiedenen Stockwerken gemeinschaftliche Korridore, Treppen, Flure oder Ausgänge haben, so sollen die erforderlichen Breiten derselben der Regel nach in der Weise ermittelt werden, daß die Personenzahl des größten Raumes ganz und die Personenzahl der übrigen Räume zur Hälfte der Berechnung zu Grunde gelegt wird. Es kann jedoch in einzelnen Fällen ausnahmsweise mit Rücksicht auf die Benutzungsart der Versammlungsräume eine geringere Gesammtziffer für die Berechnung zugelassen werden.

§ 69. Die Anzahl und Breite der Thüren ist nach dem Verhältniß von

1 m für 120 Personen	bei einer Anzahl bis zu		600 Personen,
1 „ „ 135 „	„ „ „	von 600 bis	900 „
1 „ „ 150 „	„ „ „	über	900 „

zu bestimmen.

Wenn die zulässige Zahl der Besucher mehr als 600 Personen beträgt, muß der Versammlungsraum auf mindestens 2 Wandseiten Thüren erhalten.

Ausgangs-Thüren müssen nach außen aufschlagend derart angeordnet werden, daß die geöffneten Flügel nicht in die Korridore und in die Treppenräume vortreten. Ist diese Forderung nicht zu erfüllen, so müssen die Thorflügel vollständig herumschlagen und an den Wänden durch selbstthätige Federn festgehalten werden. In solchen Fällen ist aber die vorgeschriebene Mindestbreite der Korridore (§ 70) um die Thürflügelbreite zu vergrößern. Die Thürverschlüsse müssen so eingerichtet sein, daß sie durch einen einzigen Griff in Höhe von etwa 1,20 m über dem Fußboden von innen leicht zu öffnen sind.

Die Ausgangsthüren sind als solche mit großer Schrift kenntlich zu machen und dürfen während der Benutzung eines Versammlungsraumes nicht verschlossen werden.

§ 70. Die für die Entleerung eines Versammlungsraumes in Betracht kommenden Korridore und Flure müssen mindestens 2 m breit sein. Im übrigen gelten für ihre Breiten, sowie auch für die Breiten der Ausgänge die im § 69 für die Thüren angegebenen Verhältnißzahlen.

Flure oder Durchfahrten, welche zu Versammlungsräumen führen, müssen mindestens 3 m breit sein und im übrigen nach dem Verhältniß von 1 m für 200 Personen bemessen werden.

Wenn die Ausgänge aus Versammlungsräumen in einem Seiten- oder Hintergebäude auf einen Hof von solchen Abmessungen führen, daß er die gesammte Personenzahl bei Annahme von 4 Personen auf 1 qm Grundfläche aufzunehmen vermag, so kann die Breite der Flure oder Durchfahrten, welche diesen Hof mit der Straße verbinden, ausnahmsweise dem vorgeschriebenen Verhältniß von 1 m für 200 Personen gegenüber unter der Bedingung ermäßigt werden, daß der Hof in seiner ganzen Fläche lediglich für den Personenverkehr frei gehalten wird. Als äußerst zulässige Grenze soll dabei jedoch das Verhältniß von 1 m für 300 Personen gelten.

§ 71. Für Versammlungsräume, welche nicht mehr als 300 Personen im Ganzen fassen, soll eine Treppe ausreichend sein, welche aus unverbrennlichem Material hergestellt werden, mindestens 1,5 m breit sein, und im übrigen nach dem Verhältniß von 1 m für 120 Personen bemessen werden muß.

Für mehr als 300 Personen müssen mindestens zwei Treppen angelegt werden. Die gesammte Treppenbreite ist dann bis zur Anzahl von 900 Personen nach dem Verhältniß von 1 m für 150 und bei mehr als 900 Personen nach dem Verhältniß von 1 m für 200 Personen zu bestimmen.

Galerie-Treppen dürfen niemals unmittelbar in den Saal ausmünden. Es sind vielmehr für solche Treppen stets besondere Flure oder Vorräume anzulegen und deren Ausgänge nach Lage und Entfernung von einander derart anzuordnen, daß bei gleichzeitiger Entleerung von Saal und Galerien Gegenströmungen nicht entstehen können.

Bei Galerien von höchstens 30 qm Grundfläche kann die Breite der Treppe bis auf 1 m ermäßigt werden.

Die Räume, in welchen die vorgeschriebenen Treppen liegen, dürfen mit Kellerräumen nicht in unmittelbarer Verbindung stehen.

Im Uebrigen gelten für die Anlage der Treppen im Einzelnen die Bestimmungen des § 5.

§ 72. Für den Fall, daß ein Versammlungsraum vorübergehend mit Bänken, Stühlen oder Tischen besetzt werden soll, sind die im § 67 für feste Sitzreihen vorgeschriebenen Gänge freizuhalten und fest abzugrenzen. Reihenweise gestellte Stühle oder Bänke sind mit Innehaltung eines Abstandes von mindestens 90 cm derart mit einander zu verbinden, daß sie einzeln nicht verschoben werden können.

§ 73. Versammlungsräume, welche eine ständige mit verbrennlichen Kulissen, Soffiten, Hinterhängen oder Versatzstücken ausgestattete Bühne erhalten, — gleichviel ob die auf derselben veranstalteten Vorstellungen dem Publikum allgemein zugänglich sind oder nicht — sollen, sowohl wenn sie für sich ein selbständiges Gebäude, als auch, wenn sie nur einen Theil eines im übrigen anderweit benutzten Bauwerkes bilden, nicht nach den in diesem Abschnitt, sondern nach den für kleine Theater gegebenen Vorschriften behandelt werden.

Es kann jedoch dabei, falls die Bühne elektrisch beleuchtet und mit einer Regenvorrichtung versehen wird, von der Forderung, daß der Zuschauerraum rings von einem Korridor umgeben sein muß, abgesehen werden.

Die höchste in einem derartigen mit ständiger Bühne ausgestatteten Versammlungsraum und zwar im Saalparkett und auf Galerien im Ganzen zulässige Personenzahl darf 800 nicht überschreiten.

§ 74. Solche Versammlungsräume dagegen, welche nur ein mit unverbrennlichen Kulissen, Soffiten, Hinterhängen oder Versatzstücken, sowie mit einem Vorhang aus schwer entflammbarem Stoff ausgestattetes Podium ohne Versenkung, Schnürboden und Schnürgalerien erhalten, sollen nach den in diesem Abschnitt gegebenen Vorschriften, jedoch mit der Maßgabe behandelt werden, daß die Lage und Breite der Gänge und Thüren im Zuschauerraum nach dem Verhältniß von 1 m für 90 Personen und die Breite von Korridoren, Treppen, Fluren und Ausgängen nach dem Verhältniß von 1 m für 120 Personen festgestellt werden.

§ 75. Zur Beleuchtung von Versammlungsräumen ist außer elektrischem und Gaslicht die Verwendung von Pflanzenölen und Kerzen zulässig.

Die Verwendung von Mineralölen ist nur mit besonderer Erlaubniß gestattet.

Wird Gasbeleuchtung gewählt, so müssen dabei die im § 41 gegebenen Vorschriften sinngemäß beobachtet werden.

Eine ausreichende Nothbeleuchtung ist nach näherer Angabe der Polizeibehörde einzurichten.

§ 76. Bei Anlage von Zentralheizungen sind die im § 27 gegebenen Vorschriften zu befolgen.

§ 77. Bestimmungen in Bezug auf Wasserversorgung, Feuerlösch-Einrichtungen und Stellung einer Feuerwache, sowie auf die Aushängung von Grundrißplänen bleiben dem Ermessen der Polizeibehörde überlassen.

§ 78. Bei Baulichkeiten, welche nur für vorübergehende Benutzung errichtet werden, finden von vorstehenden Bestimmungen die auf eine schnelle und gefahrlose Entleerung, sowie auf die Einrichtung und Unterhaltung einer Nothbeleuchtung abzielenden Vorschriften Anwendung, während die Festsetzung der sonstigen baulichen und Betriebs-Forderungen in jedem einzelnen Falle dem Ermessen der Polizeibehörde anheimgegeben bleibt.

II. Vorschriften für bestehende Anlagen

(in der durch den Min.-Erlaß vom 18. März 1891 veränderten Fassung).

§ 79 enthält die Vorschriften für Theater, § 80 für Cirkus-Anlagen.

C. Oeffentliche Versammlungsräume.

§ 81. Für bestehende Versammlungsräume gelten folgende Mindestforderungen:

1. In Versammlungsräumen mit festen Sitzreihen darf die Breite eines Sitzes nicht weniger als 45 cm und der Abstand der Sitzreihen nicht weniger als 70 cm betragen, sofern die Zahl der Sitze in ununterbrochener Reihe neben einem Seiten- oder Zwischengange im Saalparkett 15, auf den Galerien 12 nicht übersteigt. Im Uebrigen müssen die Vorschriften des § 67 erfüllt sein.

   Bei sonst günstigen Entleerungsverhältnissen sind Ausnahmen zulässig, wenn vorstehende Forderungen nur mit weitgehenden Aenderungen erfüllt werden können. Insbesondere kann auf den Galerien, falls hier eine Verbesserung der Entleerungsverhältnisse durch Anlage von Zwischengängen nicht zu erreichen ist — je nachdem der Abstand der Sitzreihen das Maß von 70 cm übersteigt —, eine verhältnißmäßig größere Anzahl, jedoch höchstens von 20 Sitzen in ununterbrochener Reihe neben einem Gange, zugelassen werden.

2. Für Versammlungsräume ohne feste Sitzreihen sind in Bezug auf die Berechnung der Personenanzahl die im § 68 gegebenen Bestimmungen maßgebend.

   Bei vorübergehender Aufstellung von Bänken, Stühlen oder Tischen sind die im vorletzten Absatze des § 67 für feste Sitzreihen vorgeschriebenen Gänge freizuhalten und reihenweise aufgestellte Stühle oder Bänke mit Innehaltung eines Abstandes von mindestens 80 cm derart mit einander zu verbinden, daß sie einzeln nicht verschoben werden können. Von der letzteren Forderung kann abgesehen werden, falls die Stühle oder Bänke wegen einer unmittelbar nachfolgenden anderen Benutzung des Versammlungsraumes rasch fortgeräumt werden müssen.

3. In Bezug auf die Anzahl und die Breite der Thüren müssen die Vorschriften des § 69 — und in Bezug auf das Aufschlagen der Thüren, sowie auf die Thürverschlüsse und die Bezeichnung der Ausgänge die Vorschriften des § 79 Nr. 7 sinngemäß erfüllt sein.

4. Die Breite der Korridore, Flure, Treppen und Ausgänge darf in keinem Falle geringer sein als die Berechnung nach dem Verhältniß von 1 m für 250 Personen ergiebt. Die Breite von Durchfahrten muß mindestens dem Verhältniß von 1 m für 300 Personen entsprechen.

5. Bei Versammlungsräumen, welche eine ständige, mit verbrennlichen Kulissen, Soffiten, Hinterhängen oder Versatzstücken ausgestattete Bühne besitzen, sollen in Bezug auf die Breite der Gänge und Thüren innerhalb des Saalparketts und auf Galerien, sowie auf die Breite der Korridore, Flure, Treppen und Ausgänge in der Regel die für den Neubau kleiner Theater gegebenen Vorschriften zur Durchführung gelangen. Ausnahmsweise können in einzelnen Fällen Ermäßigungen zugelassen werden, deren äußerste Grenze durch folgende Verhältnißzahlen bestimmt wird:

   für die Breite der Gänge innerhalb des Saales und auf Galerien, sowie für die Breite der Ausgangsthüren daselbst durch das Verhältniß von 1 m für 100 Personen,

   für die Breite der Korridore, Flure, Treppen und Ausgänge durch das Verhältniß von 1 m für 150 Personen,

   für die Breite von Durchfahrten durch das Verhältniß von 1 m für 200 Personen,

   und wenn die Durchfahrt mit einem Hofe oder Garten von der im § 70 bezeichneten Größe in Verbindung steht, durch das Verhältniß von 1 m für 300 Personen.

6. Für Versammlungsräume, welche nur ein Podium der im § 74 beschriebenen Art besitzen, gelten folgende Verhältnißzahlen als die äußerst zulässigen:

   für die Breite der Gänge innerhalb des Saales und auf Galerien, sowie für die Breite der Ausgangsthüren daselbst das Verhältniß von 1 m für 120 Personen, für die Breite der Korridore, Flure, Treppen und Ausgänge das Verhältniß von 1 m für 200 Personen,

für die Breite von Durchfahrten das Verhältniß von 1 m für 250 Personen,

und wenn die Durchfahrt mit einem Hofe oder Garten von der § 70 bezeichneten Größe in Verbindung steht, das Verhältniß von 1 m für 300 Personen.

7. Für die Einrichtung der Beleuchtung und Nothbeleuchtung sind die Vorschriften des § 75 maßgebend. Bei Gasbeleuchtung können jedoch von den Bestimmungen des dort in Bezug genommenen § 41, wonach:

die Flammen mit Glocken oder Schalen versehen sein müssen,

zum Anzünden der Flammen nur elektrische Zünder verwendet werden dürfen, und die Räume, in welchen sich Gasmesser befinden, unmittelbar von außen Luft und Licht erhalten sollen,

Ausnahmen gestattet werden.

§§ 82, 82a haben die gemeinsamen Vorschriften für bestehende Theater, Cirkus-Anlagen und öffentliche Versammlungsräume zum Gegenstande.

Der III. Abschnitt umfaßt die allgemeinen Bestimmungen (§§ 83—87).

Von allen den Vorschriften sind nur diejenigen, welche die Versammlungsräume betreffen, im Wortlaut angeführt, da sie als die wichtigsten und am häufigsten zur Anwendung kommenden angesehen werden. Hierbei sei auch noch auf die dem Erlasse beigefügten Erläuterungen zum Entwurfe der Polizei-Verordnung, betreffend die bauliche Anlage und die innere Einrichtung von Theatern, Cirkusgebäuden und öffentlichen Versammlungsräumen hingewiesen.

Vergl. auch die Ministerial-Erlasse vom 18. März 1891 (Min.-Bl. S. 69) und 5. September 1897 (Min.-Bl. S. 218).

Die nach obigen Erlassen angeordneten Polizei-Verordnungen sind auch in den einzelnen Regierungsbezirken ergangen, so daß diese baupolizeirechtliche Materie in der Monarchie einheitlich geregelt ist.

Die Verfügung an den Königl. Regierungspräsidenten N. zu N. vom 21. Juni 1895 trifft Bestimmung, wer die Kosten für die periodisch auszuführenden Untersuchungen der Gasleitungen in Theatern und sonstigen größeren Versammlungsräumen zu tragen hat (Min.-Bl. S. 170).

§ 33. Wer Gastwirthschaft, Schankwirthschaft oder Kleinhandel mit Branntwein oder Spiritus betreiben will, bedarf dazu der Erlaubniß.

Diese Erlaubniß ist nur dann zu versagen:

1. wenn gegen den Nachsuchenden Thatsachen vorliegen, welche die Annahme rechtfertigen, daß er das Gewerbe zur Förderung der Völlerei, des verbotenen Spiels, der Hehlerei oder der Unsittlichkeit mißbrauchen werde;
2. wenn das zum Betriebe des Gewerbes bestimmte Lokal wegen seiner Beschaffenheit oder Lage den polizeilichen Anforderungen nicht genügt.

2c. 2c.

Anweisung vom 9. August 1899, zur Ausführung der Gewerbeordnung Titel I, II, IV, V, (Min.-Bl. S. 127):

Zu §§ 33, 33a.

40. Den Anträgen auf Ertheilung der in den §§ 33 und 33a gedachten Genehmigungen ist eine Handzeichnung nebst Beschreibung von dem zum Betriebe des Gewerbes bestimmten Lokale in zwei Ausfertigungen beizufügen.

Die Beifügung kann unterbleiben, wenn die den nachstehenden Vorschriften entsprechenden Unterlagen aus Anlaß einer früher ertheilten Genehmigung bei der genehmigenden Behörde bereits vorhanden sind.

Aus den Vorlagen muß hervorgehen:

a) der vollständige Name, der Stand und der Wohnort des Antragstellers,

b) die Bezeichnung des Grundstücks, auf dem das Lokal sich befindet, nach Ortschaft, Straße, Hausnummer oder in sonst ortsüblicher Weise,

c) die Lage, die Beschaffenheit der zum Gewerbebetriebe bestimmten Räume, insbesondere auch nach Flächeninhalt und Höhe, ferner die Zweckbestimmung der einzelnen Räume und deren Einrichtung im Allgemeinen.

Für die Handzeichnung ist ein Maßstab zu wählen, welcher eine deutliche Anschauung gewährt; der Maßstab ist auf der Zeichnung einzutragen. Die Zeichnungen sind von dem Antragsteller zu unterschreiben.

41. Der Antrag ist bei der Ortspolizeibehörde einzureichen. Diese hat nöthigenfalls nach Anfrage bei der genehmigenden Behörde zu prüfen, ob gegen die Vollständigkeit der Vorlagen etwas zu erinnern ist; finden sich Mängel, so ist der Antragsteller zur Ergänzung zu veranlassen.

42. Ueber den Antrag hat unter Mittheilung der Vorlagen die Gemeindebehörde und sodann die Ortspolizeibehörde sich gutachtlich zu äußern.

Betreffs der an das Lokal zu stellenden Anforderungen verbleibt es bei den bestehenden Vorschriften.

Wird die Genehmigung im Beschlußverfahren ertheilt, so bedarf es eines besonderen Bescheides nicht. Die Behörde fertigt vielmehr alsbald die Genehmigungsurkunde aus: in allen anderen Fällen erfolgt deren Ausfertigung erst, wenn eine rechtskräftige oder endgültige Entscheidung vorliegt.

In der Urkunde sind die Art des Gewerbebetriebes sowie etwaige Einschränkungen genau zu bezeichnen. Die von dem Antragsteller eingereichten Zeichnungen nebst Beschreibungen sind mit den Ausfertigungen durch Schnur und Siegel zu verbinden. Sind Zeichnungen u. s. w. nicht eingereicht (Ziffer 40 Abs. 2), so genügt die Bezugnahme auf die früher ertheilte Genehmigungsurkunde.

Eine Ausfertigung der Genehmigungsurkunde ist dem Antragsteller, die andere der Ortspolizeibehörde zu übersenden.

Vor Aushändigung der Urkunde ist der Betrieb der Regel nach nicht zu gestatten.

Hierzu die Cirkularverfügung an die Königl. Regierungspräsidenten bezw. Königl. Regierungen vom 26. August 1886, betreffend die Anforderungen, welche an Gast- und Schankwirthschaften zu stellen sind.

a) Anforderungen, welche in baulicher und gesundheitlicher Beziehung an die Gast- und Schankwirthschaften zu stellen sind.

§ 1. Gast- und Schankwirthschaften dürfen sowohl in Städten, wie auch auf dem platten Lande nur auf solchen Grundstücken errichtet werden, welche an öffentlichen Wegen belegen sind und einen Zugang zu den letzteren haben. In Städten ist die Errichtung von Gast- und Schankwirthschaften an unbefestigten und unbeleuchteten Straßen oder Straßentheilen nicht zu gestatten. Die Errichtung von Gast- und Schankwirthschaften ist ferner ausgeschlossen:

in Häusern, welche Schlupfwinkel gewerbsmäßiger Unzucht sind bezw. in welchen der gewerbsmäßigen Unzucht ergebene Frauenspersonen wohnen oder verkehren,
in Räumlichkeiten, welche dem Besitzer oder dritten Personen zu Wohn- oder Wirthschaftszwecken dienen, oder in welchen noch andere fremdartige Gewerbe betrieben werden,
in unmittelbarer Nähe von Kirchen, Pfarrhäusern, Unterrichts- und Krankenhäusern.

§. 2. Die Gebäude, in welchen Gast- und Schankwirthschaften eingerichtet werden sollen, müssen feuersichere Bedachung haben. Der Zugang zu den für dieselben bestimmten Räume muß ein gefahrloser und bequemer sein, insbesondere ist darauf zu achten, daß etwaige Treppen genügend breit, nicht zu steil, mit einem festen Geländе versehen, und daß die Zugänge zu den Treppen von Außen her nicht schmaler sind, als die Treppenläufe selbst.

Die Thüren zu den Gast- und Schanklokalen müssen eine entsprechende Breite haben und nach Außen aufschlagen.

§ 3. In Gast- und Schankwirthschaften müssen die Gastzimmer, in ersteren auch die Schlafräume, durchaus trocken, mit gedielten Fußböden, sowie mit verschließbaren Thüren und mit gut schließenden, zum Oeffnen eingerichteten Fenstern, welche einen hinreichenden Zutritt von Luft und Licht unmittelbar von der Straße oder vom Hofe aus gestatten und, soweit nöthig, mit sonstigen zur Herstellung eines genügenden Luftwechsels erforderlichen Einrichtungen versehen und überhaupt ihrer ganzen Anlage nach so beschaffen sein, daß sie die menschliche Gesundheit in keiner Weise gefährden.

An den in diesen Zimmern vorhandenen Oefen dürfen Verschlußvorrichtungen, welche den Abzug des Rauches nach dem Schornsteine zu verhindern geeignet sind, als Klappen, Schieber oder dergleichen nicht vorhanden sein.

Sämmtliche Räumlichkeiten sind mit den erforderlichen Ausstattungsgegenständen zu versehen.

Kellergeschosse dürfen als Schlafräume für Gäste überhaupt nicht, als Schanklokale aber nur unter der Bedingung benutzt werden, daß die bezüglichen Räume gegen das Eindringen und Aufsteigen der Erdfeuchtigkeit geschützt, und daß die Fußböden nicht tiefer als einen Meter unter dem umgebenden Erdboden belegen sind. Bei ungleicher Höhenlage des umgebenden Erdbodens ist die Tiefenbemessung von einem Meter im Durchschnitt vorzunehmen. (Dieser Absatz ist hier in der Fassung wiedergegeben, die er durch den Min.-Erlaß vom 1. März 1890 — Min.-Bl. S. 51 — erhalten hat.)

Die Gast- und Fremdenzimmer müssen ferner allen Anforderungen entsprechen, welche durch die an den betreffenden Orten geltenden baupolizeilichen Vorschriften an solche Räume gestellt werden.

§ 4. In jeder Gast- und Schankwirthschaft muß sich ein Zimmer von mindestens 25 Quadratmetern Bodenfläche zum gemeinschaftlichen Aufenthalte der Gäste befinden, und es müssen ferner in jeder Gastwirthschaft mindestens drei wohleingerichtete Schlafzimmer für Fremde vorhanden sein.

Für sämmtliche Gast- und Schlafzimmer wird eine lichte Höhe von mindestens 2,80 Metern erfordert.

Für die Schlafzimmer sind mindestens 3 Quadratmeter Bodenfläche und 12 Kubikmeter Luftraum auf jeden einzelnen Gast zu rechnen.

Gast- und Schankwirthschaften dürfen nur auf solchen Grundstücken errichtet werden, welche entweder an eine öffentliche Wasserleitung angeschlossen sind, oder einen eigenen Brunnen mit völlig ausreichender Wassermenge haben.

§ 5. Bei jeder Gast- und Schankwirthschaft muß die nöthige Anzahl mit den erforderlichen Einrichtungen für Abfluß und Luftreinigung versehener Pissoirs und Abtritte vorhanden sein, zu welchen der Zugang nicht durch Wohn- oder Wirthschaftsräume, noch über die Straße führen und niemals behindert sein darf.

Insbesondere muß, soweit es die Natur des Betriebs zuläßt, bei der Arbeit die Trennung der Geschlechter durchgeführt werden, sofern nicht die Aufrechterhaltung der guten Sitten und des Anstandes durch die Einrichtung des Betriebes ohnehin gesichert ist.

In Anlagen, deren Betrieb es mit sich bringt, daß die Arbeiter sich umkleiden und nach der Arbeit sich reinigen, müssen ausreichende, nach Geschlechtern getrennte Ankleide- und Waschräume vorhanden sein.

Die Bedürfnißanstalten müssen so eingerichtet sein, daß sie für die Zahl der Arbeiter ausreichen, daß den Anforderungen der Gesundheitspflege entsprochen wird und daß ihre Benutzung ohne Verletzung von Sitte und Anstand erfolgen kann.

§ 120c. Gewerbeunternehmer, welche Arbeiter unter achtzehn Jahren beschäftigen, sind verpflichtet, bei der Einrichtung der Betriebsstätte und bei der Regelung des Betriebs diejenigen besonderen Rücksichten auf Gesundheit und Sittlichkeit zu nehmen, welche durch das Alter dieser Arbeiter geboten sind.

§ 120d. Die zuständigen Polizeibehörden sind befugt, im Wege der Verfügung für einzelne Anlagen die Ausführung derjenigen Maßnahmen anzuordnen, welche zur Durchführung der in §§ 120a bis 120c enthaltenen Grundsätze erforderlich und nach der Beschaffenheit der Anlage ausführbar erscheinen. Sie können anordnen, daß den Arbeitern zur Einnahme von Mahlzeiten außerhalb der Arbeitsräume angemessene, in der kalten Jahreszeit geheizte Räume unentgeltlich zur Verfügung gestellt werden.

Soweit die angeordneten Maßregeln nicht die Beseitigung einer dringenden, das Leben oder die Gesundheit bedrohenden Gefahr bezwecken, muß für die Ausführung eine angemessene Frist gelassen werden.

Den bei Erlaß dieses Gesetzes bereits bestehenden Anlagen gegenüber können, solange nicht eine Erweiterung oder ein Umbau eintritt, nur Anforderungen gestellt werden, welche zur Beseitigung erheblicher, das Leben, die Gesundheit oder die Sittlichkeit der Arbeiter gefährdender Mißstände erforderlich oder ohne unverhältnißmäßige Aufwendungen ausführbar erscheinen.

Gegen die Verfügung der Polizeibehörde steht dem Gewerbeunternehmer binnen zwei Wochen die Beschwerde an die höhere Verwaltungsbehörde zu. Gegen die Entscheidung der höheren Verwaltungsbehörde ist binnen vier Wochen die Beschwerde an die Centralbehörde zulässig; diese entscheidet endgültig. Widerspricht die Verfügung den von der zuständigen Berufsgenossenschaft erlassenen Vorschriften zur Verhütung von Unfällen, so ist zur Einlegung der vorstehend bezeichneten Rechtsmittel binnen der dem Gewerbeunternehmer zustehenden Frist auch der Vorstand der Berufsgenossenschaft befugt.

§ 120e. Durch Beschluß des Bundesraths können Vorschriften darüber erlassen werden, welchen Anforderungen in bestimmten Arten von Anlagen zur Durchführung der in den §§ 120a bis 120c enthaltenen Grundsätze zu genügen ist.

Soweit solche Vorschriften durch Beschluß des Bundesraths nicht erlassen sind, können dieselben durch Anordnung der Landes-Centralbehörden oder durch Polizeiverordnungen der zum Erlasse solcher berechtigten Behörden erlassen werden. Vor dem Erlasse solcher Anordnungen und Polizeiverordnungen ist den Vorständen der betheiligten Berufsgenossenschaften oder Berufsgenossenschafts-Sektionen Gelegenheit zu einer gutachtlichen Aeußerung zu geben. Auf diese finden die Bestimmungen des § 113 Abs. 2, 4 und des § 115 Abs. 4 Satz 1 des Gewerbe-Unfallversicherungsgesetzes (Reichs-Gesetzbl. 1900 S. 573, 585) Anwendung.

Durch Beschluß des Bundesraths können für solche Gewerbe, in welchen durch übermäßige Dauer der täglichen Arbeitszeit die Gesundheit der Arbeiter gefährdet wird, Dauer, Beginn und Ende der zulässigen täglichen Arbeitszeit und der zu gewährenden Pausen vorgeschrieben und die zur Durchführung dieser Vorschriften erforderlichen Anordnungen erlassen werden.

Die durch Beschluß des Bundesraths erlassenen Vorschriften sind durch das Reichs-Gesetzblatt zu veröffentlichen und dem Reichstage bei seinem nächsten Zusammentritte zur Kenntnißnahme vorzulegen.

Durch Erlaß des Ministers für Handel und Industrie vom 25. Januar 1897 ist bestimmt worden, daß Projekte für gewerbliche Anlagen, die einer besonderen Genehmigung (§§ 16 ff. der Gewerbeordnung) nicht bedürfen, vor Ertheilung der Bauerlaubniß dem Gewerbeaufsichtsbeamten zur Begutachtung vorgelegt werden sollen, welche Anforderungen aus § 120a der Gewerbeordnung zu stellen sind, und daß zu diesem Zwecke von dem Unternehmer die nothwendigen Angaben, Beschreibungen, Zeichnungen zu verlangen sind.

Durch den Erlaß des Ministers der öffentlichen Arbeiten vom 7. Juli 1899 ist der Arbeiterfürsorge auf Bauten näher getreten worden, indem die Anordnung erging, nach den unten folgenden Grundzügen Polizeiverordnungen in den einzelnen Ortschaften bezw. Bezirken zu erlassen, was auch durchweg geschehen ist.

Grundzüge für Polizeiverordnungen, betreffend die Arbeiterfürsorge auf Bauten.

1. Die Bestimmungen unter Ziffer 2 bis 5 finden Anwendung:

a) bei Hochbauten, wenn einschließlich der Poliere und Lehrlinge mehr als 10[1]) Personen zur Zeit der Rohbauausführung gleichzeitig auf dem Bau beschäftigt sind; während der Rohbauausführung vorübergehend beschäftigte Arbeiter, wie Zimmerleute und Staker, werden nicht in diese Zahl eingerechnet.

b) bei Tiefbauten, welche von Unternehmern ausgeführt werden, wenn an einer bestimmten Stelle des Baues mehr als 10[1]) Personen länger als 1 Woche gleichzeitig beschäftigt sind.

---

[1]) Nach Lage der örtlichen Verhältnisse kann auch bereits für weniger als 10 dauernd beschäftigte Personen die Herstellung von Unterkunftsräumen gefordert werden.

2. Zur Unterkunft für die an Bauten beschäftigten Arbeiter bei ungünstiger Witterung und in den Ruhepausen müssen Räume geschaffen werden, welche im Mittel mindestens 2,20 Meter im Lichten hoch, mit Wänden umschlossen und mit einem Dache versehen sind, und deren Grundfläche derart bemessen sein muß, daß auf jeden am Bau dauernd beschäftigten Arbeiter (vergl. Ziffer 1) eine Fläche von wenigstens 0,75 qm entfällt.

Der betreffende Raum muß einen festen trockenen Fußboden haben und auf besonderes Erfordern der Polizeibehörde vom 15. Oktober bis 15. März heizbar sein.

Für die dauernd auf dem Bau beschäftigten Arbeiter (Ziffer 1) sind in den Unterkunftsräumen Sitzplätze zur Verfügung zu stellen. Baumaterialien irgend welcher Art dürfen in diesen Räumen nicht gelagert werden.

Bei Tiefbauten müssen die Unterkunftsräume so belegen sein, daß der Beschäftigungsort eines jeden Arbeiters von der Unterkunftsstätte der Regel nach höchstens 750 Meter entfernt ist.

Für schwimmende Unterkunftsräume findet die Vorschrift über die nothwendige lichte Höhe keine Anwendung.

3. Bei Hochbauten müssen für die in Ziffer 1 bezeichneten Personen Aborte in solcher Zahl vorhanden sein, daß ein Abort für höchstens 25 Personen dient.

Die Aborte müssen derart eingerichtet sein, daß von außen nicht hineingesehen werden kann. Erforderlichen Falles sind vor den Thüren Blenden anzubringen.

Für Tiefbauten kann die Polizeibehörde die Herstellung solcher Aborte fordern.

4. Für die nach Ziffer 3 herzustellenden Aborte dürfen keine durchlässigen Gruben, sondern die Aborte müssen entweder an eine öffentliche Entwässerungsanlage vorschriftsmäßig angeschlossen werden, oder es müssen wasserdichte Tonnen, welche nach Bedarf rechtzeitig fortzuschaffen und durch leere, mittels Kalkanstrichs desinfizirte Tonnen zu ersetzen sind, aufgestellt werden. Diese Tonnen sind durch Sitz- und Stoßbretter zu verdecken. Bei freier von Wohngebäuden entfernter Lage der Baustellen kann die Herstellung einer Erdgrube gestattet werden.

5. Die Unterkunftsräume für die Arbeiter und die Aborte müssen genügend erhellt sein und sind stets in reinlichem Zustande zu halten.

6. Vom 15. November bis 15. März dürfen Stukkateur-, Putz- und Töpferarbeiten in Neubauten nur dann ausgeführt werden, wenn die Räume, in denen gearbeitet wird, durch Thüren und Fenster verschlossen sind. Die nur vorläufige Anbringung derartiger Verschlüsse ist für genügend zu erachten.

7. In Räumen, in denen offene Koksfeuer ohne Ableitung der entstehenden Gase brennen, darf nicht gearbeitet werden. Solche Räume sind gegen andere, in denen gearbeitet wird, dicht abzuschließen. Sie dürfen nur vorübergehend von den die Kokskörbe beaufsichtigenden Personen betreten werden. —

Die hiernach angeordnete Polizeiverordnung ist in den meisten Regierungsbezirken bereits erlassen, während sie in einzelnen noch in Vorbereitung ist.

§ 139b. Die Aufsicht über die Ausführung der Bestimmungen der §§ 105a, 105b Abs. 1, der §§ 105c bis 105h, 120a bis 120e, 134 bis 139a ist ausschließlich oder neben den ordentlichen Polizeibehörden besonderen von den Landesregierungen zu ernennenden Beamten zu übertragen. Denselben stehen bei Ausübung dieser Aufsicht alle amtlichen Befugnisse der Ortspolizeibehörden, insbesondere das Recht zur jederzeitigen Revision der Anlagen zu. Sie sind, vorbehaltlich der Anzeige von Gesetzwidrigkeiten, zur Geheimhaltung der amtlich zu ihrer Kenntniß gelangenden Geschäfts- und Betriebsverhältnisse der ihrer Revision unterliegenden Anlagen zu verpflichten.

Die Ordnung der Zuständigkeitsverhältnisse zwischen diesen Beamten und den ordentlichen Polizeibehörden bleibt der verfassungsmäßigen Regelung in den einzelnen Bundesstaaten vorbehalten.
 ꝛc. ꝛc.

§ 154 **Abs. 4.** Auf andere (als vorher in Abs. 2 und 3 angegebene) Werkstätten sowie auf Bauten können durch Kaiserliche Verordnung mit Zustimmung des Bundesraths die Bestimmungen der §§ 135 bis 139b ganz oder theilweise ausgedehnt werden. . . . .

Diese Kaiserliche Verordnung ist bis jetzt nicht erlassen worden.

§ 147 (Strafbestimmungen). Mit Geldstrafe bis zu dreihundert Mark und im Unvermögensfalle mit Haft wird bestraft:

1. wer den selbständigen Betrieb eines stehenden Gewerbes, zu dessen Beginn eine besondere polizeiliche Genehmigung (Konzession, Approbation, Bestallung) erforderlich ist, ohne die vorschriftsmäßige Genehmigung unternimmt oder fortsetzt, oder von den in der Genehmigung festgesetzten Bedingungen abweicht;
2. wer eine gewerbliche Anlage, zu der mit Rücksicht auf die Lage oder Beschaffenheit der Betriebsstätte oder des Lokals eine besondere Genehmigung erforderlich ist (§§ 16 und 24), ohne diese Genehmigung errichtet, oder die wesentlichen Bedingungen, unter welchen die Genehmigung ertheilt worden, nicht innehält, oder ohne neue Genehmigung eine wesentliche Veränderung der Betriebsstätte oder eine Verlegung des Lokals oder eine wesentliche Veränderung in dem Betriebe der Anlage vornimmt;
3. . . . . .
4. wer den auf Grund der §§ 120d, 139g endgültig erlassenen Verfügungen oder den auf Grund der §§ 120e, 139h erlassenen Vorschriften zuwiderhandelt. . . . .

Im Anschluß an die einschlägigen, vorstehend erörterten Vorschriften der Reichs-Gewerbeordnung ist noch ein den Verkehr mit Mineralölen betreffender Ministerial-Erlaß hier von Interesse, da er besonders die Gewerbetreibenden trifft, und daher an dieser Stelle, die sich mit den Bestimmungen der Gewerbeordnung befaßt, soweit sie das baupolizeiliche Gebiet interessiren, angeführt werden soll.

Dieser Ministerial-Erlaß vom 11. Mai 1883, betreffend den Erlaß von Polizeiverordnungen über den Verkehr mit Mineralölen in den einzelnen Provinzen, enthält den Entwurf für die zu erlassende Polizeiverordnung.

Entwurf einer Polizeiverordnung über den Verkehr mit Mineralölen.

§ 1. Die gegenwärtige Polizeiverordnung findet Anwendung auf Rohpetroleum und dessen Destillationsprodukte (Petroleumäther, Gasolin, Benzin, Ligroin, Neolin, Naphta, Petroleumessenz, rektifizirtes Petroleum, Putzöl, Schmieröl u. s. w.), aus **Braunkohlentheer oder Steinkohlentheer bereitete Oele (Photogen, Solaröl, Benzol u. s. w.) und Schieferöle.**

§ 2. Die im § 1 aufgeführten Flüssigkeiten werden, wenn sie unter einem Barometerstande von 760 mm schon bei einer Erwärmung auf weniger als 21 Grade des hunderttheiligen Thermometers entflammbare Dämpfe entweichen lassen, zu Klasse 1, im entgegengesetzten Falle zu Klasse II gerechnet.

Die Untersuchung derselben auf ihre Entflammbarkeit hat mittels des Abel'schen Petroleumprobers unter Beachtung der von dem Reichskanzler gemäß § 2 der Kaiserlichen Verordnung vom 24. Februar 1882 (Reichs-Gesetzbl. S. 40) erlassenen Vorschriften — Min.-Bl. f. d. i. V. von 1883 S. 25 — zu erfolgen.

§ 3. Mengen von mehr als 10000 kg Flüssigkeiten der Klasse II sowie Mengen von mehr als 1000 kg Flüssigkeiten der Klasse I dürfen nur auf besonderen Lagerhöfen und nur mit Erlaubniß der Landespolizeibehörde gelagert werden.

Diese Erlaubniß ist, falls nicht besondere Umstände einzelne Abweichungen als zulässig oder nothwendig erscheinen lassen, an folgende Bedingungen zu knüpfen.

a) Der Lagerhof muß mit einer mindestens 2,50 m hohen Mauer umgeben und so belegen seien, daß er bequem von allen Seiten mit Löschgeräthen umfahren werden kann.

b) Die gelagerten Flüssigkeiten sowohl wie auch die dieselben etwa umschließenden Baulichkeiten müssen mindestens 60 m von allen außerhalb des Lagerhofs befindlichen Gebäuden entfernt sein.

c) Die Sohle derjenigen Theile des Lagerhofs, welche zur Lagerung der Flüssigkeiten dienen, muß aus undurchlässigem, unverbrennlichem Material hergestellt sein und ein Gefälle von mindestens 1 : 100 nach einer oder mehreren vergitterten Sammelgruben haben; sie muß ferner entweder tiefer als die sie umgebende Terrainsohle liegen oder mit einer aus feuersicherem Material hergestellten ununterbrochenen Umfassung versehen sein. In beiden Fällen muß der Raum zwischen den Umfassungswänden mit Einschluß des Rauminhalts der Sammelgruben groß genug sein, die gesammte Menge der dort aufbewahrten Flüssigkeiten im Falle des Auslaufens aufzunehmen.

d) Falls die Flüssigkeiten nicht im Freien oder unter offenen Schuppen, sondern in Gebäuden gelagert werden, müssen die letzteren massive Umfangswände, keine Zwischendecken, reichliche Erleuchtung durch Tageslicht und gute Ventilation haben; Einrichtungen zu künstlicher Beleuchtung dürfen weder in noch an den Gebäuden angebracht werden.

e) Geschäftliche Verrichtungen dürfen im Lagerhofe nur bei Tageslicht vorgenommen werden. Das Betreten des Lagerhofes bei Nachtzeit ist außer dem Wächter desselben nur den dienstlich dazu berufenen Beamten gestattet.

f) Feuer oder Licht darf innerhalb des Lagerhofs nicht angezündet, auch darf daselbst nicht geraucht werden. Das Einbringen von Zündmaterialien in den Lagerhof ist untersagt. Diese Vorschriften sind an allen Eingangsthüren des Lagerhofs in augenfälliger Weise anzuschreiben.

g) Auf dem Lagerhof dürfen außer einer für den Wächter bestimmten, durch eine Mauer von den übrigen Theilen des Lagerhofs abgesonderten Wohnung Wohnräume nicht vorhanden sein.

Bei Lagerhöfen, in welchen nur Flüssigkeiten der Klasse II gelagert werden sollen, kann von den Vorschriften zu a) und b) abgesehen werden; die konzessionirende Behörde entscheidet dann nach ihrem Ermessen über die in Bezug auf Einfriedigungen und freie Lage des Terrains zu stellenden Anforderungen.

§ 4. Mengen von nicht mehr als 10000 kg, aber mehr als 1000 kg Flüssigkeiten der Klasse II, sowie Mengen von nicht mehr als 1000 kg, aber mehr als 100 kg Flüssigkeiten der Klasse I dürfen nur mit ortspolizeilicher Erlaubniß gelagert werden. Bei Ertheilung dieser Erlaubniß sind unter Anlehnung an die in § 3, insbesondere in den Absätzen c) bis f) enthaltenen Vorschriften die nach den örtlichen Verhältnissen sich als nothwendig ergebenden, mindestens aber die in § 5 aufgeführten Bedingungen vorzuschreiben.

§ 5. Mengen von nicht mehr als 1000 kg, aber mehr als 300 kg Flüssigkeiten der Klasse II, sowie Mengen von nicht mehr als 100 kg, aber mehr als 15 kg Flüssigkeiten der Klasse I dürfen nur in Kellern oder zu ebener Erde belegenen Räumen gelagert werden, welche keine Abflüsse (Gerinne) nach außen (Straßen, Höfen u. s. w.), keine Heiz- oder künstlichen Beleuchtungsvorrichtungen und eine gute Ventilation haben. Der Fußboden des zur Lagerung dienenden Theils dieser Räume muß aus undurchlässigem, unverbrennlichem Material hergestellt und mit einer aus feuersicherem Material hergestellten ununterbrochenen Umfassung von solcher Höhe versehen sein, daß der Raum zwischen den Umfassungswänden mit Einschluß des Rauminhalts einer etwa vorhandenen Sammelgrube ausreicht, die gesammte Menge der dort aufbewahrten Flüssigkeiten im Falle des Auslaufens aufzunehmen.

Die Vorschrift des § 3 f Satz 1 findet auch auf diese Räume Anwendung.

Die Lagerung kann ferner auf Höfen, in Gärten oder anderen umfriedeten Grundstücken erfolgen, wenn das Ausfließen der Flüssigkeiten durch Eingraben der Gebinde oder durch eine aus feuersicherem Material hergestellte Umfassung verhindert wird.

Das Umfüllen der nach Maßgabe dieses Paragraphen gelagerten Flüssigkeiten in andere Gefäße und die sonstigen geschäftlichen Verrichtungen mit denselben dürfen nur bei Tageslicht vorgenommen werden.

Die Einholung einer polizeilichen Erlaubniß ist nicht erforderlich; doch ist die Lagerung der Ortspolizeibehörde vorher anzuzeigen.

§ 6. Werden Mineralöle der Klasse I mit Mineralölen der Klasse II oder mit anderen brennbaren Flüssigkeiten in demselben Raume oder in solchen Räumen, welche nicht durch unverbrennliche, mit Oeffnungen nicht versehene Scheidungen von einander getrennt sind, gelagert, so finden auf sämmtliche Flüssigkeiten, die in den §§ 3 bis 5 für die Mineralöle der Klasse I gegebenen Vorschriften Anwendung.

Werden Mineralöle der Klasse II zusammen mit anderen brennbaren Flüssigkeiten in der vorstehend (Absatz 1) angegebenen Weise gelagert, so finden auf sämmtliche Flüssigkeiten die in den §§ 3 bis 5 für die Mineralöle der Klasse II gegebenen Vorschriften Anwendung.

§ 7. In den Verkaufsräumen der Detailhändler dürfen Flüssigkeiten der Klasse II bis zu 50 kg, wenn aber die Aufbewahrung in metallenen, mit einem Hahn zum Abfüllen versehenen Gefäßen erfolgt, bis zu 300 kg, Flüssigkeiten der Klasse I bis 15 kg aufbewahrt werden.

Die Aufbewahrung und der Verkauf von Flüssigkeiten der Klasse I darf, soweit es sich um Quantitäten von mehr als $1/2$ Liter handelt, nur in Zinkbehältern, soweit es sich um geringere Quantitäten handelt, auch in verschlossenen Glasflaschen erfolgen. Bei künstlichem Licht dürfen diese Flüssigkeiten nicht aus einem Gefäß in ein anderes gefüllt, sondern nur mit dem Gefäß, in welchem sie sich befinden, dem Käufer überliefert werden.

§ 8. In den zum regelmäßigen Aufenthalt oder zum Verkehr von Menschen bestimmten Räumen, insbesondere in Wohnräumen (mit Einschluß der Küchen), unmittelbar an dieselben anschließenden Vorrathsräumen, Komtoiren, Gast- und Schankwirthschaften und Werkstätten dürfen nicht mehr als 20 kg Flüssigkeiten der Klasse II und 2 kg Flüssigkeiten der Klasse I aufbewahrt werden.

Hinsichtlich der Gefäße, in welchen die Aufbewahrung dieser letzteren Flüssigkeiten erfolgen muß und des Umfüllens derselben in andere Gefäße gilt die Vorschrift des § 7 Abs. 2.

§ 9. Der Transport von Glasballons, welche Flüssigkeiten der Klasse I enthalten, mittels Wagen ist nur unter Beobachtung folgender Vorsichtsmaßregeln gestattet:

a) Die Ballons müssen mit Stroh, Heu, Kleie, Sägemehl, Infusorienerde oder ähnlichen lockeren Substanzen in starken Holzkisten oder einzeln in soliden, mit einer gut befestigten Schutzdecke versehenen und mit hinreichendem Verpackungsmaterial ausgefütterten Körben oder Kübeln fest verpackt sein.

b) Jeder Wagen muß außer dem Kutscher von einer erwachsenen Person begleitet sein.
c) Die Wagen dürfen nur im Schritt fahren.

§ 10. Diese Verordnung findet nicht Anwendung auf die Aufbewahrung der in § 1 bezeichneten Flüssigkeiten an den Gewinnungsstätten des Rohpetroleums und in Fabriken, in welchen diese Stoffe hergestellt, bearbeitet oder zu technischen Zwecken verwendet werden. Für letztere sind die erforderlichen Anordnungen auf Grund der §§ 16 ff. und 120 der Gewerbeordnung von der zuständigen Behörde zu treffen.

Die Einholung der in den §§ 3 und 4 gedachten polizeilichen Erlaubniß ist für die zur Zeit des Erlasses dieser Verordnung bereits in Benutzung stehenden Lagerräume, in welchen auf Grund der bisherigen Vorschriften die in den §§ 3 und 4 bezeichneten Quantitäten gelagert werden dürfen, nicht erforderlich.

§ 11. Uebertretungen dieser Verordnung werden, sofern nicht die Bestimmungen des Strafgesetzbuchs, insbesondere § 367 Nr. 6 Anwendung finden, mit Geldstrafe bis zu . . . M. bestraft. —

Dem vorstehenden Entwurfe entsprechend sind in den einzelnen Provinzen Polizeiverordnungen ergangen, so daß für die in Rede stehende Materie einheitliche Normen, insbesondere auch nach der baupolizeilichen Richtung hin, bestehen.

§ 15.

Die für Aufzüge (Fahrstühle) erlassenen Vorschriften.

Durch die allgemeine ministerielle Verfügung an die Oberpräsidenten vom 4. September 1899, betreffend die Einrichtung und den Betrieb von Aufzügen (Fahrstühlen) [Min.-Bl. S. 167] sind auch hierfür einheitliche Bestimmungen in der Monarchie herbeigeführt worden, indem in den einzelnen Provinzen der Anweisung gemäß im Wesentlichen gleichlautende Vorschriften ergangen sind.

a) Entwurf einer Polizeiverordnung, betreffend die Einrichtung und den Betrieb von Aufzügen (Fahrstühlen).

Titel I. Geltungsbereich der Polizeiverordnung.

§ 1. I. Als Aufzüge (Fahrstühle) im Sinne der gegenwärtigen Polizeiverordnung werden solche Aufzugseinrichtungen angesehen, deren Fahrkörbe, Kammern oder Plattformen zwischen festen Führungen bewegt werden.

II. Ausgenommen sind Schachtaufzüge in Bergwerken und Versenkvorrichtungen in Theatern.

Titel II. Eintheilung der Aufzüge.

§ 2. Die Aufzüge werden eingetheilt in

1. Personenaufzüge, einschließlich derjenigen Lastenaufzüge, auf denen Führer mitfahren dürfen,
2. Lastenaufzüge.

Titel III. Allgemeine Bestimmungen.

§ 3. I. Aufzüge sollen, soweit der Betrieb dies zuläßt, im Freien oder an der Außenfront der Gebäude oder in von massiven Wänden umgebenen Treppenhäusern oder Lichthöfen angelegt werden, und bedürfen unter dieser Voraussetzung keiner massiven oder dichten unverbrennlichen Umschließung der Fahrbahn.

II. Sollen dagegen im Innern von Gebäuden übereinander gelegene Räume durch Aufzüge verbunden werden, so muß die Fahrbahn der Regel nach in ihrer ganzen Ausdehnung durch massive oder dichte Wände aus unverbrennlichem Material abgeschlossen werden. Die Schächte müssen an ihrem oberen Ende unverbrennlich abgedeckt, oder mindestens 0,20 m über Dach geführt werden. In letzterem Falle kann der Schacht durch Glas mit darunter befindlichem Drahtgitter abgedeckt werden, doch muß der Schacht alsdann über der Dachfläche mit Entlüftungsöffnungen versehen werden.

Als unverbrennliche Wände gelten bis auf Weiteres nur Rabitz- oder Monierwände.

III. Von der Vorschrift massiver oder dichter unverbrennlicher Schachtwände sind ausgenommen

1. Aufzüge, welche im Innern von Gebäuden übereinanderliegende Galerien verbinden,
2. Aufzüge, die nur zwei Geschosse verbinden, sofern die Fahrbahn an ihrer oberen Mündung einen feuersicheren Abschluß erhält, der auch aus Deckel- oder Klappverschlüssen bestehen darf,
3. Aufzüge, welche Kellergeschosse mit dem Erdgeschoß verbinden, sofern die Fahrbahn an ihrer oberen Mündung einen feuersicheren Abschluß erhält, der auch aus Deckel- oder Klappverschlüssen bestehen darf,
4. kleine Aufzüge (siehe § 26),
5. Lichtaufzüge in allen Arten von Betrieben,
6. Aufzüge in Windmühlen.

IV. Durchbrechungen von Decken außerhalb der Fahrbahn zum Zweck der Durchführung von Gegengewichten, Seilen, Ketten, Steuerungseinrichtungen und dergleichen sind, sofern der Querschnitt der Oeffnungen größer als 100 qcm ist, den Aufzugsschächten gleich auszuführen.

§ 4. I. Lichtöffnungen sind in den Wandungen auch solcher Fahrschächte zulässig, welche massiv oder unverbrennlich umschlossen sein müssen.

II. Lichtöffnungen müssen in denjenigen Wänden, welche nach dem Freien zu liegen, durch Fenster verschlossen werden, welche von Unbefugten nicht geöffnet werden können. Lichtöffnungen in Wänden oder Zugangsthüren, welche den Fahrschacht nach Innenräumen zu begrenzen, müssen durch Drahtglas von mindestens 10 mm Stärke dicht und fest abgeschlossen werden. In letzteren Fällen dürfen die Lichtöffnungen eine Größe von 0,05 qm in jedem Geschoß nicht übersteigen.

III. Zugangsöffnungen zu massiv oder unverbrennlich umschlossenen Fahrschächten müssen einen feuersicheren Abschluß erhalten. Als feuersicher gelten auch hölzerne Abschlußvorrichtungen, die auf beiden Seiten mit Eisenblech beschlagen sind.

§ 5. Der von dem Fahrkorb bestrichene Raum darf zur Lagerung von Gegenständen nicht benutzt werden und nur die zum Betriebe oder zur Revision erforderlichen Einrichtungen enthalten.

§ 6. I. Die Fahrbahn muß, sofern sie nicht gemäß § 3 mit dichten Wänden umgeben werden muß, gegen die Umgebung allseitig derartig abgeschlossen sein, daß Menschen weder sich in die Fahrbahn hineinbeugen, noch durch ungeschützte Förderöffnungen in den Fahrschacht hineinstürzen können.

II. Thüren zu Aufzugschächten und umgitterten Fahrbahnen dürfen nicht in die Fahrbahn hineinschlagen. Thüren in Fahrkörben dürfen nicht aus der Fahrbahn herausschlagen.

III. Die Umwehrungen der Fahrbahn müssen der Regel nach aus einem nicht brennbaren Material hergestellt werden. Bestehen dieselben aus Drahtgeflecht, so darf dieses eine Maschenweite von höchstens 2 cm besitzen.

§ 7. I. Jeder Aufzug, der eine größere Förderhöhe als 2 m besitzt und zum Zwecke der Be- und Entladung betreten werden kann, oder zur Beförderung von Personen (vergl. § 2 Ziffer 1) benutzt werden darf, muß entweder eine Fangvorrichtung oder eine unmittelbar am Fahrkorb angebrachte Senkbremse, die ihn mit gefahrloser Geschwindigkeit niedergehen läßt, besitzen und muß so eingerichtet sein, daß eine im voraus für die Anlage bestimmte größte Geschwindigkeit nicht überschritten werden kann.

II. Fahrkörbe, welche durch einen Stempel unmittelbar gestützt werden, bedürfen einer Fangvorrichtung oder Senkbremse nicht, sofern unmittelbar am Treibcylinder eine Vorrichtung angebracht ist, die verhindert, daß der Fahrkorb beim Niedergang eine höhere als die festgesetzte Geschwindigkeit annehmen kann.

III. Die Fang- oder Bremseinrichtungen müssen so geschützt sein, daß sie durch das Ladegut oder durch unbefugte Eingriffe in ihrer Wirkung nicht behindert werden können.

§ 8. I. Jeder Aufzug muß mit mindestens einer Vorrichtung versehen sein, die ihn in seinen Endstellungen selbstthätig zum Stillstand bringt.

II. Für Handaufzüge genügt hierfür eine Hubbegrenzung in der Fahrbahn.

§ 9. I. Gegengewichte müssen geführt und so angeordnet sein, daß sie ihre Führungen am oberen und unteren Ende nicht verlassen können.

II. Außerhalb der Fahrbahn liegende Gegenwichte sind wie erstere einzufriedigen (vergl. § 3 IV und § 6 I).

III. Bei Aufzügen, die durch einen unmittelbar tragenden Stempel bewegt werden, muß die Verbindung zwischen Stempel und Plattform derartig sicher hergestellt sein, daß die Plattform durch Gegengewichte nicht vom Stempel abgehoben werden kann.

IV. Die Befestigung von Seilen, Gurten, Ketten und dergl. am Fahrkorb darf nur durch sichere Gehänge erfolgen.

§ 10. Die Vorräume der Aufzüge und die von Personen benutzten Fahrkörbe müssen während der Zeit ihrer Benutzung ausreichend durch Tageslicht oder künstliches Licht beleuchtet sein.

Titel IV. Besondere Bestimmungen über die Einrichtung der Aufzüge.

A. Personenaufzüge, einschließlich derjenigen Lastenaufzüge, auf denen Führer mitfahren dürfen.

§ 11. Die Fahrkorbdecke muß derartig beschaffen sein, daß sie den im Fahrkorb befindlichen Personen Schutz gegen herabfallende Theile des Triebwerkes gewährt. Wo dies nicht der Fall ist, muß die Fahrbahn oben unterhalb der Triebwerkstheile sicher abgedeckt werden.

§ 12. I. Der Fahrkorb muß an denjenigen Seiten, welche keine Zugangsöffnungen enthalten, sowie nach oben von geschlossenen Wänden oder Drahtgitter von höchstens 2 cm Maschenweite umgeben sein.

II. Verschlußthüren am Fahrkorb sind nicht erforderlich, wenn die Schachtwände an den Zugangsseiten des Fahrkorbs in voller Geschoßhöhe durchgeführt, völlig glatt und nicht mehr als 5 cm vom Fahrkorb entfernt sind. Drahtwände von nicht mehr als 2 cm Maschenweite gelten als glatte Wände.

§ 13. I. Jede Zugangsöffnung zur Fahrbahn muß mit einer verschließbaren Thür versehen sein, welche bündig mit der inneren Schachtebene angebracht sein muß.

II. Jede Zugangsthür darf nur geöffnet werden können, wenn der Fahrkorb dahinter steht und zur Ruhe gebracht ist; der Fahrkorb darf nicht eher in Bewegung gesetzt werden können, bevor alle Zugangsthüren zur Fahrbahn geschlossen sind.

III. Von der Steuerungsverriegelung kann nur bei einflügeligen Zugangsthüren, deren Fläche 2,5 qm nicht übersteigt, Abstand genommen werden, wenn die Zugangsthüren zur Fahrbahn von außen sich nur mit einem besonderen Drücker öffnen lassen, wenn das Oeffnen durch besondere Verschlußriegel oder dergl. in allen Fällen verhindert wird, in welchen der Fahrkorb nicht vor der Thür steht und wenn die Thüren von selbst zufallen, sobald sie losgelassen werden.

§ 14. I. Die Steuerungsvorrichtung des Fahrkorbes muß sich innerhalb desselben befinden. Die Bedienung darf nur vom Fahrkorb aus erfolgen können, abgesehen von den im § 29 Ziff. II und III vorgesehenen Fällen.

II. Jeder Aufzug ist zum selbstthätigen Anhalten in seinen Endstellungen mit zwei Einrichtungen zu versehen, welche unabhängig von einander in Wirksamkeit treten und mit dem Anhalten gleichzeitig die Betriebskraft aufheben. Eine dieser beiden Vorrichtungen muß unabhängig vom Schachtsteuerzuge in Thätigkeit treten.

III. Bei Anwendung von Fördertrommeln muß eine Vorrichtung an der Aufzugmaschine angebracht sein, welche das Sinken der Fahrbühne nach Ausrückung der Steuerung verhindert.

§ 15. I. Bei Aufzügen, die nicht durch eine unmittelbare Unterstützung bewegt werden, muß der Fahrkorb an mindestens zwei Seilen, Ketten oder dergleichen hängen, die derartig mit der Fangvorrichtung verbunden sein müssen, daß diese beim Bruch oder bei gefahrdrohender Dehnung eines der Tragorgane bereits in Thätigkeit tritt.

II. Seile, Ketten und dergleichen müssen so berechnet werden, daß nach dem Bruch eines der Tragorgane die übrigen mit nicht mehr als einem Drittel ihrer Bruchfestigkeit beansprucht werden.

III. Bei Seilen ist die höchste im Querschnitt entstehende Spannung aus der Zug- und Biegungsspannung zusammenzusetzen, welch' letztere am Berührungspunkt von Seil und Rolle eintritt.

§ 16. Jeder durch Fördertrommeln bewegte Aufzug muß mit einer Schutzvorrichtung gegen Hängeseil versehen sein.

§ 17. Jeder Fahrkorb, dessen Fahrbahn durch dichte Wandungen umschlossen wird, muß mit einer außerhalb des Fahrschachtes hörbaren Signalvorrichtung und einem im Innern des Fahrkorbes anzubringenden deutlichen Hinweis auf diese Einrichtung versehen sein. Die Signalvorrichtung ist so anzubringen, daß sie von jedem Mitfahrenden bethätigt werden kann.

§ 18. I. An jeder Zugangsthür zum Fahrschacht und im Innern des Fahrkorbs ist ein Schild anzubringen, welches in deutlich lesbarer Schrift das Wort: Personenaufzug, sowie die zulässige Belastung einschließlich des Führers in Kilogrammen, die Zahl der Personen, welche gleichzeitig befördert werden dürfen, und die Vorschrift, daß der Fahrstuhl nur in Begleitung eines Führers benutzt werden darf, enthalten muß.

II. Als Gewicht einer Person ist 75 kg anzunehmen.

§ 19. Solche Bremsfahrstühle in Mahlmühlen sowie Gichtaufzüge, auf denen ein Führer mitfahren darf, unterliegen den Bestimmungen der §§ 11—18 nicht, jedoch ist mindestens die unterste Schachtthür und der Verschluß der obersten Ladeöffnung von der Fahrkorbbewegung abhängig zu machen. Die Thüren in Zwischengeschossen müssen mindestens selbst zufallen, sobald sie losgelassen werden und dürfen sich von außen nur mittels besonderen Drückers öffnen lassen. Die Berechnung der Seile, Ketten und dergleichen muß bei Anwendung mehrerer Tragorgane gemäß § 15 Abs. III und IV, sonst gemäß § 23 erfolgen.

B. Lastenaufzüge.

§ 20. Der Förderkorb muß bei Aufzügen, deren Fahrbahn nicht in ganzer Ausdehnung von Schacht- oder Gitterwänden umschlossen ist, derartig beschaffen sein, daß das Ladegut nicht herausfallen kann.

§ 21. I. Jede Ladeöffnung muß mit einem Verschluß versehen sein, welcher verhindert, daß Menschen in den vom Förderkorb bestrichenen Raum hineinstürzen oder sich in denselben hineinbeugen können.

II. Die Verschlüsse müssen der Regel nach so eingerichtet sein, daß sie nur dann geöffnet werden können oder sich öffnen, wenn der Förderkorb an der Ladeöffnung angelangt ist, und daß sie sämmtlich geschlossen sein müssen, oder sich zu schließen beginnen, wenn der Fahrkorb in Bewegung gesetzt werden soll.

III. Bei Aufzügen, welche keine durchgehende dichte Fahrschachtumkleidung aus unverbrennlichem Material besitzen und zum Be- und Entladen nicht betreten werden, sowie bei Bauaufzügen, genügt ein fester nicht entfernbarer Abschluß der Ladeöffnung, sofern er derartig angebracht wird, daß Menschen nicht in den Fahrschacht stürzen oder sich in denselben hineinbeugen können.

§ 22. Die Steuerungsvorrichtung des Förderkorbs muß sich außerhalb des Fahrschachtes befinden. Die Bedienung der Steuerung darf vom Förderkorb aus nicht erfolgen können.

§ 23. I. Seile, Gurte oder Ketten müssen so berechnet werden, daß sie mit nicht mehr als einem Drittel ihrer Bruchfestigkeit beansprucht sind.

II. Bei Seilen ist die höchste im Querschnitt entstehende Spannung aus der Zug- und Biegungsspannung zusammenzusetzen, welch' letztere am Berührungspunkte von Seil und Rolle eintritt.

§ 24. Jeder Aufzug, dessen jeweiliger Stand nicht außerhalb der Fahrbahn zu erkennen ist, muß in allen Fördergeschossen mit einer Zeigervorrichtung versehen werden.

§ 25. I. An jeder Ladeöffnung muß sich ein Schild befinden, welches in deutlich lesbarer Schrift das Wort: Aufzug, die zulässige Belastung in Kilogrammen, das Verbot des Mitfahrens von Personen enthalten muß.

II. Bei Ladeöffnungen, deren Verschlüsse fest sind, ist außerdem ein Verbot betreffend das Hineinlehnen in den Fahrschacht anzubringen.

§ 26. Auf kleine Aufzüge, die nicht betretbar sind (für Speisen, Akten, kleine Erzeugnisse der Industrie und dergleichen) von höchstens 100 kg Tragfähigkeit und nicht mehr als 0,7 qm Schachtquerschnitt, finden von den Bestimmungen unter Titel III nur diejenigen der §§ 3, 6, 8, 9 und 10, unter Titel IV diejenigen der §§ 23 und 25 Anwendung.

Diese Bestimmung erhielt durch den an den Oberpräsidenten zu Cassel gerichteten ministeriellen Erlaß vom 6. Juli 1901, der den übrigen Oberpräsidenten zur Kenntnißnahme mitgetheilt wurde, eine kleine Aenderung.

Titel V. Betrieb der Aufzüge.

§ 27. I. Die Inhaber von Aufzügen bezw. die an ihrer Statt zur Leitung des Betriebes bestellten Vertreter, sowie die mit der Bedienung der Aufzüge betrauten Personen haben dafür Sorge zu tragen, daß Aufzüge, die sich nicht in gefahrlosem Zustande befinden, nicht im Betriebe erhalten werden.

II. Die mit der Bedienung der Aufzüge beauftragten Personen sind verpflichtet, während des Betriebes die Sicherheitsvorrichtungen bestimmungsmäßig zu benutzen und von hervorgetretenen Mängeln des Aufzuges dem Inhaber bezw. dessen Stellvertreter ungesäumt Anzeige zu erstatten.

III. Das Schmieren der Führungen, der Führungs- und Triebwerkstheile muß vom Innern des Fahrkorbs aus erfolgen, welcher entsprechende Einrichtungen besitzen muß.

§ 28. Der Fahrkorb darf erst dann in Bewegung gesetzt werden, wenn die sämmtlichen Zugangsöffnungen zur Fahrbahn und etwa vorhandene Thüren des Fahrkorbs geschlossen sind. Thüren von Fahrkörben, mit welchen Personen befördert werden, dürfen erst dann geöffnet werden, wenn der Fahrkorb an einer Förderstelle angelangt und die Abstellung der Steuerungsvorrichtung erfolgt ist.

§ 29. I. Aufzüge, mit welchen Personen befördert werden dürfen, einschließlich der Lastenaufzüge mit Personenbeförderung, dürfen nur in Begleitung besonderer Führer benutzt werden. Diese müssen mit den Einrichtungen und dem Betriebe des Aufzuges vertraut sein und ist dies durch einen von einem Sachverständigen (§ 31 Abs. I) schriftlich auszustellenden und in das Revisionsbuch (§ 31 Abs. V) aufzunehmenden Befähigungsnachweis darzuthun. Führer für solche Aufzüge müssen

außerdem in das Revisionsbuch die schriftliche Erklärung eintragen, daß sie die **Bedienung** des Aufzuges verantwortlich übernommen haben.

II. Die Begleitung des Führers kann erlassen werden, und es genügt die bloße Aufsicht desselben, wenn die Benutzung eines Fahrstuhls ausschließlich von bestimmten, nicht wechselnden Personen erfolgt, oder sofern nur zwei Geschosse mit einander verbunden werden.

III. Bei Personenfahrstühlen in Privatwohnungen, welche nur dem Verkehr einer und derselben Wohnung dienen, kann auch die Aufsicht eines Führers erlassen werden, wenn der Hausvorstand nachweist, daß er mit der Führung, Einrichtung und Beaufsichtigung des Fahrstuhls vertraut ist und erklärt, die Verantwortung für die bestimmungsmäßige Benutzung der Sicherheitsvorrichtungen seitens derjenigen Personen, die er zur selbständigen Benutzung des Fahrstuhles zuläßt, zu übernehmen. Solche Fahrstühle sind indessen, abgesehen von den durch die zuständigen Sachverständigen (§ 31) vorzunehmenden regelmäßigen Untersuchungen der ständigen Aufsicht eines zuverlässigen Fahrstuhlfabrikanten in mindestens jährlichen Fristen zu unterstellen.

§ 30. I. Die Fahrgeschwindigkeit von Aufzügen, welche Personen befördern dürfen, oder auf denen Führer mitfahren dürfen, soll 1,5 Meter in der Sekunde nicht überschreiten. Am Triebwerk muß eine Vorrichtung vorhanden sein, welche das Wachsen der Geschwindigkeit über dieses Maß hinaus bei der Abwärtsbewegung des Fahrkorbes verhindert.

II. Personen- und Lastenfahrstühle mit Geschwindigkeitsbremse (selbstthätiger Senkbremse) dürfen nach Loslösung des Seils vom Fahrkorb mit höchstens 1,5 Meter Geschwindigkeit in der Sekunde niedergehen.

Titel VI. Abnahme und Ueberwachung der Aufzüge.

§ 31. I. Einer vorgängigen Genehmigung des maschinellen Theiles eines Aufzuges bedarf es nicht, dagegen muß jeder neue Aufzug, bevor er in Betrieb genommen wird, einer technischen Untersuchung durch einen Sachverständigen dahin unterzogen werden, ob der Aufzug bezüglich seiner maschinellen Anlage den Bestimmungen dieser Verordnung entspricht. Der Antrag auf Abnahme ist von dem Aufzugbesitzer bei dem zuständigen Sachverständigen anzubringen.

II. Bei der Abnahme sind durch Fahrproben mit der höchsten zuläßigen Belastung sämmtliche vorgeschriebenen Sicherheitsvorrichtungen einzeln zu prüfen. Die Zuverlässigkeit der Fang- und Bremsvorrichtungen ist mit der höchsten zuläßigen Belastung und mit dem leeren Fahrkorb bei der größten erlaubten Geschwindigkeit des niedergehenden Fahrkorbs zu prüfen. Bei dieser Probe müssen die Tragorgane vom Fahrkorb losgelöst oder mindestens soweit gelockert sein, daß sie schlaff sind. Fahrstühle mit Fangvorrichtung müssen sich nach Lösung oder Lockerung der Tragorgane festklemmen, nachdem sie höchstens 0,25 m tief gefallen sind.

III. Ueber den Befund der Prüfung ist von dem Sachverständigen eine schriftliche Bescheinigung auszustellen. Diese ist von dem Sachverständigen mit einem Exemplar der von dem Unternehmer der Anlage in zweifacher Ausfertigung zu beschaffenden und von dem Sachverständigen zu bestätigenden Zeichnung und Beschreibung des Aufzuges einem von dem Unternehmer zu beschaffenden Revisionsbuch anzuheften.

IV. Der Sachverständige hat diese Fahrstuhlpapiere der Ortspolizeibehörde zur Kenntniß zu übersenden, welche, wenn auch die baupolizeiliche Abnahme der Anlage zu keinen Bedenken Veranlassung gegeben hat, dem Unternehmer unter Beifügung der Fahrstuhlpapiere die Betriebserlaubniß für den Aufzug ertheilt.

V. Die von dem Sachverständigen auszufertigende Abnahme-Bescheinigung des maschinellen Theiles der Anlage, die vom Unternehmer zu beschaffende Beschreibung des Aufzuges, der Befähigungsnachweis für Führer und das Revisionsbuch müssen den dieser Polizeiverordnung beigefügten Mustern a bis f entsprechen. Das Revisionsbuch muß einen Abdruck dieser Polizeiverordnung enthalten.

VI. Die Fahrstuhlpapiere sind von dem Inhaber des Aufzuges zur jederzeitigen Einsichtnahme für die Aufsichtsbeamten und Sachverständigen bereitzuhalten.

§ 32. I. Die Aufzüge zur Beförderung von Personen, sowie die Lastenaufzüge, auf denen Führer mitfahren dürfen, sind in höchstens zweijährigen Zwischenräumen durch die Sachverständigen einer wiederkehrenden Untersuchung zu unterwerfen. Bremsfahrstühle in Mahlmühlen bleiben von den regelmäßigen Untersuchungen befreit, auch wenn Personen mit ihnen befördert werden dürfen.

II. Bei den wiederkehrenden Untersuchungen ist die Anlage in derselben Weise wie bei der ersten Abnahme zu prüfen. Den Befund der Revision hat der Sachverständige in das Revisionsbuch einzutragen.

III. Die zur Vornahme der Revision erforderlichen Vorkehrungen hat der Inhaber des Aufzugs nach rechtzeitiger Benachrichtigung durch den Sachverständigen auf seine Kosten zu treffen.

IV. Vorgefundene Mängel sind innerhalb einer von dem Sachverständigen zu stellenden Frist zu beseitigen, nach deren fruchtlosem Verlauf der Sachverständige der Ortspolizeibehörde von den vorhandenen Mängeln Anzeige zu erstatten hat.

V. Findet der Sachverständige den Aufzug in einem Zustande, welcher eine unmittelbare Gefahr einschließt, so hat er durch Vermittelung der Ortspolizeibehörde die sofortige Einstellung des Betriebes zu veranlassen, sowie daß dies geschehen, in das Revisionsbuch einzutragen.

§ 33. Als Sachverständige im Sinne dieser Polizeiverordnung gelten die von der Ortspolizeibehörde als solche zu bezeichnenden Personen.

Titel VII. Einführungs- und Uebergangs-Bestimmungen.

§ 34. I. Diese Verordnung tritt (ein Jahr Frist) am . . . . unter gleichzeitiger Aufhebung aller etwa früher erlassenen den gleichen Gegenstand betreffenden Verordnungen und Aufhebung aller etwa entgegenstehenden Bestimmungen von Baupolizei-Verordnungen in Kraft.

II. Bis zu diesem Zeitpunkt in Betrieb gesetzte Aufzüge sind den Vorschriften der §§ 3—5 nicht unterworfen, dagegen kann bei wesentlichen Aenderungen der baulichen Anlagen gefordert werden, daß sie den Vorschriften a. a. O. entsprechend abgeändert werden.

III. Hinsichtlich der übrigen Bestimmungen sind Personenfahrstühle, einschließlich derjenigen Lastenfahrstühle, auf denen Führer mitfahren dürfen, innerhalb zwei Jahren nach dem Inkrafttreten dieser Verordnung mit den Vorschriften derselben in Uebereinstimmung zu bringen und werden zu diesem Zweck in den ersten drei Monaten nach Ablauf der zweijährigen Frist einer Revision unterzogen, sofern sie nicht bereits früher unter Ueberwachung standen und sich in Uebereinstimmung mit den Vorschriften befinden.

IV. Für Lastenfahrstühle gilt das im Abs. III vorstehend Gesagte mit der Maßgabe, daß die Bestimmungen unter § 21 II auf bestehende, mit den Vorschriften nicht übereinstimmende Fahrstühle erst dann Anwendung finden, wenn am Fahrstuhl oder dessen baulichen Anlagen wesentliche Aenderungen vorgenommen werden, oder wenn der Fahrstuhl erneuert wird.

V. Aufzüge, welche bei Inkrafttreten dieser Verordnung bereits im Betrieb waren, bedürfen vor der Abnahme nicht der Ausfertigung von Zeichnungen und Beschreibungen. Die Abnahme-Bescheinigung ist jedoch aufzubewahren und erforderlichen Falles ein Revisionsbuch zu beschaffen.

VI. Die erste Abnahme der Bremsfahrstühle in Mahlmühlen kann innerhalb einer Frist von drei Jahren vorgenommen werden.

VII. Die höheren Verwaltungsbehörden sind befugt, die vorstehenden Fristen auf Antrag zu verlängern, auch von der Durchführung einzelner Bestimmungen dieser Verordnung bei bestehenden, sowie bei neuherzustellenden Anlagen Abstand zu nehmen.

VIII. Bei Aufzügen, welche für Bauten und andere nur vorübergehend benutzte Anlagen in Betrieb gesetzt werden, ist die Polizeibehörde befugt, von der Erfüllung der Bestimmungen, außer den im § 6 angegebenen, ganz oder theilweise abzusehen.

Titel VIII. Strafen.

§ 35. Uebertretungen dieser Verordnung werden, wenn nicht nach den allgemeinen Strafgesetzen eine härtere Strafe verwirkt wird, mit einer Geldstrafe bis zum Betrage von 60 Mark bestraft. —

Im Weiteren folgen die verschiedenen Formulare, welche für die Bescheinigung über Untersuchung eines Aufzuges, die Beschreibung einer Aufzuganlage, den Befähigungsnachweis u. s. w. vorgeschrieben sind, von deren Anführung indessen mangels des Interesses für das Baupolizeirecht Abstand genommen wird.

Die dem obigen Entwurfe entsprechenden Polizeiverordnungen sind in sämmtlichen Provinzen erlassen und sonach auch in dieser Materie einheitliche Normen geschaffen.

§ 16.

Die Bestimmungen für Waarenhäuser.

Der Ministerial-Erlaß vom 6. Mai 1901 betreffend die Waarenhäuser, weist auf die Nothwendigkeit hin, im feuerpolizeilichen Interesse verschärfte Anforderungen an Waarenhäuser zu stellen. In den „Bestimmungen" sind die hierauf bezüglichen Maßregeln zusammengestellt. Sie haben auch auf bereits bestehende Waaren- und Geschäftshäuser der bezeichneten Art Anwendung zu finden.

Von besonderer Wirksamkeit ist, daß für Wohnungen und Arbeitsstätten, welche sich über den zur Aufbewahrung der leicht brennbaren Stoffe dienenden Räumen befinden, rauch- und feuersichere Treppen und Ausgänge vorhanden sind. Die für diese oberen Räume bestimmten Treppen und Ausgänge müssen daher in besonderen, von massiven Wänden umschlossenen Räumen liegen, welche mit den unteren Stockwerken in keiner Verbindung stehen dürfen. Wo mit Rücksicht auf besondere örtliche Verhältnisse die Durchführung einzelner Maßregeln bei bestehenden Waaren- und Geschäftshäusern auf erhebliche Schwierigkeiten stoßen sollte, wird zu prüfen sein, in welcher Weise auf anderem Wege der erstrebte Zweck zu erreichen ist.

Bestimmungen für Gebäude, welche ganz oder theilweise zur Aufbewahrung einer größeren Menge brennbarer Stoffe bestimmt sind. (Waarenhäuser, Geschäftshäuser u. s. w.).

I. Kellergeschoß.

1. Das Kellergeschoß ist vom Erdgeschoß und seinen Schaufenstern in neuen Gebäuden feuerfest, in bestehenden feuersicher abzutrennen; Oeffnungen sind nur ausnahmsweise zulässig und feuersicher zu schließen. Es können jedoch bis zum Keller herabreichende Schaufenster zugelassen werden, falls sie gegen die Innenräume des Erd- und des Kellergeschosses feuersicher abgeschlossen sind.

Die Kellertreppen dürfen nirgends in unmittelbarer Verbindung mit anderen Treppen des Gebäudes stehen.

2. Das Kellergeschoß ist durch massive Brandmauern von wenigstens 25 cm Stärke oder ausnahmsweise durch feuerfeste Wände in einzelne Abtheilungen zu trennen, deren Grundfläche in der Regel 500 qm nicht überschreiten soll. Jede Abtheilung muß zwei Zugänge erhalten, welche entweder unmittelbar oder durch einen mit Brandmauern eingefaßten Kellerflur nach nicht überdeckten Höfen oder nach der Straße ausmünden. Die nach diesem Flur führenden Oeffnungen sind durch Drahtglas oder rauch- und feuersichere Thüren zu schließen; die Thürflügel müssen nach außen derartig aufschlagen, daß der Verkehr im Flur oder in den Treppenräumen nicht beeinträchtigt wird.

In den Kellerräumen sind genügend breite Gänge einzurichten, welche durch die Abtheilung in voller Ausdehnung führen, thunlichst in gerader Richtung auf die Ausgänge münden und stets freizuhalten sind. Diese Keller-Abtheilungen müssen Vorrichtungen für eine wirksame Entlüftung, am zweckmäßigsten durch Fenster, erhalten.

3. Das Kellergeschoß darf nicht entgegen den Vorschriften der Bau-Polizei-Ordnung zum dauernden Aufenthalt von Menschen (Verkaufsräumen, Ateliers, Comptoiren, Küchen, Werkstätten u. A.) benutzt werden; auch dürfen ohne baupolizeiliche Genehmigung keine Holzverschläge, Scheidewände, Feuerstätten oder sonstige Einbauten hergestellt werden.

Die Maschinen- und Heizräume sind durch feuerfeste Wände von den übrigen Kellerräumen zu trennen; etwaige Oeffnungen sind rauch- und feuersicher abzuschließen.

II. Dachgeschoß.

4. Das Dachgeschoß darf keinerlei unmittelbare Verbindung mit den Geschäftsräumen der unteren Geschosse erhalten. Es ist von den Treppenhäusern durch massive Wände zu trennen; etwaige Oeffnungen sind feuer- und rauchsicher abzuschließen.

5. Das Dachgeschoß darf nicht entgegen den Vorschriften der Bau-Polizei-Ordnung zum dauernden Aufenthalt von Menschen (Verkaufsräumen, Küchen, Werkstätten, Ateliers, Comptoirs u. A.) benutzt werden; auch dürfen ohne baupolizeiliche Genehmigung keine Holzverschläge, Scheidewände, Feuerstätten oder sonstige Einbauten hergestellt werden.

III. Bauliche Anordnungen.

6. Eiserne Konstruktionstheile (Säulen, Unterzüge, Deckenträger u. s. w.) sind glutsicher einzuhüllen. Eine Umhüllung der an den Außenflächen der Gebäude gelegenen Theile ist nicht erforderlich.

7. Decken sind aus feuerfesten Baustoffen herzustellen. Deckendurchbrechungen in lichthofartiger Ausführung und großen Maßen können zugelassen werden; es sind jedoch Entlüftungs-Vorrichtungen in der oberen Decke oder deren Nähe einzurichten, die von einer außerhalb der Verkaufsräume gelegenen gesicherten Stelle des Erdgeschosses aus gehandhabt werden können.

8. Größere Lagerräume müssen in der Regel feuer- und rauchsicher von den Geschäftsräumen getrennt sein.

9. Ueber Fenstern, welche zur Ausstellung von Waaren dienen (Schaufenster), muß die Frontwand in einer Höhe von 1,0 m feuerfest geschlossen bleiben und der Sturz der Schaufensteröffnung 30 cm unter den Deckenabschluß herabreichen.

Eine Verminderung dieser Maße ist zulässig, wenn das Schaufenster gegen den Innenraum feuersicher abgeschlossen wird.

10. In größeren Geschäftsräumen ist behufs Einschränkung eines Feuers der Innenraum an geeigneten Stellen thunlichst mittels feuersicherer Thüren oder Rollläden, Asbest-Vorhänge u. s. w. in mehrere Abtheilungen zu trennen, die allabendlich beim Schluß des Geschäfts zu schließen sind. An Stelle dieser Sicherungen

können auch feste, unverbrennliche, etwa 1,0 m von der Decke herabreichende Trennungsstreifen an geeigneten Stellen angebracht werden.

11. Fenstervorbauten sind oben feuersicher abzudecken.

Behufs thunlichster Verhütung der Uebertragung eines Feuers in obere Wohnungen, Arbeitsstätten oder andere Räume zur Vereinigung von Menschen sind an den Fronten unter den Fenstern dieser Räume stärker ausladende unverbrennliche Gesimse oder Ueberdachungen anzubringen. Bei bestehenden Gebäuden sind Ausnahmen zulässig.

Um Unfällen durch Herabfallen großer Scheiben vorzubeugen, sind die Fenster der oberen Geschosse durch Sprossen angemessen zu theilen oder besonders zu sichern.

12. Etwa ein Drittel der Fenster jedes Arbeitsraumes muß zu öffnende Flügel mit einer freien Oeffnung von mindestens 0,6/1,10 m erhalten.

IV. Treppen, Thüren und Vorkehrungen zur Entleerung.

13. Die nothwendigen Treppen müssen von den Geschäftsräumen getrennte feuersichere Verbindungen mit der Straße erhalten. Von jedem Punkte des Gebäudes aus muß eine Treppe auf höchstens 25 m Entfernung erreichbar sein. In den Wänden, welche den Durchgang bezw. die Durchfahrt nach der Straße von den Geschäftsräumen trennen, dürfen Schaufenster oder Fensteröffnungen nicht hergestellt werden.

Die Treppenhäuser sind mit Vorrichtungen zu versehen, welche eine wirksame Entlüftung sicherstellen und vom Erdgeschoß aus bedient werden können.

Verschläge unter den Treppen sind nicht zulässig.

14. Freitreppen im Innenraum an größeren Deckendurchbrechungen bedürfen keines Abschlusses, werden aber bei Bemessung der nothwendigen Treppen nicht in Anrechnung gebracht.

Zwischentreppen müssen feuersicher abgeschlossen werden, sind aber nach dem Keller und dem Dachgeschoß in neuen Gebäuden nicht zulässig, können aber für bestehende Gebäude ausnahmsweise gestattet werden.

15. Wohnungen, Arbeitsstätten oder andere zur Vereinigung von Menschen bestimmte Räume müssen nach einer Treppe entleert werden können, die auch bei völliger Verqualmung der Geschäftsräume und deren Treppen sicher benutzbar bleibt. An diese Treppe muß sich ein feuersicherer Ausgang ins Freie anschließen. Bei bestehenden Gebäuden kann unter besonderen Umständen diese Treppe durch einen anderen geeigneten Rückzugsweg mit feuersicherem Ausgang ins Freie ersetzt werden.

16. Die für die Entleerung in Betracht kommenden Thüren müssen nach außen aufschlagend und leicht beweglich eingerichtet werden. Kanten- und Schubriegel sind unzulässig; der Verschluß muß von innen leicht zu öffnen sein.

Die von den Innenräumen nach den Treppenhäusern führenden Thüren müssen bei bestehenden Gebäuden, wenn das Treppenhaus zugleich zur Entleerung von Wohnungen, Arbeitsstätten u. s. w. dient, wenigstens auf der Innenseite mit Eisenblech beschlagen sein.

17. Vorhänge an den nach den Treppen und Ausgängen führenden Thüren sind unzulässig. Zur Verhinderung des Zuges können daselbst Windfänge angebracht werden. Durch die Thürflügel in geöffnetem Zustande darf der Verkehr in den Corridoren, Treppenräumen u. s. w. nicht behindert werden, namentlich dürfen die Treppenhäuser nicht über die freie Treppenlaufbreite hinaus beschränkt werden.

18. Die Thüren und ihre Verschlüsse müssen stets leicht gangbar sein.

19. Die Ausgänge sind als solche mit großer Schrift kenntlich zu machen; die nächsten Wege zu ihnen sind, soweit es erforderlich, durch Richtungspfeile an den Wänden zu bezeichnen. Auch die Rückzugswege (Noth-Ausgänge) sind derartig zu bezeichnen, daß sie leicht aufgefunden werden können.

20. Zur Verhütung der Uebertragung des Feuers von einem Geschoß zum andern muß hinter den durchbrochenen Brüstungen der Galerien der Lichthöfe ein mindestens 1,0 m breiter durchgehender Raum von allen Gegenständen frei bleiben und dürfen im 1. Stockwerk brennbare Gegenstände, abgesehen von etwaigen stark verglasten Kästen und hölzernen Auslage- oder Geschäfts-Tischen, innerhalb 2,0 m Abstand von den durchbrochenen Brüstungen bezw. von der größten Ausladung der Brüstungsgesimse nicht aufgestellt werden.

Falls die Oeffnungen feuersicher (durch Drahtglas, Eisenblech u. s. w.) geschlossen werden, dürfen diese Maße auf 0,5 bezw. 1,5 m eingeschränkt werden.

Leicht brennbare Gegenstände dürfen an den Brüstungen sowie an Säulen oder Treppenwänden nicht derartig aufgehängt oder hinabgeführt werden, daß dadurch eine Uebertragung des Feuers ermöglicht wird.

V. Beleuchtung.

a) durch Gas und Mineral-Oel.

21. Petroleum darf in den Verkaufsräumen überhaupt nicht verwendet werden, in den Betriebs- und Lagerräumen nur von 40° Abel-Test an (Kaiseröl, Salonöl). In Räumen für besonders leicht entzündliche Gegenstände ist nur die Benutzung von schweren Mineralölen von über 100° Abel-Test statthaft.

22. Stehlampen müssen einen breiten und standhaften Fuß haben, dürfen aber nicht in Verkaufsräumen benutzt werden.

Hängelampen sind sicher zu befestigen und von brennbaren Gegenständen nach oben wenigstens 1 m, unterhalb und seitlich 0,25 m entfernt zu halten. Bei geringerer Entfernung sind etwa 15 cm große Blaker feuersicher anzubringen.

23. Die Gasmesser sind nicht unter Treppen aufzustellen. In großen Waarenhäusern kann gefordert werden, daß für die Gasmesser besondere feuerfest umschlossene, Licht und Luft von außen erhaltende Räume eingerichtet werden. Die Gasleitnng muß auch außerhalb des Gebäudes leicht abstellbar sein.

24. Bewegliche Gasarme sind nicht zulässig.

25. Die Beleuchtungskörper müssen thunlichst über den Verkehrswegen angeordnet und gegen die Berührung mit brennbaren Gegenständen geschützt werden.

b) durch elektrische Anlagen.

26. Elektrische Beleuchtungskörper sind thunlichst über den Verkehrswegen anzuordnen. Sie dürfen sich nicht in der unmittelbaren Nähe leicht brennbarer Stoffe befinden oder von solchen Stoffen umhüllt werden.

27. In den Geschäfts-, Lager- und Arbeits-Räumen, sowie in den Schaukästen müssen freiliegende elektrische Leitungen bis zur Decke in Isolirrohre mit Metallüberzug verlegt oder durch sonstige Schutzverkleidungen, welche der Luft den Zutritt gestatten, gegen Beschädigung gesichert werden. Auch die Leitungen unter der Decke sind erforderlichen Falls gegen Beschädigung besonders zu schützen.

Glühlampen, die sich in der Nähe brennbarer Stoffe befinden oder von brennbaren Stoffen berührt werden können, sind durch eine zweite Glocke oder in ähnlich sicherer Weise zu schützen.

28. Bogenlampen müssen wenigstens 10 cm große Teller erhalten, die das Herabfallen glühender Kohlentheilchen sicher verhüten, gläserne Aschenteller sind unzulässig.

Bei Bogenlampen mit eingeschlossenem Lichtbogen (Dauerbrand-Lampen) sind jedoch besondere Aschenteller nicht erforderlich.

29. Im Uebrigen sind für elektrische Einrichtungen z. Zt. die vom Verbande deutscher Elektrotechniker aufgestellten Sicherheits-Vorschriften maßgebend.

Die elektrische Anlage ist alljährlich der Besichtigung durch einen Sachverständigen zu unterziehen. Der Nachweis darüber, daß den vorstehenden Bestimmungen genügt ist, muß auf Erfordern geführt werden.

30. Alle zur Entleerung bestimmten Thüren und Ausgänge müssen mit einer **Nothbeleuchtung** versehen sein, welche bei eintretender Dunkelheit in Betrieb zu setzen ist. Zur Nothbeleuchtung sind Kerzen, Oellampen oder solche elektrische Lampen, welche durch eine besondere Betriebsquelle gespeist werden, zu verwenden. Auch auf diese Nothbeleuchtung finden die vorstehenden Sicherheitsvorschriften sinngemäße Anwendung.

c) Beleuchtung der Schaufenster.

31. Schaufenster dürfen nur von der Straße oder in der Art beleuchtet werden, daß sich zwischen dem Schaufenster und den Beleuchtungskörpern nebst Leitungen eine starke Glasscheibe befindet. Leitungen oder Beleuchtungskörper im Innern der Schaufenster sind unzulässig.

Bei Schaufenstern, welche feuersicher gegen die Innenräume abgeschlossen sind, können in dem obersten von brennbaren Stoffen freien Theile Glühlampen und elektrische Leitungen zugelassen werden; die Glühlampen müssen jedoch eine besondere Schutzglocke erhalten und die Leitungen in Rohre verlegt werden.

VI. Heizung.

32. Kachel- oder Ziegelstein-Oefen müssen in der Regel von außen oder von wenigstens 50 cm tiefen, mit feuersicheren Thüren geschlossenen Vorgelegen aus geheizt werden. Die Abführung des Rauches von den Oefen zu den Schornsteinen darf nur durch gemauerte Kanäle erfolgen.

33. Eiserne Oefen sind nur ausnahmsweise zulässig und müssen alsdann mit starken unverrückbar befestigten Ofenschirmen versehen sein.

34. Gasöfen bedürfen wie andere Feuerstätten der baupolizeilichen Genehmigung. Sie müssen durch unbewegliche feste Rohre mit der Gasleitung verbunden werden; Schlauchverbindungen sind unzulässig.

35. Gaskocher, Gasplätt-Einrichtungen u. s. w. müssen thunlichst durch feste Rohre mit der Leitung verbunden werden. Wo Schlauchverbindungen sich nicht umgehen lassen, sind mit Metall oder Asbest umsponnene Gummischläuche mit Verschraubung oder Drahtverband an den Hähnen oder Stutzen zu verwenden.

36. Kanäle für die Leitung heißer Luft sind durchweg mit feuersicherem Material zu umschließen und so anzulegen, daß sie von Staub gereinigt werden können.

In Betriebsstätten und Lagerräumen für besonders leicht entzündliche Gegenstände sind Heizkörper und Heizrohre gegen deren Berührung zu schützen.

37. Die Feuerungs-Anlagen sind alljährlich vor Beginn der Heizperiode einer Besichtigung durch einen Sachverständigen zu unterziehen. Der Nachweis hierüber ist auf Erfordern zu führen.

VII. Sicherheits-, Lösch- und Rettungs-Vorschriften.

38. Treppen, Treppenpodeste, Flure und Corridore, Seiten- und Zwischengänge müssen dauernd von allen Verkehrs-Hindernissen, Waaren u. dgl. freigehalten werden; Ausschmückungen an und auf Treppen sind nur aus feuersicherem Material gestattet.

Die für das Publikum bestimmten Gänge des Innenraumes müssen eine rasche Entleerung der einzelnen Geschosse ermöglichen und thunlichst in gerader Richtung auf die Ausgänge führen.

An den zu den Ausgängen führenden Verkehrswegen des Erdgeschosses dürfen besonders leicht entzündliche Stoffe nicht ausgelegt werden.

Vor den Thüren und Ausgängen dürfen Verkaufs-Tische oder sonstige die rasche Entleerung beeinträchtigende Gegenstände nicht aufgestellt werden.

39. Es sind Pläne in doppelter Ausfertigung zur baupolizeilichen Genehmigung einzureichen, in welche die Verkehrswege und deren Breite einzutragen

sind. Die Breite der für die Entleerung wichtigeren Verkehrswege wird nach der Höchstzahl der zu erwartenden Besucher einschließlich der in Betracht kommenden Angestellten bemessen und darf in der Regel nicht geringer als 2,0 m sein.

40. Die Lagerung brennbarer Gegenstände darf nicht höher als 1,5 m unter den Decken erfolgen; bei höherer Lagerung sind in ausgedehnten Räumen behufs Einschränkung des Feuers an geeigneten Stellen etwa 1,0 m hohe Schutzstreifen aus unverbrennlichem Material unter den Decken anzubringen.

41. Beleuchtungs-Gegenstände, Kocheinrichtungen u. dgl. dürfen nur in besonderen Räumen brennend vorgeführt werden.

42. Rauchen ist in den Verkaufs- und Lagerräumen, sowie in den Betriebsstätten verboten. Dies ist durch Anschläge in ausreichender Zahl und Größe mit deutlicher Aufschrift kenntlich zu machen.

43. Leicht verbrennliche Abfälle dürfen in den Verkaufsräumen und Betriebsstätten nicht angehäuft werden.

44. Die Feuerlöscheinrichtungen und die besonderen Angriffs- und Rettungswege sind nach näherer Anweisung auszuführen und dauernd betriebsfähig zu erhalten, auch ist auf Erfordern ein Feuermelder anzulegen. Wird die Anlegung eines solchen nicht gefordert, so sind Hinweise betreffs des nächstbelegenen Feuermelders an geeigneten Stellen anzubringen.

45. Es ist auf Erfordern bei sehr ausgedehnten Anlagen eine geeignete Alarm-Vorrichtung herzustellen.

Die Angestelltenmüssen über das, was sie beim Ertönen der Alarm-Vorrichtung im Interesse der Sicherheit zu thun haben, genau unterrichtet gehalten werden.

46. Es ist Vorsorge zu treffen, daß eine Ueberfüllung der Verkaufsräume nicht stattfindet.

§ 17.

Die wichtigsten, in den einzelnen Bauordnungen stets wiederkehrenden Bezeichnungen und ihre Begriffsmerkmale.

1. Ueber „Bauen, Gebäude und bauliche Anlage" siehe oben §. 1.

a) Neubau: Eine bauliche Anlage, welche mit dem Grund und Boden derartig in mechanische Verbindung gebracht ist, daß sie als Ganzes und ohne Auflösung in seine einzelnen beweglichen Bestandtheile nicht von der Grundfläche getrennt werden kann, ist ein Neubau. Vergl. Kg. vom 12. März 1896, Johow Bd. 18 d. Entscheidungen S. 277; siehe Preuß. Verwltgsbl. Jahrgang 21 S. 2.

Neuerrichtete Gebäude im Sinne der §§ 139[1]), 140 I 8 A.L.R. sind nur solche, welche auf einem Platze aufgeführt worden, worauf bis dahin noch kein Gebäude gestanden hat.

Hat auf dem Platze bereits früher ein Gebäude gestanden, ist dasselbe abgebrochen worden und hat der Platz eine neue Bestimmung erhalten, es soll darauf aber wiederum ein Gebäude aufgeführt werden, so ist in jedem einzelnen Falle nach den Umständen — je nachdem nach den Grundsätzen des Privatrechts aus der dem Platze gegebenen Bestimmung eine Aufgabe des Rechtes des Wiederaufbaues gefolgert werden kann — zu beurtheilen: ob dasselbe zu den neu zu errichtenden Gebäuden

---

[1]) § 139. Neu errichtete Gebäude müssen von älteren schon vorhandenen Gebäuden des angrenzenden Nachbars, wenn nicht besondere Polizeigesetze ein Anderes vorschreiben, wenigstens drei Werkschuhe zurücktreten.

zu zählen ist oder nicht. Berlin 11. Mai 1846. Das Geheime Obertribunal (Min.-Bl. 1846).

b. Umbau: Ein Umbau setzt nicht nothwendig eine von der bisherigen abweichende Zweckbestimmung des Gebäudes voraus. Der Schwerpunkt liegt vielmehr darin, ob das Gebäude einer dasselbe theilweise umgestaltenden Veränderung der Substanz unterzogen werden soll. O.G. vom 30. Januar 1882 Bd. 8 S. 303.

Der technische Sprachgebrauch sei in mannigfacher Hinsicht, namentlich auch bezüglich der Begriffe „Um- und Ausbau" zwar kein ganz präcis feststehender, da diese Ausdrücke ursprünglich aus Handwerkerkreisen herstammen, so führt das technische Gutachten aus, dem sich das Oberwaltungsgericht angeschlossen hat; man habe jedoch demnächst auch in wissenschaftlich-technischer Beziehung ziemlich allgemein folgende Definition angenommen, namentlich hinsichtlich des Begriffes „Umbau": Während bei der „Reparatur" der Ersatz einzelner abgängig gewordener Theile das Charakteristische sei, spreche man von einem „Umbau" da, wo es sich um eine mehr oder minder eingreifende, das Bauwerk theilweise umgestaltende Veränderung der Substanz im Aeußeren oder Innern handele, insbesondere wenn dabei beabsichtigt werde, dem Bauwerke eine andere Zweckbestimmung zu geben, z. B. ein bisher ökonomischen Zwecken dienendes Gebäude zu Wohnzwecken umzugestalten. O.G. vom 15. September 1881, Bd. 8 S. 294.

c) Ausbau: Das Wort „Ausbau" wird im technischen Sprachgebrauch gewöhnlich als Gegensatz zu „Rohbau" oder „Massenbau" angewendet — zur Bezeichnung derjenigen Operationen, welche namentlich die innere Einrichtung des Gebäudes für seine besonderen Zwecke im Auge habe. In diesem Sinne spricht man daher auch vorzugsweise vom „inneren Ausbau" und bezeichnet damit z. B. die Arbeiten des Tünchers, Tischlers, Schlossers, Glasers, Anstreichers u. s. w., zur Herstellung der Decken, Wände, Fußböden, Thüren, Fenster, Oefen 2c., kurz gesagt: Alles, was zur inneren Einrichtung nothwendig ist. Ob nun aber gerade in diesem Sinne durch § 11 des Straßen- und Baufluchtengesetzes vom 2. Juli 1875 hinsichtlich der „Ausbauten" über die Fluchtlinie hinaus habe Bestimmung getroffen werden sollen, müsse er — der Sachverständige — dahingestellt sein lassen. Die Möglichkeit bestehe immerhin, daß hier unter der Bezeichnung „Ausbauten" an solche neu herzustellende Theile gedacht sei, welche als Vorsprünge über die Fluchtlinie hinaus erscheinen; indessen würde ein Techniker in diesem Sinne das Wort „Ausbau" wohl nicht leicht verwenden. O.G. vom 15. September 1881, Bd. 8. S. 294. —

8. Reparatur. Verfügung an den Kgl. Oberpräsidenten der Provinz Brandenburg betreffend die Feststellung des Ausdruckes: „größere oder Hauptreparatur" in Ausübung der Baupolizei vom 9. Juli 1840 (Min.-Bl. S. 373).

Auf Ew. Exc. gefälligen Vortrag vom 8. vor. Mon. bin ich mit demselben darüber ganz einverstanden, daß eine nähere Erläuterung des in Ihren beiden Verordnungen vom 20. Januar 1832 (Annal. S. 179 und 203) die Handhabung der Feuerpolizei und bessere Einrichtungen der Löschanstalten in den Städten, und die zur Verhütung der Feuersgefahr in denselben zu befolgenden baupolizeilichen Vorschriften betreffend, wiederholt gebrauchten Ausdruckes: „größere" oder „Hauptreparatur" wünschenswerth und nothwendig ist, und habe gegen den mir vorgelegten Entwurf einer zu diesem Zwecke zu erlassenden Amtsblatt-Verordnung nichts zu erinnern (Anl. a).

Berlin, d. 9. Juli 1840.

Der Minister des Innern und der Polizei.

In dieser Amtsblattverordnung vom 14. Oktober 1840 wird ausgeführt: Unter „Haupt-Reparaturen" sind solche zu verstehen, bei welchen ganze Theile eines Gebäudes entweder in ihrer Bauart oder hinsichtlich des Materials eine Veränderung erleiden, welche auf die Festigkeit oder Feuersicherheit wesentlichen Einfluß hat, oder

wodurch der wesentliche Zweck des Gebäudes verändert werden soll. Es gehören dahin namentlich:

1. **die Erneuerung sämmtlicher Fundamente unter den Umfassungswänden der Gebäude von Fachwerk oder Holz, das Unterfahren massiver Wände, wenn solches auf die Hälfte (oder darüber) einer Front- oder Giebelmauer ausgedehnt werden soll, imgleichen die Unterschwellung eines ganzen Gebäudes;**
2. **die Anlegung eines Kellers in einem schon vorhandenen Gebäude;**
3. **das Abbrechen eines oder mehrerer Stockwerke eines Gebäudes;**
4. **die Aufführung eines oder mehrerer Stockwerke auf einem Gebäude;**
5. **die Aenderung der inneren Einrichtung eines Gebäudes zu anderen Zwecken, wenn eine neue Anlage von Feuerungen oder eine Umänderung der vorhandenen damit verbunden ist, imgleichen, wenn Verbindungswände im Innern, Pfeiler, Unterzüge und Träger weggenommen oder verändert werden sollen;**
6. **die Vergrößerung vorhandener Gebäude durch deren Verlängerung oder Verbreiterung (Anbaue);**
7. **die Einziehung neuer Balken und Unterzüge;**
8. **die Anbringung eines neues Dachstuhls oder auch nur neuer Sparren, wenn solche sich über ein Drittheil der ganzen Anzahl erstreckt;**
9. **die Aufführung neuer Schornsteine und Anlegung neuer Feuerungen;**
10. **in Ansehung der Dacheindeckungen, wenn in Fällen, wo solches nach den Bestimmungen meiner oben beregten Bekanntmachung vom 20. Januar 1832 überhaupt zulässig ist, ein Ziegel-, Schiefer- oder Metalldach, oder ein Dach nach Dornscher Methode, oder ein feuersicheres Asphaltdach in ein Rohr- oder Strohdach verwandelt, oder ein Rohr- oder Strohdach erneuert werden soll.**

Berlin, den 14. Oktober 1840.

Der Oberpräsident der Provinz Brandenburg.

Dasselbe ist über Haupt-Reparatur in der auf höhere Anordnung erlassenen polizeilichen Verordnung der Königlichen Regierung zu Potsdam, die Bauten auf dem Lande betreffend, vom 28. Mai 1842 (Min.-Bl. S. 210) gesagt.

Was in Vorstehendem als „Haupt-Reparatur" bezeichnet ist, ist wohl nicht mehr als Reparatur zu bezeichnen, worunter doch auch noch die „Haupt"-Reparatur dem Worte entsprechend zu rechnen ist, wenn auch das Erkenntniß des vormaligen Obertribunals vom 15. März 1877 (Min.-Bl. S. 137) Hauptreparatur eine solche nennt, bei welcher insbesondere ganze Theile eines Gebäudes entweder in ihrer Konstruktion oder dem Material eine Veränderung erleiden.

Reparatur ist die Ausbesserung einer Anlage oder Theile derselben. Es ist also nothwendige Voraussetzung hierfür, daß solche schon vorhanden sind und in ihrem bisherigen Zustande und Umfange erneuert werden sollen. Die Ursache ist die Schadhaftigkeit der Anlage oder Theile derselben, ohne daß sie die wesentlichen Bestandtheile ergriffen hat, die die Neuherstellung nothwendig machen würde. Der Zweck ist, die schon vorhandene und bestehen bleibende Anlage oder deren Theile, welche reparaturbedürftig sind, wieder in einen gebrauchsfähigen Zustand zu bringen.

Die Erklärung von „Hauptreparatur" verläßt das Gebiet der Reparatur und subsumiert unter den Begriff Bauausführungen, was der heutige Sprachgebrauch nicht mehr darunter versteht, sondern theilweise als Umbau oder Ausbau, u. s. w. bezeichnet. Für die Reparaturen nach dem jetzigen Sprachgebrauch ist daher im Allgemeinen keine Bauerlaubniß nothwendig und darum nur unter besonderen Voraussetzungen gefordert.

1. Als bebaut gilt ein Grundstück nur soweit, als es seine Bestimmung durch das Gebäude empfängt (Rg. i. Civilsachen vom 18. Dezember 1897, Preuß. Verwltgsbl., Jahrg. 19 S. 461.

2. Eckgrundstück: Von einem Eckgrundstück kann nur da die Rede sein, wo eine Ecke existirt, d. h. wo zwei bereits vorhandene, wenn auch noch nicht völlig ausgebaute Straßen sich schneiden. Liegt ein Haus an einer bereits vorhandenen und einer nur erst geplanten Straße, so soll es ein Eckhaus werden, ist aber noch keins. O.G. vom 22. Februar 1899, Preuß. Verwltgsbl. Jahrg. 21 S. 26.

3. Bauabnahmen: a) Die Fundamentabnahme. Die Fundamentabnahme ist die seitens der zuständigen Behörde vorgenommene Besichtigung einer im Entstehen begriffenen baulichen Anlage zwecks Feststellung, ob die mit dem Grund und Boden unmittelbar in Verbindung gesetzten Mauern vorschriftsmäßig und dem genehmigten Bauprojekte entsprechend hergestellt sind und die festgesetzte oder bestehende Flucht- bezw. Baufluchtlinie innegehalten ist. In vielen Bauordnungen ist für die Fundamentabnahme nur das Letztere als des Nachweises bedürftig vorgeschrieben. Es ist aber nicht bloß als zweckmäßig, sondern als nothwendig zu bezeichnen, daß die Fundamentabnahme, d. h. die amtliche Besichtigung sich auf die ordnungsmäßige Ausführung der die Grundlage für die ganze bauliche Anlage bildenden Mauern erstreckt. b) Die Rohbauabnahme. Die Rohbauabnahme ist die seitens der zuständigen Behörde stattfindende Besichtigung einer in der Ausführung begriffenen baulichen Anlage in Bezug auf ihre Umfassungsmauern, Wände und Eisenkonstruktionen, sowie auf die Treppen, Balken und Dachherstellungen zwecks Feststellung, ob dieselben nach Maßgabe des genehmigten Projektes ausgeführt sind, wobei die der Revision unterliegenden Umfassungsmauern u. s. w. in ungeputztem, ungeschaltem, überhaupt sozusagen nacktem Zustande sein müssen. c) Die Gebrauchsabnahme. Die Gebrauchsabnahme ist die Besichtigung des fertiggestellten Baues seitens der Baupolizeibehörde, durch welche die Uebereinstimmung des ausgeführten Baues mit dem genehmigten Projekt, bezw. mit den bestehenden baupolizeilichen Vorschriften zu prüfen ist; ebenso auch die Beziehbarkeit, sofern es sich um Gebäude handelt, die zu Wohn- oder Schlafzwecken, bezw. zum dauernden Aufenthalt von Menschen bestimmt sind.

Ueber jede Abnahme wird eine Bescheinigung ertheilt. Dieselbe ist eine Urkunde, welche die Erklärung der Baupolizeibehörde enthält, daß die Besichtigung die Vorschriftsmäßigkeit der im Bau begriffenen oder fertiggestellten baulichen Anlage ergeben hat. Hierbei sei die Kg. vom 19. Dezember 1887, Band 8 S. 199 — Preuß. Verwltgsbl. Jahrg. 10 S. 491 — angeführt, welche erklärt, daß Derjenige, welcher eine Wohnung in einem neuerbauten Hause vor Ablauf der polizeilich bestimmten Frist bezogen hat, ohne sich über die Beziehbarkeit der Wohnung auf Grund amtlicher Unterlagen informirt zu haben, strafbar ist.

Die nachstehenden Kammergerichts-Entscheidungen führen über die Beziehbarkeit neuerbauter Gebäude und den Gebrauchsabnahmeschein in strafrechtlicher Beziehung Folgendes aus:

1. Die Vorschriften einer (neuen) Baupolizeiordnung über die Beziehbarkeit neu errichteter Gebäude bezw. Gebäudetheile finden auch auf solche Häuser Anwendung, für deren Errichtung die Bauerlaubniß noch unter der Herrschaft der früheren Baupolizeiordnungen ertheilt war. Kg. vom 15. November 1888, Preuß. Verwltgsbl. Jahrg. 11 S. 610.
2. Das Verbot, neu errichtete Gebäude bezw. Gebäudetheile vor Ablauf einer bestimmten Zeit bezw. vor Ertheilung des polizeilichen Gebrauchsabnahmescheins in Gebrauch zu nehmen, trifft nicht bloß den Beginn sondern auch die Fortsetzung des verbotenen Gebrauchs (d. i. sowohl die erste wie die fortgesetzte Ingebrauchnahme. Kg. vom 18. Dezember 1888, Preuß. Verwltgsbl. ebendaselbst.
3. Das Verbot, neuerrichtete Gebäude bezw. Gebäudetheile vor Ablauf einer bestimmten Zeit bezw. vor Ertheilung des polizeilichen Gebrauchs-Abnahmescheins in Gebrauch zu nehmen, richtet sich auch gegen den ein solches Gebäude bezw. Gebäudetheil beziehenden Miether, nicht etwa bloß gegen den Hauseigenthümer. Kg. vom 1. Oktober 1888, Preuß. Verwltgsbl. a. a. O.

4. Hof, Lichtschacht. Hof ist ein Theil einer Grundstücksoberfläche eines mit einem oder mehreren Gebäuden versehenen oder für derartige Bebauung bestimmten Grundstückes, welcher nicht überbaut ist, also in der Höhenrichtung vollständig frei ist.

Im Unterschied hierzu ist der Lichtschacht ein innerhalb einer baulichen Anlage liegender Theil eines Grundstückes, welcher nach oben hin für gewöhnlich nicht frei, sondern abgeschlossen ist, dessen Abschlußmaterial aber die Zufuhr von Licht zuläßt. In den meisten Fällen führt der Lichtschacht nach dem Dach und wird durch Glas abgeschlossen. Schon das Wort sagt es, daß das Licht durch einen Schacht eingeführt werden soll, also durch einen an den Seiten umschlossenen Raum. Für ihn gelten daher auch wie für jede bauliche Anlage die baupolizeilichen Vorschriften über Brandmauern. Der Zweck des Lichtschachtes ist die Lichteinfuhr für Räume, die nicht unmittelbar mit der freien Luft und Licht in Verbindung gebracht sind bezw. gebracht werden können, und zwar mittels eines innerhalb einer baulichen Anlage dafür bestimmten Raumes, der selbst zur Erreichung des Zweckes mit dem natürlichen Licht unmittelbar in Verbindung stehen muß. Der Lichtschacht muß nicht begrifflich frei in die Luft führen, und ist für gewöhnlich aus Zweckmäßigkeitsgründen nach oben hin durch Licht einlassendes Material (Glas) abgeschlossen.

Nach der Oberverwaltungsgerichts-Entscheidung vom 28. Juni 1886, Preuß. Verwltgsbl., Jahrg. 7 S. 403 ist unter „Hof" im Allgemeinen jeder zum Grundstück gehörige, für sich abgeschlossene Theil der Grundstücksoberfläche zu verstehen, der nicht überbaut, d. h. nicht mit Baulichkeiten, die Freiheit der Oberfläche beeinträchtigenden Anlagen besetzt ist.

Die Größe der Höfe, wie sie gefordert wird, ist auf das gesundheits- und feuerpolizeiliche Interesse zurückzuführen.

Zum Begriffe der Bebauung eines Hofes im Gegensatz zur Unterkellerung im Sinne baupolizeilicher Vorschriften, die für die mit Wohnhäusern besetzten Grundstücke das Bestehen freier Hofräume von gewisser Hoffläche fordern.

Aus den Gründen: Im Allgemeinen wird man davon ausgehen müssen, daß die in den Bauordnungen ausgesprochene Forderung von Höfen einer bestimmten Größe bei den Hausgrundstücken in gesundheitlichen und feuerpolizeilichen Zwecken begründet ist, wie dieses auch das im Preuß. Verwltgsbl., Jahrg. 11 S. 587 abgedruckte Erkenntniß des Oberverwaltungsgerichts vom 27. Juni 1890 hervorhebt.

An sich widerspricht eine Unterkellerung des Hofes nicht seinen Zwecken. Auch giebt es keine Vorschrift, wonach der Hofraum unter allen Umständen in demselben Niveau liegen muß, wie die Straße, an der das betreffende Gebäude liegt; schon ansteigendes und abfallendes Terrain kann dazu führen, daß eine Differenz der beiden Höhenlagen gewählt wird. Die Zwecke, denen der Hof dienen soll, werden dann aber in der Regel nur ihre Erfüllung finden, wenn die Konstruktion des Gebäudes sich dem anpaßt. O.G. vom 5. Mai 1894, Bd. 26 S. 334.

Wenn in einer Bauordnung vorgeschrieben ist, daß „bei Veröffentlichung der Baupolizeiordnung bereits bebaute Grundstücke bis auf einen bestimmten Theil ihrer Grundfläche wieder bebaut werden dürfen, so sind darunter solche Grundstücke gemeint, welche thatsächlich zur Zeit des Erlasses der Baupolizeiordnung mit einem Wohnhaus pp. bebaut sind, nicht aber auch solche, welche zu irgend einer Zeit einmal vor Erlaß der Baupolizeiordnung bebaut gewesen sind, es aber bei Veröffentlichung der Bauordnung nicht mehr sind. O.G. vom 1. März 1892, Preuß. Verwltgsbl., Jahrg. 13 S. 601.

Die Anordnung, daß bei Bebauung der Grundstücke eine bestimmte Fläche unbebaut, als freier Hofraum liegen bleiben soll, ist eine so gewöhnliche und so naheliegende, daß bei ihrem Fehlen ohne Weiteres vorausgesetzt werden darf, sie sei absichtlich nicht aufgenommen, weil nicht als erforderlich anzusehen. Der Hofraum dient in erster Linie dazu, den Zutritt von Luft und Licht zu den angrenzenden Gebäuden sicherzustellen. Er bezweckt weiter, die Feuersicherheit zu erhöhen, insbesondere die Möglichkeit einer Bekämpfung des ausgebrochenen Feuers, sowie eine Rettung der in den Gebäuden befindlichen Personen von verschiedenen Seiten her zu gewähren. O.G. vom 31. Januar 1893, Preuß. Verwltgsbl., Jahr. 14 S. 310.

Eine Baukonsensversagung zur Ueberbauung des ganzen hinter einem Wohnhaus belegenen Hofraumes mit einem Glasdache in Stockwerkhöhe aus (gesundheits- und) feuerpolizeilichen Rücksichten da, wo die betreffende Baupolizeiordnung keine Bestimmung darüber enthält, daß bei dem Bebauen von städtischen Grundstücken Höfe freizulassen seien, ist berechtigt. O.G. vom 11. April 1894, Preuß. Verwltgsbl., Jahrg. 15 S. 489.

5. Entwässerung. Entwässerung ist die Ableitung des auf einem Grundstücke befindlichen Wassers, sei es des Niederschlags- oder des Hauswassers. Entwässerungs-Anlagen sind die zu diesem Zweck hergestellten baulichen Anlagen. Da die Abwässer nicht etwa auf die Nachbargrundstücke geleitet werden dürfen, sofern nicht etwa auf letzterem eine dementsprechende Servitut lastet, wird die Entwässerung einheitlich geregelt. Während früher für gewöhnlich die Entwässerung nach der Straße in den dazu bestimmten Straßenrinnstein erfolgte, geschieht sie jetzt unterirdisch in einen dafür angelegten Kanal, welcher die Abwässer u. s. w. aufnimmt und weiterführt, und mit dem die einzelnen Grundstücke mittels eines Anschlußrohrs in Verbindung stehen.

Das Oberverwaltungsgericht hat ausgesprochen, daß der mit einer Kanalisation erstrebte Zweck vollständig und sicher nur bei einer allgemeinen Durchführung der Maßregel erreicht werden könne, und daß deshalb die Polizeibehörde befugt sei, einen allgemeinen Zwang einzuführen und alle bebauten Grundstücke der Anschlußpflicht zu unterwerfen, gleichviel ob bei einem oder dem anderen vielleicht die Entwässerung ohne Gefährdung der Gesundheit in anderer Weise bisher bewirkt worden sei, oder fernerhin bewirkt werden könnte (O.G. vom 5. Juni 1884). Das Erkenntniß des Oberverwaltungsgerichts vom 9. Januar 1894 (Bd. 26 S. 51ff.) stellt nur in Abrede, daß ein solcher Zwang mittels Ortsstatuts eingeführt werden könne, weist aber gleichfalls darauf hin, daß eine entsprechende Maßregel zu den Befugnissen der Polizei gehört. O.G. vom 10. Juli 1895, Preuß. Verwltgsbl., Jahrg. 16 S. 610.

Eine Polizeiverordnung, in welcher es dem Ermessen der Polizei überlassen worden ist, ob sie im einzelnen Falle anordnen will, daß Haus-Entwässerungsanlagen mit einer selbstthätigen, leicht zu beaufsichtigenden Sicherheitsvorrichtung gegen Rückstau versehen werden sollen, ist rechtsgültig. O.G. vom 1. Mai 1895, Preuß. Verwltgsbl., Jahrg. 16 S. 636.

Die Regelung der Entwässerung eines bebauten Grundstückes gehört zum Gebiete der Baupolizei. O.G. vom 14. November 1894, Preuß. Verwltgsbl., Jahrg. 17 S. 88.

6. Wasserleitung. Wasserleitung ist die Zufuhr von Wasser zu einem Grundstück und die hierfür hergestellte bauliche Anlage. Im gewöhnlichen Sprachgebrauch versteht man darunter die in einem Orte für diesen und seine Grundstücke hergestellte Zuführung von Wasser aus einem hierzu erbauten Wasser-Sammelbassin, von welchem ein oder mehrere Zuflußröhren dem in Frage kommenden Ortsgebiet das Wasser zuführen, von welchen wieder das Grundstück mittels der in jedem Grundstück hergestellten, mit den Zuflußröhren in Verbindung stehenden Leitungsanlagen das Wasser erhält.

Daß materiell die Polizei berechtigt ist, im Interesse größerer Sicherheit vor Feuersgefahr und vor Gefährdung der Gesundheit durch Genuß verseuchten Brunnenwassers allgemein den Anschluß aller bebauten Grundstücke einer Gemeinde an die städtische Wasserleitung vorzuschreiben, hat der Gerichtshof bereits in dem Urtheile vom 10. Juli 1895 (Bd. 28 S. 354) näher dargelegt. O.G. vom 31. Mai 1897, Bd. 31 S. 360.

7. Fahrdamm, Straße. Hierüber siehe unten das „Fluchtliniengesetz".

8. Bürgersteig. Wie das Fußgängerbankett zugleich mit der Chaussee, deren Bestandtheil es ist, dem Verkehr von Ort zu Ort und nebensächlich dem innerhalb der Orte dient, so darf auch der Bürgersteig der Benutzung seitens durchgehender Passanten nicht entzogen und muß dementsprechend eingerichtet werden, obwohl es seine hauptsächliche Bestimmung ist, den Verkehr der Fußgänger von Haus zu Haus zu vermitteln, den Zugang zu den einzelnen Häusern und bebauungsfähigen Grundstücken zu bilden, überhaupt dem Privatbedürfnisse der Hausbesitzer in der Benutzung ihrer Grundstücke, z. B. durch das Aufstellen von Gegenständen, durch das Anbringen von Treppen, Erkern, Kellerhälsen 2c. soweit, als das öffentliche Interesse dies zuläßt, dienstbar zu bleiben (§§ 78—81 Tit. 8 Theil I A.L.R.). Gerade diese, auf die besondere Benutzung seitens der Adjacenten gerichtete Bestimmung ist ein wesentliches Merkmal für die Unterscheidung der Bürgersteige von den sonstigen, dem öffentlichen Fußverkehr gewidmeten Wegen, weshalb solche Fußwege innerhalb einer Stadt, welche jene Bestimmung nicht zu erfüllen vermögen, z. B. weil sie einen Platz kreuzen, durch öffentliche Gartenanlagen führen u. s. w., als Bürgersteige nicht anzusprechen sind.

Diese Sätze beziehen sich zwar zunächst auf das Geltungsgebiet des A.L.R.; sie finden aber auch sonst volle Anwendung, da sie mit einer Begriffsbestimmung der Bürgersteige rechnen, die allgemein gültig ist und bezüglich deren namentlich auch für Kurhessen keinerlei Abweichungen erhellen. O.G. vom 4. April 1898, Bd. 33 S. 273.

Bürgersteige. Unterscheidung derselben von den sonstigen, dem öffentlichen Fußverkehr gewidmeten Wegen, namentlich von den Fußgänger-Banketts auf den Chausseen.

Aus den Gründen: Wie der Bürgersteig einzelne der durch die Chaussee erstrebten Zwecke zu erfüllen, insbesondere das Fußgängerbankett zu ersetzen vermag, so kann auch umgekehrt das letztere einzelne der durch den Bürgersteig zu deckenden Befugnisse befriedigen, und die Anlage eines solchen als eines selbständigen Kommunikationsweges entbehrlich machen.

O.G. vom 1. Dezember 1888, Preuß. Verwltgsbl., Jahrg. 10 S. 545, die alsdann wörtlich das ausspricht, was in dem vorher erwähnten Urtheile vom 4. April 1898 wiederholt ist.

Wenn auch die Bürgersteige in der Regel nur dazu dienen sollen, als Theile selbständiger Straßen innerhalb der Städte den Fußgängerverkehr zu vermitteln, so können sie doch nicht die nothwendige Fahrverbindung der Hausgrundstücke mit dem Fahrdamm unmöglich machen, wie dies in der Natur der Sache liegt. O.G. vom 26. April 1892, Preuß. Verwltgsbl., Jahrg. 14 S. 67.

Eine observanzmäßige Verpflichtung der Grundeigenthümer zur Anlegung und Unterhaltung des Bürgersteiges ist keine Gemeindelast, sondern eine polizeiliche Wegebaulast und ist deshalb durch § 15 des Gesetzes vom 2. Juli 1875 nicht beseitigt worden.

Jene observanzmäßige Verpflichtung cessirt auch nicht bei Grundstücken, welche in die Fluchtlinie einer projektirten Straße fallen und deshalb den Baubeschränkungen des § 11 des Gesetzes vom 2. Juli 1875 unterliegen.

Aus den Gründen: Trifft die observanzmäßige Verpflichtung die Eigenthümer aller an den fraglichen Weg angrenzenden Grundstücke, so kann einer derselben nicht um deshalb frei bleiben, weil sein Grundstück später einmal Theil eines Straßenkörpers werden soll und deshalb den Beschränkungen aus § 11 des Gesetzes vom 2. Juli 1875 unterliegt.

Unrichtig ist es, daß die Observanz bezüglich neu angelegter Straßen durch § 15 des Gesetzes vom 2. Juli 1875 beseitigt sei. Allerdings sind nach § 19 daselbst alle den Bestimmungen des genannten Gesetzes entgegenstehenden allgemeinen und besonderen gesetzlichen Vorschriften aufgehoben. Auch ist zuzugeben, daß die Verpflichtung, welche die fragliche Observanz den Anliegern auferlegt, namentlich insofern

über die im § 15 normirten Pflichten hinausgeht, als nach dem darauf basirenden **Ortsstatut** die angrenzenden Eigenthümer erst dann zu den Kosten der Straßenanlegung beizutragen haben, wenn sie Gebäude an der neuen Straße errichten, während die observanzmäßige Verpflichtung zur Anlegung der Bürgersteige ganz unabhängig von der Bebauung der angrenzenden Grundstücke ist. Aber es kann nicht zugegeben werden, daß die Observanz mit den Bestimmungen des § 15 im Widerspruch steht. Denn die Vorschriften des § 15 regeln die Verpflichtung der Anliegen gegenüber der Gemeinde. Die Gemeinde sollte durch diese Vorschriften in der ihr obliegenden Straßenbaulast erleichtert werden, indem sie das Recht erhielt, einen Theil dieser Last auf die Anlieger zu übertragen. Der § 15 kann deshalb gar nicht zur Anwendung kommen, insoweit nach dem bestehenden Recht die Straßenbaulast oder ein Theil derselben nicht der Gemeinde, sondern einem Dritten oder den Anliegern selbst obliegt. Eine solche Observanz, welche die angrenzenden Eigenthümer zur Anlegung und Unterhaltung der Bürgersteige verpflichtet, begründet keine Verpflichtung der Anlieger gegenüber der Gemeinde, sondern verpflichtet die Anlieger gegenüber der Wegepolizeibehörde. Die Verpflichtungen der Anlieger aus der Observanz liegen deshalb ganz außerhalb des Rahmens des § 15 und werden durch die Bestimmung des § 15 gar nicht berührt. Der § 15 setzt eine Verpflichtung der Gemeinderechte zur Straßenbaulast voraus; soweit die observanzmäßige Verpflichtung der angrenzenden Eigenthümer zur Anlegung und Unterhaltung der Bürgersteige reicht, besteht aber eine Verpflichtung der Gemeinde überhaupt nicht. Die Bestimmungen der Observanz stehen daher den Vorschriften des § 15 nicht entgegen, sie bestehen neben denselben und sind mithin auch nicht durch § 19 des Gesetzes vom 2. Juli 1875 aufgehoben, sondern in vollem Umfange in Geltung geblieben. O.G. vom 14. Oktober 1896 Preuß. Verwltgsbl., Jahrg. 18 S. 232.

In der Entscheidung des Oberverwaltungsgerichts vom 21. Dezember 1887 — Preuß. Verwltgsbl. Jahrg. 9 S. 155 — heißt es: „Der Regel nach und abgesehen von etwa lokalrechtlich ganz besonders gestalteten Verhältnissen" seien unter „Bürgersteigen" nur diejenigen für den Fußgängerverkehr bestimmten „Theile der öffentlichen städtischen Straße" zu verstehen, welche an die Häuser und Baugrundstücke stoßen und — wie dann in einer Entscheidung vom 25. September 1895 (IV 1306) hinzugefügt wird — dazu dienen, den Fußgängerverkehr von Haus zu Haus zu vermitteln, mögen sie nun in unmittelbarem Zusammenhange mit dem Fahrdamm stehen oder nicht.

Der nach dem Vorgang des Straßen- und Baufluchtengesetzes von 1875 gewählte Ausdruck „Straßendamm" reicht weiter, umfaßt auch noch andere, im Einzelfall etwa vorhandene Straßenbestandtheile, nicht bloß den Fahrdamm; es gehören dahin Reitwege, Promenaden ꝛc. Die Straße, um deren für den Fußgängerverkehr bestimmten Theil es sich handelt, muß der Bebauung — sei es nun durch die Festsetzung von Fluchtlinien oder auf anderem Wege — erschlossen, das adjacirende Terrain in diesem Baugrund sein. Und nicht minder ist es im Allgemeinen als unerläßlich anzusehen, daß der Weg und die Baugrundstücke unmittelbar an einander stoßen, daß kein fremdes Glied sie von einander scheidet. Die Bestimmung des Bürgersteiges ist einmal die, daß er vor Allem dem internen Verkehre von Haus zu Haus dienen soll, zum Andern die, daß dem Adjacenten das ihm gesetzlich verbriefte Benutzungsrecht gewahrt bleibt. Damit ist es insbesondere ausgeschlossen, Fußsteige, welche quer über Plätze laufen oder gar Platzanlagen durchschneiden, ferner Mittelpromenaden, wie eine solche zwischen zwei Fahrdämmen beispielsweise „Unter den Linden" in Berlin besteht, als Bürgersteige anzusprechen.

Als eine gleichfalls noch den Begriff berührende Frage darf endlich auch die angesehen werden, inwieweit gewisse, jedenfalls mit dem Bürgersteig in enger Beziehung stehende bauliche Vorrichtungen als Theile desselben zu dem Ganzen gehören — insbesondere: Bordsteine und Rinnen. Dort wie hier mag im Einzelfalle die Beantwortung wesentlich durch den besonderen Thatbestand beeinflußt werden können. Im Allgemeinen aber darf die Frage in Beziehung auf Bordsteine, die doch meisthin dem Bürgersteige zum Zwecke seiner Herstellung und des Abschlusses gegen andere Straßentheile mechanisch eingefügt werden, bejaht, in Ansehung der Rinnsteine zum mindesten da verneint werden, wo sie nur das Wasser von dem adjacirenden Grundstücke über den Bürgersteig hinweg der Straßengosse zuführen, also einem der Anlage und Bestimmung jener fremden Zwecke dienen sollen (Schlitzrinne). Preuß. Verwltgsbl. Jahrg. 20 S. 273.

Wenn man im Allgemeinen aus dem Zweck, für welchen eine Sache bestimmt ist, auf die Begriffsmerkmale derselben Rückschlüsse ziehen kann, so ergiebt sich in Anwendung dessen, daß der Bürgersteig der unmittelbar an bebauten oder bebauungsfähigen, überhaupt der Bebauung nicht entzogenen Grundstücken innerhalb einer Ortschaft sich hinziehende, nur für den Fußgängerverkehr bestimmte Theil einer Straße ist, der im Uebrigen denselben Zwecken dient wie die Straße selbst, dessen Bestandtheil er eben ist.

9. Straßenrinnstein. An sich sind die Straßenrinnsteine, wie das Oberverwaltungsgericht bereits mehrfach ausgesprochen hat (vergl. u. A. die im Preuß. Verwltgsbl. 1889 S. 600 1892/93 S. 371 und 382 veröffentlichten Erkenntnisse), nicht zur Abwässerung der anliegenden Grundstücke bestimmt, und der Umstand allein, daß eine solche thatsächlich bisher stattgefunden hat, kann ein Recht der Anlieger auf diese Entwässerung selbst dann nicht begründen, wenn diese Art der Entwässerung als die allgemein übliche und polizeilich zulässige vorausgesetzt wird.

Wenn die Entwässerung von Grundstücken nach den Straßenrinnsteinen als der regelmäßige und den bestehenden polizeilichen Vorschriften entsprechende Zustand anzusehen ist, der überall da einzutreten hat, wo nicht besondere Verhältnisse eine Abweichung begründen, so sind damit auch dem Eingreifen der Polizei gewisse Schranken gezogen; sie muß sich mit ihren Anforderungen innerhalb dieses den örtlichen Polizeivorschriften entsprechenden Zustandes halten, und sie darf von ihnen nicht schon um deshalb abweichen, weil sich aus ihrer Anwendung im einzelnen Falle Mißstände ergeben. Handelt es sich freilich um Mißstände, die sich in keiner anderen Weise sachgemäß beheben lassen, oder liegen besondere Verhältnisse vor, die ersichtlich in den Polizeivorschriften nicht berührt und unberücksichtigt sind, so ist auch die Polizeibehörde befugt, von jenen eben für solche Ausnahmezustände nicht gegebenen Bestimmungen abzusehen. O.G. vom 14. November 1894 Bd. 27 S. 386.

10. Geschoß. Stockwerk. Zirkularverfügung an sämmtliche Königl. Regierungen, die Bezeichnung für die verschiedenen Geschosse der Gebäude in amtlichen Verhandlungen betreffend, vom 31. Januar 1847.

Des Königs Majestät haben bei Gelegenheit baupolizeilicher Anordnungen für die Stadt Berlin mittels Allerhöchster Ordre vom 28. Oktober v. Js. zu bestimmen geruht, daß bei allen künftigen amtlichen Verhandlungen für die verschiedenen Geschosse von Gebäuden, anstatt der bisherigen schwankenden und unklaren Terminologie folgende Bezeichnungen:

a) Kellergeschoß für das sogenannte Souterrain;
b) Erdgeschoß für das sogenannte Parterre;
c) erster Stock für die sogenannte Bel-Etage,
d) zweites, drittes Stockwerk 2c. für die höheren Geschosse,

zum Grunde gelegt werden sollen, wovon die Königl. Regierung zur Nachachtung und Benachrichtigung sämmtlicher Unterbehörden hierdurch in Kenntniß gesetzt wird.

Berlin, 31. Januar 1847.

Zum Begriff des Stockwerkes in Gebäuden, insbesondere im Gegensatz zum Dachgeschoß.

Aus den Gründen: Der Begriff Stockwerk als Gegensatz zum Geschoß ist eigentlich veraltet. Derselbe stammt aus dem Mittelalter, wo es allgemein üblich war, über einem massiven Erdgeschosse ein oder mehrere Geschosse in Holzverband — Stilwerk oder Stockwerk — zu errichten. Nachdem diese Bauwerke fast ganz durch den vollständigen Massivbau verdrängt ist, erkennt der allgemeine Sprachgebrauch eine solche Unterscheidung nicht mehr an, vielmehr wird ein Gebäude, welches nur aus einem Erdgeschoß oder aus einem solchen mit einem Stockwerk darüber besteht, ganz allgemein als ein einstöckiges oder zweistöckiges Haus bezeichnet.

Bei dem in dieser Entscheidung in Frage stehenden Hause des Klägers haben sämmtliche Räume des oberen Geschosses an allen Punkten mehr als die minimale Zimmerhöhe, durchweg sogar horizontale Decken, wenn auch keine eigentlichen Balkenlagen mit Ausnahme des Treppenraumes. Daß der Raum zwischen Decken und Dachflächen als ein Bodenraum angesehen werden könnte, wie in dem Gutachten eines Sachverständigen angegeben ist, kann ich nicht zugeben (so sagt der von dem Gerichtshofe zur Abgabe eines Gutachtens beauftragte Sachverständige). Ein solcher ist aber überhaupt nicht erforderlich, auch würde es meines Erachtens nicht entscheidend für die vorliegende Frage sein, wenn die Zimmerdecken geneigt wären. Ich muß vielmehr das fragliche Geschoß als ein Stockwerk im Sinne der Bauordnung ansehen und würde es nur dann als ein ausgebautes Dachgeschoß bezeichnen können, wenn wenigstens in einigen Räumen die lothrechten Umfassungswände nicht die für Wohnräume erforderliche Höhe besäßen, sondern dieselben durch Höherlegung der Decken im Uebrigen ausgeglichen wären, d. h. wenn die mangelnde Höhe der lothrechten Wände durch theilweise Hinzunahme der geneigten Dachfläche ersetzt wäre.

Der Gerichtshof hat sich diesen, in ihrem Eingange auf den Zirkular-Erlaß der Minister des Innern und der Finanzen vom 31. Januar 1847 (Min.-Bl. d. i. V. S. 50) sich beziehenden Ausführungen nur anschließen können. O.G. vom 20. Juni 1891 Bd. 21 S. 385 ff., Preuß. Verwltgsbl. Jahrg. 13 S. 231.

Zum Begriff des Dachgeschosses, insbesondere im Sinne der Baupolizeiordnungen für die Vororte von Berlin.

Aus den Gründen: Der Gerichtshof hat in den Urtheilen vom 17. Oktober 1894 — IV 1243 — bereits Veranlassung gehabt, die Frage zu erörtern, was ein Dachgeschoß im Sinne der Baupolizeiordnung vom 5. Dezember 1892 für die Vororte von Berlin sei. Zu den Gründen dieser Entscheidung wurde ausgeführt: „Das als Dachgeschoß angesprochene Geschoß ist derartig konstruirt, daß der mehr als die Hälfte der Grundfläche des Gebäudes darstellende Theil im Zusammenhange Räume enthält, welche, ohne daß zur Ausgleichung Theile der geneigten Dachfläche hinzugenommen sind, in den lothrechten Wänden überall die Höhe erreichen, welche als minimale Höhe für Wohnräume vorgeschrieben ist und zwar derart, daß erst über dem Abschluß dieser Räume das Dach beginnt."

Nun lautet allerdings der folgende Satz in dem Urtheile vom 17. Oktober 1894: „Ein solches Geschoß kann nicht als Dachgeschoß bezeichnet werden, weil — wie der vom Bezirksausschuß gehörte Sachverständige zutreffend bemerkte — die hölzernen Konstruktionstheile des Dachverbandes in die fraglichen Räume (soweit die vorgeschriebene Minimalhöhe in Betracht kommt) nicht hinabreichen."

Der Bezirksausschuß stellt in dem vorliegenden Falle unter Bezugnahme auf den früheren Satz den Satz auf, „daß als Dachgeschoß im Sinne der Baupolizeiordnung für die Vororte von Berlin nur der Raum anzusehen, welcher von der Dachkonstruktion eingenommen wird, bezw. in welchen diese hineingreift."

Die Unterstützung der Dachsparren wie des gesammten Dachverbandes beruht wesentlich auch in den Umfassungswänden und den sonstigen tragenden Theilen des ganzen Gebäudes. Dieser Umstand bietet aber keinen ausreichenden Grund, um eingeschossige Gebäude, wie Kirchen, Bahnhofshallen, Exerzirhäuser und ähnliche als solche anzusehen, die nur aus einem Dachgeschoß bestehen. Auch die schrägen Streben und sonstigen Konstruktionen zur Unterstützung der Bedachung greifen in solchen Gebäuden in den Innenraum hinein, ohne daß man ihm deswegen die Eigenschaft von Dachgeschossen beilegen könnte. Es kann aber auch für mehrgeschössige Gebäude nicht zugegeben werden, daß die örtliche Lage der schrägen Streben oder dergl., welche zur Unterstützung des Daches dienen, für die Bestimmung des Dachgeschosses allein maßgebend sein können, mögen sie aus Holz, Eisen oder anderem Material bestehen.

Betrachtet man die oben mitgetheilten beiden Sätze aus dem Urtheile vom 17. Oktober 1884 im Zusammenhange, so ergiebt sich, daß neben der Lage der hölzernen Konstruktionstheile des Dachverbandes auch das Verhältniß der fraglichen Räume zum Dache selbst, d. h. in der geneigten Dachfläche von wesentlicher Bedeutung für die Entscheidung gewesen ist. Wenn ein Geschoß schon in der äußeren Umfassung ein den Erfordernissen eines Wohngeschosses entsprechendes, den übrigen Geschossen des Hauses gleichwerthiges Stockwerk darstellt, so kann es nicht dadurch allein, daß der Unternehmer die Unterstützung der geneigten Dachfläche in dieses Stockwerk hinein verlegt, zu einem Dachgeschoß gemacht werden. O.G. vom 27. November 1895 Bd. 29 S. 384.

Der Dachraum eines Wohnhauses bildet ein besonderes „Stockwerk", so daß, wenn der Dachraum ein zum Wohnen bezw. zum Aufenthalte von Menschen bestimmte Giebelstube enthält, die in demselben führende Treppe ebenfalls der Vorschrift der Baupolizei-Ordnungen unterliegt, wonach eine unverbrennliche Treppe angelegt werden muß. Kg. vom 2. Mai 1889, Preuß. Verwltgsbl. Jahrg. 11 S. 610.

11. D a c h. Dach ist die Bedeckung, der Abschluß eines Gebäudes nach oben. Die Dächer sind gerade oder schräg. Aus welchem Material ein Dach hergestellt ist, ist ohne Bedeutung.

12. D e c k e. Decke (z. B. Zimmerdecke) ist der Abschluß eines inneren Theiles eines Gebäudes nach oben gegen andere solche Theile desselben.

13. K e l l e r. Keller sind diejenigen Räume in einem Gebäude, deren Fußboden unterhalb des angrenzenden Terrains (Straße oder Hof) gelegen sind und wie das Dachgeschoß einerseits, so andererseits die Stockwerke einschließt.

14. T r e p p e. Treppe im gewöhnlichen Sinne der Bauordnung ist die bauliche Anlage, welche für den gewöhnlichen Verkehr von Stockwerk zu Stockwerk bestimmt ist und regelmäßig im Innern eines Gebäudes angelegt wird.

Die Anlage einer an der Hofseite eines Wohnhauses frei angebrachten eisernen Wendeltreppe (als Nothweg, Rettungsleiter) ist keine Treppe im gewöhnlichen Sinne der Bauordnungen. O.G. vom 27. September 1892, Preuß. Verwltgsbl., Jahrg. 14 S. 77.

Freitreppe nennt man eine von der Straße aus nach dem Hauseingang führende Treppe.

15. B r a n d m a u e r. Brandmauern sind, wie der Name schon sagt, Mauern, welche Gebäude gegen Brand, gegen Feuersgefahr schützen sollen, sowohl das eigene Gebäude bei etwaigem Feuer auf den Nachbargrundstücken, als auch diese gegen Uebertragung des Feuers vom eigenen Grundstück, indem sie die Uebertragung des Feuers auf die angrenzenden Baulichkeiten, die Weiterverbreitung des Brandes verhindern sollen. Aus diesem Grunde ist in den Baupolizeiordnungen stets die Vorschrift enthalten, daß in Brandmauern keine Oeffnungen enthalten sein dürfen, eine Vorschrift, die lediglich dem feuerpolizeilichen Interesse angehört. Es handelt sich hierbei stets um Mauern, welche an dem benachbarten Gebäude (Grundstück) stehen oder doch nicht eine bestimmte Entfernung von ihm eingehalten haben, vorausgesetzt, daß nicht die beiden an einander grenzenden Grundstücke eine wirthschaftliche Einheit bilden.

S t e h t d e r D u r c h f ü h r u n g e i n e r p o l i z e i l i c h e n V o r s c h r i f t, i n h a l t s d e r e n e i n e a u f d e r G r e n z e d e s N a c h b a r g r u n d s t ü c k s b e l e g e n e W a n d a l s B r a n d m a u e r z u b e h a n d e l n i s t, d e r U m s t a n d e n t g e g e n, d a ß d a s E i g e n t h u m a n d e m N a c h b a r g r u n d s t ü c k e z w i s c h e n d e m E i g e n t h ü m e r d e r W a n d u n d e i n e m D r i t t e n s t r e i t i g i s t?

Aus den Gründen: Das Verbot, in Brandmauern Fenster anzubringen, gehört dem öffentlichen, einer Vereinbarung durch Privatverträge nicht unterliegenden Rechte an. Die Behörde kann also durch Erklärung der betheiligten Privaten niemals von dessen Handhabung entbunden werden. Wäre aber die fragliche Mauer in der That keine Brandmauer, so läge es wiederum außerhalb der Aufgabe der Polizeibehörde, dem Grundeigenthümer, falls dieser sich das Recht der Verbauung der Fenster des Nachbarn sichern will, durch polizeiliche Verbote zu Hülfe zu kommen, statt ihn auf die §§ 138 ff. I 8 A.L.R. und auf den Rechtsweg zu verweisen. Der § 68 I 8 A.L.R. bestimmt, die Obrigkeit solle dahin sehen, daß durch eine richtige und vollständige Beschreibung eines abzutragenden Gebäudes nach seiner Lage, den Grenzen und der übrigen Beschaffenheit künftigen Streitigkeiten bei dem Wiederaufbau in Ansehung des Winkelrechts und sonst möglichst vorgebeugt werde, und es ist aus dieser Vorschrift schon in dem Reskripte des Ministers des Innern und der Polizei vom 6. April 1835 (Annalen Bd. 19 S. 497 — v. Rönne, Baupolizeirecht III. Ausgabe S. 643) die Verpflichtung der Polizeibehörde abgeleitet worden, bei Beurtheilung der Baugesuche die nachbarlichen Verhältnisse nicht unberücksichtigt zu lassen. Dagegen erscheint es nicht zulässig, bis zur endgültigen Entscheidung des vor dem Zivilrichter schwebenden Eigenthumsstreites die Bau-Anlage ohne Weiteres als unstatthaft zurückzuweisen, oder etwa das Befinden darüber, zumal ohne einen dementsprechenden Antrag, bis zu jenem Zeitpunkte auszusetzen. Entsteht während des bei dem Zivilgerichte anhängig gemachten Verfahrens vor dem Verwaltungsgerichte ein Streit, dessen Entscheidung davon abhängt, ob der Kläger oder ein Dritter Eigenthümer der fraglichen Landfläche ist, so ist es unerläßlich, sich nach Lage des Falles für einen der Prätendenten auszusprechen und die sich daraus ergebenden rechtlichen Folgerungen eintreten zu lassen, vorbehaltlich des Rechts des Unterliegenden, auf der Grundlage einer etwaigen anderweiten, ihm günstigeren endgültigen Feststellung seine Anträge zu erneuern. O.G. vom 23. Februar 1880, Bd. 6 S. 299.

Nach welchen Grundsätzen ist gegenüber einer baupolizeilichen Vorschrift, inhalts deren Wände auf der Grenze des Nachbargrundstücks als Brandmauern gelten und keine Oeffnungen „erhalten“ dürfen, die Zulässigkeit von Oeffnungen zu beurtheilen, welche bei der Verkündigung jener Vorschrift bereits vorhanden waren?

Zu den Voraussetzungen der Anwendbarkeit einer solchen Vorschrift gehört es nicht, daß das Nachbargrundstück bebaut ist oder bebaut wird.

Aus den Gründen: Es ist unrichtig, wenn der Kläger seiner, dem Nachbargrundstück zugekehrten Seitenwand die Eigenschaft einer Brandmauer deshalb abspricht, weil sie an einen bisher unbebauten Platz stößt, wobei nur bemerkt werden mag, daß die in derselben Ausführung erwähnten, an einer öffentlichen Straße liegenden Wände um deshalb nicht Brandmauern sind, weil sie kein Nachbargrundstück im Sinne der Baupolizeiordnung vor sich haben.

Nicht minder aber erscheint die Auffassung des Beklagten unhaltbar, daß erst die Bebauung des angrenzenden Platzes die Wand zur Brandmauer gemacht habe, oder eine solche Bebauung überhaupt die Vorbedingung für die Anwendung der auf Brandmauern bezüglichen Vorschriften bilde.

Angesichts des unstreitigen, auch von dem Beklagten beim Erlaß seiner Verfügung vorausgesetzten Umstandes, daß die Wand auf der Grenze steht, kommt es auf ein Mehreres nicht an, namentlich ist die von der Polizeibehörde außerdem für wesentlich erachtete Thatsache, daß das Grundstück des Nachbarn bebaut ist oder bebaut werden soll, für die Frage, ob die mit Fenstern versehene Mauer als Brandmauer behandelt werden muß, ohne Einfluß.

Brandmauern haben den Zweck, die Verbreitung des Feuers zu hindern; sie dürfen mit Oeffnungen nicht versehen sein, auch keine Holztheile enthalten; das folgt schon allein aus jener Zweckbestimmung und dem Begriffe einer Brandmauer als solchen. Wenn für besondere Verhältnisse und bei Anwendung außerordentlicher Vorsichtsmaßregeln Ausnahmen zugelassen werden, so ändert das an der im Uebrigen geltenden Regel nichts. Diese würden zu befolgen und die Anbringung von Oeffnungen zu verhindern sein, sofern nur überhaupt die Herstellung von Brandmauern geboten ist.

Das Recht der Polizei, einem unerlaubten Verhalten des Einzelnen entgegenzutreten und den durch ein solches geschaffenen gesetzwidrigen Zustand, soweit das noch ausführbar, auch auf dem Gebiete des Bauwesens, zu beseitigen, beruht in den allgemeinen Aufgaben der Polizei, wie sie der § 10 II 17 A.L.R. hinstellt; dasselbe bedarf keiner Bestätigung durch besondere Polizeiverordnungen und kommt, wo ein solches dennoch etwa ausgesprochen ist, mit deren Aufhebung nicht ohne Weiteres in Fortfall.

Ist hiernach ein Hauseigenthümer nicht in der Lage, gegenüber den mit der Herstellung der Fenster wach gewordenen, und von dem Inhalte der früheren oder jetzigen Baupolizeiordnungen unabhängigen Rechte der Polizei, die Schließung zu fordern, sich darauf zu berufen, daß die Anlegung zu irgend einer Zeit gestattet war, so fehlt es ihm auch an einer Grundlage, der Polizeibehörde gegenüber den Fortbestand der Fenster zu beanspruchen und die Polizeibehörde verletzt das bestehende Recht nicht, wenn sie die Beseitigung verlangt. O.G. vom 1. April 1880, Bd. 6 S. 307. Zu vergl. auch O.G. vom 10. Mai 1880, Bd. 6 S. 314.

Baupolizeiliche Vorschriften, inhalts deren Wände als Brandmauern herzustellen sind, bei welchen es an der darin vorgesehenen Entfernung von der gegenüberliegenden Grenze eines Nachbargrundstückes fehlt.

Finden dieselben allgemein auch auf solche Wände Anwendung, welche an einer in ihrer Breite hinter dem für maßgebend erachteten Abstande zurückbleibenden städtischen öffentlichen Straßen errichtet sind?

Aus den Gründen: Liegen einmal die Voraussetzungen vor, welche die Herstellung einer Brandmauer bedingen, so macht es keinen Unterschied, ob die zu kassirenden Fenster und Thüren in einer Frontwand oder in einer Seiten- oder Hinterwand projektirt oder angelegt sind. Die verschiedene Bestimmung der Wände läßt eine ungleiche Behandlung derselben nicht zu; sämmtlich müssen sie ohne Fenster und Thüren hergestellt werden, wenn sie als Brandmauern zu gelten haben.

Es liegt nicht nur im Wesen und in der Bestimmung einer städtischen Straße begründet, daß die sie begrenzenden Grundstücke mit Häusern besetzt sind oder werden, sondern es hat die Straße auch in erster Reihe die Aufgabe, für die daran gebauten Häuser als nothwendiges Kommunikationsmittel zu dienen, sodann aber für die Befriedigung des Bedürfnisses der Bewohner an Licht und Luft den nöthigen Raum zu schaffen (vergl. R.G. i. Civils. Bd. 7 S. 213). Es darf schließlich als notorisch bezeichnet werden und wird durch die zahlreichen Baupolizeiordnungen bestätigt, wie im Interesse der Sicherheit gegen Feuersgefahr überall zwar einerseits darauf Bedacht genommen wird, die einzelnen Gebäude gegen die unmittelbare Umgebung, die daneben und dahinter gelegenen Baulichkeiten durch Brandmauern zu isoliren, andererseits aber auch darauf, dieselben nach der Straße hin durch Anbringung von einer oder mehreren Thüren oder von Zufahrten in der ausgiebigsten Weise zugänglich zu erhalten, so daß im Falle der Gefahr den Löschmannschaften und Geräthschaften der Zutritt zur Brandstelle und den Bewohnern das Verlassen derselben möglichst erweitert wird, wobei bezüglich der Straßenseite die Gefahr einer Verbreitung des Feuers über die Straße gegenüber der Gefährdung der Bewohner durch deren Abschluß gegen die Straße unverkennbar als geringere und darum zurückzustellende angesehen worden ist. (NB: Es handelt sich darum, daß die Breite der Straße nicht 5 Meter betrug und die Polizeiverordnung bestimmte: Wände, welche an der Grenze eines Nachbargebäudes oder gegenüber der Grenze des Nachbargrundstückes weniger als 17 Fuß = 5,34 Meter von derselben entfernt sind, gelten als Brandmauern.)

Ist mit den Worten „an der Grenze" und „gegenüber dieser Grenze" ein und dieselbe Grenze gemeint, so ist es sprachlich unmöglich, dabei an Grundstücke zu denken, welche durch eine öffentliche Straße oder einen öffentlichen Platz getrennt sind. Die zunächst adjazirende öffentliche Straße selbst ist als ein an ein Grundstück anstoßendes Nachbargrundstück nicht anzusehen (vergl. O.G. Bd. 6 S. 301, 310. O.G. vom 22. Oktober 1883, Bd. 10 S. 302).

Schräg gegen einanderlaufende und im spitzen Winkel sich treffende Wände zweier Gebäude als „gegenüberliegende Wände“ im Sinne einer baupolizeilichen Vorschrift, nach welcher eine von den beiden sich gegenüberliegenden Wänden zweier auf demselben Grundstücke errichteter Gebäude, die nicht wenigstens 5 Meter von einander entfernt sind, als Brandmauer aufgeführt werden muß.

Messung der Entfernung der Wände von einander.

Aus den Gründen: Die Wände liegen sich nicht bloß dann gegenüber, wenn sie parallel zu einander verlaufen. Es können auch gegen einander geneigte Wände sich wenigstens schräg gegenüberliegen. Es wird auch keiner ausführlichen Darlegung bedürfen, daß der gesetzgeberische Grund der Bestimmung, die Verhinderung einer schnellen Uebertragung eines in einem der Gebäude ausgebrochenen Feuers durch die Oeffnung in den Wänden auf das andere Gebäude, in gleichem Maße bei schräg gegenüberliegenden, wie bei gerade gegenüberliegenden, d. h. parallelen, Wänden zutrifft. Der wesentliche Kern der Bestimmung (in solchen Mauern keine Oeffnungen anlegen zu dürfen) ist demgemäß die Fürsorge, daß innerhalb der bestimmten Minimal-Entfernung von 5 Metern einer mit Oeffnungen versehenen Wand eine Brandmauer gegenüberliegt, mögen die Wände parallel oder schräg zu einander verlaufen. Von der Stelle ab, wo die Wände als für sich bestehende aufgeführt sind, können sie sowohl einander gegenüberliegen, als auch eine gewisse Entfernung von einander haben.

Wenn die Baupolizeiordnungen keine besonderen Bestimmungen darüber enthalten, wie die Entfernung der Wände von einander zu berechnen ist, so müssen hierfür allgemein mathematische Grundsätze zur Anwendung kommen. Diese führen zur lothrechten Messung. Es ergiebt sich dann, daß zwei Wände sich in weniger als 5 Meter Entfernung gegenüberliegen, wenn ein auf der einen Wand errichtetes Loth die andere Wand so trifft, daß dieses Loth kürzer als 5 Meter ist. O.G. vom 16. Oktober 1895, Bd. 28 S. 359.

Unanwendbarkeit einer Baupolizei-Verordnung, wonach Mauern an des Nachbarn Grenze als Brandmauern keine Oeffnungen erhalten dürfen, auf Mauern an Privatstraßen, die unter polizeilicher Billigung für den Anbau bestimmt sind.

Aus den Gründen: Wenn es im Wesen der öffentlichen städtischen Straße begründet ist, daß die sie begrenzenden Grundstücke mit Häusern besetzt sind oder werden, und sie in erster Reihe die Aufgabe hat, für die daran gebauten Häuser nicht nur als Verkehrsmittel zu dienen, sondern auch für die Befriedigung des Bedürfnisses der Anwohner das nöthige Licht und die nöthige Luft zu schaffen, und man deshalb die Anwendung des baupolizeilichen Verbots, Oeffnungen in der an der nachbarlichen Grenze errichteten Mauer anzulegen, gegenüber der angrenzenden Straße auszuschließen genöthigt ist (zu vergl. O.G. vom 23. Februar 1880, vom 1. April 1880 und 22. Oktober 1883 Bd. 6 S. 301, 310, Bd. 10 S. 305, 306, 308), so trifft das auch in Bezug auf Privatstraßen zu, die zwar noch im Eigenthum und der Unterhaltung von Privatpersonen stehen, aber unter polizeilicher Billigung für den Anbau bestimmt sind. Ist ferner die Vorschrift über die Errichtung von Brandmauern feuerpolizeilicher Natur und die Isolirung der Gebäude durch Brandmauern dazu bestimmt, im Falle der Gefahr den Löschmannschaften mit ihren Geräthschaften den Zutritt zur Brandstelle und den Bewohnern das Verlassen des Hauses und die Rettung zu erleichtern, so ergiebt sich, daß die Vorschrift ebensowenig wie auf Mauern, die der öffentlichen Straße zugewendet sind, auf Mauern, die an einer sonstigen, unter polizeilicher Genehmigung zum Anbau bestimmten Straße liegen, angewendet werden kann. O.G. vom 13. Juli 1899, Bd. 36 S. 409.

Eine Bestimmung, Häuser sollen auf beiden Seiten eigene Brandmauern haben, bedeutet, wie sich aus dem Begriff und der Zweckbestimmung solcher Mauern ergiebt, sie sollen solche Mauern an denjenigen Seiten haben, mit denen sie an des Nachbarn Grenze stehen, so aber auch Seitengebäude, Hinterhäuser u. dergl., soweit Letzteres bei ihnen der Fall ist. O.G. vom 12. April 1892, Preuß. Verwltgsbl., Jahrg. 13 S. 433.

Polizeiliches Einschreiten gegenüber Oeffnungen in Brandmauern.

Auß den Gründen: In den §§ 137 und 138 I A.L.R., welche Bestimmungen von „Licht" und von der Aussicht unter den Marginalen: „Einschränkung des Eigenthümers zum Besten des Nachbarn" enthalten (§§ 102ff. a. a. O.) werden lediglich privatrechtliche Verhältnisse unter Nachbarn geregelt, während die in einer Baupolizeiordnung enthaltene Vorschrift, wonach in Brandmauern keine Oeffnungen enthalten sein dürfen, sich als eine im feuerpolizeilichen Interesse erlassene Vorschrift öffentlich-rechtlicher Natur darstellt. Nun gehören aber gerade die in einer Brandmauer, welche den Zweck hat, die Ausbreitung einer Feuersbrunst zu verhindern, angebrachten Fenster zu jenen Maueröffnungen, welche diesen Zweck zu beeinträchtigen geeignet sind. O.G. v. 8. November 1888, Preuß. Verwltgsbl., Jahrg. 10 S. 249.

Die Anwendbarkeit des § 65 I 8 A.L.R., welcher die Abänderung vorhandener Baulichkeiten für den Fall anzuordnen zuläßt, daß überwiegende Gründe der öffentlichen Sicherheit dies unerläßlich und unaufschiebbar erscheinen läßt, setzt danach voraus, daß nicht allgemeine Erwägungen über die Nützlichkeit und Nothwendigkeit der Anforderung von Brandmauern hierüber entscheiden sollen, sondern daß die besondere Lage und Beschaffenheit der im einzelnen Falle in Betracht kommenden Baulichkeiten das Einschreiten zur Vermeidung der aus dieser Sachlage heraus nach verständigem Ermessen zu befürchtenden Gefahren bedingen. O.G. vom 23. Januar 1895, Preuß. Verwltgsbl., Jahrg. 16 S. 389.

Wenn das Baupolizeirecht darüber Bestimmung trifft, wie Grundstücke bebaut werden können, wie die Umfassungswände der Häuser beschaffen sein müssen, wie insbesondere diese Wände als Brandmauern herzustellen sind, wo es sich also um die Lage, Größe und Konstruktion der Bauten handelt, so tritt dann regelmäßig die Frage nach dem Privateigenthum am Grund und Boden ganz zurück. Ein Haus hört baupolizeilich um deswillen nicht auf, ein Ganzes zu sein, weil etwa sein Baugrund auf getheiltem Eigenthum verschiedener Personen steht. Und umgekehrt errichtet ein Bauunternehmer an einer von ihm angelegten Straße ganze Reihen von Häusern, die deshalb, weil er Eigenthümer des Grund und Bodens ist, doch nicht Ein Haus werden, die vielmehr als selbständige Häuser entstehen, mit Grenzen, die sie von dem anstoßenden Hause oder Grundstück als Nachbargrundstück trennen. Dafür, ob dies der Fall ist, ob es sich um Ein bebautes Grundstück oder um mehrere selbständige und deshalb gegen einander abgegrenzte Grundstücke handelt, ist keineswegs an erster Stelle die Frage nach dem Eigenthum am Grund und Boden, danach, ob der Baugrund im Grundbuch als Einheit oder als verschiedene selbständige Grundstücke behandelt ist, entscheidend, sondern die wirthschaftliche Bestimmung und die dementsprechende Konstruktion der Bauten, die Frage, ob die räumlich zusammenhängenden Grundstücke in der Hand eines und desselben Eigenthümers eine wirthschaftliche Einheit bilden. O.G. vom 24. April 1897, Preuß. Verwltgsbl., Jahrg. 19 S. 50.

Darf auf Grund einer allgemeinen baupolizeilichen Vorschrift, daß an der Nachbargrenze stehende Wände keine Oeffnungen „erhalten" dürfen, die Schließung bereits vorhandener Oeffnungen auch in Beziehung auf eine solche Wand polizeilich angeordnet werden, welche erst nach ihrer Herstellung mittels Grundstückstheilung zur Grenzwand geworden ist?

Die Behauptung der Befreiung von einer solchen Anordnung auf Grund „speziellen Rechtstitels", nachdem darüber in erster Instanz

erkannt worden ist, mittels Berufung kann insbesondere in der Art nicht weiter verfolgt werden, daß erst in zweiter Instanz ein neuer derartiger Titel geltend gemacht wird.

Aus den Gründen: Anlangend die Hauptfrage, ob der Beklagte für befugt zu erachten war, auf Grund des § 41 die Schließung der gemäß dem Baukonsense vom Jahre 1872 angelegten Oeffnungen zu verlangen, weil die Wand, in welcher sich dieselben befinden, nachträglich die Eigenschaft einer Grenze=(Brand=)Mauer erhalten hat, so ist dieselbe in Uebereinstimmung mit dem Vorderrichter zu bejahen. Wenn §§ 40 und 41 der Berliner Bauordnung bestimmen: „Wände, welche an des Nachbarn Grenze stehen, gelten als Brandmauern, welche keine Oeffnungen erhalten dürfen", so ergiebt sich hieraus als Regel der Satz, daß Wände, welche an des Nachbarn Grenze stehen, keine Oeffnungen erhalten dürfen. Aber auch umgekehrt gilt die Regel, daß Wände, in welchen sich Oeffnungen befinden, nicht an des Nachbarn Grenze gestellt werden dürfen — gleichviel ob die Wand an die Grenze oder die Grenze an die Wand verlegt wird.

In dieser oder jener Fassung bleibt das Prinzip das gleiche. Für die baupolizeiliche Behandlung von Bränden sind zwei Momente maßgebend — das Stehen auf der Grenze einerseits und das Vorhandensein von Oeffnungen andererseits. Ist das Eine dieser Momente gegeben, so darf das Andere nicht mehr hinzutreten, mit anderen Worten: steht die Wand an der Grenze, so darf sie keine Oeffnungen erhalten, — hat die Wand Oeffnungen, so darf sie nicht zur Grenzmauer gemacht werden. Der absoluten Durchführung dieses Prinzips seitens der Baupolizeibehörde sind aber im letzteren Falle Schranken gezogen, wie sie sich aus den gesetzlichen Bestimmungen bezüglich der Freiheit der Verfügung über das Eigenthum und bezüglich der Theilbarkeit der Grundstücke ergeben, und die Baupolizeibehörde erscheint nach diesen, das Prinzip des § 41 einengenden und beschränkenden Rechtsnormen nicht befugt, unmittelbar der Verlegung einer Grenze an eine mit Oeffnungen versehene Wand mit Zwangsmaßregeln hindernd entgegenzutreten. Soweit indes das Prinzip nicht Einschränkungen unterworfen ist, läßt sich die Berechtigung der Behörde füglich nicht in Zweifel ziehen, dasselbe innerhalb des zulässigen Umfanges zur Durchführung zu bringen und demgemäß die Beseitigung derjenigen Eigenschaften der Wand zu verlangen, welche gegen die Regel des § 41 verstoßen.

So führen die Erwägungen zum Satze, daß die im § 41 geforderte Sicherheit in jedem Zeitpunkte gefordert werden kann, in welchem eine Wand diejenige Eigenschaft erhält, welche dieselbe als Brandmauer kennzeichnet.

Das A.L.R. giebt im Allgemeinen nur Vorschriften für Neubauten und Aenderungen bestehender Bauten (§§ 65 ff. I 8) und das auf der Grundlage dieser Bestimmungen entwickelte Baurecht wird von der Regel beherrscht, daß die Anordnungen der Behörde, mögen dieselben als generelle Normen (Baupolizeiverordnungen) oder als spezielle Verfügungen erlassen sein, in Ansehung vorhandener Bauten nur ausnahmsweise Aenderungen verlangen dürfen. Die — allerdings zahlreichen — Ausnahmen von der Regel treffen vorzugsweise das hier betheiligte Gebiet der Baupolizei, die Wahrnehmung feuerpolizeilicher Interessen und die Zahl der Vorschriften, welche die Beseitigung bestehender feuerunsicherer Anlagen (z. B. hölzerner Dachrinnen, hölzerner Schornsteine, auch vorschriftswidriger Brandmauern) zum Gegenstande haben, ist sehr erheblich. Im vorliegenden Falle bedarf es indes keiner näheren Erörterung der Grenze, welche der Befugniß der Polizeibehörde bestehenden Bauten gegenüber gesetzt sind. Denn es handelt sich hier nicht um den Eingriff der Baupolizeibehörde in einen vorhandenen baulichen Zustand als solchen, sondern um bauliche Verhältnisse, welche zwar früher unter anderen Umständen von der Behörde genehmigt, später aber ohne deren Zustimmung allerdings Veränderungen unterworfen worden sind. O.G. vom 20. Juni 1878, Bd. 4 S. 350.

Die Anlegung oder Wiederanlegung einer Oeffnung in vorhandene Außenwände, die nach dem zur Zeit geltenden örtlichen Baupolizeirecht nur als Brandmauern ohne Oeffnungen gebaut werden dürfen, steht in baupolizeilicher Hinsicht der

Regel nach der Errichtung einer neuen Außenwand mit Oeffnungen gleich. O.G. vom 12. November 1889, Bd. 18 S. 367.

Wenn eine Baupolizeiordnung die Vorschrift enthält, daß Brandmauern keine Oeffnungen erhalten dürfen, so erstreckt sich dieses Verbot auch auf die Anlegung von Fenstern in solchen Grenzwänden. Als ein Neubau, auf welchen die für solche erlassenen baupolizeilichen Beschränkungen Anwendung finden, ist es auch anzusehen, wenn ein zum größeren Theil ausgebranntes Gebäude unter Benutzung der alten Umfassungsmauern, soweit dieselben stehen geblieben sind, neu aufgeführt wird. O.G. vom 8. November 1888, Preuß. Verwltgsbl., Jahrg. 10 S. 201.

16. Feuerstelle, Feuerstätte. Feuerstelle ist, wie aus § 69 I 8 A.L.R. und dem Marginale hierzu: „Einschränkungen des Eigenthümers bei dem Bauen", sowie dem Zusammenhange mit den vorhergehenden und nachstehenden Bestimmungen dortselbst hervorgeht, jedes Gebäude, in welchem sich eine Feuerstätte befindet. Die Feuerstätte selbst ist jede zur Unterhaltung des Feuers bestimmte Anlage oder Einrichtung.

Zu den Feuerstätten gehören also Oefen, Kochherde, Kochmaschinen u. s. w.

In dem Zirkular vom 4. Dezember 1882, betreffend die unmittelbare Verbindung hölzerner Konstruktionstheile mit Feuerungsanlagen in Gebäuden (Minist.-Bl. d. i. V. S. 279) wird betont, daß bei der Untersuchung der sogenannten Rohbauten von Seiten der mit der Abnahme betrauten Beamten die feuersichere Einbringung aller hölzernen Konstruktionstheile auf das Sorgfältigste ins Auge gefaßt werde, da Feuersbrünste wiederholt dadurch veranlaßt worden sind, daß beim Neubau von Gebäuden einzelne hölzerne Konstruktionstheile, wie u. A. Lagerhölzer für Fußböden oder Holzdübel zur Befestigung von Fußleisten mit den Feuerungsanlagen in unmittelbare oder in sehr nahe Berührung gebracht worden sind.

„Das Feld- und Forstpolizeigesetz gestattet nicht, zwischen Theilen eines mit einer Feuerstelle versehenen Hauses zu scheiden; vielmehr versteht es unter Feuerstelle die gesammte mit einer Feuerstelle versehene bauliche Anlage, das Haus als Einheit." O.G. vom 20. April 1895, Bd. 28 S. 382.

17. Rauchrohr. Rauchrohre sind Anlagen, welche die Vermittelung zwischen Feuerstätte und Schornstein zur Abführung der Feuergase aus ersterem in diesen bilden.

18. Schornsteine. Schornsteine sind diejenigen baulichen Anlagen, welche die aus den Feuerstätten erhaltenen Feuergase in die freie Luft befördern.

19. Wohnung. Die Entscheidung darüber, was unter einer Wohnung im Sinne der einzelnen Baupolizeiordnungen zu verstehen ist, kann bei besonderen Verhältnissen vielleicht Schwierigkeiten bieten. Für gewöhnlich handelt es sich um die regelmäßigen Verhältnisse von Familienhaushaltungen und bei solchen hat man unter der Wohnung die Gesamtheit derjenigen Räume zu verstehen, in welchen ein gemeinschaftliches Wohnungsbedürfniß befriedigt wird. O.G. vom 11. November 1896, Bd. 30 S. 379.

Der ständige Aufenthalt einer beaufsichtigenden Nachtwache macht ein Gebäude nicht zum Wohnhause.

Eine polizeiliche Anordnung, Zimmer zu räumen, d. h. Mobiliar aus ihnen zu entfernen, wird nicht dadurch gerechtfertigt, daß der dauernde Aufenthalt von Menschen in den Zimmern gesundheitsgefährlich ist.

Aus den Gründen: Dem polizeilich zu schützenden Interesse ist genügt, wenn die Benutzung der für gesundheitsgefährlich erachteten Räume verboten und die Befolgung des Verbots gesichert wird. Die zur gehörigen Instandsetzung der Räume erforderlichen Maßregeln hat die Polizei den Betheiligten, d. h. dem Kläger und seinem Miether zu überlassen, welche Streitigkeiten unter sich und den weiteren Verbleib des Mobiliars des letzteren event. vor den Civilgerichten zum Austrag zu bringen haben. O.G. vom 29. Juni 1895, Preuß. Verwltgsbl., Jahrg. 16 S. 600.

Die Entscheidung des Kammergerichts vom 1. Oktober 1888 erachtet auch die Miether von Wohnungen in einem noch nicht baupolizeilich abgenommenen Hause für strafbar wegen zu zeitigen Beziehens, indem den Ausführungen in der Revisionsrechtfertigung beigetreten wurde, daß die Miether verpflichtet seien, sich den Abnahmeschein vom Vermiether vorlegen zu lassen oder bei der Polizei Erkundigungen über die Abnahme einzuholen. Preuß. Verwltgsbl., Jahrg. 10 S. 12.

20. Dauernder Aufenthalt (von Menschen). Der Aufenthalt darf kein vorübergehender sein, er muß vielmehr ein regelmäßig sich wiederholender sein, um ihn als „dauernd" zu bezeichnen, auch darf er nicht ganz kurz bemessen sein, z. B. nicht bloß die Zeit, die z. B. zum Herausschaffen von Waaren aus einem Keller erforderlich ist, sondern eine längere Zeit, mehrere Stunden in Anspruch nehmend, anhalten.

21. Unmittelbarer Zutritt (von Luft und Licht). In dem weitesten Sinne des Wortes besteht eine volle, absolute Unmittelbarkeit darin, daß die dem Zutritt dienende Oeffnung sich gerade in einer Außenwand befindet. Es schließt aber der Gegensatz von „unmittelbar" und „mittelbar" von vorn herein aus, schon auf Grund der Thatsache allein, daß Licht und Luft überhaupt noch allenfalls eintreten können, die Anforderung des Gesetzes selbst da als erfüllt anzusehen, wo sich ihnen beispielsweise nur eine Oeffnung — wenn auch eine nicht verschließbare — in einer den Raum von der Außenwand trennenden Zwischenwand zum Eintritt darbietet. Und ein Gleiches muß aus gleichem Grunde auch außerhalb dieses Falles überall da gelten, wo Licht und Luft in der Ausdehnung oder sonstigen Gestaltung des zurückzulegenden Weges Hindernisse finden, denen gegenüber ein Effekt, welcher auch nur annähernd demjenigen jener vollen und absoluten Unmittelbarkeit gleichkommt, schlechthin ausgeschlossen ist. O.G. vom 25. Januar 1899, Preuß. Verwltgsbl., Jahrg. 10 S. 338.

22. Geländer. Geländer ist die Einfriedigung der Treppe auf den nach dem Luftraum zu liegenden Seiten, um die Gefahr des Herabfallens bei Benutzung der Treppe zu verhindern.

Handläufer sind daher nicht als Geländer anzusehen.

II. Theil.

Die wichtigsten, mit dem Baupolizeirecht in engem Zusammenhang stehenden Gesetze.

§ 18.

Das Gesetz, betreffend die Vertheilung der öffentlichen Lasten bei Grundstückstheilungen und die Gründung neuer Ansiedelungen in den Provinzen Preußen, Brandenburg, Pommern, Posen, Schlesien, Sachsen und Westfalen. Vom 25. August 1876. (Ges.-Samml. S. 405.)

I. Vertheilung der öffentlichen Lasten bei Grundstückstheilungen.

Der erste Theil, die §§ 1—12 umfassend, beschäftigt sich, wie das Marginale besagt, mit der Vertheilung der öffentlichen Lasten bei Grundstückstheilungen, behandelt also einen Gegenstand, der mit dem Baupolizeirecht in keinem Zusammenhange steht. Von der Anführung dieser Paragraphen kann daher mangels des Interesses für das in diesem Buche zu erörternde Rechtsgebiet Abstand genommen werden. Um so mehr greift aber der zweite Theil des Ansiedelungsgesetzes, wie es kurzweg für gewöhnlich genannt wird, in das Baupolizeigebiet ein, indem es in gewissen Fällen erst bestimmte Bedingungen erfüllt wissen will, ehe es zugiebt, einem Baugesuche vom baupolizei-rechtlichen Standpunkte näherzutreten.

II. Gründung neuer Ansiedelungen.

§ 13. Wer außerhalb einer im Zusammenhange gebauten Ortschaft ein Wohnhaus errichten oder ein schon vorhandenes Gebäude zum Wohnhause einrichten will, bedarf einer von der Ortspolizei-

behörde zu ertheilenden Ansiedelungsgenehmigung. Vor deren Aushändigung darf die polizeiliche Bauerlaubniß nicht ertheilt werden.

Die Ansiedelungsgenehmigung ist nicht erforderlich für Wohnhäuser, welche in den Grenzen eines nach dem Gesetz vom 2. Juli 1875 festgestellten Bebauungsplans, oder welche auf einem bereits bebauten Grundstücke im Zusammenhange mit bewohnten Gebäuden errichtet oder eingerichtet werden sollen.

Die Voraussetzung für die Nothwendigkeit, die im Abs. 1 verlangte Ansiedelungsgenehmigung nachzusuchen, ist a) daß ein Gebäude außerhalb einer im Zusammenhange gebauten Ortschaft errichtet und b) daß dieses Gebäude zum Wohnhause dienen soll, zu Wohnzwecken bestimmt ist. Das letztere ergiebt sich deutlich aus der weiteren Bestimmung, daß ein außerhalb einer im Zusammenhange gebauten Ortschaft schon vorhandenes Gebäude, welches zum Wohnhause eingerichtet werden soll, ebenso wie ein gleichlagiges, neu zu errichtendes Wohnhaus, der Ansiedelungsgenehmigung bedarf. Ein Gebäude, welches zwar außerhalb einer im Zusammenhange gebauten Ortschaft errichtet, aber nicht zum Wohnen ausersehen ist, bedarf daher keiner solchen Genehmigung. Von einer Ansiedelung kann ja auch nur die Rede sein, wenn man an einer bestimmten Stelle sich seßhaft machen, seinen Wohnsitz nehmen will. Für diesen wird eine besondere Genehmigung vorgeschrieben in den im Abs. 1 genannten Fällen, einmal um den in den nachfolgenden Paragraphen angegebenen Nachtheilen vorzubeugen, sodann auch, um ein planloses und willkürliches Bauen zu verhindern, wie sich aus Abs. 2 ergiebt, indem die Ansiedelungsgenehmigung nicht erforderlich ist für Wohnhäuser, welche in den Grenzen eines nach dem Gesetz vom 2. Juli 1875 festgestellten Bebauungsplanes errichtet werden sollen.

Die Ansiedelung muß außerhalb einer Ortschaft, die im Zusammenhange gebaut ist, beabsichtigt sein. Der Umstand, daß es an einer solchen Ortschaft fehlt, macht aber die Ansiedelungsgenehmigung noch nicht überflüssig.

Von wem das Wohnhaus erbaut werden soll, ob von Privaten oder von Kommunal- oder Staatsbehörden, ist ohne Einfluß: Die Person des die Ansiedelung Beabsichtigenden spielt keine Rolle.

Die Genehmigung zur Ansiedelung wird in einer dem Ansiedler auszufertigenden Urkunde ausgesprochen.

Selbstverständlich ist diese Genehmigungsurkunde nicht mit der Baugenehmigung bezw. der Urkunde darüber, dem Bauschein, identisch, oder macht etwa letztere entbehrlich. Vielmehr ist nach ertheilter Genehmigung zum Ansiedeln noch die Bauerlaubniß nothwendig; sonst wäre der letzte Satz in Abs. 1 unverständlich, daß „vor deren Aushändigung die polizeiliche Bauerlaubniß nicht ertheilt werden darf". Daher ist es sehr wohl möglich, daß zwar die Ansiedelungsgenehmigung ertheilt, die Baugenehmigung dagegen versagt wird.

Die Ansiedelungsgenehmigung wird nur auf Antrag, nicht von Amtswegen ertheilt (vergl. § 16 des Gesetzes); ist daher ein derartiger Antrag nicht gestellt, so ist, wenn für den Ansiedelungsplatz eine Bauerlaubniß nachgesucht wird, nicht etwa ohne weiteres die Frage zu prüfen und zu entscheiden, ob die Ansiedelung gestattet werden kann und bejahenden Falls die Ansiedelungsgenehmigung auszusprechen, sondern es ist mangels des Antrages auf Ertheilung dieses Antrages die Baugenehmigung zu versagen. Eine ohne die erforderliche Ansiedelungsgenehmigung ertheilte Bauerlaubniß und der daraufhin ausgeführte Wohnhausbau sind vorschriftswidrig. Die Benutzung des letzteren ist daher so lange unzulässig, als die Genehmigung nicht nachgeholt ist. Ist sie nicht ertheilbar, so darf das Wohnhaus zu Wohnzwecken nicht benutzt werden; es müssen daher nothwendigenfalls die Wohnungseinrichtungen (Feuerstätten) beseitigt werden.

Abs. 2 sieht zwei Fälle vor, in denen die Ansiedelungsgenehmigung nicht erforderlich ist.

Zunächst sieht der Gesetzgeber davon ab, wenn das Terrain, auf welchem das Wohnhaus hergestellt werden soll, in den Grenzen eines nach dem Fluchtliniengesetze festgestellten Bebauungsplanes liegt. Es wäre auch nicht ersichtlich, warum für dieses Terrain, das zur Bebauung, zur Besetzung mit Wohnhäusern bereits bestimmt ist, also der Wunsch und Wille, daß Menschen daselbst ihre Wohnung aufschlagen, dokumentirt ist, von demjenigen, der diesen Wunsch in die Wirklichkeit umsetzen will, nochmals eine besondere Ansiedelungsgenehmigung nachzusuchen verlangt würde, nachdem sozusagen in der Feststellung des Bebauungsplanes bereits eine generell ertheilte Ansiedelungsgenehmigung zu erblicken ist.

Außerdem erklärt das Gesetz die Ansiedelungsgenehmigung für nicht erforderlich für Wohnhäuser, welche auf einem bereits bebauten Grundstück im Zusammenhange mit bewohnten Gebäuden errichtet oder eingerichtet werden sollen.

Das Grundstück muß also bereits bebaut sein und das projektirte Wohngebäude mit Gebäuden auf demselben Grundstücke, die schon bewohnt sind, im Zusammenhange stehen, d. h. mit ihnen in einer wirthschaftlichen Verbindung stehen, so daß es mit ihnen zusammen über den Begriff einer Ansiedelung nicht hinausgeht, vor Allem nicht etwa darin die allmähliche Anlegung einer Kolonie zu erblicken ist, deren Anlegung allmählich geschieht, um die für die Neuanlage von Kolonien geltenden Bestimmungen zu umgehen. Die für die Ansiedelungsgenehmigung zuständige Behörde wird in solchen Fällen gut thun, den Genehmigungsantrag erst der für die Genehmigung zur Anlage von Kolonien in Betracht kommenden Behörde zur Prüfung vorzulegen, um erst nach Verneinung der Frage, ob das Vorhaben als Kolonie anzusehen sei, an die Entscheidung über den Genehmigungsantrag heranzutreten.

Die Bestimmungen dieses § 13 sowie der folgenden noch näher zu erörternden Paragraphen haben hinsichtlich ihrer Auslegung zu vielen Streitigkeiten und demgemäß gerichtlichen Entscheidungen geführt, die durch das Verwaltungsgericht in letzter Instanz ergangen sind. Die wichtigsten von ihnen sollen hier in Folgendem Erwähnung finden.

Begriff der „im Zusammenhange gebauten Ortschaft" im Sinne des Ansiedelungsgesetzes.

Aus den Gründen: Die Vorschrift des § 13 des Ansiedelungsgesetzes kommt — abgesehen von den Ausnahmefällen im 2. Absatz daselbst — zur Anwendung, „wenn außerhalb einer im Zusammenhange gebauten Ortschaft ein Wohnhaus errichtet oder ein schon vorhandenes Gebäude zum Wohnhause eingerichtet werden soll". Aus den legislativen Verhandlungen ist jedoch soviel zu entnehmen, daß unter einer Ortschaft im Sinne des § 13 a. a. O. nicht nur eine Stadt- oder Dorfgemeinde, sondern auch ein selbständiger Gutsbezirk, ein Häuserkomplex und ein thatsächlich im Zusammenhange gebauter Theil einer Ortschaft zu verstehen sind, sowie daß es nicht auf einen wirthschaftlichen oder mechanischen, sondern auf einen räumlichen Zusammenhang, die räumliche Nähe, ankommt. Daß die Baustelle in erheblicher Entfernung von dem schon vorhandenen Wohn- und Wirthschaftsgebäude belegen ist, ist *allein* nicht entscheidend, da auch trotz der gedachten Entfernung eine neue Ansiedelung nicht anzunehmen wäre, wenn nur die Baustelle innerhalb einer im Zusammenhange liegenden Ortschaft läge. Die Voraussetzung ist eine irrige, daß jede Errichtung eines Wohnhauses außerhalb der geschlossenen Dorflage als eine neue Ansiedelung zu betrachten sei. O.G. vom 4. Juni 1879 Bd. 5 S. 400.

Unter einer im Zusammenhange gebauten Ortschaft ist ein Häuserkomplex zu verstehen, überhaupt jeder räumlich zusammenhängende Theil einer Gemeinde, eine in sich geschlossene Gesammtheit von Niederlassungen. O.G. vom 30. April 1884 Bd. 11 S. 359.

Das Erforderniß ortspolizeilicher Genehmigung zu solchen Ansiedelungen, welche in nicht im Zusammenhange gebauter Ortschaft erfolgen sollen.

Aus den Gründen: Die Motive des Gesetzes vom 25. August 1876 ergeben, daß der § 15 wesentlich aus dem Gedanken hervorgegangen ist, von Ortschaften entfernte und isolirt belegene Ansiedelungen, durch welche die benachbarten Felder und Forsten der Beschädigung ausgesetzt sind, thunlichst zu beschränken. O.G. vom 29. November 1882 Bd. 9 S. 340.

Wiederholt hat der Gerichtshof hervorheben müssen, daß mangels objektiver juristischer Merkmale die Scheidung zwischen Einzelansiedelung und Kolonie auf rein thatsächlichem Verhältnisse beruht und in hohem Maße schwankend und ungewiß ist, sowie, daß auf diese Mißstände schon bei der Berathung des Gesetzes vom 25. August 1876 in den Häusern des Landtages und, jedoch ohne Erfolg, beantragt worden ist, jene Unterscheidung ganz fallen zu lassen (zu vergl. O.G. vom 19. September 1892, Bd. 22 S. 381, 384 und vom 15. Februar 1892, Bd. 24 S. 387, 390).

Wenn die Ansiedelung fortgesetzt werden sollte, so sind bei der Prüfung der neuen Ansiedelungsanträge die etwa bereits als Einzelansiedelungen genehmigten Wohnstätten mit in Betracht zu ziehen und ist nach der hieraus sich ergebenden Sachlage zu beurtheilen, ob nunmehr das Gesammtunternehmen einschließlich der älteren Ansiedelungen die Ausführung eines Kolonisationsplans darstellt und deshalb die noch nicht genehmigten Ansiedelungen unter den § 18 des Gesetzes fallen. Allerdings muß wenigstens nachträglich erkennbar und nachweisbar sein, daß sich die neue Ansiedelung zu den schon vorhandenen Anbauten als Theil eines einheitlich angelegten, aber bruchstückweise durchgeführten Kolonisationsplanes verhält, daß die Anlegung einer Kolonie der Gegenstand des Unternehmens gewesen ist, und nicht nur dessen zufällige Folge (O.G. vom 30. April 1884 Bd. 11 S. 362). O.G. vom 13. Juli 1899 Bd. 35 S. 397.

Wenn durch Veräußerung bestehender Wohnhäuser in Verbindung mit Landparzellen neue ländliche Besitzungen außerhalb einer geschlossenen Ortschaft geschaffen werden, so bedarf es dazu keiner Ansiedelungs- oder Koloniengenehmigung.

Häuser sind „außerhalb“ einer Ortschaft gebaut, wenn sie nicht „innerhalb“ einer im Zusammenhange gebauten Ortschaft liegen.

Begriff einer im Zusammenhange gebauten Ortschaft.

Aus den Gründen: Ohne Zweifel kann eine im Zusammenhange gebaute Ortschaft auch dadurch hergestellt werden, daß eine Straße oder ein Weg der Länge nach mit einer Reihe von Wohnhäusern besetzt wird. Unter einer im Zusammenhange gebauten Ortschaft ist nichts Anderes zu verstehen, als eine Vereinigung von Wohnhäusern, die in räumlicher Nähe bei einander liegen, in einem räumlichen Zusammenhange stehen. Diese Voraussetzung ist gegeben, wenn eine Anzahl von Wohnstätten in einer Reihe neben einander liegen. Eine im Zusammenhange gebaute Ortschaft kann deshalb auch da vorhanden sein, wo nur die eine Seite eines Weges bebaut ist, wie denn das Oberverwaltungsgericht schon in der Entscheidung vom 30. Oktober 1886 (Bd. 14 S. 401) anerkannt hat, daß auch ein nur auf einer Seite bebauter Weg sehr wohl die Lage und Bestimmung einer Dorfstraße haben könne. O.G. vom 14. Oktober 1890, Preuß. Verwltgsbl., Jahrg. 12 S. 172.

Der Antrag auf Ertheilung der Ansiedelungsgenehmigung ist die nothwendige Voraussetzung desjenigen Verfahrens, welches im Interesse der Nutzungsberechtigten der benachbarten Grundstücke der Genehmigung vorausgehen muß.

Aus den Gründen: Das Gesetz setzt offenbar voraus, daß, wer keine Ansiedelungsgenehmigung nöthig zu haben glaubt, nur den Baukonsens erbittet. Dieser muß versagt werden, wenn erstere nach Lage des Falles erforderlich ist, und wird dann über das Erforderniß der Ansiedelungsgenehmigung als Hinderungsgrund für die Ertheilung des Baukonsenses entschieden. Dies Verfahren vollzieht sich aber lediglich zwischen der Polizeibehörde und dem Antragsteller. Etwaige Nachbarn sind durchaus noch nicht rechtlich betheiligt. Ihre Betheiligung beginnt nach jenem Gesetze vom 25. August 1876 erst dann, wenn für den Fall der Ansiedelung entschieden ist und demnächst die Genehmigung beantragt wird. Ein klagbares Recht darauf, daß nicht Neuansiedelungen ohne Genehmigung entstehen, ist ihnen nicht eingeräumt. Anderenfalls müßten sie auch die Ertheilung von Baukonsensen der Polizeibehörde und dem Bauunternehmer gegenüber selbständig als Kläger anfechten können.

Das Recht des Einspruchs der Nachbarn ist durch das Gesetz dahin beschränkt worden, daß die Genehmigung zu einer Ansiedelung oder zur Gründung einer Kolonie nicht ertheilt werden soll, ohne daß die Nachbarn die Möglichkeit haben, selbst das Interesse der Land- und Forstwirthschaft auf ihren benachbarten Grundstücken zu vertheidigen. Dementsprechend ist das Verfahren geordnet, welches den Antrag auf Genehmigung der Ansiedelung zur Voraussetzung hat, in welchem den Nachbarn die Gelegenheit zum Einspruch gegeben werden muß, und in dem dann die Ortspolizeibehörde den Bescheid über die Ertheilung der Genehmigung durch Zurückweisung der Einsprüche oder über Versagung der ersteren erläßt. Nach diesen Rechtsgrundsätzen regelt sich das Verfahren auch da, wo bereits gebaut ist, sei es ohne Baukonsens oder mit solchen. Im ersteren Falle hat die Polizeibehörde zu verfügen, daß der Unternehmer binnen bestimmter Frist die Ansiedelungsgenehmigung nachzusuchen oder das Haus als Wohnhaus zu beseitigen, jedenfalls es vorläufig nicht als solches zu benutzen habe. Die Verfügung ist anfechtbar, in Folge dessen wiederum zwischen dem Unternehmer und der Polizeibehörde darüber zu entscheiden ist, ob der Fall der Ansiedelung vorliegt oder nicht. Ist dagegen der Baukonsens ertheilt, und sind die Nachbarn der Ansicht, daß dies zu Unrecht geschehen sei, so steht ihnen frei, die Intervention der Aufsichtsbehörde anzurufen, ganz ebenso, wie wenn etwa eine Ansiedelungsgenehmigung ertheilt worden ist, ohne daß das Verfahren nach §§ 16 ff. a. a. O. stattgefunden hat. Die Aufsichtsbehörde hat dann materiell zu prüfen und eventuell die Polizeibehörde anzuweisen, daß dieselbe so verfährt, als wenn ein Baukonsens nicht vorläge. O.G. vom 5. Januar 1881, Bd. 7 S. 332.

Das Gesetz vom 2. Juli 1875 macht die Festsetzung eines Bebauungsplanes keineswegs obligatorisch, und wo es an einer solchen überhaupt mangelt, bedarf es um deswillen allein keineswegs der Genehmigung der Ansiedelung dann, wenn neue Wohnstätten innerhalb einer im Zusammenhange gebauten Ortschaft hergerichtet werden sollen. Für den Fall, daß ein Dorf bezw. der betreffende Ausbau desselben sich nicht als eine im Zusammenhange gebaute Ortschaft qualifizirt, oder daß bei anderweiter Erwägung der zu besiedelnde Platz als nicht innerhalb dieser Ortschaft liegend erkannt würde, bleiben sodann noch die Thatsachen zu würdigen, auf deren Grund der Einspruch und der ablehnende Bescheid gerechtfertigt sein sollen. O.G. vom 29. November 1882, Bd. 9 S. 340.

Wenn nach Ertheilung einer Ansiedelungsgenehmigung nicht genau auf dem Platze errichtet wird, welcher in den dem Ansiedelungsverfahren zu Grunde gelegten Plane hierfür bezeichnet war, so ist die Frage, ob nach der eingetretenen Verschiebung des Bauplatzes die Ansiedelung noch eine solche ist, welche durch die ertheilte Ansiedelungsgenehmigung gedeckt wird, wesentlich thatsächlicher Natur, insofern, als dies nur danach beurtheilt werden kann, ob sich der Plan in Rücksicht auf die nach der Ansiedelungsgesetzgebung für die ertheilte Ansiedelungsgenehmigung maßgebenden Gesichtspunkte als etwas Neues darstellt. O.G. vom 28. April 1897, Bd. 31 S. 389.

§ 14. Die Ansiedelungsgenehmigung ist zu versagen, wenn nicht nachgewiesen ist, daß der Platz, auf welchem die Ansiedelung gegründet werden soll, durch einen jederzeit offenen Weg zugänglich, oder daß die Beschaffung eines solchen Weges gesichert ist. Wenn nur der letztere Nachweis erbracht werden kann, so ist bei Ertheilung der Ansiedelungsgenehmigung für die Beschaffung des Weges eine Frist zu bestimmen, nach deren fruchtlosem Ablaufe das polizeiliche Zwangsverfahren eintritt.

Daß ein Wohnhaus einen Zugang haben muß, ergiebt sich schon aus Gründen sicherheits- und feuerpolizeilicher Natur.

Gefordert wird ein offener Weg; es ist aber nicht nothwendig, daß derselbe ein öffentlicher Weg ist, es kann ebenso gut ein Privatweg sein; er muß aber die Kommunikation mit dem Wohnhause herstellen und jederzeit diesem Zwecke dienen können, so daß also das Wohnhaus stets erreichbar ist.

Hervorzuheben ist noch, daß im Falle des Mangels des jederzeit offenen Weges die Ansiedelungsgenehmigung versagt werden muß im Unterschiede zu den folgenden (§ 15) Gesichtspunkten, aus denen diese Genehmigung versagt werden kann.

Das Urtheil des Oberverwaltungsgerichts vom 25. Juni 1879, Bd. 5 S. 392, führt über das Erforderniß des offenen Weges Folgendes aus, wobei die Frage zur Entscheidung gebracht wurde, ob für ein Wohnhaus für Eisenbahnwärter und deren Familien die Ansiedelungsgenehmigung erforderlich ist, sobald die örtlichen Voraussetzungen hierfür vorliegen. Die Frage, ob für Wohngebäude der Bahnwärter mit Rücksicht auf ihre Bestimmung zu Eisenbahnzwecken überhaupt eine Ansiedelungsgenehmigung erforderlich ist, ist zu bejahen, da im § 13 des Ansiedelungsgesetzes, welcher allgemein die Einholung einer solchen Genehmigung für alle außerhalb einer im Zusammenhange gebauten Ortschaft zu errichtenden Wohngebäude verordnet, eine Ausnahme für die zu Eisenbahnzwecken bestimmten Wohngebäude nicht vorgesehen und ein Antrag, im Abs. 2 des § 13 für Wohnhäuser „zum Zwecke der Eisenbahnanlagen" eine Ausnahme hinzuzufügen, von der Kommission des Herrenhauses sogar ausdrücklich abgelehnt worden ist. Daraus folgt aber weiter, daß, auch wenn die beabsichtigten Bauten nicht im Privatinteresse der Bahn, sondern im Interesse des Eisenbahnbetriebes als nothwendig erachtet worden sind, doch die Einholung der Ansiedelungsgenehmigung nicht entbehrt werden kann. Der § 4 des Gesetzes über die Eisenbahn-Unternehmungen vom 3. November 1838 setzt, indem er die Genehmigung der Bahnlinie in ihrer vollständigen Durchführung durch alle Zwischenpunkte dem Handelsministerium vorbehält, allerdings voraus, daß auch die in die Bahnlinie fallenden Gebäude, wie Bahnhöfe, Wärterhäuser 2c. der Genehmigung des Handelsministeriums bedürfen. Allein dadurch ist nicht ausgeschlossen, daß hierbei noch besondere Behörden mitzuwirken haben, sofern dieselben nach allgemeinen Grundsätzen bezüglich einzelner dabei in Betracht kommender Punkte betheiligt sind, z. B. bezüglich der Baupolizei die Ortspolizeibehörde. Weder der Wortlaut des § 4 spricht für eine ausschließliche Zuständigkeit des Handelsministeriums in dieser Hinsicht, noch ist eine solche aus dem Zusammenhange des Gesetzes zu entnehmen.

Die zu den Bahnwärterhäusern führenden Schutzstreifen an der Bahn haben, wenngleich sie nur Privatwege sind, doch die Eigenschaft von offenen Wegen.

Das Verfahren, welches bei der beabsichtigten Gründung neuer Ansiedelungen in Gemäßheit des Gesetzes vom 25. August 1876 eintritt, bezieht sich, wie aus den §§ 14 und 15 in Verbindung mit § 17 klar hervorgeht und auch durch die Motive des Gesetzes bestätigt wird, nur auf die Frage, ob auf Grund des § 14 oder auf Grund der nach § 15 gerechtfertigten Einsprüche die Versagung der Genehmigung einzutreten hat. Die Frage dagegen, ob etwa auf Grund anderer feuer- oder baupolizeilicher Vorschriften die Errichtung von Gebäuden verhindert werden kann, ist in diesem Verfahren, welches hauptsächlich zur Wahrung der landwirthschaftlichen Interessen eingeführt ist, nicht zu untersuchen. Indem der § 24 Abs. 2 dieses Gesetzes ausspricht: „Diejenigen anderweiten Bestimmungen, welche die Errichtung von Gebäuden in der Nähe von Forsten, Eisenbahnen, Chausseen, öffentlichen Gewässern, Strömen, Kanälen, Deichen, Bergwerken, Pulvermagazinen und anderen Anlagen polizeilichen Beschränkungen unterwerfen, werden von dem gegenwärtigen Gesetze nicht berührt", hält er nicht nur die desfallsigen Bestimmungen aufrecht, sondern drückt zugleich durch die Worte „werden . . . . . nicht berührt" aus, daß die Handhabung dieser Bestimmungen in bisheriger Weise zu erfolgen hat. Die Frage, ob der Anlage der fraglichen Bahnwärterhäuser wegen der Nähe des Waldes feuer- oder forstpolizeiliche Vorschriften entgegenstehen, bleibt daher auch nach ertheilter Ansiedelungsgenehmigung offen und wird in dem Verfahren wegen Ertheilung der polizeilichen Bauerlaubniß zu erledigen sein.

Die Eigenschaft eines öffentlichen Weges ergiebt sich nicht nothwendig aus der thatsächlichen, wenn auch langjährigen und nicht mit Erfolg gehinderten Benutzung eines Weges seitens des Publikums. Es muß vielmehr hinzukommen, daß solche Benutzung unter Umständen erfolgt ist, welche darauf schließen lassen, daß der Weg unter — wenn auch stillschweigender — Zustimmung der rechtlich Betheiligten (d. h. des Eigenthümers, des Unterhaltungspflichtigen und der Wegepolizeibehörde) dem öffentlichen Verkehr gewidmet ist. O.G. vom 27. Februar 1895, Bd. 27 S. 399.

Erforderniß der Zugänglichkeit einer neuen Ansiedlung durch einen jederzeit offenen Weg.

Einschränkung der servitutarischen Berechtigung zur Benutzung eines Weges durch die Bestimmung in § 71 I 22 A.L.R., wonach der Servitutberechtigte sich des Weges nicht zu ganz neuen Anlagen bedienen kann.

Die Voraussetzungen, unter denen ein Weg als ein jederzeit offener im Sinne des Ansiedelungsgesetzes anzusehen ist.

Aus den Gründen: Nach § 71 I 22 A.L.R. kann derjenige, welchem das Recht zukommt, über ein fremdes Grundstück zu gehen, zu reiten oder zu fahren, wenn sein Recht nicht auf einen gewissen bestimmten Zweck ausdrücklich eingeschränkt ist, sich des Weges in allen seinen Bedürfnissen ohne Unterschied, nicht aber zu ganz neuen Anlagen bedienen. Die Ansicht, daß diese Bestimmung auch dann Anwendung finde, wenn die Bestellung eines unbeschränkten Wegerechts behauptet und nachgewiesen wird, ist unrichtig. Wenn von vorn herein die Wegegerechtsame auch für die ganz neue Anlage, welche der § 71 im Auge hat, ausdrücklich und rechtsgültig bestellt wird, so erhält der Berechtigte dadurch das Recht, sich des Weges auch zu dieser ganz neuen Anlage zu bedienen, sobald sie ins Leben gerufen wird.

Zu einem öffentlichen Wege wird ein Weg erst, wenn er unter Zustimmung der zuständigen Polizeibehörde für den gemeinen Gebrauch bestimmt wird.

Es unterliegt keinem Zweifel, daß die Errichtung einer Ansiedelung zu den ganz neuen Anlagen gehört, welche der § 71 a. a. O. und § 8 daselbst im Auge haben, zu deren Zwecken also der Besitzer des herrschenden Grundstücks sich des Weges nicht bedienen darf, wenn es ihm nicht besonders zugestanden ist. Die Judikatur des Obertribunals befindet sich damit im Einklange. In derselben wird zwar die Umwandelung von Forst in Acker oder die Parzellirung nicht als eine neue Anlage im Sinne des § 71 und § 8 a. a. O. angesehen, auch nicht die Erweiterung einer bestehenden Fabrik rc., aber jedenfalls die Neu-Anlage einer Fabrik.

Dem Gesetze liegt im Allgemeinen der Gedanke zu Grunde, daß die Prüfung des Ansiedelungsantrages nach allen in den §§ 14 und 15 des Gesetzes vorgesehenen Gesichtspunkten in einem einheitlichen Verfahren vor sich gehe, so daß dieses die Regel bilde. O.G. vom 28. April 1897, Bd. 31 S. 398.

Verfahren in Ansiedelungssachen. Auch gegen Bescheide, welche den Antrag auf Ansiedelungsgenehmigung lediglich durch Bezugnahme auf eine frühere Versagungsverfügung ablehnen, sowie gegen Bescheide, welche die Ansiedelungsgenehmigung nicht ausdrücklich versagen, sondern sie für überflüssig erklären, ist die Klage zulässig.

Genügt es dem gesetzlichen Erfordernisse der Zugänglichkeit der Ansiedelung durch einen jederzeit offenen Weg, wenn die Zugänglichkeit kontraktlich für eine Reihe von Jahren gesichert ist? Nein. O.G. vom 21. Juni 1897, Bd. 32 S. 375.

Ein Leinenpfad genügt diesem Erfordernisse nur, wenn er zugleich öffentlicher Weg ist oder dem Ansiedler ein besonderes Recht auf seine Benutzung zusteht.

Unter welchen Voraussetzungen steht im Gebiete des Ansiedelungsgesetzes vom 25. August 1876 eine Schifffahrtsstraße einem Landwege gleich?

Der Umstand, daß der einzige Landweg zu einem Grundstück theilweise als Leinpfad für den Schifffahrtsverkehr dient, macht ihn nicht zu einem öffentlichen Wege für den gemeinen Verkehr (vergl. Preuß. Verwltgsbl., Jahrg. 10 S. 269).

Im Sinne des § 14 des Ansiedelungsgesetzes ist ein Weg nur dann ein jederzeit offener, wenn dem Ansiedler das Recht der jederzeitigen Benutzung des Weges für alle seine Bedürfnisse zusteht, so daß der Weg nicht ohne die Zustimmung des Ansiedlers geschlossen werden kann (vergl. Preuß. Verwltgsbl., Jahrg. 9 S. 415).

Die Ansicht, daß die Benutzung des Weges als Leinenpfad ihm die Eigenschaft eines wenn auch nicht öffentlichen, so doch jederzeit offenen Weges verleihe, ist irrig. Ist der Leinenpfad nicht zugleich öffentlicher Weg und nur für Schifffahrtszwecke in der gesetzlich beschränkten Weise offen (vergl. das schon erwähnte Erkenntniß im Preuß. Verwltgsbl., Jahrg. 10 S. 269), so ist er es nicht auch ohne Weiteres für Ansiedelungszwecke, es müßte denn dem Ansiedler ein besonderes Recht auf seine Benutzung zustehen.

Unter ganz besonderen Umständen wird auch im Gebiete des Gesetzes von 1876 eine Schiffahrtsstraße für genügend zu erachten sein, falls die der Anforderung des § 14 daselbst zu Grunde liegenden Voraussetzungen dafür vorhanden sind. Es kommt in Betracht, daß die Forderung des jederzeit offenen Weges in § 14 des Gesetzes — wie sich unzweideutig aus den Motiven und Verhandlungen ergiebt — nicht im Privatinteresse des Ansiedlers etwa aus Fürsorge für seine Privatbedürfnisse aufgestellt worden ist, sondern an erster Stelle im öffentlichen Interesse. Es soll gewährleistet sein, daß der Zugang im öffentlichen Interesse jederzeit frei ist, daß z. B. dem Postboten, dem Exekutor, der Feuerpolizei die Möglichkeit gegeben ist, jederzeit bei eintretendem Bedürfniß die Ansiedelung erreichen zu können, daß der Schulbesuch gesichert ist u. s. w. Sonach wird man es auch nur da für rechtlich möglich erachten können, eine Schifffahrtsstraße als jederzeit offenen Weg zuzulassen, wo in einem bestimmten Gebiete die Schifffahrtsstraßen nach der Uebung des gewöhnlichen Lebens allgemein als Kommunikationswege angesehen und benutzt werden, so daß auch regelmäßig der im öffentlichen und im behördlichen Interesse erforderliche Verkehr diese Straße benutzt. O.G. vom 12. Juli 1897, Bd. 32 S. 379.

Unter dem polizeilichen Zwangsverfahren ist das in den §§ 132 ff. des Gesetzes über die allgemeine Landesverwaltung vom 30. Juli 1883 zu verstehen (d. h. also Androhung und nöthigenfalls Ausführung der polizeilichen Forderung durch einen Dritten oder Androhung und eventuelle Festsetzung einer Exekutivstrafe oder endlich Androhung eventuell Anwendung des unmittelbaren Zwanges.

§ 15. Die Ansiedelungsgenehmigung kann versagt werden, wenn gegen die Ansiedelung von dem Eigenthümer, dem Nutzungs- oder Gebrauchsberechtigten oder dem Pächter eines benachbarten Grundstücks oder von dem Vorsteher des Gemeinde-(Guts-)Bezirks, zu welchem das zu besiedelnde Grundstück gehört, oder von einem der Vorsteher derjenigen Gemeinde-(Guts-)Bezirke, an welche dasselbe grenzt, Einspruch erhoben und der Einspruch durch Thatsachen begründet wird, welche die Annahme rechtfertigen, daß die Ansiedelung

den Schutz der Nutzungen benachbarter Grundstücke aus dem Feld- oder Gartenbau, aus der Forstwirthschaft, der Jagd oder der Fischerei gefährden werde.

Die hier angeführten Gründe können zur Versagung der Ansiedelungsgenehmigung führen, sind also fakultative, so daß es in das Ermessen der Behörde gestellt ist, ob sie die Genehmigung ertheilt oder versagt. Die Entscheidung darüber wird davon abhängig zu machen sein, welche Interessen als die schwerwiegenderen anzusehen sind, ob in der Versagung der Genehmigung eine größere Schädigung zu finden ist als in der durch die Ansiedelung zu erwartenden Gefährdung der in § 16 näher bezeichneten Interessen.

Berechtigt zur Erhebung des Einspruchs sind a) der Eigenthümer eines der beabsichtigten Ansiedelung benachbarten Grundstücks; b) der Nutznießer oder Gebrauchsberechtigte oder der Pächter eines solchen Grundstückes; c) der Vorsteher des Gemeinde-(Guts-)Bezirkes, zu welchem das zu besiedelnde Grundstück gehört; d) der Vorsteher derjenigen Gemeinde-(Guts-)Bezirke, an welche das zu besiedelnde Grundstück grenzt.

Die Gründe, auf welche der Einspruch gestützt wird, müssen dem Gebiete a) des Feld- oder b) Gartenbaues, oder c) der Forstwirthschaft, oder d) der Jagd, oder e) der Fischerei angehören. Sie müssen solche Thatsachen sein, daß durch sie die Annahme als gerechtfertigt nachgewiesen wird, daß durch die Ansiedelung der Schutz der benachbarten Grundstücke hinsichtlich der oben genannten Interessengebiete gefährdet werden würde.

Was die Gefährdung anlangt, so ist hierbei vor Allem daran gedacht, daß die benachbarten Grundstücke durch die Bewohner der Ansiedelung auf dem Wege der vorsätzlichen wie der nicht beabsichtigten Beschädigung, des Diebstahls u. A. m. Schaden zugefügt erhalten würden. Worauf sich diese Annahme stützt, muß nachgewiesen werden, um sie als gerechtfertigt gelten zu lassen und demgemäß für die Entscheidung über den Ansiedelungsantrag in Betracht zu ziehen.

Andere Versagungsgründe, als die — abgesehen von der Bestimmung des § 14 — hier angeführten kommen für einen Ansiedelungsantrag überhaupt nicht in Frage; werden daher solche aus anderen Gebieten zur Begründung des Einspruchs herangezogen, so können sie überhaupt nicht in die Erörterung gebracht werden, müssen vielmehr sofort als außerhalb der durch das Ansiedelungsgesetz für das Verfahren und die Entscheidung gezogenen Grenzen liegend unberücksichtigt bleiben.

Ob die angeführten Thatsachen den Gebieten des Feld- oder Gartenbaues u. s. w. angehören, ob ferner ein Grundstück als benachbartes anzusehen ist, bedarf in jedem einzelnen Falle der Feststellung. —

Zum Begriff der Thatsachen, welche die Annahme rechtfertigen, daß die Ansiedelung den Schutz der Nutzungen benachbarter Grundstücke aus dem Feld- oder Gartenbau, aus der Forstwirthschaft, der Jagd oder der Fischerei gefährden werde.

Nur solche Gefährdungen kommen in Betracht, welche sich daraus ergeben, daß Gebäude von Menschen bewohnt werden und hiermit eine Ansiedelung entsteht.

Aus den Gründen: Der Einspruch kann nur durch Thatsachen begründet werden, welche die Annahme rechtfertigen, daß die Ansiedelung den Schutz der Nutzungen benachbarter Grundstücke aus dem Feld- oder Gartenbau, aus der Forstwirthschaft, der Jagd oder Fischerei gefährden werde. Es können daher Einwendungen, welche diesen gesetzlichen Voraussetzungen nicht entsprechen, nicht berücksichtigt werden.

Weiter kommt in Betracht, daß die Ansiedelungsgenehmigung zwar versagt werden kann, nicht aber versagt werden muß, und daß deshalb abzuwägen ist, welche Interessen die überwiegenden sind, ob diejenigen, welche für die Zulassung der Ansiedelung sprechen, oder diejenigen, welche jene gesetzliche Bestimmung vor Beeinträchtigung schützen will. O.G. vom 13. Dezember 1897, Bd. 32 S. 383. —

Der § 15 des Ansiedelungsgesetzes vom 25. August 1876 fordert zur Begründung des Einspruches Thatsachen, welche die Annahme rechtfertigen, daß die Ansiedelung den Schutz der Nutzungen benachbarter Grundstücke gefährden werde. Zu solchen Thatsachen gehört aber nicht ohne Weiteres der in jedem Fall nach Ablauf eines längeren oder kürzeren Zeitraumes selbstverständlich zu erwartende Wechsel in der Person des Besitzers eines Ansiedelungsgrundstückes; denn nicht die allgemeine Möglichkeit, sondern die nach den Umständen eines jeden einzelnen Falles nachweislich zu machende Wahrscheinlichkeit, daß jener Besitzwechsel eine Gefährdung der Nutzungen von Nachbargrundstücken zur Folge haben werde, ist nach den Gesetzen zur Begründung eines Einspruchs erforderlich. Allerdings können der geringe Umfang und die geringe Ertragsfähigkeit eines Ansiedelungs-Grundstücks sehr wohl von Erheblichkeit sein für die Begründung eines Einspruchs in Verbindung mit den sonstigen persönlichen, Familien- und Erwerbsverhältnissen des Ansiedlers. O.G. vom 3. Juni 1897, Bd. 32 S. 383. —

Nur insoweit die Ansiedelung, d. i. die Errichtung eines Wohngebäudes als solchen, die Gefährdung des Schutzes der Nutzungen benachbarter Grundstücke herbeiführt, findet der Nachbar in diesem Gesetze Schutz gegen Beeinträchtigungen, nicht aber gegen Schädigungen, welche sich aus dem Bauen auf dem Nachbargrundstück überhaupt, abgesehen von dessen Bewohnbarkeit, ergeben.

Für andere Häuser als für Wohnhäuser bedarf es nach dem Ansiedelungsgesetze überhaupt eines Ansiedelungskonsenses nicht. O.G. vom 23. September 1897, Bd. 32 S. 385. —

Ansiedelungsgenehmigungs-Versagung nicht aus anderen Gründen als den im Gesetze vom 25. August 1876 bezeichneten Gründen.

Die Ortspolizeibehörde wie die Einsprechenden als Beklagte im Streitverfahren über die Ansiedelungsgenehmigungs-Ertheilung.

Aus den Gründen: Wenn das Ansiedelungsgesetz vom 25. August 1876 — §§ 15 ff. — den Interessen der benachbarten Besitzer u. s. w. durch Einräumung eines Klagerechts den Rechtsschutz gewährt, so folgt daraus, daß jede Klage gegen den Bescheid der Polizeibehörde auch gegen diejenigen Privatpersonen zu richten ist, deren rechtliche Interessen im Sinne des Gesetzes (§ 15 a. a. O.) mit dem des Extrahenten der Ansiedelungsgenehmigung collidirt, daß sowohl die Polizeibehörde wie die Einsprechenden als Beklagte zu behandeln und im Streitverfahren zu betheiligen sind. O.G. vom 28. Februar 1889, Preuß. Verwltgsbl. Jahrg. 10 S. 347. —

§ 16. Vor Ertheilung der Ansiedelungsgenehmigung sind die betheiligten Gemeinde-(Guts-)Vorsteher (§. 15) von dem Antrage in Kenntniß zu setzen. Diese haben den Antrag innerhalb ihrer Gemeinden (Gutsbezirke) auf ortsübliche Art mit dem Bemerken bekannt zu machen, daß gegen den Antrag von den Eigenthümern, Nutzungs-, Gebrauchsberechtigten und Pächtern der benachbarten Grundstücke innerhalb einer Präklusivfrist von einundzwanzig Tagen bei der Ortspolizeibehörde Einspruch erhoben werden könne, wenn der Einspruch sich durch Thatsachen der in §. 15 bezeichneten Art begründen lasse.

Die erhobenen Einsprüche sind von der Ortspolizeibehörde, geeignetenfalls nach Anhörung des Antragstellers und derjenigen, welche Einspruch erhoben haben, sowie nach Aufnahme des Beweises zu prüfen.

Dieser Paragraph regelt das Verfahren, das bis zur Entscheidung über einen Ansiedelungsantrag zu beobachten ist, indem in erster Linie die betheiligten Gemeindevorsteher von einem solchen Antrage in Kenntniß zu setzen, die ihrerseits innerhalb ihres Bezirkes den Antrag bekannt geben, um so die Interessenten auf das Vorhaben hinzuweisen und ihnen die Möglichkeit zu geben, ihre begründeten Bedenken mittels des Einspruchs zur Geltung zu bringen. Die hierfür in Frage kommenden Interessenten sind bei der Bekanntmachung besonders — ihrer Kategorie nach — zu benennen mit dem Eröffnen, daß für die Erhebung des Einspruches eine Präklusivfrist von 21 Tagen vorgesehen und zu beobachten ist, und daß der Einspruch sich auf die Gebiete, die im § 15 einzeln aufgezählt sind, beschränken, bezw. ihnen entnommen sein und endlich bei der Ortspolizeibehörde, in deren Bezirk das Ansiedelungsgrundstück gelegen ist, angebracht werden muß.

Die erhobenen Einsprüche sind seitens der Ortspolizeibehörde auf ihre Berechtigung zu prüfen, die Parteien darüber zu hören, um nach gehöriger Erwägung und erschöpfender Feststellung und Beweiserhebung Entscheidung zu treffen. —

Verfahren zur Ertheilung von Ansiedelungsgenehmigungen, insbesondere Ergänzung des Verfahrens durch Bekanntmachung des Antrages auf Ansiedelungsgenehmigung nach deren Ertheilung und durch Zurückweisung von Einsprüchen benachbarter Grundbesitzer.

Rechtswirkung von Urtheilen, die im Verwaltungs-Streitverfahren auf Klage der mit ihren Einsprüchen zurückgewiesenen Grundbesitzer nur gegen die Polizeibehörde und nicht auch gegen den Ansiedler ergehen.

Aus den Gründen: Mag es auch im Allgemeinen und namentlich im Hinblick auf die nach § 14 des Gesetzes der Polizeibehörde obliegende Prüfung nicht zulässig sein, in der Zurückweisung der erhobenen Einsprüche allein schon ohne Weiteres auch die Ertheilung der Ansiedelungsgenehmigung zu erblicken, so muß doch unter Umständen, wenn es sich nämlich darum handelt, für eine bereits ertheilte Ansiedelungsgenehmigung nachträglich das Verfahren zu ergänzen, der Schluß berechtigt erscheinen, daß, wenn diese Ergänzung beschafft ist, die amtliche Mittheilung hiervon dieselbe Wirkung hat, wie eine nochmalige ausdrückliche Ertheilung der Ansiedelungsgenehmigung.

Ist nachträglich der Mangel, welcher der ertheilten Ansiedelungsgenehmigung anhaftete, behoben und letztere damit rechtsgültig geworden, so kann davon nicht mehr die Rede sein, daß die Polizeibehörde befugt wäre, gegen den Kläger auf Grund des § 20 des Gesetzes vom 25. August 1876 einzuschreiten und die Beseitigung der Ansiedelung zu verlangen. Die Anfechtung, welche der Bescheid des Amtsvorstehers im Klagewege erfährt, ist dem Kläger gegenüber ohne Bedeutung. Hätte in jenem Verfahren auch über die Rechte entschieden werden sollen, welche Kläger aus der ihm ertheilten und nunmehr rechtsgültig gewordenen Ansiedelungsgenehmigung für sich herzuleiten hatte, so hätte die Klage auch gegen ihn gerichtet oder er wenigstens zu dem Verfahren zugezogen werden müssen (vergl. O.G. Bd. 4 S. 379). O.G. vom 20. Juni 1894, Bd. 26 S. 471.

Ueber das Verfahren in Ansiedelungssachen, insbesondere bei Wiederholung eines schon einmal von der Ortspolizeibehörde abgelehnten Antrages auf Ansiedelungsgenehmigung siehe O.G. vom 1. März 1892, Bd. 8 S. 349, die auch die Frage verneint, ob der Richter im Verwaltungs-Streitverfahren die materielle Entscheidung über einen die Ansiedelung genehmigenden polizeilichen Bescheid zwischen dazu legitimirten Parteien um deswillen versagen kann, weil das dem Streitverfahren vorangegangene Verfahren an Mängeln leidet, insbesondere die Bekanntmachung des Antrages auf Ansiedelungsgenehmigung an die betheiligten Gemeinde- und Gutsvorsteher nicht ordnungsmäßig erfolgt ist.

Dieselbe Entscheidung, sowie die O.G. vom 21. September 1881, Bd. 8 S. 352, erklärt einen gegen einen wiederholten Antrag auf Ansiedelungsgenehmigung erhobenen Einwand für hinfällig, daß der frühere gleichartige Antrag rechtskräftig abgewiesen sei.

Bezüglich der Einheitlichkeit des Verfahrens in Ansiedelungssachen mit demjenigen aus dem Feld- und Forstpolizeigesetz siehe die aus diesem Gesetze hier einschlägigen, unten angeführten Bestimmungen.

§ 17. Die Versagung der Genehmigung auf Grund des §. 14 oder auf Grund erhobener Einsprüche (§. 15), sowie die Zurückweisung der gegen die Ansiedelungsgenehmigung erhobenen Einsprüche erfolgt durch einen Bescheid der Ortspolizeibehörde, welcher mit Gründen zu versehen und dem Antragsteller, sowie denjenigen, welche Einspruch erhoben haben, zu eröffnen ist.

Gegen den Bescheid steht dem Antragsteller, sowie denjenigen, welche Einspruch erhoben haben, innerhalb einer Präklusivfrist von zwei Wochen nach Zustellung des Bescheides, den Tag der Zustellung ungerechnet, die Klage im Verwaltungsstreitverfahren offen.

Zuständig ist der Kreisausschuß, in Stadtkreisen der Bezirksausschuß.

Gegen eine ertheilte Ansiedelungsgenehmigung finden, weil in dem betreffenden Grundstücke nur ein dem Einsprechenden gehöriger Privatweg führt, weder Einspruch und Klage aus § 14 Ansiedelungsgesetzes, noch die Rechtsmittel der §§ 127ff. des Landesverwaltungsgesetzes statt.

In dem Erkenntnisse vom 11. Dezember 1891 spricht das O.G. aus, daß die im § 14 des Ansiedelungsgesetzes zur Bedingung gemachte Zugänglichkeit der neuen Ansiedelung vom Standpunkte der gemeinen Wohlfahrt aus lediglich Gegenstand der öffentlichen Fürsorge und damit ausschließlich dem Befinden der Polizeibehörde unterstellt sei; es stehen deshalb nur der Polizeibehörde, nicht aber den sonst etwa bei einer Ansiedelung Interessirten das Recht zu, den Mangel der Zugänglichkeit eines Ansiedelungsplatzes als Grund zur Versagung der Genehmigung geltend zu machen.

Im Weiteren aber wird dargelegt, daß die polizeiliche Thätigkeit sich auf die Wahrnehmung des öffentlichen Interesses zu beschränken habe, und wenn die Polizei auch unter Umständen berufen sei, zum Schutze gefährdeter Privatrechte einzutreten, und der Einzelne ein erhebliches Interesse daran haben könne, daß die Polizeibehörde in bestimmter Richtung gegen einen Dritten eine Thätigkeit entwickele, so sei doch im Allgemeinen ein subjektives, durch die Rechtsmittel der §§ 127ff. Landesverwaltungsgesetzes geschütztes und erzwingbares Recht des Einzelnen auf die nach seiner Ansicht erforderliche polizeiliche Thätigkeit dem bestehenden Recht fremd. Nur auf einzelnen bestimmten Gebieten sei den Interessen der Einzelnen neben dem öffentlichen Interesse ein besonderer Rechtsschutz im Streit- 2c. Verfahren eingeräumt. Dasselbe sei aber genau abgegrenzt und die Kontrolle des darin geschaffenen Rechtszustandes in der Regel lediglich der polizeilichen Fürsorge überlassen. Zu diesen Ausnahmegebieten (der sogenannten Popularklage) gehöre die Gründung neuer Ansiedelungen, bezüglich deren das Gesetz den Interessen der Einzelnen (§§ 15ff.) neben dem öffentlichen Interesse (§ 14) einen besonderen Rechtsschutz gewährt. Deshalb könne das betreffende Verfahren sich nur innerhalb des Rahmens des Ansiedelungsgesetzes abspielen, den Betheiligten ständen aber die Rechtsmittel der §§ 127ff. des Land.-Verwalt.-Gesetzes nicht zu.

Außerdem könnte aber auch die Ansiedelungsgenehmigung und der etwaige Einsprüche abweisende Bescheid überhaupt nicht als polizeiliche Verfügung im Sinne der citirten §§ 127 ff. erachtet werden, und es sei nicht abzusehen, inwiefern hier in die Rechtssphäre der Eigenthümer eingegriffen sei, denn durch die Ertheilung der Ansiedelungsgenehmigung sei den Ansiedlern noch keineswegs das Recht gegeben, einen Privatweg zu benutzen, versuchten sie dieses, so hätten die Eigenthümer immer das Recht, diese Benutzung, auch mit Anrufung des ordentlichen Richters, zu hindern. Preuß. Verwltgsbl., Jahrg. 13 S. 316. —

Bezüglich der Zulässigkeit der Klage gegen einen Bescheid, welcher die Ansiedelungsgenehmigung für überflüssig erklärt, ist davon auszugehen, daß damit die Ertheilung der Genehmigung abgelehnt ist. Auch gegen eine solche Ablehnung ist die Klage an sich zulässig, weil der Kläger ein Recht darauf hat, eine ausdrückliche Ertheilung der für die Ausübung seiner Ansiedelungs- und Bau-Befugniß nothwendigen Genehmigung zu verlangen, sofern die gesetzlichen Voraussetzungen für diese Genehmigung vorliegen (vergl. O.G. Bd. 3 S. 215, Bd. 14 S. 382). O.G. vom 1. November 1897, Bd. 32 S. 377. —

Ueber den Antrag auf Genehmigung einer nachgesuchten Ansiedelung entscheidet die Ortspolizeibehörde, in deren Bezirk das zu besiedelnde Grundstück liegt. Versagt sie die Genehmigung, so hat sie den dem Antragsteller zuzustellenden versagenden Bescheid mit Gründen zu versehen; ebenso ist in dem Falle, wenn Einsprüche gegen die Genehmigung einer Ansiedelung erhoben, dieselben aber als unberechtigt oder nicht genügend bezeichnet worden sind, um eine Ansiedelungsgenehmigung zu versagen, dem Einsprechenden ein dementsprechender, mit Gründen versehener Bescheid zuzufertigen.

Nur dem Antragsteller auf Ertheilung einer Genehmigung zur Ansiedelung, sowie denjenigen Interessenten, welche Einspruch erhoben haben, steht ein Klagerecht zu, so daß diejenigen Gemeindevorsteher, Eigenthümer u. s. w., sofern sie nach § 15 des Gesetzes überhaupt in Betracht kommen, kein Klagerecht haben, wenn sie rechtzeitig Einspruch zu erheben unterlassen haben. Es steht ihnen auch nicht zu, falls von anderen Interessenten Klage erhoben worden ist, sich alsdann der Klage anzuschließen.

§ 18. Wer außerhalb einer im Zusammenhange gebauten Ortschaft eine Kolonie anlegen will, hat dazu die Genehmigung des Kreisausschusses, in Stadtkreisen der Ortspolizeibehörde, zu beantragen. Mit dem Antrage ist ein Plan vorzulegen und darin nachzuweisen, in welcher Art die Gemeinde-, Kirchen- und Schulverhältnisse der Kolonie geordnet werden sollen.

Ueber „außerhalb einer im Zusammenhange gebauten Ortschaft" siehe das oben zu § 13 des Gesetzes Gesagte.

Im Uebrigen sind gerade zu diesem Paragraphen (18) so zahlreiche Entscheidungen des Oberverwaltungsgerichts ergangen, daß es zur Kommentirung der in § 18 enthaltenen Bestimmungen voll und ganz genügt, die allgemeinen Anschauungen und Begründungen aus den wichtigsten der genannten Entscheidungen herauszugreifen und hier anzuführen.

Die Motive der Regierungsvorlage zu §§ 18 und 19 des Gesetzes, betreffend die Gründung neuer Ansiedelungen vom 25. August 1876, umschreiben die Anlegung der Kolonie mit den Worten: „Errichtung einer größeren Anzahl von Ansiedelungen in räumlichem Zusammenhange." Auch hierbei bleibt dahingestellt, wie viele Häuser zu einer „größeren Zahl" gehören. Berücksichtigt man nun, daß der Begriff der Kolonie und die daran sich knüpfende Bestimmung über die Zuständigkeit der Verwaltungsbehörden lediglich unter dem einen Gesichtspunkte in das Gesetz aufgenommen worden sind, daß dabei die Gemeinde-, Kirchen- und Schulverhältnisse besonders geordnet werden sollen, so erhellt daraus so viel, daß der Plan zur Errichtung mehrerer Ansiedelungen dann — und zwar unabhängig vom Antrage des Unternehmers, der nicht das allein Entscheidende sein kann — als Anlegung einer Kolonie geschäftsmäßig zu behandeln sein wird, sobald nach der Anzahl und der örtlichen Lage der beabsichtigten Bauten das Bedürfniß ersichtlich wird, dabei die Regelung jener korporativen Verhältnisse in Betracht zu ziehen. Ob im einzelnen Falle diese Voraussetzung zutrifft, dies zu prüfen ist ebenso Sache der Verwaltungsbehörde, wie der Beschluß über den Antrag auf Genehmigung von neuen Ansiedelungen und die etwaige Neuordnung der Kommunal- rc.-Verhältnisse überhaupt. O.G. vom 2. März 1878, Bd. 3 S. 318.

Begriff der „Anlegung der Kolonie" und der Errichtung von Wohnhäusern „im Zusammenhange" mit bewohnten Gebäuden im Sinne des Ansiedelungsgesetzes.

Unter einer im Zusammenhang gebauten Ortschaft ist ein Häuserkomplex zu verstehen, überhaupt jeder räumlich zusammenhängende Theil einer Gemeinde, eine in sich geschlossene Gesammtheit von Niederlassungen.

Abgesehen von dem Falle, wo die beabsichtigte Ansiedelung sich zu vorhandenen Anbauten etwa als Theil eines einheitlich angelegten, aber bruchstückweise durchgeführten Kolonisationsplanes verhält, kann von der „Anlegung einer Kolonie" überhaupt nur die Rede sein, wenn das neue Unternehmen selbst ohne Rücksicht auf sich anschließende, bereits bestehende Wohngebäude, erst eine Kolonie entstehen läßt, so daß sich für die dadurch geschaffene Gruppe von Wohnstätten die Neuordnung der Gemeinde-, Kirchen- und Schulverhältnisse dem öffentlichen Interesse und den bestehenden gesetzlichen bezw. statutarischen Bestimmungen gemäß nothwendig macht. Die Anlegung der Kolonie muß danach ein Gegenstand des Unternehmens sein, nicht etwa erst dessen mögliche und zufällige Folge. Darum wird auch vom Unternehmer die Vorlegung eines Planes verlangt mit Vorschlägen über die Art der künftigen Ordnung der Kommunal-, Kirchen- und Schulverhältnisse für die anzulegende Kolonie.

Unter dem Zusammenhange mit einem bewohnten Gebäude im Sinne des letzten Absatzes des § 13 des Gesetzes ist allerdings nicht lediglich ein mechanischer Zusammenhang verstanden. Derselbe kann — die unter allen Umständen erforderliche räumliche Nähe immer vorausgesetzt — auch in der wirthschaftlichen Beziehung, in die ein Neubau zu dem vorhandenen Wohnplatze treten soll, verstanden werden. Eine solche wirthschaftliche Beziehung ist jedoch nicht darin zu erblicken, daß beiderlei Anlagen — das projektirte und das vorhandene Wohnhaus — einem Dritten zu gemeinschaftlichen Zwecken dienen, sondern es muß diese Beziehung des einen zum andern eine unmittelbare sein derart, daß die Neuanlage zum wirthschaftlichen Gebrauch des bestehenden Gebäudes selbst bestimmt ist. O.G. vom 30. April 1884, Bd. 11 S. 359.

Zur Unterscheidung zwischen Kolonie und Einzelansiedelung.

Die Voraussetzungen des Erfordernisses der polizeilichen Genehmigung, wonach die Errichtung der Wohnhäuser „außerhalb einer im Zusammenhange gebauten Ortschaft" erfolgen muß.

Andere öffentlichen Interessen als die im § 15 des Gesetzes vom 25. August 1876 hervorgehobenen des Schutzes der Nutzungen benachbarter Grundstücke aus dem Feld- oder Gartenbau, aus der Forstwirthschaft, der Jagd oder der Fischerei können zwar für die Ertheilung der Ansiedelungsgenehmigung in Betracht kommen, nicht aber für die Versagung derselben.

Aus den Gründen: Da die Absicht, welche der Gesetzgeber bei der Unterscheidung zwischen Einzelansiedelung und Kolonie verfolgt, dahin geht, daß bei umfangreichen, planmäßig und im Zusammenhange erfolgenden Ansiedelungen geprüft werden soll, ob sich diese bezüglich der Gemeinde-, Schul- und Kirchenverhältnisse ohne Schwierigkeiten in die bestehende Ordnung einführen werden, oder ob letztere zum Zwecke der Versorgung der Kolonisten ergänzt bezw. neu geschaffen werden müssen, so sucht der Berufungsrichter durch Erörterung dieser Frage mit Bezug auf den vorliegenden Streitfall für jene Unterscheidung einen Anhalt zu gewinnen. Indem er dies thut, überschreitet er seine Zuständigkeit keineswegs; er übernimmt nicht etwa die Funktionen der Behörde, welche nach § 19 a. a. O. die Genehmigung zur Anlegung der Kolonie von einer Regelung der Gemeinde- ꝛc.-Verhältnisse abhängig machen darf.

Es konnte dem Gesetzgeber unmöglich entgehen, daß auch die gewöhnliche Ansiedelung solche Ordnung der Kirchen-, u. s. w. Verhältnisse nöthig machen kann, wenn zwar nur die Errichtung eines einzelnen Wohnhauses für eine einzelne Familie erfolgt, die schulpflichtigen Kinder dieser einen Familie aber in der überfüllten Ortsschule, die Erwachsenen in der schon längst zu kleinen Kirche, zu der sie örtlich gehören, keinen Platz finden, und daher zweckmäßig eine ohnehin durch die örtlichen Verhältnisse vielleicht nahegelegte Umschulung und Umkirchung stattfinden muß. In der diesseitigen Entscheidung vom 27. Juni 1885 ist darauf hingewiesen, daß nach der Absicht des Gesetzes bei der Beurtheilung der Frage, ob es sich um die Anlegung einer Kolonie handelt, auf die Bedeutung des Unternehmens für die örtlichen Gemeinde-, Kirchen- und Schulverhältnisse Gewicht zu legen sei. Hiermit ist aber so wenig wie in der Zahl der Häuser, so in der der Kolonisten ein abstrakter, für alle Gemeinden oder auch nur für alle Landgemeinden gleichmäßig anwendbarer Maßstab gegeben. Mögen im einzelnen Falle der Umfang des Bauprojektes, oder sonstige besondere Umstände dieses ohne Weiteres als Anlegung einer Kolonie charakterisiren, so wird doch in der Regel auch die Größe der Gemeinde, zu welcher die Kolonisten hinzutreten sollen, in Betracht gezogen werden müssen, wenn anders die Bedeutung des Unternehmens für die bestehenden Gemeinde-, Kirchen- und Schulverhältnisse zutreffend gewürdigt werden sollen.

Die Besorgniß, daß da, wo innerhalb ländlicher Fluräcker in der Nähe von sogenannten kleinen Leuten zur Wohnung dienende Ausbauten liegen, die Kinder dieser Leute und das von ihnen gehaltene Vieh zuweilen den Aeckern Schaden zufügen, trifft nicht nur bei der Mehrzahl aller ländlichen Ausbauten zu, sondern auch für die meisten Wohnstätten der geschlossenen Ortschaften, soweit sie an die umgebenden Feldfluren angrenzen und kann daher allein nicht das Gewicht einer Thatsache, welche die Versagung der Ansiedelungsgenehmigung nach § 15 a. a. O. rechtfertigen, beigemessen werden. O.G. vom 29. November 1889, Bd. 19 S. 393.

Eine Ansiedelung liegt — abgesehen von den hier nicht in Betracht kommenden Ausnahmefällen — immer dann vor, wenn „nicht innerhalb" einer im Zusammenhange gebauten Ortschaft ein Wohngebäude errichtet werden soll. O.G. vom 10. Juni 1890, Bd. 19 S. 400.

Wenn in besonderen Ansiedelungsfällen wichtige öffentliche Interessen in Betracht kommen, so können sie, wie das Oberverwaltungsgericht in mehrfachen Entscheidungen anerkannt hat, allerdings für die **Ertheilung** der Genehmigung maßgebend und von entscheidender Bedeutung sein (zu vergl. die Endurtheile vom 25. Juni 1897 und vom 13. Februar 1884, Bd. 5 S. 393, Bd. 10 S. 322 ff.). Dieser Grundsatz kann aber nicht für die **Versagung** der Genehmigung in Anwendung gebracht werden. Denn der § 15 desselben erklärt **ausschließlich** diejenigen Thatsachen zur Begründung der Einsprüche geeignet, welche die Annahme rechtfertigen, daß die Ansiedelung den **Schutz** der **Nutzungen** benachbarter Grundstücke aus dem **Feld-** und **Gartenbau** oder aus der **Forstwirthschaft** ꝛc. gefährden werde. Als Grundlage zur Versagung der Ansiedelungsgenehmigung können also anderweite öffentliche Interessen nicht dienen (vergl. Preuß. Verwltgsbl., Jahrg. 10 S. 347). O.G. vom 28. März 1890, Bd. 19 S. 403.

Ist die Anlegung einer Kolonie außerhalb einer im Zusammenhange gebauten Ortschaft in der irrigen Annahme, daß es sich um

eine Einzelansiedelung handelt, von der Ortspolizeibehörde anstatt vom Kreisausschusse genehmigt worden, so kann die Ortspolizeibehörde fordern, daß die Genehmigung des zuständigen Kreisausschusses nachgebracht oder aber die bereits erbauten Wohnhäuser als solche, d. h. in ihrer Einrichtung zu Wohnzwecken, beseitigt und nicht bewohnt werden.

Aus den Gründen: Es kann keinem Zweifel unterliegen, daß auch ein mit einer Entscheidung auf Ertheilung der Ansiedelungsgenehmigung verbundener bezw. ihr folgender Verwaltungsakt (§§ 14 bis 17 des Ansiedelungsgesetzes) rechtlich unwirksam oder anfechtbar ist, sofern er von einer sachlich unzuständigen Behörde ausgeht. Dieser Grundsatz von der Wirkung der sachlichen Unzuständigkeit der verfügenden oder erkennenden Behörde ist im Wesentlichen allen Rechtsgebieten gemeinsam und insbesondere auch für das Verwaltungsrecht um deswillen nicht ausgeschlossen, weil seine Handhabung für dasselbe nicht so wie im Privat- und im Strafrecht durch die Einführung bestimmter Rechtsmittel, Fristen u. s. w., unter Abwägung der konkurrirenden öffentlichen und privaten Interessen geregelt ist. Derselbe wird auf dem Gebiete der öffentlichen Verwaltung da, wo nicht besondere gesetzliche Vorschriften ihn einschränken und seine Handhabung besonders regeln, in der Weise durchgeführt, daß die zuständige Instanz die Wirkung des von sachlich unzuständiger Seite ausgegangenen Verwaltungsaktes beseitigt. Ohnedies wäre die Rechtsordnung und die wichtigsten öffentlichen Interessen der Willkür der Behörden preisgegeben. Demgemäß steht jener Grundsatz in der Verwaltungspraxis in steter Uebung und ist nicht minder in der Wissenschaft anerkannt (zu vergl. das Urtheil des I. Senats des Gerichtshofes vom 23. Juni 1886, Bd. 13 S. 409ff., ferner Dr. Edm. Bernatzik, Rechtsprechung und materielle Rechtskraft. Wien, 1886, § 16 S. 267ff.). Unzweifelhaft beruht die Entscheidung zwischen Einzelansiedelung und Kolonie auf rein thatsächlichen Verhältnissen und ist eine im hohen Maße schwankende und ungewisse; aber man wird daraus nicht folgern können, das Gesetz habe die Zuständigkeit der Ortspolizeibehörde derartig in deren diskretionäres Ermessen gestellt, daß das Ergebniß desselben in derselben Weise unanfechtbar sei, wie die materielle Entscheidung, soweit diese in das diskretionäre Ermessen der zuständigen Behörde gestellt ist. Und wenn nun eine baupolizeiliche Genehmigung auf Grund eines rechtlich unwirksamen Verwaltungsaktes ertheilt worden und der Bau ausgeführt ist, so ist die Polizeibehörde, welche den Konsens gegeben hat, sobald sie ihren Irrthum erkennt, befugt, aus Gründen des öffentlichen Interesses die Beseitigung des vorschriftswidrigen Zustandes zu veranlassen (vergl. O.G. vom 2. Dezember 1882, im Preuß. Verwltgsbl. Jahrg. 4 S. 196).

Die „vorgeschriebene" Genehmigung für die Anlegung einer Kolonie ist nicht die der Ortspolizeibehörde, sondern die des Kreisausschusses, und es kann daher aus dem § 20 keine Ausnahme von jenem allgemeinen Rechtsgrundsatz der Anfechtbarkeit von Rechtsakten sachlich unzuständiger Behörde hergeleitet werden. O.G. vom 19. Februar 1892, Bd. 22 S. 381.

Zum Begriff der Anlegung einer Kolonie.

Aus den Gründen: Im Hinblick auf die Bestimmung des § 18 des Ansiedelungsgesetzes ist es ausgeschlossen, anzunehmen, daß das Band, welches den Anbau mehrerer Ansiedelungen zu einer Kolonie im Sinne des gedachten Gesetzes gestaltet, in der Zweckbestimmung der Ansiedelung zu suchen sei. Dafür bietet das Gesetz keinen Anhalt. Dergleichen verschiedene Ansiedelungen mögen einem und demselben Zwecke dienen. Wenn sie von verschiedenen von einander unabhängigen Personen errichtet werden, so ist dennoch nicht das einheitliche Band vorhanden, welches sie als Kolonie im Sinne der vorerwähnten Bestimmung erscheinen läßt. Wollte man die gleichartige Zweckbestimmung mehrerer von verschiedenen Personen beabsichtigter Ansiedelungen für genügend erachten, um deren Zulassung von den für die Anlegung von Kolonien gegebenen Bedingungen abhängig zu machen, so würde vielfach da, wo z. B. in Folge der Vermehrung der Bevölkerung die neue Ansiedelung, deren erleichterte Zulassung das Gesetz vom 25. August 1876 im Auge hatte, besonders nöthig ist, die Unternehmungslustigen hieran gehindert sein, weil sie nicht gezwungen sein können, sich mit einander zur Erfüllung der für Kolonien vorbezeichneten Bedingungen zu verbinden. Die Kolonie erfordert vielmehr einen Unternehmer. Es ist nothwendig, daß es sich bei dem projektirten Bau von Wohnhäusern, wenn sie als die Anlegung einer Kolonie oder doch als Beginn einer solchen Anlegung behandelt werden sollen, entweder um ein einzelnes Rechtssubjekt als Unternehmer oder zwar um mehrere handelt, letzterenfalls aber unter der nothwendigen Voraussetzung, daß es sich dabei nicht nur um eine gewisse Gleichheit und Gemeinsamkeit von Interessen, sondern um Beziehungen zwischen den mehreren Anbauern unter sich oder zwischen diesen und einer dritten Person, von welcher sie zur Durchführung ihres Kolonisationsplanes benutzt werden, handelt, welche einen Unternehmer des Kolonisationsplanes, das Unternehmen als ein einheitliches ersichtlich machen.

Es wird keineswegs die Leichtigkeit der Umgehung der Vorschrift über die Anlegung einer Kolonie verkannt, es kann jedoch auf diesen Umstand allein bei der Auslegung des Gesetzes gegenüber dem Inhalt desselben nicht ankommen und dies um so weniger, als bei den legislativen Verhandlungen über den Entwurf zu dem Gesetze seitens der Gegner der bezüglichen Bestimmungen auf diese Leichtigkeit des Umgehens ohne Erfolg hingewiesen worden ist. O.G. vom 15. November 1892, Bd. 24 S. 387.

Die Annahme, die Ansiedelung bezwecke nur die Abwälzung etwaiger Armenlasten vom Gutsbezirke, ist kein Grund, eine Ansiedelungsgenehmigung zu versagen. O.G. vom 13. Juni 1893, Bd. 25 S. 396.

Zur Unterscheidung zwischen Kolonie und Einzelansiedelung.

Befugniß der Verwaltungsgerichte, in Betracht zu ziehen, ob „voraussichtlich" eine Regelung der Gemeinde-, Kirchen- oder Schulverhältnisse nothwendig werden wird und eine Prüfung dieser Frage durch die zuständigen Verwaltungsbehörden geboten ist.

Die Einheitlichkeit einer Kolonieanlage wird dadurch nicht ausgeschlossen, daß sie sich auf mehrere Kommunalbezirke erstreckt.

Wohnstätten, die bereits als Ansiedelung oder Kolonie genehmigt sind, können bei Entscheidung der Frage, ob ein neues Ansiedelungsunternehmen die Anlegung einer Kolonie darstellt, mit berücksichtigt werden, wenn erkennbar ist, daß sich die neue Ansiedelung zu den schon vorhandenen Anbauten als Theil eines einheitlich angelegten, aber bruchstückweise durchgeführten Kolonisationsplanes verhält.

Aus den Gründen: Es sind die Schul-, Kirchen- und Kommunalbehörden oder ihre Aufsichtsbehörden zuständig, darüber zu befinden, welche Leistungen dem Unternehmer einer Kolonie zur Ordnung der Schul-, Kirchen- und Gemeindeverhältnisse gemäß § 19 des Ansiedelungsgesetzes aufzulegen sind, ohne daß die Angemessenheit ihrer Anforderungen der Nachprüfung der Genehmigungsbehörde oder des Verwaltungsrichters unterläge (zu vergl. Urtheil vom 18. März 1893, Bd. 19 S. 406ff., 411). Allein wenn zu entscheiden ist, ob die Ortspolizeibehörde mit Recht die beantragte Ansiedelungsgenehmigung wegen Unzuständigkeit versagt hat, weil es sich um die Anlegung einer Kolonie handele, so muß der Verwaltungsrichter prüfen, ob die Merkmale einer Kolonie vorliegen, und von diesen ist eines der wichtigsten, daß die geplante Anlegung mehrerer Wohnhäuser umfangreich genug ist, um voraussichtlich eine Regelung der Gemeinde-, Kirchen- und Schulverhältnisse und jedenfalls eine Prüfung dieser Frage durch die zuständige Behörde nothwendig zu machen. O.G. vom 13. Juli 1899, Bd. 35 S. 397.

In dem Umstande, daß die Trennung des Gesammtplanes insbesondere nach einander auszuführenden Stücken den wirthschaftlichen Zusammenhang des Ganzen fortbestehen läßt, beruht die Grundlage für die rechtliche Beurtheilung der Frage, ob für die Ausführung der einzelnen Theile die Genehmigung als Kolonie zu ertheilen ist. O.G. vom 17. April 1899, Bd. 35 S. 405.

§ 19. Die Genehmigung zur Anlegung einer Kolonie kann versagt werden, wenn und so lange die Gemeinde-, Kirchen- und Schulverhältnisse nicht dem öffentlichen Interesse und den bestehenden gesetzlichen und statutarischen Bestimmungen gemäß geordnet sind. Im Uebrigen finden die Bestimmungen der §§. 14—17 mit der Maßgabe Anwendung, daß die in den §§. 16, 17 der Ortspolizeibehörde beigelegten Befugnisse für Landkreise von dem Kreisausschusse wahrzunehmen sind und gegen den vom Kreisausschuß ergangenen Bescheid innerhalb der im §. 17 bestimmten Frist der Einspruch auf mündliche Verhandlung im Streitverfahren stattfindet.

Die Versagungsgründe sind nicht bloß die in §§ 14 und 15 angeführten, sondern außerdem die hier besonders benannten bezüglich der Gemeinde- rc. Verhältnisse. Ob Gründe aus diesen Verhältnissen vorliegen, die zur Versagung führen, haben die zuständigen Behörden von Amtswegen zu prüfen, so daß also ein Einspruchsrecht Dritter, das sich auf diesen Gebieten entnommene Bedenken stützt, nicht besteht.

Die Anlegung einer Kolonie muß aus demselben Grunde wie die nachgesuchte Ansiedelungsgenehmigung versagt werden (§ 14). Sie kann versagt werden aus den nach § 15 des Gesetzes für Ansiedelungen maßgebenden Gesichtspunkten und außerdem auch noch aus den besonderen, die Gemeinde-, Kirchen- und Schulverhältnisse betreffenden Gründen, wenn nämlich diese Verhältnisse nicht dem öffentlichen Interesse und den bestehenden gesetzlichen und statutarischen Bestimmungen gemäß geordnet sind.

Daß sie geordnet sind, darüber wird für gewöhnlich der Unternehmer der Kolonieanlage den Nachweis zu erbringen haben, sei es durch eine dementsprechende Erklärung der für die Kolonie örtlich zuständigen Gemeinde- rc. Behörden, sei es durch andere geeignete Beweismittel.

Den außer dem Unternehmer rechtlich nächstbetheiligten politischen, Kirchen- und Schulgemeinden hat das Gesetz nicht das Recht zur Anfechtung von Bescheiden gegeben, mittels welcher die Gründung von Ansiedelungen oder die Anlegung von Kolonien genehmigt wird bezw. die Kommunalverhältnisse geordnet werden. Das Interesse der adjazirenden Grundbesitzer aber, welches das Gesetz unter den Rechtsschutz des Streitverfahrens stellt, ist hierbei nicht etwa derartig mit der Regelung der Gemeinde-, Kirchen- und Schulverhältnisse einer Kolonie in Verbindung gesetzt worden, daß die Adjazenten eine dem Schutze der Nutzungen ihrer Grundstücke möglichst entsprechenden Ordnung der Gemeinde- rc. Verhältnisse der Ansiedelung im Streitverfahren verfolgen könnten. Im letzteren ist vielmehr die Frage, ob und wie weit jener Schutz gefährdet ist, lediglich nach Maßgabe der korporativen Verhältnisse, wie sie bestehen, bezw. neu geordnet sind, zu beurtheilen.

Die Versagung der Ansiedelungsgenehmigung ist eine fakultative. Die Absicht des Gesetzes ist hierbei die, daß in jedem Falle die berechtigten Interessen der adjazirenden Grundbesitzer gegen die des Antragstellers abgewogen werden sollen. O.G. vom 2. März 1878, Bd. 3 S. 318.

Verfahren bei Anlegung von Kolonien außerhalb der im Zusammenhange gebauten Ortschaften. Die Verwaltungsgerichte sind nicht zuständig, darüber zu entscheiden, ob die Genehmigung zur Anlegung von Kolonien von der vorgängigen Ordnung der Gemeinde-, Kirchen- und Schulverhältnisse abhängig zu machen ist.

Zum Begriff der Kolonie im Sinne der Ansiedelungsgesetzgebung.

Anwendung desselben insbesondere auf ein Gebäude, welches in einem einzigen Gebäude Wohnungsräume für eine Familie und für einhundert Arbeiter darbietet.

Aus den Gründen: Es ist bei der Berathung des Gesetzes in den Häusern des Landtages von dem Vertreter der Staatsregierung wiederholt ein prinzipieller Unterschied zwischen den gewöhnlichen Ansiedelungen und den Gründungen von Kolonien dahin betont werden, daß es sich bei den ersteren — sozusagen — um ein Grundrecht des einzelnen Staatsangehörigen handle, das zur Geltung kommen müsse, wo nicht bestimmte konkurrirende Rechte dies verhinderten, während die Gründung von Kolonien sich meist als spekulative oder industrielle Unternehmungen darstellten, von denen man fordern dürfe, daß sie berechtigten Interessen der Gemeinde-, Kirchen- und Schulverbände gerecht würden (zu vergl. die stenographischen Berichte des Hauses der Abgeordneten aus der Session von 1876, S. 455 und 1263).

Jene erstere Kollision entgegenstehender Rechte bei der Gründung der Ansiedelungen ist der Entscheidung durch die Verwaltungsgerichte überwiesen; die Ordnung der Gemeinde-, Kirchen- und Schulverhältnisse hätte man dem Verwaltungsstreitverfahren nicht überweisen können, ohne damit die Kompetenz der Verwaltungsgerichte im Widerspruch mit allen sonstigen, diese Gegenstände betreffenden allgemeinen Gesetze zu erweitern und ihnen Aufgaben zuzuweisen, die in dem engen Rahmen des Streitverfahrens überhaupt wohl nicht gelöst werden können.

Wenn es somit nicht zweifelhaft sein kann, daß das Ansiedelungsgesetz die schließliche Entscheidung der Frage, *wie* etwa die Gemeinde- 2c. Verhältnisse projektirter Kolonien zu regeln seien, nicht in das Verwaltungsstreitverfahren verwiesen hat, so bedarf es keines weiteren Beweises, daß auch die Entscheidung darüber, ob die Entscheidung der Genehmigung zur Anlegung von Kolonien von dieser vorgängigen Regelung abhängig gemacht werden soll, oder ob ein Bedürfniß dazu nicht besteht, nicht den Verwaltungsgerichten als solchen gebührt.

Andererseits ist im Verwaltungsstreitverfahren allerdings darüber zu erkennen, ob der mit der Klage angefochtene Bescheid der Ortspolizeibehörde, durch welche die polizeiliche Genehmigung zur Errichtung einer Menage wegen Unzuständigkeit der angegangenen Behörde verweigert ist, zu Recht besteht oder nicht. Denn wenn auch in dem § 17 des Ansiedelungsgesetzes nur die Versagung der Genehmigung auf Grund der §§ 14 und 15 daselbst ausdrücklich gedacht ist, so unterliegt es doch keinem Zweifel, daß dadurch nicht die Entscheidung über die Vorfrage jeder materiellen Erörterung eines Antrages auf Ansiedelungsgenehmigung, nämlich die der Zuständigkeit der angegangenen Behörde im Verwaltungsstreitverfahren ausgeschlossen ist.

Für die Unterscheidung zwischen Kolonie und Einzelansiedelung kann nicht maßgebend sein, ob die Wohnungen, welche neu geschaffen werden, nach der Gebäudekonstruktion unter *ein* Dach gebracht oder in mehrere Häuser vertheilt werden, vielmehr kommen vor Allem die Zahl, der Umfang und die Bestimmung der Wohnräume in Betracht, da es an erster Stelle die Menge der Neuanziehenden ist, nach welcher sich die Zulänglichkeit der bestehenden Gemeinde- 2c. Anstalten bemißt. O.G. vom 27. Juni 1885, Bd. 12 S. 371.

Zum Begriff der Kolonie nach der Ansiedelungsgesetzgebung.

Zur Anwendung des Ansiedelungsgesetzes vom 25. August 1876 auf die Kolonien, welche in Gemäßheit des die Beförderung deutscher Ansiedelungen in den Provinzen Westpreußen und Posen betreffenden Gesetzes vom 26. April 1886 gegründet werden.

Verfahren in Ansiedelungssachen.

Aus den Gründen: Der Gerichtshof ist stets davon ausgegangen, daß für das Verfahren aus den §§ 14—17 des Ansiedelungsgesetzes von dem Kreisausschuß, der aus §§ 18 und 19 daselbst zuständig ist, niemals unberücksichtigt gelassen werden darf, daß von ihm zunächst auf Grund erfolgten Beschlusses ein Bescheid zu erlassen und wenn dann gegen diesen von einer Seite auf mündliche Verhandlung im Streit-

verfahren angetragen wird, für letzteres von ihm ein besonderer **Kommissar zu ernennen ist**, welcher als Partei im Streitverfahren das öffentliche Interesse zu **vertreten hat.** (O.G. Bd. 12 S. 382, Anm.)

Nach dem Gesetz vom 25. August 1876 handelt es sich in dem mit der Ueberschrift „Gründung neuer Ansiedelungen" versehenen Abschnitte II (§§ 13—20) nur bei der dort vorgesehenen Beurtheilung der Genehmigung oder Versagung hierzu auch bei der Anlegung von Kolonien nur darum, inwieweit Wohnhäuser neu errichtet oder vorhandene Gebäude zu Wohnhäusern eingerichtet werden sollen.

Wenn auch aus der beabsichtigten Ansiedelung Gefahren für den Feld- oder Gartenbau ꝛc. entstehen, so muß doch festgestellt werden, ob diese Gefahren in solchem Maße als vorliegend anzusehen sind, daß es gerechtfertigt erscheint, von der in §§ 19, 15 a. a. O. fakultativ gegebenen Befugniß zur Versagung der Ansiedelungsgenehmigung Gebrauch zu machen.

Durch das Gesetz vom 26. April 1886 (G.S. S. 131), betreffend die Beförderung deutscher Ansiedelungen in Westpreußen und Posen, ist den von der Ansiedelungskommission zur Kolonisation erworbenen Gütern keinerlei exemte Stellung gegenüber dem Ansiedelungsgesetze eingeräumt worden, so daß etwa gegenüber jenen Gütern den benachbarten Grundbesitzern der Schutz, auf welchen sie aus letzterem Gesetze einen Anspruch haben, habe geschmälert werden sollen. O.G. vom 19. Febr. 1896, Bd. 29 S. 410.

Unter welchen Voraussetzungen kann die Ortspolizeibehörde die Beseitigung der zu einer nicht genehmigten Kolonieanlage gehörigen Wohnungseinrichtungen (Feuerstätten) verlangen, während ein Verfahren über den Antrag auf Genehmigung der Kolonie noch anhängig ist?

Aus den Gründen: Die Schul- und Kommunalaufsichtsbehörden sind zuständig, darüber zu befinden, welche Leistungen dem Unternehmer einer Kolonie zur Ordnung der Schul- und Gemeindeverhältnisse gemäß § 19 des Ansiedelungsgesetzes aufzulegen sind, ohne daß die Angemessenheit ihrer Anforderungen der Nachprüfung der Genehmigungsbehörde oder des Verwaltungsrichters unterlägen (zu vergl. Urtheil vom 18. März 1893, Bd. 19 S. 406ff., 411).

Gegen die Errichtung und den Fortbestand von Gebäuden, die zu anderen Zwecken als zum Wohnen dienen, kann auf Grund des § 20 a. a. O. überhaupt nicht eingeschritten werden, weil unter Ansiedelung im Sinne des § 13 des Gesetzes nur Wohnhäuser zu verstehen sind und eine Kolonie sich aus einer Mehrzahl von Ansiedelungen zusammensetzt. Aber auch den Abbruch von **Wohnhäusern**, denen die nach dem Ansiedelungsgesetze erforderliche Genehmigung fehlt, kann die Polizeibehörde nicht fordern, sondern höchstens die Beseitigung der besonderen Einrichtungen zu Wohnzwecken. Damit wird der Anforderung, „die errichteten Anlagen wegzuschaffen", unter allen Umständen genügt, denn was nach Beseitigung der Wohnungseinrichtungen übrig bleibt, ist keine der Genehmigung bedürfende Ansiedelung oder Kolonie. Damit steht es im Einklange, wenn die Beseitigung auch auf die **Wohneinrichtungen** (Feuerstätten) beschränkt wird.

In Fällen, in denen die Ansiedelung oder Kolonie ohne die für die eine oder die andere Art von Anlagen vorgeschriebene Genehmigung errichtet war, weil der Unternehmer oder auch die Behörde eine solche seinerzeit nicht für erforderlich erachtet hatte, und bei denen mit der Möglichkeit oder der Wahrscheinlichkeit zu rechnen war, daß die Genehmigung, sobald der Antrag nachträglich gestellt würde, voraussichtlich zu ertheilen sein werde, würde es in der Regel tiefer als nöthig in die Interessen des Unternehmers eingreifen und keinem polizeilichen Zwecke dienen, mithin auf Willkür beruhen, wenn die Polizeibehörde ohne Weiteres und ohne dem Unternehmer die Möglichkeit zu gewähren, durch nachträgliche Beschaffung dem vorzubeugen, die Beseitigung der Wohnhauseinrichtungen und insbesondere der Feuerstätten erzwingen wollte, die doch, wenn demnächst die Genehmigung zu ertheilen sein sollte, in der Folge sogleich wieder hergestellt werden dürften. Auch bei solcher Sachlage hat der Gerichtshof jedoch stets daran festgehalten, daß die Polizeibehörde befugt sei, die Benutzung des betreffenden Hauses zum Wohnen sogleich und auch während der Durchführung des Genehmigungsverfahrens zu verhindern.

Ein Rechtssatz, daß, nachdem ein Antrag auf Genehmigung einer Ansiedelung oder Kolonie einmal eingereicht worden, die Polizeibehörde zur Wegschaffung der gesetzwidrig ohne Genehmigung hergestellten Wohnungseinrichtungen unter keinen Umständen schreiten dürfe, so lange ein Genehmigungsverfahren, sei es auf den ursprünglichen, sei es auf einen späteren erneuten Antrag, anhängig ist, hat der Gerichtshof in dieser Allgemeinheit niemals anerkannt. Würde ein solcher Grundsatz angenommen, so läge es in der Macht des Unternehmers, dadurch, daß er sofort nach endgültiger Versagung der Genehmigung, wie ihm jederzeit freisteht, einen neuen Antrag stellte, die Beseitigung der Wohnungseinrichtungen für unabsehbare Zeit zu verhindern. O.G. vom 13. März 1899, Bd. 35 S. 390.

Zum Begriff der Kolonie im Gegensatz zur Einzelansiedelung und zur Parzellirung ohne Neuansiedelung.

Errichtung von Wohnhäusern im Zusammenhange mit bewohnten Gebäuden im Sinne des Ansiedelungsgesetzes.

Eine Kolonie besteht aus einer Mehrzahl von Ansiedelungen, d. h. von Wohnhäusern. Zur Errichtung einer Scheune bedarf es daher keiner Ansiedelungsgenehmigung, selbst wenn sie im Zusammenhange mit einer Anzahl von Wohnhäusern geplant ist, deren Errichtung die Anlage einer Kolonie darstellen würde.

Zum Begriff der Kolonie gehört es, daß von vorn herein ein in den Einzelheiten ausgearbeiteter Plan für die Errichtung der in Frage kommenden Häuser aufgestellt worden. Es genügt zur Feststellung einer Kolonie, daß ein innerer Zusammenhang des ganzen Ansiedelungsunternehmens zu erkennen ist, indem daraus sich ergiebt, daß die Anlegung der gesammten Ansiedelung der Gegenstand des Unternehmens, nicht nur dessen mögliche und zufällige Folge ist (Urtheil vom 30. April 1884, Bd. 11 S. 362).

Die einheitliche planmäßige Anlegung mehrerer Wohnstätten außerhalb einer geschlossenen Ortschaft ist ein wesentliches Merkmal einer Kolonie. O.G. vom 7. Dezember 1899, Bd. 36 S. 416.

In Bezug auf Ansiedelung steht die Umwandelung eines Stalles in ein Wohnhaus der Neueinrichtung eines Wohnhauses gleich.

Wenn durch Veräußerung älterer Arbeiterhäuser in Verbindung mit Landparzellen neue selbständige ländliche Besitzungen außerhalb einer geschlossenen Ortschaft geschaffen worden sind, ohne dazu der Ansiedelungsgenehmigung zu bedürfen, so liegt hierin etwas Eigenartiges, und wenn den anscheinend hierdurch hervorgerufenen Mangel an Arbeiterwohnungen für das Hauptgehöft durch Umbau des Stallgebäudes abgeholfen werden soll, so mag thatsächlich eine Umgehung des Ansiedelungsgesetzes darin zu finden sein, es kann aber daraus kein Recht der Behörde abgeleitet werden, einem Unternehmen entgegenzutreten, das zwar im Widerspruche mit dem Zwecke des Gesetzes stehen mag, unter die zur Durchführung des Zweckes erlassenen Bestimmungen aber nicht fällt. O.G. vom 12. Februar 1900, Bd. 36 S. 420.

Das Gebot des Abbruchs kann zunächst nach der feststehenden Rechtsprechung des Gerichtshofes nicht darauf gestützt werden, daß der Bau ohne Baukonsens begonnen worden ist. Damit ist nur die Bestrafung des Bauenden, sowie die Verhinderung des Weiterbauens zu rechtfertigen. Der Abbruch kann nur gefordert werden, wenn das Bestehen oder die Beschaffenheit des Bauwerkes gegen besondere positive Rechtsnormen verstößt oder die gemäß § 10 II 17 A.L.R. von der Polizei zu schützenden Interessen verletzt.

Eine Kolonie besteht aus einer Mehrzahl von Ansiedelungen im Sinne des § 13 a. a. O.; unter Ansiedelungen sind aber nur Wohnhäuser zu verstehen. Zur Errichtung einer Scheune bedarf es daher keiner Ansiedelungsgenehmigung und auch keiner Koloniegenehmigung, selbst wenn die Scheune im wirthschaftlichen Zusammenhange mit einer Anzahl Wohnhäusern geplant ist, deren Errichtung die Anlegung einer Kolonie darstellen würde. O.G. vom 19. Februar 1900, Bd. 36 S. 424.

Begriff der „Anlegung einer Kolonie".

Der § 18 des Gesetzes vom 25. August 1876 unterwirft nur die Anlegung von Kolonien, d. i. Unternehmungen, welche Kolonien entstehen lassen, nicht aber auch die Erweiterung bereits bestehender Kolonien, überdies auch nur die Anlegung von Kolonien außerhalb der im Zusammenhange gebauten Ortschaft der Genehmigung des Kreisausschusses. O.G. vom 6. September 1888, Preuß. Verwaltungsbl. Jahrg. 10 S. 52.

§ 20. Wer vor Ertheilung der vorgeschriebenen Genehmigung mit einer neuen Ansiedelung oder der Anlegung einer Kolonie beginnt, wird mit Geldstrafe bis Einhundert und funfzig Mark oder Haft bestraft. Auch kann die Ortspolizeibehörde die Weiterführung der Ansiedelung oder Kolonie verhindern und die Wegschaffung der errichteten Anlagen anordnen.

Erforderlich zur Anwendung dieser Strafbestimmung ist, daß thatsächlich mit der Errichtung der Ansiedelung, d. h. des Wohngebäudes u. s. w. begonnen wird; es muß also mit dem Bauen der Anfang gemacht worden sein, um die durch diesen Paragraph mit Strafe bedrohte Handlung als begangen anzusehen.

Was die im 2. Absatz der Polizeibehörde übertragene Befugniß anlangt, so kommen die Bestimmungen der §§ 132ff. des Gesetzes über die allgemeine Landesverwaltung vom 30. Juli 1883 in Betracht.

Auf Grund des § 20 darf die Polizeibehörde nicht fordern, daß Wohnhäuser, denen die nach § 13 oder § 18 dieses Gesetzes vorgeschriebene Genehmigung fehlt, abgebrochen werden; sie kann vielmehr höchstens die Beseitigung der besonderen Einrichtungen zu Wohnzwecken, insbesondere der Feuerstätten, verlangen, so lange aber ein Verfahren wegen Genehmigung der Ansiedelung oder Kolonie schwebt, in der Regel nur die Benutzung der Gebäude zum Wohnen verbieten. O.G. vom 7. Dezember 1899, Bd. 36 S. 416.

Dasselbe besagt O.G. vom 19. Februar 1900, Bd. 36 S. 424, in welcher noch auf die Entscheidungen desselben Gerichtshofes vom 13. März 1899, Bd. 35 S. 390ff., 393, 395 und die daselbst angezogenen älteren Erkenntnisse hingewiesen wird.

Es ist daher unter Wegschaffung der errichteten Anlagen nur die Wegschaffung derjenigen Anlagen zu verstehen, ohne welche ein Gebäude nicht zu Wohnzwecken benutzt werden kann, insbesondere also einer Feuerstätte, und wodurch die Möglichkeit, sich daselbst anzusiedeln, d. i. zu wohnen, genommen ist.

III. Schluß- und Uebergangsbestimmungen.

§ 21. Das Verfahren nach diesem Gesetze, einschließlich der ertheilten Genehmigungen, ist stempelfrei.

§§ 22 und 23 sind durch § 147 des Zuständigkeitsgesetzes vom 1. August 1883 aufgehoben, der bestimmt: Die §§ 22 und 23 des Gesetzes vom 25. August 1876, betreffend die Vertheilung der öffentlichen Lasten bei Grundstückstheilungen und die Gründung neuer Ansiedelungen in den Provinzen Preußen, Brandenburg, Pommern,

Posen, Schlesien Sachsen und Westfalen (Ges.=Samml. S. 405) treten außer Kraft.

§ 24. Das gegenwärtige Gesetz tritt mit dem 1. Januar 1877 in Kraft. Von diesem Zeitpunkte ab sind aufgehoben:

das Gesetz vom 3. Januar 1845, betreffend die Zertheilung von Grundstücken und die Gründung neuer Ansiedelungen (Ges.=Samml. S. 25), die dasselbe ergänzenden Gesetze vom 24. Februar 1850 (Ges.=Samml. S. 68) und vom 24. Mai 1853 (Ges.=Samml. S. 241), das Gesetz vom 26. Mai 1856, betreffend die Zertheilung von Grundstücken und die Gründung neuer Ansiedelungen in Neuvorpommern und Rügen (Ges.=Samml. S. 613), § 135 Nr. VII und VIII der Kreisordnung vom 13. Dezember 1872 und die Verordnung vom 11. Juli 1845, betreffend die neuen Ansiedelungen in der Provinz Westfalen (Ges.=Samml. S. 496).

Diejenigen anderweiten Bestimmungen, welche die Errichtung von Gebäuden in der Nähe von Forsten, Eisenbahnen, Chausseen, öffentlichen Gewässern, Strömen, Kanälen, Deichen, Bergwerken, Pulvermagazinen und anderen Anlagen polizeilichen Beschränkungen unterwerfen, werden von dem gegenwärtigen Gesetze nicht berührt.

§ 25 ist hier nicht von Interesse.

§ 26. Der Finanzminister, der Minister des Innern, der Minister der geistlichen, Unterrichts= und Medizinal=Angelegenheiten und der Minister für die landwirthschaftlichen Angelegenheiten sind mit der Ausführung dieses Gesetzes beauftragt und erlassen die erforderlichen Anordnungen und Instruktionen.

Diese Instruktion ist unter dem 10. März 1877 — Min.=Bl. f. d. i. Verw. 1877 S. 103 — ergangen. Sie enthält, soweit sie die die Ansiedelungen und Kolonien betreffenden Bestimmungen zum Gegenstande hat, folgende Anordnungen:

Auf Grund von § 26 des Gesetzes vom 25. August 1876 bestimmen wir Folgendes:

II. Gründung neuer Ansiedlungen.

§ 14. Die Genehmigung und Versagung neuer Ansiedelungen, welche bisher in den Kreisordnungsprovinzen dem Kreisausschuß und in den Provinzen Posen und Westfalen dem Landrath (Magistrat) zustand, ist durch § 13 des Gesetzes vom 25. August 1876, soweit es sich nicht um die Anlegung einer Kolonie handelt (§§ 18, 19) überall der Ortspolizeibehörde übertragen, deren Verfahren die §§ 14 bis 17 im Einzelnen regeln.

Wie der Zusammenhang der §§ 13 und 17 ergiebt, bedarf es der Ansiedelungsgenehmigung durch die Ortspolizeibehörde auch dann, wenn Einsprüche im Verwaltungsstreitverfahren zurückgewiesen sind. Das rechtskräftige Urtheil des Verwaltungsgerichts ersetzt nicht die im § 13 unbedingt vorgeschriebene, polizeiliche Genehmigung, sondern bildet nur die Grundlage für dieselbe.

§ 15. Diejenigen Bestimmungen der bestehenden Forstordnungen, Provinzialgesetze 2c., welche die Errichtung von Gebäuden in der Nähe von Forsten Beschränkungen unterwerfen, bleiben nach § 24 Abs. 2 des Gesetzes unberührt. Mit

Rücksicht hierauf ist, wenn ein Gebäude in einer geringeren als derjenigen Entfernung von einer Forstgrenze errichtet werden soll, welche die gedachten Bestimmungen als die geringste vorschreiben, innerhalb deren Gebäude überhaupt errichtet werden dürfen, die in § 16 des Gesetzes vorgeschriebene Benachrichtigung stets auch an den Vorsteher desjenigen Gemeinde-(Guts-)Bezirks zu richten, welchem der betreffende Forst angehört, gleichviel, ob das zu besiedelnde Grundstück mit dem Forst- bezw. dem Gemeinde-(Guts-)Bezirke grenzt oder von demselben durch dazwischenliegende Grundstücke dritter Eigenthümer getrennt wird.

In gleicher Weise ist, wenn einer beabsichtigten Ansiedelung diejenigen Bestimmungen entgegenstehen, welche die Errichtung von Gebäuden in der Nähe von Eisenbahnen und der im § 24 Abs. 2 sonst genannten Anlagen 2c. beschränken, die im § 16 vorgeschriebene Benachrichtigung stets auch an den Vorsteher desjenigen Gemeinde-(Guts-)Bezirkes zu richten, in welchem die betreffende Eisenbahnstrecke 2c. belegen ist.

§ 16. Bei Eröffnung des die Ansiedelungsgenehmigung versagenden oder Einsprüche zurückweisenden Vorbescheides (§ 17) sind die Betheiligten 2c. (Ges.-Samml. S. 297) über das ihnen zustehende Rechtsmittel, die Frist zur Einlegung desselben und die Folgen der Versäumniß zu belehren. Dies ist auch in den Provinzen Posen und Westfalen zu beachten.

Die Schluß- und Uebergangsbestimmungen der vorstehenden Instruktion sind für das Baupolizeirecht bezw. Ansiedelungsrecht ohne Belang (§§ 17, 18) und daher hier nicht angeführt.

§ 19.

Gesetz, betreffend die Vertheilung der öffentlichen Lasten bei Grundstückstheilungen und die Gründung neuer Ansiedelungen in der Provinz Hannover. Vom 4. Juli 1887. (Ges.-Samml. S. 324.)

Der erste Theil betrifft die Vertheilung der öffentlichen Lasten bei Grundstückstheilungen, interessirt also für die Materie des Baupolizeirechts nicht.

II. Gründung neuer Ansiedelungen.

§ 14. Wer außerhalb einer im Zusammenhange gebauten Ortschaft ein Wohnhaus errichten oder ein schon vorhandenes Gebäude zum Wohnhause einrichten will, bedarf einer von der Ortspolizeibehörde zu ertheilenden Ansiedelungsgenehmigung. Vor deren Aushändigung darf die polizeiliche Bauerlaubniß nicht ertheilt werden.

Die Ansiedelungsgenehmigung ist nicht erforderlich für Wohnhäuser, welche in den Grenzen eines nach dem Gesetz vom 2. Juli 1875 festgestellten Bebauungsplans, oder welche auf einem bereits bebauten Grundstücke im Zusammenhange mit bewohnten Gebäuden errichtet oder eingerichtet werden sollen.

Zu den Wohnhäusern im Sinne dieses Paragraphen gehören auch die aus Holz, Torf, Stroh, Soden oder anderen geringen Baumaterialien angefertigten Unterkunftsstätten, sofern dieselben nicht nur vorübergehend, z. B. für die Dauer einer bestimmten Arbeit, zum Aufenthalte, sondern dauernd zu einer Wohnung für Menschen dienen sollen.

§ 15. Die Ansiedelungsgenehmigung ist zu versagen, wenn nicht nachgewiesen ist, daß der Platz, auf welchem die Ansiedelung gegründet werden soll, durch einen fahrbaren, jederzeit offenen Weg (beziehungsweise durch eine Schifffahrtsstraße) zugänglich, oder daß die Beschaffung eines solchen Weges gesichert ist. Wenn nur der letztere Nachweis erbracht werden kann, so ist bei Ertheilung der Ansiedelungsgenehmigung für die Beschaffung des Weges eine Frist zu bestimmen, nach deren fruchtlosem Ablaufe das polizeiliche Zwangsverfahren gegen den Ansiedler eintritt.

Auch zur Erhaltung der ununterbrochenen Zugänglichkeit der Ansiedelung ist die Anwendung des polizeilichen Zwangsverfahrens zulässig.

Von der Bedingung der Zugänglichkeit durch einen fahrbaren Weg kann unter besonderen Umständen abgesehen werden.

Die Ansiedelungsgenehmigung ist ferner zu versagen, wenn und so lange die Gemeinde-, Kirchen- und Schulverhältnisse der Ansiedelung nicht in einer dem öffentlichen Interesse und den örtlichen Verhältnissen entsprechenden Weise geordnet sind.

In den Moordistrikten ist die Genehmigung außerdem zu versagen, so lange die Entwässerung des Terrains, auf welchem die Ansiedelung stattfinden soll, nicht geregelt ist.

Ueber die Bedeutung der für die Provinz Hannover bestehenden Bestimmungen, nach welchen die Ansiedelungsgenehmigung zu versagen ist, wenn und so lange die Gemeinde-, Kirchen- und Schulverhältnisse der Ansiedelung nicht in einer dem öffentlichen Interesse und den örtlichen Verhältnissen entsprechend geordnet sind, sowie über

die Handhabung dieser Vorschrift seitens der zuständigen Verwaltungsbehörde und der Verwaltungsgerichte und

die für das Einspruchsverfahren in Ansiedelungsgesetzen gegebene Fristbestimmung siehe O.G. vom 18. März 1890, Bd. 19 S. 406.

§ 16 des Hannoverschen Ansiedelungsgesetzes stimmt mit § 15 des alten preußischen Gesetzes vom 25. August 1876 überein.

Ebenso § 17 des ersteren mit § 16 des letzteren. Ein Unterschied ist nur darin, daß in § 17 a. a. O. die Präklusivfrist für den Einspruch statt auf 21 Tage auf zwei Wochen festgesetzt ist.

§ 18 entspricht dem § 17 des Gesetzes von 1876 mit dem alleinigen Unterschiede, daß in dieser Bestimmung der Bezirksausschuß für die allein zuständige Behörde für die Klage im Verwaltungsstreitverfahren erklärt wird.

Was das Einspruchsrecht und seine Begründung anlangt, so sei nochmals auf die eben angezogene Entscheidung vom 18. März 1890 hingewiesen, welche u. A. hervorhebt, daß es eine durch nichts gerechtfertigte Annahme ist, daß den Besitzern der Nachbargrundstücke ein größeres Maß von Berücksichtigung zu Theil werden müsse, als dem Unternehmer.

Verbindung des Verfahrens auf Einsprüche und Klage aus dem Hannöverschen Gesetze vom 4. Juli 1887 mit demjenigen auf Einsprüche 2c. gegen die Errichtung von Feuerstellen in der Nähe von Waldungen.

Soll eine Ansiedelung zur Errichtung einer Gastwirthschaft dienen, so schließt die gemäß § 33 der Reichs-Gewerbeordnung erforderliche Prüfung, ob das Lokal nach seiner Lage den polizeilichen Anforderungen genügt, die Berücksichtigung dieser Zweckbestimmung bei der Würdigung der nach dem Ansiedelungsgesetze zum Schutze der benachbarten Felder erhobenen Einsprüche nicht aus.

Der Schutz der Waldungen erstreckt sich nicht über die Wirkung des Gebrauchs der Feuerstelle hinaus auf die sonst etwa aus dem Gebahren der Insassen oder Besucher von Häusern drohenden Feuersgefahr.

Aus den Gründen: Die Verbindung des Verfahrens wegen Ansiedelungsgenehmigung mit dem aus §§ 47 ff. des Feld- und Forstpolizeigesetzes vom 1. April 1880 ist im § 52 dieses Gesetzes für den Geltungsbereich des Gesetzes vom 25. August 1876 betreffend die Vertheilung der öffentlichen Lasten bei Grundstückstheilungen und die Gründung neuer Ansiedelungen u. s. w. ausdrücklich vorgeschrieben. Für den Geltungsbereich des Gesetzes vom 4. Juli 1887 fehlt eine solche Vorschrift, die Verbindung mag also nicht nothwendig sein, erscheint aber, wenn sie vorgenommen ist, unbedenklich.

Die nach Ziffer 2 § 33 der Gewerbeordnung vorgeschriebene Prüfung, ob das zum Betriebe des Gewerbes bestimmte Lokal wegen seiner Beschaffenheit oder Lage den polizeilichen Anforderungen genügt, wird sich zwar in mancher Beziehung auch auf Punkte erstrecken, die für die Ertheilung oder Versagung der Ansiedelungsgenehmigung in Betracht kommen. Beispielsweise wird eine die polizeiliche Beaufsichtigung erschwerende isolirte Lage bei diesem wie bei jenem Verfahren zu würdigen sein. Aber der Gesichtspunkt des Schutzes der Nutzungen des Privateigenthums tritt bei der Prüfung gemäß § 33 Ziff. 2 der Reichsgewerbeordnung zurück, während er für die Versagung oder Ertheilung der Ansiedelungsgenehmigung der ausschlaggebende ist.

Ist die Feuersgefahr zu bejahen, so ist weiter gemäß § 48 des Feld- und Forstpolizeigesetzes zu erörtern, ob die Versagung der Genehmigung geboten ist oder es nicht vielmehr genügt, die Genehmigung an Bedingungen, welche die Verhütung von Feuersgefahr bezwecken, zu knüpfen, was als das die Freiheit des Eigenthümers minder belastende Mittel gewählt werden muß, wenn damit die Abwehr der Feuersgefahr vom Walde ebenso vollkommen erreicht wird, wie durch die Versagung der Genehmigung (O.G. Bd. 10 S. 326).

Ergiebt sich, daß die Genehmigung unter Bedingungen ertheilt werden kann, so findet diese, nöthigenfalls nach Einholung des Gutachtens eines Sachverständigen, in dem Erkenntnisse in derselben bestimmten Weise festzusetzen, wie es seitens der Polizeibehörde hätte geschehen müssen, wenn diese sich bereits zur Ertheilung der Genehmigung unter Bedingungen entschlossen hätte. O.G. vom 4. Dezember 1895, Bd. 29 S. 415. Vgl. auch O.G. vom 29. Mai 1895, Preuß. Verwltgsbl., Jahrg. 17 S. 27.

Ein Einspruch aus § 16 des Ansiedelungsgesetzes für die Provinz Hannover vom 4. Juli 1887 kann nur auf solche wirthschaftliche Nachtheile gegründet werden, welche durch das Bewohnen der neuen Ansiedelung erwachsen.

Aus den Gründen: Darin selbst die Ansiedelung, d. i. die Errichtung eines Wohngebäudes als solchen, die Gefährdung des Schutzes der Nutzungen benachbarter Grundstücke herbeiführt, findet der Nachbar in diesem Gesetze Schutz gegen solche Beeinträchtigungen, welche sich aus dem Bauen auf dem Nachbargrundstück überhaupt, abgesehen von der Bewohnbarkeit desselben, ergeben. O.G. vom 23. September 1897, Preuß. Verwltgsbl. Jahrg. 19 S. 302.

§ 19. Wer außerhalb einer im Zusammenhange gebauten Ortschaft eine Kolonie anlegen will, hat dazu die Genehmigung des Kreisausschusses, in Stadtkreisen der Ortspolizeibehörde, zu beantragen.

Mit dem Antrage ist ein Plan vorzulegen, in welchem, unter Beifügung einer Situationszeichnung, die im öffentlichen Interesse für die Kolonie erforderlichen Anlagen nach Umfang und Art ihrer Ausführung darzulegen sind, die künftige Unterhaltungspflicht für diese Anlagen festzustellen und endlich nachzuweisen ist, daß die nöthigen Mittel zur ordnungsmäßigen Ausführung und dauernden Unterhaltung derselben vorhanden sind.

Soweit zur Herstellung dieser Anlagen die anderweite Genehmigung einer Staatsbehörde gesetzlich erforderlich ist, ist gleichzeitig die Ertheilung dieser Genehmigung nachzuweisen.

§ 20. Hinsichtlich der Genehmigung zur Anlegung einer Kolonie finden die Bestimmungen der §§. 15—17 entsprechende Anwendung.

Die Genehmigung ist auch dann zu versagen, wenn der mit dem Antrage vorzulegende Plan nicht den Anforderungen des §. 19 Abs. 2 und 3 entspricht. Zur Ausführung und dauernden Unterhaltung der im öffentlichen Interesse für die Kolonie erforderlichen Anlagen ist nach ertheilter Genehmigung die Anwendung des polizeilichen Zwangsverfahrens zulässig.

Gegen den, die Ertheilung oder Versagung der Genehmigung betreffenden Bescheid, welcher mit Gründen zu versehen und dem Antragsteller, sowie denjenigen, welche Einspruch erhoben haben, zu eröffnen ist, steht Letzteren, sowie dem Antragsteller

bei Bescheiden des Kreisausschusses der Antrag auf mündliche Verhandlung im Verwaltungsstreitverfahren,

bei Bescheiden der Ortspolizeibehörde eines Stadtkreises die Klage bei dem Bezirksausschusse innerhalb zwei Wochen offen.

Die Anlegung von Kolonien nach dem für die Provinz Hannover geltenden Recht.

Anforderungen, welche sich auf die Regelung der Gemeinde-, Kirchen- und Schulverhältnisse der Kolonien beziehen, können von den betheiligten Gemeinden nur bei der Aufsichtsbehörde, nicht aber im Einspruchs- und Streitverfahren verfolgt werden.

Die materielle Entscheidung über die von den Kreisausschüssen im Einspruchsverfahren gefaßten Beschlüsse setzt die Wahrnehmung des öffentlichen Interesses durch einen dazu ernannten, als Partei im Streitverfahren fungirenden Kommissar voraus.

Unzulässigkeit der Aenderung des Klagegrundes in den höheren Instanzen des Streitverfahrens.

Aus den Gründen: Wie der unterzeichnete Gerichtshof bereits mehrfach ausgesprochen hat (vergl. O.G. Bd. 12 S. 381 und 382), kann das öffentliche Interesse in einem Streitverfahren wegen Gründung von Kolonien, sofern die Genehmigung dazu von dem Kreisausschusse zu ertheilen ist, nur durch einen, gegenwärtig nach § 74 Abs. 3 des Landesverwaltungsgesetzes vom 30. Juli 1883 zu ernennenden Kommissar wahrgenommen werden; ohnedies fehlt es an einem Vertreter des öffentlichen Interesses, da der Kreisausschuß seinerseits zur Entscheidung als Richter berufen ist und somit eine Parteirolle nicht übernehmen kann.

Das Gesetz eröffnet gegenüber einem Ansiedelungsantrage nach § 17 den Weg des Einspruches nur dann, wenn der Einspruch sich durch Thatsachen der im § 16 bezeichneten Art begründen läßt, d. h. wenn Thatsachen beigebracht werden können, welche die Annahme rechtfertigen, daß die Ansiedelung den Schutz der Nutzung benachbarter Grundstücke aus dem Feld- oder Gartenbau, aus der Forstwirthschaft, der Jagd oder der Fischerei gefährden werde. Darüber hinaus geht die Befugniß zur Einsprucherhebung auch bei Kolonien nicht; denn hier finden zwar nach § 20 Abs. 1 die Bestimmungen der §§ 15—17 entsprechende Anwendung; im Uebrigen wird aber nirgends ein Einspruch anderweit für zulässig erklärt; er ist also bei Kolonien genau in demselben Umfange beschränkt, wie bei Ansiedelungen.

Wie das Gesetz deutlich zu erkennen giebt, soll das Verwaltungsstreitverfahren dem Einsprechenden nur dazu dienen, seinen von der Beschlußbehörde nicht genügend beachteten Einspruch geltend zu machen; es setzt voraus, daß Einspruch erhoben, aber von der Beschlußbehörde zurückgewiesen oder unberücksichtigt gelassen ist; ein derartiger Beschluß ist Vorbedingung für Einleitung des Verwaltungsstreitverfahrens und sein eigentlicher Gegenstand; insoweit es daran fehlt, ist auch eine Klage nicht gegeben. O.G. vom 29. Mai 1891, Bd. 21 S. 390. —

§§ 21 und 22 stimmen mit den §§ 20 und 21 des älteren Gesetzes vom 25. August 1876 überein.

§ 23. Das gegenwärtige Gesetz tritt mit dem 1. Oktober 1887 in Kraft. Von diesem Zeitpunkte ab sind sämmtliche entgegenstehenden Bestimmungen aufgehoben, insbesondere diejenigen der Landtagsabschiede vom 10. Oktober 1601 und 3. April 1639, des Urbarmachungsedikts für Ostfriesland und das Harlingerland vom 22. Juli 1765 und der § 55 des Landesverfassungsgesetzes vom 6. August 1840 (Hannoversche Ges.-Samml. S. 141).

Diejenigen anderweiten Bestimmungen, welche die Errichtung von Gebäuden in der Nähe von Forsten, Eisenbahnen, Chausseen, öffentlichen Gewässern, Strömen, Kanälen, Deichen, Bergwerken, Pulvermagazinen und anderen Anlagen polizeilichen Beschränkungen unterwerfen, werden von dem gegenwärtigen Gesetze nicht berührt.

§ 24. Die zuständigen Minister sind mit der Ausführung dieses Gesetzes beauftragt.

Im Allgemeinen entsprechen die Bestimmungen des Hannoverschen Gesetzes denjenigen für die älteren Provinzen erlassenen des Gesetzes vom 25. August 1876. Die Vorschriften für die Ertheilung der Ansiedelungsgenehmigung sind indessen schärfere, indem sie an Ansiedelungen Anforderungen stellen, die das Gesetz von 1876 nur für die Anlage von Kolonien aufgestellt hat, und die Pflicht der Behörde, die Genehmigung zu versagen, im weiteren Umfange festgelegt hat, als das ältere Gesetz; die fakultative Versagungsbefugniß ist in beiden Fällen dieselbe geblieben.

Die Nachweise endlich, die dem Antrage auf Genehmigung zur Anlage einer Kolonie beizufügen sind, sind umfangreichere als in dem Gesetze von 1876. —

§ 20.

Gesetz, betreffend die Vertheilung der öffentlichen Lasten bei Grundstückstheilungen und die Gründung neuer Ansiedelungen in der Provinz Schleswig-Holstein. Vom 13. Juni 1888. (Ges.-Samml. S. 243.)

Der erste Theil regelt wie die vorhergehenden die Vertheilung der öffentlichen Lasten bei Grundstückstheilungen, während der zweite Theil sich mit der Gründung neuer Ansiedelungen befaßt.

Die §§ 13—16 sind gleichlautend mit den §§ 14—17 des für die Provinz Hannover geltenden Ansiedelungsgesetzes.

Der § 17 zeigt insofern eine Abweichung von dem im Uebrigen gleichlautenden § 18 des Hannoverschen Gesetzes, als für die gegen den Bescheid vorgesehene Klage im Verwaltungsstreitverfahren der Kreisausschuß, in Stadtkreisen nur der Bezirksausschuß zuständig ist.

Ebenso stimmen die §§ 18—21 mit den §§ 19—22 des Hannoverschen Gesetzes überein.

§ 22. Bis zum Inkrafttreten des Gesetzes über die allgemeine Landesverwaltung vom 30. Juli 1883 (Ges.-Samml. S. 195) in der Provinz Schleswig-Holstein werden die in diesem Gesetze dem Kreisausschusse beigelegten Befugnisse von dem Landrathe und die Befugnisse des Bezirksausschusses von der Bezirksregierung wahrgenommen.

Hinsichtlich des Verfahrens, der Rechtsmittel und der Fristen zur Einlegung der Rechtsmittel finden die Vorschriften des Gesetzes über die allgemeine Landesverwaltung vom 30. Juli 1883 (Ges.-Samml. S. 195) entsprechende Anwendung. Das Oberverwaltungsgericht entscheidet auf die Berufung gegen die von den Bezirksregierungen in erster Instanz, sowie auf das Rechtsmittel der Revision gegen die von den Bezirksregierungen in zweiter Instanz erlassenen Endurtheile.

§ 23. Das gegenwärtige Gesetz tritt mit seiner Verkündigung in Kraft.

Von diesem Zeitpunkte ab sind sämmtliche entgegenstehenden Bestimmungen aufgehoben. Diejenigen anderweiten Bestimmungen, welche die Errichtung von Gebäuden in der Nähe von Forsten, Eisenbahnen, Chausseen, öffentlichen Gewässern, Strömen, Kanälen, Deichen, Bergwerken, Pulvermagazinen und anderen Anlagen polizeilichen Beschränkungen unterwerfen, werden von dem gegenwärtigen Gesetze nicht berührt.

§ 24. Die zuständigen Minister sind mit der Ausführung dieses Gesetzes beauftragt.

§ 21.

Gesetz, betreffend die Gründung neuer Ansiedelungen in der Provinz Hessen-Nassau. Vom 11. Juni 1890.
(Ges.-Samml. S. 173.)

Wir Wilhelm, von Gottes Gnaden König von Preußen rc. verordnen unter Zustimmung der beiden Häuser des Landtages Unserer Monarchie für die Provinz Hessen-Nassau, was folgt:

§ 1. Wer außerhalb einer im Zusammenhange gebauten Ortschaft ein Wohnhaus errichten oder ein schon vorhandenes Gebäude zum Wohnhause einrichten will, bedarf einer von dem Landrath — in Stadtkreisen von der Ortspolizeibehörde — zu ertheilenden Ansiedelungsgenehmigung. Vor deren Aushändigung darf die polizeiliche Bauerlaubniß nicht ertheilt werden.

Abs. 2 und 3 stimmen mit Abs. 2 und 3 des § 14 des Hannoverschen Ansiedelungsgesetzes überein.

§ 2 entspricht dem § 15 des Hannoverschen Gesetzes, von welchem der letzte Absatz fehlt, da die Bestimmung für die Moordistrikte für die Provinz Hessen-Nassau überflüssig ist.

Unter welchen Voraussetzungen sind die Feldwege in den konsolidirten Feldmarken der Nassauischen Gemeinden jederzeit offene Wege im Sinne der die Gründung neuer Ansiedelungen betreffenden Gesetzgebung?

Ansiedelung durch Errichtung eines Wohnhauses ohne Feuerstätte.

Verfahren in Ansiedelungssachen.

Aus den Gründen: Daß die Einsprechenden ebenso wie die Polizeibehörde im Streitverfahren Parteien sind, und daß der Verwaltungsrichter die Parteirollen von Amtswegen zu regeln hat, ist vom Oberverwaltungsgericht stets festgehalten. Es bedarf dafür nur der Hinweisung auf die in den Entscheidungen des Oberverwaltungsgerichts Bd. 10 S. 328 und im Preuß. Verwaltungsbl., Jahrg. 10 S. 347 abgedruckten Erkenntnisse.

Nach dem Inhalte des Ansiedelungsantrages und der weiteren Verhandlungen unterliegt es keinem Zweifel, daß es sich in dem streitigen Falle um die Errichtung eines der Ansiedelungsgenehmigung unterliegenden Wohnhauses nach § 1 a. a. O. handelt. Denn wenn auch eine Feuerstätte nicht errichtet werden soll, so steht hier doch nicht eine nur vorübergehend, z. B. für die Dauer einer bestimmten Arbeit zum Aufenthalte dienende Unterkunftstätte — welche nach Abs. 3 des § 1 a. a. O. einer Ansiedelungsgenehmigung nicht bedarf — in Frage, sondern ein Gebäude, welches während der ganzen Dauer des Gärtnereibetriebes dem Gärtner zur Wohnung dienen soll.

Der § 2 des hier maßgebenden Ansiedelungsgesetzes verlangt für die Ansiedelungsgenehmigung den Nachweis, daß der Platz, auf welchem die Ansiedelung gegründet werden soll, durch einen fahrbaren, jederzeit offenen Weg zugänglich, oder daß die Beschaffung eines solchen Weges gesichert ist.

Es kann zugegeben werden, daß auch der Betrieb einer Gärtnerei zu jenen Betrieben gehört, für welche die in konsolidirten Gemarkungen geschaffenen Feldwege zur Benutzung frei stehen. Wenn daraus aber weiter gefolgert werden soll, daß, weil ein Gärtnereibetrieb ohne selbständigen Aufenthalt eines Gärtners nicht thunlich sei, die Benutzung des Weges auch für Ansiedelungszwecke freistehen müsse, so kann dem nicht zugestimmt werden.

Wenn das Gesetz für Ansiedelungen einen jederzeit offenen Weg verlangt, so meint es damit, daß für den Ansiedler die rechtliche Möglichkeit vorliegen muß, den Weg für jede Art von Verkehr, wie er für Ansiedelungen, d. h. für menschliche Wohnstätten, in Betracht kommt, zu benutzen. Daß ein solcher Verkehr ein anderer ist, als der landwirthschaftlichen Zwecken und auch für einen Gärtnereibetrieb dienende, bedarf keiner weiteren Erörterung.

Ob die im öffentlichen Interesse festgesetzten Voraussetzungen des § 2 a. a. O. vorliegen, hat die Polizeibehörde und ebenso der Verwaltungsrichter ohne Anträge der Parteien von Amtswegen zu prüfen und deshalb auch gegebenenfalls die Frage, ob besondere Umstände obwalten, wegen deren von der Bedingung der Zugänglichkeit durch einen fahrbaren Weg abgesehen werden kann. O.G. vom 20. Februar 1895, Bd. 27 S. 404. —

Nach § 2 des Ansiedelungsgesetzes für die Provinz Hessen-Nassau vom 11. Juni 1890 ist es erforderlich, daß die Ansiedelung durch einen fahrbaren, jederzeit offenen Weg zugänglich ist. Der jederzeit offene Weg muß auch regelmäßig als Fahrweg jederzeit passirbar sein.

Wenn der für die Ansiedelung vorgesehene Zugangsweg ein öffentlicher Weg ist, so ist es nicht angängig, im Ansiedelungsverfahren dem Ansiedelnden die Bedingung zu seiner Verbesserung und seiner Unterhaltung aufzuerlegen, da er hierzu weder verpflichtet ist, noch auch in der Lage ist, in den Bestand des Weges einzugreifen. Es muß erwartet werden, daß der Wegebaupflichtige, den öffentlichen Weg in den den Anforderungen des Verkehrs entsprechenden Zustand setzt, und daß, wenn er dies nicht thut, er von der zuständigen Wegepolizeibehörde hierzu angehalten wird. Der Umstand, daß letztere Behörde eine andere ist, welche über die Ertheilung des Ansiedelungskonsenses zu entscheiden hat, bietet nicht eine Grundlage für die Abänderung der bestehenden Wegebaupflicht.

Ist der Weg kein öffentlicher, so könnte sich unter Umständen für den Ansiedelnden in Zukunft die polizeilich erzwingbare Verpflichtung ergeben (§ 2 Abs. 1 letzter Satz a. a. O.), durch Besserung des Weges die Zugänglichkeit zum Ansiedelungsgrundstücke herzustellen.

Für die Bestimmungen der Ansiedelungsgesetze, und zwar nach dem Gesetze vom 25. August 1876, daß die Ansiedelung durch einen jederzeit offenen Weg zugänglich sein solle, wo in dem Gesetze vom 11. Juni 1890 für Hessen-Nassau die Bestimmung hinzugetreten ist, daß der Weg in der Regel ein fahrbarer sein soll, ist wesentlich die Rücksicht maßgebend gewesen, die Zugänglichkeit zu der neuen Ansiedelung im ordnungs- und sicherheitspolizeilichen Interesse derart zu sichern, daß letztere lediglich für den Verkehr mit den Ansiedlern sowie zu Zwecken polizeilicher Kontrolle rc. und für den Fall der Feuersgefahr rc. erreichbar ist. Das wegepolizeiliche Interesse kommt dabei nicht entscheidend in Betracht. O.G. vom 10. Mai 1897, Bd. 31 S. 405. —

§ 3 des hessen-nassauischen Ansiedelungsgesetzes entspricht dem § 16 des hannoverschen.

§§ 4 und 5 stimmen mit §§ 17 und 18 des hannoverschen Gesetzes überein.

Der Einspruch ist jedoch, sofern es sich nicht um Stadtkreise handelt, bei dem Landrathe anzubringen, der über sie, ebenso wie über den Antrag auf Genehmigung der Ansiedelung zu entscheiden hat.

Zuständig ist für die Klage im Verwaltungsstreitverfahren gegen den Bescheid des Landrathes bezw. der Ortspolizeibehörde der Bezirksausschuß.

Ansiedelungsrecht der Provinz Hessen-Nassau.

Die Vertretung der Gemeindeinteressen durch Erhebung des Einspruches gegen das Projekt einer Ansiedelung steht nur dem Vorstande der betheiligten Gemeinde, nicht aber den bei der Ansiedelung interessirten benachbarten Grundbesitzern zu.

Abwägung der widerstreitenden Interessen des Ansiedlers und der betheiligten Grundbesitzer gegen einander.

Kann der Schutz von Mineralquellen gegen die in den Abwässern einer Ansiedelung drohenden Benachtheiligungen durch Einspruch im Ansiedelungsverfahren verfolgt werden?

Aus den Gründen: Zur Wahrung des Gemeindeinteresses ist allein der Gemeindevorstand berufen. Eine Privatperson kann nicht gegen den die Genehmigung ertheilenden Bescheid seine Klage dadurch zu stützen suchen, daß er Gemeindeinteressen als gefährdet hinstellt. Er kann seinen Widerspruch nur durch die Gefährdung seiner eigenen Interessen begründen.

Wenn gegen eine Ansiedelung Einsprüche wegen Gefährdung des Gartenbaues erhoben werden, so ergiebt sich ein Streit zwischen konkurrirenden Rechten, dem Rechte auf Niederlassung einerseits und dem Rechte auf die ungefährdete Grundstücksnutzung andererseits (zu vergl. Motive zum Entwurfe des Ansiedelungsgesetzes vom 25. August 1876 — Drucksachen des Abgeordnetenhauses von 1876 Nr. 47 S. 27). Dem erheblicheren Interesse muß das geringere zurücktreten.

Der § 3 a. a. O. schützt nicht jede Art von Nutzungen aus landwirthschaftlichen Grundstücken, sondern er schützt die Nutzungen derselben aus dem Feld- und Gartenbau, aus der Forstwirthschaft, der Jagd und der Fischerei.

Bezüglich der Frage, ob bei anzuerkennenden Schädigungen von nachbarlichen Grundeigenthümern durch die beabsichtigte Ansiedelung die Ertheilung der Ansiedelungsgenehmigung durch ein vorhandenes öffentliches Interesse begründet werden kann, mag nur darauf hingewiesen werden, wie der Gerichtshof bereits früheren Entscheidungen die Auffassung zu Grunde gelegt hat, daß erhebliche öffentliche Interessen bei der Anwendung des in dieser Beziehung mit § 3 des Gesetzes vom 11. Juni 1890 gleichlautenden § 15 des Gesetzes vom 25. August 1876 für die Ertheilung der Ansiedelungsgenehmigung mit verwerthet werden können (O.G. Bd. 5 S. 398, 399, Bd. 19 S. 405). O.G. vom 4. Mai 1894, Bd. 26 S. 367. —

Zum Begriffe des „Gemeindeinteresses", dessen Gefährdung nach dem für die Provinz Hessen-Nassau geltenden Recht die Gemeindevorstände zum Einspruch gegen Neuansiedelungen berechtigt.

Ist im Verwaltungsstreitverfahren auf die für begründet erachtete Klage des Ansiedlers nur auf Aufhebung der angefochtenen, die Ansiedelungsgenehmigung versagenden Bescheides der Polizeibehörde oder darüber hinaus auf Ertheilung der Ansiedelungsgenehmigung zu erkennen?

Aus den Gründen: Nach der Begründung der Gesetzesvorlage wie nach der ganzen legislatorischen Entwickelung der Materie fehlt jeder Anhalt dafür, daß unter „Gemeindeinteressen" etwas Anderes als die Interessen der Gemeinde als solcher, d. h. diejenigen Interessen verstanden sind, die den Gemeinden als Korporationen des öffentlichen Rechts eigenthümlich sind. Dazu gehören aber Grundstücksspekulationen nicht. Es ist den Gemeinden nicht verwehrt, Grundstücke, die sie besitzen, günstig zu veräußern. Auf diesem Gebiete stehen sie aber regelmäßig jedem privaten Rechtssubjekte gleich. Sie können nicht von ihrem Einspruchsrechte aus § 3 a. a. O. Gebrauch machen, wenn eine Ansiedelung ihre Grundstücksspekulation beeinträchtigt. Daß solche Beeinträchtigungen die finanzielle Lage der Gemeinde und so mittelbar die Belastung der Angehörigen mit Gemeindeabgaben u. s. w. beeinflußt, macht die Werthserhöhung oder -Verminderung der Gemeindegrundstücke noch nicht zum Gegenstande des öffentlichen Interesses, dem die Gemeinde als solche zu dienen hat, und die das Ansiedelungsrecht allein berücksichtigt. O.G. vom 28. Oktober 1896, Bd. 30 S. 391.

Die Ansiedelungsgenehmigung ist nichts Anderes als eine polizeiliche Ueberwachungsmaßregel gegen mögliche Gefährdung dem Schutze der Polizei anvertrauter Interessen (vergl. O.G. Bd. 6 S. 376ff.), sie ist ein Verwaltungsakt, durch welchen festgestellt wird, daß nach der vorgenommenen Prüfung die mögliche Gefährdung, welche das Unternehmen nach den Gesichtspunkten in den §§ 14 und 15 des Gesetzes vom 25. August 1876 mit sich bringen kann, ausgeschlossen ist. Indem nun das Gesetz die Rechtskontrolle dieser polizeilichen Verwaltungsthätigkeit eingeführt, und zwar nicht nur gegen die Ertheilung der Ansiedelungsgenehmigung, sondern auch gegen deren Versagung die Klage im Verwaltungsstreitverfahren gegeben hat, so sind damit dem Richter doch nicht die Funktionen der verwaltenden Polizeibehörde an deren Stelle in vollem Umfange übertragen worden. — Innerhalb der Schranken, die das Streitverfahren für die Vertheilung der Parteirollen und für das Vorbringen der Parteien zieht, kann nur darüber entschieden werden, ob der Bescheid, der angefochten wird, zu Recht besteht oder als rechtswidrig aufzuheben ist, nicht aber dahin, daß die Ansiedelungsgenehmigung zu ertheilen sei. — Eine richterliche Entscheidung, die einen die Ansiedelungsgenehmigung versagenden Bescheid außer Kraft setzt, muß bei einem im Uebrigen ordnungsmäßigen polizeilichen Vorverfahren die rechtliche Wirkung haben, daß die Polizeibehörde verpflichtet ist, die Ansiedelungsgenehmigung zu ertheilen. Diese Ertheilung aber an Stelle der Polizeibehörde auszusprechen, steht dem Verwaltungsrichter nicht zu. Vergl. auch § 14 Abs. 2 der Instruktion zur Ausführung des Gesetzes vom 10. März 1877, Min.-Bl. f. d. i. V. S. 103; (siehe oben). O.G. vom 25. März 1896, Bd. 30 S. 397. —

§§ 6 und 7 des Ansiedelungsgesetzes sind mit §§ 19 und 20 des für Hannover erlassenen Gesetzes gleichlautend; ebenso, abgesehen von der Zuständigkeit des Landraths in allen nicht einen Stadtkreis bildenden Ortschaften, § 8 mit § 21 des eben genannten Gesetzes.

§ 9 entspricht § 22 a. a. O.

§ 10. Das gegenwärtige Gesetz tritt mit seiner Verkündigung in Kraft. Von diesem Zeitpunkte ab sind sämmtliche entgegenstehenden Bestimmungen aufgehoben.

Diejenigen anderweiten Bestimmungen, welche die Errichtung von Gebäuden in der Nähe von Forsten, Eisenbahnen, Chausseen, öffentlichen Gewässern, Strömen, Kanälen, Deichen, Bergwerken, Pulvermagazinen und anderen Anlagen polizeilichen Beschränkungen unterwerfen, werden von dem gegenwärtigen Gesetz nicht berührt.

§ 11. Die zuständigen Minister sind mit der Ausführung dieses Gesetzes beauftragt.

Ausführungsbestimmungen sind für das hannöversche, schleswig-holsteinische und hessen-nassauische Ansiedelungsgesetz nicht erlassen worden, es finden daher die für das alte preußische Gesetz vom 25. August 1876 ergangenen Ausführungsbestimmungen entsprechende Anwendung.

Gesetz über die Ergänzung des Gesetzes, betreffend die Vertheilung der öffentlichen Lasten bei Grundstückstheilungen und die Gründung neuer Ansiedelungen in den Provinzen Preußen, Brandenburg, Pommern, Posen, Schlesien, Sachsen und Westfalen, vom 25. August 1876, des Gesetzes, betreffend die Vertheilung der öffentlichen Lasten bei Grundstückstheilungen und die Gründung neuer Ansiedelungen in der Provinz Hannover, vom 4. Juli 1887,

des Gesetzes, betreffend die Vertheilung der öffentlichen Lasten bei Grundstückstheilungen und die Gründung neuer Ansiedelungen in der Provinz Schleswig-Holstein, vom 13. Juni 1888 und des Gesetzes, betreffend die Gründung neuer Ansiedelungen in der Provinz Hessen-Nassau, vom 11. Juni 1890. Vom 16. September 1899 (Ges.-Samml. S. 497).

Artikel I.

Das Gesetz betreffend die Vertheilung der öffentlichen Lasten bei Grundstückstheilungen und die Gründung neuer Ansiedelungen in den Provinzen Preußen, Brandenburg, Pommern, Posen, Schlesien, Sachsen und Westfalen, vom 25. August 1876, Gesetz-Sammlung S. 405, erhält folgende Zusätze und Abänderungen:

1. Nach § 15 wird eingeschaltet:

§ 15a.

Die Ansiedelungsgenehmigung kann ferner versagt werden, wenn gegen die Ansiedelung von dem Besitzer eines Bergwerks, welches unter dem zu besiedelnden Grundstück oder in dessen Nähe belegen ist, Einspruch erhoben und durch Thatsachen begründet wird, welche die Annahme rechtfertigen,

a) daß durch den Betrieb des Bergwerks in absehbarer Zeit Beschädigungen der Oberfläche des zu besiedelnden Grundstückes eintreten können, denen im Interesse der persönlichen Sicherheit und des öffentlichen Verkehrs durch bergpolizeilich anzuordnendes Stehenlassen von Sicherheitspfeilern vorzubeugen sein würde,
b) daß die wirthschaftliche Bedeutung des uneingeschränkten Abbaues der Mineralien die der Ansiedelung überwiegt.

2. In § 16 wird als Absatz 2 eingeschaltet:

Geht Bergbau unter dem zu besiedelnden Grundstücke oder in dessen Nähe um, so ist von dem Antrage auch der zuständige Bergrevierbeamte in Kenntniß zu setzen. Dieser hat den betheiligten Bergwerksbesitzern den Antrag unter Hinweis auf die Befugniß, innerhalb der im vorstehenden Absatz bestimmten Frist Einspruch auf Grund des § 15a bei der Ortspolizeibehörde zu erheben, bekannt zu machen.

3. Dem § 16 wird als Absatz 4 hinzugefügt:

Wenn der Einspruch auf Grund des § 15a erhoben wird, so ist die Ortspolizeibehörde zur Einholung einer gutachtlichen Aeußerung der zuständigen Bergpolizeibehörde verpflichtet.

4. Der Eingang des § 17 erhält folgende Fassung:

Die Versagung der Genehmigung auf Grund des § 14 oder auf Grund erhobener Einsprüche (§§ 15, 15a) u. s. w.

5. Dem § 17 wird als Absatz 4 hinzugefügt:

Erfolgt die Zurückweisung des Einspruchs im Falle des § 15a aus dem Grunde, weil die Bergpolizeibehörde das Stehenlassen von Sicherheitspfeilern nicht für nothwendig erachtet, so unterliegt der Bescheid der Ortspolizeibehörde keiner weiteren Anfechtung.

6. Nach § 17 wird eingeschaltet:

§ 17a.

Auf den dem Grundeigenthum durch die Versagung der Ansiedelungsgenehmigung zugefügten Schaden finden, sofern sich diese Versagung auf einen Einspruch aus § 15a dieses Gesetzes stützt, die Bestimmungen der §§ 148 bis 151 des Allgemeinen Berggesetzes vom 24. Juni 1865, Ges.-Samml. S. 705, Anwendung.

Die Verjährung des Anspruchs auf Schadensersatz beginnt mit Ablauf des Tages, an welchen der Versagungsbescheid endgültig oder rechtskräftig wird.

Der Grundstückseigenthümer ist verpflichtet, auf Verlangen des Bergwerksbesitzers die Eintragung eines Vermerkes in das Grundbuch dahin zu bewilligen:

daß und für welche Grundfläche die Ansiedelungsgenehmigung auf Einspruch des Bergwerksbesitzers versagt und welche Entschädigung gezahlt worden ist.

7. Im § 19 erhält der Eingang des zweiten Satzes folgende Fassung:

Im Uebrigen finden die Bestimmungen der §§ 14 bis 17a u. s. w.

Artikel II.

Die im Artikel I bestimmten Zusätze und Abänderungen werden

1. in das Gesetz, betreffend die Vertheilung der öffentlichen Lasten bei Grundstückstheilungen und die Gründung neuer Ansiedelungen in der Provinz Hannover, vom 4. Juli 1887, Gesetz-Samml. S. 324,

2. in das Gesetz, betreffend die Vertheilung der öffentlichen Lasten bei Grundstückstheilungen und die Gründung neuer Ansiedelungen in der Provinz Schleswig-Holstein, vom 13. Juni 1888, Gesetz-Samml. S. 243,

3. in das Gesetz, betreffend die Gründung neuer Ansiedelungen in der Provinz Hessen-Nassau, vom 11. Juni 1890, Gesetz-Samml. S. 173, an den entsprechenden Stellen in sinngemäßer Fassung aufgenommen.

In dem zu 3 aufgeführten Gesetze werden im Absatz 2 des § 4 vor „der Ortspolizeibehörde“ die Worte „dem Landrath, in Städten“ und im Abs. 4 daselbst vor „die Ortspolizeibehörde“ die Worte „der Landrath, in Städten“ eingeschaltet.

Artikel III.

Mit der Ausführung dieses Gesetzes sind der Minister des Innern, der Minister der öffentlichen Arbeiten, der Minister für Landwirthschaft, Domänen und Forsten und der Minister für Handel und Gewerbe beauftragt.

Nach dem Zirkular an sämmtliche Königl. Oberpräsidenten, Regierungspräsidenten, an das Kgl. Oberlandes-Kulturgericht und an sämmtl. Königl. General-Kommissionen vom 24. Juli 1892, betreffend die Entscheidung der Frage, welche Behörde bei Errichtung von Rentengütern zur Ertheilung der Ansiedelungsgenehmigung kompetent ist (Min.-Bl. f. d. i. V., S. 338), ist die General-Kommission die zuständige.

Die Zuständigkeit der General-Kommission findet eine besondere Stütze in der weiteren Bestimmung des § 12 des Gesetzes vom 7. Juli 1891, wonach auf das Verfahren die für Gemeinheitstheilungen geltenden Vorschriften mit geringfügigen Abänderungen Anwendung finden sollen. Nach § 7 der Verordnung vom 30. Juni 1834 wegen des Geschäftsbetriebes bei den Auseinandersetzungsbehörden ꝛc. haben die General-Kommissionen in den Angelegenheiten, welche bei ihnen anhängig sind, nicht bloß den Hauptgegenstand der Auseinandersetzung, sondern auch alle anderweitigen Rechtsverhältnisse, welche bei vorschriftsmäßiger Ausführung der Auseinandersetzung in ihrer bisherigen Lage nicht verbleiben können, zu reguliren und alle obrigkeitlichen Festsetzungen zu erlassen, deren es bedarf, um die Auseinandersetzung zur Ausführung zu bringen und die Interessenten zu einem völlig geordneten Zustande zurückzuführen. Die Ertheilung der erforderlichen Genehmigung zur Errichtung der Ansiedelung oder Kolonie kennzeichnet sich in den in Frage stehenden

Fällen zweifellos als eine obrigkeitliche Maßnahme, welche nothwendig ist, um die Rentengutsgründung zur Ausführung zu bringen.

Dagegen erstreckt sich diese Zuständigkeit nicht auf die Ertheilung der polizeilichen Bauerlaubniß. Ebenso verbleibt vorbehaltlich der in der allgemeinen Verfügung vom 16. November 1891 (Min.-Bl. f. d. i. Verw. 1891, S. 236) getroffenen Bestimmungen die endgültige Regelung der Gemeinde-, Kirchen- und Schulverhältnisse den ordentlichen Verwaltungsbehörden. — Die materiell-rechtlichen Bestimmungen der Ansiedelungsgesetze werden von der General-Kommission in gebührender Weise zu berücksichtigen sein. Auch sind im Rahmen des Auseinandersetzungsverfahrens die erforderlichen Bekanntmachungen thunlichst in den Formen der in den §§ 16 und 19 des Gesetzes vom 25. August 1876, in den §§ 17 und 20 des Gesetzes vom 4. Juli 1887, in den §§ 16 und 19 des Gesetzes vom 13. Juni 1888 und in den §§ 4 und 7 des Gesetzes vom 11. Juni 1890 gegebenen Vorschriften zu erlassen. Endlich ist es Pflicht der Generalkommission, in geeigneten Fällen darauf Bedacht zu nehmen, daß diejenigen, denen gesetzlich ein Einspruchsrecht gegen die beabsichtigte Ansiedelung verliehen ist (Besitzer benachbarter Grundstücke, Gemeinde-(Guts-)Vorstände), bei Geltendmachung und weiterer Verfolgung ihrer Rechte in dem durch die Agrargesetze gegebenen Instanzenzuge einen in den Ansiedelungsgesetzen vorgesehenen analogen Rechtsschutz haben.

§ 22.

Die in das Baupolizeirecht einschlägigen Bestimmungen des Feld- und Forstpolizeigesetzes vom 1. April 1880.

(Ges.-Samml. S. 230.)

§ 47. Wer in der Umgebung einer Waldung, welche mehr als einhundert Hektare in räumlichem Zusammenhange umfaßt, innerhalb einer Entfernung von fünfundsiebzig Metern eine Feuerstelle errichten will, bedarf einer Genehmigung derjenigen Behörde, welche für die Ertheilung der Genehmigung zur Errichtung von Feuerstellen zuständig ist. Vor der Aushändigung der Genehmigung darf die polizeiliche Bauerlaubniß nicht ertheilt werden.

Die Voraussetzung für den Schutz der Waldung ist, daß dieselbe über 100 Hektar beträgt und diese in räumlichem Zusammenhange stehen.

Die Genehmigung ist erforderlich, sobald eine Feuerstelle, d. h. ein Gebäude mit einer Feuerungs-Anlage, 75 Meter oder weniger von der Waldung entfernt errichtet werden soll.

Zuständig für die Ertheilung der Genehmigung ist die Behörde, welche für die Ertheilung der Genehmigung zur Errichtung von Feuerstellen zuständig ist, d. i. also die Baupolizeibehörde (Ortspolizeibehörde).

§ 48. Die Genehmigung der Behörde (§ 47) darf versagt oder an Bedingungen, welche die Verhütung von Feuersgefahr bezwecken, geknüpft werden, wenn aus der Errichtung der Feuerstelle eine Feuersgefahr für den Wald zu besorgen ist.

Die Genehmigung darf nicht versagt werden, wenn die Feuerstelle innerhalb einer im Zusammenhange gebauten Ortschaft, oder vom Waldeigenthümer, oder in der Ausführung eines Enteignungsrechtes errichtet werden soll; jedoch darf die Genehmigung an Bedingungen geknüpft werden, welche die Verhütung von Feuersgefahr bezwecken.

Die Genehmigung darf versagt werden; damit ist die Versagung als eine fakultative bezeichnet, welche der pflichtmäßigen Erwägung der Behörde überlassen ist. Voraussetzung ist die Thatsache, daß aus der Errichtung der Feuerstelle eine Feuersgefahr für den Wald zu besorgen ist. Liegt diese Besorgniß vor, dann kann die Behörde die Genehmigung versagen oder dieselbe unter die Feuersgefahr beseitigenden Bedingungen ertheilen. Ob die Behörde von dem einen oder dem anderen Rechte Gebrauch macht, ist davon abhängig, welche Interessen die gewichtigeren sind, des Waldeigenthümers oder des Antragstellers, und andererseits, ob die Feuersgefahr sich durch bestimmte Maßnahmen beseitigen läßt, die alsdann der Genehmigung als Bedingungen beigefügt werden, oder nicht.

Ueber den Begriff einer im Zusammenhange gebauten Ortschaft siehe das oben an maßgebender Stelle bei dem Ansiedelungsgesetze Gesagte.

Soll die Feuerstelle, sofern sie 75 Meter und weniger von einer dem § 47 entsprechenden Waldung entfernt ist, innerhalb einer solchen Ortschaft erbaut werden, oder ferner vom Waldeigenthümer oder drittens in der Ausführung eines Enteignungsrechtes, so kann die Genehmigung nicht vorenthalten werden; die Behörde hat in diesen Fällen nur die Befugniß, an die Genehmigung bestimmte, die Feuersgefahr verhütende Bedingungen zu knüpfen.

Hervorzuheben ist noch, daß diese Genehmigung keineswegs mit der Baugenehmigung identisch ist. Sonst wäre der Schlußsatz im § 47: „Vor der Aushändigung der Genehmigung darf die polizeiliche Bauerlaubniß nicht ertheilt werden“, nicht verständlich sein. Es ist daher sehr wohl möglich, daß trotz der nach §§ 47, 48 ertheilten Genehmigung die Feuerstelle aus baupolizeilichen Gründen nicht errichtet werden darf, indem die Baugenehmigung hierzu wegen Verstoß gegen baupolizeiliche Vorschriften versagt werden muß.

§ 49. Der Antrag auf Ertheilung der Genehmigung ist dem Waldeigenthümer, falls dieser nicht der Bauherr ist, mit dem Bemerken bekannt zu machen, daß er innerhalb einer Frist von einundzwanzig Tagen bei der Behörde (§ 47) Einspruch erheben könne.

Der erhobene Einspruch ist von der Behörde (§ 47), geeigneten Falls nach Anhörung des Antragstellers und des Waldeigenthümers, sowie nach Aufnahme des Beweises zu prüfen.

Diese Frist ist durch die Bestimmung des § 51 des Gesetzes über die allgemeine Landesverwaltung vom 30. Juli 1883 nicht umgeändert, sondern gilt auch jetzt noch.

§ 50. Die Versagung der Genehmigung, die Ertheilung der Genehmigung unter Bedingungen, sowie die Zurückweisung des erhobenen Einspruchs erfolgt durch einen Bescheid der Behörde, welcher mit Gründen zu versehen und dem Antragsteller, sowie dem Waldeigenthümer zu eröffnen ist.

Gegen den Bescheid steht dem Antragsteller, sowie dem Waldeigenthümer innerhalb einer Frist von zwei Wochen (gemäß § 51

des Landesverwaltungsgesetzes) die Klage im Verwaltungsstreitverfahren offen. Zuständig ist

a) der Kreisausschuß, wenn der Bescheid von der Ortspolizeibehörde eines Landkreises ertheilt worden ist;

b) der Bezirksausschuß, wenn der Bescheid vom Landrath (Oberamtmann) oder von der Ortspolizeibehörde eines Stadtkreises, in der Provinz Hannover von der Polizeibehörde einer selbständigen Stadt ertheilt worden ist.

Die Bestimmungen in §§ 48, 49 und 50 lehnen sich an diejenigen der §§ 15ff. des Ansiedelungsgesetzes vom 25. August 1876 an. Das Verfahren, das Parteienverhältniß ist in derselben Weise geregelt wie in dem oben genannten Gesetze. Deshalb ist auch das Verfahren, sobald eine Feuerstelle außerhalb einer im Zusammenhange gebauten Ortschaft in der Nähe einer Waldung, wie im § 47 des Feld- und Forstpolizeigesetzes angegeben, errichtet werden soll, nach den Bestimmungen dieses und des Ansiedelungsgesetzes einheitlich durchzuführen.

Werden Einsprüche gegen die Genehmigung einer Ansiedelung und die Errichtung einer Feuerstelle in der Umgebung von Waldungen von der Ortspolizeibehörde verworfen, so stehen der Klage des Einsprechenden auf Aufhebung des polizeilichen Bescheides und Versagung der Genehmigung die Ortspolizeibehörde und der Unternehmer der Ansiedelung in nothwendiger Streitgenossenschaft gegenüber.

Die Bestimmung des Ansiedelungsgesetzes, wonach die Ansiedelungsgenehmigung für Wohnhäuser nicht erforderlich ist, die in den Grenzen eines nach dem Gesetz vom 2. Juli 1875 festgestellten Bebauungsplanes errichtet werden sollen, leidet keine analoge Anwendung auf die Bestimmungen des Feld- und Forstpolizeigesetzes über die Genehmigung von Feuerstellen in der Nähe von Waldungen.

Das Feld- und Forstpolizeigesetz versteht unter Feuerstelle die gesammte mit einer Feuerstätte versehene bauliche Anlage, das Haus als Einheit.

Aus den Gründen: Die Auffassung, daß die Errichtung einer Feuerstelle nicht untersagt werden dürfe, weil das Haus in den Grenzen eines nach dem Gesetze vom 2. Juli 1875 festgestellten Bebauungsplanes erbaut werden solle, ist unzutreffend. Gewiß bezwecke die Feststellung der Straßen- und Baufluchtlinien nicht nur die Einführung von Baubeschränkungen, sondern auch die Förderung des Anbaues, indem sie die dazu nöthigen Straßen erschließt. Nirgends bietet das Gesetz aber dafür einen Anhalt, daß die Fluchtlinienfestsetzung nach allen polizeilichen Gesichtspunkten darüber entscheide, ob, unter welchen Voraussetzungen und wie hinter den festgestellten Baufluchtlinien gebaut werden könne. Eine soweit gehende Prüfung und Feststellung liegt außerhalb des Rahmens des für die Fluchtlinienfestsetzung eingeführten Verfahrens. Hätte also die Prüfung der Frage, ob die Errichtung einer Feuerstelle in Gemäßheit der §§ 47 und 48 des Feld- und Forstpolizeigesetzes vom 1. April 1880 zu untersagen sei, für Häuser ausgeschlossen werden sollen, die in den Grenzen eines nach dem Gesetze vom 2. Juli 1875 festgestellten Bebauungsplanes errichtet werden sollen, so hätte das ebenso ausdrücklich ausgesprochen werden müssen, wie es für Ansiedelungen im § 13 des Gesetzes vom 25. August 1876 geschehen ist. O.G. vom 20. April 1895, Bd. 28 S. 382.

Ein rechtmäßig aus den §§ 13ff. des Gesetzes vom 25. August 1876 unter Ertheilung der Ansiedelungsgenehmigung zum Beschluß gekommenes Ansiedelungsverfahren wird nicht deshalb unwirksam und ungültig, weil aus später hervortretenden Gründen sich die Nothwendigkeit ergiebt, für die im Ansiedelungsverfahren rechtmäßig genehmigte Ansiedelung auch noch die für Errichtung einer Feuerstelle aus §§ 47ff. des Feld- und Forstpolizeigesetzes vorgesehene Genehmigung einzuholen. O.G. vom 28. April 1897, Bd. 31 S. 389.

Wenn die Gesetzesvorschriften der §§ 47ff. des Feld- und Forstpolizeigesetzes der Polizeibehörde die Befugniß einräumen, bei Errichtung von Feuerstellen in der Nähe großer Forsten die Genehmigung dazu von Bedingungen abhängig zu machen, welche die Verhütung von Feuersgefahr bezwecken — unter gewissen Voraussetzungen darf der Feuersgefahr überhaupt nur auf diesem Wege und nicht durch gänzliche Versagung der Genehmigung entgegengewirkt werden (§ 48 a. a. O.) — so handelt es sich bei der Auferlegung solcher Bedingungen um öffentlich-rechtliche Verhältnisse, die der Regelung und der Obhut der Polizeibehörde unterstehen, wie dies schon aus dem § 48 a. a. O. klar erhellt, nach welchem dem Waldeigenthümer selbst, der in der Nähe seiner Forst bauen will, Bedingungen zur Verhütung der Feuersgefahr auferlegt werden können. Es ist vor Allem die Polizeibehörde, die, und zwar ohne entsprechende Anträge und Anregung des Waldeigenthümers, die dauernde Erfüllung der Bedingungen, die sie stellt, zu überwachen hat, und zwar nicht nur gegen den Bauunternehmer, sondern auch gegen jeden Besitznachfolger, da nach dem Gedanken des Gesetzes der Zustand des Gebäudes in einer gegen jeden Eigenthümer wirkenden Weise festgestellt wird. Nur unter diesen Voraussetzungen kann der Gesetzgeber füglich die Auferlegung von Bedingungen zur Verhütung von Feuersgefahr in das bestehende Recht eingeführt haben, wie er aber dann auch andrerseits in ihnen eine ausreichende Gewähr für die Wirksamkeit der Bedingungen da, wo sie überhaupt am Platze sind, wird gefunden haben. O.G. vom 25. November 1896, Bd. 31 S. 396.

§ 51. Wer vor Ertheilung der vorgeschriebenen Genehmigung mit der Errichtung einer Feuerstelle beginnt, wird mit Geldstrafe bis zu einhundertundfunfzig Mark oder mit Haft bestraft. Auch kann die Behörde (§ 47) die Weiterführung der Anlage verhindern und die Wegschaffung der errichteten Anlage anordnen.

Ueber das „Beginnen" siehe das zu § 20 des Ansiedelungsgesetzes vom 25. Augst 1876 Gesagte; ebenso bezüglich der der Behörde zur Verfügung stehenden Zwangsmittel und der Grenzen derselben.

§ 52. Die Bestimmungen des Gesetzes vom 25. August 1876, betreffend die Vertheilung der öffentlichen Lasten bei Grundstückstheilungen und die Gründung neuer Ansiedelungen u. s. w. (Ges.-Samml. S. 405), werden durch das gegenwärtige Gesetz nicht berührt.

Ist zu der Errichtung der Feuerstelle (§ 47) eine Ansiedelungsgenehmigung erforderlich, so ist in dem Geltungsbereiche des vorstehend genannten Gesetzes das Verfahren nach den §§ 48—50 des gegenwärtigen Gesetzes mit dem Verfahren nach den §§ 13—17 des Gesetzes vom 25. August 1876 zu verbinden.

Es sind also danach die Anträge auf Ertheilung der Ansiedelungsgenehmigung und der Genehmigung zur Errichtung einer Feuerstelle in der Nähe eines größeren Forstes (§ 47) zu verbinden und in einem einheitlichen Verfahren, in welchem die sämmtlichen für das Verfahren erlassenen Vorschriften (§§ 15ff. des Ansiedelungsgesetzes und §§ 49ff. des Feld- und Forstpolizeigesetzes) gleichmäßig zu beobachten und zu erfüllen sind, und kann sonach ein Bescheid auf den einen Antrag nicht eher

ergehen, als bis auch das Verfahren nach Maßgabe der in Betracht kommenden Vorschriften bezüglich des anderen Antrages seinen Abschluß gefunden hat.

Die Trennung des Verfahrens zur Genehmigung der Errichtung einer Feuerstelle in der Nähe von Waldungen von demjenigen zur Ansiedelungsgenehmigung, wenn diese zur Errichtung der Feuerstelle erforderlich ist, ist unzulässig. Der Verwaltungsrichter darf es der Ortspolizeibehörde nicht überlassen, die Bedingungen, unter denen er die Errichtung einer Feuerstelle genehmigt, ihrerseits näher zu bestimmen.

Aus den Gründen: Nach §§ 49, 50 des Feld- und Forstpolizeigesetzes hat der Waldeigenthümer nicht nur das Recht, gegen den ihm bekannt zu machenden Antrag auf Ertheilung einer Genehmigung gemäß § 47 des Gesetzes Einspruch bei der Behörde zu erheben, sondern auch die Klage im Verwaltungsstreitverfahren gegen den Antragsteller und die Behörde, wenn der Bescheid den Einspruch zurückweist. Daraus folgt für den umgekehrten Fall, wenn der Bescheid dem Einspruche entsprechend ergangen ist, daß die Klage des Antragstellers nicht nur gegen die Behörde, sondern auch gegen den Waldeigenthümer gerichtet werden muß.

Wenn der Verwaltungsrichter in dem gemäß § 50 des Feld- und Forstpolizeigesetzes entstandenen Verfahren den die Genehmigung versagenden Bescheid der Polizeibehörde aufhebt, weil er glaubt, daß die Genehmigung ertheilt werden kann, dann aber doch zu der Ueberzeugung gelangt, daß zur Verhütung von Feuersgefahr für den Wald Bedingungen gestellt werden müssen, so ist es seine Aufgabe, diese Bestimmungen genau festzusetzen in derselben bestimmten Weise, wie es seitens der Polizeibehörde hätte geschehen müssen, wenn diese sich bereits auf den Antrag zur Ertheilung der Genehmigung unter Bedingungen entschlossen hätte. Das bezieht sich selbstverständlich nur auf die in Gemäßheit des § 48 a. a. O. zu stellenden Bedingungen. Die nach den geltenden allgemeinen baupolizeilichen Bestimmungen zu stellenden Anforderungen sind hierbei nicht zu erörtern. O.G. vom 23. Oktober 1895, Bd. 28 S. 417.

Im Anschluß hieran folgen einige Bestimmungen aus dem Waldschutzgesetz vom 6. Juli 1875 (Ges.-Samml. S. 416), die für das Baupolizeirecht insofern von Interesse sind, als sie dem Eigenthümer Beschränkungen in der Benutzung seiner Grundstücke, also auch in ihrer Bebauung auferlegen.

I. Allgemeine Bestimmung.

§ 1. Die Benutzung und Bewirthschaftung von Waldgrundstücken unterliegt nur denjenigen landespolizeilichen Beschränkungen, welche durch das gegenwärtige Gesetz vorgeschrieben oder zugelassen sind.

Die über die Beaufsichtigung, Benutzung und Bewirthschaftung der Staats-, Gemeinde-, Korporations-, Genossenschafts- und Institutenforsten, sowie der schleswig-holsteinischen sogenannten Bondenholzungen bestehenden besonderen Vorschriften bleiben jedoch in Kraft.

II. Schutzmaßregeln zur Abwendung von Gefahren.

§ 2. In Fällen, in denen:

a) durch die Beschaffenheit von Sandländereien benachbarte Grundstücke, öffentliche Anlagen, natürliche oder künstliche Wasserläufe der Gefahr der Versandung,

b) durch das Abschwemmen des Bodens oder durch die Bildung von Wasserstürzen in hohen Freilagen, auf Bergrücken, Bergkuppen und an Berghängen, die unterhalb gelegenen nutzbaren Grundstücke, Straßen oder Gebäude der Gefahr einer Ueberschüttung mit Erde oder Steingeröll, oder der Ueberfluthung, ingleichen oberhalb gelegene Grundstücke, öffentliche Anlagen oder Gebäude der Gefahr des Nachrutschens,

c) durch die Zerstörung eines Waldbestandes an den Ufern von Kanälen oder natürlichen Wasserläufen Ufergrundstücke der Gefahr des Abbruches oder die im Schutze der Waldungen gelegenen Gebäude oder öffentlichen Anlagen der Gefahr des Eisganges,

d) durch die Zerstörung eines Waldbestandes Flüsse der Gefahr einer Verminderung ihres Wasserstandes,

e) durch die Zerstörung eines Waldbestandes in den Freilagen und in der Seenähe benachbarte Feldfluren und Ortschaften den nachtheiligen Einwirkungen der Winde

in erheblichem Grade ausgesetzt sind, kann behufs Abwendung dieser Gefahren sowohl die Art der Benutzung der gefahrbringenden Grundstücke, als auch die Ausführung von Waldkulturen oder sonstigen Schutzanlagen auf Antrag (§ 3) angeordnet werden, wenn der abzuwendende Schaden den aus der Einschränkung für den Eigenthümer entstehenden Nachtheil beträchtlich überwiegt.

Die Deckung und Aufforstung der Meeresdünen kann auf Grund dieses Gesetzes nicht gefordert werden.

§ 3. Der Antrag auf Erlaß der im § 2 vorgesehenen Anordnungen kann gestellt werden:

a) von jedem gefährdeten Interessenten,

b) von Gemeinde-, Amts-, Kreis- und sonstigen Kommunalverbänden in allen innerhalb ihrer Bezirke vorkommenden Fällen (§ 2),

c) von der Landespolizeibehörde.

§ 4. Eigenthümer, Nutzungs-, Gebrauchs- und Servitutberechtigte, sowie Pächter der gefahrbringenden Grundstücke sind verpflichtet, sich allen Beschränkungen in der Benutzung der letzteren zu unterwerfen, welche in Gemäßheit des § 2 dieses Gesetzes angeordnet werden, und die Ausführung der auf Grund dieser Vorschrift angeordneten Waldkulturen oder sonstigen Schutzanlagen zu gestatten. Es ist ihnen jedoch für den Schaden, welchen sie durch die angeordneten Beschränkungen erleiden, volle Entschädigung zu gewähren. Auch können die Eigenthümer der gefahrbringenden Grundstücke verlangen, daß ihnen die Herstellung und Unterhaltung der angeordneten Schutzanlagen auf eigene Kosten überlassen werde; sie unterliegen jedoch dabei der im § 20 angeordneten Aufsicht.

§ 23.

Das Gesetz, betreffend die Anlegung und Veränderung von Straßen und Plätzen in Städten und ländlichen Ortschaften. Vom 2. Juli 1875. (Ges.-Samml. S. 561.)

§ 1. Für die Anlegung oder Veränderung von Straßen und Plätzen in Städten und ländlichen Ortschaften sind die Straßen- und Baufluchtlinien vom Gemeindevorstande im Einverständnisse mit der Gemeinde, bezüglich deren Vertretung, dem öffentlichen Bedürfnisse entsprechend unter Zustimmung der Ortspolizeibehörde festzusetzen.

Die Ortspolizeibehörde kann die Festsetzung von Fluchtlinien verlangen, wenn die von ihr wahrzunehmenden polizeilichen Rücksichten die Festsetzung fordern.

Zu einer Straße im Sinne dieses Gesetzes gehört der Straßendamm und der Bürgersteig.

Die Straßenfluchtlinien bilden regelmäßig zugleich die Baufluchtlinien, das heißt die Grenzen, über welche hinaus die Bebauung ausgeschlossen ist. Aus besonderen Gründen kann aber eine von der Straßenfluchtlinie verschiedene, jedoch in der Regel höchstens drei Meter von dieser zurückweichende Baufluchtlinie festgesetzt werden.

Das Gesetz befaßt sich nur mit den öffentlichen Straßen und Plätzen, nicht auch mit Privatstraßen, wie sich schon daraus ergiebt, daß die Gemeinde über Privatstraßen, d. h. also Privateigenthum, nicht ohne Weiteres verfügen kann. Als ein Verfügen darüber ist aber die Festsetzung von Straßen- und Baufluchtlinien anzusehen.

Der Gesetzgeber spricht von Anlegen und Verändern. Im ersteren Falle ist also an die Neuschaffung, an das Entstehen neuer Straßen gedacht, im zweiten Falle sind die Straßen bereits vorhanden, sollen aber nur einer Veränderung unterworfen werden.

Ueber den Begriff der Straße sind verschiedene Entscheidungen des Oberverwaltungsgerichts ergangen, von denen die wichtigsten hier Erwähnung finden sollen.

Eine Straße ist dasjenige Kommunikationsmittel, welches zur Befriedigung der Verkehrsbedürfnisse innerhalb einer Ortschaft bestimmt ist und hierfür Verwendung findet.

Die Straße fällt begrifflich unter die Kategorie der Wege als das Kommunikationsmittel, zwischen zwei oder mehreren Grundstücken. Sie — die Straße — unterscheidet sich von der Chaussee dadurch, daß diese bestimmt ist, den Verkehr von Ort zu Ort zu vermitteln, erstere dagegen demselben Zwecke innerhalb einer Ortschaft dient.

Das Oberverwaltungsgericht sagt in seiner Entscheidung vom 19. Februar 1887, Bd. 14 S. 398 ff.: Die Frage, was Dorfstraße ist, d. i. dasjenige Kommunikationsmittel, auf welches die Dorfbewohner an erster Stelle mit ihren Bedürfnissen unter sich gewiesen sind, ist wesentlich thatsächlicher Natur.

Für den Begriff der Oeffentlichkeit ist das Erkenntniß des Oberverwaltungsgerichts vom 29. April 1890 — s. Preuß. Verwaltungsbl. Jahrg. 11 S. 545 — von Interesse, welches über die Oeffentlichkeit eines Weges Folgendes ausführt:

Regelmäßig entstehen öffentliche Wege dadurch, daß sie unter Zustimmung der staatlichen Autorität, der polizeilichen Gewalt, für den öffentlichen Verkehr bestimmt, diesem überlassen werden, und dies kann nicht nur seitens der öffentlich-rechtlichen Korporationen geschehen, denen an erster Stelle die Fürsorge für die Mittel des öffentlichen Verkehrs obliegt, sondern auch seitens privater Korporationen und Personen. Ein Beispiel in letzterer Beziehung bieten insbesondere die Eisenbahngesellschaften, welche, sei es zur Ausgleichung beim Bahnbau gestörter Verkehrsinteressen, sei es zur Förderung des Verkehrs, dem die Bahnen dienen, notorisch vielfach zur Anlegung öffentlicher Wege geschritten sind, bezw. schreiten müssen.

Und damit so öffentliche Wege entstehen, bedarf es weder ausdrücklicher Erklärung derer, die sie dem öffentlichen Verkehr überlassen, noch ausdrücklicher Genehmigung der Polizeiorgane. Es genügt schon, um vorhandene Wege als öffentliche anzuerkennen, daß aus ihrem langjährigen thatsächlichen Bestehen, ihrer regelmäßigen ungehinderten Benutzung seitens des Publikums und ihrer Bedeutung für die Interessen des Verkehrs beim Mangel entgegenstehender, auf die fortgesetzte privatrechtliche Verfügungsbefugniß einzelner hinweisender Momente mit Sicherheit darauf geschlossen werden kann, daß sie nach dem Willen der rechtlich Betheiligten, insbesondere des ursprünglichen Eigenthümers des Fundus und der Polizeibehörde für den öffentlichen Verkehr bestimmte Wege sind. Daß solche Wege gerade das einzige Kommunikationsmittel für den Verkehr zwischen gewissen Ortschaften sind, erscheint für ihre Anerkennung als öffentliche nicht einmal erforderlich.

Die Straßen der Städte und Ortschaften, auf deren Anlage die äußere Existenz und Entwickelung derselben beruht, sind zur Bebauung mit Häusern bestimmt, für welche sie wiederum das nothwendige Verbindungs- und Verkehrsmittel bilden, so daß Häuser und Straßen der Natur der Sache nach sich gegenseitig bedingen. Faßt man die Entstehung der letzteren ins Auge, so liegt darin, daß von der zuständigen Verwaltung ein bestimmtes Terrain oder ein bereits bestehender Weg zur städtischen Straße erklärt wird, die Aufforderung, unter den bestehenden gesetzlichen und speziell lokalen Bedingungen Häuser an derselben zu errichten, wobei der Vortheil, welchen die Straße den Adjazenten gewährt, als die Gegenleistung sich darstellt. So wird zwischen der Gemeinde und den jener Aufforderung entsprechenden Grundeigenthümern, welche mit ihren Bauten an die Lage und Richtung der Straße gebunden sind und regelmäßig für die Instandsetzung bezw. Erhaltung derselben Lasten zu tragen haben, ein stillschweigendes Vertragsverhältniß begründet, welches gegenseitige Rechte und Verbindlichkeiten erzeugt, und die Annahme eines rein prekären Verhältnisses auf Seiten der Adjazenten ausschließt. Hierbei macht es keinen Unterschied, wenn im gegebenen Falle ein Haus bereits früher, ehe die Straße den städtischen Charakter erlangte, bestanden hat, da dasselbe mit dem Augenblicke, wo letzteres geschehen, in den dadurch begründeten Rechtsnexus eintrat und an den Vortheilen und Lasten desselben Theil nahm.

Allerdings steht nun eine solche Straße im öffentlichen Eigenthum und ist mit Rücksicht auf ihre Bestimmung, dem allgemeinen Gebrauche zu dienen, extra commercium. R.G. i. Civils. vom 13. Februar 1883, Bd. 10 S. 271.

Die städtischen Straßen und Plätze sind nicht dazu bestimmt, jedem öffentlichen Verkehr, sondern nur dem Straßenverkehr zu dienen. Das Straßeneigenthum wird — abgesehen von einigen besonders geregelten Fällen — nur durch die Bestimmung der Straßen und Plätze, dem Gemeingebrauche zum Gehen, Fahren, Reiten und Fortbewegen von Sachen zu dienen (§ 7 A.L. II 15), beschränkt. Weiter gehende Benutzungsarten kann der Eigenthümer mit der Eigenthumsfreiheitsklage abwehren. R.G. i. Civils. vom 21. September 1898, Bd. 42 S. 205.

Die städtische Straße ist einem doppelten Zwecke gewidmet. Als Glied des städtischen Straßennetzes bildet sie — abgesehen selbstverständlich von der Sackgasse — die Verbindung zwischen anderen Straßen; in dieser Eigenschaft dient sie der Vermittelung der Verkehrsbeziehungen zwischen den übrigen Theilen der Stadt, also dem durchgehenden Verkehr.

Sodann aber, und zwar in erster Reihe, ist sie für den Anbau bestimmt, also dafür, an ihren Seiten mit Häusern besetzt zu werden und diesen als Mittel für die Verbindung und den Verkehr mit der Außenwelt, insbesondere der übrigen Stadt, zu dienen.

Wenn die Gemeinde eine Straße zum Anbau herrichtet, so vollzieht sie damit eine Handlung, welche unmittelbar ihren Willen zum Ausdruck bringt, daß der Anbau an der Straße demnächst erfolge, daß diese mithin zu dem vorbezeichneten Zwecke von den Eigenthümern der daran errichteten Häuser benutzt werde und ihnen in dieser Beziehung dienstbar sei. Durch die Ausführung des Anbaues entsprechen die Eigenthümer der die Straße begrenzenden Grundstücke dem so erklärten Willen der Gemeinde und bringen ihrerseits zum Ausdrucke, daß sie in das bezeichnete Verhältniß zur Straße eintreten wollen. R.G. i. Civils. vom 18. April 1899, Bd. 44 S. 282.

Die Untersuchung und Feststellung, zu welchen Zwecken eine Straße bestimmt ist, führt zur Begriffsentwickelung und Begriffsfeststellung der Straße.

Eine Dorfstraße — wie überhaupt jede Straße — kann sich auch nach dem Erlaß des Gesetzes vom 2. Juli 1875 ohne die förmliche Feststellung von Straßen- und Baufluchtlinien bilden. Es ist rechtsirrig, den Begriff einer Dorfstraße davon abhängig zu machen, daß nach dem Erlasse des Baufluchtengesetzes vom 2. Juli

1875 bei der Anlegung einer Straße den im ersten Absatz des § 1 dieses Gesetzes gestellten Anforderungen entsprochen, also die ordnungsmäßige Festsetzung der Straßen- und Baufluchtlinien jedesmal zuvor erfolgt sei.

Das Gesetz vom 2. Juli 1875 ist nicht dazu übergegangen, für die Neuanlegung und Erweiterung von Straßen in Städten und ländlichen Ortschaften die Festsetzung der Straßen- und Baufluchtlinien zur unerläßlichen Bedingung zu machen. So wenig der Wortlaut der desfallsigen Vorschriften, namentlich des § 1, noch auch die Motive zu dem Gesetze, wie sie sich aus den legislatorischen Vorarbeiten ergeben, berechtigen zu der entgegengesetzten Annahme, welche andernfalls einen dementsprechenden bestimmten Ausdruck gefunden haben müßte. O.G. vom 19. Februar 1887, Bd. 14 S. 398 ff.

Von der Anlegung einer Straße kann nur da gesprochen werden, wo eine solche noch nicht besteht. Es können Theile einer anderen Straße in die neue Straße fallen, ohne daß dieser dadurch der Charakter einer *neuen* Straße, d. h. einer bisher noch nicht vorhanden gewesenen, genommen wird.

Eine neue Straße kann — so sagt die O.G. vom 27. Mai 1887, Bd. 15 S. 147 —, wie aus der Natur der Sache hervorgeht, da nicht angelegt werden, wo eine Straße schon besteht und lediglich einen weiteren Ausbau erfährt, den Anforderungen der Gegenwart hergerichtet, mit besserem Pflaster, Trottoir u. s. w. versehen wird.

Das Entstehen öffentlicher Straßen, für deren Anlegung Straßenfluchtlinien festgesetzt sind.

Aus den Gründen: Unzweifelhaft kennt jenes Gesetz vom 2. Juli 1875 die Festsetzung von Straßenfluchtlinien nur für die Anlegung *öffentlicher* Straßen. Obwohl dies im Gesetze nicht besonders ausgesprochen ist, so erhellt es doch klar aus dem Zusammenhange seiner einzelnen Bestimmungen, insbesondere aus den rechtlichen Wirkungen, welche das Gesetz an jene Festsetzungen knüpft, wie aus den Befugnissen, welche es den Gemeinden zu ihrer Durchführung verleiht. Hieraus ergiebt sich weiter, daß durch die Ausführungen solcher Fluchtlinienpläne öffentliche Straßen entstehen.

Dagegen giebt das Gesetz keinen Anhalt für die Beantwortung der Frage, wann und unter welchen Voraussetzungen eine in einem Fluchtlinienplane vorgesehene Straße als nach Maßgabe desselben thatsächlich hergestellt und so als eine vorhandene, nicht nur projektirte, öffentliche Straße anzusehen ist. Hierüber schweigt das Gesetz. Daß durch den Fluchtlinienplan nur Normen für die künftige Anlegung oder Veränderung öffentlicher Straßen geschaffen werden, daß diese Straßen also nicht schon allein durch die Feststellung des Planes entstehen, ist zweifellos. Das Gesetz hat die an diese Festsetzung sich knüpfenden rechtlichen Wirkungen in den §§ 10 und 11 genau umgrenzt. Andererseits nöthigt auch die rechtliche Lage der maßgebenden Verhältnisse nicht zu der mit den Bedürfnissen des Verkehrs wie der täglichen Uebung der Verwaltung im Widerspruch stehenden Annahme, daß eine auf Grund eines Fluchtlinienplanes hergestellte Straße erst dann als eine öffentliche anzuerkennen sei, wenn sie in *allen* Beziehungen (Pflasterung, Entwässerung, Beleuchtung, pfandfreie Uebertragung des Eigenthums am Straßenkörper an die Gemeinde ꝛc.) den durch Polizeiverordnungen allgemein festgestellten Anforderungen oder den im Einzelfalle zu erhebenden polizeilichen Ansprüchen genügte. Die Anlegung einer Straße von ihrer Projektirung durch die Fluchtlinienfestsetzung bis zu ihrer Fertigstellung in jeder Beziehung kann derartig stufenweise erfolgen, daß es im Einzelfalle schwierig wird, den Zeitpunkt zu bestimmen, von welchem ab dieselbe als öffentliche Straße thatsächlich und damit auch rechtlich besteht. O.G. vom 30. Dezember 1890, Bd. 20, S. 223.

Um von einer Veränderung einer Straße reden zu können, muß letztere selbstverständlich vorhanden sein; sie wird z. B. in einer Verbreiterung, in einer anderweiten Verlegung des Bürgersteiges u. s. w. bestehen, darf aber nicht soweit gehen, daß die bisherige wesentliche Gestaltung, d. h. die Straße selbst, beseitigt wird, und eine andere, von der bisherigen wesentlich verschiedene hergestellt wird.

Der Gesetzgeber verlangt für die gültige Festsetzung drei darauf hinzielende Einverständnißerklärungen: a) des Gemeindevorstandes (z. B. des Magistrats), b) der Gemeinde bezw. deren Vertretung (z. B. der Stadtverordneten) und c) der Ortspolizeibehörde.

Fehlt eine von diesen Einverständnißerklärungen, so ist die ohne dieselbe erfolgte Festsetzung von Straßenfluchtlinien rechtsungültig.

Das leitende Motiv für die Festsetzung ist, dem öffentlichen Bedürfnisse zu entsprechen. Letzteres ist ein mannigfaltiges und kann in den einzelnen Ortschaften sehr verschieden sein.

Wenn es in dem § 1 heißt: für die Anlegung u. s. w. sind die Straßen- und Baufluchtlinien u. s. w. festzusetzen, so ist die Festsetzung trotzdem keine obligatorische, sondern eine fakultative, wie sich auch aus § 2 des Gesetzes ergiebt.

Die Ortspolizeibehörde kann die Festsetzung von Fluchtlinien verlangen, wenn sie dies im Interesse der von ihr wahrzunehmenden polizeilichen Rücksichten für nothwendig hält. Aber auch dann ist ihr die Forderung nicht zur zwingenden Pflicht gemacht, vielmehr in ihr Ermessen gestellt. Natürlich wird sie von dem Recht überall da unbedingten Gebrauch machen, wo anders eine Gefährdung der ihrem Schutz anvertrauten Interessen eintreten würde. Welche Interessen hierbei von der Polizeibehörde wahrzunehmen sind, erörtert § 3 dieses Gesetzes.

Nach Abs. 3 gehört der Bürgersteig zur Straße, so gut wie das Bankett zur Chaussee gehört. Der Bürgersteig ist somit ein Theil der Straße, welcher zwar nur für den Fußgängerverkehr vorgesehen ist, im Uebrigen aber zur Erfüllung derselben Verkehrszwecke bestimmt ist, als der Fahrdamm.

Die Straßenfluchtlinien bilden regelmäßig die Grenzen, über welche hinaus nicht gebaut werden darf, die Bebauung ausgeschlossen ist; sie sind also diejenigen Linien, welche die bebauungsfähige Fläche von derjenigen trennen, welche der Bebauung entzogen ist. Für gewöhnlich fallen Straßenfluchtlinie und Baufluchtlinie zusammen, so daß die bebauungsfähige Fläche hinter diesen Linien unmittelbar an das Straßenterrain bezw. das zur Straße bestimmte Terrain anstößt.

Es können aber auch von den Straßenfluchtlinien verschiedene Baufluchtlinien festgesetzt werden, welche für gewöhnlich nicht mehr als drei Meter hinter die Straßenfluchtlinien zurückweichen sollen. In diesem Falle grenzt die bebauungsfähige Fläche nicht unmittelbar an das Straßenterrain, sondern ist von diesem durch eine, allerdings ebenfalls der Errichtung von baulichen Anlagen entzogene Fläche getrennt. In der Regel soll der Unterschied zwischen Straßen- und Baufluchtlinie nicht mehr als drei Meter betragen. Damit ist aber die Festsetzung einer größeren Entfernung zwischen den beiden Linien nicht ausgeschlossen und ungültig, wenn selbstverständlich auch das Vorliegen eines besonderen Interesses hierfür nachgewiesen werden muß oder wenigstens nachweisbar ist.

Für gewöhnlich bilden die Straßenfluchtlinien zugleich die Baufluchtlinien; die Ausnahme — „aus besonderen Gründen" — bildet die Verschiedenheit der Straßenfluchtlinien einerseits und der Baufluchtlinien andererseits, so daß die Vermuthung stets dafür spricht, daß beide Fluchten in einer und derselben Linie enthalten sind. Behauptet daher jemand, daß die Baufluchtlinie eine von der Straßenfluchtlinie verschiedene sei, so muß dies besonders nachgewiesen werden.

Wenn im Gesetze das Ueberschreiten der Baufluchtlinie untersagt ist, so ist damit nicht gleichzeitig das Zurücktreten hinter die Fluchtlinie verboten.

Die Festsetzung von Baufluchtlinien ist ohne eine solche von Straßenfluchtlinien nicht zulässig. Erst muß eine Straßenflucht festgelegt sein, ehe an die Festsetzung der Bauflucht — wenn auch zu gleicher Zeit — herangetreten werden kann. Wohl aber kann, nachdem die Linien existent geworden sind, die eine ohne die andere verändert werden.

Unter Bebauung im Sinne des § 1 des Fluchtliniengesetzes ist die Errichtung jeder baulichen Anlage zu verstehen, also z. B. auch eines Zaunes, auch wenn hierfür eine baupolizeiliche Erlaubniß nicht erforderlich ist. Es handelt sich demnach um solche Anlagen, durch welche das Verbot übertreten und der Zweck der Fluchtlinienfesthaltung illusorisch gemacht wird.

Schließlich sei noch bemerkt, daß nicht etwa, so lange noch keine Fluchtlinien festgesetzt sind, die Bebauung von Grundstücken ausgeschlossen ist. Es tritt vielmehr das Prinzip der Baufreiheit in sein Recht, wie es in den §§ 65ff. I 8 A.L.R. ausgesprochen ist, ebensowenig wie das Entstehen von Straßen an die Festsetzung von Fluchtlinien gebunden ist. Andrerseits steht dem Einzelnen kein Recht auf diese Festsetzung zu.

Es kann nicht für rechtlich unzulässig erachtet werden, daß ohne anderweite Festsetzung der Straßenfluchtlinien lediglich eine Festsetzung von Baufluchtlinien erfolge. Allerdings handelt das Gesetz von diesem Falle nicht besonders; ebensowenig aber schließt es ihn aus und dies genügt.

Die Frage, ob, nachdem das Gesetz vom 2. Juli 1875 in Kraft getreten ist, der Baukonsens an sich anschließlich aus dem Grunde versagt werden darf, weil eine diesem Gesetze entsprechende Festsetzung von Fluchtlinien für das zu bebauende Terrain thatsächlich noch nicht stattgefunden hat, muß verneint werden.

Es spricht dafür, daß dem ersten Satze des § 1 nicht die Bedeutung einer obligatorischen, sondern nur die einer fakultativen Vorschrift innewohnt, vermöge welcher unter der Voraussetzung einer überhaupt stattfindenden Fluchtlinienfestsetzung zunächst lediglich die Ressortverhältnisse geordnet werden sollten, schon der zweite Absatz des § 1 insofern, als derselbe unzweideutig den Fall als möglich voraussetzt, daß übereinstimmend beide Behörden von einer Festsetzung von Fluchtlinien, wo eine solche an sich thunlich wäre, gleichwohl absehen. Eben hierauf deutet auch die mit diesem Satze auf das engste zusammenhängende Schlußbestimmung des § 5 hin, wonach der Kreisausschuß auf Ansuchen der Ortspolizeibehörde über die „Bedürfnißfrage" beschließt, wenn der Gemeindevorstand die von der Ortspolizeibehörde verlangte Festsetzung ablehnt. Hat aber hiernach die Festsetzung überhaupt nur da zu erfolgen, wo mindestens eine der betheiligten beiden Behörden dies nach Lage der Verhältnisse für angezeigt erachtet, so wäre es kaum denkbar oder stände es doch mit der ganzen Richtung der einschlägigen neueren Gesetzgebung in einem auffallenden Widerspruche, daß die Absicht dahin gegangen sein sollte, den durch ein solches passives, ablehnendes Verhalten der Behörden betroffenen Grundeigenthümern bis zu einer anderweiten Entschließung und Verständigung der Behörden das an sich im Eigenthum begründete Recht der Bebauung absolut zu entziehen und nicht einmal ein Rechtsmittel ihnen zu gewähren, mittels dessen sie in geordnetem Verfahren auf Festsetzung von Fluchtlinien zu bestehen in die Lage gesetzt wären.

Es muß ferner hierbei auch noch auf den § 11 des Gesetzes hingewiesen werden, wonach mit dem Tage, an welchem die im § 8 vorgeschriebene Offenlegung des Planes beginnt, die „Beschränkung" des Grundeigenthümers endgültig eintritt, daß Neubauten, Um- und Ausbauten über die Fluchtlinien hinaus versagt werden können. Wäre hier bis zum Zustandekommen des Planes der Eigenthümer überhaupt nicht in der Lage, zu bauen, so würden seine Rechte von jenem Zeitpunkte ab nicht sowohl eine „Beschränkung", als vielmehr eine Erweiterung erfahren. „Der Umstand allein und an sich, daß eine Fluchtlinienfestsetzung nach Maßgabe des Gesetzes vom 2. Juli 1875 noch nicht erfolgt ist, berechtigt nicht dazu, die Ertheilung jedes Baukonsenses schlechthin zu versagen."

Es ist zu bemerken, daß § 12 des Fluchtliniengesetzes mit den vorangehenden, von der Festsetzung der Fluchtlinien handelnden Bestimmungen überhaupt in keinem Zusammenhange steht und sich auf diesen Gegenstand gar nicht bezieht, auch im Uebrigen nicht nur nicht den Fall der Anlegung oder Veränderung von Straßen rc. zur Voraussetzung hat, sondern im Gegentheil davon ausgeht, daß es sich um bereits projektirte, nur noch nicht fertiggestellte Straßen handelt. O.G. vom 2. Juni 1877, Bd. 2 S. 362.

Ueber den Begriff der „Bebauung" bezw. der „Errichtung von Neubauten" im Sinne der §§ 1 und 11 des Gesetzes vom 2. Juli 1875, betreffend die Anlegung und Veränderung von Straßen 2c. siehe O.G. vom 14. Juni 1881, Bd. 7 S. 321. Nach derselben Entscheidung liegt darin, daß die baupolizeiliche Erlaubniß zur Errichtung eines Zaunes über die nach Maßgabe jenes Gesetzes festgestellte Straßenfluchtlinie hinaus mit der Bedingung beschwert wird: es müsse bei der Fertigstellung der Straßen die Anlage auf Kosten des Eigenthümers entfernt werden, keine der polizeilichen Fürsorge nicht unterstellte Wahrnehmung kommunaler Interessen.

Die Verbindlichkeit zur Unterhaltung der Chausseen schließt nicht die Verpflichtung in sich, da, wo sie städtische Straßen bilden, an der Seite derselben Bürgersteige anzulegen und zu unterhalten.

Die Festsetzung von Straßenfluchtlinien als die Voraussetzung des polizeilichen Einschreitens zum Zwecke der Anlegung oder Veränderung von Straßen in Städten.

Aus den Gründen: Die Chausseen sind bestimmt, dem Verkehr von Ort zu Ort zu dienen. Die Bestimmung für den inneren Verkehr der Ortschaften, die sie berühren, ist hiergegen etwas Accidentielles, Nebensächliches. Weiter sind die Chausseen nach dieser ihrer Bestimmung Fahrstraßen. Als solche dienen sie auch dem Fußgängerverkehr, und es wird auf den letzteren auch wohl bei der Eintheilung und Befestigung der Chausseen nach bestimmten technischen Regeln in der Herstellung der sogenannten Fußgänger-Banketts Rücksicht genommen. Diese Banketts sind aber keine in der Anlage, Benutzung und in den auf ihre Unterhaltung bezüglichen Rechtsverhältnissen abgesondert und für sich bestehende Fußwege. Sie sind untergeordnete Theile, die auch für andere wichtige Beziehungen, wie für die Chausseegelder-Erhebungen, gar nicht in Betracht kommen. In allen diesen Beziehungen sind die Bürgersteige von den Chausseen gänzlich verschiedene, eigenartige Verkehrsmittel. Ihre Bestimmung ist an erster Stelle eine rein lokale; sie sollen vor Allem dem örtlichen Verkehre im engsten Sinne des Wortes als Zugänge zu den Häusern und Gehöften dienen. Diese Bestimmung beherrscht die besonderen Anforderungen an ihre Einrichtung und hat regelmäßig auch die Unterhaltungspflicht durch die Adjazenten wie auch die Benutzung durch dieselben besonders geregelt (§ 81 I 8 A.L.R.; Endurtheil des Gerichtshofes vom 13. Februar 1884, Bd. 10 S. 203). Die Bürgersteige sind somit ihrer Bestimmung, ihrer Benutzung, ihrer Bauart und ihren Rechtsverhältnissen nach von den Chausseen durchaus verschiedene Verkehrsmittel. Es ist daher keine singuläre Vorschrift, wenn in dem § 11 der Verordnung vom 16. Juni 1838 (Ges.-Samml. S. 353) für die Uebernahme der Unterhaltung der im Zuge von Chausseen liegenden städtischen Straßen gegen den Wegfall besonderer Wege- und Pflastergelder bestimmt ist: Durch die Uebernahme und Unterhaltung städtischer Straßenstrecken von Seiten des Staates wird in der bisherigen Verpflichtung zur Unterhaltung der Bürgersteige und Seitenpflaster sowie zur polizeimäßigen Reinigung der Straßen nichts geändert. O.G. vom 16. März 1887, Bd. 14 S. 272.

Die Zulässigkeit der Anlegung von Privatstraßen nach Maßgabe des Straßen- und Baufluchtengesetzes vom 2. Juli 1875.

Aus den Gründen: Gegenüber der mehrfach bemerkbar gewordenen Unsicherheit über den Begriff einer Privatstraße ist hervorzuheben, daß diese Bezeichnung nicht auf solche Straßen angewendet werden darf, welche zwar für den öffentlichen Verkehr und den Anbau mit Zustimmung der Polizeibehörde bestimmt sind, aber von den Unternehmern der Anlage oder von den Eigenthümern, sei es der Straße selbst, sei es der angrenzenden Grundstücke, unterhalten werden und sich im Privatbesitze befinden. Solche Straßen sind öffentliche Straßen, da die Oeffentlichkeit eines Weges dadurch nicht ausgeschlossen wird, daß seine Unterhaltung einem anderen

Rechtssubjekte, als dem regelmäßig Wegebaupflichtigen, obliegt, und daß sein Grund und Boden im Privateigenthum eines Dritten steht. Eine Privatstraße im rechtlichen Sinne ist nur da vorhanden, wo die Straße der Verfügungsgewalt des Eigenthümers unterliegt und kraft derselben dem öffentlichen Verkehr entweder thatsächlich entzogen ist, oder zu jeder Zeit entzogen werden kann. Mit derartigen Straßen beschäftigt sich nun das Gesetz vom 2. Juni 1875 überhaupt nicht; es bezieht sich vielmehr lediglich auf öffentliche Straßen. Deshalb ist auch die Anlegung einer wirklichen Privatstraße durch das Gesetz weder ausdrücklich verboten, noch mittelbar ohne Weiteres unthunlich gemacht. Die Ansicht, Straßen könnten, wenn für sie Fluchtlinien aus früherer Zeit nicht beständen, gegenwärtig nur nach einer in den Formen des Gesetzes vorgesehenen Fluchtlinienfestsetzung angelegt werden, trifft nicht einmal für öffentliche Straßen zu (vergl. O.G. Bd. 14 S. 403), ist aber für Privatstraßen schon deshalb unhaltbar, weil hier eine Fluchtlinienfestsetzung von vorn herein ausgeschlossen erscheint. Auf Grund des Gesetzes läßt sich somit die Herstellung einer Privatstraße nur in dem Falle verhindern, wenn ein Ortsstatut zur Ausführung des § 12 erlassen ist und hiernach der Anbau an der Privatstraße untersagt werden kann. Letzteres setzt aber wieder voraus, daß die Annahme gerechtfertigt ist, es solle an einer in der Entstehung begriffenen öffentlichen Straße gebaut werden; d. h. es bedarf einer Feststellung, daß die Straße, wenn sie auch von dem Unternehmer etwa als Privatstraße bezeichnet wird, doch thatsächlich von Anfang an als öffentliche Straße projektirt ist oder sich wenigstens nach den vorliegenden Umständen mit und in Folge der Erbauung nothwendig in eine öffentliche Straße verwandeln muß.

Ausschlaggebend bleibt, ob der Eigenthümer noch imstande ist, jeden anderen Verkehr auszuschließen als denjenigen, welcher mit der Bewohnung der anliegenden Gebäude oder Gebäudetheile verbunden ist. Der Polizeibehörde ist es unbenommen, falls sich auf der Privatstraße wider Erwarten ein zu Bedenken Anlaß gebender Verkehr entwickeln sollte, hiergegen in geeigneter Weise einzuschreiten und insbesondere einer etwaigen Heranziehung der Privatstraße in das Netz der öffentlichen Straßen durch entsprechende, dem Eigenthümer aufzuerlegende Vorkehrungen entgegenzutreten. O.G. vom 1. April 1890, Bd. 19 S. 367.

Die unter der Herrschaft und der Beobachtung der Formen des Gesetzes vom 2. Juli 1875 (§§ 1, 7, 8) festgesetzten Fluchtlinien sind stets als neue Fluchtlinien im Sinne dieses Gesetzes anzusehen, gleichviel ob schon vorher in der betreffenden Ortschaft ein Bebauungsplan bestanden hat oder nicht. Das Bestehen eines solchen Planes, auch wenn derselbe in irgend einer Art veröffentlicht war, hindert die Gemeinde nicht, einen neuen Bebauungsplan, oder auch den bestehenden von Neuem auf der Stelle und in der in den §§ 1—8 des Gesetzes vorgeschriebenen Art förmlich festzustellen, um dadurch für die Zukunft derjenigen Erleichterung theilhaft zu werden, welche das Gesetz den Gemeinden in der Verpflichtung zur Herstellung und Unterhaltung der öffentlichen Straßen und Plätze gewährt; der demgemäß nach den Vorschriften des Gesetzes festgestellte Bebauungsplan ist ein neuer, und die durch denselben festgesetzten Fluchtlinien sind im Sinne des Gesetzes neue, auch wenn sie mit dem früheren Plane ganz oder theilweise übereinstimmen. Ist Letzteres der Fall, so ist das ein zufälliger Umstand, die Uebereinstimmung ist eine rein äußerliche; entscheidend ist, daß die rechtliche Grundlage des neuen, nach einem gesetzlich geregelten Verfahren festgestellten Bebauungsplanes und des durch diesen beseitigten früheren Bebauungsplanes eine verschiedene ist. R.G i. Civils. vom 27. März 1889, Bd. 23 S. 283.

Können im Wege der Straßen- und Baufluchtlinienfestsetzung Flächen, welche weder zu Straßen noch zu Plätzen ausgewiesen werden, von der Bebauung bis auf Weiteres, d. h. unter Vorbehalt der künftigen Regelung ihrer Bebauung ausgeschlossen werden?

Das in dieser Beziehung nach Maßgabe des Straßen- und Baufluchtliniengesetzes vom 2. Juli 1875, sowie das vor Erlaß dieses Gesetzes geltende Recht.

Aus den Gründen: Es ist zunächst hervorzuheben, daß es an sich, um ein Grundstück bebauungsfähig zu machen, der vorgängigen Festsetzung von Baufluchtlinien für dasselbe durchaus nicht bedarf. Nirgends bietet das bestehende Recht für die entgegengesetzte Auffassung einen Anhalt, wie dies schon in dem Urtheile des Gerichtshofes vom 2. Juni 1877 (Bd. 2 S. 362 d. Entsch.) dargelegt worden ist.

Anlangend die rechtliche Seite der Sache, so unterliegt es zunächst für die Zeit nach Erlaß des Gesetzes vom 2. Juli 1875 nicht wohl einem Zweifel, daß bei Aufstellung von Bebauungsplänen und bei sonstigen Fluchtlinienfestsetzungen es nicht gestattet ist, Flächen, welche weder zu Straßen noch zu Plätzen ausgewiesen werden, dennoch von der Bebauung auszuschließen unter Vorbehalt künftiger Bestimmung über deren Zulassung zur Bebauung. Der § 1 dieses Gesetzes charakterisirt die Fluchtlinien als „die Grenze, über welche hinaus die Bebauung ausgeschlossen ist". Hieraus ergiebt sich in der Konsequenz des die Baufreiheit grundsätzlich aussprechenden § 65 I 8 A.L.R., daß sie gleichzeitig die Grenzen sind, bis zu welchen sie gebaut werden darf. Im Anschluß an § 1 sind dann im § 11 die aus der Feststellung der Fluchtlinien, bezw. der Bebauungspläne sich ergebenden Folgen dahin gekennzeichnet, daß einerseits die Beschränkung des Grundeigenthümers ausgesprochen wird, Neubauten, Um- und Ausbauten über die Fluchtlinie hinaus vorzunehmen und daß gleichzeitig die Gemeinde das Recht erhält, „die durch die festgesetzten Straßenfluchtlinien für Straßen und Plätze bestimmte Grundfläche dem Eigenthümer zu entziehen.

Auch die letztere Bestimmung läßt erkennen, daß die Feststellung von Fluchtlinien, gleichviel, ob dieselben für kleinere Distrikte oder, was dem gesetzlich gleichsteht (§ 2 a. a. O.), durch Aufstellung von Bebauungsplänen für größere Grundflächen erfolgt, nur insoweit eine Beschränkung des Grundeigenthümers in sich schließt, als durch diese Feststellung Straßen oder Plätze abgegrenzt sind, damit die Gemeinde in die Lage kommen soll, das durch sie abgegrenzte Terrain dem Eigenthümer entziehen zu können. Grundflächen, welche bei Aufstellung des Bebauungsplanes nicht die Bestimmung erhalten, zu Straßen oder Plätzen zu dienen, fallen — abgesehen von den sogenannten Vorgärten (§ 1 Abs. 4) — nicht in die Fluchtlinienfeststellung. Mögen die Baupolizeiordnungen bezüglich der durch die Fluchtlinienfestsetzung in Bezug auf die Baufreiheit nicht beschränkten Territorien diejenigen Beschränkungen einführen, welche aus anderweiten polizeilichen Rücksichten als den bei der Baufluchtlinienfestsetzung in Betracht kommenden (§ 19 a. a. O.) gesetzlich zulässig erscheinen, die Fluchtlinienfestsetzungen, also auch die Festsetzungen der Bebauungspläne (§ 2) führen eine weitere Beschränkung nicht mit sich, als daß in dem durch sie zu Straßen und Plätzen ausgeworfenen Terrain die Bebauung ausgeschlossen ist.

Ist es somit nach Erlaß des Gesetzes vom 2. Juli 1875 unzulässig, bei Aufstellung von Bebauungsplänen Flächen, welche nicht zu Straßen oder Plätzen ausgelegt werden, von der Bebauungsfähigkeit auszuschließen, so fragt es sich, ob es rechtlich möglich war, in der Zeit vor Erlaß dieses Gesetzes in Bebauungsplänen solche Bestimmungen zu treffen. Auch dies ist zu verneinen.

Die vorerwähnten, in dem neuen Baufluchtengesetz zum Ausdruck gekommenen Grundsätze sind dieselben, welche auch vor dem Erlaß dieses Gesetzes bei Aufstellung von Bebauungsplänen und Fluchtlinienfestsetzungen in der auf § 66 I 8 A.L.R. beruhenden Praxis der Verwaltungsbehörden maßgebend waren. Die Motive zu dem Entwurfe des Gesetzes sagen in dieser Beziehung: „Die Bestimmungen des Gesetzentwurfs, der so viel als thunlich an den Grundsätzen, welche in der Verwaltung bisher sich herausgebildet und als praktisch bereits bewährt haben, festhält, — — beziehen sich zunächst auf die Festsetzung der Fluchtlinien, einmal für die bestimmt konkreten Fälle und sodann im voraus für ganze Ortschaften oder Theile derselben durch Aufstellung allgemeiner Bebauungspläne (Drucksache Nr. 23 des Abgeordnetenhauses von 1875 S. 9)", und dann weiter (S. 10 daselbst):

„Die gesetzliche Basis für die Befugniß der Polizeibehörden, Fluchtlinien vorzuschreiben und die Baufreiheit dadurch einzuschränken, bilden für diejenigen Landes-

theile, in denen das allgemeine Landrecht gilt, die §§ 65 ff. I 8 daselbst. Nach den Bestimmungen dieser Paragraphen dürfen Bauten ohne obrigkeitlichen Konsens nicht vorgenommen werden, und die Obrigkeit hat darauf zu achten, daß die Bauten nicht zum Schaden oder zur Verunstaltung der Städte und öffentlichen Plätze gereichen. Eine solche Verunstaltung würde nun unzweifelhaft eintreten, wenn die Bauten ohne Rücksicht auf die Lage und die Breite schon bestehender oder künftig anzulegender Straßen zugelassen werden sollten.

Auf derselben rechtlichen Basis beruht die Befugniß der Polizeibehörde zur Aufstellung von Bebauungsplänen. Ein Bebauungsplan ist, wie zur Beseitigung der vielfach mit diesem Begriff verbundenen irrthümlichen und mißverständlichen Auffassung ausdrücklich hier hervorgehoben werden mag, nichts anderes, als die Feststellung von Fluchtlinien im voraus nach einem einheitlichen Plane, welcher die Richtung der Straßen, die Anlegung öffentlicher Plätze u. s. w. in Obacht nimmt; er giebt nichts anderes, als eine geordnete Gruppirung derjenigen Linien, welche bei der Erbauung der einzelnen Grundstücke in dem von dem Plane umfaßten Gebiete von der Polizeibehörde auch dann, wenn ein solcher Bebauungsplan nicht vorhanden wäre, in den speziellen Baufällen angewiesen sein würde.

Die durch Zirkular-Erlaß des Ministers für Handel, Gewerbe und öffentliche Arbeiten vom 12. Mai 1855 (Min.-Bl. d. i. V. S. 100 ff.) den Bezirksregierungen ertheilte Anweisung für die Aufstellung der Bau- und Retablissementspläne enthält keinen Anhalt dafür, daß über die Festsetzung von Straßen und Plätzen hinaus Terrain von der Bebauung ausgeschlossen werden dürfe, um erst künftig über dasselbe zu verfügen.

Der eine solche Ausdehnung des Verfahrens bei Festsetzung von Baufluchtlinien verbietende Grund ist der, daß für dieselbe objektive polizeiliche Momente, welche es rechtfertigen, in die gesetzliche Regel der Baufreiheit (§ 65 I 8 A.L.R.) beschränkend einzugreifen, nicht mehr erkennbar sind. Ein solcher Eingriff ist, soweit er überhaupt in dem Gesetze eine Stütze findet, überall nur zulässig, um das vorhandene öffentliche Interesse wahrzunehmen, nicht aber, weil künftig vielleicht einmal ein denselben bedingendes öffentliches Interesse vorliegen könnte. Möchte es auch zulässig sein, bei dem Auswerfen von Straßen und Plätzen durch Fluchtlinienfestsetzung die Bedürfnisse einer ferneren Zukunft zu berücksichtigen, so würden durch das bloße Reserviren von Terrain für solche Festsetzungen diese selbst mit ihren rechtlichen Folgen niemals dargestellt haben.

Danach beruht auch die den vor Erlaß des Gesetzes vom 2. Juli 1875 aufgestellten Bebauungsplänen innewohnende rechtliche Bedeutung darin, daß sie durch Markirung der für die Zukunft in Aussicht genommenen Straßen und öffentlichen Plätze die Grenze bestimmen, innerhalb deren die sonst bestehende Bebauungsfreiheit ausgeschlossen ist. Ihre rechtliche Bedeutung besteht nicht darin, zu markiren, wo gebaut werden darf, sondern zu kennzeichnen, welche Flächen zu Straßen und öffentlichen Plätzen reservirt werden sollen und deshalb nicht bebaubar sind. Es wird ja regelmäßig daraus ein Resultat sich ergeben, welche Flächen in der Konsequenz des Bebauungsplanes bebaubar sind. Allein der rechtliche Kern der Feststellung liegt, wie gesagt, nicht in der Feststellung der Bebaubarkeit, sondern in der Feststellung der Nichtbebaubarkeit von Flächen. O.G. vom 25. September 1891, Bd. 21 S. 375.

So lange noch ein Platz vor dem Hause in dem Privateigenthum des Hausbesitzers und noch nicht als Straßentheil hergestellt und dem öffentlichen Verkehr gewidmet ist, kann ihm nicht verwehrt werden, sein Eigenthum durch eine nicht unter den Begriff eines Baues fallende Vorrichtung gegen das Publikum zu schützen (vergl. O.G. Bd. 10 S. 298.

Das Verbot des § 11 trifft unzweifelhaft auch einen Umbau, etwa im vierten Obergeschoß eines Hauses, sofern er innerhalb der Fluchtlinie liegt, obwohl doch auch dabei von einer Veränderung der Erdoberfläche, des Niveaus nicht die Rede sein kann (zu vergl. O.G. Bd. 6 S. 325ff.). Sonst könnte die in älteren Zeiten vielfach übliche Art des Bauens, wonach jedes obere Geschoß das andere um ein erhebliches Stück überragte, ebensowenig auf Grund dieser Bestimmung gehindert werden, wie eine vollständige Ueberbrückung der Straße. Man wollte ohne Frage der Polizeibehörde nicht nur die Verfügung über das Niveau des Straßenterrains, sondern auch über die Luftsäule darüber geben. In diesem Sinne hat so auch das Oberverwaltungsgericht nicht nur bezüglich des Raumes unter dem Straßenniveau (zu vergl. die Erkenntnisse im Preuß. Verwltgsbl., Jahrg. 6 S. 6, Jahrg. 8 S. 136, Jahrg. 11 S. 586), sondern auch bezüglich der Luftsäule bisher entschieden (vergl. auch Friedrichs, Kommentar zum Baufluchtengesetz vom 2. Juli 1875, 2. Auflage, S. 54, 55).

Die wesentliche Bedeutung des § 11 des lediglich die Neuanlegung und Veränderung der Straßen betreffenden Gesetzes ist darin zu finden, daß durch denselben zur Erleichterung der Straßenanlegung die durch die Bebauungspläne für Straßen und Plätze bestimmten Flächen schon vor ihrer Enteignung und Widmung zu Straßen diesen selbst bezüglich der Einschränkung ihrer Bebauung gleichgestellt werden, dagegen fehlte jeder Anlaß, diese Einschränkung noch über die für schon vorhandene Straßen nach allgemeinen gesetzlichen Bestimmungen bestehenden Grenzen hinaus derartig auszudehnen, daß insbesondere die Anwendung der §§ 78—82 I 8 A.L.R. für die nach Maßgabe des Gesetzes geplanten oder entstandenen Straßen ausgeschlossen würde. Jene landrechtlichen Normen sind nicht besonders und ausschließlich für die Anlegung und Veränderung von Straßen gegeben; sie gehören daher nicht zu den gemäß § 19 des Fluchtliniengesetzes aufgehobenen und stehen den Vorschriften des letzteren nicht entgegen. Wohl aber beherrschen sie als allgemeine Norm die Handhabung des § 11 a. a. O. insofern, als die Beschränkung des Grundeigenthümers in der Bebauung seines Grundstückes an der künftigen Straße in den fraglichen Beziehungen keine größere sein soll, als an der vollendeten Straße.

Es sollte nach wie vor in Anwendung jener §§ 78—82 die Polizeibehörde berechtigt sein, Vorsprünge und Hinausbauten der dort genannten Art nach polizeilichen Gesichtspunkten und Ermessen zu gestatten bezw. über das Maß und den Umfang ihrer Zulassung Polizeivorschriften zu erlassen (vergl. auch Friedrichs a. a. O. S. 55). Dementsprechend haben denn auch fast in allen Städten die Baupolizeiordnungen diese Materien geregelt. O.G. vom 13. November 1891, Bd. 22 S. 372.

Fluchtlinienfestsetzungen für ein einzelnes Grundstück. Wann ist das in § 1 des Fluchtliniengesetzes vom 2. Juli 1875 gedachte „Einverständniß mit der Gemeinde“ bei solcher Festsetzung anzunehmen?

Aus den Gründen: Die Festsetzung einer Baufluchtlinie für ein einzelnes Gebäude mittels Bescheides an den Eigenthümer desselben ist auch nach § 7 Abs. 2, § 2 Abs. 1 des Gesetzes vom 2. Juli 1875 zulässig, und die in § 7 Abs. 1 vorgeschriebene Offenlegung des Planes wird, sofern es sich um ein einzelnes Gebäude handelt, nach § 7 Abs. 2 durch eine Mittheilung an den betheiligten Grundeigenthümer ersetzt.

Ob die Setzung einer Ausschlußfrist, wie sie in § 7 Abs. 1 bei Offenlegung des Planes vorgeschrieben ist, auch im Falle des Abs. 2 für erforderlich zu erachten, erscheint nach der Fassung des Gesetzes zweifelhaft. R.G. i. Civils. vom 3. November 1899, Preuß. Verwltgsbl., Jahrg. 21 S. 209.

Die mit den öffentlichen Flußläufen in Verbindung stehenden Häfen innerhalb der Städte gehören regelmäßig nicht zu den Plätzen im Sinne des Straßen- und Baufluchtengesetzes.

Grundstücke sind um deswillen, weil vor ihnen keine Straßen- oder Baufluchtenlinie festgelegt sind, nicht der Bebauung entzogen.

Aus den Gründen: Das Straßenanlegungsgesetz enthält sich einer Begriffsbestimmung der „Straßen und Plätze", für deren Herstellung oder Veränderung es Vorschriften giebt; nur etwa in dem Abs. 3 des § 1, wonach zu einer Straße im Sinne des Gesetzes der Straßendamm und der Bürgersteig gehört, findet sich eine nähere Andeutung darüber, was der Gesetzgeber unter „Straße" versteht. Nach der Entstehungsgeschichte, dem Zwecke und dem gesammten Inhalte des Gesetzes können indessen mit dem Ausdrucke „Straße" nur die für den Verkehr innerhalb der Ortschaften und in erster Linie zugleich für den Anbau bestimmten Wege gemeint sein. Ohne eine völlige Verschiebung des dem Gesetze zu Grunde liegenden Gedankens kann überhaupt nicht davon die Rede sein, Wasserstraßen als Glieder des städtischen Straßennetzes zu behandeln. Damit verbietet es sich von selbst, einen in Verbindung mit der Wasserstraße stehenden Hafen als einen öffentlichen Platz im Sinne des Gesetzes zu charakterisiren.

Wenn die für die Hafenanlage in Aussicht genommene Fläche zur Zeit einen öffentlichen Platz bildete, würde der letztere mit seiner Umwandelung in einen Hafen unbedenklich seiner Eigenschaft als öffentlichen Platzes entkleidet werden.

Das Gesetz bietet keine Handhabe, eine Bebauung solcher Grundstücke, an denen Fluchtlinien nicht gezogen sind, zu verhindern. Gilt das aber für Fälle, wo eine Fluchtlinienfestsetzung überhaupt noch nicht stattgefunden hat, so muß es auch für Fälle gelten, wo Fluchtlinien zwar früher festgestellt waren, später aber wieder beseitigt sind. Denn hierdurch wird eben kein anderer Rechtszustand hergestellt, als daß es an einer Fluchtlinie fehlt. Durch Aufhebung einer Fluchtlinie wird das angrenzende Grundstück keinesfalls unfähig zur Bebauung gemacht. Dazu bedürfte es einer in das Gesetz aufgenommenen ausdrücklichen Vorschrift, die das Bebauen eines Grundstückes von vorgängiger Feststellung einer Baufluchtlinie für dasselbe abhängig machte. O.G. vom 17. Mai 1892, Bd. 23 S. 361.

Kann eine schon bestehende Straßen- oder Baufluchtlinie nochmals nach Maßgabe des Straßen- und Baufluchtengesetzes vom 2. Juli 1875 festgesetzt werden?

Nach welchen Gesichtspunkten unterliegen Straßen- und Baufluchtlinienfestsetzungen, sobald sie zur Grundlage polizeilicher Verfügungen gemacht sind, der Prüfung auf ihre Rechtsbeständigkeit im Verwaltungsstreitverfahren?

Aus den Gründen: Durch die Festsetzung von Fluchtlinien wird im Resultate eine Rechtsnorm geschaffen, welche aber in materieller Hinsicht nicht mit dem materiellen Inhalte des Gesetzes vom 2. Juli 1875 und dem sonst etwa auf die Sache bezüglichen objektiven Recht im Widerspruch stehen darf.

Das Gesetz spricht zwar im § 1 nur von der „Anlegung" und „Veränderung" von Straßen 2c. und im § 10 nur von der „Aufhebung" und „Abänderung" von Fluchtlinien. Der Gerichtshof ist aber in Uebereinstimmung mit dem Reichsgericht — vergl. die Entscheidungen desselben in Civilsachen Bd. 23 S. 283 — der Ansicht, daß dadurch den Gemeinden nicht das Recht beschränkt werde, eine schon bestehende ältere Fluchtlinie noch einmal auf Grund des Gesetzes vom 2. Juli 1875 festzusetzen.

Nach § 1 Abs. 4 a. a. O. soll zwar in der Regel die Baufluchtlinie höchstens drei Meter von der Straßenfluchtlinie zurücktreten, aber dieser Wortlaut zeigt klar, daß Ausnahmen von dieser Regel zugelassen sind.

Die Festsetzung einer Fluchtlinie kann keine andere Wirkung haben, als welche das Gesetz ihr beilegt.

Ein Klageantrag, welcher die Ertheilung der erbetenen, von der Polizeibehörde versagten Bauerlaubniß zum Ziel hat, erscheint schon deshalb rechtlich unzulässig, weil der Verwaltungsrichter zur Ausübung einer solchen Verwaltungsthätigkeit nicht zuständig ist. Er ist nur befugt, darüber zu entscheiden, ob die die Genehmigung versagende polizeiliche Verfügung gerechtfertigt ist oder nicht (§§ 127ff. des Landesverwaltungsgesetzes). O.G. vom 24. November 1893, Bd. 25 S. 387.

Straßen- und Baufluchtlinienpläne, die mit der Oertlichkeit nicht übereinstimmen, wie solche Pläne, die vom Gemeindevorstande vor der Entscheidung über die gegen sie rechtzeitig erhobenen Einwendungen festgestellt und veröffentlicht sind, sind rechtsunwirksam.

Aus den Gründen: Durch die Ertheilung der polizeilichen Bauerlaubniß erwirbt der Bauunternehmer kein unwiderrufliches und unentziehbares Recht auf die Ausführung des Baues nach Maßgabe der ertheilten Erlaubniß. Denn durch diese wird regelmäßig nur ausgesprochen, daß der aus dem Eigenthum des Grundbesitzers fließenden Befugniß, seinen Grund und Boden mit Gebäuden zu besetzen, zur Zeit der Prüfung des Baugesuches Hindernisse des öffentlichen Rechtes nicht entgegenstehen, und die Baupolizeibehörde hat die Pflicht, wenn sie sich davon überzeugt, daß sie sich bei diesem ihrem Ausspruche in einem Rechtsirrthum befunden hat, dieses dem Bauunternehmer mitzutheilen und zu verhindern, daß ein dem öffentlichen Baurecht widersprechender Bau ausgeführt werde. Das thut sie durch Zurücknahme der Bauerlaubniß, und sie befindet sich mit dem bestehenden Rechte im Einklange, wenn sie den etwaigen Versuchen des Unternehmers, den rechtswidrigen Bau dennoch auszuführen, mit Bauverboten und den ihr zustehenden Zwangsmitteln entgegenwirkt. O.G. vom 28. September 1895, Bd. 28 S. 371.

Rechtlich unwirksam sind Fluchtlinienpläne, die gegen die Bestimmungen des Gesetzes vom 2. Juli 1875 verstoßen, insbesondere solche, die keine Straßenfluchtlinien, sondern nur Baufluchtlinien, die nicht zugleich die Straßenfluchtlinien darstellen, enthalten, nicht aber solche, die nur von den ministeriellen Vorschriften für die Aufstellung von Fluchtlinien- und Bebauungsplänen vom 28. Mai 1876 abweichen.

Aus den Gründen: Nach der feststehenden Rechtsprechung des Gerichtshofes ist die Versagung einer polizeilichen Bauerlaubniß auf Grund eines festgesetzten Fluchtlinienplanes gerechtfertigt, sobald er von den städtischen Behörden mit Genehmigung der zuständigen Polizeibehörde aufgestellt worden ist, auch wenn das Feststellungsverfahren noch nicht durch die förmliche Feststellung des Planes gemäß § 8 des Gesetzes seinen Abschluß gefunden haben sollte, und daß für den Verwaltungsrichter bei Streitigkeiten über die Versagung derartiger Bauerlaubnisse die Lage der Fluchtlinienfestsetzung zur Zeit der Urtheilsfällung maßgebend ist.

Ein Fluchtlinienplan, welcher eines nach § 1 a. a. O. für die Festsetzung eines gültigen Fluchtlinienplanes unter allen Umständen wesentlichen Erfordernisses, nämlich der Feststellung von Straßenfluchtlinien entbehrt, kann für die Auferlegung von Baubeschränkungen nach Maßgabe des § 11 des Gesetzes vom 2. Juli 1875 nicht in Betracht kommen. Zwar sollen nach der Vorschrift des Gesetzes die Straßenfluchtlinien regelmäßig zugleich die Baufluchtlinien bilden; dagegen kann der Aufstellung eines Planes, der keine Straßenfluchtlinien, sondern nur Baufluchtlinien nachwies, die Bedeutung der Festsetzung von Fluchtlinien im Sinne des Gesetzes überhaupt nicht beigelegt werden. O.G. vom 28. April 1898, Bd. 33 S. 425.

Da Brücken und nicht schiffbare Wasserläufe Theile der Straßen und Wege sind, in deren Zuge sie liegen, so stellt es in der Regel nicht die Anlegung einer neuen oder die Verlängerung einer schon bestehenden Straße dar, wenn unter Zuwerfung eines solchen Wasserlaufes eine Brücke abgebrochen und an ihrer Stelle der Straßenzug durchgeführt wird. O.G. vom 28. März 1898, Bd. 33 S. 123.

Verschiedenheit des rechtlichen Wesens der Baufluchtlinienfestsetzung vor und nach dem Gesetz vom 2. Juli 1875.

Während nach älterem Rechte der Zweck ein ausschließlich polizeilicher und darauf gerichtet war, Bauten zu verhindern, die geeignet waren, für das Gemeinwesen einen Schaden oder eine Unsicherheit herbeizuführen oder die Städte und öffentlichen Plätze zu verunstalten, ist die Baufluchtlinienfestsetzung nach dem Gesetze

vom 2. Juli 1875 eine Angelegenheit der wegebaupflichtigen Gemeinde, die zum Zwecke der Straßenanlegung erfolgt.

Aus den Gründen: Es ist richtig, daß der § 27 Abs. 2 des Kommunalabgabengesetzes[1]) nur bei jenen Fluchtlinienfestsetzungen Platz greift, die auf Grund des Gesetzes vom 2. Juli 1875 getroffen sind.

Es ist richtig, daß schon vor dem Gesetz vom 2. Juli 1875 Festsetzungen von Baufluchtlinien stattgefunden haben und daß diese durch das Kommunalabgabengesetz, wenn man dessen Wortlaut rein äußerlich betrachtet, von seiner Wirksamkeit nicht ausgeschieden werden. Aber das Gesetz vom 2. Juli 1875 hat das Wesen der Fluchtlinienfestsetzung so gründlich geändert und dieser Einrichtung auf dem verwaltungsrechtlichen Gebiete eine solche Wichtigkeit gegeben, daß es selbst den Namen des Fluchtliniengesetzes erhalten hat, und daß der gedachte Ausdruck nicht gebraucht werden kann, ohne zunächst mit jenem Gesetze in Verbindung gebracht und in seinem Sinne verstanden zu werden. Bis auf Weiteres muß daher angenommen werden, daß jener Ausdruck auch von dem Kommunalabgabengesetze nur in seinem jetzt gewöhnlichen Sinne gebraucht werden, und für die Auslegung des § 27 Abs. 2[1]) liegt es um so näher, ihn in dieser engeren Bedeutung zu verstehen, als der Abs. 2 eine Ausnahme von der in dem ersten Absatz aufgestellten Regel enthält, die gleiche Normen und Sätze für die Vertheilung der Steuern vom Grundbesitz verlangt. Eine solche, mehr an Aeußerlichkeiten sich haltende Interpretation würde nun zwar nicht unbedingt maßgebend sein, wenn nicht zugleich ihr Inhalt auch in der Natur der Sache begründet wäre. Der Unterschied der Fluchtlinienfestsetzung nach älterem und nach neuerem Recht ist von dem Oberverwaltungsgericht bereits mehrfach hervorgehoben (u. a. Bd. 24 S. 81, zu vergl. Bd. 5 S. 382 ff.). Vor dem Gesetz vom 2. Juli 1875 war es die Polizeibehörde, welche die Festsetzung vornahm. Der Inhalt dieser Fluchtlinienfestsetzung ist im Wesentlichen ein negativer, eine Baubeschränkung, das Verbot nämlich, an einer — prospektirten, im Bau befindlichen oder fertigen — Straße über die polizeilich bestimmten Linien hinaus und anders als in deren Richtung zu bauen. Der Zweck war ein ausschließlich polizeilicher, wie er in dem die Grundlage für das Vorgehen der Behörde bildenden § 66 I 8 A.L.R. vorgezeichnet ist, die Verhinderung von Bauten, die für das gemeine Wesen einen Schaden oder eine Unsicherheit herbeiführen oder die Städte und öffentlichen Plätze verunstalten würden. Nunmehr aber liegt die Maßregel in der Hand der wegebaupflichtigen Gemeinde und erfolgt zum Zwecke der Straßenanlegung. Die Gemeinde bindet sich (§ 10 des Gesetzes vom 2. Juli 1875) an den durch die Fluchtlinienfestsetzung kundgegebenen Straßenbauplan und verschafft sich (§ 11 a. a. O.) zugleich in dem Expropriationsrechte die Möglichkeit seiner Ausführung. Diese Maßnahme hat von dem Gesichtspunkte der Kommunalverwaltung aus vor Allem die wichtige Bedeutung, daß in der Regel durch die seitens der Gemeinde mit der Anlegung einer neuen Straße begonnen wird, daß sie also im Gegensatze zu dem negativen Inhalte des polizeilichen Eingreifens den ersten positiven Schritt zu einer Veranstaltung bezeichnet, welche von der Gemeinde im allgemeinen Interesse und zum besonderen Vortheile der an dem Straßenzuge liegenden Grundstücke unternommen wird. Und in diesem den Grundstückseigenthümern zufallenden Vortheile findet das Kommunalabgabengesetz nach der Begründung (Abs. 3) zu § 22 des Regierungsentwurfes die Rechtfertigung für die höhere oder besondere Belastung der Bauplätze. Die Steuer soll ihnen auferlegt werden nicht, weil sie einen hohen Werth besitzen, sondern weil sie ihre Werthsteigerung ohne Zuthun der Besitzer in Folge der Ver-

[1]) § 27 Abs. 2 des Kommunalabgabengesetzes vom 14. Juli 1893: „Liegenschaften, welche durch die Festsetzung von Baufluchtlinien in ihrem Werthe erhöht worden sind (Bauplätze), können nach Maßgabe dieses höheren Werthes zu einer höheren Steuer als die übrigen Liegenschaften herangezogen werden. Diese Besteuerung muß durch Steuerordnung geregelt werden.

anstaltungen der Gemeinde erlangt haben. Dieser Grund trifft bei Fluchtlinienfestsetzungen durch die Polizeibehörde nicht zu und darum würde für eine stärkere Belastung der von diesen Linien berührten Grundstücke nach den Grundzügen des Kommunalabgabengesetzes, welche die Herstellung eines Gleichgewichtes zwischen den Leistungen der Steuerzahler und denen der Gemeinde anstreben, keine innere Berechtigung sein. Es mag zwar sein, daß zuweilen Gemeinden sich an den polizeilichen Fluchtlinienfestsetzungen in einer Weise betheiligt haben, die den Beginn einer städtischen Straßenanlegung enthielt. Der Gesetzgeber konnte aber nur die Verschiedenheit des rechtlichen Wesens der polizeilichen und der kommunalen Maßregel ins Auge fassen, und diese Verschiedenheit wird durch die thatsächliche Gestaltung der Verhältnisse in Einzelfällen nicht berührt. Die hier nach dem Sprachgebrauche und dem Wesen der Sache als richtig erkannte Auslegung ist auch von dem Gesetzgeber mit Deutlichkeit als die von ihm gewollte bezeichnet. Wenn die bereits oben erwähnte Begründung zu dem § 22 des Gesetzentwurfes besagt, daß „der Entwurf nur die an Baufluchtlinien belegenen Grundstücke als Bauplätze bezeichnet", so kann der parenthetische Hinweis auf das Gesetz vom 2. Juli 1875 nichts anderes bedeuten, als daß im § 22 des Entwurfes mit dem Ausdrucke „Baufluchtlinien" nur eine solche gemeint sein soll, welche auf Grund jenes Gesetzes zu Stande gekommen ist.

Durch die Bestimmung des § 10, daß auch die vor seinem Erlaß getroffenen Festsetzungen von Fluchtlinien nur nach Maßgabe der voraufgegangenen Bestimmungen aufgehoben oder abgeändert werden können, sind nur die den Gemeinden auf diesem Verwaltungsgebiete eingeräumten Befugnisse und das vom Gesetze vorgeschriebene Verfahren im Interesse der Einheitlichkeit ausgedehnt auf die Fälle der Aufhebung oder Abänderung älterer Fluchtlinien, im Uebrigen aber ist der durch die älteren Festsetzungen geschaffene Rechtszustand unverändert geblieben, insbesondere sind für die Gemeinden aus dem Vorhandensein älterer Fluchtlinien nicht die Rechte und Pflichten herzuleiten, die ihnen aus einer von ihnen bewirkten Festsetzung erwachsen (zu vergl. Friedrichs, Gesetz vom 2. Juli 1875, Erläuterungen zu § 10, 3. Aufl. S. 53ff.). O.G. vom 11. Juli 1896, Bd. 30 S. 67.

Die rechtliche Wirkung einer vor der Geltung des Straßen- und Baufluchtengesetzes vom 2. Juli 1875 erfolgten Fluchtlinienfestsetzung.

Aus den Gründen: § 11 des Baufluchtengesetzes ebenso wie der § 1 handelt an sich nur von solchen Fluchtlinienanordnungen, welche in Gemäßheit eben dieses Gesetzes vorgenommen sind. Dieser Grundsatz, welcher sich aus Wortlaut und Zusammenhang des Gesetzes zweifellos ergiebt, und zwar in Ansehung des § 1 Abs. 4 besonders auch noch aus dem Gegensatze zwischen den beiden Theilen desselben („regelmäßig" — „aus besonderen Gründen"), führt weiter dahin, daß es hinsichtlich der älteren Fluchtlinienfestsetzungen bei dem früheren Rechte bewendet und daß insbesondere etwaige gesetzliche Vorschriften, welche hierüber für einzelne Orte oder Bezirke vor Erlaß des Gesetzes vom 2. Juli 1875 ergangen sind, als maßgebend betrachtet werden müssen. Wo es an Spezialgesetzen fehlt, muß deshalb auf das allgemein geltende Recht zurückgegangen werden. Dieses findet seine Grundlage in den §§ 65ff. Tit. 8 Theil I A.L.R., aus welchen früher überhaupt nur die Befugniß der Polizeibehörde zur Anordnung von Fluchtlinien abgeleitet werden konnte. Wenn es im § 66 a. a. O. heißt: „Doch soll zum Schaden oder zur Unsicherheit des Gemeinwesens oder zur Verunstaltung der Städte und öffentlichen Plätze kein Bau und keine Veränderung vorgenommen werden, so hat demgemäß die Polizeibehörde, welcher nach den folgenden Bestimmungen von jedem neuen Baue behufs der erforderlichen Prüfung Anzeige gemacht werden soll, sowohl bei Neubauten wie bei Veränderungen vorhandener Bauwerke zu untersuchen, ob durch die beabsichtigten baulichen Maßnahmen das von ihr wahrzunehmende öffentliche Interesse geschädigt wird. Die Absicht der Festsetzung von Fluchtlinien kann aber in dieser Beziehung nur dahin gerichtet sein, das Eintreten solcher Veränderungen des bisherigen Zustandes zu verhindern, welche die künftige Verwendung des Terrains als

Straße erschweren. Demnach ist die Polizeibehörde unzweifelhaft **ermächtigt**, neuen **baulichen** Anlagen auf bisher unbebautem Terrain entgegenzutreten. Sie muß aber **auch Veränderungen** bereits bestehender Baulichkeiten verhindern **können**, falls **und** insoweit dieselben mit jenem Zwecke der Fluchtlinienfestsetzung unvereinbar sind. O.G. vom 30. Januar 1882, Bd. 8 S. 303.

Festsetzung von Fluchtlinien.

Grenzen der polizeilichen Befugniß, die Baubeschränkungen auch schon vor der schließlichen Bekanntmachung der neuen Fluchtlinien zur Geltung zu bringen.

Aus den Gründen: Es handelt sich lediglich darum, ob auch dann, wenn die Einwilligung der Gemeindevertretung wiewohl nachgesucht, noch nicht ertheilt ist, nach dem bestehenden Recht der Baukonsens vorenthalten und dies lediglich auf den Thatbestand gestützt werden kann, daß der Gemeindevorstand (Magistrat) die Festsetzung der Fluchtlinie beschlossen und die Ortspolizeibehörde dem Projekte zugestimmt hat.

Auch bei derjenigen Auslegung desselben, welche in dem Endurtheile des Oberverwaltungsgerichts vom 24. November 1881 (O.G. Bd. 8 S. 323ff.) vertreten und überall aufrecht zu erhalten ist, bleibt vor Allem zu beachten, daß — abgesehen etwa von den nicht vorliegenden und darum hier ganz ausscheidenden besonderen Fällen des § 1 Abs. 2 und § 2 Abs. 2 — das regelmäßige Verfahren, indem es als Ausgangspunkt eine im Einverständnisse mit der Gemeinde oder deren Vertretung ausgesprochene Festsetzung des Gemeindevorstandes erfordert, vor einer so gearteten Festsetzung noch überhaupt nicht als eingeleitet gelten kann. Die Verhandlungen unter den betheiligten Behörden fallen noch nicht in das vom Gesetze geordnete eigentliche Festsetzungsverfahren. Der § 1 a. a. O. handelt nicht von einer Festsetzung durch den Gemeindevorstand überhaupt, sondern von einer besonderen qualifizirten, von einer einmüthigen Willenserklärung des Vorstandes und der Gemeinde oder ihrer Vertretung. Fehlt es an dem gesetzlich vorgesehenen Einverständniß der letzteren, sei es weil solche abgelehnt oder weil darüber noch keine Entschließung gefaßt ist, so mangelt eben bis dahin die vom Gesetze gewollte Festsetzung einer Fluchtlinie überhaupt. Der einer einseitigen Erklärung des Gemeindevorstandes — bei fehlendem Einverständnisse der Gemeinde — anhaftende Defekt wird auch nicht etwa durch die Zustimmung der Polizeibehörde behoben oder in seiner Bedeutung abgeschwächt. Diese Zustimmung ist gegenstandslos, wenn jenes Einverständniß ausbleibt. O.G. vom 21. Januar 1887, Bd. 14 S. 384.

Wenn ein Straßenfluchtlinienplan nach Maßgabe des Gesetzes vom 2. Juli 1875 von den Gemeindebehörden festgesetzt ist und diese Festsetzung die Genehmigung der Polizeibehörde erhalten hat, so ist, auch wenn gegen den also festgesetzten Fluchtlinienplan Einwendungen erhoben werden, darüber aber noch kein endgültiger Beschluß in dem Feststellungsverfahren gefaßt ist, die Polizeibehörde berechtigt, einen diese Fluchtlinie nicht berücksichtigenden Bauantrag zurückzuverweisen und die nachgesuchte Bauerlaubniß zu versagen. O.G. vom 28. April 1898, Bd. 33 S. 425.

Die Auffassung, daß es in dem Fluchtlinienfeststellungsverfahren wesentlich auf die Vorschriften der zur Ausführung des Gesetzes vom 2. Juli 1875 erlassenen ministeriellen Vorschriften vom 28. Mai 1876 ankomme und von deren Beachtung die Rechtsgültigkeit der festgestellten Fluchtlinie abhängig sei, ist unrichtig. Diese Ausführungsverordnung kündigt sich selbst nur, ähnlich wie die früher erlassenen Zirkularverfügungen des Ministers für Handel und öffentliche Arbeiten vom 12. Mai 1855 (Min.-Bl. d. i. Verw. S. 100), als eine Anweisung an die Behörden an zur Herbeiführung eines zweckentsprechenden, möglichst gleichförmigen Verfahrens bei Festsetzung von Fluchtlinien, sowie zur Beschaffung genügender Unterlagen für die Beurtheilung der Zweckmäßigkeit der beabsichtigten Fluchtlinienfestsetzung. Sind daher die Vorlagen für die Einleitung des Fluchtlinienfeststellungsverfahrens jenen Vorschriften nicht überall entsprechend, oder weisen sie in dieser Beziehung Mängel auf, so sind wohl geeignetenfalls die zur Beschlußfassung berufenen Behörden gemäß § 13 letzter Absatz der Ausführungsvorschriften vom 28. Mai 1876 befugt, nachträglich die Ergänzung und Vervollständigung der Vorlagen zu verlangen, nicht aber kann jeder derartige Mangel gegen die Rechtsbeständigkeit der festgestellten Fluchtlinie mit Erfolg verwerthet werden; vielmehr ist diese Wirkung nur solchen Mängeln beizulegen, die gegen die Vorschriften des Gesetzes verstoßen. O.G. vom 24. März 1898, Bd. 33 S. 428.

Eine öffentliche städtische Straße entsteht nicht schon, sobald die Straße innerhalb des unter Zustimmung der Polizei zu Stande gekommenen Fluchtlinienplanes fertiggestellt und seitens der Stadt dem Verkehr übergeben wird. Nur das Projekt, nicht aber die Widmung der Straße für den öffentlichen Verkehr ist durch den Fluchtlinienplan genehmigt. Zu dieser Widmung für den öffentlichen Verkehr bedarf es der besonderen Genehmigung der Polizeibehörde. Die Versagung dieser Genehmigung ist nicht im Wege der Klage bei den Verwaltungsgerichten, sondern nur durch die Beschwerde bei den Aufsichtsbehörden anfechtbar. Erläßt die Polizeibehörde dagegen eine polizeiliche Verfügung wegen der Sperrung einer ohne ihre Zustimmung dem öffentlichen Verkehr übergebenen Straße, so unterliegt diese Verfügung, soweit es sich nicht um die Nothwendigkeit und Zweckmäßigkeit handelt, der Nachprüfung durch den Verwaltungsrichter. O.G. vom 18. April 1901. Min.-Bl. f. d. i. Verw. S. 162.

Voraussetzungen, unter denen die Umwandlung einer städtischen mit Wohngebäuden angebauten Privatstraße in eine öffentliche polizeilich gefordert werden kann.

Aus den Gründen: Der Wegebaupflichtige kann zur Anlage einer neuen Straße oder — was dasselbe ist — zur Umwandelung einer bestehenden Privatstraße in eine öffentliche nur dann gezwungen werden, wenn ein Bedürfniß dazu vorliegt. Dazu ist es unerläßlich, daß die Anlage einem Bedürfnisse des öffentlichen Verkehrs abhelfen solle.

Die städtischen Straßen dienen in erster Linie dem Anbau und dem dadurch bewirkten öffentlichen Verkehr. Von solcher Anschauung geht auch offenbar der § 12 des Straßen- und Baufluchtengesetzes vom 2. Juli 1875 aus. Wenn durch das darin vorgesehene Bauverbot u. A. auch verhindert werden soll, daß sich durch fortgesetztes Bauen an Privatstraßen ein öffentlicher, straßenmäßiger Verkehr allmählich mit Nothwendigkeit herausbildet, so liegt dem der Gedanke zu Grunde, daß die Gemeinde davor bewahrt werden soll, daß ihr aus einer Straßenentwickelung, deren Entstehen sie ohne das Gesetz nicht hindern konnte, Kosten erwachsen. Dieser Gedanke findet aber seine Rechtfertigung nur dann, wenn davon ausgegangen wird, daß schon allein ein erheblicher straßenmäßiger Verkehr ohne das hinzukommende Moment eines Durchgangsverkehrs genügt, um das Bedürfniß nachzuweisen, die Straße durch die Erklärung zu einer öffentlichen der Obhut der Polizei und, bezüglich der Wegebaupflicht, der Gemeinde anzuvertrauen. Es kann auch nicht entgegengehalten werden, daß es sich bei dem genannten Verkehr nur um die Privatinteressen der einzelnen Anbauer und Bewohner handele. Denn es setzt sich — wie auch das Oberverwaltungsgericht in zahlreichen Fällen anerkannt hat (O.G. Bd. 25 S. 230, Bd. 19 S. 253) — das öffentliche Interesse an der Eigenschaft eines Weges im Wesentlichen aus den Privatinteressen aller derjenigen zusammen, die den Weg benutzen und auf ihn angewiesen sind. Es ist gewiß richtig, daß die Forderung zur Neuanlage eines öffentlichen Weges oder — was dem gleich steht — der Umwandelung eines Privatweges in eine öffentliche ein unabweisbares Verkehrsbedürfniß voraussetzt (Preuß. Verwltgsbl., Jahrg. 8 S. 316), und deshalb wird es immer auf eine sorgfältige Würdigung der thatsächlichen Verhältnisse nach der Richtung ankommen, ob ein solches Bedürfniß nach Maßgabe des vorliegenden Interesses in dem gegebenen Umfange vorhanden ist.

Handelt es sich um einen Zugangsweg zu einzelnen Villen oder um einen mit einigen Häusern bebauten Hof, so wird der Verkehr vielfach nicht ein solcher sein, daß es als ein unabweisbares Bedürfniß angesehen werden könnte, denselben der wegepolizeilichen Regelung und Obhut zu unterstellen. In einem solchen Falle läßt sich auch eine Absperrung des Weges gegen einen für Privatwege unberechtigten Verkehr noch durchführen. Handelt es sich aber um ein mit einer Anzahl ziemlich großen Häusern (d. i. der vorliegende streitige Fall) geschlossen bebaute Straße, welche etwa 500 bis 600 Einwohnern als einziger Zugangsweg dient, und welche an beiden Enden an eine öffentliche städtische Straße angeschlossen, also ein Theil des städtischen Straßennetzes mit völlig straßenmäßigem Verkehr ist, so ist es undurchführbar, eine solche Straße so abzusperren, daß ein nicht berechtigter Verkehr überwacht und ausgeschlossen werden könnte, würde auch zwecklos sein, da auch der berechtigte Verkehr einen Anspruch darauf hat, daß gefahrdrohende Zustände beseitigt werden. In den meisten Fällen, wo Privatstraßen bestehen, wird auch da, wo ein erheblicher allgemeiner Verkehr auf ihnen stattfindet, ein Bedürfniß zu der Umwandelung in eine öffentliche Straße so lange nicht anzuerkennen sein, als der Privatverpflichtete für einen dem bestehenden Verkehr genügenden polizeimäßigen Zustand der Straße sorgt oder dafür zu sorgen gezwungen werden kann. O.G. vom 10. Dezember 1894, Bd. 27 S. 168.

Die Ortspolizeibehörden sind befugt, positive Anordnungen über die Einrichtung und Benutzung sogenannter Vorgärten nach Maßgabe polizeilicher Gesichtspunkte zu treffen, insbesondere deren Umwährung, deren gartenmäßige Anlage und die Nichtbenutzung derselben zum Betriebe von Gewerben vorzuschreiben.

Zuständigkeit der örtlichen Baupolizeibehörde zu diesen Anordnungen.

Aus den Gründen: Die Vorgärten bilden das Mittelglied zwischen Straße und Baugrund; wie aber die Bebauung der Grundstücke sich an die Straße anzuschließen hat, das zu bestimmen ist wohl eigentlich Aufgabe der Baupolizei. Die Vorgärten sind demgemäß in der That nichts weiter als Zubehörungen derjenigen Bauwerke, welche auf dem Grundstücke errichtet werden; sie setzen schon begrifflich eine Bebauung des Grundstückes voraus und entstehen erst mit letzterer; denn auf einem unbebauten Grundstücke kann ein Vorgarten nicht wohl angelegt werden. Derartige Zubehörungen und Nebenanlagen der Bauwerke fallen aber an sich der Regelung durch die Baupolizeibehörde anheim, wie dies bereits in der Entscheidung des Oberverwaltungsgerichts Bd. 5 S. 366 näher dargethan ist. Es mag hier nur noch an einen Gegenstand erinnert werden, welcher in dieser Beziehung eine gewisse Verwandtschaft mit den Vorgärten aufweist, an die Höfe; auch ihre Einrichtung und Verwendung zu Einbauten sowie zu anderen Zwecken unterliegt ohne Frage den Maßnahmen der Baupolizei.

Kann hiernach die Befugniß des Magistrats in seiner Eigenschaft als Baupolizeibehörde Normen für die Anlegung ꝛc. von Vorgärten im Wege der Polizeiverordnung zu erlassen, nicht angefochten werden, so ergiebt sich ohne Weiteres auch die Zuständigkeit der Baupolizeibehörde, die Innehaltung dieser Normen zu überwachen.

Wie keines Nachweises bedarf, kann in den Vorgärten nicht jeder Gewerbebetrieb zugelassen werden; regelmäßig wird vielmehr die Betreibung eines Zweckes im Vorgarten theils mit dem Zwecke desselben, theils mit denjenigen Rücksichten, welche auf den Straßenverkehr zu nehmen sind, mehr oder weniger unvereinbar erscheinen. Muß aber der Polizei die Berechtigung zugestanden werden, von den Vorgärten die unstatthaften Gewerbebetriebe auszuschließen, so kann ihr auch nicht verwehrt werden, jeden Gewerbebetrieb in den Vorgärten zu verbieten. O.G. vom 26. September 1889 Bd. 18 S. 371.

Soll mit den Vorgärten das Ziel erreicht werden, welches überhaupt durch die ganze Einrichtung erstrebt wird, so kann sich die Polizeibehörde nicht darauf beschränken, eine andere als gartenmäßige Verwendung zu verbieten; denn es bliebe dem Anlieger dann weiter freigestellt, den Vorgarten als wüsten Platz liegen zu lassen; und dies würde ebenfalls nicht bloß die Gesammtmaßregeln vereiteln, sondern offenbar auch polizeilich unstatthafte Zustände herbeiführen. Es ist der Ansicht darin beizutreten, daß hier unter Umständen eine grobe Verunstaltung der Straße bewirkt, jedenfalls aber durch den von solchen wüsten Plätzen bei jedem heftigen Winde aufwirbelnden Staube das auf der Straße verkehrende Publikum belästigt werden könnte. Ein polizeiliches Einschreiten in der Richtung, die Anlieger zu positiven Handlungen anzuhalten, erscheint daher völlig gerechtfertigt, während umgekehrt eine Regelung dieser Verpflichtungen im Wege des Ortsstatutes hier nicht Platz zu greifen hat, da die zutreffenden Anordnungen nicht auf dem Gebiete des Gemeinwesens, sondern auf polizeilichem Gebiete liegen. Hiermit ist zugleich klar gestellt, daß eine polizeiliche Vorschrift, wodurch die gartenmäßige Herstellung und die gittermäßige Einfriedigung der Vorgärten den Besitzern zur Pflicht gemacht wird, keineswegs bloß ästhetische Zwecke oder Zwecke der sogenannten Wohlfahrtspolizei verfolgt, daß sie sich vielmehr innerhalb der der Polizei gestellten Aufgaben hält und folglich nicht wegen Ueberschreitung der den Polizeibehörden gezogenen Schranken für rechtsungültig erklärt werden kann. Eine Bestimmung: „Vorplätze dürfen nur zu Gartenanlagen benutzt und nur mit einer aus Gitterwerk bestehenden Einfriedigung versehen werden", können — wie auch das Oberverwaltungsgericht schon in mehreren Fällen angenommen hat — nicht füglich eine andere Bedeutung haben, als daß gegen die Anlieger nöthigenfalls auch ein Zwang zu der vorgesehenen Einfriedigung und zur gartenmäßigen Einrichtung sowie Unterhaltung soll geübt werden dürfen. Denn die Absicht der Polizeibehörde kann nach dem vorhin Bemerkten nicht dahin gegangen sein, den Anliegern frei zu stellen, ob sie das Vorgartenland uneingefriedigt und als wüsten Platz liegen lassen wollen; dagegen läßt sich auch nicht einwenden, es bleibe immerhin die Möglichkeit, das Vorgartenland bürgersteigartig abzupflastern und dem Publikum als Bürgersteig frei zu geben. Ein solches Vorgehen würde unzweifelhaft unter das Verbot der Polizeiverordnung fallen, außerdem ist aber auch kein Anlieger berechtigt, ohne Zustimmung der Polizeibehörde eine ihm gehörige Fläche zu einem Bestandtheile der öffentlichen Straße zu machen.

Diejenigen Fälle, wo das Vorgartenland ausnahmsweise an die Stadtgemeinde abgetreten ist, können hierbei nicht in Betracht kommen; ob sie vielfach oder nur selten eingetreten sind, mag auf sich beruhen; soweit das Vorgartenland in Folge der Abtretung zur Straße gezogen ist — und dies wird die ganz überwiegende Regel bilden —, besteht rechtlich ein Vorgarten überhaupt nicht mehr und kann folglich auch von einer Verpflichtung zur gartenmäßigen Unterhaltung keine Rede mehr sein.

Wenn eine Polizeiverordnung über den Zeitpunkt schweigt, in welchem der Vorgarten anzulegen und einzufriedigen ist, so kann das als eine Lücke nicht angesehen werden. Die Vorgärten sind Zubehörungen derjenigen Bauwerke, welche auf angrenzenden Grundstücken errichtet werden; sie setzen begrifflich eine Bebauung des Grundstückes voraus und entstehen erst mit letzterer; auf einem unbebauten Grundstücke kann ein Vorgarten nicht wohl angelegt werden. Somit ist der Zeitpunkt für die Anlegung des Vorgartens in der Regel mit der Bebauung gegeben. O.G. vom 22. Oktober 1889, Bd. 18 S. 376.

Polizeiliche Anordnung für die Grundstückseigenthümer, die zu Vorgärten bestimmten Flächen auch als Vorgärten anzulegen und zu unterhalten.

Aus den Gründen: Die Herstellung von Zugängen zu den hinter den Vorgärten liegenden Gebäuden ist nicht ausgeschlossen. Die Zugänge sind aber nur so weit zu gestatten, als sie entweder durch die Einrichtung des Hauses erfordert werden oder, soweit dies nicht der Fall ist, der Gesammtanlage den Charakter als Gartenland nicht entziehen. Dagegen kann dem Hauseigenthümer kein Anspruch darauf zugestanden werden, daß er zu allen im Hause angelegten Thüren einen in gerader Linie von der Straße auf die Thür zuführenden Eingang erhalte. O.G. vom 2. Dezember 1890, Preuß. Verwltgsbl., Jahrg. 12 S. 304.

Vergl. ferner auch O.G. vom 18. Oktober 1892, Preuß. Verwltgsbl., Jahrg. 14 S. 114.

Durch polizeiliche Verordnung kann da, wo durch einen Fluchtlinienplan die Anlegung von Vorgärten in Aussicht genommen ist, die Art der Einrichtung der Vorgärten und ihrer Einfriedigung geregelt, nicht aber ohne entsprechende Fluchtlinienfestsetzung die Herstellung von Vorgärten angeordnet werden. So lange eine Straße noch nicht dem Fluchtlinienplan gemäß hergestellt ist, kann die in dem Plane vorgesehene Einrichtung von Vorgärten öffentlich-rechtlich nicht erzwungen werden.

Aus den Gründen: Eine Straße mit Vorgärten entsteht rechtsgültig und mit der Wirkung, daß die Anlage der Vorgärten erzwungen werden darf, nur auf dem Wege, der in den §§ 1ff. des Fluchtliniengesetzes vorgezeichnet ist. Eine Polizeiverordnung kann wohl da, wo durch einen Fluchtlinienplan die Anlegung von Vorgärten vorgesehen ist, die Art und Weise, wie die Vorgärten und ihre Einfriedigung einzurichten sind, regeln, sie kann aber nicht selbständig, ohne Fluchtlinienfestsetzung, eine Rechtsnorm dahin vorschreiben, daß an gewissen Straßen Vorgärten herzustellen sind. Wohl hat das Oberverwaltungsgericht die rechtliche Zulässigkeit von Polizeiverordnungen anerkannt, nach denen da, wo Baufluchtlinien nicht bestehen, Gebäude — und zwar auch innerhalb der Ortschaften — nur in gewisser Entfernung vom Rande öffentlicher Wege gebaut werden dürfen, aber es hat dabei auch besonders betont, daß eine Fluchtlinie im rechtlichen Sinne dadurch nicht geschaffen werden könne, da die Wirkungen, welche das Gesetz vom 2. Juli 1875 daran knüpfe, so namentlich auch die Verpflichtung des Eigenthümers, das an der Straße liegende freie Terrain als Vorgarten gartenmäßig zu unterhalten, ihr nicht zukämen. Demnach würde die Vorschrift einer Baupolizeiverordnung, insoweit sie die Anlage von Vorgärten auch da verlangt, wo entsprechende Fluchtlinien nicht festgesetzt sind, der Rechtswirksamkeit entbehren.

Die Fluchtlinienfestsetzung an sich hat nur die Wirkung, welche ihr der § 11 des Gesetzes vom 2. Juli 1875 beilegt. Die übrigen aus der Veränderung der Straße folgenden thatsächlichen und rechtlichen Wirkungen treten erst mit der Durchführung des Projektes zur Straßenveränderung ein.

So lange also die Herstellung einer Straße nicht fluchtlinienmäßig durchgeführt ist, kann die Einrichtung von Vorgärten öffentlich-rechtlich nicht erzwungen werden, und zwar umsoweniger, wenn das im unbelasteten Privateigenthum stehende Grundstück noch über die Straßenfluchtlinie hinausgeht und der Eigenthümer, so lange die Fläche nicht Straßenland geworden ist, fortdauernd das Recht behält, sein Eigenthum auch auf künftigem Straßenland einzufriedigen, ohne daß die Vorschriften, welche für die Einrichtung von Vorgärten gegeben sind, auf solche Einfriedigungen Anwendung finden könnten. O.G. vom 4. April 1898, Bd. 33 S. 422.

Vergl. auch O.G. vom 2. Mai 1894, Bd. 26 S. 338 über die rechtliche Zulässigkeit von Polizeiverordnungen, nach denen da, wo Baufluchten nicht bestehen, Gebäude — und zwar auch innerhalb der Städte und ländlichen Ortschaften — nur in gewisser Entfernung von dem Rande öffentlicher Wege gebaut werden dürfen.

Diese Entscheidung steht zwar nicht unmittelbar mit dem Fluchtliniengesetz im Zusammenhang, interessirt aber sehr wohl hinsichtlich der rechtlichen Stellung dieses Gesetzes, durch das sie veranlaßt worden ist, weswegen sie an dieser Stelle genannt wird.

Sie sagt in ihren Gründen u. A.: In dem Gesetz vom 2. Juli 1875 handelt es sich an sich lediglich um Anlegung neuer und Veränderung alter Straßen (vergl. Friedrichs Kommentar, 3. Aufl. S. 21) und nicht um Vorschriften über die Bebauung. Die rechtliche Möglichkeit, Baufluchtlinien namentlich längs bestehender Wege festzusetzen, liegt überall vor. Kann außerhalb der Ortschaft durch Erlaß einer Polizeiverordnung aus polizeilichen Rücksichten allgemein die Entfernung bestimmt werden, welche Gebäude von den öffentlichen Wegen innehalten müssen, ohne daß eine solche Bestimmung eine Baufluchtlinie im Sinne des Gesetzes vom 2. Juli 1875 unter unzulässiger Umgehung des dafür vorgeschriebenen Weges schafft, so ist nicht abzusehen, weshalb eine solche Wirkung dem Erlaß der fraglichen Verordnung innerhalb der Ortschaft beigelegt werden müßte. Ein Grund dafür liegt nicht vor, zumal auch in der That durch eine solche Bestimmung eine Fluchtlinie im rechtlichen Sinne nicht geschaffen werden kann und nicht geschaffen wird. Denn die Wirkung, welche das Gesetz vom 2. Juli 1875 daran knüpft, kommen ihr nicht zu. So ist u. A. der Eigenthümer nicht verpflichtet, die an der Straße liegende freie Fläche als Vorgarten gartenmäßig zu unterhalten, so daß auch alle Beschränkungen, welche sich für den Eigenthümer an diese Verpflichtung in Beziehung auf den Gewerbebetrieb, die Einfriedigung u. s. w. reihen, hier nicht eintreten. Zwar wird so für einen Streifen Landes eine gewisse Unbebaubarkeit hergestellt, eine Eigenschaft, die aber auch sonst die rechtlich zulässige Folge von polizeilichen Vorschriften sein kann, ohne daß dadurch ein Konflikt mit den Bestimmungen des Gesetzes vom 2. Juli 1875 herbeigeführt wird. Es braucht in dieser Beziehung nur an die in ihrer Rechtsgültigkeit nicht bezweifelte polizeiliche Bestimmung erinnert zu werden, wonach in einer bestimmten Entfernung von Pulvermühlen, Gasanstalten u. s. w. Gebäude nicht errichtet werden dürfen. Unerläßliche Voraussetzung solcher Bestimmungen ist natürlich, daß ihnen berechtigte polizeiliche Motive zu Grunde liegen, polizeiliche Interessen, zu deren Wahrung die Behörde zuständig ist und rechtlichen Schutz verlangen kann.

Die im Obigen dargelegte Anschauung liegt auch den betreffenden Bestimmungen der oben schon erwähnten Wegegesetzentwürfe zu Grunde, und ihre Berechtigung hat dort bestimmten Ausdruck gefunden. Der § 53 des am 19. Januar 1865 vorgelegten Entwurfes enthält folgende Bestimmung: „Wenn die an einem öffentlichen Fahrwege belegenen Grundstücke mit Bäumen oder Hecken besetzt sind, u. s. w." Daß hier unter öffentlichen Fahrwegen nicht nur diejenigen, welche außerhalb der Städte und ländlichen Ortschaften liegen, verstanden wurden, geht daraus hervor, daß der § 28 bezüglich der Gemeindewesen, welche den größten Theil der öffentlichen Wege ausmachten, ausdrücklich sagt: „Zu den Gemeindewegen gehören die zum Verkehr innerhalb der Ortschaften und mit der Nachbarschaft erforderlichen Wege und Straßen, die Wegestrecken innerhalb der Städte, Vorstädte und Dörfer nach näherer Bestimmung des § 26 auch dann, wenn dieselben in den Zug von Kreisstraßen fallen." Auch ist in den Kommissionsverhandlungen zu § 53 noch besonders konstatirt, daß sich die Bestimmung auf öffentliche Fahrwege aller Art beziehen solle. Von Bedeutung ist, daß man bei der Berathung des Gesetzentwurfes von 1875 zu einer Zeit, als der Entwurf des Gesetzes vom 2. Juli 1875 dem Landtage bereits vorlag, in der Kommission Anstoß daran nahm, daß in ländlichen Ortschaften Gebäude künftig drei Meter vom Rande des Weges zurücktreten sollte und die Streichung des Wortes „Gebäude" beantragte, die Bestimmung jedoch in vollem Umfange beibehielt, nachdem darauf hingewiesen war, daß u. A. polizeiliche Gründe dafür sprächen. Von gleicher rechtlicher Anschauung ausgehend, ist denn auch in die Wegeordnung der Provinz Sachsen vom 11. Juli 1891, § 40 Abs. 2, folgende Bestimmung aufgenommen worden: „Wo eine Straße und Baufluchtlinie auf Grund des Gesetzes vom 2. Juli 1875 nicht besteht, kann von der Wegepolizeibehörde verlangt werden, daß bauliche Anlagen aller Art, Einhegungen, Bäume und Sträucher, welche in Zukunft auf solchen Grundstücken angebracht werden, in der zur Austrocknung des Weges erforderlichen Entfernung, jedoch höchstens bis zu 3 m vom Rande des Weges, vom Wege zurückbleiben." Daß auch diese Bestimmung für Wege und Straßen innerhalb der Städte und ländlichen Ortschaften gilt, macht nicht nur die Bezugnahme auf das Gesetz vom 2. Juli 1875, sondern auch der Umstand zweifellos, daß — wie das Erkenntniß des Oberverwaltungsgerichts vom 14. November 1893 (Bd. 25 S. 239) nachweist — sich die Bestimmungen der genannten Wegeordnungen überhaupt auf alle Wege, auch auf die Straßen in Städten und Dörfern beziehen. Die Aufnahme der fraglichen Bestimmung zeigt aber klar, daß die Auffassung, wonach das Gesetz vom 2. Juli 1875 eine Bestimmung wie die in Rede stehende, für Wege in Städten und ländlichen Ortschaften ausschließen soll, auch vom Gesetzgeber nicht getheilt wird. Denn man wird nicht annehmen können, daß durch den § 40 a. a. O. eine Einschränkung oder Abänderung des Gesetzes vom 2. Juli 1875 beabsichtigt gewesen sei. Ob eine Bestimmung, wie die hier in Frage kommende, auch da rechtlich zulässig sei, wo bereits Fluchtlinien im Sinne des Gesetzes vom 2. Juli 1875 festgesetzt sind, bedarf hier keiner Erörterung, da der Eingang des genannten Paragraphen die Baubeschränkung nur da zuläßt, wo eine Baufluchtlinie nicht besteht. Dabei ist man unzweifelhaft von der zutreffenden Anschauung ausgegangen, daß da, wo eine solche Fluchtlinienfestsetzung stattgefunden, der Polizeibehörde ausreichende Gelegenheit gegeben war, in dem Verfahren diejenigen polizeilichen Gesichtspunkte zur Geltung zu bringen, welche anderenfalls die hier in Frage stehende Bestimmung der Polizeiverordnung zu wahren bestimmt ist (vergl. § 3 des Gesetzes vom 2. Juli 1875). O.G. vom 2. Mai 1894, Bd. 26 S. 338.

Weder hat das Gesetz vom 2. Juli 1875 den nicht nach demselben bestimmten Straßenfluchtlinien eine andere Bedeutung beigelegt, als sie stets hatten, nämlich die der Grenze, über die hinaus nicht gebaut werden darf, noch auch ist anzuerkennen, daß schon aus dem Begriff der Straße der im § 1 des Fluchtliniengesetzes niedergelegte Rechtssatz als eine selbstverständliche Vorschrift folgt, und daß eine Straßenfluchtlinie oder, was dasselbe ist, eine Straße mit solcher Linie ohne Baufluchtlinie nicht denkbar ist und daß deshalb die Straßenfluchtlinie, wo Gegentheiliges nicht erhellt, zugleich die Baufluchtlinie in einem anderen Sinne, als daß über sie hinaus nicht gebaut werden darf, rechtlich darstellt. Für Wege, die sich als Straßen historisch gebildet haben, kann es vielmehr nur darauf ankommen, ob aus der Art der seither thatsächlich vollzogenen Bebauung die Straßenfluchtlinie oder eine andere Linie sich als Baufluchtlinie erkennbar entwickelt hat, ob und welche Linie im Sinne des aus der Bebauung zu entnehmenden Ortsrechtes die Baufluchtlinie darstellt. In diesem Falle würde § 10 a. a. O. jedenfalls der anderweiten Regelung der bestehenden Baufluchtlinien durch einen einseitigen polizeilichen Akt, der eine Aenderung der Baufluchtlinien zum Gegenstande hätte, außerhalb des in dem Gesetze geregelten Verfahrens entgegenstehen. Hierfür und daß nicht etwa grundsätzlich für Straßen die Bestimmung des allgemein einzuhaltenden Abstandes bei Bauten bis zur Festsetzung von Straßen- und Baufluchtlinien nach Maßgabe des Gesetzes vom 2. Juli 1875 durch § 10 a. a. O. der Polizeibehörde hat vorenthalten werden sollen, läßt sich auch aus § 40 Abs. 2 der Wegeordnung für die Provinz Sachsen vom 11. Juli 1891 insofern verwerthen, als hier der Wegepolizeibehörde die Bestimmung des Abstandes für bauliche Anlagen aller Art an Wegen, worunter nachweislich auch die Ortsstraßen verstanden worden sind, vorbehalten ist, ohne daß damit, soviel die Vorverhandlungen ergaben, die Absicht einer entsprechenden Abänderung oder Einschränkung des § 10 a. a. O. verbunden gewesen ist. Es läßt sich nicht auch um deswillen, weil der Polizeibehörde für den Bereich dieser Wegeordnung solche Befugniß gesetzlich besonders zugestanden ist, folgern, daß mangels eines solchen Gesetzes anderwärts eine derartige Befugniß grundsätzlich für die Polizeibehörde nicht in Anspruch genommen werden darf. Die Regelung der Bebauung und also auch des Anbaues ist ohnehin, wie bemerkt, der Polizeibehörde im Allgemeinen, und soweit dem Gesetze im Einzelnen nicht entgegenstehen, gesetzlich zugestanden (§ 10 II 17 A.L.R. in Verbindung mit § 6 des Gesetzes über die Polizeiverwaltung vom 11. März 1850). O.G. vom 6. Juni 1894, Bd. 26 S. 346.

Durch die Festsetzung einer Fluchtlinie wird ein Kommunikationsweg noch nicht zur städtischen Straße. Sie bedeutet den Beginn der Umwandelung, aber nicht den Abschluß derselben. O.G. vom 12. Juli 1900; Preuß. Verwaltungsbl. Jahrg. 22 S. 108.

Verfahren bei Festsetzung von Fluchtlinien.

Das Verfahren nach §§ 1, 7, 8 des Fluchtliniengesetzes entspricht völlig dem Gange der Planfeststellung nach §§ 15 ff. des Enteignungsgesetzes und bietet, wie dieses, dem nachfolgenden Verfahren auf Feststellung der Entschädigung und Vollziehung der Enteignung die unverrückbare Grenze und Grundlage, sobald die Gemeinde bei eintretendem Bedürfniß oder auch so für die Abtretung der zur Anlage oder Erweiterung einer straßenplanmäßig bestimmten Fläche verlangt. Insofern steht also auch die Fluchtlinienfestsetzung gleich der Planfeststellung des Enteignungsgesetzes, in organischem Zusammenhange mit der nachfolgenden Enteignung. Nun kann zugegeben werden, daß nicht in allen Fällen schon in der Aufstellung eines neuen Fluchtlinienplanes eine Inanspruchnahme der darin — vielleicht in ferner Zukunft — zu Straßen und Plätzen bestimmten Fläche und demgemäß die Einleitung eines auf Entziehung des Eigenthums gerichteten Verfahrens zu finden sein wird; wohl aber kann und muß Beides angenommen werden, wenn die neue Fluchtlinie zu sofortiger Ausführung bestimmt ist, wenn also die Fluchtlinienfestsetzung ersichtlich zu dem Zwecke erfolgt, die für das schon beschlossene Unternehmen erforderliche Enteignung unmittelbar herbeizuführen.

Es könnte zweifelhaft sein, welcher Akt des mehrere Stadien durchlaufenden Fluchtlinienfestsetzungs-Verfahrens, wenn dieses zum Zwecke der Enteignung der für die Straßenanlage erforderlichen Grundstücke eingeleitet worden, als derjenige anzusehen ist, „der die erste Inanspruchnahme der benöthigten Grundstücke enthält und damit den Beginn des Enteignungsverfahrens in dem oben erläuterten Sinne bezeichnet. Es kommen dabei thatsächlich drei Momente in Betracht: 1. die erste Aufstellung und Vorlage des Planes durch den Gemeindevorstand; 2. die Genehmigung des Planes durch die Gemeinde oder Gemeindevertretung; 3. die erste Offenlegung des Planes nach § 6 des Gesetzes vom 2. Juli 1875. Das Gericht hat sich für den erstgedachten Zeitpunkt entschieden, weil nach § 1 des Gesetzes der Gemeindevorstand, wenn auch im Einverständniß mit der Gemeinde und unter Zustimmung der Ortspolizeibehörde, die Fluchtlinie festzusetzen hat und weil in dem von ihm aufgestellten Projekte zuerst die Grundstücke bezeichnet sind, welche zur Ausführung desselben abgetreten werden müssen. R.G. i. Civils. vom 19. April 1899, Bd. 43 S. 356.

§ 2. Die Festsetzung von Fluchtlinien (§ 1) kann für einzelne Straßen und Straßentheile oder, nach dem voraussichtlichen Bedürfnisse der näheren Zukunft, durch Aufstellung von Bebauungsplänen für größere Grundflächen erfolgen.

Handelt es sich in Folge von umfassenden Zerstörungen durch Brand oder andere Ereignisse um die Wiederbebauung ganzer Ortstheile, so ist die Gemeinde verpflichtet, schleunigst darüber zu beschließen, ob und inwiefern für den betreffenden Ortstheil ein neuer Bebauungsplan aufzustellen ist und eintretenden Falls die unverzügliche Feststellung des neuen Bebauungsplanes zu bewirken.

Ein Bebauungsplan ist nichts Anderes als eine Summe von Fluchtlinien nach einheitlichem Plane. So wie durch die Fluchtlinie die Richtung einer Straße oder eines Straßentheils und damit die Bebauung auf den angrenzenden Grundstücken bestimmt wird, so wird durch die Aufstellung eines Bebauungsplanes die Richtung einer großen Zahl von Straßen, öffentlichen Plätzen u. s. w. bestimmt, sowie der Bebauung der anliegenden Grundstücke, für deren Linien bestimmte Gesichtspunkte einheitlich von maßgebender Entscheidung sind.

Die Aufstellung von Bebauungsplänen ist eine fakultative, wie es sich von selbst ergiebt, da nicht einzusehen, warum sie eine obligatorische sein sollte, während die Festsetzung von Fluchtlinien für einzelne Straßen oder sogar Straßentheile, so z. B. für ein bestimmtes Grundstück, in das Ermessen der Behörde gesetzt ist.

Straßentheil im Sinne des § 2 ist jeder Theil der Straße, ohne Unterschied, ob es sich um eine bestimmte, beide Seiten der Straße umfassende Strecke der Straße handelt oder nur um eine Seite sei es der ganzen Straße oder nur eines Theiles der Seite, also auch nur um ein einzelnes Gebäude. Siehe dagegen §§ 12 und 15 des Gesetzes.

Nach Abs. 2 ist die Gemeinde verpflichtet, falls die darin angegebenen Voraussetzungen eingetreten sind, Beschluß zu fassen, ob die Nothwendigkeit vorliegt, einen neuen Bebauungsplan aufzustellen und, falls diese Nothwendigkeit bejaht wird, den Beschluß zu begründen. Der bejahende Beschluß muß sofort ins Praktische übersetzt werden, indem die unverzügliche Feststellung des Bebauungsplanes herbeigeführt werden muß. Hier steht also nicht mehr eine fakultative, in das Belieben der Behörde gesetzte Maßnahme in Frage, vielmehr ist sie eine obligatorische, deren Nichtbeobachtung sich als eine Verletzung einer Gesetzesvorschrift darstellt. Es muß also unter den gegebenen Voraussetzungen zum mindesten zu einer Beschlußfassung gekommen sein. — Vergl. Cirkularverfügung vom 9. August 1866 (Min.-Bl. S. 172).

Das Fortbestehen öffentlicher Wege in Ortstheilen, für welche neue Straßenfluchtlinien derart festgestellt werden, daß jene Wege räumlich nicht in diese Linien fallen.

Die Einziehung jener Wege und der Anbau an denselben.

Aus den Gründen: Der rechtliche Begriff eines Bebauungsplanes: Wie die Motive des Gesetzes vom 2. Juli 1875 darlegen, ist „ein Bebauungsplan nichts Anderes, als die Feststellung von Fluchtlinien im voraus nach einem einheitlichen Plane, welcher die Richtung der Straßen, die Anlegung öffentlicher Plätze u. s. w. in Obacht nimmt; er giebt nichts anderes als eine geordnete Gruppirung derjenigen Linien, welche bei der Bebauung der einzelnen Grundstücke in dem von dem Plane umfaßten Gebiete von der Polizeibehörde auch dann, wenn ein solcher Bebauungsplan nicht vorhanden wäre, in den speziellen Baufällen anzuweisen sein würde". (Vergl. O.G. Bd. 5 S. 383). Daraus folgt, daß ein Bebauungsplan nach Maßgabe des Gesetzes vom 2. Juli 1875 nur soweit rechtlich wirkt, als er Fluchtlinien festsetzt. Die sonst vorhandenen Wege und Straßen, auf welche die Fluchtlinienfestsetzung sich nicht bezieht, welche aber — wie es die Natur der Sache ergiebt und auch im § 4 der ministeriellen Vorschriften für die Aufstellung der Fluchtlinien- und Bebauungspläne vom 28. Mai 1876 (Min.-Bl. f. d. i. V. S. 171) ausdrücklich vorgeschrieben ist — in dem Lageplan dargestellt werden müssen, werden in ihren Rechtsverhältnissen nicht geändert. O.G. vom 17. Februar 1891, Bd. 21 S. 264.

Den allgemeinen Gesichtspunkten, es dürfe nicht beliebig gebaut werden, bei Zulassung des beabsichtigten Baues sei eine Aufrechthaltung der nothwendigen Ordnung bei Entstehung von Bauten unmöglich, kann eine maßgebende Bedeutung nicht zuerkannt werden; gegenüber der grundsätzlich bestehenden Baufreiheit (§ 65 I 8 A.L.R.) bedarf es zur Rechtfertigung der Konsensversagung einer dem Unternehmen entgegenstehenden Norm des öffentlichen Baurechts.

Das Gesetz vom 2. Juli 1875 beschäftigt sich im Wesentlichen nur mit Anlegung von Straßen, d. h. solcher Wege, die für den öffentlichen Verkehr und den Anbau bestimmt sind; die Einziehung von Straßen wird davon nur insofern berührt, als eine Aufhebung früher festgesetzter Fluchtlinien in Gemäßheit der Vorschriften des Gesetzes erfolgen muß; inwieweit dagegen die Anlegung neuer Straßen auf den Bestand bereits vorhandener öffentlicher Wege, namentlich solcher, die nicht in die neue Straße fallen, einwirkt, ist im Gesetze nicht weiter vorgesehen und richtet sich deshalb nach den sonst geltenden Normen des öffentlichen Wegerechtes. O.G. vom 3. April 1891, Bd. 21 S. 268.

Können durch Bedingungen, welche der Festsetzung von Straßen- und Baufluchtlinien hinzugefügt werden, oder durch Vereinbarung zwischen der Polizeibehörde und den Bauunternehmern für die an den neuen Straßen zu errichtenden Häuser neue baupolizeiliche Normen öffentlich-rechtlicher Natur in Kraft gesetzt werden?

Aus den Gründen: Auf anderem Wege als mittels Erlasses einer neuen Polizeiverordnung können neue baupolizeiliche Vorschriften mit verbindlicher Kraft nicht eingeführt werden.

Die Meinung, daß auf privatrechtlichem Gebiete liegende Beschränkungen mit öffentlich-rechtlicher Wirksamkeit bekleidet werden könnten, wenn die Grundeigenthümer sich ihnen mit Zustimmung der Polizeibehörde unterwerfen oder wenn etwa eine dahin gehende vertragsmäßige Uebereinkunft zwischen den Grundeigenthümern und der Baupolizeibehörde zu Stande kommen, beruht auf einem Rechtsirrthum.

Ueber das öffentliche Baurecht steht weder der Polizeibehörde noch dem Einzelnen eine Verfügungsgewalt zu; ebenso wenig wie die Polizeibehörde auf ihre daraus entspringenden Befugnisse verzichten könnte, ist ein solcher Verzicht auf Seiten des Einzelnen möglich. Sollte hiervon eine Ausnahme zulässig sein, so müßte es ausdrücklich durch das Gesetz für statthaft erklärt sein. O.G. vom 21. Februar 1893, Bd. 24 S. 369.

Zur Erläuterung der rechtlichen Bedeutung der Bebauungspläne wird in den Motiven des Regierungsentwurfes gesagt: „Mit Unrecht sind durch die Aufstellung von Bebauungsplänen mannigfache Bedenken erhoben worden. Wie dieselben zunächst auf die erwähnte irrthümliche Auffassung der Bebauungspläne zurückzuführen sind und in der Praxis sich nicht als begründet erwiesen haben, so dürften sie auch durch die Erwägung ihre Erledigung finden, daß das Vorhandensein eines Bebauungsplanes, durch welchen nur rechtzeitig hervorgehoben werden soll, welches Terrain im Falle der Anbauung mit Rücksicht auf das öffentliche Interesse für den Verkehr freizuhalten ist, ganz unnachtheilig ist und in keiner Weise belästigend wirkt, so lange ein bestimmter Theil einer Feldmark zum Bau von Wohnhäusern thatsächlich nicht verwerthet wird, als nothwendig aber sofort sich herausstellt, sobald auf den betreffenden Terrainabschnitten wirklich Bauten unternommen werden" (Drucksachen des Abgeordnetenhauses Nr. 23 S. 11). O.G. vom 22. September 1893, Bd. 25 S. 379.

Der § 1 und § 2 des Fluchtliniengesetzes hindern die Stadtgemeinde nicht, Bebauungspläne und Straßenfluchtlinien für die ganze Ausdehnung des Gemeindebezirkes aufzustellen, um die Städte zu erweitern oder neue Stadttheile zu schaffen. Auch schreibt das Gesetz nicht vor, daß etwa neu projektirte Stadttheile räumlich mit der alten Stadt zusammenhängen müßten (vergl. Friedrichs, Das Gesetz vom 1. Juli 1875, 4. Aufl. S. 23). O.G. vom 5. Juni 1899, Bd. 36 S. 412.

Die Versagung einer Bauerlaubniß auf Grund eines noch nicht publizirten Bebauungsplanes belastet, wie das Reichsgericht in konstanter Praxis angenommen hat, das davon betroffene Grundstück mit der öffentlich-rechtlichen Servitut der Unbebaubarkeit und begründet dadurch einen Anspruch auf Entschädigung für die Werthverminderung, die das Grundstück durch die ihm auferlegte Beschränkung erleidet. Es kann auch bei Anwendung dieses Grundsatzes keinen Unterschied machen, ob die Versagung der Bauerlaubniß wegen Ueberschreitung der Baufluchtlinie, wenn diese zugleich die Straßenfluchtlinie bildet, oder wegen Ueberschreitung einer von der letzteren verschiedenen Baufluchtlinie erfolgt, ob also die von der Bebauung ausgeschlossene Fläche zu Straßenland bestimmt ist oder unbebautes Vorland (Vorgartenland) im Besitz des Eigenthümers verbleibt. R.G. vom 22. Dezember 1894, Preuß. Verwltgsbl., Jahrg. 16 S. 415.

Bei der Prüfung eines Bebauungsplanes kommen auch für den Verwaltungsrichter ästhetische Gesichtspunkte in Betracht. O.G. vom 2. November 1895, Preuß. Verwltgsbl., Jahrg. 17 S. 259.

Das Reichsgericht hat in ständiger Rechtsprechung daran festgehalten, daß bei einem nicht veröffentlichten Bebauungsplan dieser dem einzelnen davon betroffenen Grundstück und dessen Eigenthümer gegenüber nur durch amtliche Anwendung, d. h. nur durch eine Willensentschließung der Polizeibehörde, welche auf Verwirklichung der durch den Bebauungsplan vorgesehenen Fluchtlinien und die dadurch herbeigeführte Baubeschränkung des Grundstückes gerichtet ist, Rechtswirksamkeit erlangt, so daß selbst eine amtliche Mittheilung des Bebauungsplanes seitens der Polizeibehörde an den Eigenthümer dieser Wirksamkeit entbehrt, wenn sie nicht jenen Charakter trägt. (Vergl. Gruchot Bd. 30 S. 1043, Bd. 36 S. 960; Bd. 41 S. 997; Juristische Wochenschrift 1896, S. 162 Nr. 92.) R.G. vom 11. Mai 1900, Preuß. Verwltgsbl., Jahrg. 21 S. 589.

§ 3. **Bei Festsetzung der Fluchtlinien ist auf Förderung des Verkehrs, der Feuersicherheit und der öffentlichen Gesundheit Bedacht zu nehmen, auch darauf zu halten, daß eine Verunstaltung der Straßen und Plätze nicht eintritt.**

Es ist deshalb für die Herstellung einer genügenden Breite der Straßen und einer guten Verbindung der neuen Bauanlagen mit den bereits bestehenden Sorge zu tragen.

Förderung des Verkehrs, Feuersicherheit und öffentliche Gesundheit sind Interessen, welche der Obhut der Polizeibehörde überantwortet sind. Daß sie bei Festsetzung in der erforderlichen Weise berücksichtigt werden, dafür hat die Polizeibehörde zu sorgen, indem sie nothwendigenfalls von der genügenden Berücksichtigung ihre Zustimmung abhängig macht. Natürlich kann hierbei die Polizei über das ihr durch § 10 II 17 A.L.R. und § 6 des Gesetzes über die Polizeiverwaltung gesteckte Ziel nicht hinausgehen und darum keine weitergehende Forderung stellen. Dagegen ist es der Gemeindebehörde unbenommen, mehr, als für die Berücksichtigung der gedachten Interessen nothwendig ist, zu thun, auch andere Beweggründe und Gesichtspunkte bei der Festsetzung zur Geltung zu bringen. Was die Verunstaltung der Straßen und Plätze anlangt, deren Verhütung ebenfalls Sache der Polizei ist, so wird auf die gleichlautende Vorschrift bezüglich der Bauten in § 66 I 8 A.L.R. hingewiesen.

Ob die in Abs. 2 verlangte genügende Breite der Straßen und die gute Verbindung der neuen Bauanlagen mit den bereits bestehenden in den beabsichtigten Fluchtlinien vorgesehen ist, ist eine Frage, die natürlich nur von Fall zu Fall entschieden werden kann, wobei die örtlichen Verhältnisse, Verkehr u. A. mehr von besonderer Bedeutung sind.

Die Beobachtung der Bestimmungen in diesem Paragraphen ist nicht dem Belieben der Behörden überlassen, sie ist vielmehr zur strikten Pflicht gemacht, die, wenn überhaupt an die Festsetzung von Fluchtlinien — Bebauungsplänen — herangetreten wird, stets zu erfüllen ist.

§ 4. **Jede Festsetzung von Fluchtlinien (§ 1) muß eine genaue Bezeichnung der davon betroffenen Grundstücke und Grundstückstheile und eine Bestimmung der Höhenlage, sowie der beabsichtigten Entwässerung der betreffenden Straßen und Plätze enthalten.**

Das Gesetz hat das Erforderniß, daß in die Fluchtlinienpläne auch die vorhandenen Baulichkeiten eingetragen werden müssen, nicht vorgeschrieben; es verlangt in § 4 dem Vorgange des § 18 des Enteignungsgesetzes vom 11. Juni 1874 entsprechend, auf welches die Materialien zum Gesetze ausdrücklich verweisen, nur die genaue Bezeichnung der Grundstücke und Grundstückstheile derart, daß aus dem Plane ersehen werden kann, wie die Grundstücke von der Fluchtlinie betroffen werden, nicht aber kann nach diesen Vorschriften schon allein jede unrichtige Eintragung eines Gebäudes auf einem im Uebrigen in den Plan mit seinen Grenzen richtig bezeichneten Grundstücke den Plan rechtsunwirksam machen. O.G. vom 24. März 1898, Bd. 33 S. 428.

§ 5. Die Zustimmung der Ortspolizeibehörde (§ 1) darf nur versagt werden, wenn die von derselben wahrzunehmenden polizeilichen Rücksichten die Versagung fordern.

Will sich der Gemeindevorstand bei der Versagung nicht beruhigen, so beschließt auf sein Ansuchen der Kreisausschuß.

Derselbe beschließt auf Ansuchen der Ortspolizeibehörde über die Bedürfnißfrage, wenn der Gemeindevorstand die von der Ortspolizeibehörde verlangte Festsetzung (§ 1 al. 2) ablehnt.

§ 146 Abs. 2 des Zuständigkeitsgesetzes vom 1. August 1883 bestimmt hierzu: Die Wahrnehmung der in den §§ 5, 8, 9 a. a. O. dem Kreisausschusse beigelegten Funktionen liegt für den Stadtkreis Berlin dem Minister der öffentlichen Arbeiten, für die übrigen Stadtkreise, sowie für die zu einem Landkreise gehörigen Städte mit mehr als 10000 Einwohnern dem Bezirksausschusse ob.

Welche polizeilichen Rücksichten von der Ortspolizeibehörde bei Feststellung von Fluchtlinien wahrzunehmen sind, bekundet § 3 des Gesetzes. Nur wenn eins der daselbst angegebenen Interessen nicht Berücksichtigung gefunden hat, ist die Polizeibehörde zur Versagung ihrer Zustimmung befugt.

Der Kreisausschuß beschließt auf Antrag des Gemeindevorstandes darüber, ob die Zustimmungsversagung der Polizeibehörde eine berechtigte war oder nicht, so daß also im letzteren Falle die Zustimmung der Ortspolizeibehörde durch den Beschluß des Kreisausschusses ergänzt wird.

Hat die Polizeibehörde in Wahrnehmung der im § 3 näher bezeichneten Interessen die Festsetzung einer Fluchtlinie beantragt, der Gemeindevorstand aber die Festsetzung abgelehnt, so beschließt der Kreisausschuß über die Bedürfnißfrage, d. h. darüber, ob das polizeilich wahrzunehmende Interesse die Festsetzung verlangt, so daß ohne dieselbe dem Verkehr u. s. w. (§ 3) nicht in der genügenden und erforderlichen Weise Rechnung getragen wäre.

Eine Ablehnung durch den Gemeindevorstand liegt auch dann vor, wenn der Gemeindevorstand zwar seinerseits zustimmt, dagegen die Gemeindevertretung der Festsetzung widerspricht, die in einem solchen Falle die Erklärung, welche der Gemeindevorstand schließlich der Polizeibehörde abzugeben hat, ablehnend lauten muß. § 17 Nr. 1 des Zuständigkeitsgesetzes greift hier nicht Platz. Vergl. Friedrichs, Das Gesetz, betreffend die Anlegung und Veränderung von Straßen rc. (v. Brauchitsch, Die neuen preußischen Verwaltungsgesetze, 11. Aufl., Bd. 4 S. 343).

§ 6. Betrifft der Plan der beabsichtigten Festsetzungen (§ 4) eine Festung, oder fallen in denselben öffentliche Flüsse, Chausseen, Eisenbahnen oder Bahnhöfe, so hat die Ortspolizeibehörde dafür zu sorgen, daß den betheiligten Behörden rechtzeitig zur Wahrung ihrer Interessen Gelegenheit gegeben wird.

Ministerielle Verfügung an die Königlichen Regierungen rc. vom 15. Dezember 1882, betreffend die Befugnisse der Polizeibehörden bei Anlegung von Straßen und öffentlichen Plätzen in Städten und ländlichen Ortschaften (Min.-Bl. d. i. V. von 1883 S. 13).

pp.
Die Polizeibehörden haben, wie das Oberverwaltungsgericht in dem auf Seite 409 Band II der Entscheidungen abgedruckten Erkenntnisse zutreffend ausführt, regelmäßig nicht die Befugniß, anderen, ihnen nicht unterstellten, sondern koordinirten Staatsbehörden die Normen von Akten der Staatshoheit durch einseitige, im polizeilichen Zwangsverfahren zu vollstreckende Anordnungen vorzuschreiben. Die einzelnen Polizeibehörden haben vielmehr, soweit ihnen nicht durch Spezialgesetze besondere Befugnisse eingeräumt worden sind, die ihnen anvertrauten Interessen nur durch das Benehmen mit den sonst betheiligten Staatsbehörden, sowie durch Vorstellung und Beschwerde zu wahren.

Derartige besondere Befugnisse sind durch das Gesetz vom 2. Juli 1875, betreffend die Anlegung und Veränderung von Straßen und Plätzen in Städten und ländlichen Ortschaften, weder den Ortspolizeibehörden noch auch — in höherer Instanz — den Verwaltungsbeschluß- und, wo diese noch nicht bestehen, den Landespolizeibehörden beigelegt. Jene generellen Grundsätze greifen daher auch bei den von den gedachten Behörden auf Grund des erwähnten Gesetzes wahrzunehmenden Funktionen bezw. zu treffenden Entscheidungen Platz.

Auf dem in der allegirten Entscheidung des Oberverwaltungsgerichts als dem einzig richtig angeführten Wege sind daher auch alle Differenzen oder Meinungsverschiedenheiten, welche zwischen den zur Wahrnehmung ihrer Interessen auf Grund des § 6 a. a. O. berufenen bezw. analog dazu für berechtigt zu erachtenden Behörden und den das Gesetz vom 2. Juli 1875 handhabenden Ortspolizei-, Verwaltungsbeschluß- und Landespolizeibehörden entstehen, zum Austrage zu bringen, bevor die letzteren von den ihnen durch das Gesetz übertragenen Befugnissen Gebrauch machen.

Die ministerielle Verfügung an die Regierungs-Präsidenten, sowie an den Oberpräsidenten der Provinz Brandenburg vom 23. Dezember 1896, betreffend die Beachtung und Ausführung des § 6 des Straßen- und Baufluchtengesetzes vom 2. Juli 1875 (Min.-Bl. d. i. V., Jahrg. 1897 S. 15) bringt den vorstehenden Erlaß vom 15. Dezember 1882 zur genauen Beachtung in Erinnerung und hebt noch besonders hervor, daß die Ortspolizeibehörden vom Standpunkte der polizeilichen Interessen erst dann zu einem Fluchtlinienplane Stellung zu nehmen und dem Gemeindevorstande eine — zustimmende oder die Zustimmung versagende — Erklärung gemäß § 5 des Gesetzes abzugeben haben, wenn feststeht, daß der Plan auf Grund von Staatshoheitsrechten gemäß § 6 nicht beanstandet wird, und daß sie die betheiligten Behörden nach Maßgabe des § 6 rechtzeitig zu benachrichtigen haben, und zwar auch dann, wenn es ihnen zweifelhaft erscheinen sollte, ob die Voraussetzungen des § 6 gegeben seien, da die Ortspolizeibehörden nicht wohl endgültig darüber entscheiden können, ob der Plan die Geltendmachung von Staatshoheitsrechten nothwendig mache.

Fallen in den Plan Eisenbahnen oder Bahnhöfe, so ist derselbe von den Ortspolizeibehörden den zuständigen Königlichen Eisenbahndirektionen, bei Privateisenbahnen den Königlichen Eisenbahn-Kommissaren mitzutheilen, welche beauftragt worden sind, den Ortspolizeibehörden ohne Verzug anzuzeigen, ob der Plan auf Grund von Staatshoheitsrechten beanstandet werde oder nicht.

§ 7. Nach erfolgter Zustimmung der Ortspolizeibehörde, bezüglich des Kreisausschusses (§ 5), hat der Gemeindevorstand den Plan zu Jedermanns Einsicht offenzulegen. Wie letzteres geschehen soll, wird in der ortsüblichen Art mit dem Bemerken bekannt gemacht, daß Einwendungen gegen den Plan innerhalb einer bestimmt zu bezeichnenden präklusivischen Frist von mindestens vier Wochen bei dem Gemeindevorstande anzubringen sind.

Handelt es sich um Festsetzungen, welche nur einzelne Grundstücke betreffen, so genügt statt der Offenlegung und Bekanntmachung eine Mittheilung an die betheiligten Grundeigenthümer.

Daß im letzteren Falle (Abs. 2) die Offenlegung und Bekanntmachung entbehrlich ist, die in den anderen Fällen (Abs. 1) erforderlich ist, da dem Gemeindevorstande gar nicht bekannt sein kann, wer an der Feststellung der Fluchtlinie ein Interesse hat und event. Einwendung erheben kann, bedarf keiner weiteren Darlegung.

§ 8. Ueber die erhobenen Einwendungen (§ 7) hat, soweit dieselben nicht durch Verhandlung zwischen dem Gemeindevorstande und den Beschwerdeführern zur Erledigung gekommen, der Kreisausschuß zu beschließen. Sind Einwendungen nicht erhoben oder ist über dieselben endgültig (§ 16) beschlossen, so hat der Gemeindevorstand den Plan förmlich festzustellen, zu Jedermanns Einsicht offen zu legen und, wie dies geschehen soll, ortsüblich bekannt zu machen.

Die Wahrnehmung der in diesem Paragraphen dem Kreisausschusse beigelegten Funktionen liegt für den Stadtkreis Berlin dem Minister der öffentlichen Arbeiten, für die übrigen Stadtkreise, sowie für die zu einem Landkreise gehörigen Städte mit mehr als 10000 Einwohnern dem Bezirksausschusse ob (§ 146 des Zuständigkeitsgesetzes vom 1. August 1883).

Der Kreisausschuß hat über die Berechtigung der erhobenen Einwendungen zu befinden, soweit sie nicht auf gütlichem Wege sich erledigen lassen (Verhandlungen zwischen dem Gemeindevorstand und den Beschwerdeführern). Er ist nicht beschränkt, nur über die Berechtigung oder Nichtberechtigung der Einwendungen zu beschließen, sondern kann endgültig über den Plan selbst Beschluß fassen. Allerdings ist die Gemeinde nicht verpflichtet, den so festgesetzten Plan anzunehmen; sie ist vielmehr berechtigt, von dem in Folge von Abänderungen ihren Wünschen nicht entsprechenden Plane Abstand zu nehmen. Anders verhält es sich, wenn die Fluchtlinienfestsetzung auf Verlangen der Ortspolizeibehörde (§ 1) auf Grund der ihr nach § 3 zustehenden Befugniß erfolgt ist. In diesem Falle wird die Zurückziehung des Fluchtlinienplanes nur im Einverständnisse mit der Polizeibehörde angängig, ohne dieses aber in der vom Kreisausschuß (Bezirksausschuß) endgültig gegebenen Gestalt auszuführen sein. Vergl. § 5 Abs. 3 des Gesetzes.

Festsetzung von Fluchtlinien.

Befugniß des Gemeindevorstandes, das Verfahren so zu spalten, daß der Beschluß zunächst auf einen durch die erhobenen Einwendungen nicht berührten Theil des ganzen Planes beschränkt bleibt.

Aus den Gründen: Das Gesetz vom 2. Juli 1875 geht zwar von der Voraussetzung aus, daß der entworfene Plan in dem gesammten Verfahren als ein einheitliches Ganzes behandelt werde; es trifft aber keine positive Bestimmung, welche eine Abweichung hiervon grundsätzlich ausschlösse. Ob eine solche Abweichung zulässig ist, hängt demnach lediglich von den Verhältnissen des einzelnen Falles ab. Es sind sehr wohl Fälle denkbar, wo ein Bebauungs- oder Fluchtlinienplan mehrere von einander unabhängige und in keinem Zusammenhange stehenden Theile umfaßt, für welche ebenso gut verschiedene, von einander getrennt gehaltene Pläne hätten aufgestellt werden können. Solchenfalls unterliegt es keinem Bedenken, wenn die Gemeindebehörden den Plan, soweit er einen unangefochten gebliebenen Theil betrifft, förmlich feststellt, obgleich im Uebrigen noch wegen der gegen den Plan erhobenen Einwendungen verhandelt wird. Nothwendiges Erforderniß für ein derartiges Vorgehen ist aber, daß eine Rückwirkung des noch unerledigten Feststellungsverfahrens auf den endgültig festzustellenden Theil nicht stattfinden kann; und da hierfür gegenüber der Thatsache einer Aufstellung des gemeinsamen Planes die Vermuthung von vorn herein nicht spricht, im Gegentheil anzunehmen ist, daß die Gemeindebehörde den Plan eben wegen der inneren Zusammengehörigkeit seiner einzelnen Theile als ein Ganzes entworfen und ausgelegt hat, so muß das Vorhandensein jenes Erfordernisses über jeden Zweifel hinaus klargestellt sein. Es bedarf stets erst eines besonderen, voll überzeugenden Nachweises, daß nach Lage der Sache der Gemeindevorstand der Regel nach entgegenzuhandeln befugt ist.

Ein Herausgreifen einzelner Theile aus einem ausgelegten Plane ist nur dann unter Umständen zulässig, wenn es sich um völlig verschiedene Flächen handelt, nicht aber ein Herausgreifen in der Weise, daß auf derselben Fläche die Straßenanlagen festgestellt werden, während die Grabenanlagen noch in der Schwebe bleiben. Die Feststellung der Straßenzüge ist nach dem Gesetze das Wesentliche, der Kern des ganzen Verfahrens; auf die Entwässerung muß deshalb zugleich Rücksicht genommen werden, weil eine Straßenanlage ohne Fürsorge für genügende Ableitung des Wassers regelmäßig Unzuträglichkeiten herbeiführt. O.G. vom 24. November 1881, Bd. 8 S. 319.

§ 9. Sind bei Festsetzung von Fluchtlinien mehrere Ortschaften betheiligt, so hat eine Verhandlung darüber zwischen den betreffenden Gemeindevorständen stattzufinden.

Ueber die Punkte, hinsichtlich deren eine Einigung nicht zu erzielen ist, beschließt der Kreisausschuß.

Dazu § 146 des Zuständigkeitsgesetzes vom 1. August 1883: Die Zuständigkeit der im § 9 des Fluchtliniengesetzes dem Kreisausschusse beigelegten Funktionen liegt für den Stadtkreis Berlin dem Minister der öffenllichen Arbeiten, für die übrigen Stadtkreise, sowie für die zu einem Landkreise gehörigen Städte mit mehr als 10000 Einwohnern dem Bezirksausschusse ob.

§ 10. Jede, sowohl vor als nach Erlaß dieses Gesetzes getroffene Festsetzung von Fluchtlinien kann nur nach Maßgabe der vorstehenden Bestimmungen aufgehoben oder abgeändert werden.

Zur Festsetzung neuer oder Abänderung schon bestehender Bebauungspläne in den Städten Berlin, Potsdam, Charlottenburg und deren nächster Umgebung bedarf es Königlicher Genehmigung.

Es ist nach Abs. 2 ohne Einfluß, ob die Festsetzung oder Abänderung in Gemäßheit der §§ 5ff. erfolgt ist oder nicht, immer bedarf sie zu ihrer Gültigkeit der Königlichen Sanktion.

Für die älteren Fluchtlinienfestsetzungen siehe Erlaß an sämmtliche Königl. Regierungen (ausschließlich der rheinischen) die Aufstellung und Ausführung städtischer Bau- und Retablissements-Pläne betreffend, vom 12. Mai 1855 (Min.-Bl. d. i. V. S. 100). Vergl. auch O.G. vom 6. Februar 1879, Bd. 5 S. 381.

§ 11. Mit dem Tage, an welchem die im § 8 vorgeschriebene Offenlegung beginnt, tritt die Beschränkung des Grundeigenthümers, daß Neubauten, Um- und Ausbauten über die Fluchtlinie hinaus versagt werden können, endgültig ein. Gleichzeitig erhält die Gemeinde das Recht, die durch die festgesetzten Straßenfluchtlinien für Straßen und Plätze bestimmte Grundfläche dem Eigenthümer zu entziehen.

Ueber den Begriff der Um- und Ausbauten geben die unten folgenden Entscheidungen den erforderlichen Aufschluß.

Neubauten u. s. w. über die Fluchtlinie hinaus können versagt werden. Damit ist zum Ausdruck gebracht, daß es nicht strikte Verpflichtung der Behörde ist, das Bauen über die Fluchtlinie hinaus zu versagen. Es wird zwar Regel sein, daß die Erlaubniß verweigert wird, trotzdem kann nach Fassung des Gesetzes der Behörde nicht die Befugniß abgesprochen werden, unter besonderen Umständen und wenn die Gemeinde, in deren Interesse die einschränkende Bestimmung ergangen ist, damit einverstanden ist, die Erlaubniß zum Bauen über die Fluchtlinie hinaus zu ertheilen. Die Rechtsprechung stand zwar zuerst auf dem entgegengesetzten Standpunkte, die Anschauung vertretend, daß das Wort „können" gleichbedeutend sei mit „müssen" und daß daher die Polizeibehörde auf jeden Fall verpflichtet sei, die Erlaubniß zu verweigern, sobald die im § 8 des Gesetzes vorgeschriebene Offenlegung beginnt; der Ministerial-Erlaß vom 15. Februar 1887 (Min.-Bl. d. i. Verw. S. 70) vertritt aber den ersteren und wohlberechtigten Standpunkt, den auch die spätere Judikatur sich zu eigen gemacht hat.

Der Erlaß lautet: Nach § 11 des Gesetzes betreffend die Anlegung und Veränderung von Straßen und Plätzen in Städten und ländlichen Ortschaften vom 2. Juli 1875 (Ges.-Samml. S. 561) tritt mit dem Tage, an welchem die im § 8 vorgeschriebene Offenlegung des festgestellten Straßen- und Baufluchtenplans beginnt, die Beschränkung des Grundeigenthümers dahin endgültig ein, daß Neubauten sowie Um- und Ausbauten über die Fluchtlinie hinaus versagt werden können. Diese Bestimmung verfolgte den Zweck, die Gemeinden dagegen zu schützen, daß durch eine inzwischen vorgenommene bauliche Veränderung der Werth eines ganz oder theilweise zu Straßenzwecken bestimmten Grundstückes gesteigert und die Gemeinde dadurch in die Lage gesetzt wird, dem Eigenthümer bei der demnächstigen Abtretung eine höhere Entschädigung als zum Zeitpunkte der Fluchtlinienfestsetzung zahlen zu müssen.

Es sind darüber Zweifel entstanden, wie sich im Hinblick auf diese Absicht des § 11 cit. die Polizeibehörden bei der Behandlung der an sie herantretenden Gesuche auf Genehmigung von Bauten der gedachten Art zu verhalten haben. Behufs Herbeiführung eines gleichmäßigen Verfahrens in diesem Punkte sehen wir uns in Folge dessen veranlaßt, dahin Bestimmung zu treffen, daß fortan die Polizeibehörden in eine Prüfung der betreffenden Gesuche erst dann einzutreten haben, wenn von dem Unternehmer die Einwilligung der Gemeinde zu dem beabsichtigten Bau in einer der Polizeibehörde genügende Sicherheit bietenden Weise beigebracht worden ist, und daß, wenn diese Einwilligung entweder nicht ertheilt, oder aber die zur Beibringung derselben eventuell zu bestimmende Frist nicht innegehalten worden ist, die nachgesuchte Genehmigung auf Grund der Vorschriften im § 11 zu versagen ist. Wird dagegen die Einwilligung nachgewiesen, so hat die Polizeibehörde nach Maßgabe der in Betracht zu ziehenden polizeilichen Gesichtspunkte die Erörterung des Gesuches zu veranlassen und dasselbe in gewöhnlicher Weise zu erledigen.

Es bedarf hierbei keiner besonderen Hervorhebung, daß das in Vorstehendem geordnete Verfahren nicht dazu bestimmt sein kann, um unberechtigten Ansprüchen der Gemeinden Vorschub zu leisten. Wenn daher die Polizeibehörden die pflichtmäßige Ueberzeugung gewinnen sollten, daß von den Gemeindebehörden die Einwilligung zur Ausführung eines Baues über die Fluchtlinie an Bedingungen geknüpft wird, welche über das Maß des Nothwendigen hinaus der Gemeinde Vortheile zu verschaffen bezwecken oder aber die Einwilligung aus dem Grunde abgelehnt worden ist, weil der Unternehmer sich derartigen Bedingungen nicht fügen will, so hat die Polizeibehörde hiervon ihrer vorgesetzten Behörde Anzeige zu erstatten, welche letztere und zwar soweit sie nicht zugleich Kommunal-Aufsichtsbehörde ist, nach Kommunikation mit der letzteren die erforderliche Abhülfe eintreten zu lassen, bezw. darüber Entscheidung zu treffen hat, ob trotz der versagten Einwilligung die Baugenehmigung zu ertheilen ist.

Die Baubeschränkung tritt mit dem Tage, an welchem die im § 8 vorgeschriebene Offenlegung beginnt, „endgültig“ ein. Damit ist zugleich ausgesprochen, daß diese Beschränkung auch schon vorher eintreten kann.

Das Nähere darunter ist aus den unten folgenden Entscheidungen zu ersehen.

Zur selben Zeit enthält die Gemeinde das Enteignungsrecht, die für die Straße u. s. w. bestimmte Fläche dem Eigenthümer zu entziehen, d. h. an die Offenlegung des Fluchtlinienplanes ist das Enteignungsrecht als rechtliche Wirkung geknüpft, ohne daß es somit der Verleihung des Enteignungsrechtes durch Allerhöchste Verordnung bedarf, wie sie nothwendig ist, wenn es sich um die Enteignung von Grund und Boden handelt, der auf Grund einer vor dem Fluchtliniengesetz festgesetzten Fluchtlinie zu Straßenzwecken verwendet werden soll.

Um- und Ausbauten über die festgesetzte Fluchtlinie hinaus im Sinne des § 11 des Gesetzes vom 2. Juli 1875.

Aus den Gründen: Nicht jede innerhalb eines Gebäudes vorgenommene bauliche Aenderung oder Einrichtung ist ohne Weiteres als ein Um- oder Ausbau desselben zu kennzeichnen. Das Gesetz ermangelt in dieser Beziehung einer genauen Begriffsbestimmung und überläßt es damit der richterlichen Beurtheilung, nach den jedesmaligen Umständen unter Berücksichtigung aller in Betracht kommenden Momente, namentlich des Umfanges der Anlage und ihres Einflusses auf den früheren Zustand darüber zu befinden, ob ein Um- oder Ausbau als vorhanden anzunehmen ist.

Im vorliegenden Falle sollen die bis dahin als Wohnräume nicht verwerthbaren Gelasse zu Wohnungen umgestaltet werden. Das ganze seiner Eintheilung und Konstruktion nach zu Wohnzwecken überhaupt nicht dienliche Gebäude bedurfte für die beabsichtigte anderweitige Verwendung zunächst eines Schornsteines, welcher in Gestalt der fraglichen russischen Röhren durch die beiden Stockwerke hindurch und zum Dache hinaus geführt ist, demnächst der in diesen Röhren einmündenden Oefen, von denen der für das Erdgeschoß projektirte zwei Stuben erheizen soll.

Erst die Anbringung dieser — hiernach drei Innenräume und, vermöge ihrer Bedeutung für den Gebrauch des Gebäudes, die ganze Baulichkeit berührenden — Anlage macht dieselbe für ihre neue Bestimmung tauglich und verleiht ihr einen von dem bisherigen verschiedenen Charakter; die Anlagen sind deshalb nicht als ein Umbau, wohl aber als ein Ausbau der in die neue Fluchtlinie überragenden Theile des Hintergebäudes anzusehen, zu welchem die Genehmigung gemäß § 11 des Gesetzes vom 2. Juli 1875 versagt werden darf.

Es ist von Gewicht, daß der Kläger nach seinem ganzen Vorgehen von vorn herein den Gesammtumbau und Ausbau der Remise zu einem Wohnhause ins Auge gefaßt, auch hierauf einen geringen Theil der gegenwärtig in Frage stehenden Anlagen, für deren Bestand bezw. Herstellung er die polizeiliche Erlaubniß fordert, bereits durchgeführt hat. Es würde unter diesen Umständen nicht der wahren Sachlage entsprechen, die Anbringung der Röhren und Oefen als eine vereinzelte, etwa für zweckmäßig erachtete Einrichtung oder Veränderung im Innern eines vorhandenen Wohnhauses anzusehen. Dieselben sind vielmehr in ihrem Zusammenhange mit allen sonstigen Einrichtungen aufzufassen, welche jede für sich und im Ganzen, zum Zwecke des Um- und Ausbaues geplant und ausgeführt sind und Theile des Ausbaues darstellen, auf welche der mehrerwähnte § 11 des Gesetzes Anwendung findet. O.G. vom 3. Mai 1880, Bd. 6 S. 325.

Gesichtspunkte für die Beurtheilung der Frage, ob im Sinne des § 11 des Gesetzes vom 2. Juli 1875 ein Um- und Ausbau über die Fluchtlinie hinaus vorliegt.

Aus den Gründen: Die Vorschrift im § 11 besagt im Zusammenhange mit den ihr voraufgehenden Bestimmungen, deren Abschluß sie bildet, nichts weiter, als daß von dem Tage ab, an welchem die im § 8 vorgeschriebene Offenlegung des Planes beginnt, der Grundeigenthümer sich die Versagung der Genehmigung, Neubauten,

Um- und Ausbauten über die Fluchtlinie hinaus vorzunehmen, gefallen lassen muß (a. a. O. Bd. 7 S. 327).

Der technische Sprachgebrauch sei in mannigfaltiger Hinsicht, namentlich auch bezüglich der Begriffe „Um- und Ausbauten" zwar kein ganz präcise feststehender, da diese Ausdrücke ursprünglich aus Handwerkerkreisen herstammen, so führt der Sachverständige aus, dessen Gutachten das Oberverwaltungsgericht sich angeschlossen hat; man habe jedoch demnächst auch in wissenschaftlich technischer Beziehung ziemlich allgemein folgende Definition angenommen, namentlich hinsichtlich des Begriffes „Umbau". Während bei der „Reparatur" der Ersatz einzelner abgängig gewordener Theile das Charakteristische sei, spreche man von einem „Umbau" da, wo es sich um eine mehr oder minder eingreifende, das Bauwerk theilweise umgestaltende Veränderung der Substanz im Aeußeren oder Inneren handele, insbesondere wenn dabei beabsichtigt werde, dem Bauwerk eine andere Zweckbestimmung zu geben, z. B. ein bisher ökonomischen Zwecken dienendes Gebäude zu Wohnzwecken umzugestalten. Das Wort „Ausbau" werde im technischen Sprachgebrauch gewöhnlich als Gegensatz zu „Rohbau" oder „Massenbau" angewendet — zur Bezeichnung derjenigen Operationen, welche namentlich die innere Einrichtung des Gebäudes für seine besonderen Zwecke im Auge haben. In diesem Sinne sprach man daher auch vorzugsweise vom „inneren Ausbau" und bezeichnete damit z. B. die Arbeiten des Tünchers, Tischlers, Schlossers, Glasers, Anstreichers u. s. w. zur Herstellung der Decken, Wände, Fußböden, Thüren, Fenster, Oefen ꝛc., kurz gesagt: Alles, was zur inneren Einrichtung nothwendig sei. Ob nun aber gerade in diesem Sinne durch § 11 des Straßen- und Baufluchtengesetzes vom 2. Juli 1875 hinsichtlich der „Ausbauten" über die Fluchtlinie hinaus habe Bestimmung getroffen werden sollen, müsse er dahingestellt sein lassen. Die Möglichkeit bestehe immerhin, daß hier unter der Bezeichnung „Ausbauten" an solche neuherzustellende Theile gedacht sei, welche als Vorsprünge über die Fluchtlinie hinaus erscheinen; indessen würde ein Techniker in diesem Sinne das Wort „Ausbau" wohl nicht leicht anwenden. Die Begriffe „Um- und Ausbau" schließen sich nicht gegenseitig aus; vielmehr könne im „Umbau" der „Ausbau" mit einbegriffen sein und er sei es regelmäßig, während nicht auch umgekehrt im „Ausbau" zugleich der „Umbau" mit einbegriffen sei.

Auch die Bemerkung des Vertreters des Klägers, daß es in dem vorliegenden Falle sich nur darum handeln dürfte, ob solche Um- und Ausbauten vorliegen, welche die Stabilität der Substanz auf längere Zeit erhöhen, und auf die dem zu Folge in diesem Sinne an den Sachsterständigen gerichtete Frage erklärte derselbe, wie er nur im Anschluß an den Wortlaut des Gesetzes vom 2. Juli 1875 dahin zu antworten vermag, daß an und für sich die Erhöhung der Stabilität nicht im Begriffe des Um- und Ausbaues liege, diese sogar den entgegengesetzten Einfluß auf das Bauwerk äußern könnte, daß man aber freilich in den meisten Fällen mit dem Umbau auch solche Instandsetzungen zu verbinden bestrebt sein werde, welche die Dauerhaftigkeit des Ganzen erhöhen. O.G. vom 15. September 1881, Bd. 8 S. 294.

Ist die massive Wiederherstellung eines Theiles einer eingestürzten Scheunengiebelwand als Neubau, Um- oder Ausbau im Sinne des § 11 des Gesetzes vom 2. Juli 1875 anzusehen?

Nähere Feststellung des Begriffes des Umbaues. Letzterer setzt im Unterschied zum bloßen Reparaturbau einen Bau voraus, der eine wesentliche Veränderung der Substanz zur Folge hat, welche in der Mehrzahl der Fälle mit einer Veränderung der Zweckbestimmung des Gebäudes (Gebäudetheile) verbunden ist.

Aus den Gründen: Unter einem Ausbau versteht man für gewöhnlich die innere Einrichtung eines Gebäudes für seine besonderen Zwecke, oder die Herstellung neuer, über die Fluchtlinie vorspringender Theile (zu vergl. O.G. Bd. 8 S. 300, 301).

Der Gerichtshof hat in einem Endurtheile vom 15. Dezember 1893 Folgendes ausgeführt: Nicht jede Veränderung der Substanz eines Gebäudes stellt einen Umbau desselben dar. Andernfalls wäre der größte Theil der baulichen Vorkehrungen, die der allgemeine und sichere Sprachgebrauch als Reparatur bezeichnet, zu den Umbauten zu rechnen. Von den letzteren kann nur dann die Rede sein, wo es sich um eine immerhin eingreifende, das Gebäude theilweise umgestaltende, und so um eine wesentliche Veränderung der Substanz handelt, und es muß hierauf namentlich das besondere Gewicht gelegt werden, wo das sonst meist den Umbauten eigenthümliche Kennzeichen der Veränderung der Zweckbestimmung des Gebäudes mangelt. Unter diesen Umständen ist es auch nicht entscheidend, ob der nöthige Zusatz die Dauerhaftigkeit und den Werth des Gebäudes um etwas erhöht, da dies Folgen sind, die auch mit jeder Reparatur verknüpft sein können.

Handelt es sich um die durch die Sachlage selbst gebotene, zur Verhinderung weiterer Schäden nothwendige Beseitigung eines örtlich begrenzten Schadens, nicht aber darum, der Nothwendigkeit eines Neubaues zu entgehen, so kann nicht von einem Umbau die Rede sein. O.G. vom 25. Januar 1896, Preuß. Verwltgsbl., Jahrg. 18 S. 43.

Wenn es auch zur Anwendung des § 11 nicht erforderlich ist, daß der Ausbau selbst oder der von dem Ausbau berührte Raum über die Fluchtlinie hinaus greifen, so kann doch ein Ausbau „über die Fluchtlinie hinaus" schon um deshalb nicht angenommen werden, wenn der Ausbau des Hauses ganz auf einer der Fluchtlinie entgegengesetzten Seite des Gebäudes stattfinden soll, der Ausbau die Fluchtlinie weder überschreitet noch berührt, mit ihr vielmehr in gar keiner Beziehung steht, auch die Benutzungsart des Hauses im Ganzen und den einzelnen, vom Ausbau nicht unmittelbar betroffenen Raum in keiner Weise verändert. O.G. vom 8. Juli 1897, Bd. 32 S. 363.

Für die Beurtheilung, ob ein Um- oder Ausbau im Sinne des Gesetzes vorliegt, kann es nicht von ausschlaggebender Bedeutung sein, ob die anderweitige Zweckbestimmung des Gebäudes oder Gebäudetheils und die dementsprechende Benutzung schon vor dem Zeitpunkte der baulichen Veränderung, welche für sie als erforderlich erachtet wird, stattgefunden hat. Es genügt, daß die baulichen Veränderungen eine neue Zweckbestimmung der von der Fluchtlinie getroffenen Räume ermöglichen, sie dazu erst geeignet machen sollen. Wollte man hiervon nicht ausgehen, so wäre für viele Fälle der Zweck der Bestimmung des § 11 für immer zu vereiteln, nämlich die Wertherhöhung. Daß eine solche bauliche Veränderung z. B. in dem Falle, wo ein Fenster in ein Schaufenster umgewandelt werden soll, um in den dahinter liegenden Räumen einen Möbelhandel treiben zu können, vorliegt, ist, sofern dadurch die Benutzung des Gebäudes zu diesem neuen Zweck erst ermöglicht werden soll, nach dem Dargestellten nicht zweifelhaft. O.G. vom 11. Oktober 1897, Bd. 32 S. 367.

Hat der Bauunternehmer einen Anspruch darauf, daß Beschränkungen der Baufreiheit, welche erst nach der Einbringung des Baukonsensgesuches in Kraft getreten sind — insbesondere eine dann erst förmlich erfolgte Festsetzung von Fluchtlinien — bei Beurtheilung seines Unternehmens außer Anwendung bleibe?

Aus den Gründen: Ein Recht des Bauunternehmers darauf, daß er für seine Person die Ermächtigung erhalte, frei von der Beschränkung des § 11 des Fluchtliniengesetzes einen Um- und Ausbau über die Fluchtlinie hinaus vorzunehmen, besteht nicht, auch nicht etwa deshalb, weil er bereits vor der förmlichen Festsetzung des Fluchtlinienplans die Erklärung abgegeben hat, bauen zu wollen. O.G. vom 16. Oktober 1879, Bd. 5 S. 476.

Erblickte man darin, daß ein im Momente der Offenlegung eines Fluchtlinienplanes unbebautes Areal bis zur Straßenregulirung in diesem Zustande verbleibt und also eine Entschädigung für Baulichkeiten nicht in Frage kommt, für die Gemeinde einen Vortheil und finanziellen Erfolg, so ist es unverkennbar, daß die Polizeibehörde diesen Vortheil der Gemeinde in allen Fällen zuwendet, in welchen sie den Konsens zu einem Bau über die Fluchtlinie hinaus versagt, und daß das

Gesetz völlig unanwendbar würde, wenn schon die Herbeiführung dieses Erfolges als eine unerlaubte Förderung privater Interessen qualifizirt werden müßte. In Wahrheit liegt die Sache denn auch durchaus anders. Der § 11 des Gesetzes vom 2. Juli 1875 hat gerade den Zweck mit im Auge, die Kommune vor Werthssteigerungen des für die Straße bestimmten Terrains nach erfolgter Offenlegung des Fluchtlinienplanes zu schützen. Da dessen Handhabung ausschließlich der Baupolizei überlassen ist, gehört es recht eigentlich mit zu deren Aufgabe, bei Beurtheilung etwa vorgelegter Baugesuche den Kommunen jenen Schutz angedeihen zu lassen. O.G. vom 14. Juni 1881, Bd. 7 S. 321.

Die Bestimmung des Straßenfluchtliniengesetzes vom 2. Juli 1875, wonach Neubauten, Um- oder Ausbauten über die Fluchtlinie hinaus unzulässig sind, bezieht sich nicht nur auf Bauten, welche unmittelbar auf dem künftigen Straßenterrain aufgeführt werden, sondern auch auf solche in der Luftsäule über dieses Terrain; sie schließt aber nicht aus, daß die Anbringung von Erkern, Löben, Balkons, Dachrinnen und derartigen nach den allgemeinen Normen des Baupolizeirechts über die Straßenfluchtlinie hinaus zulässigen Anlagen polizeilich gestattet würde. O.G. vom 13. November 1891, Bd. 22 S. 372. Siehe auch O.G. vom 24. November 1881, Bd. 8 S. 319.

Schließt § 11 des Straßen- und Baufluchtengesetzes vom 2. Juli 1875 Neu-, Um- und Ausbauten über die Baufluchtlinie hinaus unbedingt aus, oder stellt er das Verbot dieser Bauten in das Ermessen der Polizeibehörde?

Gehören Umzäunungen der Grundstücke, die sich nach ihrer Konstruktion als Bauten charakterisiren, zu den Bauten im Sinne des § 11 a. a. O.?

Aus den Gründen: Die Auslegung des § 11 des Gesetzes vom 2. Juli 1875 hat sich nach dem Vorgange älterer Entscheidungen des Oberverwaltungsgerichts, insbesondere derer vom 14. Juni und 15. September 1881 (Bd. 7 S. 321ff. und Bd. 8 S. 294ff.) dahin vollzogen, daß einmal die Polizeibehörde nicht nur für berechtigt, sondern für verpflichtet erachtet wird, Neubauten, Um- und Ausbauten über die Fluchtlinie hinaus ausnahmlos zu hindern, und sodann, daß zu diesen Bauten auch bloße Umzäunungen von Grundstücken gerechnet werden, sobald sie sich wegen ihrer Konstruktion technisch als Bauten charakterisiren lassen. Die praktischen Konsequenzen dieser Rechtsauffassung haben sich in mehrfachen und wesentlichen Beziehungen als bedenkliche herausgestellt. Dieselbe führt dazu, die Umwährungen mit Gebäuden nicht besetzter Grundstücke an Straßen zu verhindern, die andrerseits im Interesse der öffentlichen Ordnung gefordert werden muß, die deshalb vielfach auch in Straßen- und Baupolizeiverordnungen ganz allgemein gefordert wird und die auch nicht durch solche Umzäunungen, die den Charakter der Baulichkeit vermeiden, wie Erdwälle, durch Draht verbundene einzelne Stangen und dergl. m. ausreichend ersetzt werden können. Wenn demgegenüber Polizeiverwaltungen geglaubt haben, die Privateigenthümer zur Aufrichtung von Zäunen quer durch ihre Grundstücke hindurch in der neu festgesetzten Baufluchtlinie anhalten zu können, so stehen dem offenbar rechtliche Bedenken entgegen.

Weiter ist es klar, daß das Verbot der Umzäunung den Grundstücksbesitzern in der Nutzung ihrer Grundstücke viel weitergehende Beschränkungen auferlegt als nur den Ausschluß der Bebauung und zwar im Gegensatz zu demjenigen, was der Gesetzgeber in dieser Beziehung ersichtlich beabsichtigte.

Endlich zwingt jene Rechtsauffassung dazu, im Einzelfalle die Entscheidung davon abhängig zu machen, ob eine Umwährung sich konstruktiv als „Bau“ darstellt, eine Frage, die sich gerade bei Umzäunungen oft in hohem Maße zweifelhaft erweist, da solche, wie schon gesagt, durch die verschiedensten, nicht nothwendig einen Bau darstellenden Veranstaltungen vorgenommen werden können, ein Moment, welches die Ausdehnung des Verbots auf Umzäunungen auch nach den Gesichtspunkten, welche dem § 11 a. a. O. zu Grunde liegen, von sehr zweifelhaftem Werthe erscheinen läßt.

Die schon durch diese Erwägungen nahegelegte erneuerte Prüfung der Rechtsfrage hat dazu geführt, in beiden vorbezeichneten Richtungen die bisher in der Praxis herrschende Auffassung aufzugeben.

Zunächst ist die Auslegung, daß das Gesetz alles Bauen über die Bauflüchtlinie hinaus, sobald es nur als Neu-, Um- oder Ausbau charakterisirt werden könne, als unzulässig und somit die Polizeibehörde als verpflichtet habe bezeichnen wollen, jeden solchen Bau zu verhindern, mit dem Wortlaut des § 11 a. a. O. nicht wohl vereinbar, da hier die Worte: „versagt werden können, nicht etwa „müssen" gebraucht sind. Und daß dies nicht etwa auf eine Ungenauigkeit der Fassung zurückzuführen ist, erhellt zur Genüge daraus, daß, wie die eingesehenen Protokolle der mit der Berathung des Gesetzes betraut gewesenen Kommission des Abgeordnetenhauses ergeben, das Kommissionsmitglied, welches den jetzigen § 11 vorschlug, ursprünglich die Worte „nicht ferner zulässig sind" gewählt hatte und sie dann durch die Worte des Gesetzes „versagt werden können" ersetzt hat. Weiter erscheint es aber auch bedenklich, für die Auffassung des § 11 über seinen Wortlaut hinaus darauf entscheidendes Gewicht zu legen, daß im § 1 Abs. 4 des Gesetzes die Bauflüchtlinien als die Grenzen bezeichnet werden, „über welche hinaus die Bebauung ausgeschlossen ist". Diese Worte befinden sich in dem Abs. 4 des § 1 an einer Stelle, wo nichts weiter bezweckt ist, als die rechtliche Bedeutung der Straßenfluchtlinie in ihrem Verhältniß zur Bauflüchtlinie klarzustellen. Es ist ausgeschlossen, ihnen das Gewicht beizumessen, als hätte durch sie die ausnahmslose Rechtsnorm festgelegt werden sollen, daß jedes „Bauen" über die Bauflüchtlinie hinaus unzulässig sei. Es genügt hiergegen, auf die Umwährung der Vorgärten, auf die zahlreichen baulichen Anlagen, für die das Straßenterrain recht eigentlich bestimmt ist, Kanäle, öffentlichen Bedürfnißanstalten, Plakatvorrichtungen u. dergl., endlich auf die über die Bauflüchtlinien vorspringenden Häusertheile, wie Erker, Balkons, Risalite u. dergl. (O.G. Bd. 22 S. 372) hinzuweisen.

Bietet hiernach aber der Abs. 4 des § 1 keinen genügenden Anhalt, um den ersten Satz des § 11 über seinen Wortlaut hinaus auszulegen, so fehlt es überhaupt an einer Stütze für die Auffassung, daß darin ein Mehreres anerkannt sei, als die Befugniß der Polizeibehörde, das Bebauen des künftigen Straßenterrains zu untersagen. Der Gerichtshof befindet sich hierbei im Einklange mit der dem Erlaß der Ressortminister vom 15. Februar 1887 (Min.-Bl. d. i. V. S. 70) zu Grunde liegenden Rechtsansicht.

Weiter fragt es sich, ob die so anerkannte polizeiliche Verbotsbefugniß sich auch auf das bloße Umzäunen und Umwähren von Grundstücken, sobald es konstruktiv sich in einem „Bau" vollziehen soll, erstreckt. Es ist klar, daß man zur Bejahung dieser Frage gemäß § 11 a. a. O. gelangen muß, sobald man für die Auslegung dieser Vorschrift das Gewicht lediglich auf den Gebrauch des Wortes „Bau" in Neubauten, Um- und Ausbauten legt.

Und doch scheint dies um so bedenklicher, je weniger der allgemeine Sprachgebrauch für die Anwendung dieses Wortes irgend sichere und brauchbare Schranken zieht. Es ist ferner bekannt, daß allerdings die meisten Baupolizeiordnungen ihre Vorschriften auch auf Umwährungen und Umzäunungen erstrecken, und daß dies an sich für rechtlich keineswegs unzulässig erachtet wird. Immerhin bietet auch dieses Moment keinen irgend sicheren Anhalt für die Beantwortung der aufgeworfenen Frage. Für sie kommt vielmehr weiter das Folgende in Betracht.

Erwähnt man zunächst den vor dem Gesetz vom 2. Juli 1875 bestehenden Rechtszustand als dessen Grundlage, so ist hervorzuheben, daß das A.L.R. einerseits überall die Umzäunung und Umwährung, sie mögen „gebaut" werden oder nicht, von den „Gebäuden" scharf unterscheidet (§§ 149ff. Tit. 8, §§ 135, 440 Tit. 21 Th. I, § 379 Tit. 7, § 784 Tit. 11 Th. II), andrerseits aber da, wo die maßgebenden Bestimmungen über die Einschränkungen des Eigenthümers bei dem Bauen im öffentlichen Interesse gegeben sind, zunächst nur von „Gebäuden" handelt (§§ 65, 68, 72 I 8). Schwerlich durfte man sich demgegenüber für berechtigt erachten, die Umwährung von Grundstücken, die freies Privateigenthum waren und zunächst auch bleiben sollten, um deswillen zu hindern, weil sie künftighin einmal in den Zug von Straßen gezogen werden sollten.

Nach § 11 des Gesetzes vom 2. Juli 1875 soll unzweifelhaft das Bebauen künftigen Straßenterrains zwischen den Straßen- und Baufluchtlinien untersagt werden können, sobald es sich durch Neu-, Um- oder Ausbau vollzieht. Hierbei ist nicht zu übersehen, daß der allgemeine und feststehende Sprachgebrauch das bloße Umwähren und Umzäunen der Grundstücke, auch wenn es sich um Mauern und dergleichen Bauwerke handelt, bei der Anwendung des Wortes „Bebauen" nicht berücksichtigt. Wird auch der Grenzstreifen, auf welchem die Mauer der Planke steht, durch deren Errichtung „bebaut", so rechnet doch niemand um deswillen das so umwährte Terrain, den Garten, Zimmerplatz, Hof u. s. w. zu den auch nur theilweise bebauten Grundstücken, so wenig, als der Begriff des „Anbaues" auf das bloße Umwähren von Grundstücken ausgedehnt wird.

Die Berücksichtigung dieses Momentes für die Auslegung des § 11 a. a. O. wird durch den sonstigen Inhalt des Gesetzes nahegelegt. In dem Entwurfe der Staatsregierung zum Gesetz, sowie in dessen Motiven, findet sich mehrfach der Ausdruck „Bebauen" von Grundstücken als gleichbedeutend mit „Errichten von Gebäuden" auf denselben gebraucht. So verpflichtete der § 13 des Entwurfes die Straßenanlieger zu Straßenbaubeiträgen — „sobald sie ihre Grundstücke bebauen" — Worte, die die Kommission des Abgeordnetenhauses durch die Fassung des § 15 des Gesetzes: — „sobald sie Gebäude an der neuen Straße errichten" — ersetzte, um das „konkreter wiederzugeben, was der Entwurf unzweifelhaft ausdrücken wollte". O.G. vom 22. September 1893, Bd. 25 S. 379.

Die durch Feststellung von Fluchtlinien herbeizuführende Aenderung des örtlichen Baurechts tritt — unbeschadet des Rechtes der Polizeibehörde, unter Umständen schon während des noch schwebenden Verfahrens Baubeschränkungen zur Geltung zu bringen — erst mit dem im § 11 des Gesetzes vom 2. Juli 1875 bezeichneten Zeitpunkte, d. i. mit der im § 8 a. a. O. vorgesehenen Offenlegung des förmlich festgestellten Fluchtlinienplanes, ein.

Die Ausführung eines vor diesem Zeitpunkte bereits begonnenen Baues, wenn er ordnungsmäßig von der Polizeibehörde genehmigt war, kann nachher nicht mehr gehindert werden.

Aus den Gründen: Nach § 11 des Fluchtliniengesetzes vom 2. Juli 1875 tritt mit dem Tage, an welchem die im § 8 daselbst vorgeschriebene Offenlegung des Planes beginnt, die Beschränkung des Grundeigenthümers, daß Neubauten über die Fluchtlinien hinaus versagt werden können, endgültig ein.

Die Befugniß der Polizeibehörde, einem geplanten Bau in Gemäßheit des § 11 a. a. O. die Genehmigung zu versagen und seine Ausführung zu hindern, tritt schon dann ein, wenn sich die Gemeindebehörde und die Polizeibehörde über eine bestimmte Fluchtlinie, welche festgesetzt werden soll, geeinigt haben.

In dem Erkenntnisse vom 18. April 1893 hat der Gerichtshof dargelegt, daß neue baurechtliche Bestimmungen der Regel nach auf Bauten, die auf Grund eines ordnungsmäßig ertheilten polizeilichen Konsenses bereits in der Ausführung begriffen sind, keine Anwendung finden. In jenem Falle handelte es sich um die Aenderung des Baurechtes durch den Erlaß eines Ortsstatuts im Anschluß an den § 12 des Gesetzes vom 2. Juli 1875, nach dem an Straßen und Straßentheilen, die noch nicht gemäß den baupolizeilichen Bestimmungen des Ortes für den öffentlichen Verkehr und den Anbau fertiggestellt sind, Wohngebäude, die nach diesen Straßen einen Ausgang haben, nicht errichtet werden dürfen. Dabei ist der Zeitpunkt der

Aenderung des Baurechtes ohne Weiteres durch das Inkrafttreten des Statuts gegeben. Handelt es sich aber nicht um ein solches Ortsstatut, sondern um die Festsetzung einer Fluchtlinie, so schafft auch diese unzweifelhaft für die davon betroffenen Grundstücke neues Baurecht, insofern für sie auf Grund der ordnungsmäßigen Festsetzung die Rechtswirkung des § 11 des Gesetzes vom 2. Juli 1875 eintritt, der Fluchtlinienplan bildet so — wie das Reichsgericht es ausdrückt — einen Theil der Verfassung der Gemeinde (R.G. i. Civils. vom 28. November 1891, Preuß. Verwltgsbl., Jahrg. 13 S. 343).

Der Zeitpunkt, mit welchem die vollen Rechtswirkungen des § 11 a. a. O. so eintreten, daß das objektive Recht eine Aenderung erfahre, kann nur der sein, welchen der genannte § 11 selbst bezeichnet, nämlich der Tag, an welchem die im § 8 vorgeschriebene Offenlegung beginnt. Das geht schon aus dem zweiten Satz des § 11 a. a. O. hervor. Denn wenn es daselbst heißt, daß gleichzeitig, d. h. mit eben diesem Tage, die Gemeinde das Recht erhält, die durch die festgesetzten Straßenfluchtlinien für Straßen und Plätze bestimmten Grundflächen dem Eigenthümer zu entziehen, so kann darunter kein anderer Zeitpunkt gemeint sein als der, nach welchem eine Aenderung des Planes in diesem anstehenden Verfahren ausgeschlossen und mit welchem durch die Offenlegung des Planes und die ortsübliche Bekanntmachung zu Jedermanns Kenntniß gelangt, daß das Verfahren definitiv abgeschlossen ist und nunmehr die volle Rechtswirkung des § 11 a. a. O. eintritt.

In dem Erkenntnisse vom 24. November 1881 ist dargelegt, wie aus der Vorgeschichte des § 11 a. a. O. und aus seinem Zwecke folge, daß durch die Bestimmung dieses Paragraphen der Polizeibehörde das bisherige Recht nicht habe entzogen werden sollen, schon vor definitiver Festsetzung der Fluchtlinie zu hindern, daß projektirte Bauten auf künftig zur Bebauung nicht bestimmtem Terrain genehmigt und ausgeführt würden, wobei auch darauf hingewiesen wurde, daß sich in dem § 11 selbst in dem sonst überflüssigen Worte „endgültig" eine Andeutung dafür finde. Diese Befugniß, welche schon bisher der Polizeibehörde zugestanden habe, müsse ihr, solle die Absicht des Gesetzes erreicht werden, auch fernerhin verbleiben, weil es sonst in der Hand einzelner Grundbesitzer läge, den Zweck der ganzen Maßregel unter Umständen vollständig zu vereiteln. Diese dem freien Ermessen der Polizeibehörde überlassene Handhabung ihrer Befugniß stellt sich somit als eine vorläufige Maßregel dar, durch welche die Durchführung einer in der Vorbereitung befindlichen Aenderung des Rechtszustandes ermöglicht werden soll. Daß die Aenderung des Rechtszustandes erst mit dem im § 11 a. a. O. genannten Zeitpunkt verwirklicht wird, schließt den rechtlichen Bestand von Ermächtigungen der Polizei nicht aus, die den Zweck haben, die Hindernisse zu beseitigen, welche dieser Verwirklichung durch die Grundstücksbesitzer etwa bereitet werden sollen. Daß daraus die Befugniß der Polizeibehörde nachgewiesen ist, zeigt sich auch darin, daß dem Baulustigen, dem auf Grund des § 11 in dem Vorbereitungsverfahren eine Baugenehmigung versagt war, sie ohne Zweifel auf erneuten Antrag ertheilt werden muß, wenn aus irgend einem rechtlichen oder thatsächlichen Grunde das Feststellungsverfahren nicht zu Ende geführt wird und die geplante Fluchtlinie wieder aufgegeben werden muß, während die Rechtswirkungen der förmlich festgesetzten Fluchtlinien nur dann wieder wegfallen, wenn diese Fluchtlinien in dem förmlichen Verfahren (§ 10 a. a. O.) wieder aufgehoben, d. h. wenn die Rechtssatzung durch eine andere ersetzt ist.

Tritt aber eine Aenderung des örtlichen Baurechts durch die Fluchtlinie erst mit dem im § 11 genannten Zeitpunkte ein, so kann die Ausführung eines vor diesem Zeitpunkte bereits begonnenen Baues, wenn er ordnungsmäßig von der Polizeibehörde genehmigt war, nachher nicht mehr gehindert werden, wie sich aus den Darlegungen des oben genannten Erkenntnisses vom 18. April 1893 (O.G. Bd. 24 S. 362 ff.) ohne Weiteres ergiebt. Dem kann nicht entgegengehalten werden, daß auch so der Zweck der Maßregel dann vereitelt werden könnte, wenn die im Besitze einer Konzession befindlichen Bauherren schleunigst mit dem Ausheben der

Baugrube beginnen lassen, sobald die Absicht bekannt würde, daß eine Fluchtlinie festgesetzt werden solle. Denn die Behörde, der die ertheilten Genehmigungen bekannt sind, ist, nachdem sie mit den Gemeindebehörden über eine festzustellende Baufluchtlinie einig geworden, sofort in der Lage, jene Genehmigungen zurückzunehmen, wozu sie jederzeit vor Beginn des Baues — wenn sie einen Anlaß dazu zu haben glaubt — befugt ist. Thut sie dieses, so kann der nachher erfolgte Beginn des Baues dem Bauherrn kein Recht weiter verleihen, da er dann ohne Konsens gebaut hat. Die nach Beginn des Baues erfolgte Zurücknahme kann eine rechtliche Wirkung nicht äußern.

Ein Bau, der an einer anderen Stelle (z. B. 2 m westlich des genehmigten Baues), als für welche der Bau genehmigt worden ist, begonnen wird, ist ein ohne Genehmigung begonnener, indem es sich hier um ein ganz anderes Bauwerk handelt, als dasjenige ist, welches die polizeiliche Genehmigung erhalten hatte. Es liegt in diesem Falle ein ohne Konsens begonnener Bau vor, dessen Beseitigung verlangt werden kann, wenn ihm zur Zeit, wo die Polizei zur Prüfung seiner Zulässigkeit Veranlassung hat, oder wo der Verwaltungsrichter zu dieser Prüfung in einem entstandenen Streitverfahren berufen ist, dem geltenden Rechte gemäß die Genehmigung versagt werden konnte (vergl. O.G. Bd. 5 S. 379, Bd. 6 S. 258, 270, Bd. 8 S. 291, Bd. 10 S. 269 u. A.). Dem kann auch nicht entgegengehalten werden, daß die Polizeibehörde bei einer Abweichung von dem genehmigten Bauplane in der Regel nicht berechtigt sei, die Beseitigung des ganzen Baues zu verlangen, sondern dem Bauherrn die Wahl lassen muß, ob er den Bau dem genehmigten Plane gemäß abändern will. Davon kann natürlich nur die Rede sein, wenn der Bau in der wesentlichen Konstruktion dem genehmigten Plane gemäß aufgeführt ist und es sich etwa nur um Aenderungen im Innern oder in einzelnen äußeren Theilen handelt. Muß ein Bau, soweit er aufgeführt ist, ganz beseitigt und an einer anderen Stelle neu aufgeführt werden, so kann von einem Bau, der vor der durch förmliche Festsetzung der Fluchtlinie bewirkten Aenderung des Rechts begonnen wäre, nicht mehr die Rede sein. Er wird dann erst nachher an einer anderen Stelle neu aufgeführt, wo ihm der jetzige Rechtszustand entgegensteht. Das zu hindern, ist die Polizeibehörde wohl befugt. O.G. vom 2. Januar 1897, Bd. 31 S. 349.

Polizeiliche Anordnung auf gänzliche Beseitigung eines Abortgebäudes, welches zur Zeit auf dem Hofe eines Grundstückes liegt, jedoch nach Durchführung des Fluchtlinienplanes in nächster Nähe der Straße liegen würde.

Zweck des Fluchtliniengesetzes, rechtliche Wirkungen desselben.

In dem Fluchtliniengesetze findet sich keine allgemeine Norm, daß innerhalb der Straßenfluchtlinie gelegenes Privatterrain schon vor der Anlegung oder Veränderung der Straße als Theil einer Straße rechtlich zu behindern sei; auch läßt sich ein solcher Rechtssatz aus allgemeinen Rechtsgrundsätzen oder gar aus Zweckmäßigkeitsgründen nicht herleiten.

Unter allen Umständen kann das, was die Polizeibehörde jetzt zur Abänderung eines polizeiwidrigen Zustandes zu fordern berechtigt ist, nur nach dem jetzigen thatsächlichen und rechtlichen Zustande bemessen werden.

Verhütung der Verunstaltung von Straßen und Plätzen, polizeiliches Einschreiten.

Aus den Gründen: Unter allen Umständen kann das, was die Polizeibehörde jetzt zu fordern berechtigt ist, nur nach dem jetzigen thatsächlichen und rechtlichen Zustande bemessen werden.

Bei der Verhütung der Verunstaltung von Straßen und Plätzen handelt es sich um Interessen, die nach allgemeinen Normen (§ 10 II 17 A.L.R.) grundsätzlich der Fürsorge der Polizei nicht unterstehen, so daß es sich bei der diese Fürsorge einführenden speziellen Vorschrift immer nur um die Verhütung ganz offenbarer Mißstände, um die grober Verunstaltung handeln kann. O.G. vom 20. Oktober 1894, Preuß. Verwltgsbl., Jahrg. 16 S. 185. Siehe auch O.G. vom 3. Juni 1891. Preuß. Verwltgsbl. Jahrg. 12 S. 536.

Durch die Zustimmung der beiden Gemeindebehörden ist bereits der Zeitpunkt eingetreten, von welchem ab das im § 11 gegebene Bauverbot in Wirksamkeit tritt. O.G. vom 11. April 1893, Bd. 24 S. 379.

In dem Falle, wo zur Zeit des Bauerlaubnißgesuches sowohl als des darauf ergangenen Bescheides der Fluchtlinienplan noch nicht veröffentlicht, also noch eine innere Angelegenheit der städtischen und Polizeibehörde ist, ist der Eigenthümer berechtigt, eine Entschädigung für die in dieser Versagung liegenden Beschränkung der Baufreiheit zu verlangen und zwar nicht bloß unter den Voraussetzungen des Gesetzes vom 2. Juli 1875. Nicht die Fluchtlinienfestsetzung und die aus dieser sich ergebende gesetzliche Beschränkung des Eigenthümers ist in diesem Falle der Grund des Entschädigungsanspruches, sondern die vorsorgliche Anordnung der Polizeibehörde, daß die beschlossene, aber noch nicht in die Oeffentlichkeit getretene Fluchtlinienfestsetzung durch einen mit letzterer unvereinbaren Bau nicht gestört werde. Hierin liegt ein Eingriff in das Eigenthum zu Gunsten der betheiligten Gemeinde, welcher nach den allgemeinen Grundsätzen des § 75 Einleitung zum A.L.R. einen Anspruch auf Entschädigung erzeugt. R.G. i. Civils. vom 8. Juli 1891, Bd. 28 S. 275.

Die entscheidende Rechtsfrage ist dahin zu fassen, ob „die Beschränkung des Grundeigenthümers, daß Neubauten, Um- und Ausbauten über die Fluchtlinie hinaus versagt werden können", — die nach § 11 des Gesetzes vom 2. Juli 1875 zwar endgültig erst nach der förmlichen Feststellung und Offenlegung (§ 8 a. a. O.) des Planes eintritt, nach feststehender Praxis des Reichsgerichts aber schon mit der ersten Offenlegung (§ 7 a. a. O.) vorläufige Wirksamkeit erlangt — auch auf die Fortsetzung konsentirter und angefangener Bauten bezogen werden muß, dergestalt, daß kraft dieser Vorschrift die ertheilte Bauerlaubniß zurückgezogen und dadurch die Vollendung eines angefangenen Baues, gleichviel in welcher Lage derselbe sich befindet, verhindert werden kann.

Diese Frage ist zu bejahen. Es war hierbei davon auszugehen, daß der Bauunternehmer durch die Ertheilung der polizeilichen Erlaubniß ein unwiderrufliches und unentziehbares Recht auf die Ausführung des Baues nach Maßgabe der ertheilten Erlaubniß nicht erwirbt. „Die Polizeibehörde, bei welcher der Baukonsens nachgesucht wird (A.L.R. I 8 §§ 67 ff.), hat zu prüfen, ob der Ausführung des beabsichtigten Baues ein Hinderniß des öffentlichen Rechts entgegensteht, und, sofern dies zur Zeit der Prüfung nicht der Fall ist, den Baukonsens zu ertheilen. Durch den Baukonsens wird danach dem Bauunternehmer kein neues Recht verliehen, vielmehr nur ausgesprochen, daß dem Rechte des Eigenthümers, seinen Grund und Boden mit Gebäuden zu besetzen (§ 65 a. a. O.), zur Zeit der Genehmigung Hindernisse des öffentlichen Rechts nicht entgegenstehen. Treten noch vor der Ausführung des Baues nachträglich solche Hindernisse ein, so kann der Behörde die Befugniß zur Zurücknahme oder Abänderung des ertheilten Konsenses ebenso wenig abgesprochen werden, wie im Falle der Veränderung der Verhältnisse bei sonstigen polizeilichen Verfügungen. Diese in der Entscheidung des Reichsgerichts vom 17. Oktober 1892 ausgesprochenen Sätze treffen auch den vorliegenden Fall. Es kann aber bei Anwendung derselben rechtsgrundsätzlich keinen Unterschied begründen, ob bei Eintritt des Hindernisses mit dem Bau schon begonnen war oder nicht. In diesem wie in jenem Falle wird die der ursprünglichen Versagung gleichstehende Zurücknahme der Bauerlaubniß durch die gesetzliche Eigenthumsbeschränkung des § 11 des Gesetzes vom 2. Juli 1875 gedeckt.

Ist aber der Ansicht grundsätzlich darin beizutreten, daß die Eigenthumsbeschränkungen des § 11 des Gesetzes auch gegenüber einem (mit polizeilicher Erlaubniß) schon in Angriff genommenen Baue wirksam wird, so kann es rechtlich auch keinen Unterschied machen, in welchem Stadium der während seiner Ausführung von einer Fluchtlinienfestsetzung betroffene Bau sich befindet, und es muß ferner auch dem beigestimmt werden, daß auch der innere Ausbau eines schon unter Dach gebrachten Gebäudes unter die Vorschrift des § 11 a. a. O. fällt, sofern dadurch die Ausführung des inzwischen festgesetzten Bebauungsplanes verzögert oder erschwert werden würde. R.G. i. Civils. vom 22. September 1894, Bd. 34 S. 242.

Das Oberverwaltungsgericht vertritt eine mildere Rechtsauffassung, indem es zwischen bereits begonnenen und noch nicht begonnenen Bauten scheidet und nur bezüglich der letzteren die eben entwickelten Rechtssätze vertritt. (Siehe die oben angeführten Entscheidungen, auch im I. Theil das Kapitel über die Zurücknahme einer ertheilten Bauerlaubniß.)

Unter welchen Voraussetzungen ist die Herstellung von Anlagen zur Fernhaltung des Publikums von solchen Grundstückstheilen zulässig, welche in Folge einer Fluchtlinienfestsetzung für eine künftige Straße bestimmt, aber bis dahin im Besitze des Eigenthümers verblieben sind?

Aus den Gründen: Die an sich im Eigenthum liegende Befugniß, von dem Besitze und der Nutzung desselben jeden Anderen auszuschließen, geht dadurch nicht verloren, daß ein Grundstück als für eine künftige Straße oder einen öffentlichen Platz bestimmt in einem Bebauungsplan verzeichnet wird. Ist der Eigenthümer an sich und bis zum Abschlusse des aufgestellten Bebauungsplanes berechtigt, jeden Dritten daran zu hindern, daß er sein Eigenthum befährt oder betritt, so bleibt ihm dieses Recht auch nach Aufstellung und Abschluß des Bebauungsplanes und nach Auslegung der Fluchtlinie so lange, als das Terrain noch in seinem Besitze belassen wird.

Es ist in jedem einzelnen Falle nach dessen konkreter Gestaltung, lediglich von thatsächlichen Gesichtspunkten darüber zu befinden, ob die Anlage als ein Neubau, Um- oder Ausbau, als eine bauliche Anlage zu bezeichnen ist.

Jeden Pfahl als eine bauliche Anlage anzusehen, ist unthunlich; die Mehrheit derselben bildet zwar gewiß ein Hinderniß für diejenigen, welche das in Rede stehende Grundstück befahren wollen; damit werden aber jene Pfähle noch nicht zu einem „Bau" oder Bauwerke; dieselben stehen in keinem äußeren Zusammenhange, und da nichts davon verlautet, daß demnächst etwa Bretter oder sonstiges Zaunmaterial daran befestigt werden soll, so läßt sich auch nicht füglich davon sprechen, daß man einen zur Hälfte oder zu einer anderen Quote fertigen Zaun vor sich habe. O.G. vom 7. Juni 1883, Bd. 10 S. 298.

Die Aufstellung eines Bebauungsplanes, auch ohne dessen öffentliche Bekanntmachung, als Anzeige dafür, daß mit der Anlegung einer neuen Straße begonnen worden ist.

Aus den Gründen: Ein Rechtssatz des Inhalts, daß der Akt der Aufstellung eines Bebauungs- oder Fluchtlinienplanes nach allen Richtungen wirkungslos sei, wenn und so lange er nicht förmlich offen gelegt oder sonst publizirt worden ist, besteht in dieser Allgemeinheit nicht (vergl. O.G. Bd. 5 S. 381). Es kann dahin gestellt bleiben, ob und unter welchen Umständen, zumal auf privatrechtlichem Gebiete, die Publikation eines Bebauungsplanes Vorbedingung für gewisse rechtliche Konsequenzen bildet (vgl. R.G. i. Civils. Bd. 6 S. 297, Bd. 17 S. 166, auch Preuß. Verwltgsbl., Jahrg. 7 S. 304, 352), und es ist andrerseits gewiß, daß auch für öffentlich-rechtliche Verhältnisse ein Bebauungsplan sich schon dann wirksam erweisen kann, wenn er erst in der Entstehung begriffen ist (vergl. O.G. Bd. 8 S. 323. Friedrichs, das Gesetz betreffend die Anlegung und Veränderung von Straßen und Plätzen in Städten und ländlichen Ortschaften vom 2. Juli 1875, II. Auflage, S. 63) O.G. vom 16. Mai 1890, Bd. 19 S. 83.

Zulässigkeit der Umzäunung künftigen Straßenterrains innerhalb von Straßenfluchtlinien, die vor Erlaß des Straßen- und Baufluchtengesetzes vom 2. Juli 1875 festgesetzt worden sind.

Inanspruchnahme städtischer, zum Theil mit gärtnerischen Schmuckanlagen versehener Plätze für den öffentlichen Verkehr.

Aus den Gründen: Der Gerichtshof hat allerdings seither die Errichtung der konstruktiv als ein Bauwerk zu beurtheilenden Einfriedigungen über die in dem Bebauungsplan vorgesehene Fluchtlinie hinaus auch schon vor deren Durchführung für unzulässig erachtet, und zwar gleichviel, ob der Fluchtlinienplan vor dem Inkrafttreten des Gesetzes vom 2. Juli 1875 oder nach Maßgabe dieses Gesetzes zu Stande gekommen ist. Dieser Rechtsgrundsatz ist indessen für die nach Maßgabe des gedachten Gesetzes festgestellten Baufluchtlinien in dem Urtheile vom 22. September 1893 (Bd. 25 S. 379) aufgegeben und es ist seitdem daran festgehalten, daß unter die Neu-, Um- und Ausbauten, welche nach § 11 jenes Gesetzes schon vor Beginn der im § 8 vorgeschriebenen Offenlegung der Pläne über die in Aussicht genommene Fluchtlinie versagt werden könnten, aber nicht versagt werden müßten, die Einfriedigungen von Terrain, das rechtlich noch nicht Theil der Straße geworden, überhaupt nicht fielen. Inwiefern dies für die älteren zutrifft, ist aber jedenfalls nicht ohne Weiteres durch dieses Gesetz entschieden, da dessen § 11, wie der Hinweis auf die nach § 8 bewirkte Offenlegung außer Zweifel steht, als die maßgebende Norm hinsichtlich der Baubeschränkung über die vorerst noch nicht durchgeführte Baufluchtlinie hinaus lediglich für die nach Maßgabe des Gesetzes neu aufgestellten oder in Folge des § 10 abgeänderten älteren Pläne gegeben ist. Allein daß insoweit der Rechtszustand vor Einführung des Gesetzes vom 2. Juli 1875 jedenfalls für das landrechtliche Gebiet kein abweichender gewesen ist, darauf ist bereits in jenem Urtheile hingewiesen, und es ist das neben den aus dem Zwecke des Gesetzes, seiner Entstehungsgeschichte und aus dem gemeinen Sprachgebrauch entnommenen Gründen mit dafür verwerthet worden, daß im Sinne des Gesetzes, da dasselbe zumal das Nutzungsrecht des Eigenthümers am Grund und Boden bis zur thatsächlichen Durchführung der Fluchtlinie unberührt läßt und bis dahin dessen Berechtigung zur Einfriedigung seines von solcher Fluchtlinie betroffenen Besitzes nicht grundsätzlich und allgemein ausschließt, unter den Neu-, Aus- und Umbauten nur die auf die Bebauung des Grundbesitzes abzielenden Bauwerke und nicht auch die nach ihrer Eigenart sich als ein Bauwerk darstellenden Einfriedigungen zur Sicherung des Nutzungsrechts am Grund und Boden verstanden werden könnten.

Das Landrecht zählt die Einfriedigungen, sie mögen gebaut oder ohne eigentlichen Bau entstanden sein, nicht zu den Bauwerken, welche, wie die Gebäude, auf die Bebauung des Grundstückes abzielen (s. §§ 149ff. Tit. 8, §§ 135, 140 Tit. 21 Theil I, § 379 Tit. 7, § 784 Tit. 11 Theil II), so daß insbesondere in seinen Satzungen über die im öffentlichen Interesse bestehenden Einschränkungen beim Bauen auf eigenem Grund und Boden unter dem Bau zwar die Gebäude, jedoch nicht die Einfriedigung jedweder Art verstanden werden können.

Nachdem in § 65 Tit. 8 die Befugniß des Eigenthümers, seinen Grund und Boden mit Gebäuden zu besetzen und solche zu verändern, grundsätzlich zum Ausdruck gelangt ist, kann füglich nicht angenommen werden, daß in den solche Befugniß einschränkenden §§ 66, 67 unter dem Bau etwas Anderes verstanden ist, zumal in § 68 wiederum von dem Gebäude, in § 70 von der in § 69 erwähnten Feuerstelle als einem Bau die Rede ist und auch der in § 71 gebrauchte Ausdruck Bau in § 72 seine Erläuterung im Sinne eines Gebäudes gefunden hat. Mit den Einfriedigungen und hier auch im Gegensatz zum Bau und einem Gebäude (s. §§ 163 und 164) befassen sich erst, wie bemerkt, die §§ 149ff., freilich gegenüber den Nachbargrundstücken und nicht auch gegenüber der Straße. Insoweit war aber für die Straße und öffentlichen Plätze bereits in §§ 73, 78ff. verordnet, daß sie nicht bebaut, verengt, verunreinigt und verunstaltet werden dürfen. Diese letzteren Vorschriften beziehen sich zunächst aber nur auf vorhandene Straßen und statuiren jedenfalls keine Einschränkungen für Grundstücke, welche dereinst erst Straße oder Plätze werden sollen. Hiernach und da die §§ 65—72 sich lediglich auf Gebäude beziehen, kann aus diesen landrechtlichen Vorschriften für die Frage nichts entnommen werden, inwiefern ein von einer erst in Aussicht genommenen Baufluchtlinie betroffenes Grundstück über diese hinaus mit einer technisch einen Bau darstellenden Einfriedigung nicht versehen werden darf. Eine anderweite landrechtliche oder gesetzliche Vorschrift kommt nicht in Betracht und aus der Aufgabe der Polizei, wie sie in § 20 II 17 A.L.R. umschrieben ist, kann nicht abgeleitet werden, daß sie kraft ihrer Verfügungsgewalt Einfriedigungen lediglich deshalb, weil sie nach ihrer Eigenart technisch ein Bauwerk sind, ausschließen darf, obschon an sich das Einfriedigungsrecht des Grundeigenthümers unbestreitbar ist.

Einer Polizeiverordnung, welche solche Umzäunungen grundsätzlich untersagt, würde eine Rechtswirkung nicht beizumessen sein, denn für Polizeiverordnungen gilt nicht minder der § 10 II 17 des A.L.R. (s. O.G. Bd. 9 S. 353ff., Bd. 13 S. 395) und es ist nicht abzusehen, weshalb gerade eine technisch als ein Bauwerk zu beurtheilende Einfriedigung im Gegensatze zu anderen Einfriedigungen zur Verhütung von Gefahren oder zur Erhaltung der öffentlichen Ruhe, Sicherheit und Ordnung polizeilich allgemein nicht zu dulden wäre.

Auch die dem Gesetze vom 2. Juli 1875 vorausgegangenen legislatorischen Versuche zur Regelung des Gegenstandes ganz ebenso wie die Materialien dieses Gesetzes selbst lassen darauf schließen, daß man durch die Festsetzung von Straßen- und Baufluchtlinien wohl den Ausbau auf dem künftigen Straßenterrain, die Bebauung des letzteren, nicht aber bloße Umzäunungen und Umwährungen desselben auszuschließen gedachte.

Im Sinne des § 78 I 8 A.L.R. kann es nur darauf ankommen, ob die gewählte Umzäunung an sich und ihrer Art nach dem öffentlichen Platze zur Verunstaltung gereichen würde, andernfalls könnte schließlich jede Umzäunung vorlängs einer Straße oder eines öffentlichen Platzes verboten werden.

Oeffentliche Plätze dienen, sofern sie nicht eine den Umständen nach dauernde anderweitige Zweckbestimmung haben, dem öffentlichen Verkehr gleich den öffentlichen Wegen und theilen als öffentliche Verkehrsanstalten im Allgemeinen den für die öffentlichen Wege begründeten Rechtszustand. Es darf hierfür auf § 78 Tit. 8 a. a. O. und auf § 8 der Wegeordnung für die Provinz Sachsen vom 11. Juli 1891 (Ges.-Samml. S. 316) verwiesen werden, woselbst die öffentlichen Plätze den Straßen gleichgestellt sind. O.G. vom 26. Januar 1894, Bd. 26 S. 349.

Die Beschränkungen des § 11 des Gesetzes vom 2. Juli 1875 sind nur auf solche Grundstücke anwendbar, die nach dem Bebauungsplane zu einer öffentlichen Straße oder einem öffentlichen Platze bestimmt sind. Dazu gehören zwar nicht die mit den öffentlichen Flußläufen in Verbindung stehenden Häfen der Städte, wohl aber Ladeplätze, welche die Verbindung von Wasserstraßen mit dem städtischen Straßennetze bilden, wofern sie als verkehrspolizeiliche Anstalten der Bestimmung der Polizei unterliegen.

Aus den Gründen: Die Beschränkungen des § 11 des Fluchtliniengesetzes sind nur dann anwendbar, wenn das Grundstück nach dem Bebauungsplane zu einer öffentlichen Straße oder einem öffentlichen Platze bestimmt ist. Daß zu solchen Straßen und Plätzen niemals ein Hafen gerechnet werden kann, unterliegt keinem Zweifel.

Ein an einer Wasserstraße angelegter Ladeplatz (wie der für diese Entscheidung in Frage kommende) dient dem Verkehr von und nach der Wasserstraße und den anlegenden Fahrzeugen, dem Einladen und Ausladen der Güter, er stellt die öffentliche Verbindung der Wasserstraße mit dem städtischen Straßennetze dar und bildet damit selbst ein Glied dieser Verkehrsstraße, einen öffentlichen Verkehrsplatz im Sinne des Gesetzes vom 2. Juli 1875. Diese seine rechtliche Bedeutung wird auch dadurch nicht geändert, daß auf dem Ladeplatze, wie regelmäßig zu geschehen pflegt, die einzuladenden und auszuladenden Güter gelagert werden. Durch eine solche thatsächliche Benutzung wird die rechtliche Bestimmung des Platzes für den öffentlichen Verkehr

nicht aufgehoben. Wesentlich ist allein, daß der Platz eine verkehrspolizeiliche **Anstalt bleibt,** nicht zur freien Verfügung der Kommune steht, sondern der Bestimmung der Polizei unterliegt. Vielfach werden öffentliche Plätze thatsächlich auf kürzere oder längere Zeit zu anderen als eigentlichen Verkehrszwecken benutzt. Es braucht nur an die Wochen- und Jahrmärkte erinnert zu werden, die auf öffentlichen Plätzen stattfinden.

Auch Schmuckanlagen auf öffentlichen Plätzen entziehen die betreffende Fläche thatsächlich dem öffentlichen Verkehr; rechtlich bleiben diese Flächen aber, wie jene Marktstände, Theile des öffentlichen Platzes, sie stehen nach wie vor zur Verfügung der Polizei, die nach ihrem Ermessen die anderweit benutzten Flächen jederzeit wieder für den öffentlichen Verkehr heranziehen kann. O.G. vom 24. Januar 1898, Bd. 34 S. 401.

Die Grube, welche massiv aufgemauert werden soll, ist ein Bauwerk (O.G. vom 14. Juni 1881, Bd. 7 S. 327). Ihre Herstellung fällt unter die Vorschrift des § 11 des Fluchtliniengesetzes. Unerheblich ist, daß der Bau nicht oberhalb, sondern unterhalb des Straßenniveaus stattfinden soll. Das Gesetz unterscheidet nach dieser Richtung hin nicht. O.G. vom 3. März 1890, Preuß. Verwltgsbl., Jahrg. 11 S. 586.

Sind Bebauungspläne und Fluchtlinien vor dem Inkrafttreten des Gesetzes vom 2. Juli 1875 festgestellt, so müssen die Gemeinden, wenn sie die Grundeigenthümer zur Abtretung ihrer in die Straße fallenden Grundstücke zwingen wollen, das ihnen hierfür verliehene Expropriationsrecht nachweisen.

Die Feststellung von Straßenfluchtlinien nach dem Gesetz vom 2. Juli 1875 ist in rechtlicher Beziehung wesentlich verschieden von einer Planfestsetzung nach § 21 des Gesetzes vom 11. Juni 1874.

Aus den Gründen: Vor Erlaß des Gesetzes vom 2. Juli 1875 hatte die Feststellung von Bebauungsplänen und Straßenfluchtlinien lediglich die Bedeutung einer Festsetzung polizeilicher Normen, durch welche die Bebauung der vom Plane betroffenen Grundstücke geregelt und eingeschränkt wurde, sie gab aber den Gemeinden nicht ohne Weiteres das Recht, den betheiligten Grundeigenthümern die zur Anlegung von Straßen und Plätzen bestimmten Flächen gegen Entschädigung zu entziehen. Zum Erwerbe dieser Befugniß war vielmehr sowohl nach den Bestimmungen des älteren Rechts, wie nach den neueren Vorschriften im § 2 des Gesetzes über die Enteignung von Grundeigenthum vom 11. Juni 1874 eine besondere Verleihung durch Allerhöchste Verordnung erforderlich. In diesem Rechtszustande ist seit Erlaß des Gesetzes vom 2. Juli 1875 insofern eine Aenderung eingetreten, als durch § 11 dieses Gesetzes den gemäß § 8 a. a. O. festgestellten und bekanntgemachten Fluchtlinienplänen die Wirkung beigelegt ist, daß die Gemeinde das Recht erhält, die durch die festgesetzte Straßenfluchtlinie für Straßen und Plätze bestimmte Grundfläche dem Eigenthümer zu entziehen. Durch diese Bestimmung ist jedoch die Wirkung der älteren, vor Erlaß des Gesetzes vom 2. Juli 1875 erfolgten Feststellung von Straßenfluchtlinien nicht erweitert worden, hinsichtlich ihrer bewendet es vielmehr, wie allgemein anerkannt ist, bei dem älteren Recht. O.G. vom 1. Juli 1898, Preuß. Verwltgsbl., Jahrg. 21 S. 59.

Wenn auch die Versagung der Bauerlaubniß schon während des Verfahrens, betreffend Festsetzung der Baufluchtlinien, also vor der formellen Festsetzung derselben nicht unzulässig (§ 11 des Fluchtliniengesetzes), so ist es doch der Fall, wenn das Verfahren noch nicht eröffnet worden (R.G. vom 27. Oktober 1898, juristische Wochenschrift 1898, S. 691 — siehe Preuß. Verwltgsbl., Jahrg. 20 S. 285). —

Die §§ 1—11 des Fluchtliniengesetzes handeln von der Festsetzung von Fluchtlinien, welche bei Bauten nicht überschritten werden dürfen, sei es, daß dieselben einzeln oder nach einem einheitlichen Plane festgesetzt sind. Der darauf folgende Paragraph, § 12, steht dagegen mit den vorherigen Bestimmungen in keinem Zusammenhange, indem er sich nicht mit der Festsetzung von Fluchtlinien, der Anlegung oder Veränderung von Straßen befaßt, sondern bereits projektirte, aber für den öffentlichen Verkehr und den Anbau noch nicht fertiggestellte Straßen zum Gegenstande hat.

§ 12. Durch Ortsstatut kann festgestellt werden, daß an Straßen oder Straßentheilen, welche noch nicht gemäß der baupolizeilichen Bestimmungen des Orts für den öffentlichen Verkehr und den Anbau fertig hergestellt sind, Wohngebäude, die nach diesen Straßen einen Ausgang haben, nicht errichtet werden dürfen.

Das Ortsstatut hat die näheren Bestimmungen innerhalb der Grenze vorstehender Vorschrift festzusetzen und bedarf der Bestätigung des Bezirksausschusses (in Berlin des Ministers des Innern). Gegen den Beschluß des Bezirksausschusses ist innerhalb einer Präklusivfrist von zwei Wochen (früher 21 Tagen) die Beschwerde bei dem Provinzialrathe zulässig.

Nach erfolgter Bestätigung ist das Statut in ortsüblicher Art bekannt zu machen.

Einige formelle Aenderungen dieser Bestimmungen sind durch § 146 des Zuständigkeitsgesetzes vom 1. August 1883 veranlaßt, sowie durch §§ 153, 51 des Gesetzes über die allgemeine Landesverwaltung vom 30. Juli 1883.

Die Bestimmung dieses Paragraphen betrifft nur Wohngebäude und auch diese nur dann, wenn sie einen Ausgang nach der unfertigen Straße haben. Die Straße muß zwar schon projektirt, aber noch nicht fertig, und zwar für den öffentlichen Verkehr und den Anbau nicht fertig sein, wie hierfür die baupolizeilichen Bestimmungen entsprechende Vorschriften enthalten. Unter diesen Voraussetzungen kann durch Ortsstatut die Errichtung von Wohngebäuden an Straßen und Straßentheilen solcher Art verboten werden.

Es kommen also folgende Momente in Betracht:

1. Wohngebäude, die nach der in Betracht kommenden Straße einen Ausgang haben;
2. Eine Straße oder ein Straßentheil, nach welcher der Ausgang ist, die zwar projektirt, aber für den öffentlichen Verkehr und den Anbau noch nicht fertig hergestellt ist (über den Begriff der „historischen" Straße siehe unten die Entscheidungen der Gerichtshöfe);
3. Baupolizeiliche Bestimmungen des Ortes, welche angeben, welche Bedingungen erfüllt sein müssen, um eine Straße als für den öffentlichen Verkehr und den Anbau fertiggestellt zu bezeichnen,

um durch Ortsstatut das Verbot zur Errichtung von Wohngebäuden erlassen zu können.

Ein Wohngebäude im Sinne des § 12 ist ein zum Bewohnen bestimmtes Gebäude, auch wenn diese Bestimmung nur eine theilweise ist. Es können daher Gebäude, die z. B. zum dauernden Aufenthalt von Menschen bestimmt sind, nicht hierher gerechnet werden, als Geschäftsräume, Komptoirs, Werkstätten u. a. m.

Nach einer Entscheidung des Oberverwaltungsgerichts vom 11. November 1896, Bd. 30 S. 379, kann die Entscheidung, was unter einer Wohnung im Sinne des Baupolizeirechtes zu verstehen ist, bei besonderen Verhältnissen Schwierigkeiten bieten. Im Allgemeinen handelt es sich um die regelmäßigen Verhältnisse von Familienhaushaltungen und bei solchen hat man unter der Wohnung die Gesammtheit derjenigen Räume zu verstehen, durch welche ein gemeinschaftliches Wohnungsbedürfniß befriedigt wird. Ein Gebäude, das eine solche Wohnung vorsieht, ist ein Wohngebäude.

Ein Gebäude, das nach den baupolizeilichen Bestimmungen nur mit Rücksicht auf eine das Baugrundstück begrenzende Straße gestattet werden konnte, steht mit ihr in wirthschaftlicher Verbindung und ist deshalb als an der Straße errichtet zu betrachten, wie O.G. vom 12. Dezember 1898, Bd. 34 S. 102 ausführt.

Unterliegt dem ortsstatutarischen Verbote, an noch nicht fertig hergestellten Straßen „Wohngebäude zu errichten", welche nach diesen Straßen einen Ausgang „haben", auch der Anbau an ein älteres Wohngebäude (Erweiterungsbau), selbst wenn solcher nicht mit einem neuen eigenen Ausgange dorthin versehen, vielmehr lediglich auf die Mitbenutzung eines derartigen Ausganges aus dem älteren Gebäudetheil angewiesen werden soll?

Aus den Gründen: Der Umstand, daß ein Bau an ein bereits vorhandenes Gebäude angeschlossen werden und mit dem letzteren einzelne Theile — insbesondere den Hausflur — gemeinsam erhalten soll, kann dem nicht entgegenstehen, das Gebäude als Wohngebäude anzusehen. Eine völlige Selbständigkeit gegenüber anderen Baulichkeiten verlangt das Gesetz vom 2. Juli 1875 weder nach seinem Wortlaute noch nach der ihm zu Grunde liegenden Absicht. Es würde daher nicht maßgebend sein, wenn etwa in sonstigen Gesetzen, die sich auf anderem Gebiete bewegen, dem Ausdruck „Gebäude" oder „Wohngebäude" ausdrücklich ein abweichender Sinn beigelegt sein sollte.

Wenn durch Ortsstatut festgestellt werden kann, daß an noch nicht fertiggestellten Straßen 2c. „Wohngebäude, die nach diesen Straßen einen Ausgang haben, nicht errichtet werden dürfen", so findet sich hier in keiner Weise ein Hinweis darauf, daß der Ausgang erst neu geschaffen werden müsse; im Gegentheil, es darf die Errichtung jedes Wohngebäudes verboten werden, welches nach seiner Vollendung einen Ausgang nach der unregulirten Straße hat. Hiernach kommt es lediglich darauf an, ob der Ausgang aus dem neuen Wohngebäude schließlich auf die unfertige Straße führt; in diesem Falle „hat" das Gebäude seinen Ausgang dorthin.

Diese Auslegung steht ferner auch allein im Einklange mit dem Zwecke, welchen der Gesetzgeber mit der Vorschrift des § 12 erstrebt hat. Die Gemeinden sollen gegen den Nachtheil geschützt werden, welchen erfahrungsmäßig das wilde Bauen herbeiführt, indem schließlich die Gemeinden zur Herstellung von Straßen gezwungen werden, die an sich hätten entbehrt werden können und vielleicht in einem beträchtlichen Theil, zwischen den alten Straßen und den neuen Anlagen, noch lange unbebaut bleiben. Hierfür ist es gleichgültig, ob die Bewohner der neuen Gebäude ihren Ausgang nach der unfertigen Straße direkt aus dem Hause vermittelst des im Gebäude selbst angelegten neuen Ausganges oder mittelbar durch einen bereits vorhandenen, anderweitigen Ausgang — etwa über einen Hof, durch den Garten oder durch ein anstoßendes Gebäude — nehmen. In allen diesen Fällen entsteht gleichmäßig auf der Straße ein neuer Verkehr, welcher eben verhütet werden soll, damit er nicht am Ende die Herstellung der Straße wider Willen der Gemeinde nothwendig macht. O.G. vom 28. September 1882, Bd. 9 S. 315. —

Ist es richtig, daß der Bau eines Wohngebäudes an einer nach den örtlichen Bestimmungen noch nicht fertiggestellten, aber projektirten Straße erst nach Erlaß des Ortsstatuts und der dazu gehörigen Bestimmung begonnen ist, so ist der unter der Herrschaft des neuen Rechtszustandes errichtete oder begonnene Bau, wenn mit diesen Vorschriften im Widerspruch stehend, ein rechtswidriger. Nicht aber ist dies der Fall, wenn mit dem Bau bereits vor Erlaß des erwähnten Ortsstatuts begonnen ist. In dieser Beziehung hat das O.G. in einem Erkenntniß vom 18. April 1893, Bd. 24 S. 362 ff., eingehend den Satz begründet, daß neue baurechtliche Bestimmungen der Regel nach auf Bauten, die auf Grund eines ordnungsmäßig ertheilten polizeilichen Konsenses bereits in der Ausführung begriffen sind, nicht Anwendung finden, und daß dies insbesondere auch von den auf Grund des § 12 des Gesetzes vom 2. Juli 1875 erlassenen Ortsstatuten gilt.

Die Frage, ob der langen Einstellung eines Baues eine wesentliche Bedeutung für die Entscheidung beizumessen ist, ist nach der Richtung hin zu beantworten, ob nichts vorliegt, was darauf hindeute, daß die Einstellung der Arbeiten mit einer Aufgabe des Baues gleichbedeutend sei, und was die demnächstige Wiederaufnahme der Arbeiten als einen neuen Beginn der Bauausführung erscheinen ließe. O.G. vom 28. September 1895, Bd. 28 S. 371. —

Durch Ortsstatut kann nur die „Errichtung von Wohngebäuden" an unfertigen Straßen untersagt werden. Nun ist allerdings die Anwendung des § 12 des Fluchtliniengesetzes nicht lediglich auf die Fälle zu beschränken, in denen völlig selbständige Wohnhäuser neu errichtet werden, oder in denen bisher zu anderen Zwecken benutzte Bauwerke in Wohnhäuser umgewandelt werden. Die Bestimmungen des § 12 können vielmehr unter Umständen auch dann zur Anwendung kommen, wenn ein bereits vorhandenes Wohnhaus erweitert, vergrößert wird. Anderseits darf aber nicht jede, auch noch so geringfügige Erweiterung eines Wohnhauses dem „Errichten eines Wohnhauses" im Sinne des § 12 gleichgestellt werden. Vielmehr ist stets nach Lage des einzelnen Falles zu prüfen, ob die Erweiterung nach ihrer Art und ihrem Umfange, sowie nach ihrem Verhältniß zur Art und zum Umfange des bereits vorhandenen Gebäudes als das Errichten eines Wohngebäudes aufgefaßt werden muß. O.G. vom 8. Juli 1897, Bd. 32 S. 363. —

Der Thatbestand, daß ein Wohnhaus nach einer Straße einen Ausgang hat, liegt auch dann vor, wenn der fragliche Ausgang nicht unmittelbar aus einem Wohngebäude, sondern erst über einen Vorplatz nach der Straße genommen wird. Es ist einflußlos, ob bei einer unter der Herrschaft des Ortsstatuts hergestellten Anlage die Errichtung des Wohnhauses und die Anbringung eines Ausganges nach der Straße gleichzeitig oder nach einander erfolgen. Ob das Grundstück vor der Errichtung des Wohngebäudes von der Straße aus zugänglich gewesen ist, ist gleichgültig. Das zugänglich gewesene, aber mit dem Wohnhause noch nicht besetzte, und in diesem Sinne noch unbebaute Grundstück besteht nicht mehr. O.G. vom 20. März 1882, Bd. 8 S. 341. —

Wenn der § 12 des Straßenanlegungsgesetzes vom 2. Juli 1875 — und nur so weit die betreffenden Bestimmungen des Ortsstatuts und der Polizeiverordnung innerhalb der Grenzen dieses § 12 sich bewegen, haben sie gemäß Abs. 2 daselbst Anspruch auf Gültigkeit — sagt, daß *an* Straßen oder Straßentheilen, welche noch nicht gemäß der baupolizeilichen Bestimmungen rc. fertig hergestellt sind, *Wohngebäude, die nach diesen Straßen einen Ausgang haben*, nicht errichtet werden dürfen, so hängt auch die Entscheidung von der Frage ab, ob das *Wohngebäude* an der Straße errichtet oder an der in Frage kommenden Straße *liegend* seit der Zeit zu betrachten ist, seit welcher die Ausgänge nach der unregulirten Straße hergestellt sind (vergl. O.G. Bd. 5 S. 385 ff.). Die Lage des Grundstücks, auf welchem das Wohngebäude errichtet ist, ist nicht entscheidend, sondern lediglich die des *Wohngebäudes*, und wenn das Grundstück auch an zwei Straßen liegt, so ist doch lediglich zu prüfen, ob das auf dem Grundstücke befindliche Wohngebäude auch an der Straße liegt, von deren unregulirtem Zustande die Beseitigung der Ausgänge abhängt. O.G. vom 11. Juli 1893, Preuß. Verwltgsbl. Jahrg. 15 S. 27.

Die Frage, ob ein Gebäude als *an* einer Straße errichtet anzusehen sei, ist wesentlich thatsächlicher Natur.

Zu einer Straße gehört nur das Terrain, auf welchem sie thatsächlich angelegt ist, das dem gemeinsamen Gebrauche überwiesen und dadurch unter die Aufsicht und Obhut der Wegepolizeibehörde gestellt worden ist, nicht aber solches, welches zum Zweck der Anlegung oder Verbreiterung einer Straße erworben, dazu aber noch nicht verwendet ist. Danach beantwortet sich die Frage, ob ein Grundstück als angrenzend an eine Straße anzusehen ist. O.G. vom 11. Dezember 1900, Preuß. Verwltgsbl., Jahrg. 22 S. 360.

Unter Straße oder Straßentheilen, welche für den Verkehr und den Anbau noch **nicht fertig**gestellt sind, sind nach den Kommissionsverhandlungen „neu angelegte", „**neue**" Straßen, „neu regulirte" Straßen zu verstehen.

In dem gedruckten Kommissionsberichte ist folgende Erläuterung enthalten: „Auch der § 12 der Kommission ist neu. Namentlich größere Städte haben die Erfahrung gemacht, daß an projektirten, noch nicht für den öffentlichen Verkehr hergestellten Straßen, oftmals weit entfernt von den schon vorhandenen Gebäuden Wohngebäude errichtet werden. Dann entsteht ein Nothstand. Aus polizeilichen Gründen sieht sich die Stadt gezwungen, wegen solcher Bauten mit großen Kosten eine Straße herzustellen, welche noch nicht nöthig war". . . .

An Stelle des Ausdrucks „neue Straße" hat der Berichterstatter den Ausdruck gebraucht: Straßen oder Straßentheile, welche noch nicht für den öffentlichen Verkehr und Anbau hergestellt sind. Es ist daraus zu entnehmen, daß der letztere Ausdruck nur eine Definition und Begrenzung einer neuen Straße sein soll, und ein Gleiches darf vorausgesetzt werden in Beziehung auf das weiter eingeschlossene Merkmal: gemäß der baupolizeilichen Bestimmungen des Orts.

Als Sinn jener Entscheidung ergiebt sich danach, daß das Merkmal einer fertigen Straße sich nicht bloß durch den thatsächlichen Zustand bestimmen soll. Auch wenn eine Straße in Wirklichkeit schon bebaut ist und als Fuß- oder Fahrweg schon benutzt wird, soll die Stadtgemeinde nicht gezwungen sein, auf ihre Kosten die regelrechte Pflasterung, Beleuchtung 2c. zu übernehmen, wenn die thatsächliche Anlage den bisherigen baupolizeilichen Bestimmungen des Ortes nicht entspricht. Das beigefügte Merkmal soll also die eigenmächtige Anmaßung des Charakters einer fertigen Straße verhüten, wenn und so lange solche Anlagen im Widerspruche mit den geltenden baupolizeilichen Bestimmungen des Orts stehen.

Ergiebt sich hieraus, daß nach ihrer Entstehung die §§ 12 und 15 des Gesetzes nicht von bestehenden Straßen gemeint sind, welche von den Kommunen längst ohne Widerspruch zur Pflasterung, Beleuchtung und zu den sonstigen kommunalen Verpflichtungen für öffentliche Straßen übernommen worden sind, sondern nur von neuen, noch nicht fertiggestellten oder polizeiwidrig angelegten Straßen oder Straßentheilen, so wird man in dieser Auffassung noch bestärkt durch eine Vergleichung mit anderen neuen Straßenbaupolizeigesetzen, welche die in den §§ 12 und 15 eingeführten Beschränkungen und Belastungen in gleicher Weise auf „neu anzulegende Straßen" beschränken. O.G. vom 25. April 1878, Bd. 3 S. 304.

Ist es für die Frage, ob eine Straße zu den noch nicht gemäß der baupolizeilichen Bestimmungen des Orts für den öffentlichen Verkehr und den Anbau fertig hergestellten Straßen (§ 12 des Gesetzes) gehört, von Bedeutung, daß die angrenzenden Grundstücke — wenigstens beiderseits — noch nicht bebaut, zum Theil überhaupt nicht bebauungsfähig sind, oder daß in Beziehung auf eine längst bestehende Straße neuerlich die bis dahin eingehaltene Fluchtlinie anderweit festgesetzt worden ist?

Aus den Gründen: Daß eine vollständig hergerichtete Straße von beiden Seiten bereits bebaut oder doch mindestens bebauungsfähig sein müßte, ist im Gesetze nicht vorgeschrieben, erweist sich auch durch die naheliegende Erwägung als unhaltbar, daß eine an einem Flusse, einem Felsen oder einem sonstigen natürlichen Hindernisse für die Errichtung von Baulichkeiten sich hinziehende Straße gleichwohl allen Anforderungen, überhaupt einer ordnungsmäßig hergestellten Straße genügen kann. Ja es ist an sich sehr wohl denkbar, daß eine Straße vollständig hergerichtet besteht, ohne daß irgend ein Gebäude daran errichtet ist, oder auch nur, bevor nicht etwa nöthige Veränderungen auf den nebenliegenden Bauplätzen vorgenommen worden sind, errichtet werden kann.

Die Frage, ob eine „Straße" für den Verkehr und den Anbau fertig hergestellt ist, kann zunächst nur nach der Beschaffenheit des Straßenkörpers, auf dem der Verkehr sich bewegt, und seines unmittelbaren Zubehöres, nicht aber nach der Beschaffenheit der danebenliegenden Bauplätze beantwortet werden. Es ist nicht zulässig, eine Straße für einzelne Grundstücke zwar als eine fertig hergestellte, für andere aber wieder als eine unfertige zu bezeichnen. Die Straße kann eben nur eins sein, und was sie ist, bestimmt sich nach ihrer Beschaffenheit und nicht nach der der angrenzenden Grundstücke. O.G. vom 2. Dezember 1878, Bd. 5 S. 341.

Zur Begriffsbestimmung der sogenannten „historischen" Straße, welche dem ortsstatutarischen Verbote, an Straßen, welche noch nicht gemäß der baupolizeilichen Bestimmungen des Orts fertig hergestellt sind, Wohngebäude zu errichten, die nach diesen Straßen einen Ausgang haben, nicht unterliegt.

Aus den Gründen: In dem Erkenntnisse des unterzeichneten Gerichtshofes vom 25. April 1878 ist näher dargelegt, wie der § 12 sich nicht auf alte, längst bestehende sogenannte „historische" Straßen beziehe, sondern nur neue, neu angelegte, noch nicht regulirte Straßen im Auge habe.

Es wird dann weiter ausgeführt, wie das Merkmal einer älteren fertigen Straße sich nicht bloß durch den thatsächlichen Zustand bestimmt, vielmehr auch da nicht gegeben sei, wo die thatsächliche Anlage den bisherigen baupolizeilichen Bestimmungen des Orts nicht entspreche, und wie deshalb zu den „neuen" Straßen im Sinne des Gesetzes auch die noch nicht für den öffentlichen Verkehr und den Anbau nach früherem Rechte fertiggestellten oder die polizeiwidrig angelegten Straßen gezählt werden müßten.

Nothwendig ist, daß ein öffentlicher straßenmäßiger Verkehr stattgefunden hat. Auch ob eine Straße ein ebenbürtiges Glied des gesammten Straßennetzes bildet, ist für den Charakter einer Straße als historischen von Bedeutung. O.G. vom 6. November 1882, Bd. 9 S. 318.

Ein Ortsstatut, das auf Grund des Gesetzes vom 2. Juli 1875 erlassen ist, und eine daraufhin erlassene Polizeiverordnung, wodurch gewisse Anforderungen an eine zum Anbau fertig gestellte Straße gemacht werden, findet auf ein Gebäude keine Anwendung, dessen Errichtung schon vor Erlaß des Statuts mit polizeilicher Erlaubniß begonnen war. Bei nachträglicher Aufhebung des gleichwohl ergangenen Bauverbots kann Entschädigung wegen desselben verlangt werden. R.G. i. Civils. vom 1. Juni 1900, II. 55. 00. Entsch. d. R.G. 46 S. 283, s. Preuß. Verwltgsbl., Jahrg. 23 S. 133.

Gesichtspunkte für die Bestimmung des Begriffes „noch nicht fertiggestellter Straßen", welche dieser ihrer Beschaffenheit wegen dem ortsstatutarischen Verbote der Bebauung mit Wohngebäuden, die dorthin ihren Ausgang haben, unterworfen werden können.

Aus den Gründen: Es ist in rechtlicher Beziehung daran festzuhalten, daß der § 12 nur von projektirten oder doch von solchen Straßen handelt, deren Hereinziehung in das städtische Straßennetz und dereinstigen Verwendung als städtische Straße nach dem voraussichtlichen Bedürfnisse der näheren Zukunft oder einer absehbaren ferneren Zeit bereits in Aussicht genommen, welche aber zu der Zeit, da der Anbau vorgenommen werden soll, noch nicht fertiggestellt sind (O.G. Bd. 3 S. 315, Bd. 5 S. 390).

Das Gesetz spricht von „Straßen", d. h. von Verkehrswegen, die an sich zum Anbau und zur Vermittelung des Verkehrs nach den adjazirenden Häusern bestimmt sind, und zwar von solchen Straßen, die „noch nicht" fertiggestellt sind, aber — das bildet die nothwendige Ergänzung des „noch nicht" — demnächst fertiggestellt werden sollen und werden, die überhaupt als selbständige Straßen projektirt oder ins Auge gefaßt sind. Das Baurecht an diesen „noch nicht" fertiggestellten Straßen ist durch das Gesetz nicht kassirt, sondern nur suspendirt und vertagt bis dahin, daß die Fertigstellung bewirkt ist.

Es erscheint mit dem Zweck und der Fassung des Gesetzes **unvereinbar**, in **Fällen**, in welchen feststeht, daß die Umwandelung oder Verwendung **eines Kommunikationsmittels** zu einer Straße, die Feststellung überhaupt nicht bewirkt werden soll, die baulustigen Adjazenten unter Verweisung auf das Gesetz am Anbau zu hindern, weil die Straße noch nicht fertiggestellt sei.

Es kann auch nicht anerkannt werden, daß bei dieser Auslegung des Gesetzes die ihm innewohnende Absicht, die Gemeinde vor einer übermäßigen Steigerung der Straßenbaulast zu schützen, vereitelt werde. O.G. vom 19. November 1883, Bd. 10 S. 309.

Wenn die Stadtverwaltung aus welchem Grunde immer gestattet hat, daß der Besitzer eines Hauses an dem in ihrem Privatbesitz befindlichen Terrain über dieses einen Zugang haben darf, so folgt daraus noch nicht, daß der ganze Weg (nämlich das ebengenannte Terrain) nunmehr dem öffentlichen Verkehr gewidmet sei (zu vergl. O.G. Bd. 10 S. 355, K.G. vom 17. Juni 1889, abgedruckt im Preuß. Verwltgsbl., Jahrg. 11 S. 611).

Auch der Umstand, daß der Vorbesitzer des Terrains der Stadt das Gelände ausdrücklich zu Straßenzwecken verkauft hat, kann nur die Bedeutung haben, daß die Stadt sich dem Vorbesitzer gegenüber privatrechtlich verpflichtet hat, das Terrain zur Anlage einer Straße demnächst zu benutzen, nicht aber läßt derselbe den Schluß zu, daß von dem Momente des Vertragsabschlusses ab die Stadt das Terrain bereits dem öffentlichen Verkehre gewidmet habe; sie würde deshalb auch nicht gehindert sein, dasselbe für den öffentlichen Verkehr abzusperren. O.G. vom 11. April 1893, Bd. 24 S. 379.

Zum Begriff des „Straßentheils" im Sinne des § 12.

Chaussirung von städtischen Straßen als eine „für den städtischen Verkehr geeignete Straßenbefestigung" im Sinne ortspolizeilicher Bestimmungen über den Begriff fertig hergestellter Straßen.

Die Bauerlaubniß darf nicht versagt werden, wenn das, was zur Fertigstellung der Straße allein noch fehlt, nach Ortsrecht vom Bauunternehmer beim Anbau hergestellt werden muß und polizeilich erzwungen werden kann.

Aus den Gründen: Es entspricht dem Sinne des Gesetzes, den Anbau an jedem regulirten Straßentheile zuzulassen, welcher mit dem Straßennetze nach irgend einer Seite hin mittels gehörig in Stand gesetzter Straßen in Verbindung steht (vergl. Friedrichs, Kommentar zum Straßenanlegungsgesetz, 3. Auflage S. 90). Diese Straßentheile müssen sich, objektiv betrachtet, äußerlich oder nach ihrer geschichtlichen Entwickelung als besondere Abschnitte einer Straße darstellen.

Eine Straße dann nicht für normalmäßig hergestellt zu erachten, wenn die städtische Verwaltung oder auch die Polizeiverwaltung ihre Befestigung für die jetzigen Ansprüche nicht mehr geeignet hält, ist ausgeschlossen. Es kann für die Beurtheilung darüber nicht das jeweilige subjektive Ermessen der Behörde maßgebend sein, vielmehr muß geprüft werden, ob etwa die gewählte Befestigungsart eine solche ist, welche nach allgemein anerkannter Regel für städtische Straßen ungeeignet ist. O.G. vom 18. April 1894, Bd. 26 S. 359.

Wie das Oberverwaltungsgericht in mehrfachen Entscheidungen ausgesprochen hat (vergl. O.G. Bd. 3 S. 315, Bd. 5 S. 390, Bd. 10 S. 313, und Friedrichs, Kommentar zum Fluchtliniengesetz, 3. Aufl. S. 84 zu 5a), bezieht sich das Bauverbot lediglich auf „noch nicht für den öffentlichen Verkehr und den Anbau fertig hergestellte Straßen", d. h. auf Straßen, deren Anlegung in Aussicht genommen, aber noch nicht vollendet ist.

Die Abänderung bedarf ebenso wie der Erlaß des Ortsstatuts der Bestätigung durch den Bezirksausschuß, da sie nur auf demselben Wege mit rechtlicher Wirkung herbeigeführt werden kann. O.G. vom 6. Juli 1895, Bd. 28 S. 364.

Das ortsstatutarische Bauverbot trifft eine Straße, die den baupolizeilichen Bestimmungen nicht entspricht, nur dann nicht, wenn sie schon vorher eine Ortsstraße, d. h. eine dem Verkehr innerhalb der Ortschaft und dem Anbau dienende Straße des Ortes, eine sogenannte „historische" Straße ist. Solche Straßen können weder durch den Erlaß des Ortsstatuts, noch dadurch, daß neue baupolizeiliche Bestimmungen anderweite Anforderungen an neu anzulegende Straßen stellen, zu erst projektirten Straßen umgewandelt werden.

Eine Straße ist nicht nur dann eine sogenannte historische Straße, wenn sie zur Zeit des Erlasses des Gesetzes schon eine vorhandene Ortsstraße war, sondern auch dann, wenn sie es nach 1875 bis zum Inkrafttreten des Bauverbots etwa geworden wäre.

Von Bedeutung für die Beurtheilung einer Straße ist auch der Umstand, daß die Straße nicht der Ortschaft wegen ausgebaut und besonders befestigt, sondern daß die Ortschaft sich an der vorhandenen, ausgebauten und besonders befestigten Straße entwickelt hat. Selbst wenn ein Fahrdamm auf der ganzen Strecke gleichmäßig beschaffen gewesen sei, würde die aus dem Umfange und der Art der Bebauung sich ergebende Unterscheidung die verschiedene Bedeutung der einzelnen Chausseestrecken rechtfertigen. O.G. vom 22. Januar 1896, Bd. 29 S. 377.

Wenn einmal nach den Grundsätzen der Ortschaft, zu der sie gehört, eine anbaufähige, fertige Straße geworden ist, so wird sie durch Einverleibung in eine Kommune, für welche schärfere Anforderungen gelten, nicht wieder eine unfertige, oder eine erst in der Entstehung begriffene Straße.

Der Umstand, daß eine Straße die äußere Beschaffenheit eines unbefestigten Landweges hat, würde allein die Eigenschaft eines Weges als fertige Straße „insbesondere einer ländlichen Ortschaft, nicht ausschließen, wenn sich ergäbe, daß die eigenthümliche Ortslage, der Ortsbereich, die Dorfstraße, von keiner besseren Beschaffenheit und die streitige Straße dazu bestimmt war, dem inneren Verkehr der Ortschaft und dem Anbau zu dienen. O.G. vom 11. Oktober 1897, Bd. 32 S. 360.

Ueber die „historische" Straße zu vergl. ferner O.G. Bd. 33 S. 94, Bd. 34 S. 397.

In der letzten Entscheidung wird auch hervorgehoben, daß auf das einverleibte Gebiet das allgemeine örtliche Recht der Gemeinde, in welche es einverleibt wird, in der Regel ohne Weiteres Anwendung findet, obgleich es auch in dieser Beziehung an Ausnahmen nicht fehlt.

Eine einmal bestehende alte Straße kann auch dadurch, daß neue Fluchtlinien an ihr festgesetzt werden, nicht wieder in eine projektirte verwandelt werden, und die Festsetzung von Fluchtlinien ist gleichmäßig die Setzung einer besonderen Rechtsnorm für diese Straße, also eine Aenderung der Ortsverfassung.

Siehe ferner über den Begriff der historischen Straße Preuß. Verwltgsbl. Jahrg. 12 S. 184, auch O.G. Bd. 18 S. 382.

Zu den nothwendigen Erfordernissen einer städtischen Straße überhaupt oder einer sogenannten historischen Straße gehört nicht, daß auf ihr ein Wagenverkehr stattfinden kann. Ebenso wenig besteht ein nothwendiges Erforderniß einer städtischen Straße darin, daß die sie begrenzenden Häuser mit Ausgängen nach ihr hin versehen sind. O.G. vom 14. März 1889, Preuß. Verwltgsbl. Jahrg. 10 S. 524.

Auch der einzelne Theil oder Strecke einer (lang ausgedehnten) Straße oder Chaussee können die Eigenschaft einer historischen Straße erlangt haben.

Die Ansicht, das es für die Frage, ob eine historische Straße vorliegt, auf den Anbau überhaupt nicht, vielmehr nur auf die Beschaffenheit des Straßenkörpers ankommt, ist unrichtig. Gerade auf die Art und den Umfang des Anbaues ist für Orte der entscheidende Werth zu legen, wo es an einer älteren, die Merkmale einer fertigen Straße festsetzenden Norm fehlt, und der Straßenkörper sich in seiner Gestaltung von den Verbindungswegen nicht unterscheidet.

Den zur Verbindung mit anderen Orten angelegten, in ihrer äußeren Gestaltung unveränderlich gebliebenen Wegen und Chausseen kann die Eigenschaft einer städtischen Straße nur zuerkannt werden, wenn und insoweit sie bis zum Erlaß der die Voraussetzungen einer fertigen Straße regelnden ortspolizeilichen Normen dem Anbau thatsächlich gedient haben oder doch wesentlich Verbindungsglieder innerhalb des Straßennetzes zur Vermittelung des inneren Verkehrs geworden sind. Dabei wird indessen in Rücksicht darauf, daß der Anbau an Wegen und Chausseen nicht behindert war, die Umwandlung eines im Uebrigen unverändert gebliebenen Weges oder einer Chaussee in eine Straße in der Regel nur aus einem erheblichen, im längeren Zeitraum vollzogenen, regelmäßigen Anbau zu folgern sein. O.G. vom 19. Januar 1894, Preuß. Verwltgsbl. Jahrg. 15 S. 298.

Die Anwendung von § 12 ist nicht davon abhängig, daß für die Straße, an der gebaut werden soll, Fluchtlinien festgesetzt sind. Das Bauverbot greift vielmehr auch bei solchen Straßen Platz, für welche noch keine Fluchtlinien festgesetzt sind.

Wenn die Festsetzung, wann eine Straße als fertiggestellt anzusehen ist, der Gemeindebehörde überlassen worden ist, so können die Entscheidungen der letzteren nicht als polizeiliche Bestimmungen, wie sie § 12 erfordert, betrachtet und deshalb auch für die Anwendbarkeit des Bauverbots aus § 12 nicht berücksichtigt werden.

Zu fertigen städtischen Straßen können immer nur solche Straßen gerechnet werden, welche überhaupt dem öffentlichen Verkehr dienen und als öffentliche Verkehrswege zu dem städtischen Straßennetze gehören. Eine Straße, welche noch in der privatrechtlichen Verfügung eines Unternehmers steht, kann mithin noch keine fertige öffentliche Straße sein, da sie ja als Privatstraße überhaupt nicht zu den öffentlichen Straßen zählt.

Andererseits unterliegt eine solche Straße, obwohl sie noch Privatstraße ist, dennoch dem Bauverbot aus § 12, wenn sie unstreitig in der Absicht angelegt ist, daß sie eine öffentliche städtische Straße werden soll. Dies gilt, wenn abgesehen von den Rechten und Pflichten aus dem zwischen dem Unternehmer und der Stadtgemeinde abgeschlossenen Vertrage nach Lage der Verhältnisse anzunehmen ist, daß die bereits angelegte Straße sich mit fortschreitender Bebauung von selbst zu einer öffentlichen Straße entwickeln wird und daß diese Entwicklung auch durchaus der Absicht des Unternehmers entspricht. Eine derartige Privatstraße, deren Umwandelung in eine öffentliche Straße vorauszusehen ist, gehört aber zu den projektirten Straßen, für welche das Bauverbot in § 12 des Gesetzes gegeben ist bezw. in dem hiernach erlassenen Ortsstatut. O.G. vom 5. Juni 1899, Bd. 36 S. 412.

Die §§ 12 und 15 des Fluchtliniengesetzes verfolgen den Zweck, die Gemeinde vor finanzieller Ueberlastung bei und in Folge der fortschreitenden Ausdehnung des Straßennetzes zu schützen, indem sie den Gemeinden die Befugniß verleihen durch Erlaß von Ortsstatuten a) die Errichtung von Wohngebäuden an noch nicht fertiggestellten Straßen zu untersagen (§ 12), b) die Unternehmer einer neuen Straßenanlage oder die Anbauer an einer neuen oder schon vorhandenen, aber noch unbebauten Straße zu den Kosten der gesammten Straßenanlage heranzuziehen (§ 15). Diese Bestimmungen gewähren keinen Anhalt dafür, daß sie nur unter der Voraussetzung gelten sollen, daß die dabei in Frage kommenden Baufluchtlinien nach den Vorschriften des neuen Gesetzes (§§ 1ff. a. a. O.) festgesetzt worden sind. § 10 erwähnt ausdrücklich der vor dem Erlaß des Gesetzes getroffenen Festsetzung von Fluchtlinien und der bestehenden Bebauungspläne in den Städten Berlin, Potsdam und Charlottenburg und der letzte Absatz des § 15 bewahrt für die Stadt Berlin dem Regulativ vom 31. Dezember 1838 seine Gültigkeit bis zu dem Zustandekommen eines Statuts (im Sinne dieses Paragraphen) ohne an letzteres die Bedingung einer vorherigen Aufstellung eines anderweiten Bebauungsplanes zu knüpfen.

Die Frage, ob eine Straße eine historische ist, kann im Sinne des § 15 des Fluchtliniengesetzes und des auf Grund dieses Paragraphen erlassenen Statuts überhaupt nicht wesentlich in Betracht kommen, sie ist von Bedeutung für die Anwendung des § 12 a. a. O., und zwar deshalb, weil eine nach den baupolizeilichen Bestimmungen nicht fertiggestellte Straße sehr wohl als städtische Straße von altersher bestanden haben kann. R.G. i. Civils. vom 10. Oktober 1888, Preuß. Verwltgsbl., Jahrg. 10 S. 97.

Das Gesetz spricht nicht etwa selbst im § 12 ein Bauverbot aus, an welches die Gemeinde gebunden wäre, überläßt vielmehr es der letzteren, ob ein solches Verbot eingeführt werden soll, gewährt also den Gemeinden ein Recht, von welchem sie je nach ihrem Ermessen Gebrauch machen kann oder nicht. Darin liegt ohne Weiteres die Befugniß eingeschlossen, nicht allein das Verbot nur als Regel hinzustellen und davon in einzelnen Fällen Ausnahmen zu gestalten, sondern auch diese Ausnahmen so zu gestalten, wie es für zweckentsprechend gehalten wird. Insbesondere kann die Gewährung von Ausnahmen in die Hand der beiden städtischen Behörden oder auch des Magistrats allein gelegt und hier wieder entweder unbeschränkt der pflichtmäßigen Beurtheilung des einzelnen Falles überlassen oder an die Erfüllung gewisser Verpflichtungen von Seiten des bauenden Eigenthümers geknüpft werden. Auch bei Feststellung dieser Bedingungen sind die Gemeinden nicht weiter behindert, als aus der vorgeschriebenen Genehmigung der Statuten durch die Aufsichtsbehörde folgt. Das Gesetz wehrt ihnen namentlich nicht, den Bau nur dann zu erlauben, wenn der Unternehmer vertragsmäßig die Leistung von bestimmten Beiträgen zur Herstellung der Straße oder zur Bestellung einer Sicherheit hierfür übernimmt. Und wenn diese Leistungen etwa vollständig mit denjenigen Verpflichtungen zusammenfallen, welche den angrenzenden Eigenthümern auf Grund des § 15 auferlegt sind, so nehmen sie um deswillen nicht den Charakter einer Gemeindelast an. Sie beruhen vielmehr auf einer freiwilligen Uebernahme von Seiten des Bauunternehmers, womit er sich die ihm ohnedies nicht zustehende Befugniß, zu bauen — gewissermaßen im Wege einer Uebereinkunft mit der Stadtgemeinde — verschafft. O.G. vom 12. Oktober 1888, Preuß. Verwltgsbl., Jahrg. 10 S. 209.

Eine noch nicht zum Anbau fertig hergestellte Straße kann, trotzdem sie dem ortsstatutarischen Bauverbote des § 12 untersteht, sehr wohl in mehr oder weniger großem Umfange bebaut sein, sei es daß der Magistrat von dem ihm zustehenden Recht der Gestattung von Ausnahmen von dem gesetzlich zulässigen Bauverbote Gebrauch gemacht hat, sei es, daß an Wegen, die, wie Feldwege zweifellos nicht den Charakter städtischer Straßen haben, Bauten von Wohnhäusern ausgeführt sind, bevor solche Wege in das Netz der städtischen Straßen hineingezogen sind; hier wie in jenen Fällen ist die stattgehabte Bebauung für die Frage, ob eine historische Straße besteht oder § 12 a. a. O. Anwendung findet, bedeutungslos. Nur bei der Anwendung des § 15, also für die Frage der Beitragspflicht, kommt es unter Umständen auf die Bebauung der Straße entscheidend an, nicht aber bei derjenigen des § 12, bei welcher es sich nur, wie auch das Erkenntniß Bd. 5 S. 347 der Entscheidungen darlegt, um die Beschaffung des Straßenkörpers handelt, nicht um diejenige der daneben liegenden Bauplätze. O.G. vom 18. November 1890, Preuß. Verwltgsbl., Jahrg. 12 S. 184.

Nach § 12 muß als die erste Voraussetzung der Anwendbarkeit einer entsprechenden statutarischen Vorschrift die angesehen werden, daß baupolizeiliche örtliche Bestimmungen des vorgeschriebenen Inhalts bestehen. In Ermangelung solcher kann das Verbot, Häuser mit Ausgängen nach den betreffenden Straßen zu errichten, überhaupt nicht in Wirksamkeit treten. Ob die Bestätigung des Statuts durch die Aufsichtsbehörde bereits erfolgt ist oder nicht, macht dabei keinen Unterschied. Ersterenfalls bleibt nur die volle Geltung der unvollkommenen Bestimmung bis zum Erlasse der ergänzenden polizeilichen Vorschriften hinausgeschoben. Ein Ortsstatut kann den Mangel einer ortspolizeilichen Bestimmung nicht ersetzen; denn das Ortsstatut ist auf Grund des § 11 der Städteordnung vom 30. Mai 1853 bezw. der §§ 12 und 15 des Gesetzes vom 2. Juli 1875 von den städtischen Behörden erlassen, nicht aber — wie es das Gesetz verlangt — von der Ortspolizeibehörde. Dementsprechend sind auch die für seinen Erlaß und seinen Inhalt maßgebenden Gesichtspunkte und Voraussetzungen sowie die Formen des Erlasses andere als diejenigen, auf Grund welcher und in welchen eine ortspolizeiliche Bestimmung zu ergehen hat. Nicht minder gelten verschiedene Bestimmungen über die Wiederaufhebung und deren Formen bei den Ortsstatuten einerseits und den polizeilichen Vorschriften andererseits. O.G. vom 13. Oktober 1877 Bd. 3 S. 286.

Die Berechtigung der Polizeibehörde, das allgemeine Bauverbot zur Geltung zu bringen, wenn der Baulustige ein unter der Herrschaft jenes statutarischen Rechtes ohne Ausgang projektirtes und darum nur ebenso konsentirtes Wohngebäude in ein dem Statute widersprechendes, durch nachträgliche Anbringung eines Ausganges zu verwandeln unternimmt, kann keinem Zweifel unterliegen, sofern die sonstigen thatsächlichen Voraussetzungen jener Vorschriften als vorhanden anerkannt werden müssen.

Die zur Geltung gebrachten, dem öffentlichen Rechte entspringenden Befugnisse der Polizeibehörde bleiben von den Abreden zwischen dem Magistrat und den Vorbesitzern der Baulustigen völlig unberührt und ebenso ist es ohne Einfluß für die Entscheidung, ob das unbebaute Grundstück des Baulustigen früher auf einer anderen Stelle von der Straße aus zugänglich ist. O.G. vom 2. Oktober 1879, Bd. 5 S. 385.

Unter baupolizeilichen Bestimmungen des Orts können nur die für den Ort geltenden verstanden werden; solche kann aber nicht nur die Ortspolizeibehörde erlassen, die gleiche Befugniß steht vielmehr auch nach Maßgabe des weiteren Geltungsbereiches der polizeilichen Regelung den höheren polizeilichen Instanzen (Landrath, Regierungspräsident, Oberpräsident) gemäß §§ 137, 142 des Landesverwaltungsgesetzes zu. Es fehlt an jedem Anhalt dafür, daß bei Erlaß des Gesetzes vom 2. Juli 1875 die Annahme obgewaltet haben sollte, daß für jede einzelne Ortschaft besondere ortspolizeiliche Bestimmungen bezüglich der Anforderungen an fertiggestellte Straßen bestehen, bezw. erlassen werden müßten; denn auch damals bestand bereits die Befugniß der höheren polizeilichen Instanzen zum Erlasse von Polizeiverordnungen für mehrere Gemeinden bezw. Amtsbezirke (§ 11 des Gesetzes über die Polizeiverwaltung vom 11. März 1850, § 78 der Kreisordnung vom 13. Dezember 1872). Und gerade auf dem Gebiete der „Baupolizei" war vor dem Jahre 1875 in vielen Provinzen bezw. Regierungsbezirken von dieser Befugniß Gebrauch gemacht worden. O.G. vom 6. Juli 1895, Bd. 28 S. 364.

Eine polizeiliche Bestimmung, daß zur Fertigstellung einer Straße im Sinne des § 12 die Uebertragung des Eigenthums an den Grund und Boden auf den Straßenbaupflichtigen erforderlich sei, hält sich innerhalb der für das Straßenbaurecht maßgebenden polizeilichen Gesichtspunkte und ist daher rechtsgültig.

Das in einem Ortsstatut ausgesprochene Bauverbot kann keine Rechtswirksamkeit haben, so weit es die Schranken der gesetzlichen Bestimmungen (§ 12) überschreitet; so weit es jedoch bei seiner Anwendung innerhalb der gesetzlichen Grenzen bewegt, bleibt es rechtsgültig. O.G. vom 7. November 1898, Bd. 34 S. 417.

Die Polizeibehörde ist berechtigt, in Fällen, in denen rechtswirksam nur eine Fluchtlinie festgesetzt ist, mithin Straßen- und Baufluchtlinie bei endgültiger Regelung zusammenfallen sollten, von der Anlegung der Straße in ihrer ganzen Breite einstweilen abzusehen und eine anderweitige vorübergehende Gestaltung zu gestatten, bei deren Ausführung die vorläufig nicht zur Straße gezogenen Flächen einstweilen dem Eigenthümer verbleiben. Durch die Ausübung dieser Befugniß sind vielfach sogenannte provisorische Vorgärten entstanden, die noch keine wirklichen Bestandtheile der Straße sind, sich aber in derselben Lage befinden, wie jedes andere Grundeigenthum, worüber eine noch nicht in Angriff genommene Straße im Bebauungsplane gelegt ist, und insofern künftiges Straßenland bilden. O.G. vom 13. Juni 1898, Bd. 34 S. 421.

Die auf Grund des § 12 erlassenen ortsstatutarischen Bestimmungen, welche die Errichtung von Wohnhäusern mit einem Ausgang nach einer noch unfertigen Straße ganz verbieten, oder nur unter —

sei es allgemein festgestellten, sei es im Einzelfalle von der Gemeindebehörde dem Baulustigen aufzuerlegenden — Bedingungen gestatten, bilden einen Bestandtheil des für die Gemeinde geltenden öffentlichen Baurechts. Gegen Bauten, die mit den Vorschriften dieses Baurechts, des allgemeinen wie des durch Ausnahmebewilligungen für den einzelnen Fall gestalteten, im Widerspruch stehen, hat die Polizeibehörde, selbst wenn sie ihrerseits die vorschriftswidrige Anlage genehmigt haben sollte, einzuschreiten, ohne Unterschied, ob der Bau schon ausgeführt ist oder nicht.

Aus den Gründen: Die auf Grund des § 12 von den Gemeindebehörden erlassenen ortsstatutarischen Bestimmungen bilden einen Bestandtheil des für die Gemeinde geltenden öffentlichen Baurechts und sind nach der Rechtsprechung des Gerichtshofes ebenso wie die baupolizeilichen Bestimmungen im engeren Sinne von den Polizeibehörden bei den Entscheidungen auf die ihnen vorgelegten Baugesuche zu beachten. Hieraus folgt zunächst, daß, wenn ein Statut von der gesetzlichen Befugniß der Gemeinden, den Bau von Wohnhäusern mit einem Ausgange nach einer noch unfertigen Straße ganz zu verbieten, uneingeschränkten Gebrauch gemacht hat, ein solcher Bau von der Polizeibehörde nicht zugelassen werden darf. Die gesetzliche Ermächtigung, Bauten ganz zu verbieten, schließt aber auch die Befugniß der Gemeinde ein, sie unter gewissen Bedingungen zu erlauben. Auch derartige Bedingungen, mögen sie allgemein aufgestellt oder im einzelnen Falle dem Baulustigen auferlegt werden, sind kraft der Bestimmungen des § 12 a. a. O., auf denen sie beruhen, Bestandtheile des für die Gemeinde geltenden öffentlichen Baurechts.

Wenn die Bedingung, unter der die Gemeindebehörde die Ausnahmebewilligung zu dem Bau ertheilt hat, dahin geht, daß nur eine bestimmte Zahl von Räumen zum Aufenthalte von Menschen eingerichtet werden dürfen, so ist die Polizeibehörde auch nur befugt, zu verlangen, daß keine größere Anzahl von Räumen, als gestattet ist, zu jenem Zweck eingerichtet und benutzt werden, sowie daß die Vorrichtungen, welche die Benutzung ermöglichen, insbesondere die Feuerungsanlagen aus dem als Stube nicht genehmigten Raume entfernt werden. O.G. vom 3. Oktober 1898, Bd. 34 S. 409.

Die in einem Statut vorgesehene Ertheilung der ausnahmsweisen Erlaubniß, an einer für den öffentlichen Verkehr und den Anbau noch nicht fertiggestellten Straße zu bauen, sowie die Bedingungen, unter welchen die ausnahmsweise Bauerlaubniß zu ertheilen sei, sind lediglich in das freie Ermessen des Magistrats und der Polizeibehörde gestellt. Ein Rechtsanspruch auf eine solche ausnahmsweise Erlaubniß oder auf Ertheilung derselben unter gewissen Bedingungen, wie unter der Bedingung der Kautionsstellung für die erwachsenden Pflasterungskosten besteht nicht. Daher kann auch nicht bei den Verwaltungsgerichten auf die Ertheilung einer solchen Erlaubniß geklagt werden. O.G. vom 4. März 1889, Preuß. Verwltgsbl., Jahrg. 10 S. 387.

Baukonsensversagung zum Bau von Wohngebäuden mit Ausgängen an noch nicht fertiggestellten Straßen wegen nur bedingungsweise oder mit Vorbehalt erfolgter Erfüllung der vom Gemeindevorstande gestellten Bedingungen, unter welchen ausnahmsweise der Anbau zugelassen werden soll, ist berechtigt. O.G. vom 3. Oktober 1894, Preuß. Verwltgsbl., Jahrg. 16 S. 124.

Ein Bauverbot aus einem nach § 12 des Gesetzes ergangenen Ortsstatut bezieht sich überhaupt nur auf die Errichtung von Wohngebäuden. Soweit die Baulandeigenschaft sich auf die Aussicht der Bebauung des Grundstücks mit Fabriken, Werkstätten, Lagerhäusern u. s. w. gründet, wird sie von dem Verbot schlechthin nicht berührt. Weiter kommt in Betracht, daß das Verbot kein unbedingtes ist, sondern daß unter gewissen Bedingungen Ausnahmen dann gestattet werden, was keineswegs ungewöhnlich ist. Die Hauptsache aber ist, daß das auf Grund des § 12 des Gesetzes erlassene Bauverbot überhaupt seinem Wesen und Zweck nach nicht geeignet ist, den Grundstücken, die davon betroffen werden, die vorhandene Eigenschaft als Bauland

zu nehmen. Wie die Begründung dieses erst von der Kommission des Abgeordnetenhauses dem Gesetze eingeführten Paragraphen bestimmt erkennen läßt (vergl. Aktenstück des Abgeordnetenhauses 1875 Nr. 279 sub I a. E. S. 1707, Gneist in Hartmanns Zeitschrift für Gesetzgebung, Bd. 4 S. 297, O.G. Bd. 3 S. 314), geht dessen Zweck lediglich dahin, das vorzeitige Bauen an projektirten Straßen — worunter übrigens auch bisherige Feldwege, wenn sie als städtische in den Bebauungsplan aufgenommen und als solche zum Ausbau projektirt werden, vergl. Friedrichs, Fluchtliniengesetz, 4. Auflage, herausgegeben von v. Strauß und Torney, S. 113, fallen können — zu verhindern. Es ergiebt sich hieraus, daß das Bauverbot in Bezug auf vorhandenes Bauland keine andere Bedeutung hat, als daß es nur den Zeitpunkt der Realisirung jener Eigenschaft, soweit sie in der Errichtung von Wohngebäuden besteht, hinausrückt. Das Reichsgericht hat daher wiederholt dem ortsstatutarischen Bauverbot des § 12 des Fluchtliniengesetzes eine die Eigenschaft eines Grundstückes als Bauland beseitigende Wirkung abgesprochen. R.G. i. Civils. vom 1. März 1901, Preuß. Verwltgsbl., Jahrg. 22 S. 434.

Es ist gesetzlich nicht ausgeschlossen, das Verbot, wonach an noch nicht für den öffentlichen Verkehr und den Anbau fertiggestellten Straßen Wohngebäude, die nach diesen Straßen einen Ausgang haben, nicht errichtet werden dürfen, durch Ortsstatut auf den Wiederaufbau durch Naturereignisse, insbesondere als durch Feuer, zerstörter Wohngebäude auszudehnen.

Aus den Gründen: An sich ist zunächst davon auszugehen, daß der Wiederaufbau eines abgebrochenen oder durch Naturereignisse zerstörten Gebäudes unter die „Errichtung" eines Gebäudes fällt; dem Wortsinn nach wird folglich ein solcher Bau von dem § 12 mitgetroffen.

Die Annahme ist nicht ausgeschlossen, daß bei der Gestattung eines die Errichtung aller Wohngebäude umfassenden Verbots von dem Gedanken ausgegangen ist, in dem § 12 sei nur der allgemeine Rahmen gegeben, innerhalb dessen sich die Ortsstatuten zu halten haben; es kann füglich den Gemeinden und den zur Bestätigung der Statuten berufenen Aufsichtsbehörden überlassen bleiben, dafür zu sorgen, daß unangemessene Bestimmungen vermieden würden. O.G. vom 15. Oktober 1889, Bd. 18 S. 386.

„Baupolizeiliche Bestimmungen des Orts" im Sinne des § 12 des Straßen- und Baufluchtengesetzes vom 2. Juli 1875.

Aus den Gründen: Unter den Begriff „polizeiliche Bestimmungen" fallen nicht allein die in Gemäßheit der §§ 5ff. des Gesetzes vom 11. März 1850 erlassenen Polizeiverordnungen, sondern alle das Verhalten einzelner oder einer Mehrheit von Personen oder des Publikums regelnden polizeilichen Maßnahmen auf sämmtlichen der Einwirkung der Polizei unterstellten Gebieten, mögen sie nun in Gestalt von Verordnungen, Verfügungen, Bekanntmachungen, Reglements oder Anordnungen im weitesten Sinne ergehen. Das Gesetz vom 2. Juli 1875 setzt seiner Fassung nach die in § 12 erwähnten baupolizeilichen Bestimmungen des Orts zunächst als bereits bestehende voraus; trifft dies nicht zu, so ergiebt sich allerdings die Nothwendigkeit ihres Erlasses; nur genügt für die neu zu schaffende Bestimmung jedenfalls diejenige Form, welche das Gesetz hinsichtlich der von ihm vorgefundenen als ausreichend angesehen hat. Es muß angenommen werden, daß mit einem in das Gesetz aufgenommenen umfassenderen Ausdrucke auch anderen als den in die Form von Polizeiverordnungen gekleideten baupolizeilichen Bestimmungen des Orts ausdrücklich die im Gesetze an deren Bestehen geknüpfte Wirkung hat zugestanden werden sollen. O.G. vom 20. März 1882, Bd. 8 S. 341.

Ein Ortsstatut kann dem Grundstückseigenthümer keine weiterreichenden Beschränkungen auferlegen als § 12, da nach § 12 Abs. 2 das Ortsstatut nur „innerhalb der Grenze vorstehender Vorschriften" nähere Bestimmungen festzusetzen hat. O.G. vom 25. April 1878, Bd. 3 S. 304.

Zu vergl. auch R.G. i. Civils. vom 5. November 1898, Bd. 42 S. 287.

Ueber den Zweck der Straße siehe R.G. i. Civils. vom 5. Juni 1889, Bd. 24 S. 245, vom 21. September 1898, Bd. 42 S. 205 und vom 18. April 1899, Bd. 44 S. 282.

Die den Gemeinden nach § 12 des Baufluchtengesetzes vom 2. Juli 1875 beigelegten Befugnisse sind an Beschränkungen nicht gebunden und erleiden auch zu Gunsten von fiskalischen Bauten keine Ausnahme. Im Falle des Erlasses eines die vorherige Zustimmung der Gemeindebehörden vorsehenden Ortsstatuts darf daher die Polizeibehörde ohne Einwilligung der Gemeinde die staatlicherseits nachgesuchte Genehmigung zur Ausführung von Wohngebäuden an noch nicht regulirten Straßen selbst dann nicht ertheilen, wenn die ortsstatutarischen Beiträge zu den Straßenbaukosten bezahlt bezw. die Verpflichtung zur Entrichtung derselben in bindender Form ausgesprochen werden sollte. Min.-Erl. vom 9. November 1887 (Min.-B. f. d. i. Verw. S. 274).

§ 13. Eine Entschädigung kann wegen der nach den Bestimmungen des §. 12 eintretenden Beschränkung der Baufreiheit überhaupt nicht, und wegen Entziehung oder Beschränkung des von der Festsetzung neuer Fluchtlinien betroffenen Grundeigenthums nur in folgenden Fällen gefordert werden:

1. wenn die zu Straßen und Plätzen bestimmten Grundflächen auf Verlangen der Gemeinde für den öffentlichen Verkehr abgetreten werden;
2. wenn die Straßen- oder Baufluchtlinie vorhandene Gebäude trifft und das Grundstück bis zur neuen Fluchtlinie von Gebäuden freigelegt wird;
3. wenn die Straßenfluchtlinie einer neu anzulegenden Straße ein unbebautes, aber zur Bebauung geeignetes Grundstück trifft, welches zur Zeit der Feststellung dieser Fluchtlinie an einer bereits bestehenden und für den öffentlichen Verkehr und den Anbau fertig gestellten anderen Straße belegen ist, und die Bebauung in der Fluchtlinie der neuen Straße erfolgt.

Die Entschädigung wird in allen Fällen wegen der zu Straßen und Plätzen bestimmten Grundfläche für Entziehung des Grundeigenthums gewährt. Außerdem wird in denjenigen Fällen der Nr. 2, in welchen es sich um eine Beschränkung des Grundeigenthums in Folge der Festsetzung einer von der Straßenfluchtlinie verschiedenen Baufluchtlinie handelt, für die Beschränkung des bebaut gewesenen Theiles des Grundeigenthums (§. 12 des Gesetzes über Enteignung von Grundeigenthum vom 11. Juni 1874) Entschädigung gewährt.

In allen oben gedachten Fällen kann der Eigenthümer die Uebernahme des ganzen Grundstücks verlangen, wenn dasselbe durch die Fluchtlinie entweder ganz oder soweit in Anspruch genommen wird, daß das Restgrundstück nach den baupolizeilichen Vorschriften des Ortes nicht mehr zur Bebauung geeignet ist.

Bei den Vorschriften dieses Paragraphen ist unter der Bezeichnung Grundstück jeder im Zusammenhange stehende Grundbesitz des nämlichen Eigenthümers begriffen.

§ 14. Für die Feststellung der nach §. 13 zu gewährenden Entschädigungen und die Vollziehung der Enteignung kommen die §§. 24ff. des Gesetzes über Enteignung von Grundeigenthum vom 11. Juni 1874 zur Anwendung.

Streitigkeiten über Fälligkeit des Anspruchs auf Entschädigung gehören zur gerichtlichen Entscheidung.

Die Entschädigungen sind, soweit nicht ein aus besonderen Rechtstiteln Verpflichteter dafür aufzukommen hat, von der Gemeinde aufzubringen, innerhalb deren Bezirk das betreffende Grundstück belegen ist.

Wenn §§ 13ff. auch keine unmittelbar in das Baupolizeirecht eingreifenden Bestimmungen enthält, sondern sich auf einem ganz anderen Rechtsgebiete bewegen, so sollen sie doch auch einer näheren Erörterung unterzogen werden, weil die vorhergehenden Paragraphen die Veranlassung zur Regelung der in den §§ 13ff. erörterten Angelegenheiten gegeben haben, also mit diesen und letztere mit ersteren in einem innigen Zusammenhange stehen.

§ 13 nimmt die Beschränkung der Baufreiheit aus § 12 vorweg und schließt in diesem Falle die Entschädigung überhaupt aus. Es ist das eine logische Folge davon, daß an noch nicht fertigen Straßen überhaupt nicht gebaut werden darf oder doch nur ausnahmsweise und im letzteren Falle dem Baulustigen kein Recht auf Bewilligung der Ausnahme zusteht.

Im Weiteren scheidet der Gesetzgeber in der Entschädigungsfrage die Entziehung von Grundeigenthum von dessen Beschränkung in Folge Festsetzung von Fluchtlinien.

Die Entziehung kommt in Frage in den Fällen der Nummern 1 bis 3, die Beschränkung nur in dem Falle von Nummer 2.

Die Entziehung bewirkt einen zwangsweisen Wechsel in der Person des Eigenthümers, bei der Beschränkung bleibt der davon betroffene Grund und Boden in demselben Eigenthum.

Die Beschränkung setzt voraus, daß Straßen- und Baufluchtlinien verschieden sind und hat alsdann das zwischen diesen beiden Linien liegende Land zum Gegenstand. Der Entschädigungsanspruch entsteht aber nur unter der Bedingung, daß zur Zeit der Aufstellung des Fluchtlinienplanes der eben näher bezeichnete Grund und Boden mit Gebäuden besetzt ist.

Der Entschädigungsanspruch entsteht mit der endgültigen Festsetzung der Fluchtlinie, wodurch im Privateigenthum stehende Grundflächen zu öffentlichen Straßen oder Plätzen bestimmt werden; fällig wird er aber erst, wenn das zur Straße bestimmte Terrain thatsächlich in diese übergeht, wenn also die Gemeinde die festgesetzte Fluchtlinie zur Ausführung bringt und sie nothwendigenfalls zur Enteignung schreitet.

Für die Entschädigungsansprüche gemäß §§ 13, 14 kommen nur die auf Grund des Fluchtliniengesetzes und in Beobachtung der darin für die Festsetzung von Fluchtlinien erlassenen Vorschriften festgesetzten Fluchtlinien in Frage, nicht aber die älteren von der Polizeibehörde angeordneten derartigen Linien.

Wie Abs. 2 des § 13 ergiebt, wird ein Entschädigungsanspruch in dem Falle der Nr. 3 des Abs. 1 daselbst nur wegen Entziehung von Grund und Boden, nicht aber wegen Beschränkung anerkannt; letztere hat nur eine derartige Rechtswirkung, wenn Nr. 2 a. a. O. in Anwendung kommt, sofern Straßen- und Bauflucht verschieden sind. Die fragliche Grundfläche muß übrigens nach Nr. 2 auf alle Fälle freigelegt werden.

Die Regelung der Entschädigungsfrage, wie sie im § 13 des Gesetzes erfolgt, wird in folgenden Ausführungen des Kommissionsberichtes begründet: „. . . . . So wird man von selber auf die soeben berührten Sätze kommen, wonach, um es kurz auszudrücken, für die durch neue Fluchtlinien erfolgte Einschränkung eine Entschädigung erfolgt, wenn es sich um dadurch betroffene Gebäude handelt, bei unbebauten Grundstücken nicht. Können doch die Eigenthümer der letzteren dieselben vorläufig ebenso benutzen wie bisher. Bisher war aber in der Regel von einer Bebauung dabei nicht die Rede. Wie soll ihnen ein neues Recht gegen die Gemeinden erwachsen, so lange eine von ihr projektirte Straße auf dem Papiere das bisherige Acker- oder Gartenland durchschneidet und dieselbe Art der Benutzung frei läßt" (Aktenstück Nr. 279 S. 1707). O.G. vom 22. September 1893, Bd. 25 S. 379.

Soweit das Gesetz vom 2. Juli 1875 die Entschädigungsfrage überhaupt ins Auge gefaßt hat, bezieht es sich nur auf die Entschädigung für Entziehung oder Beschränkung der **Baufreiheit**. Nur von dieser handeln die §§ 10 und 11 des Regierungsentwurfes, und nur diese ist nach den Verhandlungen in der Kommission bei der Umgestaltung der Gesetzesvorlage in den jetzigen Wortlaut der §§ 13 und 14 des Gesetzes in Betracht gezogen worden (vergl. Anlage zu den Stenographischen Berichten des Abgeordnetenhauses von 1875, Bd. 1 S. 288, 292, 1708). Davon, daß § 13 des Gesetzes auch Entschädigungsforderungen ausschlösse, die nicht für Entziehung des Grundeigenthums und nicht für Beschränkungen in der Baufreiheit aufgestellt werden, kann hiernach keine Rede sein, wie denn auch der Wortlaut des § 13 selbst eine solche Auslegung nicht zuläßt. Soweit daher z. B. bei Tieferlegung einer Straße, möge solche auch in Durchführung eines Bebauungsplanes nach den Gesetzen vom 2. Juli 1875 erfolgt sein, gegen die Vorschriften der §§ 185ff. I 8 A.L.R. verstoßen worden ist, werden die hiernach begründeten Entschädigungsforderungen durch die Vorschrift des § 13 des Fluchtliniengesetzes nicht berührt. R.G. i. Civils. vom 7. Dezember 1898, Preuß. Verwltgsbl., Jahrg. 20 S. 231.

Nach § 13 kann eine Entschädigung wegen Entziehung oder Beschränkung des von der Festsetzung neuer Fluchtlinien betroffenen Grundeigenthums nur in den unter Nr. 1—3 aufgeführten Fällen gefordert werden. Nach § 14 kommen für die Feststellung der nach § 13 zu gewährenden Entschädigungen ꝛc. die §§ 24ff. des Enteignungsgesetzes zur Anwendung, d. h. es ist über die Entschädigung zunächst vor der zuständigen Verwaltungsbehörde zu verhandeln und von derselben zu entscheiden. Die **Festsetzung** neuer Fluchtlinien, von welcher § 13 a. a. O. spricht, durchläuft nach den §§ 1, 7, 8 a. a. O. verschiedene Stadien, bis, nach Erledigung der etwa erhobenen Einwendungen, nach § 8 a. a. O. die **förmliche Feststellung** des Planes durch den Gemeindevorstand und dessen (wiederholte) Offenlegung erfolgt, mit welcher nach § 11 a. a. O. die Beschränkung des Grundeigenthümers, daß Neubauten, Um- und Ausbauten über die Fluchtlinie hinaus versagt werden können, **endgültig** eintritt.

Es trägt einen Widerspruch in sich selbst, wenn man dem Betheiligten, welcher gegen den nach § 7 a. a. O. offengelegten Plan Einwendungen erhoben und auf die Entscheidung der kompetenten Behörde provoziren kann, gleichzeitig das Recht zugestehen wollte, bei der Polizeibehörde den Baukonsens so zu beantragen, als ob der von ihm angegriffene Bebauungsplan überhaupt nicht existirte, andererseits aber die Polizeibehörde für verflichtet erachten wollte, bei Prüfung des Gesuches den mit ihrer Zustimmung (§ 1 a. a. O.) aufgestellten Bebauungsplan unberücksichtigt zu lassen. Wenn die Polizeibehörde auf Grund des Bebauungsplans vor förmlicher Feststellung und erneuter Offenlegung (§ 8 a. a. O.) desselben den nachgesuchten Baukonsens verweigert, so sind nur zwei Fälle denkbar: einmal der Plan wird in Folge der dagegen erhobenen Einwendungen beseitigt oder dergestalt abgeändert, daß er mit dem zurückgewiesenen Bauprojekte nicht kollidirt. Dann erweist sich allerdings die Zurückweisung als ein Eingriff in das Eigenthum, welcher dem davon Betroffenen unter Umständen einen Angriff auf Schadloshaltung gewähren könnte,

anderenfalls aber, wenn nämlich der Plan zur förmlichen Feststellung gelangt und **demgemäß** wiederholt offengelegt wird, ist die Grundlage der polizeilichen Verfügung **intakt** geblieben, die aus dem Bebauungsplan sich ergebende Beschränkung der Baufreiheit ist endgültig eingetreten, die Versagung des Baukonsenses unwiderruflich geworden. Grund dieser Versagung aber ist die Festsetzung der neuen Fluchtlinie, welche sich, wie bereits oben angedeutet, nicht in einem Akte, sondern in einer Reihe von Akten vollzieht. Es liegt also auch dann, wenn vor dem in § 8 a. a. O. angegebenen Zeitpunkte, aber auf Grund des beschlossenen und behufs etwaiger Anbringung von Einwendungen bereits veröffentlichten Bebauungsplanes der nachgesuchte Baukonsens verweigert worden ist, der Fall einer Beschränkung des von der Festsetzung neuer Fluchtlinien betroffenen Grundeigenthums vor, woraus sich die Anwendbarkeit des § 13 a. a. O. ergiebt.

Was unter einem bebauten Grundstücke im Sinne des Gesetzentwurfes zu verstehen, ergiebt sich klar aus den Motiven, in denen es heißt (vergl. Anlage zu den stenographischen Berichten des Abgeordnetenhauses von 1875, Bd. 1 S. 292):

„In vollständiger Harmonie mit den Entscheidungen des höchsten Gerichtshofes hat die Verwaltung bis dahin schon angenommen, daß ein Entschädigungsanspruch in dem Falle, wenn die Fluchtlinie ein bebautes Grundstück durchschneidet, unzweifelhaft vorliegt, sobald wegen derselben der Wiederaufbau schon vorhandener Gebäude oder der Ausbau innerhalb der alten Fluchtlinie versagt wird. In den Fällen aber, in denen es um ein bisher nicht bebautes Grundstück und um die Einschränkung sich handelt, denen der Grundbesitzer in der Freiheit, dieses Grundstück zu bebauen, durch die Feststellung der Fluchtlinie — unterworfen wird, ist von der Verwaltung die Berechtigung einer Entschädigungsforderung erst dann als vorhanden angenommen worden, wenn die von der Bebauung ausgeschlossene Grundfläche thatsächlich für den öffentlichen Verkehr in Anspruch genommen wird.

Aus dem Gegensatze zwischen bebauten und bisher nicht bebauten Grundstücken ist zu entnehmen, daß im Sinne des Entwurfes ein bebautes Grundstück diese Eigenschaft dadurch noch nicht verloren hat, daß zur Zeit der Fluchtlinienfestsetzung die aufstehenden Gebäude durch Naturereignisse oder auch durch den Eigenthümer selbst (zum Zwecke des Wiederaufbaues) augenblicklich niedergelegt waren. Der Zustand, welcher die Eigenschaft eines Grundstückes als eines bebauten oder eines nicht bebauten bedingt, ist offenbar als ein dauernder gedacht.

Daß unter einem unbebauten Grundstücke ganz im Einklange mit den Motiven zum Regierungsentwurfe nur ein bisher überhaupt nicht bebautes, sondern in anderer Weise benutztes Grundstück verstanden ist, ergiebt sich klar aus dem Kommissionsberichte (S. 1700 a. a. O.).

Aus diesem Begriff des unbebauten Grundstückes aber ergiebt sich weiter, was unter der Bezeichnung „vorhandene Gebäude" in § 13 Nr. 2 zu verstehen ist, nämlich dem Sinne nach nichts Anderes, als was im § 10 Abs. 3 des Regierungsentwurfes durch „bebautes Grundstück" ausgedrückt ist. Danach kann es aber nicht darauf ankommen, ob gerade zur Zeit, da die Feststellungen neuer Fluchtlinien erfolgt, auf einem davon betroffenen bisher unbebauten Grundstücke die vorhanden gewesenen Gebäude durch ein Naturereigniß zerstört oder auch von dem Eigenthümer selbst zum Zwecke eines Neubaues niedergelegt sind. Der Charakter des Grundstückes als eines bebauten ist dadurch noch nicht verloren gegangen. In einem solchen Falle ist das zerstörte oder abgebrochene Gebäude — welches übrigens in der Regel in seinen Trümmern, Fundamenten u. dergl. auch äußerlich als solches erkennbar sein wird — im Sinne des § 13 Nr. 2 als ein vorhandenes anzusehen. Ob dies auch angenommen werden könnte, wenn nach der Zerstörung oder dem Abbruche eines Gebäudes eine längere Zeit verstrichen, inzwischen der Platz vielleicht in anderer Weise benutzt worden wäre, würde nach den Umständen des gegebenen Falles zu beurtheilen sein. R.G. i. Civils. Bd. 21 S. 212.

Das Fluchtliniengesetz steht grundsätzlich auf dem Standpunkte, daß für diejenigen Beschränkungen, welche aus der Verpflichtung, die durch den Fluchtlinienplan zu künftigen Straßen bestimmten Grundflächen unbebaut liegen zu lassen, sich ergäbe, Entschädigung nicht gewährt werden soll.

Dieser Grundsatz erleidet Ausnahmen nur in den im § 13 Abs. 1 Ziff. 1—3 bestimmten Fällen.

Eine Ausdehnung der Ausnahmebestimmungen des § 13 Abs. 1 Ziff. 3 über den an sich klaren Wortlaut hinaus auch auf die Fälle der Erbreiterung von bestehenden Straßen erscheint aber auch dann nicht zulässig, wenn die Erbreiterung eine sehr erhebliche ist, und danach insoweit der Grund, weshalb der Gesetzgeber in den Fällen der Ziffer 3 dem Grundeigenthümer einen sofortigen Entschädigungsanspruch gegenüber der Gemeinde gewähren zu müssen geglaubt hat, gegeben sein mag. R.G. i. Civils. vom 30. November 1894, Bd. 34 S. 250 ff.

Ueber die Entschädigung enthält im Fluchtliniengesetz nur § 13 dieserhalb Bestimmungen. Anderweite Bestimmungen über die Art und Höhe der Ansprüche des Grundeigenthümers — über die Grundsätze der Entschädigung — enthält das Gesetz von 1875 an keiner Stelle. Im 1. Absatz des § 13 ist eine wesentliche Abänderung des Enteignungsgesetzes und zwar des § 1 enthalten. Das Enteignungsgesetz kommt also soweit in Anwendung, als ihm nicht die Bestimmungen des Fluchtliniengesetzes entgegenstehen. R.G. i. Civils. Bd. 2 S. 279.

Wenn nach § 13 Abs. 1 Nr. 3 des Gesetzes die Entschädigung für ein von der Fluchtlinie abgeschnittenes Baugrundstück von der Bebauung desselben in der Fluchtlinie, d. h. von der Bebauung des dem Eigenthümer verbleibenden Restgrundstückes, abhängig macht, Abs. 3 aber für diese Fälle bestimmt, daß, wenn diese Bebauung nach Polizeivorschriften nicht erfolgen könne, die Pflicht zur Abnahme des ganzen Grundstückes eintrete, so kann in diesem letzteren Satze nur eine die Entschädigungspflicht für betroffene Baustellen anderweit regulirende und durch die gänzliche Unbrauchbarkeit derselben motivirte Modifikation der Bestimmung des Abs. 1 Nr. 3 gesehen werden, und nicht ein unverträglicher Widerspruch zwischen den beiden Vorschriften. Denn das Gesetz kann die Entschädigungs- und Enteignungspflicht — § 14 a. a. O. — nicht gleichzeitig von der Unmöglichkeit der Bebauung und von der thatsächlichen Bebauung abhängig machen wollen. R.G. i. Civils. vom 23. September 1882, Bd. 7 S. 273.

Die Vorschriften der §§. 13, 14 finden Anwendung, wenn vor Offenlegung des förmlich festgelegten Bebauungsplanes, jedoch nach der ersten Veröffentlichung des Planes ein Baukonsens nachgesucht und wegen Ueberschreitung der im Bebauungsplane enthaltenen Fluchtlinie versagt wird. Dieser Satz kann nicht ausgedehnt werden auf den Fall, wo der Baukonsens noch vor der ersten Offenlegung des von den Gemeindebehörden beschlossenen Bebauungsplanes nachgesucht und versagt worden ist. R.G. i. Civils. vom 8. Juli 1891, Preuß. Verwltgsbl., Jahrg. 12 S. 537.

Der Eigenthümer, welcher sein Grundstück bis zur neuen Fluchtlinie freigelegt hat (§ 13 Nr. 2), kann nicht die Uebernahme der ganzen für die Straße bestimmten Fläche oder nur des bebaut gewesenen Theiles verlangen.

Es kann nicht die Absicht des Gesetzgebers gewesen sein, die Ansprüche des Eigenthümers für alle Fälle, in denen der § 13 zur Anwendung kommt, in so ungemessener Weise zu erweitern, das liegt auf der Hand. Vergl. hierüber Entscheidung des Reichsgerichts vom 16./30. November 1894 (Bd. 34 Nr. 61 S. 250 ff.). In dem Urtheile des Reichsgerichts vom 4. Februar 1891, abgedruckt in Gruchots Beiträgen Bd. 35 S. 1108 ff., wird ausgeführt, daß der freilegende Eigenthümer im Falle der Nr. 2 des § 13 sich nicht auf die Freilegung von einem Theil der Gebäude beschränken dürfte, sondern die Freilegung auf das ganze Grundstück ausdehnen müsse, wenn er dessen Abnahme erreichen will, weil jene Gesetzesbestimmung ihm nur ein Recht auf Abnahme des Grundstückes im Ganzen, nicht eines Stückes desselben einräume. R.G. i. Civils., V. Civilsenat, vom 18. Dezember 1897, Preuß. Verwltgsbl., Jahrg. 19 S. 461.

Fluchtlinienpläne sind nach § 1 des Fluchtliniengesetzes unter Zustimmung der Ortspolizeibehörde festzusetzen und es fragt sich daher, welche Bedeutung dieser polizeilichen Zustimmung zu einem Fluchtlinienplane, insbesondere im Verhältniß zu der Bestimmung im § 57 des Zuständigkeitsgesetzes vom 1. August 1883, beiwohnt. Es mag nun vielleicht angenommen werden können, wenngleich nicht unerhebliche Zweifel hierüber bestehen, daß die Zustimmung der Polizeibehörde zu einem Fluchtlinienplan, durch den die Fluchtlinie in die bestehende Straße hinein verlegt wird, die Genehmigung in sich begreife, daß das zwischen der alten und neuen Fluchtlinie liegende Stück Land ohne Weiteres, d. h. ohne eine weitere polizeiliche Willensentschließung und Willenserklärung, im Falle seiner Veräußerung an die Anlieger von diesen, sei es im Wege der Bebauung, sei es durch andere Maßnahmen (Einfriedigung u. s. w.) seiner öffentlich-rechtlichen Zweckbestimmung und Benutzung entzogen und auf diese Weise in Privateigenthum verwandelt werde. Allein ausgeschlossen erscheint der Gedanke, es könne hier der polizeilichen Genehmigung eines solchen Fluchtlinienplanes die Bedeutung beigemessen werden, daß der Stadt dadurch von der Polizeibehörde die Ermächtigung ertheilt werde, den in Frage stehenden Theil einer gegenwärtig vorhandenen Straße durch Abzäunung oder andere ähnliche Maßnahmen in ihr dem öffentlichen Verkehr entzogenes Privateigenthum umzuwandeln und dadurch die dahinter liegenden Häuser ihrer jetzt bestehenden Zugänglichkeit zur öffentlichen Straße zu berauben.

Es ist ein fundamentaler Grundsatz des heutigen Baupolizeirechts, daß jedes in der Stadt belegene, zu bebauende Grundstück an eine öffentliche Straße stoßen oder zu dieser einen dauernd gesicherten Zugang haben muß. Es würde hiermit in schneidendem Widerspruch stehen, wenn die Polizeibehörde es genehmigen wollte, daß bestehenden Wohnhäusern die vorhandene Zugänglichkeit zur öffentlichen Straße von der Stadt dadurch genommen würde, daß sie das davorliegende Straßenland in ihr Privateigenthum verwandelt.

Es kommt nach dem Inhalt des § 13 Nr. 3 lediglich darauf an, daß der Eigenthümer des betreffenden Grundstücks thatsächlich und rechtlich in der Lage war, es in der Fluchtlinie der bereits bestehenden, für den öffentlichen Verkehr und den Anbau fertiggestellten Straße zu bebauen, daß er hieran durch die Fluchtlinie gehindert worden ist und daß er nunmehr in dieser Fluchtlinie wirklich baut. Das „Unbebaut" im Sinne jener Bestimmung bedeutet also nur, daß das Grundstück auf dem vorbezeichneten Theile noch nicht mit einem Hause besetzt war. Ob das Grundstück im Uebrigen schon bebaut ist und mit dem bebauten Grundstück kataster- und grundbuchmäßig oder thatsächlich ein zusammenhängendes Ganzes bildet, ist, wie hieraus ersichtlich, für die Anwendung der gedachten Bestimmung völlig gleichgültig, sofern nur nicht das Vorhandensein des Hauses ein Hinderniß für die Bebauung des Grundstückes in der Fluchtlinie der bestehenden Straße bildet.

Mögen die Bestimmungen in § 13 Abs. 1 Nr. 3 sonst ausgelegt werden, wie sie wollen, so muß jedenfalls der Satz anerkannt werden, daß, wenn das Grundstück an der Fluchtlinie der neuen Straße bebauungsfähig ist, alsdann nur die wirkliche Ausführung eines Baues in dieser Fluchtlinie den Entschädigungsanspruch des Eigenthümers zur Fälligkeit bringt.

Die materiellen Vorschriften des Enteignungsgesetzes sind nur insoweit anzuwenden, als die betreffende Frage im Fluchtliniengesetze nicht anders geregelt sei, wie R.G. i. Civils. vom 6. Mai 1893 (Bd. 31 S. 273) auseinandergesetzt hat. R.G. i. Civils. vom 22. Mai 1900, Preuß. Verwltgsbl., Jahrg. 22 S. 277.

v. Brauchitsch, Die neuen preußischen Verwaltungsgesetze, 11. Auflage, 4. Band, S. 350 hebt hervor, daß in zwei Fällen das Gesetz dem Grundeigenthümer unter gewissen Voraussetzungen das Recht auf Entschädigung schon vor der Ausführung des Baufluchtlinienplanes gewährt, nämlich:

a) wenn das davon betroffene Grundstück bebaut ist und der Grundeigenthümer dasselbe von Gebäuden freilegt, ohne zur Wiederbebauung schreiten zu dürfen. Der Grundeigenthümer kann in diesem Falle die Uebernahme der zur Straßenfläche bestimmten Grundfläche seitens der Gemeinde und Entschädigung sowohl für die Entziehung derselben als für die etwaige Beschränkung bezüglich des bebaut gewesenen Zwischenstreifens zwischen Straßen- und Baufluchtlinie verlangen (§ 13 Abs. 1 Nr. 2, Abs. 2; vergl. R.G. i. Civils. Bd. 5 S. 214).

b) wenn das von dem Fluchtlinienplane betroffene, bisher unbebaute Grundstück durch seine Belegenheit an einer anderen, bereits bestehenden, für den öffentlichen Verkehr und den Anbau fertiggestellten Straße eine geeignete Baustelle bildet und der Grundeigenthümer zur Bebauung der Baustelle schreitet, auf Grund des neuen Fluchtlinienplanes aber gezwungen wird, den als Straßenfläche in Aussicht genommenen Theil des Grundstückes unbebaut zu lassen; auch in diesem Falle kann der Grundeigenthümer die Uebernahme der zur neuen Straße zu verwendenden Fläche und Entschädigung für deren Entziehung verlangen (§ 13 Abs. 1 Nr. 3; vergl. R.G. i. Civils., Bd. 5 S. 214, Bd. 7 S. 273).

§ 9 Abs. 3 des Enteignungsgesetzes vom 11. Juni 1874, nach welchem bei Gebäuden, die theilweise in Anspruch genommen werden, die Uebernahmepflicht jedenfalls das ganze Gebäude umfaßt, kommt neben § 13 des Fluchtliniengesetzes in Anwendung. (R.G. i. Civils. Bd. 2 S. 279.) Dieses Erkenntniß entscheidet nicht die weitergehende Frage, ob in den Fällen des § 13 die Uebernahme des ganzen Grundstücks nur dann verlangt werden kann, wenn das Restgrundstück nach den baupolizeilichen Vorschriften des Orts nicht mehr zur Bebauung geeignet ist, oder außerdem gemäß § 9 Abs. 1 des Enteignungsgesetzes auch dann, wenn das Restgrundstück nach seiner bisherigen Bestimmung nicht mehr zweckmäßig benutzt werden kann. Insofern das Fluchtliniengesetz in seinem § 11 den Grundeigenthümern bei Neubauten eine Beschränkung auferlegt und den Gemeinden das Recht gewährt, ihnen die für Straßen und Plätze bestimmten Grundflächen zu entziehen, schafft es, da die Beschränkung und Entziehung als durch Gründe des öffentlichen Wohles gerechtfertigt anzusehen ist, eine besondere Art von Enteignungsfällen (§ 1 des Enteignungsgesetzes), eine Ausnahme von den gewöhnlichen Fällen der Enteignung dahin, daß die Zulässigkeit der Enteignung nicht durch Königliche Verordnung ausgesprochen, der Plan nicht durch Entscheidung der Staatsbehörde festgestellt wird (§§ 2 ff., §§ 15 ff. des Enteignungsgesetzes), an Stelle der Königlichen Verordnung und der behördlichen Entscheidung vielmehr eine durch das Gesetz geregelte, mehr oder minder autonome Entschließung der Gemeindeorgane tritt. Während nun das Fluchtliniengesetz die an Stelle der Zulassung der Enteignung und der Planfeststellung tretende Fluchtlinienfestsetzung in den §§ 1—10 eingehend ordnet und ihr die von Rechtswegen eintretende Wirkung des § 11 beilegt, wird die Frage der Entschädigung in §§ 13, 14 des Gesetzes behandelt. Schon diese dürftige Behandlung im Vergleiche mit dem von der Entschädigung in materiell-rechtlicher Beziehung handelnden 2. Titel des Enteignungsgesetzes rechtfertigt die Annahme, daß die materiellen Vorschriften des Enteignungsgesetzes auch auf die Fälle des Fluchtliniengesetzes Anwendung finden müssen. Es würde sonst z. B. jede Vorschrift darüber fehlen, daß die Entschädigung in Geld zu gewähren ist (§ 7 des Enteignungsgesetzes), daß sie in dem vollen Werthe des Grundstückes besteht (§ 8 desselben), daß unter Umständen auch Nebenberechtigte besonders zu entschädigen sind (§ 11 desselben). Eine solche Lücke kann der Gesetzgeber unmöglich gewollt haben. R.G. i. Civils. vom 6. Mai 1893, Bd. 31 S. 273.

§ 15. Durch Ortsstatut kann festgesetzt werden, daß bei der Anlegung einer neuen oder bei der Verlängerung einer schon bestehenden Straße, wenn solche zur Bebauung bestimmt ist, sowie bei dem Anbau an schon vorhandenen, bisher unbebauten Straßen und

Straßentheilen von dem Unternehmer der neuen Anlage oder von den angrenzenden Eigenthümern — von letzteren sobald sie Gebäude an der neuen Straße errichten — die Freilegung, erste Einrichtung, Entwässerung und Beleuchtungsvorrichtung der Straße in der dem Bedürfnisse entsprechenden Weise beschafft, sowie deren zeitweise, höchstens jedoch fünfjährige Unterhaltung, beziehungsweise ein verhältnißmäßiger Beitrag oder der Ersatz der zu allen diesen Maßnahmen erforderlichen Kosten geleistet werde. Zu diesen Verpflichtungen können die angrenzenden Eigenthümer nicht für mehr als die Hälfte der Straßenbreite, und wenn die Straße breiter als 26 Meter ist, nicht für mehr als 13 Meter der Straßenbreite herangezogen werden.

Bei Berechnung der Kosten sind die Kosten der gesammten Straßenanlage und beziehungsweise deren Unterhaltung zusammenzurechnen und den Eigenthümern nach Verhältniß der Länge ihrer, die Straße berührenden Grenze zur Last zu legen.

Das Ortsstatut hat die näheren Bestimmungen innerhalb der Grenze vorstehender Vorschrift festzusetzen. Bezüglich seiner Bestätigung, Anfechtbarkeit und Bekanntmachung gelten die im §. 12 gegebenen Vorschriften.

Für die Haupt- und Residenzstadt Berlin bewendet es bis zu dem Zustandekommen eines solchen Statuts bei den Bestimmungen des Regulativs vom 31. Dezember 1838.

§ 15 behandelt die Bedingungen, unter denen die Grundstücksbesitzer zu den Kosten neuer Straßenanlagen herangezogen werden können. Der Neuanlage wird in dieser Beziehung die Verlängerung einer schon bestehenden Straße gleichgestellt, sofern sie zur Bebauung bestimmt ist, sowie eine zwar schon vorhandene, aber bisher unbebaute Straße oder Straßentheil, sofern an ihnen angebaut wird.

Nach § 15 kann u. A. durch Ortsstatut festgesetzt werden, daß bei der Anlegung einer neuen Straße, wenn solche zur Bebauung bestimmt ist, von den angrenzenden Eigenthümern, sobald sie an der neuen Straße Gebäude errichten, die in dem Gesetze näher bezeichneten Leistungen übernommen oder die für dieselben aufgewendeten Kosten erstattet werden. Der Anlegung einer neuen Straße ist die Regulirung einer bereits bestehenden Straße gleich zu achten, welche nicht entsprechend den baupolizeilichen Bestimmungen des Orts hergestellt ist. Als in der Anlegung begriffen ist eine Straße von demjenigen Zeitpunkte ab anzusehen, zu welchem für dieselbe entweder in einem besonderen Verfahren oder in dem allgemeinen Bebauungsplane Fluchtlinien festgesetzt worden sind. Unter der gleichen Voraussetzung finden demnach auch auf noch nicht regulirte Straßen die Bestimmungen im § 15 Anwendung. Dagegen fallen nach wiederholten Entscheidungen des Oberverwaltungsgerichts diejenigen Straßen nicht unter das Gesetz vom 2. Juli 1875, beziehentlich unter die auf Grund desselben erlassenen Ortsstatute, welche bereits vor Erlaß der letzteren den damaligen baupolizeilichen Vorschriften entsprechend hergestellt waren und dem öffentlichen Verkehre übergeben gewesen sind. Haben besondere baupolizeiliche Vorschriften nicht bestanden, ist aber die Straße vor dem Inkrafttreten des Gesetzes vom 2. Juli 1875 als solche benutzt und von der Gemeinde unterhalten worden, so kann dieselbe ebenfalls nicht unter die Bestimmungen des Gesetzes gezogen werden.

Es ergiebt sich hieraus Folgendes:

1. Bei denjenigen Straßen, welche zur Regulirung bestimmt sind, ist zunächst zu prüfen, ob für dieselben Fluchtlinien festgesetzt sind. Soweit dies nicht der Fall ist, können Straßenbaukosten nicht verlangt werden.
2. Sind Fluchtlinien festgesetzt, so ist weiter zu prüfen, ob die Straße bereits vor Erlaß des Ortsstatutes nach § 15 des Gesetzes als öffentliches Verkehrsmittel bestanden und den damals geltenden baupolizeilichen Bestimmungen entsprochen hat. Im bejahenden Falle steht der Gemeinde ein Anspruch auf Straßenbaukosten ebenfalls nicht zur Seite und das Gleiche gilt, wenn besondere baupolizeiliche Vorschriften nicht erlassen waren, die Straße aber als solche benutzt und von der Stadt unterhalten worden ist. Treffen dagegen diese Voraussetzungen nicht zu, so ist die Stadt zur Erhebung von Adjazentenbeiträgen berechtigt.
3. Bei denjenigen Straßen, bei denen Adjazentenbeiträge erhoben werden können, sind zur Zahlung derselben alle diejenigen Eigenthümer verpflichtet, welche an denselben nach Festsetzung der Fluchtlinien, bezw. nach Erlaß der Ortsstatute Gebäude errichtet haben. Welcher Art diese Gebäude sind, ist hierbei einflußlos, da die Bestimmungen im § 15 des Fluchtliniengesetzes weiter reichen, als die Vorschriften im § 12 desselben. Ebenso ist für die Verpflichtung zur Zahlung der Adjazentenbeiträge ohne Bedeutung, ob die Regulirung der Straße später erfolgt ist als die Bebauung. Entscheidend für diese Verpflichtung ist allein die Thatsache, daß der Bau der Gebäude zu einer Zeit erfolgt ist, zu welcher die Straße nach den obigen Bemerkungen als in der Anlage begriffen anzusehen war. Gegen die nachträgliche Geltendmachung der Verpflichtung kann daher ein Einspruch nicht erhoben werden. Minist.-Erlaß vom 6. Juni 1888, Min.-Bl. d. i. V. S. 125.

Den Wortlaut anlangend ist es von wesentlicher, schon allein entscheidender Bedeutung, einmal, daß der Adverbialsatz überhaupt als ein solcher der Zeit gerade mit „sobald“ eingeleitet wird und andererseits, daß noch die Worte „an der neuen Straße“ hinzugefügt werden. Diejenigen, deren bereits früher errichtetes Gebäude erst durch die Anlegung der neuen Straße an diese zu liegen kommen, können nimmermehr als solche bezeichnet werden, welche ihre Gebäude „an der neuen Straße errichten“.

Ist es nun aber richtig, daß der Vortheil denjenigen, welche bereits früher bauten, keineswegs regelmäßig und noch weniger gleichmäßig wie den erst später Bauenden zu Gute kommt, so läuft die Annahme, daß die erstere überhaupt nicht habe herangezogen werden sollen, nicht nur jener Absicht des Gesetzgebers nicht zuwider, sondern sie bewegt sich auch in eben dieser Richtung und ist nur allenfalls als ein weiterer, in den Motiven nicht noch besonders hervorgehobener Schritt auf derselben Bahn anzuerkennen. O.G. vom 12. Dezember 1877, Bd. 3 S. 293.

1. Zum Begriff der „Anlegung einer neuen Straße“ und „schon vorhandener bisher unbebauter Straßen und Straßentheile“ im Sinne des Straßen- und Baufluchtengesetzes.

2. Zu den Kosten der „ersten Einrichtung“ einer Straße im Sinne desselben Gesetzes gehört der Aufwand für die Legung von Wasserleitungsröhren in der Regel nicht.

3. Den Straßen-Adjazenten kann die Verpflichtung zur Sicherheitsstellung für die ihnen nach § 15 a. a. O. obliegenden Leistungen als eine öffentlich-rechtliche Last ortsstatutarisch nicht auferlegt werden. Hierüber siehe O.G. vom 27. Mai 1887, Bd. 15 S. 147, sowie vom 17. Juni 1887, Bd. 15 S. 152 und vom 1. November 1887, Bd. 15 S. 156.

Die Baulast hinsichtlich der Bürgersteige liegt — sei es nach dem allgemeinen öffentlichen Recht, sei es zufolge einer der Polizeibehörde gegenüber in rechtsbeständiger

Weise geschehenen Uebernahme — an sich der Stadtgemeinde ob, die nunmehr durch das Statut es gewissermaßen subrepartirend — die Adjazenten zu ihren Schuldnern (durch das Ortsstatut) zu machen unternimmt. O.G. vom 18. März 1890, Bd. 19 S. 70. Zu vergl. O.G. vom 14. März 1890, Bd. 19 S. 77.

Die Polizeibehörden sind nicht zuständig, die Erfüllung solcher Verpflichtungen zu erzwingen, welche bezüglich des Baues und der Unterhaltung der Straße den Unternehmern neuer Straßenanlagen oder den angrenzenden Eigenthümern durch Ortsstatut gemäß § 15 des Fluchtliniengesetzes auferlegt sind; vielmehr steht auch in diesen Fällen regelmäßig die Gemeinde als Wegebaupflichtige der Polizeibehörde gegenüber.

Dasselbe Rechtsverhältniß in den Fällen, in welchen auf Grund der §§ 11 bezw. 10 der Städteordnung vom 30. Mai 1853 bezw. vom 15. Mai 1856 erlassene Ortsstatute den mit Grundstücken an städtische Straßen stoßenden Eigenthümern Verpflichtungen zur Unterhaltung der Straße (Bürgersteige) auferlegen.

Aus den Gründen: Die Verpflichtung der Gemeinde zur polizeimäßigen Herstellung und Unterhaltung der öffentlichen Straßen, soweit und so lange jene Verbindlichkeiten des Unternehmers aus § 15 des Fluchtliniengesetzes bestehen, cessiren nicht der Polizeibehörde gegenüber. Im Gegentheil unterscheidet das maßgebende Recht in dem § 15 a. a. O. in dieser Beziehung jedenfalls nicht zwischen der Verpflichtung der angrenzenden Eigenthümer und der der Unternehmer. So wenig eine Gemeinde um deswillen, weil sie die angrenzenden Eigenthümer mit Geldbeiträgen oder Naturalleistungen zum Wegebau heranzieht, aufhört, der Polizeibehörde gegenüber das wegebaupflichtige Subjekt zu sein, ebenso wenig dann, wenn sie sich durch Ortsstatut in die rechtliche Möglichkeit versetzt, die Erfüllung ihrer Verpflichtung zum Wegebau auf den Unternehmer abzubürden. In jenem wie in diesem Falle entstehen lediglich Rechte der wegebaupflichtigen Gemeinde gegen Adjazenten und Unternehmer; diese Rechtsbeziehungen sind eine rein kommunale Angelegenheit, durch welche die Wegepolizeibehörde überall nicht berührt wird. Nirgends ist im Gesetz und namentlich auch nicht in dem § 15 a. a. O. den Gemeinden die Befugniß beigelegt worden, die ihr obliegende Wegebaulast durch Ortsstatut derartig auf Privatpersonen zu übertragen, daß sie die Wegepolizeibehörde auf diese verweisen konnte (zu vergl. das Endurtheil des I. Senats des Gerichtshofes vom 16. Mai 1888 Bd. 16 S. 49ff., insbesondere S. 56). Und endlich ergiebt sich daraus die Folgerung, daß, welchen Weg auch eine Gemeinde gegen die Unternehmer von Straßenanlagen einzuschlagen haben mag, um dieselben zur Erfüllung ihrer ortsstatutarischen Verpflichtungen anzuhalten, jedenfalls die Polizeibehörde so wenig zuständig ist, das Recht der Gemeinde gegen die Unternehmer zu verfolgen, wie etwa gegen die sich an neuen Straßen anbauenden Eigenthümer. Der § 15 bezeichnet in diesen Beziehungen einen wesentlichen Fortschritt gegen die vom Gesetz vorgefundene Verwaltungspraxis, in welcher die Polizeibehörden beim Mangel eines klaren und einheitlichen Rechtszustandes dazu übergegangen waren, ihrerseits durch Verhandlungen mit Bauunternehmern und durch die Genehmigung von Häuserbauten öffentliche Straßen zu schaffen, für welche schließlich die Unterhaltungslast die bei der Entstehung der Straße unbetheiligt gebliebenen Gemeinden treffen muß, wenn es sich thatsächlich unthunlich erweist, die Unternehmer oder Eigenthümer der Straßenanlagen zur Erfüllung der von ihnen eingegangenen Verbindlichkeiten anzuhalten. O.G. vom 11. April 1890, Bd. 19 S. 242. Vergl. dazu O.G. vom 10. Juni 1890, Bd. 19 S. 247 und 24. Juni 1890, S. 249.

Die nach § 15 des Gesetzes vom 2. Juli 1875 wegen Freilegung u. s. w. neuer Straßen zugelassenen Ansprüche der Gemeinden gegen die Unternehmer der neuen Anlage können nur dann den Charakter der Heranziehung zu Gemeindelasten haben und nach den für diese geltenden Bestimmungen durchgeführt werden, wenn sie durch Ortsstatut als öffentliche Lasten gestaltet sind, d. h. wenn bestimmt ist, daß die Verpflichtung beim Eintritt gewisser Voraussetzungen von selbst und ohne vorgängige Vereinbarung zwischen dem Unternehmer und der städtischen Behörde entstehen soll. O.G. vom 7. Februar 1898, Bd. 33 S. 99.

Ueber die Berechnung und Einforderung der Anliegerbeiträge, sowie den Einspruch dagegen vergl. O.G. vom 21. Februar 1898, Bd. 33 S. 109.

Wenn die Erlaubniß zum Bau an einer unfertigen Straße von der Verbindung einer provisorischen, dem Straßenbauplan nicht entsprechenden Herstellung der Straße abhängig gemacht wird, so liegt darin kein Verzicht auf die Heranziehung zu den Kosten der definitiven Herstellung der Straße auf Grund eines gemäß § 15 erlassenen Ortsstatuts, jene Aufwendungen sind auf die ortsstatutarischen Beiträge nicht anzurechnen.

Der Beitragspflichtige ist nicht berechtigt, zu verlangen, daß der Werth der von ihm unentgeltlich hergegebenen Straßenfläche auf seinen Beitrag angerechnet wird, wenn dies nicht in dem Ortsstatut festgesetzt ist.

In der Klage kann die Höhe der Beitragsforderung bemängelt werden, auch wenn in dem Einspruche die Verpflichtung nur dem Grunde nach bestritten worden ist.

Zu den Straßenbaukosten gehören auch die Kosten der zur Herstellung und Entwässerung der Straße erforderlichen Nebenanlagen, wie Thorauffahrten im Zuge der Bürgersteige mit den dazu gehörigen Bordsteinen und Rinnen. Diese Kosten dürfen nicht für jedes einzelne Grundstück, vor dessen Front die Anlagen sich befinden, besonders berechnet und dem Grundstückseigenthümer zu Last gelegt, sie müssen vielmehr mit den übrigen Straßenbaukosten zusammengerechnet und ebenso wie diese auf alle Beitragspflichtigen gleichmäßig vertheilt werden. O.G. vom 24. Februar 1898, Bd. 33 S. 117.

Der Anspruch auf Anliegerbeiträge gemäß § 15, der erst geltend gemacht werden kann, wenn die Straßenherstellungskosten verwendet und festgestellt sind, und wenn Gebäude an der Straße errichtet werden, ist dinglich, d. h. er trifft den jeweiligen Eigenthümer des Grundstücks, mag er selbst das Gebäude errichtet oder das Grundstück erst später erworben haben.

Fällig wird der Anspruch erst, wenn er von der Gemeindebehörde zur Hebung gestellt ist, vorher wird er auch nicht rückständig im Sinne des § 28 des Gesetzes, betreffend die Zwangsvollstreckung in das unbewegliche Vermögen, vom 13. Juli 1883. O.G. vom 4. April 1898, Bd. 33 S. 125 und 18. April 1898, Bd. 33 S. 129.

Begriff des Errichtens „an der neuen Straße".

Es reicht aus, daß das Haus die eine seiner Vorderseiten der gedachten Straße zukehrt. Dadurch allein wird es zu einem an dieser Straße errichteten Wohnhause. Der Ausgang ist nur für den Thatbestand des § 12, nicht für den Thatbestand des § 15 wesentlich. O.G. vom 16. November 1888, Preuß. Verwltgsbl., Jahrg. 10 S. 283.

Das vor Erlaß eines Ortsstatuts errichtete Gebäude kommt für die Beitragspflicht überhaupt nicht in Betracht. Die Beitragspflicht der angrenzenden Eigenthümer entsteht dann nicht, wenn die Straße erst nach der Errichtung des Gebäudes angelegt wird.

Die Kosten, zu deren Ersatz die Anlieger herangezogen werden sollen, müssen für die Anlegung der Straße angewendet sein. Nur solche Kosten können in Betracht kommen, welche erst, nachdem zur Anlegung der Straße geschritten ist, erwachsen sind, welche dazu gedient haben, um die städtische Straße als solche herzustellen. O.G. vom 5. Oktober 1888, Preuß. Verwltgsbl., Jahrg. 10 S. 419.

Begriff „Straßentheil" und „bisher unbebaute Straßen und Straßentheile" im Sinne des Fluchtliniengesetzes.

Aus den Gründen: Daß der Ausdruck „Straßentheil" in den §§ 12 und 15 sehr unbestimmt und dehnbar, ist schon in dem Kommissionsbericht hervorgehoben worden. Es nöthigt aber weder der Wortlaut noch die Absicht des Gesetzes den Ausdruck in denkbar engstem Sinne, nämlich dahin zu verstehen, daß schon der von dem zu erbauenden Grundstücke selbst begrenzte, nur unmittelbar vor diesem liegende Theil der Straße als ein Straßentheil im Sinne des Gesetzes anzusehen sei. Im Gegentheil erscheint diese Auslegung unvereinbar mit der Fassung des Gesetzes. Es würde nämlich danach nur darauf ankommen, daß das Grundstück, an welchem gebaut werden soll, zur Zeit des Erlasses des Ortsstatutes unbebaut war, gleichviel, in welchem Zustand der Erbauung die ganze Straße oder die nächste Umgebung des neu zu bebauenden Grundstücks sich zu jener Zeit befunden hat. Dann hätte aber das Gesetz nicht bloß von dem Anbau an schon vorhandene, bisher unbebaute Straßen und Straßentheile sprechen können, vielmehr nur von der Bebauung bisher unbebauter Grundstücke an schon verhandene Straßen. Jedenfalls würden, falls das Nichtbebautsein des Grundstückes, auf welchem der Anbau an einer schon vorhandenen Straße erfolgt, das einzige Kriterium für die Beitragsverpflichtung des Erbauenden sein sollte, die Worte „bisher unbebaute" (Straßen und Straßentheile) in § 15 müssig sein. Schon die Nebeneinanderstellung von Straße und Straßentheil spricht aber dafür, daß beide Begriffe als gleichartig aufzufassen sind, und wie eine Straße in der Regel eine Mehrheit von bebauten bezw. zur Bebauung bestimmten Grundstücken umfaßt, im gleichen Sinne auch der Ausdruck Straßentheil zu verstehen ist.

Die Frage, ob eine Straße oder ein Straßentheil bebaut ist oder nicht, ist eine thatsächliche, für deren Beantwortung der Gesammtcharakter der Straße und des Straßentheils maßgebend ist, dergestalt, daß das Vorhandensein einzelner Lücken in der Bebauung nicht hindert, die Straße oder den Straßentheil im Ganzen als ein Ganzes zu erachten. R.G. vom 3. April 1889, Preuß. Verwltgsbl., Jahrg. 10 S. 432.

Die näheren Bestimmungen darüber, ob und welche einzelnen Abschnitte einer Straße als Straßentheile im Sinne des Gesetzes zu behandeln sind, wird zweckmäßig im Statute erfolgen; fehlt es an einer solchen Anordnung, so mag es zulässig sein, langen Abschnitten eines ausgedehnten Straßenzuges, welche durch Querstraßen, Brücken 2c. von einander geschieden sind, als selbständige Straßentheile zu charakterisiren.

Das bestehende Recht kennt eine Verpflichtung des bauenden Adjazenten, die Herstellungskosten einer neu angelegten oder anzulegenden Straße zu bestreiten oder zu erstatten, nur dann, wenn der Anbau während oder nach der Neuanlegung erfolgt; das ergiebt sich schon aus den Worten des Gesetzes: „sobald sie Gebäude an der neuen Straße errichten". Vergl. auch Urtheil vom 12. Dezember 1877.

Die Anlegung einer Straße ist ein Vorgang, der sich nicht nothwendig in einem Akte oder in ununterbrochener Thätigkeit vollziehen muß; für die Regel wird mit der Auslegung von Fluchtlinien und der äußeren Gestaltung des Straßenkörpers begonnen werden, an die sich dann, wenn auch erst im Verlaufe von Jahren, der weitere Ausbau anzuschließen pflegt. Wird bei der Aufstellung eines Bebauungsplanes ein bestimmter Straßenzug ins Auge gefaßt und mit Aufstellung von Fluchtlinien für ihn vorgegangen, so beginnt mit diesem Akte die Anlegung der Straße; sie muß von jenem Zeitpunkte ab als in der Anlegung begriffen angesehen werden. Adjazenten, welche während dieses Zeitraumes Gebäude an der neuen Straße errichten, sind nach § 15 zu den statutenmäßig fixirten Leistungen verpflichtet. O.G. vom 14. Dezember 1888, Preuß. Verwltgsbl., Jahrg. 10 S. 455.

Die Einforderung von Beiträgen der an einer neuen Straße angrenzenden Eigenthümer zu den Kosten der Freilegung (Grunderwerbskosten) darf nicht als eine provisorische — unter dem Vorbehalte späterer anderweiter Normirung — sondern erst nach endgültiger Feststellung der Beitragshöhe erfolgen. O.G. vom 19. Februar 1889, Preuß. Verwltgsbl., Jahrg. 10 S. 479.

Siehe auch O.G. vom 5. Oktober 1888, Bd. 17 S. 171 ff.

Nicht erst die Fertigstellung der Gebäude auf den Grundstücken, sondern schon der Beginn (die massive Fundamentirung) derselben macht den Eigenthümer der letzteren zu den Straßenherstellungskosten beitragspflichtig. O.G. vom 17. Februar 1891, Preuß. Verwltgsbl. Jahrg. 12 S. 387.

Die Stellung zwischen der Gemeindebehörde und dem Gründer einer Straße, wenn die in dem Ortsstatut etwa vorgesehenen Bedingungen, z. B. Genehmigung der städtischen Behörde, erfüllt sind, ist dahin zu fixirt, daß die Gemeinde die Ausführung der Straße gestatten muß und dafür zu einer Forderung derjenigen Leistungen berechtigt ist, welche in dem beim Entstehen des Rechtsverhältnisses maßgebend gewesenen Ortsstatute dem Unternehmer auferlegt worden sind. O.G. vom 18. September 1891, Preuß. Verwltgsbl., Jahrg. 13 S. 65.

Unter „Freilegung" muß sprachlich verstanden werden: die Befreiung der Grundstücke von allen den Ausbau der Straße hindernden Anlagen, insbesondere von den darauf etwa befindlichen Baulichkeiten, so daß alle Aufwendungen, welche erforderlich sind, um diese Befreiung zu ermöglichen, zu den Kosten der Freilegung gehören. O.G. vom 15. Dezember 1891 Preuß. Verwltgsbl., Jahrg. 13 S. 242, die auch noch den Zeitpunkt der Fälligkeit der Beiträge bespricht. Darüber siehe auch O.G. vom 5. Februar 1892, Preuß. Verwltgsbl., Jahrg. 13 S. 277.

Begriff der Straßen-„Entwässerung" im Sinne des § 15.

Die Entwässerung einer neuen Straße bezweckt und umfaßt die Abführung der in Folge atmosphärischer Niederschläge auf sie fallenden, der von höher belegenem Terrain auf sie gelangenden und der ihr vor der Anlegung mittelst künstlicher Leitung bereits zugeführten Flüssigkeiten. Wenn daher ein Kanal um deswillen als nicht zur Entwässerung einer Straße dienend bezeichnet wird, weil er auch zur Aufnahme von anderen, dieser Straße von auswärts zufließenden Wasser bestimmt ist, so wird damit der Begriff der Entwässerung im Sinne des § 15 des Gesetzes verkannt.

Macht die Herstellung eines Straßenkörpers die Ueberwölbung eines in dem früheren Wege vorhandenen offenen Grabens nothwendig, so gehören die Kosten dieser Ueberwölbung zu den Kosten der ersten Einrichtung der Straße, zu welchen beizutragen die Anlieger nach § 15 und dem auf Grund desselben erlassenen Statute verpflichtet sind. O.G. vom 9. Februar 1892, Preuß. Verwltgsbl., Jahrg. 13 S. 288.

Das Gesetz vom 18. Juni 1840 (Ges.-Samml. S. 140) greift bezüglich der Anliegerbeiträge des Fluchtliniengesetzes nicht Platz. O.G. vom 16. September 1892, Preuß. Verwltgsbl., Jahrg. 14 S. 170.

Das Gesetz vom 2. Juli 1875 trifft alle Eigenthümer ohne Unterschied, mögen sie im Uebrigen nach den Bestimmungen der Gemeindegesetze zu den Gemeindelasten oder „Gemeindeauflagen", wie die Städteordnung sich ausdrückt, herangezogen werden können oder nicht. In dem Fluchtliniengesetz handelt es sich um einen eigenartigen Erstattungsanspruch der Stadtgemeinde gegen die Grundeigenthümer, der sich weder als eine direkte noch als eine indirekte Steuer bezeichnen läßt und für den es überhaupt an Analogien in den Gemeindeverfassungsgesetzen fehlt. Der Kreis der Pflichtigen, die jene eigenthümlich gestaltete Last trifft, kann daher nur aus dem Gesetze unmittelbar entnommen werden und wenn dasselbe ohne jede Ausnahme die Eigenthümer für verpflichtet erklärt, so müssen demgegenüber generelle Satzungen, wie eine solche der § 4 Abs. 7 der Städteordnung von 1853 enthält, um so mehr zurücktreten, als der § 19 des neueren Gesetzes, woselbst es heißt:

> „Alle den Bestimmungen dieses Gesetzes entgegenstehenden allgemeinen und besonderen gesetzlichen Vorschriften werden hierdurch aufgehoben. Alle Bestimmungen der im Verwaltungswege erlassenen Bauordnungen, sonstigen polizeilichen Anordnungen und Ortsstatuten, welche mit den Vorschriften dieses Gesetzes in Widerspruch stehen, treten außer Kraft,"

an der Absicht des Gesetzgebers, die fragliche Materie erschöpfend zu regeln, kaum zweifeln läßt. O.G. vom 22. November 1892, Preuß. Verwltgsbl., Jahrg. 14. S. 221.

Allerdings liegt es in der Natur des gemäß § 15 in Frage kommenden Ortsstatuts, daß die Stadtgemeinde vorzuleisten hat. Indessen innerhalb dieses Prinzips bleibt immer noch Raum für eine ortsstatutarische Bestimmung dahin, daß die der Gemeinde erwachsenen Kosten für einzelne Einrichtungen — unbeschadet der nachträglichen Einforderungen weiterer Kosten für andere — vorab gefordert werden können. Festzuhalten bleibt aber auch in solchen Fällen unbedingt, daß diejenige Einrichtung, für welche eine solche Einforderung erfolgt, in sich abgeschlossen und vollendet ist. Nur dann ist von den Kosten der „ersten Einrichtung" im Sinne des § 15 die Rede. O.G. vom 1. Juli 1893, Preuß. Verwltgsbl., Jahrg. 15 S. 3.

Ein Ortsstatut ist nicht deshalb seinem gesammten Inhalte nach unwirksam, weil eine einzelne Bestimmung desselben, weil gegen das Gesetz verstoßend, unwirksam ist.

Ein Eckgrundstück ist an den beiden an der Ecke zusammentreffenden Straßen gelegen, auch wenn es nur die Nummer der einen Straße trägt. Daraus, daß in einem Straßenzuge die eine Häuserreihe weiter reicht als die andere, kann nicht deduzirt werden, daß die weiterreichende Häuserreihe nicht mehr zu der betreffenden Straße gehöre.

Ein Gebäude, welches an den Vortheilen einer neuen Straße theilnimmt und aus welchem der Verkehr sich hauptsächlich dieser Straße zuwendet, ist im Sinne des § 15 als an dieser Straße errichtet auch dann anzusehen, wenn die Entfernung zwischen dem Gebäude und der Straße ca. 30 Meter beträgt.

Eine neue Straße kann im Augenblicke eines Ortsstatuts vorhanden gewesen sein, ohne daß sie deshalb damals bereits vollendet zu sein braucht. O.G. vom 31. Oktober 1894, Preuß. Verwltgsbl., Jahrg. 16 S. 220.

Ein Gebäude kann selbst als an einer nur erst projektirten Straße errichtet gelten, da die Anlegung einer Straße schon mit der Festsetzung der Fluchtlinie beginnt.

Eine Straße kann bereits mittels Festsetzung von Fluchtlinien mit dem Effekte, daß jeder demnächst an ihr Bauende beitragspflichtig wird, dem Thatbestande der „Anlegung einer neuen Straße" unterstellt und gleichwohl eine noch nicht „vorhandene" sein. O.G. vom 2. März 1895, Preuß. Verwltgsbl., Jahr. 16 S. 363. Es wird noch auch auf die O.G. vom 1. Februar 1898, Preuß. Verwltgsbl. Jahrg. 21 S. 15, vom 22. Februar 1899, Preuß. Verwltgsbl. Jahrg. 21 S. 26, R.G. i. Civils. vom 28. Oktober 1896, Preuß. Verwltgsbl., Jahrg. 18 S. 118, O.G. vom 3. Januar 1898, Preuß. Verwltgsbl., Jahrg. 19 S. 357, O.G. vom 20. Januar 1898, Preuß. Verwltgsbl., Jahrg. 19 S. 370, O.G. vom 8. Oktober 1900, Preuß. Verwltgsbl., Jahrg. 22 S. 122 hingewiesen.

Gebäude im Sinne des § 15 sind auch solche Bauwerke, die nur vorübergehender Zwecke wegen errichtet und demnächst wieder beseitigt werden. Zu Beiträgen auf Grund des zur Ausführung des § 15 erlassenen Ortsstatuts sind die Eigenthümer aller Grundstücke verpflichtet, auf denen zur Zeit der Feststellung der Straße Gebäude stehen, die nach Beginn der Anlegung der Straße errichtet worden sind.

Die Rechtsgültigkeit eines solchen Ortsstatuts ist lediglich nach den Grundsätzen des § 15 und nicht nach den Vorschriften des Kommunalabgabengesetzes zu beurtheilen. O.G. vom 10. Dezember 1900, Preuß. Verwltgsbl., Jahrg. 22 S. 444.

Was zu den Kosten der ersten Einrichtungen einer von der Gemeinde neuangelegten Straße gehört, richtet sich nach dem von den städtischen Behörden bei der Anlegung aufgestellten Programme. O.G. vom 20. Dezember 1900, Preuß. Verwltgsbl., Jahrg. 22 S. 445.

Die Anliegerbeiträge tragen einen dinglichen Charakter an sich, d. h. sie ruhen auf den Grundstücken in der Art, daß auch der Besitznachfolger für deren Entrichtung mit dem Grundstück haftet. Das kann jedoch nur in dem Sinne verstanden werden, daß der Grundbesitzer zu den Beiträgen auf dem für die Veranlagung vorgeschriebenen Wege herangezogen werden kann. Immer ist die erste Voraussetzung der Einziehung des Anliegerbeitrages von dem Besitznachfolger dessen vorschriftsmäßige Heranziehung. Diese steht der Gemeindebehörde auch ohne vorherige Vereinbarung zwischen Besitzvorgänger oder Besitznachfolger und unabhängig von der dem Vorbesitzer gegenüber etwa bereits in Hebung gestellten Forderung frei, für die der Besitzvorgänger persönlich haften bleibt, bis sie getilgt ist, sodaß er durch die Heranziehung des Besitznachfolgers keineswegs befreit wird. Hieraus folgt zugleich von selbst, daß ein Recht des Eintritts in das bestehende Streitverfahren über die Anliegerkosten in der Weise, daß der bisherige Kläger ganz aus dem Verfahren ausscheide und von seiner Verpflichtung zur Entrichtung des Anliegerbeitrages frei werde, nicht besteht und nicht bestehen kann. O.G. vom 27. Juni 1898, Bd. 34 S. 83.

Obgleich § 15 die Straßentheile nur in Bezug auf schon vorhandene bisher unbebaute Straßen erwähnt, kann auch ein Abschnitt einer neuen Straße als „gesammte Straßenanlage" im Sinne des Abs. 2 a. a. O. der Kostenrechnung zu Grunde gelegt werden, wenn er äußerlich eine Straße darstellt, und zwar ist auch eine Zerlegung in der Längsrichtung zulässig, wenn dabei jene Bedingung ausnahmsweise erfüllt wird. O.G. vom 8. Dezember 1898 Bd. 34 S. 84 ff. und vom 26. September 1898, Bd. 34 S. 94.

Die Beitragspflicht der Anlieger hängt gemäß § 15 an sich nicht davon ab, daß die Straße nach den baupolizeilichen Bestimmungen, sondern daß sie nach dem Bauplane der Gemeinde bereits hergestellt ist, der nicht nothwendig mit dem Inhalt jener Bestimmungen vollständig übereinstimmen muß. Hat jedoch die Gemeinde allgemein, insbesondere durch Ortsstatut, oder für den einzelnen Fall die Verpflichtung der Anlieger von der Erfüllung aller baupolizeilichen Bestimmungen abhängig gemacht, so kann sie vorher nicht zur Heranziehung schreiten. O.G. vom 22. Juni 1899, Bd. 35 S. 73.

Von den vielen über die Bestimmungen des § 15 des Fluchtliniengesetzes ergangenen Entscheidungen werden noch folgende hervorgehoben: O.G. vom 29. Juni 1899, Bd. 35 S. 78; O.G. vom 13. Juni 1899, Bd. 35 S. 68; O.G. vom 13. Juni 1899, Bd. 36 S. 61 ff. R.G. i. Civils. vom 11. Februar 1887, Bd. 17 S. 245; R.G. i. Civils. vom 22. September 1888, Bd. 22 S. 285; R.G. i. Civils. vom 30. November 1892, Bd. 30 S. 234. Vgl. auch wegen der Heranziehung von Fabrikgebäuden zu den Straßenregulirungskosten Min.-Erlaß vom 9. März 1887 (Min.-Bl. d. i. Verw. S. 82), der sich mit § 15 des Fluchtliniengesetzes sehr eingehend beschäftigt. Siehe auch Min.-Erl. vom 13. Dezember 1887 (Min.-Bl. d. i. Verw. S. 264) und 6. Juni 1888 (Min.-Bl. S. 125).

§ 16 des Fluchtliniengesetzes regelte das Beschwerdeverfahren gegen die Beschlüsse des Kreisausschusses. An seine Stelle ist § 121 des Gesetzes über die allgemeine Landesverwaltung vom 30. Juli 1883 getreten, bezüglich der Beschwerdefrist § 51 daselbst. Die §§ 17 und 18 des Fluchtliniengesetzes sind durch § 146 Abs. 1 des Zuständigkeitsgesetzes aufgehoben worden.

§ 19. Alle den Bestimmungen dieses Gesetzes entgegenstehenden allgemeinen und besonderen gesetzlichen Vorschriften werden hierdurch aufgehoben.

Alle Bestimmungen der im Verwaltungswege erlassenen Bauordnungen, sonstigen polizeilichen Anordnungen und Ortsstatuten, welche mit den Vorschriften dieses Gesetzes in Widerspruch stehen, treten außer Kraft.

§ 20. Der Minister der öffentlichen Arbeiten wird mit der Ausführung dieses Gesetzes beauftragt.

Das Gesetz vom 2. Juli 1875 hat keine rückwirkende Kraft, wie das Reichsgericht am 3. November 1882 (Bd. 8 S. 298 d. Entscheidungen i. Civils.) ausdrücklich betont hat.

Ueber die Aufstellung von Fluchtlinien- und Bebauungsplänen sind Vorschriften unter dem 28. Mai 1876 (Min.-Bl. d. i. Verw. S. 131) ergangen, von deren Anführung hier Abstand genommen wird, da sie nicht besondere das Baupolizeirecht berührende Bestimmungen enthalten.

§ 24.

Das Deichgesetz vom 28. Januar 1848.
(Ges.-Samml. S. 54.)

I. Deiche, die zu keinem Deichverbande gehören.

§ 1. Deiche oder ähnliche Erhöhungen der Erdoberfläche, welche die Ausbreitung der zeitweise aus ihren Ufern tretenden Gewässer beschränken, dürfen in der ganzen Breite, welche das Wasser bei der höchsten Ueberschwemmung einnimmt (Inundationsgebiet), nicht anders als mit ausdrücklicher Genehmigung des Bezirksausschusses neu angelegt, verlegt, erhöht, sowie ganz oder theilweise zerstört werden.

Wer diesem Verbote zuwider handelt, soll polizeilich nicht nur mit einer Geldbuße bis zu einhundertundfünfzig Mark bestraft, sondern auch, wenn es erforderlich ist, zur Wiederherstellung des früheren Zustandes angehalten werden.

Auf Schutzmaßregeln, welche in Nothfällen für die Dauer der Gefahr getroffen werden, finden diese Vorschriften keine Anwendung.

Gewöhnliche Gebäude gehören nicht zu den deichähnlichen Erhöhungen der Erdoberfläche im Sinne des § 1 des Gesetzes über das Deichwesen, jedoch kann die Errichtung solcher Gebäude im Ueberschwemmungsgebiete Anlaß zu polizeilichem Einschreiten geben, falls damit eine Gefahr verbunden ist.

Zuständig ist in solchen Fällen die Ortspolizeibehörde, nicht die Landespolizeibehörde.

Aus den Gründen: Wenn der Strompolizei auch die öffentlichen Ströme in allen ihren Bestandtheilen, dem Wasser, dem Boden und dem Ufer unterworfen sind (vergl. O.G. Bd. 11 S. 239), so erstreckt sie sich doch nicht auf das Ueberschwemmungsgebiet.

Bestimmungen über die Einwirkung der Behörden auf die Gestaltung des Ueberschwemmungsgebietes enthält das Gesetz über das Deichwesen. Dessen § 1 bestimmt, daß Deiche oder ähnliche Erhöhungen der Erdoberfläche, welche die Ausbreitung der zeitweise aus ihren Ufern tretenden Gewässer beschränken, in der ganzen Breite, welche das Wasser bei der höchsten Ueberschwemmung einnimmt, nicht anders als mit ausdrücklicher Genehmigung der Regierung jetzt nach § 96 des Zuständigkeitsgesetzes des Bezirksausschusses, neu angelegt, verlegt, erhöht sowie ganz oder theilweise zerstört werden dürfen. Wer diesem Verbote zuwiderhandelt, soll . . ., wenn es erforderlich ist, zur Wiederherstellung des früheren Zustandes angehalten werden. Dafür ist die Landespolizeibehörde zuständig (O.G. Bd. 12 S. 321ff., 325). So lange die Genehmigung des Bezirksausschusses fehlt, ist die Landespolizeibehörde befugt, die Wiederherstellung des früheren Zustandes zu verlangen, ohne daß es des Nachweises eines durch das Bestehen der Erhöhung zu befürchtenden Nachtheiles bedürfte (Bd. 23 S. 251); es genügt, daß sie diese Maßnahme nach ihrem pflichtmäßigen Ermessen für erforderlich hält, und daß die Erhöhung die Ausbreitung des Wassers im Inundationsgebiete findet.

Das Kammergericht hat in einer Entscheidung vom 30. März 1885 (Jahrb. d. Entscheid. d. Kammergerichts Bd. 5 S. 341ff.) ausgeführt, unter den deichähnlichen Erhöhungen seien nicht bloß aus Erde bestehende, technisch richtig hergestellte dammähnliche Vorrichtungen zu verstehen. Wenn als Deich im Allgemeinen ein — natürlicher oder künstlicher, mittels Erde, Steinen oder Holz hergestellter — Wall oder Damm anzusehen sei, welcher die hinter ihm gelegenen Landstrecken vor dem Andringen des Wassers schütze, so sei nach dem ganzen Zwecke des Deichgesetzes bei den „ähnlichen Erhöhungen der Erdoberfläche, welche die Ausbreitung der zeitweise aus ihren Ufern tretenden Gewässer beschränken", die Aehnlichkeit nicht allein oder vorzugsweise dahin aufzufassen, daß die Erhöhungen äußerlich einem Damm ähnlich seien, sondern darin zu finden, daß sie wie ein Damm wirkten, d. h. daß sie ihrer örtlichen Lage nach dem Andringen des Wassers entgegenständen und ihrer Konstruktion und Festigkeit nach die Annahme einer wirksamen Widerstandskraft rechtfertigen.

Unter Umständen kann die Errichtung eines Gebäudes im Ueberschwemmungsgebiet Anlaß zu polizeilichem Einschreiten geben; jedoch ist dazu nicht die Landespolizeibehörde, sondern die Ortspolizeibehörde befugt. Derartige Maßregeln gehören keinem der Gebiete an, welche, wie die Strompolizei und die Deichpolizei durch positive Normen der Landespolizeibehörde übertragen sind; sie werden sich vielmehr je nach Lage der Sache als sicherheitspolizeiliche oder baupolizeiliche, unter Umständen auch als gesundheitspolizeiliche darstellen. Alle diese Materien gehören zum Gebiete der Ortspolizei, soweit sie nicht durch besondere Gesetze anderen Instanzen übertragen sind.

Der Min.-Erlaß vom 30. August 1897 führt unter Ziffer 3 aus, daß, abgesehen von den Bestimmungen des Deichgesetzes und der Baupolizeiverordnungen, die Ortspolizeibehörde auf Grund des § 10 II 17 A.L.R. befugt sei, gegen die Errichtung und Wiederherstellung von Anlagen im Inundationsgebiete einzuschreiten, sobald eine dringliche und erhebliche Ueberschwemmungsgefahr dies erfordert. O.G. vom 30. Januar 1899, Preuß. Verwltgsbl., Jahrg. 21 S. 83.

Zum Einschreiten gegen Anlagen, welche nach § 1 des Deichgesetzes nur mit ausdrücklicher Genehmigung des Bezirksausschusses errichtet oder abgeändert werden dürfen, nichtsdestoweniger aber ohne solche Genehmigung hergestellt oder abgeändert worden sind, ist die Landespolizeibehörde, nicht die Ortspolizeibehörde zuständig (O.G. Bd. 12 S. 321, Bd. 19 S. 307). Die Zulässigkeit des Einschreitens und die Zuständigkeit der Landespolizeibehörde ist auch nicht davon abhängig, daß das Vorgehen sich gegen jenen wendet, der die Anlage selbst hergerichtet oder verändert hat. Dies folgt auch nicht etwa daraus, daß der § 1 des Deichgesetzes im Abs. 2 nur von jenem spricht, der „diesem Verbote zuwiderhandelt". Wie der Gerichtshof in zahlreichen Entscheidungen ausgesprochen hat, ist vielmehr nicht nur der Urheber des auf einem Grundstück bestehenden polizeiwidrigen Zustandes, sondern auch der Eigenthümer dieses Grundstücks zur Beseitigung eines solchen Zustandes verpflichtet, und zwar steht es im Ermessen der Polizeibehörde, ob sie gegen den Einen oder den Anderen einschreiten will. Es entspricht dies auch der Natur der Sache, da ein Einschreiten gegen den Urheber sich häufig nicht durchführen läßt, insbesondere wenn er nicht bekannt oder nicht leistungsfähig ist. Die Polizeibehörde kann daher auf das Vorgehen gegen ihn nicht beschränkt sein, da die Beseitigung des polizeiwidrigen Zustandes in jedem Falle durchführbar bleiben muß. Ebensowenig kann die Zuständigkeit der Landespolizeibehörde zum Einschreiten gegen ungenehmigte Deichanlagen davon abhängig sein, ob im einzelnen Falle gegen den Urheber oder den Eigenthümer vorzugehen ist, zumal sich dies vielfach erst im Verlaufe der polizeilichen Aktion übersehen lassen wird.

Dagegen kann nur die Beseitigung des polizeiwidrigen Zustandes, nicht aber die Einreichung eines Antrages auf Genehmigung ihres Zustandes aufgegeben werden. Es steht im freien Belieben des Einzelnen, ob er eine Vergünstigung für sich in Anspruch nehmen will oder nicht. Zur Stellung eines Konzessionsgesuches, welcher Art auch immer es sei, kann daher niemand von der Polizei gezwungen werden, wie der Gerichtshof auch bereits in einer früheren Entscheidung vom 13. Mai 1899 — Nr. III 766 — ausgesprochen hat. Nur das ist zulässig, beim Erlaß der Anordnung auf Beseitigung der Anlage für die zwangsweise Durchführung einen Zeitpunkt zu bestimmen, bis zu dem der Betroffene den Nachweis der Einreichung des Genehmigungsantrages erbringen könne. O.G. vom 23. Mai 1900, Preuß. Verwltgsbl., Jahrg. 21 S. 19.

§ 2. Vor Ertheilung der Genehmigung (§. 1) hat der Bezirksausschuß nach seinem Ermessen in erheblicheren Fällen die Betheiligten zu hören.

Ist es ungewiß, welche Personen als betheiligt zu betrachten sind, so kann der Bezirksausschuß eine öffentliche Aufforderung mit der Verwarnung erlassen, daß diejenigen, welche sich binnen der zu bezeichnenden Frist nicht gemeldet haben, mit späteren Einwendungen nicht mehr gehört werden sollen.

Eine solche Aufforderung ist zweimal in die Amtsblätter des Regierungsbezirks einzurücken, und in den betreffenden Gemeinden auf die ortsübliche Weise bekannt zu machen.

(cf. oben die analogen Bestimmungen in § 16 des Ansiedelungsgesetzes vom 25. August 1876.)

§ 3. Die Genehmigung zu einer Anlage, Verlegung oder Erhöhung (§. 1) ist zu versagen, wenn nach dem Urtheile des Bezirksausschusses das nothwendige Abflußprofil des Hochwassers dadurch beschränkt werden würde.

§ 4. Ist ein schon vorhandener, zum Schutz der Ländereien mehrerer Besitzer dienender Deich ganz oder theilweise verfallen oder durch Naturgewalt zerstört, so kann der Bezirksausschuß fordern, daß derselbe, nach seiner Anweisung, bis zu derjenigen Höhe und Stärke wieder hergestellt werde, welche er früher gehabt hat.

Auch ist der Bezirksausschuß berechtigt, in Ansehung der Deiche dieser Art diejenigen Maßregeln vorzuschreiben, welche erforderlich sind, um deren Erhaltung in ihrem bisherigen Umfange und Zustande zu sichern.

§ 5. Der Bezirksausschuß ist ermächtigt, diejenigen, welche den Deich zu erhalten oder wiederherzustellen verpflichtet sind, hierzu durch Exekution anzuhalten.

§ 6. Ist es ungewiß oder streitig, wer zur Unterhaltung oder Wiederherstellung des Deichs verpflichtet sei, so kann der Bezirksausschuß die Leistungen interimistisch von demjenigen fordern, welcher den Deich seither unterhalten hat, oder wenn dieser unbekannt oder nicht leistungsfähig ist, von denjenigen Grundbesitzern, deren Grundstücke, nach dem Ermessen der Behörde, durch den Deich geschützt werden. Kann die Ermittelung dieser Grundbesitzer nicht so schnell geschehen, als die Dringlichkeit des Falles es erfordert, so steht dem Bezirksausschusse frei, die sämmtlichen Grundbesitzer derjenigen Ortschaften, in deren Ortsfeldmark oder Gemeindebezirke der Deich belegen ist, zu den nöthigen Leistungen, nach Verhältniß ihres Grundbesitzes, anzuhalten, ohne Rücksicht darauf, ob diese Grundbesitzer zur Gemeinde gehören oder nicht.

§ 7. Der Bezirksausschuß setzt in einem solchen Falle (§. 6) durch Beschluß fest, wer die Baulast interimistisch zu tragen hat und wie die Beträge zu vertheilen sind.

Gegen den Beschluß ist die Beschwerde an den Minister für Landwirthschaft zulässig; dieselbe muß jedoch innerhalb einer zweiwöchentlichen, mit dem nächsten Tage nach der Mittheilung des Beschlusses beginnenden präklusivischen Frist bei dem Bezirksausschusse angemeldet und gerechtfertigt werden. Erfolgt innerhalb dieser Frist nur die Anmeldung, so sind die Verhandlungen ohne Weiteres zur Entscheidung über den Beschluß an das Ministerium einzusenden und später angebrachte neue Thatsachen oder Ausführungen nicht zu berücksichtigen.

Die Vollstreckung des Beschlusses wird durch die Einlegung der Beschwerde nicht aufgehalten.

§ 8. Den zur Unterhaltung oder Wiederherstellung eines Deiches interimistisch Herangezogenen bleibt vorbehalten, ihre Ansprüche auf Erstattung ihrer Beiträge oder des Werths ihrer Leistungen im Rechtswege gegen die eigentlich Verpflichteten geltend zu machen.

§ 9. Die von dem Bezirksausschusse ausgeschriebenen Beiträge und Leistungen sind den öffentlichen Lasten gleichzustellen und haben in Kollisionsfällen vor denselben den Vorzug.

§ 10. In denjenigen Fällen, in welchen eine interimistische Regulirung der Baulast hat erfolgen müssen (§§. 6 und 7), liegt dem Regierungspräsidenten ob, zur Regelung der künftigen Leistungen durch Bildung eines Deichverbandes (§§. 11 u. ff.), auch ohne Antrag der Betheiligten, die erforderliche Einleitung zu treffen.

Zeigt sich bei näherer Erörterung die Bildung eines Deichverbandes nicht als erforderlich, so ist der Bezirksausschuß die fernere

Erhaltung des Deiches zu verlangen nicht mehr befugt. Die Betheiligten sind von dieser Lage der Sache in Kenntniß zu setzen.

Der Einleitung zu einem Deichverbande bedarf es nicht, wenn durch Anerkenntniß oder im Rechtswege ein Verpflichteter ermittelt und derselbe leistungsfähig ist.

Der zweite Theil handelt von den Deichverbänden (§§ 11—23) — siehe auch Allerhöchsten Erlaß vom 14. November 1853, betreffend die allgemeinen Bestimmungen für künftig zu erlassende Deichstatute, Gesetz-Samml. S. 935 —, während der dritte Theil von §§ 24 bis 28 die gemeinsamen Bestimmungen umfaßt. Beide Theile sind für das Baupolizeirecht ohne Interesse.

Die Ortspolizeibehörden sind dem Wortlaut, Bau und Zusammenhang des Deichgesetzes nach zu materiellen und sachlichen Maßnahmen nicht berufen, insbesondere nicht zuständig, in den Fällen des § 1 Abs. 2 a. a. O. die Betheiligten zur Wiederherstellung des früheren Zustandes anzuhalten. Zu demselben Resultat gelangt man auch, wenn man den Gegenstand, um dessen Regelung es sich handelt, ins Auge faßt. Endlich findet diese Auffassung des Gesetzes auch in dessen Entstehungsgeschichte ihre volle Bestätigung. Soweit also das Gesetz vom 28. Januar 1848 in Frage kommt, erscheint die einzelne Ortspolizeibehörde innerhalb des vermeintlichen Inundationsgebietes nicht zuständig, ihrerseits zu verfügen. Im Geltungsgebiete des Deichgesetzes und in Ansehung des § 1 Abs. 2 desselben insbesondere sind den Ortspolizeibehörden durch die neuere Gesetzgebung keinerlei Befugnisse beigelegt, welche ihnen bis dahin noch nicht beiwohnten. O.G. vom 8. Oktober 1885, Bd. 12 S. 321.

In den Provinzen Schleswig-Holstein und Hannover gilt das Gesetz vom 28. Januar 1848 ebenfalls, indem es durch Gesetz vom 11. April 1872 (Ges.-Samml. S. 377) daselbst mit verschiedenen Modifikationen, Ergänzungen und Abänderungen in Kraft gesetzt worden ist.

In der Provinz Hannover steht die Befugniß, den gegen das Verbot des § 1 Abs. 1 des Gesetzes vom 28. Januar 1848 Verstoßenden durch polizeiliche Verfügung zur Wiederherstellung des früheren Zustandes anzuhalten, nach wie vor der unteren Verwaltungsbehörde, dem Landrathe zu, da sie von der früher der Landrostei, gegenwärtig dem Bezirksausschusse beigelegten Befugniß, zur Anlegung u. s. w. eines Deiches die Genehmigung zu ertheilen, wesentlich verschieden und durch keine besondere gesetzliche Bestimmung einer anderen Behörde als der unteren Verwaltungsbehörde übertragen ist. O.G. vom 4. Juni 1888, Bd. 16 S. 331.

Eine Beschränkung der Ausbreitung der zeitweise aus ihren Ufern tretenden Gewässer im Sinne des § 1 des Gesetzes ist bereits dann vorhanden, wenn die Erhöhung der Erdoberfläche einen Raum bedeckt, den sonst das aus den Ufern tretende Wasser einnimmt. Daß die Ausbreitung des Wassers über die angrenzenden Grundstücke oder die Buhnen beschränkt würde, ist zur Anwendbarkeit der allgemein lautenden Gesetzesvorschrift nicht erforderlich. Ebenso wenig ist es wesentlich, daß von der durch die Erhöhung bewirkten Beschränkung der Ausbreitung des Wassers ein Nachtheil zu besorgen ist. Hierauf kommt es nicht bei der Frage an, ob die Genehmigung des Bezirksausschusses einzuholen ist, sondern erst bei der Erwägung des letzteren, ob die Genehmigung zu ertheilen sei. O.G. vom 10. März 1892, Bd. 23 S. 249.

Zirkularerlaß vom 30. August 1897, betreffend die Freihaltung des Inundationsgebietes von Abflußhindernissen (Min.-Bl. d. i. Verw. S. 191):

1. pp.

Unter den deichähnlichen Erhöhungen sind alle die Ausbreitung der Gewässer im Inundationsgebiet beschränkenden Anlagen zu verstehen, also nicht nur Dämme und dammartige Aufschüttungen, sondern auch Baulichkeiten jeder

Art, wie Mauern, Brückenpfeiler, Zäune u. s. w. Die bloße Wiederherstellung ganz oder theilweise zerstörter Anlagen in der früheren Form bedarf im Allgemeinen dann nicht der durch das Deichgesetz vorgeschriebenen Genehmigung, wenn die Anlage bereits vor Erlaß des Deichgesetzes bestanden oder später die erforderliche Genehmigung erhalten hatte. Wer den einschlagenden Bestimmungen des Deichgesetzes zuwiderhandelt, kann — abgesehen von der ihn nach § 1 Abs. 2 a. a. O. treffenden Strafe — von dem Regierungspräsidenten zur Wiederherstellung des früheren Zustandes angehalten werden.

2. Bauliche Anlagen sind außerdem nach Maßgabe der örtlichen Baupolizeiverordnungen allgemein von der Erlaubniß der Ortspolizeibehörde abhängig. Wird ohne die erforderliche Erlaubniß oder derselben zuwider gebaut, so kann, abgesehen von der verwirkten Strafe, die Abänderung oder Beseitigung der Baulichkeit nach Maßgabe der §§ 71, 72 A.L.R. I 8 polizeilich angeordnet und erzwungen werden.

3. Abgesehen von den Bestimmungen des Deichgesetzes und der Baupolizeiverordnungen ist die Ortspolizeibehörde auf Grund des § 10 A.L.R. II 17 befugt, zur „Erhaltung der öffentlichen Ordnung und Sicherheit, sowie zur Abwendung der dem Publiko oder einzelnen Mitgliedern desselben bevorstehenden Gefahren" gegen die Errichtung und Wiederherstellung von Anlagen im Inundationsgebiete einzuschreiten, sobald eine dringende und erhebliche Ueberschwemmungsgefahr dies erfordert.

4. Zur Sicherung und angemessenen Durchführung der bestehenden Vorschriften wird es sich vielfach empfehlen, die Ortspolizeibehörden anzuweisen, daß sie Bauerlaubnisse für das Gebiet, das von den letzten Hochwassern betroffen ist, bis auf Weiteres nur mit Zustimmung des Landraths ertheilen, welcher in zweifelhaften Fällen sich zunächst der Zustimmung des Regierungspräsidenten zu versichern haben wird.

Vergl. auch Runderlaß an die Oberpräsidenten, Regierungspräsidenten und Generalkommissionen vom 23. Oktober 1897, betreffend die Vorbeugung von Hochwasserschäden (Min.-Bl. d. i. Verw. S. 279), insbesondere Ziffer 5, betreffend Freihaltung des Ueberschwemmungsgebietes, und Ziffer 6, betreffend Freilegung des Ueberschwemmungsgebietes.

§ 25.

Reichsgesetz, betreffend die Beschränkungen des Grundeigenthums in der Umgebung von Festungen. Vom 21. Dezember 1871.

(R.G.Bl. S. 459.)

§ 1. Die Benutzung des Grundeigenthums in der nächsten Umgebung der bereits vorhandenen, sowie der in Zukunft anzulegenden permanenten Befestigungen unterliegt nach Maßgabe dieses Gesetzes dauernden Beschränkungen.

§ 2. Behufs Feststellung dieser Beschränkungen wird die nächste Umgebung der Festungen in Rayons getheilt, und je nach der Entfernung von der äußersten Vertheidigungslinie ab als erster, zweiter, dritter Rayon bezeichnet.

Wenn bei Festungen mehrere zusammenhängende Befestigungslinien voreinander liegen, so bildet der Raum zwischen denselben die Zwischen-Rayons.

Bei Festungen mit einer Citadelle heißt der Rayonbezirk vor den stadtwärts gewendeten Werken derselben Esplanade.

§ 3. Die Abmessung der Rayons erfolgt von den ausspringenden Winkeln des bedeckten Weges, und zwar von dem oberen Rande des Glacis, oder in Ermangelung eines Glacis von dem äußeren Grabenrande, oder wenn auch ein Graben nicht vorhanden ist, von der Feuerlinie der Wallbrustwehren, beziehungsweise der äußeren Mauerflucht der krenelirten Mauern.

§ 4. Der erste Rayon umfaßt bei allen Festungen und neu zu erbauenden detachirten Forts das im Umkreise derselben von 600 Metern belegene Terrain, außerdem bei Festungen, welche an Gewässern belegen sind und besondere Kehlbefestigungen haben, das Terrain zwischen diesen und dem Ufer.

§ 5. Der zweite Rayon begreift das Terrain zwischen der äußeren Grenze des ersten Rayons und einer von dieser im Abstande von 375 Metern gezogenen Linie.

Detachirte Forts haben keinen zweiten Rayon; bei diesen unterliegt jedoch das Terrain von der Grenze des ersten Rayons bis zu einer Entfernung von 1650 Metern den für den dritten Rayon gegebenen Beschränkungen.

§ 6. Der dritte Rayon umfaßt bei allen Festungen das Terrain von der äußeren Grenze des zweiten Rayons bis zu einer Entfernung von 1275 Metern.

§ 7. Die Zwischenrayons zerfallen in strenge und einfache.

Die ersteren enthalten das Terrain in einem Abstande von 75 Metern von der zurückliegenden oder inneren Befestigungslinie; darüber hinaus liegt der einfache Zwischenrayon.

§ 8. Bei Neuanlagen von Befestigungen werden die denselben zunächst gelegenen beiden Rayons, sowie etwaige Esplanaden und Zwischenrayons durch die Kommandanturen unter Mitwirkung der Polizeibehörden und Zuziehung der Ortsvorstände, sowie der Besitzer selbständiger Gutsbezirke abgesteckt und durch feste Marken (Rayonsteine) bezeichnet.

Von diesem Zeitpunkte an treten die gesetzlichen Beschränkungen in der Benutzung des Grundeigenthums in Wirksamkeit.

§ 9. Unmittelbar nach der Absteckung der Rayonlinie hat die Kommandantur einen Rayonplan und ein Rayonkataster aufzustellen.

Der Rayonplan muß den allgemeinen Erfordernissen eines Situationsplanes entsprechen, insbesondere die Richtung und Entfernung der Rayonlinien von den Festungswerken, Lage und Nummer der Grenzmarken enthalten und die Lage und Benutzungsweise, sowie Beschaffenheit der einzelnen, in den Rayons belegenen Grundstücke erkennen lassen.

Das Rayonkataster enthält unter Bezugnahme auf den Rayonplan:

1. die Namen der Besitzer der einzelnen Grundstücke,
2. die Beschreibung des Zustandes und Umfanges, sowie der Zeit der Entstehung aller innerhalb der ersten beiden und der Zwischenrayons vorhandenen Baulichkeiten und Anlagen,
3. Vermerke über Entschädigungsberechtigung bei etwa stattfindender Demolirung.

§ 10. Behufs Aufnahme des Rayonplans und Rayonkatasters sind alle Behörden verpflichtet, den Kommandanturen die in ihrem Besitze befindlichen Flurkarten, Risse, Pläne, Zeichnungen, Vermessungs- und Bonitirungsregister, Taxen, Kataster und dergleichen unentgeltlich zur Benutzung offenzulegen oder gegen Empfangsbescheinigung zuzustellen.

§ 11. Rayonplan und Rayonkataster sind in derjenigen Gemeinde, in deren Bezirk die aufgenommenen Grundstücke liegen, während 6 Wochen öffentlich auszulegen.

Der Beginn der Auslegung ist durch den Gemeindevorstand ortsüblich öffentlich bekannt zu machen.

Die öffentliche Bekanntmachung muß die Aufforderung zur Erhebung etwaiger Einwendungen unter Angabe der Frist zu deren Anbringung bei dem Gemeindevorstande und die Verwarnung enthalten, daß nach Ablauf dieser Frist mit Feststellung des Katasters verfahren wird.

Alle während dieser Frist eingehenden Beschwerden oder Anträge werden mit dem Vermerk des Eingangstages versehen, gesammelt und nach Ablauf der Anmeldefrist mit der Bescheinigung über die stattgefundene öffentliche Auslegung und die vorschriftsmäßige öffentliche Bekanntmachung der Kommandantur zugestellt.

Letztere prüft die Einwendungen und ertheilt den Bescheid.

Gegen diesen steht innerhalb einer Präklusivfrist von vier Wochen nach dem Empfange den Betheiligten der bei der Kommandantur einzulegende Rekurs an die Reichs-Rayonkommission zu.

Nach Verlauf der obigen Frist, beziehungsweise nach Eingang der Rekursbescheide, erfolgt die Feststellung des Katasters und des

Planes durch die Kommandantur. Hiervon erhalten die betreffenden Gemeindevorstände Kenntniß und haben diese die Feststellung öffentlich bekannt zu machen.

§ 12. Die Kommandantur hat dafür Sorge zu tragen, daß im Rayonplan und Rayonkataster alle Veränderungen in baulicher Beziehung, sowie im Besitz, in der Benutzung oder Bestimmung der Grundstücke nachgetragen werden.

§ 13. Innerhalb sämmtlicher Rayons sind nicht ohne Genehmigung der Kommandantur zulässig, vorbehaltlich der Bestimmung in § 30:

1. jede dauernde Veränderung der Höhe der Terrainoberfläche, insbesondere die Anlage und der Betrieb von Lehm- und Sandgruben, Stein- und Kalkbrüchen, die Anlage von Plätzen zur Ablagerung von Ballast, sowie eine jede solche Ablagerung an nicht dazu bestimmten Plätzen;
2. alle Neuanlagen oder Veränderungen von Dämmen, Deichen, Gräben, sowie in den Vorfluthverhältnissen, Ent- und Bewässerungsanlagen und sonstigen Wasserbauten; desgleichen alle Neuanlagen oder Veränderungen von Chausseen, Wegen und Eisenbahnen;
3. die Anlage von größeren Parkanlagen, Baumschulen und Waldungen;
4. die Errichtung und Veränderung von Kirch- und Glockenthürmen, sowie alle thurmartigen Konstruktionen.

Die Genehmigung darf nicht versagt werden, wenn durch die bezeichneten Neuanlagen, beziehungsweise Veränderungen keine nachtheilige Deckung gegen die rasante Bestreichung der Werke, kein nachtheiliger Einfluß auf das Wasserspiel der Festungsgräben, auf Inundation des Vorterrains und auf die Tiefe der mit den Festungsanlagen in Beziehung stehenden Flußläufe entsteht, und keine vermehrte Einsicht in die Werke des Platzes gewonnen wird.

§ 14. Im dritten Rayon ist bei etwaiger Feststellung von Bebauungsplänen rücksichtlich der Breite und Richtung der Straßen die Genehmigung der Reichs-Rayonkommission (§. 31) erforderlich.

§ 15. Innerhalb des zweiten Rayons sind:

A. unzulässig:

1. alle Massivkonstruktionen von Gebäuden oder Gebäudetheilen mit Ausnahme massiver Feuerungsanlagen und solcher massiver Fundamente, die das umliegende Terrain nicht über 30 Centimeter überragen;

2. jede Art von Gewölbebauten, sowie Eindeckungen von Kelleranlagen mit steinerner und eiserner Konstruktion;
3. die Anlagen von bleibenden Ziegel- und Kalköfen, sowie überhaupt massiver, zu Fabrik- und sonstigen gewerblichen Zwecken bestimmter Oefen von größeren Abmessungen;

B. nicht ohne Genehmigung der Kommandantur zulässig:

1. die Anlage von Beerdigungsplätzen;
2. die Errichtung von Grabhügeln von mehr als 50 Centimetern Höhe, sowie von Denkmälern aus Stein oder Eisen, welche in den mehr als 50 Centimeter über der Erdoberfläche liegenden Theilen eine größere Stärke haben, als 15 Centimeter für Stein, bezüglich 2 Centimeter für Eisen;
3. die Errichtung von Gebäuden, welche nicht schon nach den Bestimmungen von A unzulässig sind;

die Genehmigung darf bei Einhaltung nachstehender Bestimmungen nicht versagt werden:

a) die Gebäude dürfen nur von Holz, oder einer nach dem Urtheile der Militärbehörde leicht zerstörbaren Eisenkonstruktion, oder in ausgemauertem Fachwerk von nicht mehr als 15 Centimetern Stärke erbaut sein; doch dürfen sie eine Ziegelbedachung, massive Feuerungsanlagen, soweit solche nicht nach A Nr. 3 unzulässig sind, und massive Fundamente haben, welche das umliegende Terrain nicht über 30 Centimeter überragen;
b) die Höhe des Gebäudes bis zur Dachfirst darf 13 Meter nicht übersteigen;
c) Keller dürfen nur hölzerne oder leichte eiserne Balken, mit gewöhnlichem Balkenzwischenraum und hölzernem Fußboden darüber, haben;

4. die Anlage massiver Dampfschornsteine;

die Genehmigung darf nicht versagt werden, wenn die Höhe 20 Meter nicht übersteigt.

§ 16. Für den einfachen Zwischenrayon gelten die in §. 15 für den zweiten Rayon gegebenen Vorschriften, jedoch mit folgenden Abweichungen:

Zu A. Unter besonderen Verhältnissen kann die Herstellung massiver Bauten und gewölbter Anlagen gestattet werden.

Zu B 3b. Die Höhe des Gebäudes bis zur Dachfirst darf 8 Meter nicht übersteigen.

§ 17. Im ersten Rayon ist:

A. unzulässig:

1. alles, was im zweiten Rayon unzulässig ist; massive Fundamente dürfen jedoch das umliegende Terrain nicht über 15 Centimeter überragen;
2. Wohngebäude jeder Art;
3. Baulichkeiten von anderen Materialien als von Holz oder einer nach dem Urtheil der Militärbehörde leicht zerstörbaren Eisenkonstruktion; Keller- oder mit dem Grund und Boden fest zusammenhängende Feuerungsanlagen; Baulichkeiten von größerer Höhe als 7 Meter bis zur Dachfirst; andere Bedachungsmaterialien als Holz, Stroh, Rohr, Dachpappe, Dachfilz, Zink oder Schiefer;
4. die Aufstellung von Lokomobilen in fester Verbindung mit Baulichkeiten, oder auf Terrain, aus welchem dieselben nicht sofort entfernt werden können;
5. Denkmäler von Stein oder Eisen, welche in den mehr als 50 Centimeter über der Erdoberfläche liegenden Theilen eine größere Breite haben als 30 Centimeter;
6. Einhegungen durch Neuanlage von lebendigen Hecken;

B. nicht ohne Genehmigung der Kommandantur zulässig:

1. die Anlage von Beerdigungsplätzen;
2. die Errichtung von Grabhügeln von mehr als 50 Centimetern Höhe, sowie von Denkmälern aus Stein oder Eisen, welche in den mehr als 50 Centimeter über der Erdoberfläche liegenden Theilen eine größere Stärke haben, als 15 Centimeter für Stein, bezüglich 2 Centimeter für Eisen;
3. die Anlage hölzerner Windmühlen;

die Genehmigung darf nicht versagt werden, wenn die Entfernung von den Festungswerken 300 Meter oder mehr beträgt;

4. alle vorstehend nicht als unzulässig bezeichneten Baulichkeiten; bewegliche Feuerungsanlagen; hölzerne und eiserne Einfriedigungen, letztere, wenn sie ohne Schwierigkeit beseitigt werden können; Brunnen.

Die Genehmigung darf nur versagt werden, wenn es sich um wohnliche Einrichtungen irgend einer Art handelt. Jedoch darf bei nachgewiesener Nothwendigkeit der Anwesenheit eines Wächters die Aufstellung einer mit einem transportablen eisernen Ofen versehenen Wächterhütte auf je einem Grundstück nicht verweigert werden, sofern dieselbe im Grundflächenmaß 20 Quadratmeter nicht überschreitet, mit anderen Baulichkeiten nicht in Verbindung gesetzt ist, und der Ofen mit blecherner Rauchröhre versehen ist.

§ 18. Das Alignement der im ersten und zweiten Rayon und einfachen Zwischenrayon zu errichtenden Gebäude in Beziehung auf die Festungswerke, insofern dasselbe nicht von der Richtung vorhandener öffentlicher Wege oder Straßen abhängig ist, unterliegt der Genehmigung der Kommandantur.

§ 19. Innerhalb der strengen Zwischenrayons sind alle baulichen Anlagen unzulässig.

Auf Esplanaden sind nur solche Anlagen gestattet, welche nach dem Urtheile der Militärbehörde zur Vertheidigung dienen können.

Die Anlage von Hecken ist im strengen Zwischenrayon, wie auf Esplanaden unzulässig.

§ 20. Im ersten und zweiten Rayon und im einfachen Zwischenrayon ist die Einrichtung von Niederlagen und Plätzen, auf welchen Vorräthe zu gewerblichen Zwecken im Freien oder in Schuppen aufgestapelt werden, nicht ohne Genehmigung der Kommandantur zulässig.

Die Genehmigung darf nicht versagt werden, wenn die Entfernung von den Festungswerken 225 Meter beträgt.

Die Höhe der zulässigen Aufstapelung beträgt:

a) für unverbrennliche Materialien, für Stein- und Braunkohlen, Koaks und dergleichen: im ersten Rayon 1½ Meter, im zweiten und einfachen Zwischenrayon 2 Meter,

b) für Torf und Lohkuchen: 3 Meter,

c) für Bau- und Brennholz: im ersten Rayon 4 Meter, im zweiten und einfachen Zwischenrayon 5 Meter.

Eine höhere Aufstapelung bedarf der Genehmigung der Kommandantur.

Auf dem Terrain, welches bei Festungen, die an schiff- oder flößbaren Gewässern liegen und besondere Kehlbefestigungen haben, zwischen diesen und dem Ufer befindlich ist (§. 4), ist die Lagerung derartiger Vorräthe, sowie die Anlage der zum Ein- und Ausladen nöthigen Anstalten ohne Genehmigung der Kommandantur zulässig. Jedoch steht es der Kommandantur zu, die einzuhaltende Entfernung von der Kehle, und die Zeit für die Wiederbeseitigung zu bestimmen.

§ 21. Bei vorübergehenden Veränderungen der Höhe der Terrainoberfläche, wie der Auflagerung von Baumaterialien während der Ausführung eines genehmigten Baues, der Benutzung der Grabenränder zur Auflagerung der bei der Grabenräumung ausgeworfenen Erde und dergleichen ähnlichen Benutzungen bedarf es im ersten und zweiten Rayon und einfachen Zwischenrayon nur einer vorgängigen

Anzeige an die Kommandantur. Jedoch steht es derselben zu, die Zeit der Wiederbeseitigung der vorübergehenden Erhöhung des Terrains zu bestimmen.

Zur Anlage von Komposthaufen ist die Genehmigung der Kommandantur erforderlich.

§ 22. Die einmal vorhandenen Baulichkeiten und Anlagen, auf denen nicht die besondere Bedingung des Eingehens durch Verfall, oder der künftigen Reduktion auf eine leichtere Bauart schon haftet, sollen, unbeschadet der Bestimmung des §. 43, erhalten bleiben, auch wenn sie den Vorschriften dieses Gesetzes nicht entsprechen. Dieselben können, wenn sie ganz oder theilweise zerstört oder baufällig geworden sind, nach vorgängiger Anzeige bei der Kommandantur in den alten Abmessungen und der bisherigen Bauart wieder hergestellt werden.

Ueberschreiten Wiederherstellungsbauten das vorbestimmte Maß, so bedarf es der Genehmigung der Kommandantur.

§ 23. Ob und inwieweit aus örtlichen Rücksichten Einschränkungen der räumlichen Ausdehnung der Rayons oder Ermäßigungen der gesetzlichen Beschränkungen zulässig seien, bestimmt die Reichs-Rayonkommission.

§ 24. Die bisherigen, von diesen Bestimmungen abweichenden Rayons bestehender Befestigungen, insbesondere die der vorhandenen detachirten Forts, verbleiben bis zur Ausführung eines Neu- oder Verstärkungsbaues unverändert.

Die vorhandenen Esplanaden bleiben in ihrer bisherigen Ausdehnung unverändert; bei Neubau einer Citadelle wird über den Umfang der Esplanade in jedem Falle besondere Bestimmung durch die Reichs-Rayonkommission getroffen.

Ebenso verbleiben alle übrigen zur Zeit vorhandenen besonderen Rayons, wie die von verschanzten Lagern, Städtebefestigungen, inneren Abschnitten in und bei Festungen unverändert.

§ 25. Bei den bestehenden Festungen bleibt die Anlegung eines Rayonplanes und Rayonkatasters der Kommandantur überlassen. Dieselbe muß nach Maßgabe der §§. 8—12 erfolgen, wenn in Folge eines Neu- oder Verstärkungsbaues die bisherigen Rayons verändert werden sollen.

Bis zur endgültigen Feststellung der Rayonkataster sind die bisher erforderlichen Reverse für die beabsichtigten Bauausführungen beizubehalten.

§ 26. Zu jeder Anlage, jeder Veränderung und Benutzung, die nach den §§. 13 ff. nicht ohne Genehmigung der Kommandantur zulässig ist, muß vor dem Beginn der Ausführung diese Genehmigung nachgesucht werden.

§ 27. Das Gesuch ist nebst zwei Exemplaren der etwa nöthigen Bauzeichnungen an die Ortspolizeibehörde zu richten. Findet diese gegen die Zulässigkeit nichts zu erinnern, so übersendet sie das Gesuch der Kommandantur, welche ihre Entscheidung, nebst einem Exemplar der Zeichnung, in welchem die im Festungsinteresse nothwendigen Abänderungen einzutragen sind, an die Ortspolizeibehörde behufs Mittheilung an den Antragsteller zurückgelangen läßt.

§ 28. Die von der Kommandantur auszufertigende Genehmigung muß alle für den betreffenden Fall nach Maßgabe dieses Gesetzes festzustellenden speziellen Beschränkungen genau bestimmen, denen der Grundbesitzer, sowie alle Besitznachfolger bezüglich des Baues, der Niederlage von Materialien, der Anlage oder des Gewerbebetriebes sich zu unterwerfen haben. Insoweit nach Maßgabe dieses Gesetzes die Genehmigung nicht zu versagen ist, darf dieselbe auch nicht an Bedingungen geknüpft werden.

Sind seit der Aushändigung der Genehmigung zwei Jahre verflossen, ohne daß davon Gebrauch gemacht worden ist, so wird sie als erloschen betrachtet.

Wird die Genehmigung ganz oder theilweise versagt, so sind die Gründe der Ablehnung anzugeben.

§ 29. Gegen die Entscheidung der Kommandantur, wie gegen alle Anordnungen derselben, ist in Rayon-Angelegenheiten binnen einer vierwöchentlichen Präklusivfrist, von der Zustellung ab, der Rekurs zulässig. Die Entscheidung auf den Rekurs erfolgt endgültig durch die Reichs-Rayonkommission.

Nach Ablauf der Frist, eintretenden Falls nach der höheren Entscheidung, sind die Anordnungen vollstreckbar.

Ist durch eine Anordnung der Kommandantur eine Anlage untersagt, so darf diese erst dann begonnen oder fortgesetzt werden, wenn die Anordnung in der höheren Instanz aufgehoben ist.

§ 30. Die Projekte größerer Anlagen (Chausseen, Deiche, Eisenbahnen u. s. w.) in den Rayons der Festungen und festen Plätze werden durch eine gemischte Kommission erörtert, deren Mitglieder von dem zuständigen Kriegsministerium im Verein mit den betreffenden höheren Verwaltungsbehörden berufen werden, und in welcher auch die von der Anlage betroffenen Gemeinden durch Deputirte vertreten werden.

Das hierüber aufzunehmende Protokoll wird der Reichs-Rayonkommission übersandt, welche in Gemeinschaft mit der betreffenden

Centralverwaltungsbehörde die Entscheidung trifft oder erforderlichen Falls herbeiführt.

§ 31. Die Reichs-Rayonkommission ist eine durch den Kaiser zu berufende ständige Militärkommission, in welcher die Staaten, in deren Gebieten Festungen liegen, vertreten sind.

§ 32. Grundbesitzer, welche ohne die gesetzlich erforderliche Genehmigung, oder mit eigenmächtiger Abweichung von dem genehmigten Plane eine Anlage, einen Neu- oder Wiederherstellungsbau ausführen oder ausführen lassen, werden mit einer Geldbuße bis zu funfzig Thalern bestraft. Eine gleiche Strafe trifft denjenigen, welcher als Baumeister oder Bauhandwerker die Ausführung geleitet hat. Soweit nach dem Urtheil der Kommandantur die Anlagen unzulässig befunden worden, ist der Besitzer innerhalb der vom Kommandanten zu bestimmenden Frist zu deren Beseitigung verbunden; nöthigenfalls erfolgt letztere auf Antrag der Kommandantur durch die Polizeibehörde auf Kosten des Besitzers. Die Einlegung des Rekurses hemmt die Vollstreckung, vorbehaltlich der Bestimmung in §. 29.

Wer die in den §§. 21, 22 vorgeschriebene Anzeige unterläßt, wird mit einer Geldbuße bis zu fünf Thalern bestraft.

§ 33. Behufs der Kontrole über alle Bauten, Anlagen und die Benutzung von Grundstücken in den Rayons sind die Kommandanturen und Ortspolizeibehörden und deren Organe befugt, in den Stunden von 8 Uhr Morgens bis 4 Uhr Nachmittags den Zutritt zu allen Privat- und öffentlichen Grundstücken in den Rayons zu verlangen.

Die Organe der Kommandantur sind die Ingenieur-Offiziere vom Platz, Posten-Offiziere und Wallmeister.

Alljährlich einmal erfolgt eine allgemeine Revision der Bauten und Anlagen in allen Rayons durch die Kommandantur oder ihre Organe unter Zuziehung der Ortspolizeibehörde und des Gemeindevorstandes.

§ 34. Für die in Folge dieses Gesetzes eintretenden Beschränkungen in der Benutzung des innerhalb der Rayons belegenen Grundeigenthums leistet das Reich Entschädigung.

Entschädigung wird von Seiten des Reichs nicht gewährt:

1. für Beschränkungen jeder Art, welchen das Grundeigenthum innerhalb des bisherigen Rayons der bereits bestehenden Festungen nach der seitherigen Gesetzgebung unterworfen war, und auch nach dem gegenwärtigen Gesetz unterworfen bleibt;

2. für Beschränkungen der im Eigenthum des Reichs oder eines Bundesstaats befindlichen Grundstücke und für Beschränkungen in Betreff der Anlagen auf Beerdigungsplätzen;
3. für die Verpflichtung zur Duldung der Rayonsteine;
4. für die auf besonderem Rechtstitel beruhenden Rayonbeschränkungen, wenn nicht durch dieselben eine Entschädigung ausdrücklich zugesichert ist.

§ 35. Die Entschädigung besteht im Ersatz derjenigen Verminderung des Werthes des Grundstücks, welche für den Besitzer dadurch entsteht, daß das Grundstück fortan Beschränkungen in der Benutzung unterliegt, denen es bisher nicht unterworfen war.

Bei der Feststellung des bisherigen Werthes darf die Zeit nach der im Reichsgesetzblatt erfolgten Bekanntmachung des Reichskanzlers, daß die Neubefestigung des Platzes oder die Erweiterung der schon bestehenden Festungsanlage oder deren Rayons in Aussicht genommen ist, nicht berücksichtigt werden.

Steht das von der Beschränkung betroffene Grundstück mit anderem Grundbesitz desselben Besitzers dergestalt in Zusammenhang, daß die Beschränkung des ersteren auch auf den Werth des letzteren Einfluß übt, so ist der verminderte Werth des gesammten Grundbesitzes der Berechnung zu Grunde zu legen.

§ 36. Die Entschädigung wird in Rente gewährt; falls jedoch die Werthverminderung mindestens ein Drittel des bisherigen Werthes beträgt, nach der Wahl des Besitzers entweder in Kapital oder in Rente.

Wird die Entschädigung in Kapital geleistet, so besteht sie in Zahlung derjenigen Summe, um welche sich der Werth des Grundstücks vermindert hat, nebst fünf Prozent Zinsen von dem Tage der Absteckung der Rayonlinien.

Wird die Entschädigung in Rente gewährt, so beträgt die Rente jährlich sechs Prozent der vorgedachten Summe, wovon fünf Prozent als Verzinsung angesehen werden. Die Rente wird vom Tage der Absteckung der Rayonlinien auf die Dauer von 37 Jahren gewährt, erlischt jedoch, sobald das Grundstück aufhört, den Beschränkungen der ersten beiden Rayons oder der Zwischenrayons unterworfen zu sein.

Die Rente wird dem jeweiligen im Rayonkataster bezeichneten Besitzer des Grundstücks in vierteljährlichen Raten post numerando aus der Festungskasse gezahlt.

Renten, welche jährlich weniger als einen Thaler betragen, werden mit dem $16\frac{2}{3}$ fachen Betrage kapitalisirt und sofort an die Besitzer ausgezahlt.

§ 37. Welche Rechte anderen Realberechtigten an der Entschädigung zustehen, bestimmt sich nach den Landesgesetzen.

§ 38. Für die gesetzlichen Beschränkungen im dritten Rayon wird Entschädigung nicht gewährt. Wenn jedoch die Genehmigung zu einer der im §. 13 gedachten Anlagen versagt wird, so gewährt das Reich Entschädigung. Bei Feststellung derselben ist die Zeit der Anbringung des Gesuchs bei der Kommandantur zu Grunde zu legen.

Im Uebrigen finden die Bestimmungen der §§. 35—37 Anwendung, mit der Maßgabe, daß die Zinsen der Entschädigung in Kapital, beziehungsweise die Entschädigungsrente vom Tage des ablehnenden Bescheides der Kommandantur zu zahlen ist.

§ 39. Die Besitzer der Grundstücke, die sich durch die auferlegten Beschränkungen beeinträchtigt glauben, haben ihren Anspruch auf Entschädigung binnen einer sechswöchentlichen Präklusivfrist nach Feststellung des Rayonplans bei der Kommandantur geltend zu machen.

Beginn und Ablauf der Frist sind gleichzeitig mit der Feststellung des Rayonplanes öffentlich bekannt zu machen.

§ 40. Die Kommandantur theilt die Anmeldungen der höheren Civil-Verwaltungsbehörde mit, welche einen Kommissarius ernennt, der die Entschädigungsansprüche in Gegenwart der Entschädigungsberechtigten und eines Vertreters der Kommandantur erörtert und, falls die Parteien sich einigen, einen Rezeß aufnimmt, welcher die Kraft einer gerichtlichen oder notariellen Urkunde hat.

Wird eine Einigung nicht erzielt, so bleibt, wenn die Entschädigungspflicht von der Kommandantur bestritten wird, dem Besitzer des Grundstücks die Betretung des Rechtsweges unbenommen.

Ist dagegen nur das Vorhandensein oder die Höhe des Schadens streitig, so erfolgt die Ermittelung der Entschädigung durch Sachverständige.

Wenn beide Parteien sich nicht über einen Sachverständigen vereinigen, so wählt jede Partei einen Sachverständigen, den dritten ernennt der Kommissarius.

Die Sachverständigen haben ihr Gutachten zu begründen und die Richtigkeit desselben zu beschwören oder auf den ein- für allemal geleisteten Sachverständigen-Eid zu versichern.

Ist nach einem dieser Gutachten die Werthsverminderung so groß, daß der Entschädigungsberechtigte eine Entschädigung in Kapital zu verlangen berechtigt ist, so muß er auf die Aufforderung des Kommissars binnen einer Präklusivfrist von vier Wochen erklären, daß er die Entschädigung in Kapital verlange, widrigenfalls er nur Entschädigung in Rente verlangen kann.

§ 41. Der Kommissarius überreicht die Abschätzungsverhandlungen mit seinem Gutachten der höheren Civil-Verwaltungsbehörde behufs Feststellung der Entschädigung durch Beschluß.

Dieselbe setzt den Entschädigungsbetrag nach ihrem aus der Verhandlung und den Umständen geschöpften pflichtmäßigen Ermessen fest. Das Gutachten der Sachverständigen dient jeder Behörde hierbei nur als Auskunft und Anhalt.

Gegen den Beschluß der Verwaltungsbehörde steht dem Entschädigungsberechtigten innerhalb einer Präklusivfrist von neunzig Tagen, vom Empfange des Beschlusses an gerechnet, der Rechtsweg offen.

Innerhalb derselben Präklusivfrist ist die Militärbehörde berechtigt, die Enteignung des Grundstücks zu verlangen. Macht sie von diesem Rechte Gebrauch, so ist der Besitzer die Ausdehnung der Enteignung auf alle diejenigen Theile des Grundstücks zu verlangen berechtigt, deren fernere Benutzung in der bisherigen Weise nach dem Gutachten von Sachverständigen durch die Abtrennung des den Rayonbeschränkungen unterworfenen Theiles wesentlich beeinträchtigt, erschwert oder verhindert werden würde. Die Erklärung der Militärbehörde an die höhere Verwaltungsbehörde, daß von dieser Befugniß Gebrauch gemacht wird, unterbricht den Lauf der im Abs. 3 bestimmten Frist und das gerichtliche Verfahren über die Höhe der Entschädigung.

Das Verfahren bei der Enteignung richtet sich nach den Landesgesetzen.

§ 42. Die nach den §§. 40 und 41 anzustellenden Klagen sind gegen den Reichsfiskus zu richten, welcher durch die Kommandantur vertreten wird.

Zuständig ist das Gericht, in dessen Bezirk das betreffende Grundstück belegen ist.

Das Gericht hat das Ergebniß der Beweisaufnahme nach freier Ueberzeugung zu würdigen.

§ 43. Wird die Armirung permanenter Befestigungen angeordnet, so sind die Besitzer der innerhalb der Rayons belegenen Grundstücke verpflichtet, der schriftlichen oder öffentlich bekannt gemachten Aufforderung der Kommandantur zur Niederlegung von baulichen und sonstigen Anlagen, Wegschaffung von Materialienvorräthen, Beseitigung von Pflanzungen und Einstellung des Gewerbebetriebes nachzukommen. Wird dieser Aufforderung nicht in der gestellten Frist genügt, so können die Besitzer der betreffenden Grundstücke durch administrative Zwangsmaßregeln hierzu angehalten werden.

§ 44. Wird im Falle einer Armirung die Freilegung der Festungsrayons von der Kommandantur angeordnet, so veranlaßt die letztere vor der Beseitigung der baulichen und sonstigen Anlagen, Pflanzungen und dergleichen eine Beschreibung und nähere Feststellung des Zustandes durch die Ortsobrigkeit unter Zuziehung des Besitzers, eines Vertreters der Kommandantur und zweier Sachverständigen, und ertheilt über die stattgefundene Zerstörung oder Entziehung ein Anerkenntniß.

Die hierüber aufgenommene Verhandlung wird von der Ortsobrigkeit der höheren Civil-Verwaltungsbehörde überreicht, auch der Kommandantur und den Betheiligten in Abschrift mitgetheilt.

Die Entschädigungsermittelung erfolgt sobald als möglich, spätestens sofort nach Aufhebung des Armirungszustandes der Festung nach Vorschrift der §§. 39 ff.

Das Reich stellt Anerkenntnisse über die zu gewährende Entschädigung aus, welche bis zur Zahlung vom ersten Tage des auf die stattgefundene Zerstörung oder Entziehung folgenden Monats mit fünf Prozent jährlich verzinst wird.

Entschädigung wird nicht gewährt:

1. hinsichtlich derjenigen vor Eintritt der Geltung dieses Gesetzes vorhandenen Gebäude und Anlagen, welche nach der bisherigen Gesetzgebung, oder in Folge besonderer Rechtstitel, die Besitzer auf Befehl der Kommandantur unentgeltlich zu beseitigen verpflichtet waren;
2. hinsichtlich derjenigen Gebäude und Anlagen, welche nach Eintritt der Geltung dieses Gesetzes
   a) entweder im ersten oder zweiten Rayon, oder in einem Zwischenrayon einer neu angelegten Befestigung,
   b) oder auf einem Terrain, welches in Folge des Neu- oder Verstärkungsbaues einer schon bestehenden Festung in einen strengeren Rayon fällt,

   nach erfolgter Absteckung der Rayonlinien errichtet worden sind.

Die Kosten der Beseitigung der vorstehend unter 1 und 2 erwähnten Gebäude und Anlagen trägt der Besitzer, die Kosten der Beseitigung anderer Gebäude und Anlagen fallen dem Reich zur Last.

§ 45. Alle Zustellungen in Rayonangelegenheiten sind gültig, wenn sie nach den für bürgerliche Rechtsstreitigkeiten bestehenden Vorschriften geschehen.

Die vereideten Verwaltungsbeamten haben dabei den Glauben der Gerichtsbeamten.

§ 46. Alle administrativen Verhandlungen und Gesuche in Rayonangelegenheiten sind kosten- und stempelfrei.

§ 47. Alle den Vorschriften dieses Gesetzes zuwiderlaufenden Bestimmungen werden aufgehoben.

Die zur Ausführung dieses Gesetzes erforderlichen Anordnungen erfolgen durch besondere Verordnungen.

§ 26.

Gesetz über die Zulässigkeit des Rechtsweges in Beziehung auf polizeiliche Verfügungen. Vom 11. Mai 1842.

(Ges.-Samml. S. 192.)

§ 1. Beschwerden über polizeiliche Verfügungen jeder Art, sie mögen die Gesetzmäßigkeit, Nothwendigkeit oder Zweckmäßigkeit derselben betreffen, gehören vor die vorgesetzte Dienstbehörde.

Der Rechtsweg ist in Beziehung auf solche Verfügungen nur dann zulässig, wenn die Verletzung eines zum Privateigenthum gehörenden Rechts behauptet wird, und nur unter den nachfolgenden näheren Bestimmungen.

§ 2. Wenn derjenige, welchem durch eine polizeiliche Verfügung eine Verpflichtung auferlegt wird, die Befreiung von derselben auf den Grund einer besonderen gesetzlichen Vorschrift oder eines speziellen Rechtstitels behauptet, so ist die richterliche Entscheidung sowohl über das Recht zu dieser Befreiung, als auch über dessen Wirkungen zulässig.

§ 3. Die Verfügung (§. 2) kann jedoch, des Widerspruches ungeachtet, zur Ausführung gebracht werden, wenn solches nach dem Ermessen der Polizeibehörde ohne Nachtheil für das Allgemeine nicht ausgesetzt bleiben kann.

Nach ergangenem rechtskräftigen Erkenntnisse muß die Polizeibehörde dessen Bestimmungen bei ihren weiteren Anordnungen beachten.

§ 4. Steht einer polizeilichen Verfügung ein besonderes Recht auf Befreiung (§. 2) nicht entgegen, es wird aber behauptet, daß durch dieselbe ein solcher Eingriff in Privatrechte geschehen sei, für welchen nach den gesetzlichen Vorschriften über Aufopferungen der Rechte und Vortheile des Einzelnen im Interesse des Allgemeinen, Entschädigung gewährt werden muß, so findet der Rechtsweg darüber statt: ob ein Eingriff dieser Art vorhanden sei, und zu welchem Betrage dafür Entschädigung geleistet werden müsse.

Eine Wiederherstellung des früheren Zustandes kann in diesem Falle niemals verlangt werden, wenn solche nach dem Ermessen der Polizeibehörde unzulässig ist.

§ 5. Gebührt der Polizeibehörde nur die Befugniß zu einer vorläufigen Anordnung mit Vorbehalt der Rechte der Betheiligten, oder behauptet derjenige, welchem durch eine polizeiliche Verfügung eine Verpflichtung auferlegt worden ist, daß diese Verpflichtung ganz oder theilweise einem Anderen obliege, so ist zur Feststellung der Rechte unter den Betheiligten und über die zu leistende Entschädigung die richterliche Entscheidung zulässig.

§ 6. Wird eine polizeiliche Verfügung im Wege der Beschwerde als gesetzwidrig oder unzulässig aufgehoben, so bleiben dem Betheiligten seine Gerechtsame nach den allgemeinen gesetzlichen Bestimmungen über die Vertretungsverbindlichkeit der Beamten vorbehalten.

§ 7. Sämmtliche, sowohl allgemeine als besondere Vorschriften über Gegenstände dieses Gesetzes und namentlich die Vorschriften der Verordnung vom 26. Dezember 1808 §§. 38—40 werden hierdurch aufgehoben.

Das Beschwerdeverfahren ist jetzt durch die §§ 127ff. des Gesetzes über die allgemeine Landesverwaltung vom 30. Juli 1883 geregelt.

Nach §§ 1 und 6 des vorgenannten Gesetzes gehören Beschwerden über polizeiliche Verfügungen jeder Art, sie mögen die Gesetzmäßigkeit, Nothwendigkeit oder Zweckmäßigkeit derselben betreffen, vor die vorgesetzte Behörde, und es bleiben, wenn eine polizeiliche Verfügung im Wege der Beschwerde als gesetzwidrig oder unzulässig aufgehoben wird, dem Betheiligten seine Gerechtsame nach den allgemeinen gesetzlichen Bestimmungen über die Vertretungsverbindlichkeit der Beamten vorbehalten. Diese gesetzlichen Vorschriften sind durch den § 11 des Einführungsgesetzes zum Gerichtsverfassungsgesetze nicht berührt. R.G. vom 15. Mai 1896, Preuß. Verwltgsbl., Jahrg. 18 S. 117.

Erkenntniß des Kgl. Gerichtshofes zur Entscheidung der Kompetenz-Konflikte vom 11. Dezember 1852:

Nach §§ 1 und 2 des Gesetzes vom 11. Mai 1842 findet der Rechtsweg über die Verbindlichkeit zur Befolgung einer polizeilichen Verfügung nur dann statt, wenn derjenige, dem dadurch eine Verpflichtung auferlegt wird, die Befreiung von derselben auf Grund einer besonderen gesetzlichen Vorschrift oder eines speziellen Rechtstitels behauptet.

Derselbe Gerichtshof hat am 21. September 1855 entschieden, daß, wenn bauliche Anlagen den öffentlichen Verkehr einer Stadt hemmen und deshalb von Seiten der Polizeibehörde untersagt werden, gegen dergleichen Anordnungen der Rechtsweg unzulässig ist, dagegen Streitigkeiten über das Eigenthum des zu den baulichen Anlagen bestimmten Platzes, sowie die Entschädigungsansprüche, welche aus der Untersagung des Baues hergeleitet werden, dem Rechtswege unterworfen sind. Zu vergl. Entscheidung desselben Gerichtshofes vom 19. Oktober 1872 (s. Min.-Bl. d. i. V., Jahrg. 1873 S. 12).

Der § 6 des Gesetzes vom 11. Mai 1842 über die Zulässigkeit des Rechtsweges in Beziehung auf polizeiliche Verfügungen bezieht sich, wie aus seinem Wortlaute und aus seinem Zusammenhange mit den vorangehenden Gesetzesvorschriften deutlich zu ersehen ist, ausschließlich auf die Vertretungsverbindlichkeit der Polizeibeamten und hat keine andere Bedeutung als die, daß diese Beamten wegen des durch eine polizeiliche Verfügung verursachten Schadens nur dann regreßpflichtig sind, wenn die Verfügung im Wege der Beschwerde als gesetzwidrig oder unzulässig aufgehoben wird, daß sie dagegen vor Regreßansprüchen aus einer von den vorgesetzten Behörden gebilligten oder unangefochten gebliebenen Verfügung geschützt sein sollen. Die Frage, ob und unter welchen Voraussetzungen der Fiskus oder sonstige Korporationen oder auch Privatpersonen neben den Polizeibeamten oder allein für sich im Rechtswege zur Entschädigung wegen polizeilicher Verfügungen angehalten werden können, wird von der Bestimmung des § 6 nicht betroffen. Ihre Beantwortung ergiebt sich eventuell aus § 4 a. a. O.

Wenn bis zur erfolgten Festsetzung einer neuen Fluchtlinie ein gesetzliches Hinderniß dem Bebauen eines Grundstückes nicht entgegensteht und der Eigenthümer desselben trotzdem durch Versagung des Baukonsenses an der Aufführung eines Gebäudes auf seinem Grundstücke verhindert wird, so ist diese Einschränkung des Eigenthums nicht als eine gesetzliche im Sinne der §§ 1, 2 A.L.R. I 22 anzusehen, sondern lediglich durch die polizeilichen Verfügungen, welche das Bauen unmöglich machten, herbeigeführt.

In Gemäßheit der §§ 73—75 der Einleitung zum A.L.R. erwächst hieraus für die Stadtgemeinde die Pflicht zur Entschädigung des Eigenthümers, sofern dieser in Folge jener polizeilichen Anordnungen zur Aufopferung seiner besonderen Rechte und Vortheile genöthigt wurde, und sofern andrerseits die Aufopferung zum Wohle des Gemeinwesens im Interesse der Stadtgemeinde geschehen war.

Nach dem Inhalte der §§ 74, 75 der Einleitung in ihrem Zusammenhange muß der Entschädigungsanspruch schon dann begründet erscheinen, wenn die zuständigen Verwaltungsbehörden eine Kollision, wie sie der § 74 voraussetzt, als vorhanden angenommen und auf Grund dieser Annahme, mochte dieselbe richtig oder unrichtig sein, den Eigenthümer genöthigt haben, seine besonderen Rechte und Vortheile dem Wohle und Interesse der Stadtgemeinde aufzuopfern. Ist solche Aufopferung zum Wohle der Beklagten, wenn auch nur vorübergehend, erfolgt und dadurch dem Eigenthümer ein Schade erwachsen, so kann die Stadtgemeinde durch die spätere Aufhebung der von den zuständigen Verwaltungsbehörden angeordneten Einschränkung des Eigenthums von ihrer Entschädigungspflicht nur insoweit befreit werden, als mit der Aufhebung der beschränkenden Verfügung zugleich der durch dieselbe entstandene Schade beseitigt wird. R.G. i. Civils. vom 8. Mai 1890, Bd. 26 S. 265.

Gegen die polizeiliche Verfügung, durch welche der polizeilichen Bauerlaubniß eine den Baulustigen beschwerende Auflage beigefügt worden ist, steht demselben nach §§ 127, 128 des Gesetzes über die allgemeine Landesverwaltung der Weg der Beschwerde oder die Klage im Verwaltungsstreitverfahren offen; er ist aber nicht gezwungen, diese zu beschreiten, wenn er sich davon keinen Erfolg verspricht. Es steht ihm vielmehr frei, sich der polizeilichen Verfügung zu unterwerfen, ohne daß seine Rechtslage dadurch eine andere wird, als wenn die Beschwerde oder Klage angestellt und zurückgewiesen wird. In dem einen wie dem anderen Falle kann er gemäß § 4 des Gesetzes vom 11. Mai 1842 Entschädigung fordern, wenn er behauptet, daß die polizeiliche Verfügung ein solcher Eingriff in sein Privatrecht sei, für welchen nach den Vorschriften über Aufopferung der Rechte des Einzelnen im Interesse des Allgemeinen Entschädigung gewährt werden muß.

Ist hiernach für den Klageanspruch an sich der Rechtsweg zulässig, so wird die Zuständigkeit der Gerichte, welche durch die Erhebung der Klage begründet ist, dadurch nicht wieder aufgehoben, daß die Einrede des Beklagten sich auf einen öffentlich-rechtlichen Grund, z. B. einem Ortsstatut entnommen, stützt. R.G. i. Civils. vom 13. Januar 1892, Bd. 29 S. 158.

Das Reichsgericht hat den Grundsatz ausgesprochen, daß ein veröffentlichter städtischer Bebauungsplan die davon betroffenen Grundstücke mit der öffentlich-rechtlichen Servitut der Unbebaubarkeit zwar nicht schon durch seine Existenz, wohl aber von dem Augenblicke an belastet, in welchem die zuständige Behörde eine Bauerlaubniß verweigert und damit die bis dahin als innere Angelegenheit behandelte Anordnung zur Kenntniß der Betheiligten bringt. Die §§ 74, 75 Einleitung, §§ 29ff. A.L.R. I 8 und § 4 des Gesetzes vom 11. Mai 1842 gaben schon vor Erlaß der preußischen Verfassungsurkunde dem Eigenthümer, der seine besonderen Rechte zum Besten des Gemeinwesens einschränken mußte, einen Entschädigungsanspruch. Wenn dieser Anspruch, wie in dem R.G. vom 4. Juni 1890 näher ausgeführt ist, durch die Veränderung der Gesetzgebung nicht aufgehoben oder beschränkt werden kann, so fehlt es auch an jeder Veranlassung, die auf Grund der älteren Gesetze eingetretene, bereits vergütete oder noch zu vergütende Beschränkung bei der nach dem Fluchtliniengesetze erfolgenden Enteignung unberücksichtigt zu lassen. Die Baubeschränkung auf Grund der landrechtlichen Gesetzgebung kann nicht als ein einheitlicher Akt mit der erst auf Grund des Fluchtliniengesetzes stattfindenden Enteignung aufgefaßt werden. R.G. i. Civils. vom 28. Oktober 1893, Bd. 32 S. 202ff. Vergl. auch O.G. Bd. 22 S. 409 und Entscheidung des Gerichtshofes für Kompetenzkonflikte vom 12. Januar 1884, Min.-Bl. d. i. V. S. 45.

Anhang.

Allgemeines Landrecht.

Verhältniß des Staates gegen seine Bürger.

§ 74. Einleitung: Einzelne Rechte und Vortheile der Mitglieder des Staats müssen den Rechten und Pflichten zur Förderung des gemeinschaftlichen Wohls, wenn zwischen beiden ein wirklicher Widerspruch (Kollision) eintritt, nachstehen.

§ 75. Dagegen ist der Staat denjenigen, welcher seine besonderen Rechte und Vortheile dem Wohle des gemeinen Wesens aufzuopfern genöthigt wird, zu entschädigen gehalten.

§ 76. Jeder Einwohner des Staates ist den Schutz desselben für seine Person und sein Vermögen zu fordern berechtigt.

§ 77. Dagegen ist niemand sich durch eigene Gewalt Recht zu schaffen befugt.

§ 78. Die Selbsthülfe kann nur in dem Falle entschuldigt werden, wenn die Hülfe des Staates zur Anwendung eines unwiederbringlichen Schadens zu spät kommen würde.

Bürgerliches Gesetzbuch.

§ 226. Die Ausübung eines Rechtes ist unzulässig, wenn sie nur den Zweck haben kann, einem Anderen Schaden zuzufügen.

(Chikaneverbot, welches auch auf den Bau Anwendung findet — Chikanebau.)

§ 908. Droht einem Grundstücke die Gefahr, daß es durch den Einsturz eines Gebäudes oder eines anderen Werkes, das mit einem Nachbargrundstücke verbunden ist, oder durch die Ablösung von Theilen des Gebäudes oder des Werkes beschädigt wird, so kann der Eigenthümer von demjenigen, welcher nach den §§ 836 Abs. 1 oder den §§ 837, 838 für den eintretenden Schaden verantwortlich sein würde, verlangen, daß er die zur Abwendung der Gefahr erforderliche Vorkehrung trifft.

§ 909. Ein Grundstück darf nicht in der Weise vertieft werden, daß der Boden des Nachbargrundstücks die erforderliche Stütze verliert, es sei denn, daß für eine genügende anderweitige Befestigung gesorgt ist.

§ 912. Hat der Eigenthümer eines Grundstücks bei der Errichtung eines Gebäudes über die Grenze gebaut, ohne daß ihm Vorsatz oder grobe Fahrlässigkeit zur Last fällt, so hat der Nachbar den Ueberbau zu dulden, es sei denn, daß er vor oder sofort nach der Grenzüberschreitung Widerspruch erhoben hat.

Der Nachbar ist durch eine Geldrente zu entschädigen. Für die Höhe der Rente ist die Zeit der Grenzüberschreitung maßgebend. —

Im Hinblick auf die über ihren örtlichen Zuständigkeitsbezirk hinausreichende Wichtigkeit der Berliner Baupolizeiordnung, indem sie bei ihrer Gründlichkeit und Klarheit als Muster einer solchen Verordnung zu gelten berechtigten Anspruch hat, folgt nachstehend der Wortlaut dieser Bauordnung, bei den einzelnen Paragraphen mit Hinweisen auf die Ausführungen dieses Buches und kurzen Anmerkungen versehen:

Die Baupolizeiordnung für den Stadtkreis Berlin

vom

15. August 1897.

Auf Grund des § 6 des Gesetzes über die Polizeiverwaltung vom 11. März 1850 (Ges.-Samml. S. 265) und der §§ 43, 143 und 144 des Gesetzes über die allgemeine Landesverwaltung vom 30. Juli 1883 (Ges.-Samml. S. 195) wird hiermit, nachdem die von dem Magistrate zu Berlin versagte Zustimmung durch Beschluß des Oberpräsidenten der Provinz Brandenburg und der Stadt Berlin vom 9. August 1897 ergänzt worden ist, für den Stadtkreis Berlin nachstehende

Baupolizeiordnung

erlassen:

Titel I.

Polizeiliche Anforderungen und Beschränkungen bei Bauten.

§ 1. Verbindung mit der Straße.

1. Der Regel nach dürfen nur Grundstücke bebaut werden, welche unmittelbar an eine öffentliche Straße grenzen.

2. Die Straßenfronten der Gebäude müssen in der Baufluchtlinie oder parallel mit ihr errichtet werden. In einer Entfernung von 6 m und mehr ist die Stellung der Gebäude von der Baufluchtlinie unabhängig. Bei Eckgrundstücken können Ab-

rundungen und Abstumpfungen innerhalb der sich schneidenden Baufluchtlinien und, wo Vorgärten vorgesehen sind, auch innerhalb der Straßenfluchtlinien zugelassen werden.

3. Soll ein Grundstück in einer Tiefe von mehr als 35 m von der Baufluchtlinie ab bebaut werden, so müssen alle hinteren Gebäude mittels einer Zufahrt von mindestens 2,30 m lichter Breite oder einer durch die vorderen Gebäude führenden Durchfahrt von überall 2,80 m lichter Höhe und 2,30 m lichter Breite mit der Straße derart in Verbindung gebracht werden, daß kein Punkt eines Raumes im Erdgeschosse von der Baufluchtlinie oder einem durch eine Zufahrt oder Durchfahrt erreichbaren Haupthofe (§ 2 Ziffer 2) oder von der Zufahrt oder Durchfahrt — in gerader Linie gemessen — mehr als 20 m entfernt ist. Unter der lichten Breite ist die freie Durchfahrtsöffnung zwischen den äußersten Ausladungen aller vortretenden Theile, ausschließlich der Radabweiser, zu verstehen. Bei Grundstücken, welche in einer Tiefe von 35 m oder weniger bebaut werden, darf kein Punkt eines Raumes im Erdgeschosse von der Baufluchtlinie oder einem Haupthofe — in gerader Linie gemessen — mehr als 20 m entfernt sein.

4. Für Grundstücke, welche nicht unmittelbar an öffentliche Straßen grenzen oder hinter der Bauflucht mehr als 1 : 20 ansteigen oder auf eine größere Tiefe als 50 m mit Gebäuden besetzt werden sollen, können weitergehende Anforderungen gestellt werden. —

Die vorstehenden Bestimmungen dienen zur Wahrnehmung verkehrs- und feuerpolizeilicher Interessen.

Zu Ziffer 1: Vergl. oben II. Theil § 23, das Fluchtliniengesetz in § 12 desselben, sowie § 18, das Ansiedelungsgesetz in § 14 des letzteren.

Zu Ziffer 2 wird auf das Fluchtliniengesetz, insbesondere §§ 1, 2 daselbst hingewiesen.

Straßenfront ist die der Straße zugekehrte Seite.

Zu Ziffer 3: Der Zweck dieser Vorschrift geht darauf hin, daß bei einem etwaigen Feuer die Feuerlöschgeräthe ohne Schwierigkeiten zu den ferner gelegenen Theilen eines Gebäudes gelangen können, um vom Hofe aus mit Erfolg die Bekämpfung des Feuers zu unternehmen.

§ 2. Zulässige Bebauung der Grundstücke.

Für alle Grundstücke bis zu 32 m Tiefe gelten gleiche Vorschriften unabhängig davon, ob die Grundstücke bisher bebaut waren oder nicht.

Bei Grundstücken von mehr als 32 m wird unterschieden zwischen solchen, welche innerhalb der früheren Stadtmauer und solchen, welche außerhalb derselben liegen.

Das Gebiet innerhalb dieser Stadtmauer wird durch eine in der Mitte folgender Straßen und Brücken gedachte Linie begrenzt: Vor dem Brandenburger Thor, Königgrätzer Straße, Gitschiner Straße, quer über den Kanal südlich vom Thor-Becken, Skalitzer Straße, Oberbaumstraße, Oberbaumbrücke, Am Oberbaum, Warschauer Straße, Memeler Straße, Friedenstraße bis zur Prenzlauer Allee, letztere südwärts bis zur Lothringer Straße, Lothringer Straße, Elsasser Straße, Hannoversche Straße, Alexander-Ufer bis zur Stadtbahn, an der nördlichen Grenze des Stadtbahnkörpers entlang bis zur Unterbaumstraße, diese südwärts, Kronprinzenbrücke, Reichstagsufer, Sommerstraße bis an das Brandenburger Thor.

1. Für die Berechnung des bebaubaren Theiles seiner Gesammtfläche wird das Grundstück durch Linien, welche zur Baufluchtlinie parallel verlaufen, in Streifen zerlegt. Der erste Streifen erstreckt sich — von der Baufluchtlinie ab gemessen — bis zur Tiefe von 6 m, der zweite bis zur Tiefe von 32 m. Der erste Streifen

darf als voll ($^{10}/_{10}$), der zweite als zu $^{7}/_{10}$ bebaubar in Rechnung gestellt werden. Ist das Grundstück tiefer als 32 m, so wird der hinter dem zweiten Streifen liegende Rest, wenn das Grundstück innerhalb der früheren Stadtmauer liegt, mit $^{6}/_{10}$, wenn es außerhalb derselben liegt, mit $^{5}/_{10}$ seiner Fläche als bebaubar in Rechnung gestellt. Die so als bebaubar ermittelten Flächeninhalte der einzelnen Streifen werden zusammengerechnet und ergeben die bebaubare Fläche des Grundstücks, welche unabhängig von der Streifeneintheilung vertheilt werden kann. Die Fläche hinter der zweiten Theillinie darf bis zu $^{7}/_{10}$ als bebaubar in Rechnung gestellt werden, wenn die von der Hoffläche bis zur Traufe gemessene Durchschnittshöhe (§ 36) aller hinter dieser Theillinie zu errichtenden Gebäude das Maß von 10 m nicht überschreitet und der zweite Streifen nur zu $^{7}/_{10}$ bebaut wird.

2. Alle nicht an der Straßenfront liegenden zum dauernden Aufenthalte von Menschen bestimmte Räume (§ 37) müssen Licht und Luft unmittelbar von einem Hofe (Haupthof) erhalten, dessen Grundfläche mindestens 80 qm bei 6 m geringster Abmessung beträgt. Ist die nach Ziffer 1 ermittelte nicht bebaubare Fläche geringer als 80 qm, so darf der Haupthof bis auf 60 qm bei 6 m kleinster Abmessung eingeschränkt werden, wenn der Rest der nicht bebaubaren Fläche zur Anlegung eines Neben- oder Lichthofes mit einer Grundfläche von mindestens 10 qm bei einer geringsten Abmessung von 2 m verwendet wird. Beträgt die nach Ziffer 1 ermittelte nicht bebaubare Fläche weniger als 60 qm, so darf der Haupthof auf das Maß dieser Fläche, jedoch nicht unter 40 qm bei 6 m kleinster Abmessung eingeschränkt werden. Auch an solchen Höfen dürfen Räume zum dauernden Aufenthalt von Menschen angelegt werden.

Beträgt der hinter der ersten Theillinie liegende Theil eines Grundstückes weniger als 50 qm, so braucht kein Haupthof angelegt zu werden, wenn sämmtliche zum dauernden Aufenthalt von Menschen bestimmten Räume Luft und Licht unmittelbar von der Straße erhalten und ein Nebenhof von mindestens 25 qm bei 4 m kleinster Abmessung angelegt wird. Ist ein Grundstück nur 6 m oder weniger tief, so bedarf es keines Hofes.

3. Räume, welche nicht zum dauernden, sondern nur zum vorübergehenden Aufenthalt von Menschen bestimmt sind (§ 37), dürfen an Höfen von geringeren Abmessungen — Nebenhöfen — angelegt werden. Ausgeschlossen sind jedoch Rollkammern und solche lediglich zur Lagerung von Waaren und zur Aufbewahrung von Gegenständen bestimmte Räume, welche nicht dem Hausbedarf dienen. Die Grundfläche der Nebenhöfe wird — abgesehen von den in Ziffer 2 erwähnten Grundstücken mit einer nicht bebaubaren Fläche von weniger als 80 qm — nur dann als unbebaut in Rechnung gestellt, wenn sie mindestens 25 qm bei 4 m kleinster Abmessung beträgt.

4. Auf Grundstücken, welche lediglich Geschäftszwecken dienen und nur für das Aufsichtspersonal (Pförtner, Hausdiener, Wächter u. s. w.) Wohnungen entsprechend geringen Umfanges und höchstens in der Zahl von fünf enthalten sollen, dürfen Haupthöfe, wenn sie mehr als 80 qm Grundfläche bei 6 m kleinster Abmessung haben, bis höchstens zur Hälfte mit Glas überdacht werden; dabei muß jedenfalls eine Fläche von mindestens 60 qm bei 6 m kleinster Abmessung von der Ueberdachung frei bleiben.

Diese Vergünstigung gilt nicht für Fabrikanlagen, Gast- und Schankwirthschaften, feuergefährliche Betriebe und solche Werkstätten, welche keinen Theil der auf dem Grundstück befindlichen Geschäfte bilden.

Weiter sind folgende Bedingungen zu erfüllen: Der höchste Punkt der Ueberdachung darf nur 2 m über der Oberkante der Decke des Erdgeschosses liegen, sämmtliche Decken und Treppen der Gebäude auf dem Grundstück sind aus unverbrennlichen Baustoffen herzustellen; für Werkstätten ist außer den nothwendigen Treppen (§ 16) mindestens eine besondere nur für den Werkstättenbetrieb zu benutzende

Treppe herzustellen; da, wo eine Durchfahrt vorgeschrieben ist, muß sie innerhalb der Ueberdachung durch Wände aus unverbrennlichen Baustoffen abgeschlossen werden; für eine wirksame Lüftung und ausreichende Beleuchtung der überdachten Theile und der darangrenzenden Räume ist Sorge zu tragen. Die überdachten Theile des Hofes dürfen mit Umfassungswänden abgeschlossen werden. Unter diesen Theilen dürfen nur Räume mit höchstens 1,60 m lichter Höhe angelegt werden. Die überdachten Theile des Hofes gelten als unbebaute Fläche im Sinne der Ziffer 2 und zwar auch dann, wenn ihre Höhenlage die des übrigen Hofes übersteigt. In den überdachten Theilen des Hofes kann die Anbringung von höchstens zwei Umgängen übereinander zugelassen werden. Der überdachte Theil des Hofes muß unbeschadet der vorstehenden Bestimmung über die Abschließung der Durchfahrt einheitlich in seiner Form und so angelegt werden, daß mindestens eine Seite des Hofes frei bleibt.

Entspricht die Benutzungsart des Grundstückes nicht mehr den vorstehenden Bestimmungen, so müssen die Glasüberdachung und die darunter befindlichen Bautheile bis zur Hofoberfläche beseitigt werden.

5. Bei Feststellung der unbebaut zu lassenden Grundstücksfläche werden die Flächen der Vorgärten von der Gesammtfläche vorweg abgezogen, im Uebrigen aber Baulichkeiten jeder Art ebenso wie diejenigen Theile der Grundfläche als bebaut gerechnet, welche durch Vorbauten, Umgänge, Galerien oder in anderer Art in den Stockwerken nach den Höfen zu überbaut oder durch Gesimsvorsprünge über 30 cm hinaus eingenommen sind. Dagegen werden nicht als bebaut gerechnet: Hofunterkellerungen, offene Glasdächer, wenn sie eine Grundfläche von weniger als 2 qm haben, Bedachungen von Fahrstühlen, welche frei vor die Frontwände gelegt werden, Klappen bis zu 3 qm Grundfläche über Kellertreppen, Asch- und Müllbehälter, ferner Freitreppen, wenn sie einzeln eine Grundfläche von 3 qm und eine Höhe von 1 m nicht überschreiten, Plinthen der Hoffronten von nicht mehr als 0,13 m größter Ausladung und 1 m Höhe, sodann Grenzzäune aus Holz oder Eisen, endlich massive Grenzmauern, wenn ihre Höhe das Maß von 2 m nicht überschreitet und die Stärke sich innerhalb der durch die Zweckbestimmung bedingten Grenzen hält.

6. Auf den Höfen ist die Herstellung von Gartenanlagen zulässig. In Bezug auf ihre Bepflanzung und Umwehrung bleibt es der Polizeibehörde überlassen, das zur Sicherung der unbehinderten Benutzung der Zufahrten und der Zugänglichkeit zu den Gebäuden und Gebäudetheilen, sowie im feuerpolizeilichen Interesse Erforderliche anzuordnen. —

Die für den Erlaß der Bestimmungen dieses Paragraphen maßgebenden Gesichtspunkte gehören vornehmlich dem Gebiete der Gesundheitspolizei an; sie zielen darauf hin, genügende Licht- und Luftzufuhr zu ermöglichen. Siehe auch I. Theil, § 17 das unter Nr. 4 über „Hof und Lichtschacht" Gesagte. Vergl. auch § 3 III und die dazu angeführten Entscheidungen des Oberverwaltungsgerichts.

Ueber „dauernden Aufenthalt von Menschen" und „unmittelbaren Zutritt von Licht und Luft" siehe oben I. Theil § 17 in Nr. 20 und 21.

§ 3. Höhe.

Unter Höhe der Gebäude (Fronthöhe) wird an Straßen das Maß von der Oberfläche des Bürgersteiges, für hintere Gebäude das Maß von der Oberfläche des Hofes bis zur Oberkante des Hausgesimses, und wo die Anlage einer Attika beabsichtigt wird, bis zu ihrer Oberkante verstanden. Bei geeigneter Oberfläche des Bürgersteiges oder des Hofes in der Längsrichtung der Frontwand ist das mittlere Höhenmaß zu rechnen.

1. Gebäude dürfen in den Frontwänden stets 12 m hoch, aber nicht höher als 22 m errichtet werden. Innerhalb dieser Grenzen gelten folgende Bestimmungen.

a) Alle Baulichkeiten an Straßen dürfen so hoch sein, wie die Straße oder der Straßentheil vor ihnen zwischen den Straßenfluchtlinien breit ist. Seitenflügel dürfen in einer Länge von höchstens 5,50 m — von der Hinterfront des Vordergebäudes ab gemessen — die Höhe des letzteren erhalten unter der Bedingung, daß in diesem Theile des Seitenflügels eine bis in das oberste Geschoß führende Treppe angelegt wird. Die Höhe der Hinterfront des Vordergebäudes darf die Höhe der Straßenfront übersteigen, muß aber hinter der nach den Abmessungen des Hofes für die hinteren Gebäude zulässigen Durchschnittshöhe (1 b) mindestens um 3 m zurückbleiben und darf im Uebrigen in keinem Falle die senkrecht zur Hinterfront gemessene Ausdehnung des Hofes um mehr als 3 m übersteigen. Ueberschreitet die Ausladung des Dach- oder Hauptgesimses das Maß von 0,90 m, so wird das Uebermaß von der zulässigen Höhe abgezogen. In Straßen, welche nur an einer Seite zum Anbau bestimmt sind, sowie an Plätzen, welche mindestens 22 m breit sind, darf die Höhe bis 22 m betragen. Bei ungleicher Straßenbreite ist ein einheitliches mittleres Höhenmaß für das ganze Gebäude festzustellen. Liegt ein Grundstück an verschiedenen Straßen, ohne Eckgrundstück zu sein, so ist die Fronthöhe nach jeder einzelnen Straße zu bemessen. Bei Eckgebäuden darf entweder ein einheitliches mittleres Höhenmaß für das ganze Gebäude gewählt oder es dürfen die einzelnen Gebäudetheile in einer Höhe aufgeführt werden, welche der Breite der vor ihnen liegenden Straße entspricht. Die hiernach für die breitere Straße zulässige Höhe darf an der schmaleren Straße, von der Ecke an gerechnet, so weit fortgeführt werden, wie die schmalere Straße breit ist, jedoch stets 12 m weit. Bei Vordergebäuden, welche ganz oder theilweise hinter die Baufluchtlinie zurücktreten, kann ein entsprechend gesteigertes Höhenmaß zugelassen werden.

b) Hintere Gebäude (Seitenflügel, Mittelflügel, Quer-, Seiten- und Mittelgebäude) dürfen in der Höhe die Ausdehnung des Hofraumes vor ihnen senkrecht zu der Umfassungswand gemessen, um nicht mehr als 6 m überschreiten.

Ist der Hofraum von einem hinteren Gebäude ungleich gestaltet, so tritt für dieses Gebäude folgende Durchschnittsberechnung ein:

Das Längenmaß jedes Fronttheils — an der Oberfläche des Hofes gemessen — wird mit dem für ihn nach dem Vorstehenden zulässigen Höhenmaße, welches aber 22 m nicht überschreiten darf, multiplizirt, die Summe der dadurch gewonnenen Produkte wird durch die Summe der Längenmaße getheilt; der Quotient ergiebt die zulässige Höhe.

Die Fronten der Hintergebäude ein- und desselben Hofes dürfen eine gemeinsame Durchschnittshöhe erhalten, deren Ermittelung sinngemäß in der vorstehend angegebenen Weise erfolgt.

Für ein Gebäude, welches zwischen zwei oder mehreren Höfen oder Hoftheilen liegt, darf, falls die Fronten nicht in entsprechend verschiedener Höhe aufgeführt werden, ein mittleres Höhenmaß nach Maßgabe der an der Oberfläche der Höfe gemessenen Frontlängen für das ganze Gebäude hergestellt werden.

Wenn sich nach den vorstehenden Berechnungen der Mittelmaße für einzelne Gebäude eine Fronthöhe ergiebt, welche mehr als das Doppelte der senkrecht zu dieser Front gemessenen Ausdehnung des Hofes beträgt, so ist die Fronthöhe des Gebäudes oder Gebäudetheiles an diesem Hofe bis auf dieses Maß einzuschränken.

Die Seiten rechtwinkliger Mauervorsprünge bis zu 0,60 m Tiefe werden als Frontlängen nicht gerechnet.

Die vorstehenden Beschränkungen der Gebäudehöhe finden auf die Umfassungswände der Nebenhöfe keine Anwendung.

Ueberschreiten bestehende hintere Gebäude in der Höhe die Ausdehnung des Hofraumes vor ihnen — senkrecht zu der Umfassungswand oder den Wänden gemessen — um mehr als 6 m, so ist, wenn das Uebermaß nicht durch das Mindermaß der anderen Gebäude an dem Hofe ausgeglichen wird, bei der Errichtung weiterer Gebäude an demselben Hofe ihre zulässige Höhe durch eine Durchschnittsberechnung (Abs. 3 dieses Buchstabens) zu ermitteln, bei welcher die Fronthöhen der bestehenden Gebäude mit in Anrechnung zu bringen sind.

c) Außer den im § 2 Ziffer 4 genannten Hofüberdachungen bleiben solche Anbauten und selbständig für sich bestehende Baulichkeiten, welche bis zur obersten Dachkante die Höhe von 6 m nicht überschreiten und eine Grundfläche von nicht mehr als 40 qm haben, bei der Berechnung der zulässigen Höhe der Frontwände der hinteren Gebäude außer Betracht.

2. Oberhalb der zulässigen Fronthöhe dürfen die Dächer über eine im Winkel von 45° zu der Front gedachte Luftlinie nicht hinausgehen. Von dieser Bestimmung werden nicht betroffen: Dachrinnen, Brandmauern, Schornsteine, Blitzableiter, Fahnenstangen und Dachfenster, letztere, sofern sie hinter der Front liegen, nicht mehr als 1 qm Ansichtsfläche sowie einen Zwischenraum von wenigstens 2,50 m gegen einander und von mindestens 3 m gegen die Nachbargrenzen haben.

3. Der Dachneigungswinkel zur Straßenfront darf bis auf 60° vergrößert werden, wenn die Fronthöhe um die Hälfte des in der Firstlinie gemessenen Höhenunterschiedes zwischen den beiden Luftlinien im Winkel von 45° und 60° vermindert und der First um dasselbe Maß niedriger gelegt wird.

4. Wird der Aufbau von Thürmen, Giebeln, Dachluken u. s. w. auf den an der Straße liegenden Frontwänden über die zulässige Höhe (Ziffer 1a) hinaus beabsichtigt, so findet für die Fronthöhe eine Durchschnittsberechnung statt, bei welcher die senkrechten Frontflächen der Aufbauten voll und deren Dächer, soweit sie die vorschriftsmäßige Dachfläche des Hauses (Ziffer 2) überragen, nur zur Hälfte ihrer parallel zur Front gedachten größten Durchschnittsflächen verrechnet werden. Aufbauten dürfen jedoch in ihrer Höhe $1/3$ der zulässigen Fronthöhe, bei Straßen unter 12 m Breite $1/3$ der Straßenbreite nicht überschreiten. —

Der Zweck der Vorschriften über die Maximalhöhe von Gebäuden ist der, für das Gebäude selbst und seine Nachbargebäude einerseits, und für die Straße selbst andererseits die erforderliche Zufuhr von Licht und Luft erhalten zu wissen. So wie bei den Bestimmungen über die Mindestgröße der Hofräume u. A. das gesundheitspolizeiliche Interesse der maßgebende Faktor für den Umfang der in Frage stehenden Forderung ist, so ist auch für die Vorschrift über die Maximalhöhe von Gebäuden die Wahrung dieser Interessen das vornehmlich leitende Motiv.

Vergl. hierzu oben II. Theil § 23 „das Fluchtliniengesetz" (§§ 1, 12 und 15 daselbst).

§ 4. Zusammenhängende Haupthöfe (Hofgemeinschaft).

Sollen benachbarte Grundstücke derart bebaut werden, daß unbebaut bleibende Theile, unbeschadet einer bis zur Höhe von 2,0 m zulässigen Grenzscheidung eine in einer Länge von mindestens 6 m zusammenhängende Fläche bilden, die den umgebenden Gebäuden mehr Licht und Luft zuführt, als es durch die einzelnen Haupthöfe geschieht, so darf bei Feststellung der Höhe für die hinteren Gebäude außer der Abmessung des zugehörigen Haupthofes noch die Hälfte der Abmessung des Nachbarhofes — unbeschadet der Bestimmungen des § 3 Ziffer 1b — in Rechnung gestellt werden.

2. Auf die Anwendung dieser besonderen Bestimmung haben die betheiligten Grundstücksbesitzer nur dann einen Anspruch, wenn sie unter genauer Bezeichnung

der zu der Hofgemeinschaft bestimmten Flächen auf den einzelnen Grundstücken sich gegenseitig verpflichten, diese Flächen zu Ungunsten der Mitbetheiligten nicht zu verändern, und wenn diese Verpflichtung auf sämmtlichen betheiligten Grundstücken im Grundbuch eingetragen ist.

3. Die Bestimmung der Ziffer 1 gelangt zur Anwendung, sobald der Baupolizeibehörde die Eintragung der Verpflichtung auf sämmtlichen betheiligten Grundstücken nachgewiesen ist; sie erlischt, wenn die Verpflichtung auf sämmtlichen betheiligten Grundstücken gelöscht ist.

4. So lange die Eintragungen nicht sämmtlich gelöscht sind, dürfen die zusammenhängenden, in den Bauscheinen ihrer Begrenzung noch bestimmt zu bezeichnenden Hofflächen nicht verkleinert werden.

5. Diese Beschränkung der Grundstücksbesitzer in der Bebauung ihres Eigenthums hört mit der Löschung der zu Ziffer 2 genannten Eintragungen auf sämmtlichen betheiligten Grundstücken auf: es haben sodann die sämmtlichen Grundstücksbesitzer ihre Grundstücke den allgemeinen Vorschriften dieser Baupolizeiordnung entsprechend einzurichten. —

Die grundbuchamtlichen Eintragungen können nur zur Regelung privatrechtlicher Verhältnisse dienen. Es scheint daher bedenklich, sie zur Unterlage, zur Voraussetzung zu machen, um an ihre Erfüllung bestimmte öffentlich-rechtliche Wirkungen zu knüpfen, so zwar, daß von dieser Erfüllung Erleichterungen von Baubeschränkungen öffentlich-rechtlicher Natur abhängig gemacht werden.

Vergl. oben I. Theil §§ 4 und 6.

§ 5. Entfernung zwischen Gebäuden.

1. Zwischen allen nicht unmittelbar beieinander stehenden Gebäuden und allen untereinander nicht unmittelbar verbundenen Theilen desselben Gebäudes muß durchweg ein freier Raum bleiben:

von mindestens 2,50 m Breite, soweit die einander gegenüberliegenden Umfassungswände keine Oeffnungen haben,
von mindestens 6 m Breite, soweit Oeffnungen in jenen Wänden vorhanden sind.

Wenn Mauer-Vorsprünge und Rücksprünge an den Hoffronten nicht mehr als 0,60 m tief sind, braucht, selbst wenn der gegenüberliegende Gebäudetheil Oeffnungen enthält, gleichfalls nur eine Entfernung von 2,50 m innegehalten zu werden.

2. Als gegenüberliegend gelten Wände und Gebäudetheile, deren Richtungsabweichung den Winkel von 75° nicht überschreitet.

3. Von Nachbargrenzen haben Gebäude, welche nicht unmittelbar an sie herantreten, einen den Bestimmungen der Ziffer 1 entsprechenden Abstand innezuhalten. —

Die Vorschriften über die Entfernung zwischen Gebäuden gehören dem feuerpolizeilichen Gebiete an.

Es wird dabei auf die oben in §§ 4 und 6 des I. Theils angeführten Entscheidungen hingewiesen, sofern sie Vorschriften über Brandmauern zum Gegenstande ihrer Erörterungen haben. Siehe auch § 17 Nr. 15 des I. Theils.

§ 6. Konstruktion und Baustoffe.

1. Gebäude sind in allen Theilen nach den Regeln der Technik aus guten, zweckentsprechenden Baustoffen herzustellen.

2. Die Anforderungen, welche an die Festigkeit der Baustoffe zu stellen, die Zahlen, welche der Festigkeitsberechnung zu Grunde zu legen, die Belastungen, welche für den Baugrund und die einzelnen Gebäudetheile zulässig sind, sowie sonstige Konstruktionsvorschriften werden durch die Polizeibehörde, so oft und so weit sie es für erforderlich erachtet, bekannt gemacht.

§ 7. Massive Wände.

1. Die Umfassungswände und die Decken tragenden Wände der Gebäude ebenso wie alle Vorbauten mit Ausnahme von Windfängen sind, soweit §§ 8—10 nicht anders bestimmen, massiv herzustellen.

2. An Stelle der massiven Wände kann mit Rücksicht auf die örtlichen Verhältnisse und die Benutzungsart der Baulichkeiten die Ausführung in Eisenfachwerk oder Eisenwellblech zugelassen werden.

3. Wenn Gebäude unmittelbar an die Nachbargrenzen herantreten oder ihnen in weniger als 6 m Entfernung gegenüberliegen (§ 5 Ziffer 2), sind sie mit Brandmauern abzuschließen, welche durchweg wenigstens 0,25 m stark sein und undurchbrochen durch alle Geschosse mindestens 0,20 m über Dach geführt werden müssen.

4. Zur Erleuchtung von Innenräumen sind jedoch Oeffnungen mit mindestens 0,01 m starkem, fest eingemauerten Glasverschlusse statthaft, wenn sie nicht mehr als 500 qcm Fläche haben und in jedem Geschosse auf einer Wandlänge von 3 m nur einmal vorkommen.

5. Im Innern von Gebäuden muß mindestens auf je 40 m Entfernung eine massive Mauer der in Ziffer 3 angegebenen Art hergestellt werden; Verbindungsöffnungen in dieser Mauer sind zulässig, müssen aber in den Dachräumen mit feuer- und rauchsicheren, selbstthätig zufallenden und nicht fest verschließbaren Thüren versehen werden. Die Herstellung solcher Brandmauern kann erlassen werden, so weit und so lange sie mit der besonderen Nutzungsart eines Gebäudes unvereinbar sind.

6. Nachbargebäude, welche an der gemeinsamen Grenze unmittelbar bei einander errichtet werden, sind je durch eine selbstständige, den vorstehenden Vorschriften entsprechende Brandmauer abzuschließen.

7. Es kann jedoch zugelassen werden, daß Brandmauern zwischen Nachbargrundstücken zum Zwecke und für die Dauer einer bestimmten einheitlichen Benutzung durch Oeffnungen durchbrochen werden. Diese sind dann aber mit feuer- und rauchsicheren, selbstthätig zufallenden Thüren zu versehen, welche, wenn eine Verbindung zwischen benachbarten Innenräumen beabsichtigt wird, nicht fest verschließbar sein dürfen. —

Die vorstehenden Bestimmungen sind feuerpolizeilicher Natur.

Ueber Brandmauern siehe das zu dem vorhergehenden § 6 Bemerkte.

§ 8. Gebäude im Holzfachwerk.

1. Gebäude und Anbauten an Massivbauten, welche eine Grundfläche von 100 qm und eine Fronthöhe von 6 m nicht überschreiten, dürfen an Stelle massiver Wände (§ 7) solche von ausgemauertem Holzfachwerk erhalten.

2. Die Umfassungswände solcher Gebäude und Anbauten sind indessen, soweit sie von öffentlichen Straßen, Nachbargrenzen oder Gebäuden auf demselben Grundstücke nicht mindestens 6 m entfernt bleiben, außen nicht unter 0,12 m stark massiv zu verblenden.

3. Ueber die vorstehenden Vorschriften hinaus können derartige Gebäude und Gebäudetheile vorübergehend für bestimmte Nutzungszwecke zugelassen werden. In

diesem Falle müssen jedoch diese Gebäude und Gebäudetheile unter sich und von anderen Gebäuden, wenn sie nicht unmittelbar aneinander gebaut werden, eine Entfernung von mindestens 6 m innehalten.

§ 9. Schuppen, Buden, u. s. w.

1. Die Umfassungswände von Schuppen, Buden, Gartenhallen, Veranden, Lauben, Kegelbahnen und ähnlichen kleinen Anlagen dürfen aus Holz, Eisenblech, Drahtputz, Gipsdielen oder aus ähnlichen Stoffen hergestellt werden.

2. In der Regel sollen diese Anlagen eine Grundfläche von 25 qm, sowie eine Fronthöhe von 3 m nicht überschreiten und von Holzbauten, Nachbargrenzen und öffentlichen Straßen 6 m entfernt bleiben.

3. Die Errichtung von hölzernen Schutzdächern und ähnlichen offenen Holzkonstruktionen kann über die Bestimmungen der Ziffer 2 hinaus nach Umständen und unter besonderen Bedingungen zugelassen werden.

§ 10. Nichtbelastete Scheidewände.

1. Scheidewände dürfen aus Eisenblech, Drahtputz, Gipsdielen oder ähnlichen Stoffen hergestellt und unmittelbar auf Balken gesetzt werden.

2. Hölzerne Scheidewände müssen mit Mörtel abgeputzt oder in sonst gleich wirksamer Weise gegen die Uebertragung von Feuer gesichert werden. Die Verwendung von Lehmmörtel ist ausgeschlossen.

3. Hohlräume in hölzernen Scheidewänden sind mit unverbrennlichen, für die Gesundheit unschädlichen Stoffen (§ 11 Ziffer 2) auszufüllen.

4. Scheidewände zur Abgrenzung wirthschaftlicher Nebenräume dürfen aus ungeputztem Holzwerke hergestellt werden.

§ 11. Decken.

1. Holzbalkendecken sind auszustaken, mit unverbrennlichen Stoffen in einer Stärke von mindestens 0,13 m auszufüllen und unterhalb entweder durchweg mit Mörtel — jedoch unter Ausschluß von Lehmmörtel — zu putzen oder mit einer in gleichem Maße feuersicheren Verkleidung zu versehen. An Stelle der Stakung und Ausfüllung kann eine andere gleich wirksame Konstruktion zugelassen werden.

2. Die Stoffe zur Verfüllung von Balkendecken und Gewölben dürfen durch keine der Gesundheit schädlichen Bestandtheile verunreinigt sein; namentlich ist die Verwendung von Bauschutt jeder Art ausgeschlossen.

3. Sonstige Deckenkonstruktionen müssen mindestens ebenso zuverlässig den Anforderungen der Feuersicherheit und Gesundheitspflege entsprechen, wie die in Ziffer 1 und 2 beschriebenen Holzbalkendecken.

4. Vorschriftsmäßig ausgeführte Decken dürfen mit Holztäfelung bekleidet werden.

5. Ungeputzte gehobelte Holzdecken können zugelassen werden:

a) in Gebäuden ohne Feuerungen,

b) in eingeschossigen Gebäuden, in welchen die lichte Höhe des Geschosses mehr als 5 m beträgt, insbesondere in Kirchen, Turn- und Wartehallen, Reitbahnen und Ausstellungsgebäuden,

c) in Speichern zur Aufbewahrung von Getreide, Mehl oder Malz; doch müssen dort befindliche heizbare Räume durch massive Wände und Decken von den übrigen Räumen getrennt werden und besondere Zugänge erhalten,

d) in allen Fällen, wo das Dach zugleich die Decke des Raumes bildet unter der Bedingung, daß sämmtliche von innen sichtbare Holztheile gehobelt werden.

§ 12. Dachdeckung.

Die Dächer aller Baulichkeiten müssen mit einem gegen die Uebertragung von Feuer hinreichenden Schutz bietenden Stoffe (Stein, Metall, Theerpappe, Holzzement, Glas u. s. w.) gedeckt werden.

2. Oeffnungen in Dächern und in Dachaufbauten unterliegen in Hinsicht der Entfernung von Nachbargrenzen den gleichen Bedingungen wie die Oeffnungen in Umfassungswänden (§ 5). Diese Bestimmung findet jedoch auf Lichtschachte keine Anwendung.

3. Je nach Beschaffenheit und Lage der Dächer können Schutzvorrichtungen gegen das Hinabfallen von Schnee und Eis und von Personen angeordnet werden.

4. Bei Glasdächern sind nach Anordnung der Polizeibehörde entweder oberhalb oder unterhalb Drahtnetze mit einer Maschenweite von höchstens 0,05 m anzubringen, falls zur Eindeckung der Dächer nicht Drahtglas verwendet wird.

§ 13. Vortretende Bautheile.

1. Bautheile, welche über die Umfassungswände und Dächer vortreten, unterliegen hinsichtlich der Baustoffe den gleichen Vorschriften wie die Umfassungswände und Dächer selbst. Ausgenommen hiervon sind Windfänge (§ 7 Ziffer 1), Freitreppen, wenn sie nicht nothwendige Treppen sind (§ 16 Ziffer 1) und die Vorderflächen von solchen Dach- und Mansardenfenstern, welche mindestens 3 m von der Nachbargrenze entfernt sind.

2. Dachgesimse dürfen in Holzkonstruktion hergestellt werden, Hauptgesimse jedoch nur dann, wenn an den Nachbargrenzen bis auf eine Entfernung von 1 m durchweg unverbrennlicher Baustoff verwendet wird.

3. Ziertheile aus Stuck, Steinpappe, Zementguß und dergleichen dürfen an den Außenfronten nicht auf Holz befestigt, sondern müssen vollständig und sicher mit dem Mauerwerke verbunden werden.

4. Ueberhängende Dächer mit Holzkonstruktion können zugelassen werden. Vergl. oben § 13 des II. Theils.

§ 14. Vortreten von Bautheilen über die Umfassungswände.

Das Vortreten von Bautheilen über die Umfassungswände ist innerhalb der folgenden Grenzen gestattet:

A. Ueber die Baufluchtlinie.

1. Risalite, geschlossene Vorbauten anderer Art, Erker, Balkone und Galerien dürfen in jedem Geschosse zusammen höchstens zwei Drittel, Erker und geschlossene Vorbauten zusammen höchstens ein Drittel der Frontlänge eines Gebäudes betragen. Im obersten Stockwerke und im Dachgeschosse werden Risalite, geschlossene Vorbauten anderer Art und Erker nur ausnahmsweise zugelassen.

2. Alle Vorbauten eines Gebäudes, welche mehr als 0,30 m über die Baufluchtlinie vortreten, müssen, in der Frontlinie gemessen, von Nachbargrundstücken das $1\frac{1}{2}$fache ihrer weitesten Ausladung, mindestens aber 1 m, und von einander das $1\frac{1}{2}$fache der Summe ihrer weitesten Ausladungen entfernt bleiben. Risalite, geschlossene Vorbauten anderer Art und Erker desselben Gebäudes müssen eine Entfernung von mindestens 4 m von einander innehalten.

3. In den Luftraum der Bürgersteige dürfen Balkone, Galerien, Erker und geschlossene Vorbauten nur in Straßen von mindestens 15 m Breite über die Baufluchtlinie vortreten. Zwischen der Unterkante solcher Vorbauten und der Oberfläche des Bürgersteiges muß eine lichte Höhe von mindestens 3 m freibleiben. Bei einer Straßenbreite von 15 m dürfen Balkone, Galerien, Erker und geschlossene Vorbauten, mit Ausnahme von Risaliten, 0,60 m über die Baufluchtlinie vortreten. Bei breiteren Straßen ist ein verhältnißmäßig weiteres Vortreten und zwar bis zu 1,30 m bei einer Straßenbreite von 22 m oder mehr gestattet. Das Vortreten von Risaliten in den Bürgersteig ist nur an Straßen von mehr als 15 m Breite und nur bei einer Bürgersteigbreite von mindestens 3 m bis auf das Maß von 0,25 m gestattet.

4. Für Kellerhälse kann ein Vortreten bis zu 0,30 m, für andere Baulichkeiten bis zu 0,60 m zugelassen werden, wenn der Bürgersteig mindestens 3 m breit ist.

5. Gebäudeplinthen dürfen auch bei einer Bürgersteigbreite von weniger als 3 m bis zu 0,13 m einschließlich der Gesimse vortreten.

6. Treppenstufen dürfen nur bei einer Bürgersteigbreite von mehr als 4 m bis zu 0,20 m vorspringen.

7. Nach außen aufschlagende Thüren, Fenster und Fensterläden müssen mit ihrer Unterkante von der Oberfläche des Bürgersteigs mindestens 3 m entfernt bleiben.

8. In Vorgärten dürfen Bautheile bis zu einem Drittel der Vorgartentiefe, höchstens aber bis zu 2,50 m vortreten, sofern die Vorgärten angelegt und als solche unterhalten werden. Werden Vorgärten auf dem gesetzlichen Wege eingeschränkt oder beseitigt, so müssen die Vorbauten mit vorstehenden Vorschriften in Uebereinstimmung gebracht werden.

B. An Höfen.

1. Erker und geschlossene Vorbauten unterliegen den Bestimmungen der §§ 2, 3 und 5. Die Entfernung der äußersten Ausladungen von Balkonen und offenen Galerien unter sich, gegenüber den Umfassungswänden und den Nachbargrenzen muß mindestens 8 m betragen.

2. Balkone und offene Galerien, welche seitlich näher als 2,50 m an die Nachbargrenzen herantreten, sind gegen diese durch eine unverbrennliche, mindestens 2 m hohe Wand ohne Oeffnungen abzuschließen. —

Es wird hier auf die Ausführungen im II. Theil § 23 „das Fluchtliniengesetz" (§§ 1 und 11 daselbst) und im § 13 (im I. Theil) „die speziellen baupolizeilichen Bestimmungen" des A.L.R. (§§ 78—82 daselbst) Bezug genommen.

§ 15. Oeffnungen von Gebäuden.

1. Für Kellerräume bestimmte Lichtöffnungen, welche über die Bauflucht in den Bürgersteig vorspringen, dürfen nur in Bürgersteigen von mehr als 3 m Breite angelegt werden. Sie dürfen höchstens bis 0,30 m in den Bürgersteig vorspringen

und sind in dessen Oberfläche mit Eisenstäben in Abständen von höchstens 0,03 m zu überdecken, oder mit einer mindestens 1 m hohen glatten, **metallenen Vergitterung zu umschließen.**

2. Kellerstufen dürfen in Bürgersteige nicht einspringen.

3. Oeffnungen vor den nicht an Bürgersteigen liegenden Gebäudetheilen sind genügend zu überdecken, zu vergittern oder zu umwehren.

4. Für die Anlage von Lichtgräben ist § 37 Ziffer 3 maßgebend. —

Vergl. oben § 11 (I. Theil) „die strafrechtliche Ahndung der Verletzung des Baupolizeirechts (§ 367 Ziffer 12 des R.St.G.B.)".

§ 16. Treppen.

1. Jedes nicht zu ebener Erde liegende Geschoß muß mindestens durch eine Treppe zugänglich sein, durch welche der Ausgang nach der Straße oder nach einem Hofe jederzeit gesichert wird (nothwendige Treppe). Ausnahmen bezüglich des Dachgeschosses können mit Rücksicht auf die besondere Benutzungsart zugelassen werden. Von jedem Punkte des Gebäudes aus muß eine Treppe auf höchstens 30 m Entfernung erreichbar sein. Dieses Maß ist auch für Kellerräume innezuhalten, soweit sie zum dauernden Aufenthalt von Menschen bestimmt sind (§ 37); für anderweit benutzte Kellerräume kann ein größeres Maß zugelassen werden.

2. Gebäude, in deren oberstem Geschosse der Fußboden höher als 7 m über dem Erdboden liegt, müssen mindestens zwei in gesonderten Räumen befindliche Treppen oder eine unverbrennliche Treppe (nothwendige Treppen) erhalten. Doch soll, wenn der oberste Fußboden über 11 m hoch liegt, nur im Ausnahmefalle eine unverbrennliche Treppe genügen. Als oberstes Geschoß ist das Dachgeschoß nicht anzusehen, wenn es keine zum dauernden Aufenthalte von Menschen bestimmte Räume enthält.

3. Nothwendige innere Treppen einschließlich der daran liegenden Bauplätze und Flure müssen mit massiven, nur durch die erforderlichen Verbindungs- und Lichtöffnungen unterbrochenen Wänden umschlossen werden. Nebeneinander gelegene Räume für nothwendige Treppen dürfen durch keine Oeffnungen mit einander in Verbindung stehen. Freitreppen dürfen, wenn sie nothwendige Treppen sind, nur in einer Höhe von 2 m hergestellt werden.

4. Jede nothwendige Treppe muß mit dem wirthschaftlich gesondert benutzten Gebäudetheile, für welchen sie bestimmt ist, unmittelbare Verbindung haben, in einer freien, durch das Gebäude nicht eingeschränkten Breite von mindestens 1 m sicher gangbar sein und in einem, vom Tageslicht hinreichend erhellten Raume liegen. Als sicher gangbar gilt eine Treppe, wenn der Auftritt der Stufen, in der Austragung gemessen, mindestens 0,26 m und die Steigung höchstens 0,18 m beträgt. Wendelstufen dürfen an der schmalsten Stelle, in der Austragung gemessen, nicht unter 0,10 m Auftrittsbreite haben.

5. Die Treppenläufe sind, wenn sie zwischen Wänden liegen, mindestens an einer Seite mit Handgriffen, sonst mit Geländern zu versehen, welche ein Hindurchfallen von Kindern ausschließen. Für Geländer und Handgriffe können besondere Anordnungen getroffen werden.

6. Jede nothwendige Treppe ist bis in das Dachgeschoß zu führen oder muß im obersten Dachgeschoß entweder unmittelbar oder in einem in der Nähe belegenen, leicht auffindbaren Raume durch eine feuersicher abgeschlossene Nebentreppe ihre Fortsetzung bis ins Dachgeschoß erhalten. Für diese Nebentreppe genügt eine gerade oder gewendelte Treppe mit freier Laufbreite von 0,75 m und einem derartigen

Auftritte und Steigungsverhältnisse, daß überall eine Kopfhöhe von mindestens 1,80 m verbleibt.

7. Bei freitragenden Granittreppen sind die Podeste, wenn diese gleichfalls aus Granit hergestellt werden, durch Eisenträger, Mauerbögen oder Gewölbe zu unterstützen.

8. Die Stufen unverbrennlicher Treppen dürfen mit Holz belegt werden.

9. Nothwendige hölzerne Treppen sind unterhalb entweder zu rohren und zu putzen oder mit einer gleich feuersicheren Verkleidung zu versehen.

10. Bei nothwendigen Treppen sind die Treppenpodeste in der Regel rechteckig in der Weise anzulegen, daß die Länge wie die Breite der Podeste — in der Mitte gemessen — mindestens gleich der Laufbreite der Treppe ist. Dasselbe gilt für die Breite der Treppenzugänge. Eine Abschrägung der Ecken der Podeste bis zur kreisförmigen Abrundung ist nur bei Treppen von mehr als 1,25 m Breite zulässig. Wenn die Laufbreite der Treppe mehr als 1,75 m beträgt, darf die Breite der Podeste bis auf dieses Maß eingeschränkt werden. —

Vergl. im I. Theil § 17 Nr. 14 über den Begriff der Treppe.

§ 17. Lichtschachte.

Lichtschachte (Lichthöfe) müssen eine Grundfläche von mindestens 10 qm bei einer geringsten Abmessung von 2 m erhalten und durchweg bis zur Dachfläche mit massiven Wänden umschlossen werden. Bei einer mittleren Höhe der Schachtwände bis zu 12 m kann eine Verkleinerung der Grundfläche bis auf 6 qm bei einer geringsten Abmessung von 1,50 m zugelassen werden. Am unteren Ende der Lichtschachte sind Vorkehrungen zu treffen, welche ihnen von außen frische Luft dauernd zuführen. Die Luftzuführungskanäle müssen mindestens 0,30 qm Querschnitt erhalten.

2. Für Lichtschachte, welche einem Raum Licht unmittelbar durch die Decke zuführen, genügt es, wenn sie von dem Raume bis zur Dachfläche mit einem unverbrennlichen Stoffe ummantelt werden; auch darf die Grundfläche derartiger Lichtschachte kleiner als oben angegeben bemessen werden.

3. Sind die Lichtschachte oben mit einer Glasdecke oder sonst in geeigneter Art geschlossen, so müssen auch an ihrem oberen Ende Vorkehrungen getroffen werden, welche einen ausreichenden Luftwechsel sichern.

4. Wenn Lichtschachte Oeffnungen innerhalb des Dachraumes erhalten, so müssen diese mit feuer- und rauchsicheren, fest verschlossen zu haltenden Thüren versehen werden. —

Siehe oben § 17 Nr. 4 (I. Theil) über Hof und Lichtschacht.

§ 18. Feuerstätten.

1. Feuerstätten in Gebäuden müssen in allen Theilen aus unverbrennlichem Baustoff hergestellt werden.

2. Unter Feuerherden sowie den dazu gehörigen, mindestens 0,05 m breit anzuordnenden massiven Umfassungsstreifen müssen die Decken einschließlich des Fußbodens durchweg aus unverbrennlichem Baustoffe hergestellt werden.

3. Feuerherde, welche auf unverbrennlichen Füßen stehen, dürfen auf Holzbalkendecken und auf Holzfußböden errichtet werden, wenn unter dem Herde ein Luftraum von mindestens 0,15 m und höchstens 0,20 m frei gehalten wird. Der Fußboden dort ist durch eine 0,05 m starke Massivschicht auf mindestens 1 mm starker Eisenplatte zu schützen; die Massivschicht sowie die Eisenplatte müssen 0,05 m

über den Rand des Herdes vortreten. Dieselben Vorschriften finden auch auf Badeöfen von Metall Anwendung.

4. Oefen und sonstige nicht unter Ziffer 2 und 3 fallende Feuerstätten sind von dem Fußboden durch eine mindestens 0,05 m starke Massivschicht zu trennen, über der sich ein mindestens 0,05 m hoher, den Durchzug der Luft gestattender Hohlraum mit mindestens 2 Luftöffnungen befinden muß.

5. Vor den Heizöffnungen sämmtlicher Feuerungen ist der Fußboden, wenn er nicht aus unverbrennlichem Stoffe hergestellt wird, in einem Vorsprunge von 0,50 m und in einer über die Feuerungsöffnungen nach beiden Seiten hin vortretenden Breite von 0,30 m feuersicher zu bekleiden. Vor Stubenfeuerungen von gewöhnlichem Umfange und vor offenen Kaminen genügt statt dessen die Verwendung metallener Vorsätze von ausreichender Größe.

6. Wände, an welchen Feuerherde unmittelbar oder in einer geringeren Entfernung als 0,10 m aufgestellt werden, müssen in der Ausdehnung des Herdes und mindestens 0,20 m rings um ihn aus unverbrennlichem Baustoffe bestehen. Diese Wände dürfen, soweit sie nicht mindestens einen Stein massiv sind, nicht als Wandungen von Feuerzügen benutzt werden. Eiserne Feuerstätten sind von verputztem oder verblendetem Holzwerke mindestens 0,40 m, von freiem Holzwerke mindestens 0,80 m entfernt zu halten. Bei ummantelten Oefen können geringere Maße zugelassen werden.

Für Feuerstätten von erheblichem Umfange und für solche, deren Betrieb dauernd große Hitze erfordert, wie große Koch- und Waschküchenherde, große Plättöfen und dergleichen, können weitergehende Forderungen bezüglich der Feuersicherheit gestellt werden. —

Hierzu siehe das oben im § 18 (II. Theil) „das Ansiedelungsgesetz (§ 19 daselbst) Gesagte. Vergl. auch § 22 „Feld- und Forstpolizeigesetz"; ferner siehe (im I. Theil) §§ 11 — zu § 368 Ziffer 3 und 4, § 369 Ziffer 3 des R.St.G.B. —, 13 — § 69 I 8 A.L.R. — und 17 Nr. 16. Feuerstätten sind Feuerherde, Oefen, Kochmaschinen u. dergl.

§ 19. Verbindung der Feuerstätten mit den Schornsteinen.

1. Der Rauch ist von Feuerstätten durch dichte, feuersichere Rohre innerhalb des betreffenden Stockwerkes seitlich in Schornsteine zu leiten. In besonderen Fällen kann zugelassen werden, den Rauch unmittelbar ins Freie zu führen.

2. Als Stütze der Rohre darf nur unverbrennlicher Baustoff verwendet werden.

3. Die Rohre sind von geputztem oder verblendetem Holzwerke mindestens 0,40 m, von freiem Holzwerke mindestens 0,80 m entfernt zu halten. Sind die Rohre ummantelt oder sind sonst gleich wirksame Schutzvorrichtungen getroffen, so kann eine Verminderung dieser Entfernungen zugelassen werden.

4. Bei Heizöfen in Räumen, welche zum dauernden Aufenthalte von Menschen bestimmt sind, dürfen in den zur Ableitung der Feuergase dienenden Röhren oder Kanälen keine Verschlußvorrichtungen angebracht werden. Bei offenen Kaminfeuerungen ist jedoch die Anbringung solcher gestattet. —

Vgl. das zu dem vorhergehenden Paragraphen Gesagte, sowie § 17 (im I. Theil) Ziffer 17 und 18.

§ 20. Schornsteine.

1. Schornsteine sind durchweg dicht, massiv oder aus unverbrennlichem Baustoffe herzustellen. Sie müssen von Grund auf fundamentirt sein, oder unverbrennlich und sicher gestützt werden.

2. Jeder Schornstein ist in einem sich gleichbleibenden rechteckigen oder kreisrunden Querschnitt von mindestens 250 qcm, im Lichten bis mindestens 0,30 m über die Dachfläche zu führen.

3. Besteigbare Schornsteine müssen einen rechteckigen Querschnitt von mindestens 0,42 zu 0,47 m Weite erhalten. Bei größeren Abmessungen sind Steigeisen anzubringen.

4. Eine andere als die senkrechte Richtung darf den Schornsteinen nur gegeben werden, wenn sie ringsum zwischen massiven Wänden liegen oder durch gemauerte Bögen oder eiserne Träger von entsprechender Stärke unterstützt werden.

5. Gemauerte Schornsteine müssen eine Wangenstärke von mindestens 0,12 m, an Nachbargrenzen von mindestens 0,25 m erhalten.

6. Für Schornsteine von Centralheizungen oder anderen großen Feuerungsanlagen können stärkere Wangen vorgeschrieben werden.

7. Für unmittelbar aneinander liegende Schornsteine genügt eine gemeinsame Scheidewange der vorgeschriebenen Stärke.

8. Gemauerte Schornsteine müssen auf den Außenseiten unterhalb der Dachflächen in ganzer Ausdehnung, besonders auch innerhalb der Balkenlagen geputzt und auf den Innenseiten glatt ausgestrichen werden.

9. Von Balkenlagen und sonstigem Holzwerke müssen die Außenseiten der Schornsteine, falls die Wangenstärke unter 0,25 m beträgt, überall mindestens 0,065 m entfernt gehalten und durch doppelte, in Verband gelegte Dachsteinschichten getrennt werden. Im Dachverbande muß die Entfernung der freiliegenden Hölzer von 0,12 m starken Schornsteinwangen ohne Isolirung mindestens 0,10 m betragen.

10. Nicht gemauerte Schornsteine sind entweder mit Mauerwerk zu umgeben, für dessen Stärke und Entfernung vom Holzwerke die gleichen Bestimmungen wie für gemauerte Schornsteine gelten, oder unter Freihaltung eines Luftraumes von überall mindestens 0,10 m feuersicher zu ummanteln.

11. Freistehende Schornsteine außerhalb von Gebäuden sowie Aufsatzrohre zur Erhöhung von Schornsteinen bedürfen keiner Ummauerung oder Ummantelung. Von einer solchen kann auch bei Schornsteinen innerhalb von Gebäuden, deren Dach gleichzeitig die Decke bildet, wenn darin keine feuergefährlichen Betriebsstätten vorhanden sind, bei gehöriger Isolirung von allem Holzwerke der Decke abgesehen werden.

12. Alle Schornsteine sind so einzurichten, daß sie ordnungsmäßig gereinigt werden können.

13. Die unteren Mündungen besteigbarer Schornsteine sind mit einer gefalzten eisernen Einsteigethür zu versehen. Unbesteigbare Schornsteine müssen unten und oben, außerdem auch bei Richtungsveränderungen, wenn die Neigung gegen die Wagerechte weniger als 60° beträgt, hinlänglich große Reinigungsöffnungen erhalten. Obere Reinigungsöffnungen sind entbehrlich, wenn die Reinigung bequem vom Dach aus erfolgen kann.

14. Alle seitlichen Reinigungsöffnungen sind mit gefalzten eisernen Thüren dicht zu verschließen. Die Anwendung von Schiebern ist nicht gestattet.

15. Aufsätze sind auf Schornsteinen nur zulässig, so weit sie die ordnungsmäßige Reinigung nicht behindern.

16. An ein Schornsteinrohr von 350 qcm lichtem Querschnitt dürfen höchstens 3 gewöhnliche Zimmeröfen angeschlossen werden. Jeder hinzutretende Ofen dieser Art bedingt eine Vergrößerung des Querschnittes um 80 qcm. Für jede Kochherdfeue-

rung, die nicht an ein besteigbares Schornsteinrohr angeschlossen ist, muß ein besonderes Schornsteinrohr angelegt werden. Münden Rauchrohre aus Feuerstellen von erheblichem Umfange (§ 18 Ziffer 7) ein, so kann eine Vergrößerung des Querschnitts gefordert werden.

17. Die Schornsteine sind so anzulegen und zu benutzen, daß die Gebäude und deren Umgebung durch Funken, Rauch und Ruß nicht gefährdet werden.

18. In Küchen, einschließlich der Waschküchen mit geschlossener Feuerung ist ein besonderes Rohr zum Abzuge der Wasserdämpfe einzurichten, welche für eine oder zwei Küchen einen Querschnitt von 250 qcm, für jede hinzutretende Küche eine Vergrößerung von 50 qcm erhalten muß.

19. Mauerkanäle aller Art sind, auch wenn sie nicht zur Ableitung des Rauches von Feuerstätten bestimmt sind, den verschiedenen Bestimmungen entsprechend auszuführen. —

Vgl. im I. Theil § 17 Ziffer 17 und 18.

§ 21. Behälter für Abfall und Asche.

1. Behälter zur vorläufigen Aufnahme wirthschaftlicher und gewerblicher Abgänge und Abfallstoffe sind unten sowie an den Seiten undurchlässig herzustellen und oben dicht zu überdecken.

2. Aschebehälter müssen Wände und Decken aus unverbrennlichem Stoff erhalten.

3. Auf Grundstücke, welche landwirthschaftlichem oder gärtnerischem Betriebe dienen, findet die Bestimmung der Ziffer 1 keine Anwendung.

§ 22.

Alle Zuleitungs- und Ableitungsrohre in und an Gebäuden sind undurchlässig und feuersicher herzustellen. Werden sie zur Ableitung unreiner Stoffe benutzt, so sind sie mit einem bis über das Dach zu führenden Dunstrohre zu versehen. Die besonderen Erfordernisse für Kanalisations-, Wasser- und Gasleitungsrohre sind anderweit festgestellt.

§ 23. Wasserversorgung.

Auf jedem bebauten Grundstücke, welches nicht durch die allgemeine Wasserleitung mit Wasser versorgt wird, muß eine eigene Wasserleitung oder ein Brunnen hergestellt werden, wodurch jederzeit reichliches, zum Genuß für Menschen geeignetes Wasser beschafft wird. —

Vergl. § 17 Ziffer 6 des I. Theils.

§ 24. Entwässerung.

1. Das Tagewasser und die flüssigen Wirthschaftsabgänge sind von bebauten Grundstücken durch Rohre mit undurchlässigen Wandungen oder durch befestigte Rinnen in Kanäle oder Straßenrinnsteine zu leiten. Die Wirthschaftswasser müssen jedoch, ehe sie in die Straßenrinnsteine abfließen, auf dem Grundstücke durch einen mit eng vergitterter Ausflußöffnung und mit Wasserverschluß versehenen undurchlässigen Schlammfang geleitet werden. Wo eine Abführung der Abwässer in die Kanäle oder Straßenrinnsteine nicht zugelassen wird, oder wo solche Vorkehrungen

nicht vorhanden sind, kann die Anlage undurchlässiger Sammelbehälter vorgeschrieben werden.

2. Wo eine geregelte unterirdische Ableitung der Abwässer (Schwemmkanalisation) besteht, sind für die Entwässerungsanlage die hierüber erlassenen besonderen Vorschriften maßgebend. —

Siehe § 17 Ziff. 5 des I. Theils.

§ 25. Badestuben und Bedürfnißanstalten.

1. Badestuben und Bedürfnißanstalten müssen Licht und Luft unmittelbar von außen oder von einem oben offenen Lichtschacht erhalten. Innerhalb und unterhalb solcher Lichtschächte ist die Anlage von Badestuben und Bedürfnißanstalten unzulässig. In den vor dem Inkrafttreten dieser Baupolizeiordnung errichteten Gebäuden können für neu herzustellende Badestuben Ausnahmen hiervon zugelassen werden, wenn Einrichtungen zu wirksamer Entlüftung getroffen werden.

2. Bedürfnißanstalten müssen eine Grundfläche von mindestens 1 qm bei 0,80 m geringster Abmessung erhalten.

3. Wo die Auswurfstoffe durch Wasser abgeschwemmt werden, sind für die Einzelheiten der zu diesem Zweck erforderlichen Anlagen die hierüber erlassenen besonderen Vorschriften maßgebend.

4. Werden die Auswurfstoffe zur Abfuhr in regelmäßigen Zeiträumen angesammelt, so dürfen zu diesem Zweck nur undurchlässige, dicht verschließbare Tonnen und Tonnenwagen verwendet werden. Der Tonnenstand muß dicht umschlossen werden und einen undurchlässigen, glatten Fußboden erhalten.

5. Die Anlage von Gruben für Aborte ist verboten.

6. Für Grundstücke, welche landwirthschaftlichen Betrieben dienen, können Ausnahmen von den Bestimmungen zu Ziffer 4 und 5 zugelassen werden. —

Vergl. § 17 Ziffer 5 und 21 (I. Theil).

§ 26. Viehställe.

1. In Viehställen muß der Fußboden undurchlässig hergestellt werden.

2. Zur Aufnahme der Stallabgänge müssen in den Ställen oder in zweckentsprechender Nähe, jedoch in einem Abstand von mindestens 10 m von Röhren- und Kesselbrunnen, undurchlässige Gruben angelegt werden.

3. Nach Straßen hin dürfen Ställe in der Regel keine Oeffnungen haben. In besonderen Fällen können Ausnahmen zugelassen werden.

4. In den Umfassungswänden der Stallgebäude dürfen — unbeschadet der allgemeinen Vorschriften über den Abstand der Gebäude — Oeffnungen nur in einem Abstand von wenigstens 3 m nach allen Richtungen von den mit Oeffnungen versehenen Umfassungswänden anderer Gebäude, wenn diese zum dauernden Aufenthalte von Menschen bestimmt sind (§ 37), angelegt werden.

5. Für die Anlage von Ställen unter Räumen, welche zum dauernden Aufenthalte von Menschen bestimmt sind, können weitergehende Forderungen in Bezug auf die Befestigung des Fußbodens, die Bekleidung der Wände und Decken, die Anordnung von Hohlräumen zwischen der Decke des Stalles und dem Fußboden des darüber befindlichen Geschosses und die Lüftungseinrichtungen, sowie in Bezug auf die Entwässerung gestellt werden.

6. Die Anlage von Ställen, deren Fußboden mehr als 0,50 m in den Erdboden eingesenkt werden soll, ist nur in solchen Stallgebäuden gestattet, welche nicht im Zusammenhang mit anderen Gebäuden stehen oder von diesen durch undurchbrochene massive Wände getrennt sind.

7. Die Anlage von Ställen in Kellern unter Höfen ist nicht zuläßig.

8. Die vorstehenden Bestimmungen finden auf Ställe für Federvieh keine Anwendung. —

Die vorstehenden Bestimmungen dienen zum Schutze der der polizeilichen Obhut überwiesenen gesundheitlichen Interessen.

Ueber „dauernden Aufenthalt" siehe I. Theil § 17 Ziffer 20 dieses Buches.

Titel II.

Polizeiliche Prüfung und Aufsicht bei Bauten.

§ 27. Baupolizeiliche Genehmigung.

Der baupolizeilichen Genehmigung bedürfen:

1. Alle neuen baulichen Anlagen.

2. Bei bestehenden baulichen Anlagen die Herstellung oder Veränderung von massiven oder Fachwerkswänden, Decken, Eisenkonstruktionen, vortretenden Bautheilen, Treppen, Licht-, Lüftungs- und Aufzugsschachten, Feuerstätten oder Schornsteinen. —

Hierzu siehe §§ 1 ff. I. Theil „die Baugenehmigung"; vergl. auch § 13 daselbst über § 82 I 8 A.L.R. und § 23 im II. Theil dieses Werkes (§ 11 des Fluchtliniengesetzes).

§ 28. Bauanlagen.

1. Mit dem Antrage auf polizeiliche Genehmigung (§ 27) ist

a) ein Bauplan vorzulegen, welcher unter Darstellung der Grundrisse sämmtlicher Geschosse, sowie der erforderlichen Querschnitte und Ansichten die Konstruktion und die Abmessungen des Baues im Ganzen, sowie in seinen Theilen mit der Art und Stärke der zu verwendenden Baustoffe genau erkennen läßt und über die beabsichtigte Benutzungsart der Räume Auskunft giebt.

Für die verschiedenen Geschosse gelten folgende Bezeichnungen:

a) Kellergeschoß,

b) Erdgeschoß,

c) Erstes, Zweites (I., II.) u. s. w. Stockwerk,

d) Dachgeschoß.

Die Höhenlage des Baues gegenüber der Straßendammkrone und der Oberfläche des Bürgersteiges muß in den Querschnitten ersichtlich gemacht werden. Soweit es zur baupolizeilichen Prüfung erforderlich ist, sind einzelne Theile des Bauplanes durch Detailzeichnungen zu erläutern und die Tragfähigkeit der Konstruktionen rechnungsmäßig nachzuweisen. Die Einreichung des stotischen Nachweises kann mit Genehmigung der Baupolizeibehörde auch zu einem späteren Zeitpunkte erfolgen.

Baupläne sind in der Regel im Maßstabe von 1 : 100, Detailzeichnungen im Maßstabe von 1 : 20 zu fertigen.

Bei Errichtung neuer baulicher Anlagen, sowie bei der Durchbrechung oder wesentlichen Veränderung der äußeren Umfassungswände bestehender baulicher Anlagen, auf Erfordern auch in sonstigen Fällen, ist außerdem

b) ein Lageplan vorzulegen, welcher im Maßstabe von mindestens 1 : 500 die Lage des Grundstücks zu den angrenzenden Straßen und zu den Nachbargrundstücken unter Einzeichnung der Baufluchtlinien, sowie die Entfernung des beabsichtigten Baues von anderen Gebäuden auf demselben Grundstücke, von Straßen, Nachbargrenzen und den Gebäuden auf Nachbargrundstücken genau erkennen läßt und auf Verlangen der Polizeibehörde durch einen vereideten Landmesser oder Feldmesser beglaubigt werden muß.

2. Das Grundstück, auf welchem gebaut werden soll, muß stets nach Haus- und Grundbuchnummern bezeichnet werden.

3. Für Neubauten ist bei Einreichung der Bauvorlagen anzugeben, wie die Entwässerung stattfinden soll.

4. Die Pläne sind zur Erleichterung der Uebersicht farbig anzulegen.

5. Sämmtliche Bauvorlagen sind in je drei Exemplaren — von dem Bauherrn und dem verantwortlichen Bauunternehmer unterschrieben — einzureichen.

6. Weitere Vorschriften über die Bauvorlagen können von der Polizeibehörde gegeben werden. —

Zu vergl. § 17 Ziff. 10 des I. Theils.

§ 29. Bauscheine.

1. Wird ein Bauplan polizeilich genehmigt, so erhält der Bauherr ein mit Genehmigungsvermerk versehenes Exemplar der Bauvorlagen zurück und einen die Baubedingungen feststellenden Bauschein.

2. Bauschein und Bauvorlagen müssen während der Bauausführung und bis zum Beschlusse des Abnahmeverfahrens (§§ 33 und 39) stets auf der Baustelle bereit gehalten werden.

3. Die Gültigkeit des Bauscheins für Neubauten erlischt nach Jahresfrist, wenn nicht inzwischen die Fundamente gelegt und die Kellermauern bis zur Erdoberfläche hergestellt sind. Im Uebrigen erlischt die Gültigkeit des Bauscheins nach Jahresfrist, wenn inzwischen der Bau nicht begonnen oder wenn ein begonnener Bau länger als ein Jahr nicht ernstlich fortgeführt ist. —

Siehe § 3 I und VII im I. Theil dieses Buches.

Die Frist für die Gültigkeit läuft vom Tage der Ertheilung des Bauscheins, nicht vom Tage der Zustellung des letzteren. Das Aufhören seiner Gültigkeit erfolgt von selbst, ist nicht etwa an eine bestimmte Ungültigkeitserklärung der Behörde oder gar an ein darauf abzielendes Verfahren geknüpft. Siehe auch § 17 Ziffer 3 des I. Theils.

§ 30. Beginn der Bauarbeiten.

Der Tag, an welchem mit der Bauausführung begonnen werden soll, ist vorher der Polizeibehörde unter Angabe des Datums und der Nummer des Bauscheins schriftlich anzuzeigen.

§ 31. Baugerüste und Bauzäune.

1. Baugerüste und Bauzäune dürfen nur auf Grund und nach Maßgabe einer bei der Polizeibehörde schriftlich nachzusuchenden Genehmigung errichtet und benutzt werden. Ihre Herstellung kann auch ohne Antrag polizeilich angeordnet werden.

2. Das Vortreten von Baugerüsten und Bauzäunen auf Bürgersteige wird nur gestattet, soweit es mit den Verkehrsrücksichten vereinbar ist, und so lange die Bauausführung es nothwendig macht.

3. Im Uebrigen sind für die Konstruktion und Benutzung von Gerüsten die hierüber erlassenen besonderen Vorschriften maßgebend.

§ 32. Sicherungsmaßregeln bei der Bauausführung.

1. Im Innern von Neubauten sind hölzerne Balkenlagen eines jeden Geschosses alsbald nach ihrer Verlegung auszustaken; eiserne Balkenlagen, Treppenöffnungen und sonstige Oeffnungen sicher zu überdecken, zu umfriedigen oder unzugänglich zu machen.

2. Die Baustellen sind, soweit es zur Verhütung von Unglücksfällen erforderlich ist, während der Dunkelheit zu beleuchten.

3. Bei Ausführung von Bauten in der Nähe vorhandener Gebäude sind die zur Sicherheit der letzteren nothwendigen Vorkehrungen (Ausführung der Grundmauern in kurzen Strecken, Absteifen oder Unterfahren der Mauern anstoßender Gebäude und dergl.) zu treffen. —

Es wird hierbei auf § 14 (I. Theil) zu § 120a und b der Gewerbeordnung sowie § 11 über § 367 Ziffer 14 St.G.B. hingewiesen.

Zu vergl. auch § 96 des Unfallversicherungsgesetzes sowie §§ 908, 909, 912 B.G.B.

§ 33. Rohbauabnahme.

1. Wenn ein Bau in seinen Wänden und Eisenkonstruktionen, einschließlich der feuersicheren Treppen, sowie in Dach- und Balkenlagen vollendet ist, hat der Bauherr die Abnahme bei der Baupolizeibehörde schriftlich zu beantragen.

2. Zu dem dann anzuberaumenden Termine muß der Bauherr auf Vorladung entweder persönlich erscheinen oder in geeigneter Weise vertreten sein. Im Termine müssen alle Theile des Baues sicher zugänglich sein und die Balkenverankerungen im Innern durchweg, Eisenkonstruktionen aber so weit offen liegen, daß die Abmessungen geprüft werden können.

3. Nach vorschriftsmäßiger Ausführung wird durch die Baupolizeibehörde die Abnahme des Rohbaues bescheinigt.

4. Ergeben sich bei der polizeilichen Prüfung Mängel, so hat sie der Bauherr abzustellen und demnächst erneute Abnahme zu beantragen.

5. Anträge auf geforderte Abnahme einzelner Bauarbeiten und Bautheile können nur ausnahmsweise berücksichtigt werden.

6. Vor Ertheilung des Rohbauabnahmescheins dürfen unbeschadet der Bestimmungen des § 39 Gebäude und Gebäudetheile nicht benutzt werden. —

Siehe § 17 Ziffer 3 I. Theil.

§ 34. Putzarbeiten.

Bei Ertheilung des Rohbauabnahmescheins wird bestimmt, wann mit den inneren und äußeren Putzarbeiten begonnen werden darf. Gebäude, welche ganz oder theilweise zum dauernden Aufenthalte von Menschen bestimmt sind (§ 37), dürfen nicht früher als sechs Wochen nach Vollendung des Rohbaues geputzt werden.

§ 35. Genehmigung zu geringfügigen Anlagen.

1. Auf geringfügige Ausführungen, insbesondere auf die in § 9 erwähnten Schuppen, Buden u. s. w., die Anlage von Abort- und Sammelgruben, Grenzmauern, Zäunen, Baubuden nebst Aborten finden die Bestimmungen der § 28 bis einschließlich 34 keine Anwendung.

2. Es sind jedoch dem Genehmigungsgesuche die zur Verdeutlichung nöthigen Vorlagen beizufügen. Für diese Anlagen bedarf es nur einer schriftlichen Genehmigung. —

Ueber Baubuden nebst Aborten siehe I. Theil § 14 das zu § 120a und b der Reichsgewerbeordnung Gesagte.

Durch diesen Paragraphen sind Erleichterungen von den sonstigen Vorschriften über die Baugenehmigung geschaffen.

§ 36. Abbruch von Gebäuden.

1. Auf den Abbruch von Gebäuden finden die Vorschriften der §§ 31 und 32 sinngemäße Anwendung.

2. Mit Abbruchsarbeiten darf erst nach schriftlicher Anzeige bei der Baupolizeibehörde begonnen werden. —

Vergl. § 11 (I. Theil) die einschlägigen daselbst angeführten Paragraphen des St.G.B.

Titel III.

Besondere Bestimmungen für die Benutzung von Gebäuden.

§ 37. Zum dauernden Aufenthalte von Menschen bestimmte Räume.

Als Räume, welche nicht zum dauernden Aufenthalte von Menschen bestimmt sind, gelten insbesondere: Flure, Treppen, Korridore, Bodenräume, Bedürfnißanstalten, die für den Hausbedarf bestimmten Badestuben, ferner Wintergärten mit Rollkammern, Speisekammern und ähnliche Vorrathsräume, Räucherkammern, Gewächshäuser, Kegelbahnen, Heizräume, Kessel- und Maschinenräume, wenn sie nur Heizungs-, Lüftungs-, Beleuchtungs- und Aufzugsbetrieben dienen, Wein-, Bier- und Branntweinkellereien und Räume, welche lediglich zur Lagerung von Waaren und zur Aufbewahrung von Gegenständen bestimmt sind.

Für alle zum dauernden Aufenthalte von Menschen bestimmten Räume gelten folgende Bestimmungen:

1. In einem Gebäude dürfen niemals mehr als fünf zum dauernden Aufenthalte von Menschen bestimmte Geschosse übereinander angelegt werden; auch darf der Fußboden des obersten Geschosses dieser Art nie mehr als 18 m über der Oberfläche des Bürgersteiges oder des Hofes liegen.

2. Alle zum dauernden Aufenthalte von Menschen bestimmte Räume müssen trocken sein und durch Fenster von ausreichender Größe und zweckmäßiger Lage unmittelbar Luft und Licht von außen erhalten. Sie dürfen indessen, wenn ihre Lage und Zweckbestimmung eine Beleuchtung unmittelbar von oben bedingt, durch Deckenlicht erhellt werden. Dabei müssen jedoch Vorkehrungen getroffen werden, welche einen ausreichenden Luftwechsel sicherstellen.

3. Sie müssen ferner eine — bei ungleicher Höhenlage der Decke oder des Fußbodens im Durchschnitt zu berechnende — lichte Höhe von mindestens 2,80 m haben und nirgends tiefer als 0,50 m unter der Oberfläche des Bürgersteiges oder des Hofes liegen.

Das Maß von 0,50 m kann auf 1 m erhöht werden, wenn an der zugehörigen Außenwand ein durchgehender Licht- und Lüftungsgraben hergestellt wird. Ein solcher Graben muß mindestens 1 m breit sein und mit seiner gut zu entwässernden Sohle mindestens 0,15 m tiefer als der Fußboden der anstoßenden Räume liegen.

4. Räume am Hofe, deren Decke nicht mindestens 2,50 m über dessen Oberfläche liegt, dürfen zum dauernden Aufenthalte von Menschen nur benutzt werden, wenn die sämmtlichen am Hofe belegenen Gebäude desselben Grundstücks in der Höhe die Ausdehnung des Hofes vor ihnen — senkrecht zu ihrer Front gemessen — nicht überschreiten.

5. Gebäude, welche ganz oder theilweise zum dauernden Aufenthalte von Menschen bestimmt sind, müssen gegen aufsteigende Erdfeuchtigkeit und Bodenluft durch wagerechte Isolirschichten in den Mauern und durch eine undurchlässige massive Sohle geschützt werden. Liegen die Fußböden derartiger Räume tiefer als der Bürgersteig oder die Hofoberfläche, so sind ihre mit dem Erdreich in unmittelbare Berührung kommenden Umfassungswände — wenn davor nicht ein Licht- und Lüftungsgraben angelegt ist — auch seitwärts gegen das Eindringen von Erdfeuchtigkeit zu schützen. Der Fußboden jedes zum dauernden Aufenthalte von Menschen bestimmten Raumes muß mindestens 0,40 m über dem höchsten bekannten Grundwasserstande angelegt werden.

6. Dachräume dürfen zum dauernden Aufenthalt von Menschen nur dienen, wenn sie den Bestimmungen der Ziffern 1, 2 und 3 entsprechen, unmittelbar über dem obersten Stockwerke liegen und wenn sie und ihre Zugänge von den übrigen Bodenräumen durch feuersichere Wände abgeschlossen werden. Unter diesen Bedingungen dürfen oberhalb der fünf zum dauernden Aufenthalte von Menschen zugelassenen Geschosse im Dachgeschosse Waschküchen für den Hausbedarf hergestellt werden, auch wenn der Fußboden höher als 18 m über der Oberfläche des Bürgersteiges oder des Hofes liegt. Es muß dann aber in der Nähe der Waschküche eine Bedürfnißanstalt angelegt werden (§ 25).

7. Jeder zum dauernden Aufenthalte von Menschen wirthschaftlich gesondert benutzte Gebäudetheil muß einen jederzeit leicht und sicher erreichbaren feuersicheren Zugang zu zwei Treppen oder zu einer unverbrennlichen Treppe haben. Im letzteren Falle bleibt es der Polizeibehörde überlassen, im sicherheitspolizeilichen Interesse weitere Forderungen für die Treppenanlage und ihre Zugänge zu stellen.

8. Grundstücke, auf denen sich zum dauernden Aufenthalte von Menschen bestimmte Gebäude befinden, müssen mit vorschriftsmäßigen, ausreichenden und für alle Betheiligten leicht zugänglichen Bedürfnißanstalten (§ 25), sowie mit genügend großen Behältern je für Abfälle und Asche (§ 21) versehen sein. Für derartige Gebäude kann die Herstellung von Dachrinnen und Abfallröhren gefordert werden. —

Ueber den dauernden Aufenthalt s. § 17 Ziffer 20 im I. Theil.

Um Beispiele für Räume, die als zum dauernden Aufenthalt bestimmte anzusehen sind, anzuführen, so sind in erster Linie die Wohn- und Schlafräume zu bezeichnen, sodann Küchen, Werkstätten, Schank- und Speisewirthschaften, Fabrikgebäude, soweit es sich um Räume handelt, in denen die Arbeiter ihre Arbeit verrichten, Maschinenräume, in welchen die nicht bloß vorübergehend im Betrieb stehenden Maschinen bespeist werden müssen, Backräume u. dergl. m. Vergl. auch §§ 8, 9 im I. Theil oben.

Bezüglich des unmittelbaren Zutrittes von Luft und Licht s. § 17 Ziffer 21 oben I. Theil.

Ob ein Fenster (Abs. 2 Nr. 2) von ausreichender Größe ist, muß von Fall zu Fall entschieden werden.

§ 38. Gewerbliche nicht unter § 16 der Reichsgewerbeordnung fallende Betriebsstätten, stark besuchte Gebäude, Lagerräume.

1. Besondere über die Vorschriften des Titels I hinausgehende baupolizeiliche Anforderungen kann die Baupolizeibehörde für Gebäude und Gebäudetheile stellen:

a) in denen Fabriken oder solche gewerbliche Betriebsstätten eingerichtet werden sollen, welche starke Feuerung erfordern, zur Verarbeitung leicht brennbarer Stoffe dienen, eine besonders große Belastung oder Erschütterung der Gebäude, einen starken Abgang unreiner Stoffe oder eine erhebliche Luftverschlechterung bedingen. Es gehören dahin namentlich:

Glüh- und Schmelzöfen aller Art, Schmieden, Tiegelgießereien, Theer- und Oelkochereien, Backöfen, Räucherkammern, Holzbearbeitungswerkstätten (Tischlereien, Drechslereien, Böttchereien, Stellmachereien u. dergl.), Druckereien, Färbereien u. dergl.,

b) welche zur Aufbewahrung einer größeren Menge brennbarer Stoffe bestimmt sind (Speicher, Lagerräume und dergl.),

c) welche zur Vereinigung einer größeren Anzahl von Menschen bestimmt sind, und nicht unter die Polizeiverordnung vom 31. Oktober 1889 und 3. April 1891 fallen,

d) für die Grundstücke, auf welchen der Hauptstof zum Theil eine Glasüberdachung erhalten hat (§ 2 Ziffer 4).

2. Die an den Bau und die Einrichtungen solcher Gebäude oder Gebäudetheile zu stellenden besonderen Anforderungen betreffen vornehmlich: die Stärke und Feuersicherheit von Wänden, Decken, Dächern, Fußböden, Treppen, Feuerstätten und Schornsteinen, die Zahl und Konstruktion der Brandmauern, die Zahl, Breite und sonstige Anordnung der Treppen und Ausgänge, die Art der Aufbewahrung und Beseitigung brennbarer Abfälle, sowie unreiner Abgänge, die regelmäßige Zuführung von frischer Luft, die Unterhaltung von Brunnen und Wasserbehältern. Auch kann die Verwendung eiserner Oefen und freiliegender Rohre untersagt und die Heizung gewisser Räume nur von außen oder innerhalb massiver Vorgelege zugelassen werden.

3. In Wohngebäuden kann die Einrichtung von Tischlereien und anderen gleich feuergefährlichen Arbeitsstätten, sowie die Anordnung von Lagerräumen zur Aufnahme feuergefährlicher Waaren davon abhängig gemacht werden, daß sämmtliche oberhalb belegenen Wohnungen mindestens einen mit den Betriebsstätten außer Berührung stehenden Treppenzugang haben und durch unverbrennliche Decken von den Arbeitsstätten und Lagerräumen getrennt sind.

4. Jede Aenderung der inneren baulichen Einrichtung der in Ziffer 1 erwähnten Gebäude und Anlagen bedarf der polizeilichen Genehmigung. —

Hierbei sei auf die Ausführungen im I. Theil § 14 über die einschlägigen Bestimmungen der Gewerbeordnung hingewiesen (§§ 30ff. — die Vorschriften für

Krankenanstalten, Theater, Cirkus- und Versammlungsräume, Gastwirthschaften u. s. w. — § 120a und b daselbst, auch den hinter § 147 der Gewerbeordnung angeführten Ministerial-Erlaß vom 11. Mai 1883, betreffend den Verkehr mit Mineralölen), ferner auf § 16 des I. Theils, betreffend die Waarenhäuser.

§ 39. Gebrauchsabnahme.

1. Gebäude und Gebäudetheile, welche zum dauernden Aufenthalte von Menschen oder zu Zwecken der im § 38 angegebenen Art bestimmt sind, dürfen nicht eher in Benutzung genommen werden, als bis nach Vollendung der baulichen Einrichtung eine baupolizeiliche Prüfung vorgenommen und ein Gebrauchsabnahmeschein ertheilt ist.

2. Dieser darf in der Regel nicht früher als sechs Monate nach Ausfertigung des Rohbauabnahmescheins ertheilt werden.

3. Im Uebrigen finden auf die Anmeldung zur Gebrauchsabnahme und das dabei zu beobachtende Verfahren die im § 33 für die Rohbauabnahme getroffenen Bestimmungen sinngemäße Anwendung. —

Siehe § 17 Ziffer 3 (I. Theil) oben über Gebrauchsabnahme.

Titel IV.

Allgemeine Bestimmungen.

§ 40. Anwendung der vorstehenden Bestimmungen auf vorhandene Gebäude.

1. Auf Veränderungen und Erneuerungen von vorhandenen baulichen Anlagen finden in der Regel die Vorschriften dieser Baupolizeiordnung Anwendung.

2. Werden vorhandene Gebäude oder Gebäudetheile, welche bisher nicht zum dauernden Aufenthalte von Menschen oder zu Zwecken der im § 38 angegebenen Art benutzt werden durften, hierfür bestimmt, so finden die Vorschriften der §§ 37 bis 39 Anwendung.

3. Für bauliche Arbeiten, welche einzeln oder zusammen eine erhebliche Veränderung eines Gebäudes darstellen, kann die baupolizeiliche Genehmigung auch davon abhängig gemacht werden, daß gleichzeitig die durch den Entwurf an sich nicht berührten Gebäudetheile, soweit sie den Vorschriften dieser Baupolizeiordnung widersprechen, damit in Uebereinstimmung gebracht werden.

4. Außerdem finden die Vorschriften dieser Baupolizeiordnung den zu Recht bestehenden baulichen Unterlagen gegenüber nur soweit Anwendung, als überwiegende Gründe der öffentlichen Sicherheit es unerläßlich und unaufschiebbar machen. —

Unter Veränderungen fallen nicht blos die Um- und Ausbauten (vergl. § 11 des Fluchtliniengesetzes), sondern auch die Reparaturen. Siehe auch I. Theil dieses Buches §§ 7 ff.

Was als eine erhebliche Veränderung eines Gebäudes anzusehen ist, ist eine Thatfrage, die nach der Verschiedenheit der einzelnen Fälle verschieden zu beantworten sein wird. Es wird dabei vor Allem das Größenverhältniß der Veränderung zu dem bestehenden Gebäude, die Aenderung in der Zweckbestimmung u. dergl. m. in Betracht zu ziehen sein, z. B. wenn Wohnräume in Geschäftsräume umgewandelt und damit Fenster zu Thüren geändert werden.

§ 41. Grenzveränderungen.

Werden durch eintretende Veränderungen der Grenzen bebauter Grundstücke Verhältnisse geschaffen, welche den Vorschriften dieser Baupolizeiordnung zuwiderlaufen, so sind die betreffenden Gebäude oder Gebäudetheile entsprechend umzugestalten oder zu beseitigen. —

Vergl. § 8 (I. Theil) die O.G. vom 19. September 1890.

§ 42. Ausnahmen.

1. Ausnahmen von den Bestimmungen dieser Baupolizeiordnung können für alle öffentlichen Bauten, im Uebrigen aber, so weit sie im Vorstehenden vorgesehen sind, von der Baupolizeibehörde zugelassen werden.

2. Zur Ertheilung von Dispensen ist der Bezirksausschuß überall zuständig. —

Eine Ausnahme zu ertheilen ist in das Ermessen der Polizeibehörde gestellt, die selbstverständlich nach pflichtmäßiger Würdigung aller in Betracht kommender Verhältnisse sich zu entscheiden haben wird, ob sie von ihrer Ausnahmebefugniß Gebrauch machen will oder nicht. Der Rechtskontrolle unterliegt die polizeiliche Entscheidung in dieser Beziehung nur nach der Richtung hin, ob sie etwa auf Willkür beruht und darum einer Aenderung bedarf.

Ueber Dispens siehe oben I. Theil § 10.

§ 43. Uebergangsbestimmungen.

1. Diese Baupolizeiordnung tritt am Tage der amtlichen Veröffentlichung unter gleichzeitiger Aufhebung der Baupolizeiordnung für den Stadtkreis Berlin vom 15. Januar 1887 in Kraft. Die auf Grund der letzteren erlassenen Bekanntmachungen bleiben bis auf Weiteres in Kraft, desgleichen die Polizeiverordnung vom 27. April 1894, betreffend die Baubeschränkungen der Schöneberger Wiesen u. s. w.

2. Die nach der Baupolizeiordnung vom 15. Januar 1887 bereits ertheilten Bauscheine verlieren, sofern ihre Gültigkeit nach § 29 nicht früher erlischt, die Gültigkeit nach Ablauf von fünf Monaten vom Tage der Veröffentlichung dieser Verordnung ab, wenn nicht inzwischen die Fundamente gelegt und die Kellermauern bis zur Erdoberfläche hergestellt sind.

§ 44. Strafen.

Uebertretungen der vorstehenden Vorschriften werden, soweit nicht sonstige weitergehende Strafbestimmungen insbesondere der § 367 Ziffer 12 bis 15, und § 368 Ziffer 3 und 4 des Reichsstrafgesetzbuches Platz greifen, mit einer Geldstrafe bis zu 30 Mark oder im Unvermögensfalle mit verhältnißmäßiger Haft geahndet. Daneben bleibt die Polizeibehörde befugt, die Herstellung vorschriftsmäßiger Zustände herbeizuführen. —

Hierzu siehe § 11 des I. Theils dieses Buches sowie § 9 daselbst.

Sachregister.

(Die Zahlen bedeuten die Seiten.)

A.

Abänderung 64, 65, 66, 104, 111, 138, 417.
— des Konsenses 372.
— des Ortsstatuts 382.
— von Fluchtlinien 344, 362.
Abbau 326.
Abblasevorrichtung 224.
Abbrechen 277.
Abbruch 75, 108, 122, 124, 171, 312, 313, 333, 392, 447.
Abbruchsarbeit 172, 447.
Abdeckerei 201, 208, 233.
Abfall 131.
Abfälle 256, 449.
—, leicht verbrennliche 275.
—, trockene 243.
Abfallprodukte 232.
Abfallrohr 198, 243.
Abfallstoffe 243, 422.
Abfluß 102, 254, 262.
Abflußhinderung 408.
Abflußprofil 406.
Abgang 195.
Abgänge 449.
Abgabe, öffentliche 190, 196, 204.
Abgabepflicht 189.
Abgeordnetenhaus 45.
Abgrenzung 31.
Abhaltung 16.
Abhang 176.
Abhülfe 105.
Ablagerung 412.
Ablehnung 35, 53, 86, 236, 305.
— der Genehmigung 418.
Ableitung 232, 280.
—, unterirdische 443.
Ableitungsrohr 442.
Ablösung 96.
Abmessung 429, 446.
Abmessungen, alte 416.
Abnahme 49, 76, 212, 213, 268.
— des Grundstücks 393.
— eines Baues 446.
Abnahmeprüfung 213, 218, 219, 220.
Abnahmeschein 220, 268, 269, 292.
Abnahmeverfahren 445.
Abnutzung 207.
Abort 61, 243, 259, 443, 447.
Abortgebäude 371.
Abortgrube 447.
Abrundung 428.
Abschätzungsverhandlung 421.
Abschluß 272, 284, 285.
— der Verhandlungen 235.
—, feuersicherer 264.
Abschlußmaterial 279.
Abschnitt einer Straße 382, 400.
Abschrägung 439.
Abschwemmen des Bodens 332.
Absolut 17.
Absonderungshaus 244.
Absperrung 223.
— eines Weges 350.
Absteckung 419, 422.
Abstellung 129.
Abstandnahme 148.
Absteifen 446.
Absteifung 17.
Abstumpfung 428.
Abtritt 254.

Abtrittgrube 243.
Abwärtsbewegung 268.
Abwässer 234, 280, 324, 422.
Abwehr 229.
Abweichung 27, 82, 164, 179.
— von der Genehmigung 418.
Abweisung 207.
Abzäunung 394.
Accidenz 339.
Ackerland 391.
Aktiengesellschaft 51.
Aktion, polizeiliche 30, 98.
Adjazent 281, 325, 382, 400.
Adjazentenbeitrag 379.
Agrargesetze 328.
Agrargesetzgebung 124.
Ahndung, strafrechtliche 167.
Alarmvorrichtung 275.
Albuminpapier 202.
Alignement 415.
Alternative 113, 164.
Amt 163, 168, 182.
Amtsausschuß 214, 216.
Amtsbehörde 45.
Amtsbezirk 42, 182, 188.
Amtsblatt 203, 212, 406.
Amtsverband 41.
Amtsvorsteher 42, 75.
Anbau 28, 57, 72, 277, 296, 308, 330, 335, 339, 344, 349, 354, 356, 369, 377, 378, 380, 381, 382, 384, 387, 389, 395, 400.
Anbauer 384, 385.
Anbaufähig 93.
Anbaufähigkeit 97.
Anbauten 306.
Anbauung 357.
Aenderung 53, 59, 65, 66, 104, 122, 154.
— eines Planes 370.
—, konstruktive 181.
Andringen des Wassers 405.
Androhung 62, 104, 105, 127, 146, 151.
Anerkenntniß 422.
Anfechtbar 151.
Anfechtbarkeit 308.
— eines Ortsstatuts 396.
Anfechtung 63, 87, 88, 98, 100, 160, 165, 303.
Anforderung 4, 27, 52, 58, 59, 82, 96, 106, 118, 139, 144, 155, 163, 240, 318.
Angehörige 6.
Angelegenheit, öffentlich-rechtliche 193.
Angemessenheit 57.
Angriff 90.
Angriffsweg 275.
Anhalten, selbstthätiges 266.
Anker 224.
Ankleideraum 257.
Ankündigung 151.
Anlage 13, 14, 22, 27, 52, 60, 71, 81, 88, 101, 106, 115, 118, 125, 140, 144, 163, 174, 180, 189, 195, 197, 199, 202, 231, 233, 235, 278, 299, 330, 338, 367, 409, 411, 416, 450.
Anlage, bauliche 29, 353, 373, 427, 444.
—, elektrische 273.
—, feuersichere 290.
—, gartenmäßige 350.
—, geringfügige 447.
—, gewerbliche 38, 204, 207, 208, 229, 230, 258, 260.
—, gewölbte 413.
—, konsenspflichtige 143, 203, 205.
—, neue 396.
—, nicht konzessionspflichtige 202.
—, schädliche 200.
Anlaß, praktischer 60.
Anlaufshafen 219.
Anlegung 213.
Anlegung von Straßen 46, 333, 336, 339, 344, 352, 356, 363, 371, 373, 376, 379, 395, 396, 397, 400, 402.
Anleitung, technische, 207.
Anlieger 281, 351, 394, 399, 401.
Anliegerbeitrag 399, 401, 402, 403.
Anmeldefrist 411.
Anordnung 6, 21, 29, 33, 37, 55, 56, 59, 60, 65, 77, 87, 90, 95, 99, 105, 110, 114, 118, 128, 130, 145, 147, 156, 157, 226, 388, 417, 423.
— vorsorgliche, 372.
Anpflanzen 197.
Aufschluß 92, 280.
Anschlußpflicht 280.
Anschlußrohr 280.
Ansehen, äußeres 130.
Ansiedelung 53, 61, 81, 84, 113, 293, 299, 300, 305, 307, 311, 318, 321, 325, 327, 330, 331.
—, Beseitigung derselben, 312.
Ansiedelungsantrag 296, 301, 320.
Ansiedelungsbefugniß 305.
Ansiedelungsfreiheit 284.
Ansiedelungsgesetz 61, 66, 77, 84.
Ansiedelungsgenehmigung 66, 80, 113,

294, 295, 296, 300, 305, 317, 318, 322, 325, 327.
Ansiedelungsgrundstück 303.
Ansiedelungskonsens 113, 323.
Ansiedelungskommission 312.
Ansiedelungsplatz 294, 304.
Ansiedelungsrecht 84, 323.
Ansiedelungssache 303.
Ansiedelungsunternehmen 310.
Ansiedelungsverfahren 297, 330, 334.
Ansiedelungszweck 300, 323.
Ansiedler 294, 300, 317, 324.
Anspruch 87, 102, 290, 393, 398, 399.
—, gewerblicher 112.
Anstalt 240, 241.
Anstalten, gemeinnützige 35.
—, nöthige, 2.
—, verkehrspolizeiliche 375, 376.
Anstand 256.
Anständigkeit 85.
Anstrich 142.
Antrag 54, 92, 114, 202, 214.
—, erneuter, 370.
—, wiederholter 304.
Anweisung 45, 70. 79, 103, 117.
Anwendung 72.
Anwohner 197, 199, 200.
Anzeige 20, 23, 95, 102, 121.
Anzünden 252.
Apparat 232.
Approbation 230.
Arbeit 12.
Arbeiten 160, 362.
—, gewerbliche 39.
Arbeiter 174, 203, 256, 257.
Arbeiterfürsorge 258.
Arbeiterhaus 313.
Arbeitskräfte 207, 210, 226.
Arbeitsraum 139, 256.
Arbeitsstätte 270, 272, 449.
Arbeitszeit 258.
Archiv 119.
Armenlast 309.
Armirung 421.
Armirungszustand 422.
Art, ortsübliche 302.
—, regelrechte des Baues 177.
Asbest-Vorhang 271.
Aschebehälter 430, 442.
Asphaltdach 277.
Asphaltkocherei 201, 208.
Atelier 271.
Attika 430.
Atmosphäre 219, 224.
Atmosphärendruck 219.
Aufbau 71.
Aufbauten 432.
Aufbereitungsanstalt 206, 208, 215, 222, 227, 131, 235, 238.
Aufbewahrung 262, 270.
Aufenthalt 14, 263, 317.
—, dauernder, 139, 141, 142, 271, 278, 302, 377, 429, 438, 443, 447, 448, 450.
— von Menschen 285, 387.
Auffassung 73, 87.
Aufforderung 406.
—, polizeiliche 189.
Aufforstung 333.
Aufgabe 4, 37, 82.
— des Baues 379.
Aufhängen 196.
Aufheben von Fluchtlinien 362.
Aufhebung 69, 97.
— von Fluchtlinien 344.
Auflage 53, 61, 64, 88, 97, 104, 132, 188.
—, beschwerende 425.
Auflassung 157.
Auflösung 14, 275.
Aufmerksamkeit 168, 173.
Aufnahme 5.
— von Wasser 401.
Aufopferung von Rechten 423.
Aufrechterhaltung eines Zustandes 156.
Aufsatzrohr 441.
Aufschub 216.
Aufschüttung, dammartige 408.
Aufschlagen 251.
Aufsicht 33, 70, 220, 268.
—, eisenbahntechnische 211.
Aufsichtsbeamter 269.
Aufsichtsbezirk 222.
Aufsichtsinstanz 71, 188.
Aufsichtsrecht 161.
Aufsichtsweg 128, 147.
Aufstapelung 415.
Aufstellen 196.
Aufstellung 218.
Aufstellungsraum 215.
Auftritt 438.
Auftrittsbreite 242, 438.
Aufwand 397.
Aufwendung 117, 257.
Aufzug 263.
Aufzugsbesitzer 267.
Aufzugseinrichtung 263.
Aufzugsmaschine 266.

Aufzugsschacht 264.
Auge 83, 85.
Ausbau 20, 276, 277, 297, 307, 336, 341, 362, 365, 367, 371, 373, 375, 388, 391, 400, 450.
Ausbau, innerer 365, 373.
Ausbessern 177.
Ausbesserung 131, 154, 172, 177, 179, 221, 277.
Ausbreitung der Gewässer 404, 405.
Ausdehnung 4, 58, 96.
— des Eigenthums 122.
—, räumliche, 416.
Ausdruck 4, 82.
Ausdünstung 38.
Auseinandersetzungsbehörde 327.
Auseinandersetzungsverfahren 328.
Ausfertigung 214, 215, 217, 238, 239, 253.
Ausflußöffnung 442.
Ausführen 174.
Ausführung 21, 27, 50, 56, 59, 60, 62, 65, 71, 76, 97, 99, 118, 146, 162, 170, 173, 179, 183, 184, 207, 235, 236, 239, 372.
Ausführungsgesetz 51.
Ausführungsverordnung 191.
Ausführungsvorschriften 349.
Ausgabe, buchmäßige 189.
—, effektive 189.
—, polizeiliche 189.
Ausgang 72, 247, 249, 270, 272, 274, 369, 377, 378, 379, 381, 386, 449.
Ausgangsthür 249, 251.
Ausgangspunkt 17.
Ausgestaltung 85.
Ausgießen 196.
Ausgraben 125.
Aushändigung 80, 220.
Ausheben der Baugrube 371.
Ausladung 273, 428, 437.
Auslagen, baare 239.
Auslagetisch 273.
Ausland 50, 219.
Auslaufen 261.
Auslegung von Plänen 411.
Ausnahme 80, 94, 117, 158, 162, 167, 244, 357, 385. 387, 390, 451.
Ausnahmebewilligung 166, 387.
Ausnahmefall 73.
Ausnahmezustand 283.
Ausspruch 72, 100.
Ausrüstung 217.
Ausschachtung 74, 126, 173.
Ausschank 206, 255.
Ausschließung 19.
Ausschlußfrist 343.
Ausschmückung 274.
Ausstattungsgegenstand 254.
Ausstellung 13.
Ausstellungsgebäude 435.
Ausströmen 228.
Austrocknung des Weges 353.
Ausübung 18, 97, 155, 229.
— eines Rechtes 426.
Auswahl 112.
Ausweichung 129.
Auswerfen 196.
Auswurfstoffe 243, 443.
Auszahlung der Sicherheit 238.
Außenfläche 271.
Außenfront 263, 436.
Außenseite 130.
Außenwand 290, 292, 448.
Außenwelt 335.
Außerbetriebsetzung 225.
Außerbetriebstellung 227.
Autonomie 166.
Autorität 2, 3.

B.

Backofen 449.
Badeeinrichtung 245.
Badeofen 440.
Badeplatz 375.
Baderaum 243.
Badestube 443.
Bahn 211, 298.
Bahnanlage 48.
Bahnaufsichtsbehörde 34.
Bahnbau 173, 334.
Bahnhof 298, 359, 360.
Bahnhofsanlage 48.
Bahnhofshalle 284.
Bahnkörper 173.
Bahnlinie 48, 298.
Bahnwärter 298.
Bahnwärterhaus 298.
Balken 413.
Balkendecke 435.
Balkenlage 284, 446.
Balkenverankerung 446.
Balkon 190, 278, 367, 368, 436.
Balkenzwischenraum 413.
Ballast 412.
Barometerstand 261.
Bau 12, 13, 20, 30, 34, 35, 54, 57, 63, 67, 71, 72, 74, 76, 83, 87, 94,

95, 97, 102, 105, 114, 116, 121, 128, 132, 138, 159, 170, 177, 183, 309, 342, 367, 371, 387.
—, angefangener 372.
—, ausgeführter 166.
—, begonnener 162, 369, 370.
—, Begriff desselben 173, 174.
—, einheitlicher 141.
—, fiskalischer 50.
—, konsentirter 164, 372.
—, noch nicht ausgeführter 161.
—, projektirter 164, 183.
—, rechtswidriger 345.
—, unvereinbarer 372.
—, vollendeter 162, 164.
Bauabnahme 278.
Bauanlage 114, 195, 286, 358, 444.
Bauabsicht 21.
Bauantrag 52, 348.
Bauarbeit 120.
Bauart 206, 213, 217, 218, 220, 231, 276, 339, 416.
Bauaufzug 267.
Bauausführung 5, 27, 55, 57, 116, 180, 445.
—, beanstandete 99.
Baubeamter 43, 203, 232, 233, 235.
Baubedingung 30, 55, 56, 59, 60, 64, 65, 67, 102, 104, 107, 132, 163, 445.
Baubefugniß 24, 109, 305.
Baubeschränkung 37, 58, 67, 330, 346, 348, 354, 358, 364, 369, 374.
Baubude 447.
Baudenkmal 119.
Bauen 12, 294, 363.
—, vorzeitiges 388.
—, wildes 378.
Bauender 1, 110.
Bauerlaubniß 11, 24, 27, 35, 43, 44, 54, 69, 70, 72, 75, 80, 89, 93, 97, 98, 100, 109, 114, 165, 166, 193, 258, 277, 278, 294, 299, 316, 320, 328, 344, 348, 357, 372, 376, 382, 385, 398.
Bauerlaubnißgesuch 372.
Bauerlaubnißschein 54.
Baufall 159.
—, konkreter 116.
Baufälligkeit 122, 129.
Bauflucht 100, 197, 352.
Baufluchtengesetz 187, 335.
Baufluchtenplan 363.
Baufluchtlinie 94, 100, 197, 278, 330, 333, 334, 337, 341, 342, 345, 347, 352, 353, 354, 367, 368, 371, 384, 386, 389, 427, 436.
Baufreiheit 11, 17, 19, 20, 33, 37, 56, 67, 77, 79, 115, 116, 140, 145, 162, 338, 341, 342, 356, 366, 372, 389, 390, 391.
Bauführer 174, 178.
Baugenehmigung 20, 21, 23, 24, 54, 65, 67, 76, 102, 106, 204, 329, 363, 370.
Baugenehmigungsgesuch 52, 53.
Baugerüst 17, 446.
Baugesuch 35, 49, 51, 79, 81, 87, 92, 98, 186, 193, 345, 367, 387.
Baugesuchsteller 56.
Baugewerbe 171, 174.
Baugrube 74, 125.
Baugrund 282, 352.
Baugrundstück 58, 94, 282, 378.
Bauhandwerk 17, 171.
Bauhandwerker 179, 418.
Bauherr 1, 53, 66, 67, 76, 91, 117, 159, 178, 180, 329, 370, 371, 446.
Bauholz 415.
Baukonsens 26—28, 29, 33, 35, 42, 43, 46, 47, 49, 50, 54, 57, 59, 61, 62, 63, 69, 70, 71, 74, 79, 80, 85, 87, 89, 95, 97, 101, 141, 162, 165, 180, 187, 204—206, 280, 290, 296, 297, 313, 338, 348, 372, 391—393, 425.
—, Entbehrlichkeit desselben 42.
Baukonsensbedingung 57.
Baukonsensgesuch 47, 366.
Baukonsensversagung 95, 98, 387.
Baukonsensverweigerung 78.
Baukonstruktion, eiserne 201.
Baukunst 17, 169, 174, 176.
Bauland 387.
Baulandeigenschaft 387.
Baulast 199, 397—407.
Bauleiter 1, 275.
Baulichkeit 31, 39, 56, 101, 157, 246, 261, 358, 408, 411, 414.
Baulustiger 21, 36, 44, 55, 66, 77, 109, 158, 185, 194, 370, 386.
Baumaterial 74, 169, 259, 317, 415.
Baumeister 178, 418.
Baumpflanzungen 6.
Baumschule 412.
Bäume 197.
Bauordnung 52, 76.
Bauplan 102, 109, 171, 174, 179, 231, 342, 344, 362, 371, 403.

Bauplatz 35, 56, 135, 297, 347, 380, 385, 438.
Baupolizei 19, 31, 32, 33, 35, 44, 45, 49, 77, 99,, 159, 166, 204, 206, 215, 233, 350.
Baupolizeibehörde 15, 35, 52, 69, 71, 102, 328.
Baupolizeigebiet 293.
Baupolizeigebühr 18, 21, 86, 190, 204.
Baupolizeigebührenordnung 25.
Baupolizeiordnung 9, 15, 22, 34, 158.
— für Berlin 427.
Baupolizeirecht 1, 3, 22, 25, 49, 55, 59, 61, 65.
Baupolizeiverwaltung 9, 188.
Bauprojekt 21, 23, 27, 42, 49, 50, 52, 55, 56, 59, 63, 65, 67, 77, 88, 100, 185, 278, 367, 391.
Baurecht 1, 17, 22, 27, 50, 53, 59, 62, 70, 72, 73, 76, 91, 116, 165, 198, 345.
—, neues 370.
—, öffentliches 357, 387.
—, ordentliches 117, 118.
—, örtliches 105, 369.
Bauregel 176.
Bauschein 24, 184, 433, 445.
—, Erlöschen desselben 451.
Bauscheingebühr 183.
Bauschutt 435.
Baustätte 178.
Baustelle 28, 78, 98, 196, 259, 295, 394, 445, 446.
Baustoff 218, 271, 433, 436, 440.
—, unverbrennlicher 429.
Bautechnisch 36.
Bauten 1, 102, 260, 342.
—, fiskalische 389.
—, massive 414.
Bauthätigkeit 17, 171.
Bautheile 73.
—, vortretende 426.
Bauunternehmer 57, 73, 109, 183, 297, 366, 372, 382, 385, 398.
Bauverbot 63, 93, 349, 372, 381—386.
Bauverwaltung, allgemeine 211.
Bauvorhaben 50, 53.
Bauvorlage 53, 445.
Bauwerk 12, 15, 17, 27, 39, 47, 62, 72, 77, 103, 107, 110, 111, 114, 118, 138, 141, 168—170, 173, 174, 177, 195, 276, 283, 313, 350, 351, 365, 371, 373, 374, 376, 379, 402.
—, fehlerhaftes 175.
Bauwesen 111, 121.
Bauwich 37.
Bauzaun 446.
Bauzeichnung 98, 417.
Beanstandung 71, 108, 121.
Beaufsichtigung 183, 192, 212, 318.
Bebaubarer Theil 428.
Bebaubarkeit 38, 58.
Bebauen 369, 374.
Bebaut 277.
Bebauung 14, 37, 38, 54, 121, 198, 279, 286, 334, 335, 337—340, 343, 344, 350—352, 354, 363, 367, 370, 376, 384, 389, 391, 393—397, 400, 428, 433.
—, landhausmäßige 102.
Bebauungsfähig 380.
Bebauungsfähigkeit 341.
Bebauungsfreiheit 342.
Bebauungsplan 64, 68, 95, 197, 294, 295, 297, 316, 330, 340—342, 355, 356, 357, 361, 373, 375, 376, 384, 386, 388, 391—393, 396, 404, 412, 426.
Bedachung 284.
Bedeckung 285.
Bedenken 105, 204.
Bedienung 268.
Bedingung 27, 54, 55, 56, 61, 63, 66, 78, 87, 94, 103, 107, 132, 159, 183, 185, 186, 202, 207, 209, 214, 216, 217, 229, 236, 238, 260, 261, 308, 309, 317, 323, 328, 331, 332, 335, 339, 363, 377, 385, 387, 403, 417.
Bedingungslos 66.
Bedürfniß 237, 306, 333.
Bedürfnißanstalt 70, 255, 257, 443, 448.
—, öffentliche 368.
Bedürfnißfrage 338, 359.
Beerdigungsplatz 413, 414, 419.
Befähigungsnachweis 230, 267, 268.
Befestigung 94, 131, 409, 416, 427.
Befestigungsart 382.
Befestigungslinie 410.
Beförderung 5, 120.
Befreiung von amtlichen Prüfungen 213.
— von einer Verpflichtung 423.
Befugniß 1, 3, 4, 44, 47, 57, 71, 95, 99, 109, 112, 117.
—, gesetzliche 146.
Befund 209, 226.

Beginn 27, 56.
— der Bauausführung 379.
— des Baues 371.
Begleitung 268.
Begrenzung, zeitliche 24, 25.
Begriffsfeststellung 14.
Begriffsmerkmal 13.
Begutachtung 203, 204.
Behälter 240.
— für Abfälle 442, 448.
— für Asche 442, 448.
Behändigung 63.
Beherbergung 5.
Behörde 20, 21, 32.
—, betheiligte 359.
—, verfügende 152.
—, vorgesetzte 152.
—, zuständige 35.
Beirath 43.
Beitrag 385, 396, 400, 407.
Beiträge, ortsstatutarische 389.
Beitragsforderung 399.
Beitragshöhe 400.
Beitragspflicht 385, 399, 403.
Beitreibung 128.
Bekanntmachung 91, 191, 203, 228, 233, 303, 328, 348, 361, 373, 388, 396, 411, 419.
Bekanntmachung, ortsübliche 370.
Bekanntmachungsverfahren 204.
Belastung 122, 225, 266, 346.
—, hypothekarische 135.
Belästigung 39, 41, 91, 140, 201, 203, 207, 228, 235, 237.
Belegblatt 234.
Beletage 283.
Beleuchtung 247, 250, 252, 273, 330, 380, 430, 448.
Beleuchtung, künstliche 261.
Beleuchtungsgegenstand 275.
Beleuchtungskörper 273, 274.
Beleuchtungsvorrichtung 262, 396.
Bemessung von Baugebühren 186.
Benachtheiligung 324.
Benutzung 38, 40, 52, 53, 62, 103, 125, 136, 139, 141, 143, 154, 156, 189, 197, 214, 218, 222, 229, 294, 299, 312, 334, 366, 391, 409, 416, 421.
Benutzungsart 335, 366, 430.
Benutzungsrecht 282.
Benutzungsweise 197, 411.
Benzin 260.
Benzol 260.
Beobachtungsposten 244.
Bepflanzung 197.
Berathung 166.
Berechnung 190.
—, statische 104.
Berechtigung 56, 93, 145.
—, servitutarische 299.
Bergbau 173, 326.
Bergbehörde 206, 211, 220, 225.
Berghang 332.
Bergkuppen 332.
Bergpolizeibehörde 326.
Bergrevierbeamter 211, 214, 215, 217, 222, 225, 326.
Bergrücken 332.
Bergverwaltung 206.
Bergwerk 206, 208, 215, 227, 231, 235, 263, 298, 315, 320, 321, 325, 326.
Bergwerksbesitzer 326
Bergwerksschacht 16.
Berlin 42, 362, 384.
Berücksichtigung 18.
Beruf 4, 81, 168.
Berufsgenossenschaft 257.
Berührungspunkt 266.
Beschädigen 172.
Beschädigung 1, 25, 90, 178, 195, 296, 361.
Beschaffenheit des Lokals 252, 255, 260.
—, polizeimäßige 59.
—, polizeiwidrige 110.
Beschäftigungsort 259.
Bescheid 44, 66, 89, 147, 149, 152, 203, 207, 216, 235, 237, 253, 297, 299, 302, 303, 305, 311, 319, 324, 329, 331, 343, 411.
Bescheidung 51.
Bescheinigung 210, 213, 215, 218, 220, 221, 237, 278.
Beschlagnahme 154.
Beschluß 35, 88, 147, 160, 165, 166.
Beschlußbehörde 214, 215, 216, 231, 233, 234, 238.
Beschlußfassung 46, 215, 216, 236, 239, 348.
Beschlußformel 237.
Beschlußverfahren 88, 253.
Beschränkung 4, 11, 18, 19, 23, 29, 34, 38, 49, 55, 58, 64, 86, 109, 117, 122, 126, 144, 150, 198, 315, 320, 321, 325, 372, 392, 408, 410, 417—419, 426, 433.
— des Grundeigenthums 338, 341, 389, 390, 409.

Beschränkung des Grundeigenthümers 362.
Beschreibung 78, 203, 209, 214, 215, 217, 231, 234, 241, 253, 256, 286, 411, 422.
Beschwerde 28, 30, 79, 83, 89, 90, 98, 128, 147, 149, 150, 153, 160, 165, 167, 184, 216, 239, 257, 349, 360, 377, 407, 411, 423, 424.
Beschwerdefrist 403.
Beschwerdeführer 361.
Beschwerdeinstanz 52, 68.
Beschwerdeverfahren 68, 98, 147, 153, 239, 403, 424.
Beschwerdeweg 63.
Beseitigung 20, 64, 95, 103, 107, 111, 114, 115, 122, 123, 138, 144, 165, 180, 199, 202, 236, 312, 371.
Beseitigung einer Ansiedlung 303.
— von Anlagen 422.
Besichtigung 278.
Besitz 57.
Besitzer 27.
Besitznachfolger 64, 402, 403.
Besitzthum 129, 157.
Besitzung, ländliche 296.
Besitzvorgänger 403.
Besitzwechsel 302.
Besorgniß 139, 235.
Bestallung 230.
Bestand 164.
—, thatsächlicher 163.
Bestandtheil 14.
Bestätigung 337.
— eines Ortsstatuts 396.
Besteuerung 346.
Besteuerungsrecht 188, 192.
Bestimmung 3.
Bestimmungen, baupolizeiliche 255, 377, 403.
—, baupolizeiliche des Orts 380, 381, 388.
—, baurechtliche 72, 105.
—, einschränkende 363.
—, gesetzliche 95, 310.
—, neue 73.
—, ortspolizeiliche 382.
—, ortsstatutarische 387, 402.
—, polizeiliche 91, 94, 388.
—, statutarische 310.
Bestreichung, rasante 412.
Betheiligter 29.
Betrieb 92, 174, 202, 207, 210, 213, 216, 220, 225, 229, 260.
—, fehlerhafter 171.
Betrieb, feuergefährlicher 38.
— von Gewerben 350.
—, geräuschvoller 38.
Betriebseinrichtung 224, 235, 246.
Betriebserlaubniß 268.
Betriebsgeheimniß 235.
Betriebskraft 266.
Betriebsort 214, 225.
Betriebsraum 273.
Betriebsstätte 88, 201, 213, 217, 218, 221, 228, 229, 231, 257, 275, 441, 449.
Betriebsstelle 225.
Betriebsunterbrechung 223.
Betriebsunternehmer 220.
Betriebsvorrichtung 256.
Betriebsweise 223, 235.
Bett 102.
Betrug 54.
Beurkunden 26.
Beurtheilung 66, 69, 163.
—, pflichtmäßige 385.
Bevölkerung 308.
Bevölkerungsdichtigkeit 38.
Bevollmächtigter 235.
Bewartung 210.
Bewässerungsanlage 412.
Beweis 208.
Beweisaufnahme 421.
Beweiserhebung 303.
Bewilligen 158.
Bewohnbarkeit 32.
Bewohnen 61, 82.
Bewohner 74, 80.
Bewohnung 136.
Beziehbarkeit 278.
Beziehen 292.
Bezirksausschuß 7, 9, 41, 75, 88, 149, 150, 160, 166, 193, 208, 229, 230, 233, 240, 255, 317, 319, 330, 361, 377, 382, 404—406, 451.
Bezirksrath 204.
Biegungsspannung 266.
Bierwirthschaft 5.
Billigung 75.
Blaker 273.
Blauverfahren 215.
Blechgefäße, Herstellung derselben durch Vernietheu 201, 208.
Blechstärke 218.
Blende 259.
Blenden 142.
Blitzableiter 198, 247, 432.
Bloßlegung 221.
Bodenfeuchtigkeit 242.

Bodenfläche 242.
Bodenluft 448.
Bodenraum 40, 284, 448.
Bodenverunreinigung 243.
Bogenlampe 273.
Bondenholzung 332.
Bonitirungsregister 411.
Bordstein 282, 399.
Bücherei 410.
Brand 115, 288, 290.
Brandmauer 271, 279, 285, 286, 290, 432, 434, 449.
Brandstelle 287.
Branntwein 252.
Braunkohlen 415.
Braunkohlentheer 201, 208, 260.
Breite der Straße 358.
—, lichte 428.
Bremsfahrstuhl 266.
Bremsvorrichtung 265.
Brennbarkeit 115.
Brennholz 415.
Bretter 373.
Bretterwand 140.
Bruch der Rechtsordnung 161.
Bruchfestigkeit 266.
Brücke 5, 13, 168, 177, 345, 400.
—, eiserne 201.
Brückenbau 17.
Brückenpfeiler 409.
Brunnen 176, 177, 254, 442, 449.
Brunnenwasser 92, 280.
Brüstung 273.
Brüstungsgesims 273.
Bude 199, 200, 435, 447.
Bühne 250, 408.
Bühnenhaus 247.
Bühnenöffnung 247.
Bundesrath 202, 209, 213, 214, 216, 358.
Bundesstaat 51, 213, 219.
Bürgersteig 95, 196, 197, 198, 199, 281, 334, 336, 337, 339, 344, 351, 397—399, 430, 437, 444, 446—448.
Bürgersteigbreite 437.
Bürgerverkehr 21.

C.

Charakter, dinglicher 402.
—, krimineller 111.
—, rechtlicher 24, 25, 59.
— des Dispenses 159.
Charlottenburg 362, 384.
Chaussee 13, 31, 49, 125, 281, 298, 315, 320, 321, 325, 334, 339, 359, 384, 412, 417.
Chausseebauten 41.
Chausseegelder=Erhebung 339.
Chausseen, Bauten an denselben 44.
Chausseepolizei 36, 44, 49.
Chausseestrecke 383.
Chaussirung 382.
Chikane 199.
Chikanebau 427.
Chikaneverbot 427.
Celluloidherstellung 200, 233.
Cellulosefabrik 202, 233.
Centralbehörde 6, 257.
Centralheizung 250.
Centralverwaltungsbehörde 418.
Cirkusanlage 246, 247.
Cirkusgebäude 246.
Citadelle 410, 416.
Civilbevölkerung 190.
Civilprozeßordnung 216.
clausula generalis 168.
Comptoir 271.
Comptoirgebäude 140.

D.

Dach 14, 16, 40, 120, 241, 285, 436.
Dachabfallrohr 198.
Dachaufbau 436.
Dachausbau 4.
Dachfilz 414.
Dachdeckung 436.
Dacheindeckung 277.
Dachfenster 432, 436.
Dachfilzfabrik 7.
Dachfirst 8.
Dachfläche 264, 284.
Dachgeschoß 65, 105, 271, 283, 284, 438.
Dachgesims 431, 436.
Dachherstellung 278.
Dachkonstruktion 284.
Dachlage 446.
Dachluke 432.
Dachneigungswinkel 432.
Dachpappe 414.
Dachpappenfabrik 201, 208.
Dachraum 285, 448.
Dachrinne 198, 290, 367, 432.
Dachrinnenanlage 198.
Dachsparre 284.
Dachsteinschicht 441.
Dachstuhl 227.
Dachverband 284, 441.
Dachverbindung 277.

Dachwohnung 112.
Damm 13, 168, 405, 408—412.
Dampfkessel 201, 208, 209, 210, 213, 214, 219, 221.
Dampfkesselanlage 204, 210, 214.
Dampfkesselbesitzer 213.
Dampfkesselexplosion 228.
Dampfrohrleitung 224.
Dampfschornstein 413.
Dampfkessel-Ueberwachungsverein 211, 212, 214, 217, 222.
Dampfschiffskessel 210, 214, 219, 221, 222, 225.
Dampfspannung 214, 218, 219, 224.
Dampfventil 224.
Dampfvorrichtung 210.
Dämpfe, entflammbare 261.
Darmsaitenfabrik 201, 208.
Darmzubereitungsanstalt 201, 233.
Dauerhaftigkeit 34, 365, 366.
Decke 271, 275, 284, 285, 435.
Deckelschluß 264.
Deckenabschluß 271.
Deckendurchbrechung 271, 272.
Deckenkonstruktion 435.
Deckenlicht 448.
Deckenträger 271.
Deckmaterial 248.
Deckung 189, 412.
Dégrasfabrik 201, 208, 233.
Dehnbarkeit 82.
Deich 298, 315, 320, 321, 325, 404 bis 407, 412, 417.
Deichanlage 406.
Deichgesetz 75, 223, 404, 409.
Deichstatut 408.
Deichverband 404, 407, 408.
Deichwesen 404.
Delegation 160.
Demolirung 411.
Denkmal 15, 119, 413, 414.
Denkmalspflege 120.
Deputation, technische 75.
Deputirter 417.
Desinfektion 242, 144.
Desinfektionshaus 244.
Destillation von Erdöl 201, 208.
— von Theer 201, 208, 233.
— von Theerwasser 201, 208, 233.
Detailhändler 262.
Dichtigkeit 19, 224.
Diebstahl 112.
Dienstbarkeit 18.
Dienstbehörde 43.
—, vorgesetzte 423.
Differenz 2.
Diskussion 166.
Dispens 116, 158, 160, 166, 193, 194, 203, 451.
Dispensation 160.
Dispensationsbefugniß 160.
Dispensationsrecht 161, 194.
Dispensbeschluß 159.
Dispensertheilung 116, 161, 164, 203.
Dispenserwirker 194.
Dispensgesuch 194.
Dispensiren 158.
Dornsche Methode 277.
Dorf 354.
Dorfbewohner 334.
Dorfgemeinde 295.
Dorflage, geschlossene 295.
Dorfstraße 296, 334.
Draht 367.
Drahtgeflecht 264.
Drahtglas 264, 271, 273, 436.
Drahtgitter 264, 265.
Drahtnetz 248, 436.
Drahtputz 435.
Drahtverband 274.
Drechslerei 449.
Dringlichkeit 70, 407.
Druck 219.
Druckerei 449.
Drucker 265.
Druckprobe 211, 212, 219, 220, 223.
Düngergrube 200.
Düngpulverfabrik 201, 233.
Dunkelheit 446.
Dunstrohr 442.
Dünste, schädliche 140.
Durchfahrt 130, 248, 272, 428, 430.
Durchfahrtsöffnung 428.
Durchführung, zwangsweise 406.
Durchgang 272.
Durchgangsverkehr 349.
Durchschnittsberechnung 432.
Durchschnittsfläche 432.
Durchschnittshöhe 431.

E.

Ecke 278, 402.
Eckgebäude 431.
Eckgrundstück 278, 402, 427, 431.
Eckhaus 68.
Edikt 85.
Eigenart 375.
Eigenthum 5, 11, 17, 19, 30, 53, 78, 84, 94, 97, 106, 122, 127, 131, 373.

Eigenthum, Begriff desselben 127.
—, fremdes 170.
—, öffentliches 335.
Eigenthumsbeschränkung 372.
Eigenthumserwerb 54.
Eigenthumsfreiheitsklage 335.
Eigenthumsrecht 18, 19, 77, 122.
Eigenthumsstreit 286.
Eigenthumsübertragung 156.
Eigenthümer 18, 24, 56, 58, 69, 84, 95, 107, 110, 121, 142, 157, 177, 181, 300, 302, 362, 372, 373, 390, 393.
—, angrenzender an eine Straße 396.
Einbauten 271, 350.
Einbringung, feuersichere 291.
Eindachung 180.
Eindeckung 413.
Einfassung 248.
Einfriedigung 37, 261, 292, 351, 352, 253, 374, 375, 394, 414.
Einfriedigungsrecht 375.
Eingang 247, 351.
Eingangstag 411.
Eingangsthür 36, 261.
Eingraben 262.
Eingreifen 70, 90.
—, polizeiliches 346.
Eingriff 28, 30, 52, 56, 77, 86, 89, 138, 423, 424.
— in das Eigenthum 322, 391.
Einhegung 353, 414.
Einheit 62.
—, untrennbare 162.
—, wirthschaftliche 289.
Einheitlich 74.
Einheitlichkeit 44, 61, 347.
— des Verfahrens 304.
Einheitsbau 242.
Einigung 235, 420.
—, gütliche 235.
Einkommen 189.
Einkünfte 154, 188.
Einmauerung 219, 224.
Einnahme 187, 188, 191.
Einrede 425.
Einrichtung 5, 107, 113, 189, 207, 209, 229, 256, 253.
—, erste 397, 402.
—, erste einer Straße 396, 401.
—, innere 15, 276, 277, 229, 365.
Einrichtungen, bauliche 76, 138, 240.
—, besondere 312, 314.
— technische 240.
Einschränkung 11, 18, 23, 50, 56, 58, 79, 95, 96, 97, 112, 120, 121, 161, 178, 198, 236, 343, 391, 416.
— des Eigenthums 425.
Einschreiten, disziplinares 69.
— gegen den Eigenthümer 405.
—, polizeiliches, 4, 57, 64, 70, 82, 99, 104, 106, 110, 111, 113, 121, 125, 126, 130, 131, 136, 138, 141, 196, 199, 231, 339, 371, 404, 405.
Einspruch 35, 57, 188, 234, 237, 297, 298, 300, 302, 305, 310, 315, 318, 319, 323, 326, 329, 332, 397, 399.
Einspruchserhebung 320.
Einspruchsrecht 317, 328.
Einspruchsverfahren 319.
Einsteigethür 441.
Einstellung eines Baues 379.
— des Betriebes 240.
— des Gewerbebetriebes 229.
Einsturz 123, 130, 131, 177, 427.
Eintragung 87.
—, grundbuchliche 62, 433.
Einverleibung 383.
Einvernehmen 47.
Einverständniß 24, 36, 185, 348.
— mit der Gemeinde 343.
Einverständnißerklärung 337.
Einwand 92, 93, 104, 129.
Einwendung 21, 152, 203, 204, 207, 209, 233, 234, 236, 238, 301, 345, 348, 360, 361, 391, 406, 411.
Einwilligung der Gemeindebehörde 363.
Einwirkung 4, 17, 18, 44, 92, 122, 127, 229.
—, physische 207, 235.
Einzelakt 174.
Einzelansiedelung 296, 306, 308.
Einzelbeamter 167.
Einzelraum 243.
Einzeltheil, baulicher 74, 175.
Einziehung von Straßen 356.
— eines Weges 356.
Eisen 14, 413.
Eisenbahn 35, 41, 125, 126, 168, 173, 208, 298, 315, 320, 321, 325, 359, 360, 412, 417.
Eisenbahnanlage 125, 298.
Eisenbahnbetrieb 298.
Eisenbahnbauplan 42.
Eisenbahn-Bauwerke 42.
Eisenbahndamm 126.
Eisenbahndirektion 360.
Eisenbahnen, Bauen an denselben 44.
Eisenbahngesellschaft 35, 334.
Eisenbahngesetz 48.

Eisenbahnhof 47.
Eisenbahnkommissar 360.
Eisenbahnkommissariat 35.
Eisenbahnpolizei 6.
Eisenbahnstrecke 316.
Eisenbahn-Unternehmung 34, 35, 48, 298.
Eisenbahnverwaltung 225.
Eisenbahnwärter 298.
Eisenbahnzweck 298.
Eisenblech 264, 272, 273, 435.
Eisenfachwerk 434.
Eisenkonstruktion 278, 413, 414, 446.
Eisenplatte 439.
Eisenträger 439.
Eisenwellblech 434.
Eisgang 333.
Empfangnahme 235.
Empfinden 85.
Endurtheil 151.
Entbindungsanstalt 243.
Entbindungszimmer 242, 243.
Enteignung 126, 144, 197, 313, 343, 355, 364, 389, 390, 395, 426.
Enteignungsgesetz 355, 358, 393, 395.
Enteignungsrecht 329, 364.
Enteignungsverfahren 99, 355.
Entfernung 231, 375, 409.
— zwischen Gebäuden 433.
— von dem Rande öffentlicher Wege 352.
Entflammbarkeit 261.
Entleerung 272, 274.
Entleerungsverhältnisse 251.
Entlüftung 272, 443.
Entlüftungsöffnung 264.
Entlüftungsvorrichtung 271.
Entschädigung 95, 96, 122, 125, 230, 327, 363, 376, 389, 390, 293, 417, 418, 420, 421, 422, 423, 425.
— in Kapital 420.
Entschädigungsanspruch 122, 372, 390, 394, 420, 424—426.
Entschädigungsberechtigung 401.
Entschädigungsforderung 391, 392.
Entschädigungspflicht 393, 425.
Entschädigungsvermittelung 422.
Entscheidung 52, 70, 73, 74, 92, 101, 114, 121, 181, 205, 229.
Entscheidung, gerichtliche 79, 207, 390.
Entscheidung, richterliche 423, 424.
Entwässerung 33, 64, 91, 98, 156, 280, 283, 317, 336, 358, 362, 396, 399, 401, 442, 443, 445.
Entwässerungsanlage 251, 412, 443.
Entwurf 166, 206.
Entwurf, Prüfung desselben 42.
Entziehen von Flächen 376.
Entziehung 212, 422.
Entziehung des Grundeigenthums 389, 390, 395.
Epileptischer 245.
Erbauer 27, 127.
Erbauung 85, 118, 342.
Erbauung eiserner Schiffe 201.
Erbfall 256.
Erbreiterung von Straßen 391.
Erdarbeit 17, 173.
Erdboden 12, 254.
Erde 125.
Erdfeuchtigkeit 254, 448.
Erdgeschoß 264, 270, 274, 283.
Erdgrube 259.
Erdkörper 18.
Erdmonument 119.
Erdoberfläche 13, 15, 16, 76, 170, 242, 342, 404, 407, 413, 415.
Erdwälle 367.
Ereigniß 4, 6, 34, 86, 116, 355.
Ereigniß, schädigendes 175.
Erfahrungen, ausreichende 237.
Erfolg, finanzieller 366.
Erhaltung 120, 123, 124.
Erhebung 190.
Erhöhung 5, 64, 65 76, 233, 406.
—, deichähnliche 404, 405.
—, des Terrains 416.
Erholungsplatz 242.
Erkerr 190, 197, 198, 281, 367, 368, 436.
Erlaubniß 23, 50, 83, 86, 90, 92, 96, 101, 106, 107, 114, 119, 120, 151, 180, 182, 185, 195, 196, 204, 205, 230, 245, 255, 261, 345, 372, 381, 399, 409.
—, ausnahmsweise 387.
—, baupolizeiliche 238, 339.
—, polizeiliche 364.
—, straßenpolizeiliche 206.
Erläuterung 4.
Erlöschen der Genehmigung 216, 218, 256.
Ermächtigung 79, 161, 387, 394.
—, gesetzliche 193.
Ermessen 71, 74, 75, 80, 105, 144, 148, 197, 378, 382, 385, 387, 406, 424, 451.
—, diskreditionäres 308.
— pflichtmäßiges 55, 158, 199.
Ermäßigung 416.

Erniedrigung 178.
Erneuerung 221.
— von baulichen Anlagen 450.
Erörterung 103, 207, 234.
—, kommissarische 239.
Erörterungstermin, 234, 235, 239.
Errichtung 70, 79, 92, 101, 114, 121 181, 205, 229.
—, einer gewerblichen Anlage 231.
— von Wohngebäuden 377, 379, 388.
Ersatz 18.
— von Kosten 396.
Ersatzanspruch 125.
Erscheinung, äußere 15.
Erstattungsanspruch 401.
Ertragsfähigkeit 302.
Erwägung 31.
Erwärmung 243, 261.
Erweiterung 91, 173.
— eines Wohnhauses 379, 386.
— von Straßen 336.
Erweiterungsbau 378.
Erwerb 50, 51.
Erwerber 127, 228.
Erzeugniß 14.
Erzwingung 130.
Esplanade 410, 415, 416.
Etatsjahr 212, 223, 226.
Exekution 406.
Exekutor 25.
Exerzierhaus 284.
Explosion 228.
Expropriationsrecht 346, 376.

F.

Fabrik 38, 39, 75, 217, 263, 299, 387, 449.
—, chemische 201, 233.
Fabrikanlage 91.
Fabrikat 39.
Fabrikation 232.
Fabrikbrand 256.
Fabrikgebäude 39, 403, 449.
Fabriknummer 217.
Fabrikschild 219, 221.
Fachwerk 277, 413.
Fachwerkskonstruktion 248.
Fahnenstange 432.
Fahrbahn 264.
Fahrbühne 266.
Fahrdamm 197, 280 281, 337, 383.
Fahren 229, 335.
Fahrgeschwindigkeit 268.
Fahrkorb 263, 264.
Fahrkorbbewegung 266.
Fahrkorbdecke 265.
Fahrlässigkeit 125, 167.
Fahrschacht 264.
Fahrschachtumkleidung 267.
Fahrstraße 339.
Fahrstuhl 263, 430.
Fahrstuhlfabrikant 268.
Fahrstuhlpapiere 268, 269.
Fahrt 226.
Fahrverbindung 281.
Fahrweg 323, 353, 380.
Fahrzeug 48.
Fäkalien 243.
Familienhaushaltung 291, 377.
Fangeinrichtung 265.
Fangvorrichtung 265.
Farbe, unschädliche 142.
Feilhalten 5.
Feld 4, 6, 296.
Feldbau 301, 306, 312, 320, 324.
Felddiebstahl 113.
Felder, benachbarte 318.
Feldflur 307.
Feld- und Forstpolizeigesetz 304, 318, 328, 330, 331.
Feldmark 357.
—, konsolidirte 322.
Feldmesser 233, 445.
Feldwand 173.
Feldweg 322, 385.
Fenster 112, 113, 138, 195, 285, 286, 291, 366, 437, 448.
Fensterfläche 242.
Fensterladen 437.
Fensteröffnung 136, 247.
Fenstervorbau 272.
Fertigstellung der Straße 339, 382, 386.
Festigkeit 276.
Festigkeitsberechnung 434.
Festland 214.
Festordnung 315.
Festpunkt, unverrückbarer 232.
Festsetzung 101, 147, 336.
— von Fluchtlinien 370, 402.
—, förmliche 371.
Festsetzungsbeschluß 239.
Festsetzungsverfahren 348.
Feststellung, förmliche, eines Fluchtlinienplanes 361, 391.
— von Fluchtlinien 341, 376.
Feststellungsverfahren 370.
Festung 359, 409, 417.
Festungsanlage 412, 419.
Festungsgraben 412.

Festungsinteresse 417.
Festungskasse 419.
Festungsrayon 422.
Festungswerk 411, 414, 415.
Feuer 115, 134, 180, 182, 195, 215, 223, 248, 261, 318, 388.
Feuerbüchse 221.
Feuerfest 270.
Feuergase 291, 440.
Feuergefährlichkeit 106, 108, 115, 138.
Feuerherd 439.
Feuerlinie 410.
Feuerlöscheinrichtung 247, 250, 275.
Feuerlöschgeräthe 428.
Feuermelder 275.
Feuerplatte 224.
Feuerpolizei 19, 276, 300.
Feuersbrunst 289.
Feuersgefahr 5, 34, 92, 116, 136, 276, 280, 287, 318, 328. 331.
Feuersicher 271.
Feuersicherheit 41, 276, 280, 358, 449.
Feuersozietätsbeitrag 134.
Feuerstätte 180—182, 271, 274, 291, 294, 312, 314, 322, 330, 439.
Feuerstelle 195, 291, 318, 328, 330, 352, 374.
Feuerung 224, 277, 449.
Feuerungsanlage 139, 142, 223, 231, 274, 291, 328, 387, 412—414.
Feuerungseinrichtung 224.
Feuerungsöffnung 440.
Feuerwache 250.
Feuerwehr 247.
Feuerwerkerei 201, 232.
Feuerzüge 215, 224, 440.
Finanzhoheit 188, 192.
Finanzminister 186, 191.
Finanzwissenschaft 188.
Firmenschild 230.
Firnißsiederei 201, 208, 233.
Firſt 432.
Fischerei 301, 306, 320, 324.
Fischzuchtteich 16.
Fiskalisch 49.
Fiskus 425.
Fläche 58, 62, 98, 279.
Flächeninhalt 252, 429.
Flamme 252.
Fluchtlinie 47, 64, 197, 276, 278, 281, 333, 337, 340, 342, 344, 347, 354, 356, 359, 362, 366, 374, 380, 393.
Fluchtlinienfestsetzung 330, 336, 338, 340, 341, 344, 347, 352, 354, 355, 361, 362, 363, 372, 373.
Fluchtlinienfestsetzungsverfahren 355.
Fluchtliniengesetz 3, 14, 22, 77, 197, 286, 295, 354, 371, 379, 395, 401, 426.
Fluchtlinienplan 95, 336, 345, 349, 352, 360, 361, 364, 366, 367, 369, 371, 372, 390, 394, 395, 404.
Flur 242, 248, 274.
Fluracker 307.
Flurkarte 411.
Fluß, öffentlicher 99.
Flußbett 102.
Flußlauf, öffentlicher 343.
Flußregulirung 101.
Flüssigkeit 201, 261.
Folgen, wirthschaftliche 235.
Folgerung 73.
Förderhöhe 264.
Förderöffnung 264.
Fördertrommel 266.
Form 9, 114, 388.
Formular 270.
Formuliren 117.
Formenveränderung 219, 224.
Formvorschrift 10, 114.
Forst 296, 298, 299, 315, 320, 321, 325, 331.
Forstgrenze 316.
Forstwirthschaft 297, 301, 306, 320, 324.
Fortbestand 121, 155, 198.
Fortbestehen 108.
Fortbewegen 335.
Fortbewegung 13.
Fortbetrieb 237.
Fortifikationsbehörde 50.
Fortschaffen 111.
Forts 116.
—, detachirtes 410, 414.
Frauensperson 254.
Freiheit 5, 38, 84.
—, persönliche 18.
Freilagen, hohe 332.
Freilegung 393, 400, 401, 422.
— einer Straße 396.
Freiraum 241.
Freitreppe 199, 272, 285, 430, 436.
Freizügigkeit der Kessel 213.
Fremdenzimmer 254.
Friedhof 36.
Friedrichshain 36.
Frist 24, 63, 88, 113, 134, 147, 150, 203, 216, 223, 225, 234, 256, 269,

278, 297, 316, 321, 406, 411, 417, 418, 420, 445.
Fristberechnung 237.
Fristung 218, 256.
Fristungsvermerk 218.
Fristversäumniß 153.
Frontfläche 432.
Fronthöhe 432.
Frontwand 287, 402.
Fuge 219.
Führer 266.
Führung 267.
Führungstheil 267.
Fundus 334.
Fundament 277, 392, 412, 413, 445, 451.
Fundamentabnahme 278.
Fundamentirung, massive 401.
Funktion 45, 49.
—, polizeiliche 205.
Fürsorge 4, 34, 116, 189.
—, öffentliche 304.
—, polizeiliche 26, 339.
Fußboden 242, 254, 259, 285, 413, 447.
Fußbodenhöhe 242.
Fußgänger 197, 281.
Fußgängerbankett 281, 283, 339.
Fußgängerverkehr 281, 337, 339.
Fußleisten 291.
Fußsteig 282.
Fußweg 380.

G.

Galerie 248, 264, 273, 430, 436.
Gang 274.
Ganzes, abgeschlossenes 170.
—, wirthschaftliches 62.
—, zusammenhängendes 394.
Garten 12, 63, 98, 248, 369.
Gartenanlage 281, 352, 431.
Gartenbau 12, 301, 306, 312, 320, 324.
Gartengrundstück 61, 62.
Gartenhalle 135.
Gartenland 391.
Gärtnereibetrieb 322.
Gas 273.
Gasanstalt 353.
Gasarm 273.
Gasbeleuchtung 250, 252.
Gasbereitung 201, 208, 233.
Gasbewahrung 201, 208, 233.
Gase 232.
Gaskocher 274.
Gasleitung 273, 274.
—, Untersuchung derselben 252.
Gasleitungsrohr 442.
Gaslicht 250.
Gasmesser 252 273.
Gasofen 274.
Gasolin 260.
Gasplätteinrichtung 274.
Gastwirthschaft 252, 262, 318.
Gastwirthschaftsbetrieb 206.
Gastzimmer 27.
Gebäude 11, 13, 14, 15, 19, 35, 37, 38, 39, 41, 68, 73, 78, 83, 85, 91, 95, 98, 100—102, 108, 119, 120, 121, 123, 124, 126, 154, 168, 169, 173, 177, 195, 205, 275, 278, 301, 355, 368, 369, 374, 379, 381, 389, 397, 399, 404, 412, 434, 449.
—, an einer neuen Straße errichtet 402.
—, einheitliches 169.
—, neu errichtetes 40.
—, Eintragung desselben 359.
—, öffentliches 229.
—, selbständiges 141.
Gebäudekonstruktion 311.
Gebäudekomplex 141.
Gebäudeplinthen 437.
Gebäudetheil 93, 278, 365, 366, 378, 412, 450.
Gebiet, baupolizeiliches 158.
—, hygienisches 118.
—, öffentliches 142.
—, polizeiliches 187, 351,
Gebot 90, 109, 151, 177.
Gebrauch, gemeinsamer 379.
—, ordnungsmäßiger 198.
—, wirthschaftlicher 306.
Gebrauchsabnahme 278.
Gebrauchsabnahmeschein 278, 450.
Gebrauchsberechtigter 157, 300, 302.
Gebrauchswasser 65.
Gebühr 54, 182, 185, 190, 193, 226.
Gebühren der Zeugen 239.
Gebührenberechnung 226.
Gebühreneinnahme 189.
Gebührenforderung 185, 188.
Gebührenfrei 184.
Gebührennachweis 221, 227.
Gebührenordnung 54, 55, 186, 187, 188, 190, 212, 227, 239.
Gebührenpflicht 183, 184.
Gebührentarif 184, 191.
Gefach 288.

Gefahr 17, 18, 34, 39, 52, 74, 75, 80, 82, 91, 95, 115, 123, 131, 132, 144, 170, 174, 176, 177, 181, 201, 203, 207, 224, 225, 228, 230, 235, 237, 240, 256, 269, 289, 312, 375, 404, 427.
Gefahr, dringende 137.
—, gemeine 189.
Gefahrdrohend 171.
Gefährdung 118, 125, 155, 174, 175, 202, 301, 324.
Gefährlichkeit 121, 129.
Gegend 38.
Gegenerklärung 238.
Gegengewicht 264.
Gegenleistung 184, 189.
Gegenpartei 238.
Gegenströmung 249.
Gegenvorstellung 152.
Gehänge, sicheres 265.
Geheimhaltung von Geschäfts- und Betriebsverhältnissen 259.
Geisteskranker 240, 244.
Gelände 382.
Geländer 254, 292, 438.
Gelasse zu Wohnungen 364.
Geldmittel 74, 189.
Geldrente 427.
Geldstrafe 6, 146.
Geleis 211.
Geltungsbereich 163.
Gemeinde 6, 28, 41, 42, 92, 93, 97, 166, 182, 183, 184, 190, 307, 337, 343.
—, wegebaupflichtige 398.
Gemeindeabgabe 324.
Gemeindeauflagen 401.
Gemeindebedürfniß 188.
Gemeindebehörde 46, 63, 240, 253, 358, 362, 371, 401.
Gemeindebeschluß 119.
Gemeindebezirk 300, 302, 357, 407.
Gemeindeforsten 332.
Gemeindeinteressen 324.
Gemeindelast 281, 385, 398, 401.
Gemeindeorgan 187, 188.
Gemeinderecht 282.
Gemeindeverhältnisse 305, 309, 317, 319, 328.
Gemeindeverfassungsgesetz 401.
Gemeindevertretung 337, 348.
Gemeindeverwaltung 234.
Gemeindeverwaltungsbehörde 63.
Gemeindevorstand 8, 47, 188, 337, 345, 348, 359, 360—362, 411, 412.
Gemeindevorsteher 146.
Gemeindeweg 353.
Gemeindewesen 353.
Gemeinheitstheilung 328.
Gemeingefahr 174.
Gemeingefährlich 4, 6.
Gemeingebrauch 335.
Gemeinschaft 2.
Gemeinwesen 2, 20, 26, 34, 36, 56, 77, 82, 95, 96, 103, 120 121, 122, 127, 148, 196, 345, 351, 425.
Gemeinwohl 4, 5, 29, 120, 179, 200, 229, 230, 240.
Gemenge 41.
Gendarmerie 5.
Genehmigung 9, 21, 23, 47, 49, 52, 53, 56, 63, 75, 77, 81, 86, 87, 88, 92, 100, 103, 105, 106, 107, 114, 118, 119, 139, 140, 143, 179, 180, 182, 185, 186, 188, 192, 193, 444, 446, 450.
—, besondere 201, 205.
—, deichpolizeiliche 233.
—, gewerbepolizeiliche 206, 214.
—, landesherrliche 50, 51.
Genehmigungsantrag 218, 295, 406.
Genehmigungsbedingung 220.
Genehmigungsbehörde 55, 105, 203, 204, 309.
Genehmigungsgesuch 207, 236, 447.
Genehmigungsort 219.
Genehmigungsurkunde 214—217, 221, 236, 238, 253, 284.
Genehmigungsverfahren 207, 235, 312.
Genehmigungsvermerk 445.
Genossenschaft 51.
Genossenschaftsforsten 332.
Geräthschaft 256, 287.
Geräusch 39.
—, ungewöhnliches 92, 229, 239.
Gerberei 201, 208, 233.
Gerechtsame 424.
Gerechtigkeit, ausgleichende 159.
Gerichtsbarkeit 29.
Gerichtsverfassungsgesetz 209, 236, 424.
Gerinne 232, 262.
Geruch, übler 38.
Gerüst 173, 446.
Gesammtheit 20, 29, 306.
— von Räumen 377.
Gesammtanlage 351.
Gesammteinnahme 191.
Gesammtfläche 428.
Gesammtkosten 188.

Gesammtplan 309.
Gesammtumbau 364.
Gesammtunternehmen 296.
Gesammtwirkung 38.
Gesangsvortrag 255.
Geschäftsbetrieb 51, 200.
Geschäftsführung 154.
Geschäftshaus 270.
Geschäftshöhe 265.
Geschäftskreis 100.
Geschäftsraum 271, 377.
Geschäftstisch 273.
Geschoß 38, 283.
Geschwindigkeit 265.
Geschwindigkeitsbremse 268.
Gesetzeskraft 161.
Gesetzesvorschrift 20.
Gesetzgeber 4, 21, 81, 159.
Gesetzmäßigkeit 57, 199.
Gesetzwidrigkeit 259.
Gesichtspunkte, ästhetische 357.
—, civilistische 193.
—, polizeiliche 11, 22, 72, 74, 343, 354, 363.
Gesims 272, 437.
Gesimsvorsprung 430.
Gesinde 130.
Gesundheit 3, 34, 39, 52, 56, 58, 82, 92, 116, 126, 142, 143, 155, 176, 203, 257, 358.
Gesundheitslehre 24.
Gesundheitspolizei 19, 31, 32, 33.
Gesundheitspflege 257.
Getränke 5.
Gewalt, eigene 426.
—, obrigkeitliche 146.
Gewässer 5, 220, 415.
—, öffentliches 298, 315, 320, 321, 325.
Gewerbe 168, 173, 193.
—, fremdartiges 254.
Gewerbeaufsichtsbeamter 233, 235.
Gewerbebetrieb 41, 88, 141, 220, 253, 350, 353, 417.
Gewerbeinspektor 226.
Gewerbeordnung 5, 263, 318.
Gewerbetreibender 183, 205, 230.
Gewerkschaft 51.
Gewohnheitsrecht 19.
Gewölbe 435, 439.
Gewölbebauten 413.
Gichtaufzug 266.
Giebel 432.
Giebelmauer 277.
Gipsdiele 435.
Gipsofen 201, 208.
Gitterwand 266.
Glacis 410.
Glasballon 262.
Glasdach 280, 430, 436.
Glasdecke 429.
Glasflasche 262.
Glashütte 201, 208, 233.
Glasüberdachung 430, 449.
Glasverschluß 434.
Gläubiger 132, 134, 135.
Glocke 273.
Glockenthurm 412.
Glühlampe 273, 274.
Glühofen 449.
Gnade 159.
Gottesdienst 88, 247.
Graben 13, 410, 412.
—, offener 401.
Grabenanlage 362.
Grabenräumung 415.
Grabenwand 410, 415.
Grabhügel 413, 414.
Granittreppe 439.
Grenze 78, 285, 287, 290.
—, polizeiliche 148.
Grenzmarke 411.
Grenzmauer 16, 290, 430, 447.
Grenzscheidung 432.
Grenzüberschreitnng 427.
Grenzveränderung 451.
Grenzwand 289.
Grenzzaun 430.
Grube 173, 176, 177, 243, 259, 276, 443.
Grubenbau 17.
Grund und Boden 14, 17, 19, 26, 54, 94, 127, 168, 170, 178, 345, 364, 372, 374, 386, 390, 414.
Grundbesitz 50, 346.
—, im Zusammenhang stehender 389.
Grundbesitzer 96, 122.
—, benachbarter 324.
Grundbuch 61, 86, 112, 231, 232, 432.
Grundbuchblatt 61, 62.
Grundbuchnummer 445.
Grundeigenthum 51, 144.
Grundeigenthümer 4, 54, 198, 343, 363, 369, 388.
Gründer einer Straße 401.
Grunderwerbskosten 400.
Grundfläche 14, 242, 249, 262, 275, 341.
Grundlage 87, 278.

Grundmauer 446.
Grundrecht 309.
Grundrißplan 250.
Grundsatz 74.
Grundstück 37, 53, 58, 61, 62, 80, 82, 91, 92, 93, 110, 112, 121, 231, 253.
—, bebautes 295, 392.
—, benachbartes 228, 240.
—, Bezeichnung desselben 358.
—, einheitliches 62.
—, selbständiges 289.
—, unbebautes 389, 392, 395.
Grundstücksbenutzung 324.
Grundstückbesitzer 38.
Grundstückseigenthümer 58.
Grundstücksfläche 430.
Grundstücksgrenze 39.
Grundstücksspekulation 324.
Grundstückstheil 358, 373.
Grundstückstheilung 141, 289, 293.
Gründung 81, 293, 298, 315.
— von Ansiedelungen 322.
Grundwasserstand 242.
Grundzüge 258.
Gültigkeit des Bauscheins 445, 451.
Gültigkeitsdauer 24.
Gummischlauch 274.
Gurt 265.
Gußstahlkugel 202.
Gutachten 233.
Gutsbezirk 231, 295, 300, 302.

H.

Hafen 99, 342, 375.
Hafenanlage 344.
Hafenpolizei 6, 7, 9.
Hafenprojekt 99.
Haft 147.
Haftpflicht 131.
Haftung 155, 180.
—, strafrechtliche 174.
Hähne 274.
Hammerwerk 201, 208.
Handarbeiter 41.
Handaufzug 265.
Handelsministerium 48.
Handgriff 438.
Handhabe 121.
Handhabung 3, 36, 47, 49, 61, 72, 73, 75, 98, 151, 164, 166, 186, 189, 194, 198, 204, 298.
Handläufer 292.
Handlung, negative 145.
—, positive 145.
Handlungen, gemeingefährliche 34, 116.
—, gemeinschädliche 34, 116.
Handlungsweise 129.
Handwerker 174.
Handwerkerkreis 365.
Handwerksgehilfe 130.
Handzeichnung 253.
Hängelampe 273.
Hängeseil 266.
Harmonie, architektonische 83.
Hannover 316, 408.
Härte 159.
Hauptausbesserung 221, 223.
Hauptausgang 248.
Haupteisenbahn 210.
Hauptgesims 431, 436.
Haupthof 428, 429, 449.
Haupthöfe, zusammenhängende 432.
Hauptreparatur 22, 276.
Haus 15, 57, 63, 108, 176, 206.
—, hölzernes 13.
Hausabfallrohr 198.
Hausbau 14.
Hausbedarf 448.
Hausbewohner 58, 130.
Hauseingang 285.
Hauseigenthümer 112, 130, 154, 199, 278, 351.
Häuserbauten 398.
Häuserreihe 402.
Häuserkomplex 295, 306.
Hausflur 378.
Hausgesims 430.
Hausgrundstück 58, 279, 281.
Hausnummer 253, 445.
Hausordnung 130.
Hausraum 130.
Hausthür 136.
Hausverwaltung 181.
Hausvorstand 268.
Hauswasser 280.
Hecke 415.
—, lebendige 414.
Heeresverwaltung 211.
Heimathshafen 219, 222.
Heilanstalt 229.
Heizeinrichtung 243.
Heizfläche 226.
Heizkörper 274.
Heizofen 440.
Heizöffnung 440.
Heizperiode 243, 274.
Heizraum 271.
Heizrohr 224, 274.
Heizung 247, 274, 449.

Heizvorrichtung 262.
Herabsturz 196.
Herd 181.
Herrenhaus 298.
Herrenlos 155.
Herrichtung 81, 170, 206.
Herrschaft 17, 19, 67, 73, 110.
—, totale 127.
Herstellung 74, 139, 172, 179.
—, bauliche 183, 185, 191.
—, polizeimäßige 398.
—, regelwidrige 175.
— einer Straße 352.
Herstellungskosten 400.
Hessen-Nassau 322.
Heu 262.
Hilfe, richterliche 151.
Hilfskasse 51.
Hilfsmittel 37.
Himmelsrichtung 232.
Hinausbau 197.
Hinausbauten 198, 343.
Hinderniß 26, 27, 30, 35, 65, 69, 72, 76, 80, 98, 100, 115, 125, 199.
—, gesetzliches 425.
—, öffentlich-rechtliches 55.
—, polizeiliches 61.
Hinderungsgrund 296.
Hineinbauen 190.
Hintergebäude 56.
Hinterhaus 289.
Hinterhänge 250.
Hinterlegung 237.
Hinterlegungsordnung 237.
Hinterwand 287.
Hirtenbude 16.
Hochbau 13, 17, 47, 49, 173, 258.
Hochbaupolizei 198.
Hochbauten 42.
Hochwasser 102, 232, 406, 409.
Hochwasserschaden 409.
Hof 58, 64, 65, 93, 97, 98, 130, 176, 248, 249, 271, 279, 285, 349, 350, 369, 378, 430, 437, 447, 448.
Hoffläche 279, 429, 433.
Hoffront 430, 433.
Hofgemeinschaft 432, 433.
Hofoberfläche 430.
Hofraum 279, 432.
Hoftheil 431.
Hofüberdachung 432.
Höhe 231, 232, 253.
— von Gebäuden 430.
Hoheitsrecht 193.
Höhenlage 64, 358, 430, 444, 448.
Höhenmaß 431.
Höhenrichtung 279.
Höhenunterschied 432.
Hohlraum 435.
Holz 14, 316, 414, 435.
Holzbalkendecke 435, 439.
Holzbearbeitungswerkstätte 449.
Holzdecke 432.
Holzdübel 291.
Holzfachwerk 434.
Holzfußboden 439.
Holzgitterwerk 115.
Holzkiste 262.
Holzkonstruktion 435.
Holztäfelung 435.
Holztheile 286.
Holzverband 283.
Holzverschlag 271.
Holzzement 436.
Hopfen-Schwefeldörre 201, 208.
Hubbegrenzung 265.
Hünengräber 119.
Hütte 16.
—, staatliche 225.
Hüttenwerk 211.

J.

Jagd 301, 306, 320, 324.
Jahresbeitrag 223, 226, 228.
Jahresbericht 223.
Jahresgebühr 227.
Jahrmarkt 376.
Idiot 245.
Immobilienqualität 168.
Imprägniren von Holz 201, 208.
Inanspruchnahme 35, 184, 189.
Inbetriebnahme 220.
Inbetriebsetzung 210, 218, 239.
Industrie 207.
Ingebrauchnahme 278.
Ingenieur 222.
Ingenieuroffizier 418.
Inhalt, polizeilicher 187.
Inhibirung 120.
Inhibitorium 171.
Infusorienerde 262.
Inkrafttreten 73.
Innenraum 40, 270, 271, 274, 284, 364.
Inneres des Gebäudes 131.
Isolirrohr 273.
Isolirschicht 448.
Isolirung 288.
Instandsetzung von Räumen 291.

Instanz 68, 98, 160, 199, 209.
—, höhere 11, 70.
Instanzen, polizeiliche 386.
Instanzenzug 79.
Institutforsten 332.
Interesse, berechtigtes 145.
—, polizeiliches 325, 337, 353.
—, feuerpolizeiliches 285.
—, kommunales 339.
—, landwirthschaftliches 298.
—, privates 367.
—, rechtliches 89.
—, sanitäres 38, 61.
—, verkehrspolizeiliches 195.
Interessen, ästhetische 84, 85.
—, chausseepolizeiliche 45, 49.
—, landespolizeiliche 45.
—, materielle 82.
—, öffentlich-rechtliche 187.
—, ortspolizeiliche 45, 46.
—, vermögensrechtliche 97.
Interessengebiet 301.
Interessent 79.
Interpretation 50.
Intervention 297.
Inundation 412.
Inundationsgebiet 404, 405, 408, 409.
Irrenanstalt 242.
Irrthum 54, 69, 157.
Jus delegatum 160.
Justizbau 47.

K.

Kabinetsordre 119.
Kachelofen 274.
Kaffeewirthschaft 5.
Kalifabrikation 201, 233.
Kalkanstrich 59.
Kalkbruch 412.
Kalkofen 201, 208, 413.
Kamin 440.
Kaminfeuerung 440.
Kammer 263.
Kämmerei 133, 134.
Kanal 37, 274, 280, 298, 315, 320, 321, 325, 333, 368, 400, 442.
—, gemauerter 274.
Kanalbauten 41.
Kanalisationsrohr 280, 442.
Kantenriegel 272.
Kapital 419.
Kartoffelstärke 201, 233.
Kasten, verglaster 273.
Kataster 231, 233, 411.
Käufer 132.
Kaufgeld 132.
Kausalitätsverhältniß 176.
Kautionsstellung 387.
Kegelbahn 435.
Kehlbefestigung 410, 415.
Kehricht 243.
Keller 139, 176, 262, 277, 285, 413.
Kelleranlage 413.
Kellerfensterkranz 196.
Kellerflur 271.
Kellergeschoß 254, 264, 270, 283.
Kellerhals 196, 197, 281, 437.
Kellermauer 445, 451.
Kellerraum 139, 249, 438.
Kellerstufe 438.
Kellertreppe 270, 430.
Kellerthür 198.
Kellerwohnung 118.
Kenntniß, öffentliche 203.
Kerzen 250.
Kessel 209, 211, 217, 220, 224.
—, beweglicher 217, 220, 221, 222, 225.
—, feststehender 215.
—, fiskalischer 226.
Kesselanlage 212, 217, 219, 222.
Kesselaufsicht 217.
Kesselbesitzer 212, 214, 220, 225.
Kesselbesitzstand 227.
Kesselbuch 220.
Kesselinneres 224.
Kesselfabrik 219, 221.
Kesselkörper 222, 224.
Kesselprüfer 217, 218, 219, 220, 221, 225.
Kesselstein 224.
Kesseltheil 218, 224.
Kesselwandung 219, 224.
Kesselwärter 224.
Kilogramm 219.
Kirche 88, 120, 229, 254, 284, 307, 435.
Kirchenverhältnisse 305, 309, 317, 319, 328.
Kirchthurm 412.
Klage 28, 29, 30, 35, 57, 68, 79, 80, 83, 85, 86, 88, 90, 97, 98, 101, 107, 147, 149, 167, 299, 304, 318, 324, 330, 349, 425.
—, Zulässigkeit derselben 305.
Klageanspruch 425.
Klageantrag 86.
Klagefrist 158.

Klagegrund, Abänderung desselben 319.
Klagerecht 29, 98, 305.
Klappe 254.
Klappsitz 248.
Klappverschluß 264.
Klausel 168.
Kleie 262.
Kleinbahn 210.
Kleinhandel 252.
Knochenbleiche 201, 208, 233.
Knochenbrennerei 201, 208, 233.
Knochendarre 201, 208, 233.
Knochenkocherei 201, 208, 233.
Kloake 200.
Kocheinrichtung 275.
Kochherd 291, 440.
Kochmaschine 291.
Kognition 71, 90.
Koks 201, 208, 415.
Koksfeuer 259.
Kokskörbe 259.
Kollegialinstanz 167.
Kollision 30, 48, 311, 425, 426.
Kollisionsfall 407.
Kolonie 295, 296, 306, 307, 308, 309, 313, 319, 320, 327.
—, Anlegung einer 314.
Kolonieanlage 309, 310, 312.
Koloniegenehmigung 296, 314.
Kolonisation 312.
Koloniesationsplan 296, 309.
Kolonist 307.
Kommandantur 410, 416, 418, 420, 422.
Kommanditgesellschaft 51.
Kommissar 4, 234, 319, 420.
—, besonderer 312.
Kommission 166, 206.
—, gemischte 417.
Kommunalabgabengesetz 182, 185, 192, 346, 402.
Kommunalaufsichtsbehörde 190, 312, 363.
Kommunalbau 24.
Kommunalbehörde 294.
Kommunalbezirk 140, 309.
Kommunalmittel 43.
Kommunalverband 333.
Kommunalverhältnisse 306, 310.
Kommunalverwaltung 346.
Kommune 367.
Kommunikation 298, 363.
Kommunikationsmittel 287, 334, 381.
Kommunikationsweg 281, 354.
Kompetenz 33, 167, 205, 311.
Kompetenzgesetz 204.
Kompetenzkonflikt 193, 426.
Kompetenzverhältnisse 100.
Komposthaufen 416.
Komtoir 262, 377.
Konkurrenz, schädliche 207.
Konkurs 110.
Konkurserklärung 256.
Konkursmasse 108, 110, 135.
Konkursverwaltung 110.
Konsens 26, 35, 56, 57, 63, 66, 70 72, 100, 101, 102, 108, 109, 113, 114, 139, 164, 241, 308, 366, 369, 371, 378.
—, erloschener 54.
—, obrigkeitlicher 342.
Konsensertheilung 162, 163, 194.
Konsenslos 103, 104, 106, 116, 161.
Konsenspflichtig 165.
Konsenspflichtigkeit 23.
Konsensverlängerung 54.
Konsensversagung 356.
Konsensverweigerung 36, 46.
Konsenswidrig 57, 108, 116, 161.
Konstruktion 22, 48, 84, 141, 277, 289, 364, 367, 371, 405, 433.
—, thurmartige 416.
Konstruktionstheil 284.
Konstruktionstheile, eiserne 271.
—, hölzerne 291.
Konstruktionsvorschrift 434.
Kontrolle 2, 20, 48, 118, 138, 139, 195, 418.
Kontrollerecht 118.
Konzession 206, 230, 240, 260, 370.
—, gewerbepolizeiliche 204.
Konzessionirung 204.
Konzessionsgesuch 406.
Konzessionsinhaber 202.
Konzessionssache 204.
Kopfzahl 190.
Korb 262.
Körperverletzung 168, 173.
Korporation 48, 425.
—, ausländische 50.
Korporationsforsten 332.
Korridor 13, 130, 248, 250, 272, 274.
Korridorsystem 242.
Kosten 57, 128, 132, 136, 183, 188, 191, 193, 209, 210, 226, 234, 252, 269, 282, 339, 349, 396, 399, 402.
—, der Beseitigung 422.
—, des Verfahrens 239.
Kostenaufwand 117.

Kostenbetrag 146.
Kraft, gesetzliche 110.
—, rückwirkende 118.
Krankenanstalt 241.
Krankengebäude 241.
Krankenhaus 229, 254.
Krankenzimmer 241.
Krankheit, ansteckende 240.
Kreis 7.
—, gebildeter 85.
Kreisarzt 203.
Kreisausschuß 8, 42, 43, 149, 150, 159, 166, 204, 207, 208, 214, 216, 255, 304, 308, 310, 319, 330, 338, 359, 361, 362, 403.
Kreisblatt 234.
Kreiskasse 227.
Kreisordnung 5, 29, 42, 43, 45, 49, 50, 204.
Kreispolizeibehörde 149.
Kreisstraße 353.
Kreisverband 41.
Kreuzberg 33.
Kriegsministerium 417.
Kriterium 1.
Kübel 262.
Küche 262, 271, 442, 449.
Kugelfräsmaschine 202.
Kugelschrotmühle 202.
Kulisse 247, 250.
Kupferniete 219, 221.
Kunstdenkmal 119.
Künstlerwagen 16.
Kunstfehler 174.
Kunstwerth 19.
Kunstwollefabrik 201, 208, 233.
Kurhessen 281.

L.

Ladegut 265, 266.
Laden 197.
Ladeöffnung 266.
Ladenthür 198.
Ladung 209, 236.
Lage 22, 78, 411.
—, eigenartige 159.
—, isolirte 318.
— des Lokals 252, 255, 260.
—, örtliche 201, 240.
Lageplan 215, 445.
Lager, verschanztes 416.
Lagerhaus 387.
Lagerhof 261.
Lagerstelle 242.
Lagern von Gütern 375.
Lagerraum 143, 248, 263, 271, 273, 275, 449.
Lagerung 125, 262, 275.
Land 195.
—, plattes 22, 41, 253.
Landbürgermeisterei 182.
Landdrostei 408.
Landes-Centralbehörde 258.
Landespolizei 99.
Landespolizeibehörde 5, 36, 45, 49, 75, 100, 261, 360, 404, 405.
Landespolizeilich 45, 79.
Landestheil 3, 191.
Landesverwaltung 43, 67, 77, 128, 149
Landesverwaltungsgesetz 186.
Landesverweisung 151.
Landfläche 286.
Landgemeinde 122, 124, 192.
Landmesser 445.
Landgemeindebezirk 231.
Landparzelle 296, 313.
Landkreis 146, 149, 159, 208, 310.
Landrath 8, 36, 44, 45, 146, 149, 231, 234, 322, 330, 408, 409.
Landrostei 408.
Landweg 300.
—, unbefestigter 383.
Landwirthschaft 297.
Längenprofil 232.
Lasten 196, 197.
—, dingliche 134.
—, öffentliche 293, 397, 407.
Lastenaufzug 263.
Laube 435.
Lauenburg 3.
Laufbreite 438.
Leben 5, 34, 39, 52, 82, 116, 126, 176, 203.
—, staatliches 4.
Lebensgefahr 136.
Legal 106.
Legalservitut 18.
Legitimation 155, 196.
Lehm 16, 125.
Lehmgrube 125, 412.
Lehmmörtel 435.
Lehrling 258.
Leichenhaus 244.
Leichtigkeit 5, 52, 239,
— des Verkehrs 140, 198.
Leimsiederei 201, 208, 233.
Leinenpfad 300.
Leinwand 215, 232.
Leitung 170, 171.

Leitung, elektrische 274.
—, künstliche 401.
Leitungsanlage 280.
Licht 252, 261, 287, 292.
—, elektrisches 250.
—, genügendes 256.
Lichtaufzug 264.
Lichteinfuhr 279.
Lichtgraben 438, 448.
Ligroin 260.
Lichthof 263, 273, 429.
Lichtöffnung 264, 437, 438.
Lichtraum 58.
Lichtschacht 279, 436, 439, 443.
Löben 198, 367.
Lohgrube 200.
Lohkuchen 415.
Lokal 251, 255, 318.
Lokomobile 13, 251, 255, 318.
Lokomotive 208, 210, 224.
Lokomotivkessel 211, 221.
Löschanstalt 276.
Löschgeräth 261.
Löschmannschaft 287.
Löschvorschriften 274.
Lokalgesetz 185.
Loth 228.
Lücken 4.
Luft 252, 273, 287, 292.
—, atmosphärische 219.
— und Licht 429, 432, 443, 448.
Luftballon 16.
Lufterneuerung 243.
Luftlinie 197, 242, 432.
Luftraum 58, 242, 245, 256.
Luftreinigung 254.
Luftsäule 190, 343.
Luftverschlechterung 449.
Luftwechsel 256, 439, 448.
Luftzufuhr 449.
Luftzuführung 37.
Luftzuführungskanal 439.
Lüftung 247, 430.
Lüftungsgraben 448.
Lüftungsöffnung 248.
Lustbarkeit, öffentliche 247.

M.

Machtbefugniß 79, 145.
Magistrat 46, 123, 133, 134, 204, 207, 209, 214, 231, 255, 337, 348.
Mahlmühle 266.
Mahlzeit 257.
Mahnung 151.
Mangel 105, 121, 138, 226.
Mängel, gefahrbringende 223.
Manometer 224.
Mansardenfenster 436.
Marginale 13, 119, 120, 121.
Marine 211.
Marktbude 16.
Marktstände 070.
Marktverkehr 15.
Maschenweite 264, 265, 436.
Maschine 12, 256.
Maschinenbaufach 211.
Maschinenbetrieb 209.
Maschinenraum 271.
Maschinentheil 256.
Masse, breite 45.
Massenbau 276, 365.
Massenkosten 111.
Massiv 173.
Massivbau 284, 434.
Massivkonstruktion 411.
Maßnahme 257.
—, bauliche 33.
—, polizeiliche 91.
Maßregel 128, 138.
Material 12, 14, 37, 106, 276.
—, feuersicheres 274.
—, unverbrennliches 263, 264, 275.
Materialien 45, 83, 205, 414, 417.
Mauer 15, 37, 177, 200, 285, 409.
—, krenelirte 410.
— an Privatstraßen 288.
Mauerbogen 439.
Mauerflucht 410.
Mauerkanal 442.
Maueröffnung 289.
Mauervorsprung 431, 433.
Mauerwerk 14.
Maximalhöhe 38.
Medizinalaufsichtsbehörde 241.
Medizinalbeamter 233, 235, 240.
Meeresdünen 333.
Meinungsverschiedenheit 47, 360.
Meistbietender 123, 133.
Meliorationsbaubeamter 233.
Menage 311.
Menschengedenken 99.
Menschenhand 15, 16, 170.
Merkmale, juristische 296.
Messung 288.
Metall, rohes 201, 233.
Metalldach 277.
Metallgießerei 201, 208, 233.
Metallüberzug 273.

Miether 24, 112, 130, 139, 140, 143, 157, 181, 278, 292.
Miethsraum 143.
Miethsstempelung 219.
Militair 5.
Miltairbehörde 413.
Militairkommission 418.
Mineralien 326.
Mineralöl 250, 260, 273.
Mineralquelle 324.
Mineralwasser 206.
Minister der Landwirthschaft 407.
— der öffentlichen Arbeiten 160, 191, 362, 403.
Ministerialpraxis 206.
Mißbrauch 138.
Mißstand 104, 138
Mißthat 84.
Mißverständniß 205.
Mitglied 2, 18, 34.
Mittel, polizeiliches 151.
Mitbenutzung 378.
Miteigenthum 153.
Miteigenthümer 53, 153.
Mitgläubiger 133.
Mittelflügel 431.
Mittelgang 242.
Mittelgebäude 431.
Mittellosigkeit 152.
Mittelpromenade 282.
Mittelstück 94.
Mitwirkung 3, 47, 49, 204.
Möbelhandel 366.
Mobiliar 291.
Modifikation einer Verfügung 158.
Möglichkeit, rechtliche 163.
Monarchie 36.
Moment, leitendes 159.
Monierwand 264.
Moordistrikt 317.
Mühewaltung 193.
Mühle, transportable 171.
Mühlenwehr 16.
Müllbehälter 430.
Mündung 264.
Mutterbach 232.

N.

Nachbar 207, 236.
Nachbargebäude 177, 200.
Nachbargrenze 247, 432—434, 445.
Nachbargrundstück 125, 156, 302, 427.
Nachbarhaus 115, 125.
Nachbarhof 432.
Nachbarrecht 18.
Nachbarschaft 30, 140, 202.
Nachfolger 57.
Nachfrist 216, 238.
Nachprüfung 144, 177, 179, 309.
Nachrutschen 333.
Nachtheil 22, 39, 96, 126, 127, 201, 202, 207, 228, 230, 235, 240, 378.
—, wirthschaftlicher 318.
Nachtrags-Baukonsens 114.
Nachtragsvermerk 217.
Nachtwache 291.
Nachweis 4, 148, 297.
Nachweisung 226,
Nähe, gefährliche 125.
Nahrungsmittel 5.
Naphta 260.
Nassau 85.
Nationaldenkmal 33.
Natur, rechtliche 24, 72, 76, 115.
Naturalleistung 398.
Naturereigniß 388, 392.
Naturgewalt 406.
Nebel 219.
Nebenanlage 350, 399.
Nebenbestimmung 107.
Nebeneisenbahn 210.
Nebengebäude 196, 244.
Nebenhof 429.
Nebenraum 435.
Nebentreppe 438.
Neigungswinkel 242.
Neolin 260.
Neuanlegung 197.
— von Straßen 336, 400.
Neuanlage 202, 295, 306, 396.
Neuansiedelung 81, 297, 313, 324.
Neuanziehender 311.
Neubau 14, 15, 16, 20, 23, 26, 39, 54, 73, 91, 108, 169, 183—185, 191, 197, 246, 259, 275, 291, 341, 362, 363, 369, 372, 373, 391, 392, 416.
Neubau, Errichtung desselben 339.
—, Fertigstellung desselben 61.
Neubefestigung 419.
Neueindeckung 120.
Neueinrichtung 313.
Neuheit 169.
Neuherstellung 277.
Neuordnung 306.
Nichteigenthümer 24, 30.
Niedergang 265.
Niederlage, Einrichtung derselben 415.

Niederlassung 295, 324.
Niederlegung 119.
Niederreißen 177.
Niederschlag, athmosphärischer 401.
Niederschlagswasser 65, 280.
Nießbrauch 157.
Nießbraucher 156.
Niete 221, 224.
Niveau 342.
Norm 1, 11, 60, 74, 110, 126, 141, 158, 162, 164, 165, 183, 189, 198, 263, 336, 342, 346, 350, 356, 360, 367, 371, 374.
—, materielle 117, 162.
—, neue baupolizeiliche 357.
—, objektive 157.
—, öffentlich-rechtliche 36, 69, 183.
—, ortspolizeiliche 384.
—, polizeiliche 116, 376.
—, positive 71.
Normaluferlinie 101.
Normwidrig 64.
Nothausgang 272.
Nothbeleuchtung 250, 252, 274.
Nothfall 404.
Nothstand 380.
Nothweg 285.
Nummer 196.
Nutzbarmachung 176.
Nutznießer 24, 301.
Nutzung 84, 112, 134, 324, 367.
Nutzungsberechtigter 181, 296, 300, 302.
Nutzungen, Schutz derselben 307.
Nutzungsrecht 199, 200, 374.
Nutzungszweck 12, 62.

O.

Oberaufsicht 161.
Oberbau 173.
Oberbergamt 208, 212, 214, 235, 236.
Oberfläche 17, 18, 279.
—, Beschädigung derselben 316.
Oberlandeskulturgericht 327.
Oberlicht 248.
Oberpräsident 6, 7, 149, 151, 409.
Obhut 23, 84, 103.
Obrigkeit 20, 21, 23, 26, 78, 95, 96, 102, 108, 123, 127, 128, 131, 134, 195, 196, 342.
Observanz 281.
Ofen 139, 142, 180, 291, 364, 414, 440, 449.
Ofen, eiserner 275.
—, massiver 413.
Ofenschirm 274.
Offenlegung 361, 364, 367, 369, 370, 372, 374, 393.
— des Planes 338, 343.
— eines Fluchtlinienplanes 360.
Oeffentlichkeit, Begriff desselben 334.
— eines Weges 330.
Oeffnung 176, 271, 285, 286, 290, 433, 436, 437, 443.
Oelkocherei 449.
Operation 243.
Operationszimmer 242.
Ordnung 3, 4, 5, 34, 36, 52, 91, 140, 189, 198, 307, 375, 409.
Ordnungsstrafe 180, 182.
Organ 36, 45.
Organisation 5, 71.
Oertlichkeit 345.
Ortschaft 38, 81, 253, 294, 295, 310, 313, 329, 341, 344, 362, 383, 386.
—, ländliche 333, 352, 353, 383.
—, im Zusammenhang gebaut 293, 295, 322.
Ortspolizeibehörde 13, 23, 34, 43, 54, 70, 75, 79, 80, 89, 91, 99, 100, 106, 146, 149, 240, 268, 315, 337, 404, 417, 418.
Ortspolizeiverwaltung 161.
Ortsrecht 97.
Ortsschule 307.
Ortsfeldmark 407.
Ortsobrigkeit 422.
Ortsstraße 383.
Ortsstatut 47, 72, 94, 98, 99, 280, 282, 340, 351, 369, 370, 377, 378, 379, 381, 383—386, 388, 395, 396, 398, 399, 402, 403.
Ortstheil 355.

P.

Pächter 300, 302.
Packraum 75.
Parkanlage 412.
Partei 101.
Parteiinteresse 239.
Parteirolle 320, 322, 325.
Parteiverhältniß 330.
Parzellirung 299, 312.
Patronirung 75.
Pechsiederei 201, 208.
Perlen, feine 219.
Person, juristische 24, 50, 51, 145.

Person, physische 24, 48, 145.
Personalkonzession 24.
Personalaufzug 263.
Personenverkehr 249.
Petition 45.
Petroleum 273.
—, rektifizirtes 260.
Petroleumäther 260.
Petroleumprober 261.
Pfahl 373.
Pfahlbau 119.
Pfarrhaus 254.
Pfeiler 277.
Pflaster 336.
Pflastergeld 339.
Pflasterung 336, 380.
Pflasterungskosten 387.
Pflanzenöl 250.
Pflanzungen 422.
Pfleger 154.
Pflicht des Eigenthümers 136.
Pflichten, öffentlich-rechtliche 129.
Photogen 260.
Pissoir 254.
Plakatvorrichtung 368.
Plan 99, 234, 336, 411.
—, einheitlicher 342.
—, genehmigter 371.
Planfeststellung 355.
Planfestsetzung 376.
Planke 101.
Platte 221.
Plattform 263, 265.
Plättofen 440.
Plinthen 430.
Platz, fester 417.
—, öffentlicher 20, 26, 34, 77, 82, 119, 120, 121, 126, 131, 195, 287, 344, 345, 373, 375, 417.
—, unbebauter 286.
—, wüster 350.
Platzanlage 282.
Podeste 439.
Podium 250, 251.
Polier 258.
Polizei, exekutive 84.
Polizeibehörde 37, 50, 51, 58, 65, 68, 70, 76, 78, 81, 85, 87, 89, 93, 97, 98, 110, 112.
Polizeidelikt 177.
Polizeigesetz 23, 52, 91, 200.
Polizeigewalt 3, 4, 86, 188, 204.
—, staatliche 187.
Polizeihoheit 189.
Polizeikosten 188, 192.
Polizeikostengesetz 186, 192.
Polizeiobrigkeit 27, 145, 198.
Polizeipräsident 226.
Polizeirecht 2, 3, 36, 54, 65, 66, 71, 74, 130, 164, 186.
—, materielles 77.
Polizeireglement 9.
Polizeiverfügung 60.
Polizeiverordner 160.
Polizeiordnung 4, 9, 10, 22, 60, 157.
Polizeiverordnungsrecht 6.
Polizeiverwaltung 3, 23, 31, 69.
—, Königliche 190, 203.
Polizeivorschrift 7.
Polizeiwidrigkeit 129, 155.
Popularklage 304.
Portal 15.
Postbote 300.
Postenoffizier 418.
Postverwaltung 211.
Potsdam 362, 384.
Präklusivfrist 302, 304, 317, 377, 411, 417, 420, 421.
Prätendent 286.
Praxis 50.
Prinzip 81.
Priorität 133.
Privatanschlußbahn 210.
Privatanstalt 245.
Privatbau 24.
Privatbesitz 339, 380, 382.
Privateigenthum 35, 97, 122, 340, 352, 369, 390, 394, 423.
Privateisenbahn 211, 213.
Privatentbindungsanstalt 240, 256.
Privatfluß 102.
Privatinteresse 66, 298, 300, 304, 349.
Privatirrenanstalt 240, 256.
Privatklage 229.
Privatkrankenanstalt 240, 256.
Privatperson 157, 196.
Privatrecht 22, 30, 35, 48,54, 87, 126, 203, 425.
Privatstraße 288, 334, 339, 349, 350, 384.
Privattermin 371.
Privatvermögen 193.
Privatweg 298, 305, 350.
Privatwohnung 268.
Probedruck 219.
Probirhahn 223.
Profil 232.
Projekt 21, 35, 42, 49, 55, 56, 59,

65, 76, 77, 80, 98, 103, 108, 122, 184, 202, 204, 278, 324, 352.
Prolongation 25, 54.
Promenade 282.
Protest 24.
Protokoll 417.
Provinz 6, 7.
Provinzialrath 7, 42, 377.
Provinzialverband 42.
Provisorisch 178.
Prüfung 21, 45, 49, 51, 52, 69, 70, 81, 87, 92, 103, 121, 138, 143, 148, 152, 157, 163, 185, 202, 205, 207, 211, 212, 215, 221, 224, 232, 295, 344, 365, 371.
Prüfung, amtliche 212.
—, äußere 222.
—, baupolizeiliche 203, 450.
—, innere 222.
—, materielle 50, 153.
—, richterliche 190.
Prüfungsbeamter 222, 223, 227.
Prüfungsbefund 222.
Prüfungsstelle, technische 179.
Prüfungszeugniß 219.
Publikation 373.
Publikum 2, 3, 34, 35, 39, 77, 84, 85, 91, 96, 103, 109, 116, 118, 123, 126, 130, 131, 135, 177, 195, 197, 201, 203, 207, 228, 236, 245, 299, 334, 342, 373, 388.
Poudrettenfabrik 201, 233.
Pulver 125.
Pulvermagazin 298, 315, 320, 321, 325.
Pulvermühle 353.
Putzarbeiten 447.
Putzöl 260.

Q.

Quadratzentimeter 219.
Querflügelgebäude 431.
Querprofil 232.
Querschnitt 264, 266.
Querstraße 400.

R.

Rabitzwand 264.
Rand des Weges 353.
— öffentlicher Wege 352.
Rang im Theater 247.
Rauch 38, 39, 92, 254, 274, 440.
Rauchen 275.
Räucherkammer 449.
Rauchgase 243.
Rauchrohr 215, 224, 291, 414, 442.
Rauchsicher 271.
Raum, vermietheter 143.
Räume 37, 387.
—, bedachte 15.
—, ungeschlossene 15, 16.
Rauminhalt 261.
Rauminhaltsberechnung 187.
Rayon 409, 413, 415, 422.
—, strengerer 422.
Rayonangelegenheit 422, 423.
Rayonbeschränkung 419, 421.
Rayonkataster 410, 412, 416, 418.
Rayonlinie 411, 419, 422.
Rayonplan 410, 412, 416, 418.
Rayonstein 410, 419.
Realberechtigter 420.
Realkonzession 24.
Recht, bestehendes 60.
—, materielles 64.
—, öffentliches 19, 24, 27, 35, 67, 69, 76, 77, 92, 97, 99, 105, 106, 112.
—, objektives 52.
Rechtfertigung 112.
Rechtsakt 187.
Rechtsanspruch 98, 387.
Rechtsauffassung 69.
Rechtsbeistand 239.
Rechtsbegriff 102.
Rechtsbeständigkeit 344.
Rechtserfolg 55.
Rechtsgebiet 30, 84.
Rechtsgrundsätze 4, 103, 161.
Rechtsgültigkeit 9, 10, 11, 31, 34, 91, 156, 199.
Rechtskontrolle 59, 86, 89, 325.
Rechtskraft 68, 87.
Rechtskräftig 68, 87, 92, 237.
Rechtslage 80, 92, 115, 425.
Rechtsmittel 21, 28, 30, 46, 52, 56, 71, 77, 79, 83, 89, 90, 145, 146, 147, 148, 150, 153, 159, 184, 233, 257, 304, 316, 321.
Rechtsmittelfrist 152.
Rechtsnachtheil 154.
Rechtsnexus 335.
Rechtsnorm, objektive 199, 200, 290, 313, 344, 368, 383.
Rechtsordnung 129, 308.
Rechtsregel 45.
Rechtssatzung 370.
Rechtsschutz 90, 302, 304, 328.

Rechtssphäre 52, 56, 77, 86, 124, 305.
Rechtsprechung 34.
Rechtssubjekt 309.
Rechtsungültigkeit 11.
Rechtsunsicherheit 162.
Rechtsverbindlichkeit 10.
Rechtsverhältniß 68, 87.
Rechtsvorgänger 64.
Rechtsvorschrift 18.
Rechtstitel, besonderer 390.
—, spezieller 423.
Rechtsweg 192, 193, 230, 286, 420, 423, 425.
—, ordentlicher 30.
Rechtswidrigkeit 27, 89.
Rechtswirksamkeit 69.
Rechtswirkung 68, 303.
Rechtszustand 88, 197, 199, 304.
Regel, anerkannte 170, 174, 175, 176.
Regelung 2, 4, 6, 62, 161, 260.
—, polizeiliche 84, 386.
—, wegepolizeiliche 350.
Reglement 6, 91, 388.
Regenwasser 198.
Regierungsbezirk 7.
Regierungshauptkasse 237.
Regierungspräsident 7, 9, 75, 146, 149, 151, 212, 226, 409.
Regierungsvorlage 166, 207.
Regreßanspruch 69, 90, 425.
Regreßpflichtig 425.
Regulirung 48.
Regulativ 34, 396.
Reich 49.
Reichsangehöriger 151.
Reichsfiskus 421.
Reichsgericht 12.
Reichsgesetzblatt 258.
Reichsgewerbeordnung 201.
Reichs-Rayonkommission 411, 412, 416, 417.
Reichstag 206.
Reinigung, polizeimäßige 339.
Reinigungsöffnung 224, 441.
Reiten 299, 335.
Reitbahn 435.
Reitweg 282.
Rekurrent 238.
Rekurs 208, 210, 230, 235, 236, 237. 240, 411, 417.
Rekursbeantwortung 238.
Rekursbescheid 208, 238, 411.
Rekursschrift 238.
Rekursverfahren 207, 238.
Remedur 72, 75, 76, 105.
Rente 419, 421.
Rentengut 327.
Rentengutsgründung 328.
Reparatur 22, 23, 39, 41, 123, 124, 130, 131, 134, 276, 277, 365, 366, 450.
Reparaturbau 365.
Reparaturpflicht 181.
Repositorium 131.
Res merae gratiae 167.
Reservekessel 221.
Ressort 6, 34.
Ressortgebiet 31.
Ressortverhältniß 48, 100, 206, 338.
Restgrundstück 389, 395.
Resttheil 169.
Resultat 71.
Rettungsleiter 285.
Rettungsvorschriften 274.
Rettungsweg 275.
Revierbeamter 231.
Revision 42, 43, 45, 259, 264.
—, amtliche 210.
— der Bauten 418.
Revisionsbuch 220, 226, 268.
Rezeß 420.
Richter, ordentlicher 30.
Richtschnur 72, 122.
Richtungsabweichung 433.
Richtungspfeil 272.
Rinne 282, 299.
Rinnstein 198, 283.
Risalit 368, 436.
Risse 411.
Rittergut 41.
Rohbau 49, 50, 169, 174, 276, 291, 365.
Rohbauabnahmeschein 446, 447, 450.
Rohbauausführung 258.
Rohpetroleum 260, 263.
Rohr 414, 440, 442, 449.
Rohrdach 277.
Röhren, Herstellen derselben aus Blech durch Vernieten 201.
—, russische 364.
Rohstoffe 39.
Rolle 266.
Rollkammer 429.
Rollladen 271.
Röstofen 201, 233.
Rückblick 4.
Rückerstattung 228.
Rücksicht 82, 110.
Rücksichten, polizeiliche 333, 359.

Rücksichten, sanitäre 33.
—, sicherheitspolizeiliche 33.
Rücksichtnahme 2, 18.
Rücksprünge 433.
Rückstau 280.
Rückwirkung 361.
Rückzugsweg 272.
Ruhe, öffentliche 3, 5, 34, 36, 189, 375.
Ruhepause 259.
Ruß 38.
Rußhütte 201, 208, 233.

S.

Saalparkett 248, 250.
Sache, fertige 12.
Sache, rechtskräftig entschiedene 93.
—, unbewegliche 168.
Sachbeschädigung 168.
Sachlage 92, 115.
—, thatsächliche 158.
Sachverständiger 208, 210, 211, 213, 222, 223, 225, 233, 235, 267, 268, 273, 274, 284, 318, 365, 420.
Sackgasse 335.
Sägemehl 262.
Saline 215, 222, 227.
Sammelbehälter 443.
Sammelgrube 261, 447.
Sand 125.
Sandgrube 412.
Sandländereien 332.
Sanitätspolizei 61.
Sanktion, Königliche 362.
Satzung, öffentliche 209.
—, ortsstatutarische 47.
Säule 271, 273.
Schacht 264, 279.
Schachtaufzug 263.
Schachtebene 265.
Schachtquerschnitt 267.
Schachtsteuerzug 266.
Schachtthür 266.
Schachtwand 264, 265, 439.
Schaden 18, 20, 26, 34, 36, 77, 82, 83, 90, 96, 103, 121, 126, 130, 200, 225, 345, 420, 425, 426, 427.
—, unwiderbringlicher 426.
Schadensersatz 130, 229, 327.
Schadensersatzpflicht 200.
Schädigung 118, 200, 301, 302.
Schadhaftigkeit 277.
Schadloshaltung 229, 391.
Schäferkarre 16.
Schankgeräthe 230.
Schanklokal 254.
Schankwirthschaft 252, 262, 449.
Schanze 119.
Schaufensteröffnung 271.
Schaukasten 273.
Schauspieler 245.
Schauspielunternehmer 255.
Schauspielunternehmung 246, 256.
Schaustellung 247, 255.
Schenkung 51.
Scheidewand 101, 271, 435.
Scheidewange 441.
Scheune 200, 313.
Scheunengiebelwand 365.
Schieber 254, 441.
Schiefer 414.
Schieferdach 277.
Schieferöl 260.
Schiene 173.
Schießpulverfabrik 201, 232.
Schiff 16, 168, 170, 214, 219.
Schiffahrtspolizei 6, 7, 9.
Schiffahrtsstraße 300, 317.
Schiffahrtsverkehr 300.
Schiffseigner 222.
Schiffskessel 219.
Schild 197, 198, 266, 267.
Schlächterei 201, 208, 233.
Schlafen 139.
Schlafraum 138, 254, 255, 448.
Schlafzimmer 140.
Schlafzwecke 278.
Schlammfang 442.
Schlauchverbindung 274.
Schleswig-Holstein 321, 408.
Schleuse 13, 177.
Schließung einer gewerblichen Anlage 231.
Schlitten 16.
Schlitzrinne 283.
Schlupfwinkel 254.
Schlußabnahme 50.
Schlußverfahren 239.
Schmelzofen 449.
Schmiede 88, 449.
Schmiedegewerbe 88.
Schmieröl 260.
Schmuckanlage 276.
—, gärtnerische, 374.
Schnellbleiche 201, 208, 233.
Schnur 217, 238.
Schnürboden 250.
Schnürgalerie 250.
Schonung 82.

Schönheitssinn 40, 82.
Schornstein 169, 180, 181, 195, 215, 254, 274, 290, 291.
Schornsteinanlage 138, 169.
Schornsteinrohr 441.
Schornsteinwange 441.
Schranken 3, 29, 30, 36, 38, 58, 59, 145, 158, 290.
Schriftstück 204.
Schriftwechsel 233.
Schubriegel 272.
Schulaufsichtsbehörde 312.
Schule 229.
Schulverhältnisse 305, 309, 317, 319.
Schuppen, 13, 110, 125, 435, 447.
—, offener 151, 261.
Schutz 4, 6, 75, 112, 170, 171, 318, 174, 178, 200, 203, 207.
— der Nutzungen 310, 318.
Schutzanlage 333.
Schutzdach, hölzernes 435.
Schutzdecke 262.
Schutzglocke 274.
Schutzmaßregel 17, 404.
Schutzstreifen 275, 290.
Schutzverhältnisse 328.
Schutzverkleidung 273.
Schutzvorrichtung 266, 436.
Schweinestall 200.
Schwelle 173.
Schwellstücke 13.
Schwemmkanalisation 443.
Schwemmung 243.
Seifensiederei 201, 208, 233.
Seil 264, 266.
Seitenflügel 431.
Seitengang 248, 274.
Seitengebäude 289, 431.
Seitenpflaster 339.
Seitenwand 286.
Sektionszimmer 244.
Selbsthülfe 426.
Seminarbau 43.
Senkbremse 264, 268.
Servitut 280.
—, öffentlich-rechtliche 357, 426.
Servitutberechtigter 299.
Sicherheit 3, 5, 34, 36, 39, 56, 91, 92, 112, 133, 140, 189, 198, 245, 375, 409.
—, Bestellung derselben 385.
—, öffentliche 106, 124.
—, persönliche 326.
Sicherheitsinteresse 93.
Sicherheitsleistung 207, 236, 237, 239.
Sicherheitspfeiler 326.
Sicherheitspolizei 8, 82.
Sicherheitsstellung 397.
Sicherheitsventil 223, 225.
Sicherheitsvorrichtung 210, 214, 222, 223.
Sicherheitsvorschriften 273, 274.
Sicherungsmaßregel 125, 131, 177.
Siedekessel 221.
Siederohrkessel 221.
Siegel 217, 238.
Signalvorrichtung 266, 280.
Singspiel 255.
Sitte, gute 256.
Sittlichkeit 257.
Situationsplan 231. 411.
Situationszeichnung 231, 233, 319.
Sitz 248.
Sitzplatz 259.
Sitzbrett 259.
Sitzreihe 248, 251.
Sitzung 236.
Soffiten 250.
Solaröl 260.
Sohle 261.
—, undurchlässige, 448.
Sonderinteresse 193.
Spalier 115.
Spalieranlage 115.
Spannung 228, 266.
Sparren 277.
Speicher 436, 449.
Speisen 5.
Speiserohrleitung 224.
Speiseventil 224.
Speisevorrichtung 223.
Speisewasser 224.
Speisewirthschaft 449.
Spiritus 252.
Sprachgebrauch 12, 13, 15, 169.
—, gemeiner 272, 274.
Sprengstoff 74, 202.
Sprengstofffabrik 232.
Sprossen 272.
Staat 48, 49.
Staatsangehöriger 30, 162.
Staatsaufgabe 193.
Staatsbau 24.
Staatsbauten 42.
Staatsbeamter 42, 49, 185, 190, 213.
Staatsbehörde 43, 47, 50, 294, 360.
Staatseisenbahn 211.
Staatsforsten 332.
Staatshoheit 20, 188, 360.
Staatshoheitsrecht 188, 360.

Staatskasse 43, 227.
Staatsoberhaupt 4.
Staatsregierung 44.
Stabilität 30.
— der Substanz 365.
Stadt 20, 26, 82, 102, 120, 121, 124, 149, 195, 345, 352, 353.
Stadtausschuß 204, 208, 214, 216, 231, 255, 304.
Stadtbezirk 231.
Städtebefestigung 416.
Städteordnung 119, 214, 398.

Stadtgemeinde 87, 97, 188, 190, 192, 234, 295, 351, 425.
Stadtkreis 9, 146, 159, 319.
Stadtmauer 428.
Stadttheil 78, 198.
Stadtverwaltung 135.
Staker 258.
Stakung 435.
Stall 16, 61, 200, 312.
Stallabgänge 443.
Stallgebäude 443.
Stamm 17.
Stammgrundstück 62.
Stand, baulicher, 126, 130.
Standesamt 196.
Standfähigkeit 115.
Standort 215.
Standpunkt 37.
Stange 367.
Stärkefabrik 201. 208, 233.
Stärkesyrupfabrik 201, 208, 233.
Statuen 119.
Statut 384, 385.
Stauanlage 209, 231, 233, 235, 236, 238.
— für Wassertriebwerke 201, 208.
Staub 256, 350.
Stauvorrichtung 232.
Stehlampe 273.
Steigeisen 441.
Steigung 242.
Stein 413.
Steinbau 16.
Steinbruch 125, 225, 412.
Steingeröll 332.
Steinkohlen 415.
Steinkohlentheer 201, 208, 260.
Steinmonument 119.
Steinpflaster 198.
Steinsprengungsarbeiten 173.
Stelle, unbetheiligte 148.
Stellmacherei 449.
Stempel 219, 265.
Stempelung 221.
Steuer 188, 346, 401.
Steuerordnung 346.
Steuerzahler 346.
Steuerung 266.
Steuerungsverriegelung 265.
Steuerungsvorrichtung 266.
Stil 28.
Stillstand 223, 265.
Stilwerk 283.
Stockwerk 270, 277, 283.
Stockwerkshöhe 280.
Stoffe, brennbare 270.
—, leicht entzündliche 274.
Stoff, unreiner 449.
Störung 41, 88.
—, erhebliche 229.
Stoff, feuergefährlicher 248.
Störung des Verkehrs 197.
Stoßbrett 259.
Strafe 123, 451.
Strafbestimmung 196.
Strafrichter 11.
Strafverfahren 152.
Strafvorschrift 123, 171, 173.
Straße 5, 13, 28, 34, 46, 56, 64, 71, 72, 93, 94, 95, 97, 101, 103, 109, 126, 131, 195, 197, 198, 253, 278, 280, 285, 288, 296, 333, 335, 344, 352, 353, 377, 382, 396, 399, 415.
—, anbaufähige 383.
—, bebaute 380.
—, befestigte 383.
—, bestehende 380.
—, fertige 63, 380, 384.
—, fertiggestellte 389.
—, gebaute 168.
—, historische 354, 377, 381, 383, 384.
—, künftige 343, 373.
—, neue 57, 336, 380, 381, 389, 399, 402.
—, neu regulirte 380.
—, noch nicht fertiggestellte 377, 378, 381, 386, 390.
—, noch nicht hergestellte 380.
—, noch nicht regulirte 396.
—, öffentliche 35, 39, 52, 61, 70, 72, 176, 190, 197, 199, 334, 336, 340, 349, 375, 384, 390, 398, 428.
—, projektirte 95, 378, 380, 384, 402.
—, selbständige 381.
—, städtische 127, 339, 349, 350, 385.
—, unbebaute 395, 399, 403.
—, unfertige 93, 378, 383, 399.

Straße, unregulirte 378, 379.
—, vorhandene 395, 397.
Straßenadjazent 397.
Straßenanlage 57, 68, 95, 362, 384, 396, 398, 403.
Straßenanlegung 197, 282, 343, 345.
Straßenbau 17, 173.
Straßenbaubeitrag 369.
Straßenbaukosten 389, 397, 399.
Straßenbaulast 282, 382.
Straßenbauplan 346, 399.
Straßenbaupolizei 32.
Straßenbaurecht 386.
Straßenbefestigung 382.
Straßenbegrenzung 247.
Straßenbestandtheil 282.
Straßenbreite 396.
Straßendamm 282, 334, 344.
Straßendammkrone 444.
Straßeneigenthum 335.
Straßenentwickelung 349.
Straßenfläche 395.
Straßenfluchtlinie 94, 330, 333, 334, 337, 344, 345, 352, 354, 357, 362, 368, 370, 371, 373, 376, 386, 389.
Straßenfront 427, 428.
Straßengosse 283.
Straßenherstellungskosten 403.
Straßenkämpfe 36.
Straßenkörper 281, 336, 380, 383, 385, 400.
Straßenland 352, 357, 386, 394.
Straßennetz 68, 335, 375, 381, 382, 384.
—, städtisches 344.
Straßenniveau 343, 376.
Straßenregulirungskosten 403.
Straßenrinne 196.
Straßenrinnstein 280, 283, 442.
Straßenstrecke 339.
Straßentheil 72, 253, 283, 342, 356, 377, 379, 396, 399.
—, Begriff desselben 382.
—, regulirter 382.
—, schon vorhandener 397.
Straßenterrain, künftiges 373, 375.
Straßenverengung 197.
Straßenverkehr 335, 350.
Straßenzug 37, 248, 345, 362, 400, 402.
Strebestütze 115.
Streifeneintheilung 429.
Streitgenossenschaft 330.
Streitpunkt 79.
—, privatrechtlicher 78.
Streitverfahren 11, 29, 59, 62, 78, 88, 97, 303, 311.
Stroh 262, 316, 414.
Strohdach 277.
Strohpapierstofffabrik 201, 208, 233.
Strom 298, 315, 321, 325.
Strompolizei 36, 67, 100, 404.
Stube 387.
Stufe 242, 438.
Stukkaturarbeiten 259.
Stütze, erforderliche 427.
Stützen 274.
Subhastation 137.
Subhastationserlös 137.
Subhastationsordnung 135.
Substanz 40, 41, 123, 126, 276, 365.
Substanztheil 170, 364, 431, 440, 441.

T.

Tageslicht 261.
Tageraum 242.
Tagewasser 442.
Talgschmelze 201, 208, 233.
Tarif 184, 185, 191.
Tarifsatz 193.
Taxe 411.
Technik 25, 173.
Techniker 232.
Tendenz 48.
Terrain 279, 295.
—, ebenes 173.
Terrainabschnitt 357.
Terrainoberfläche 412, 415.
Terrainsohle 261.
Termin 234, 235.
Thalquerprofil 232.
Thatbestand 11.
—, konkreter 162.
Thäter 168, 173.
Thätigkeit 3, 14, 145, 172.
—, baupolizeiliche 22.
—, polizeiliche 145.
Theater 246, 247, 253, 263.
—, kleines 251.
Theerpappe 436.
Theil, vorspringender 365.
Theilbarkeit 290.
Theilung 142.
Thermometer 261.
Thierfelle, Trocknen und Einsalzen derselben 202, 233.
Thierhaare 201, 208.
Thor 15.

Thorauffahrt 399.
Thorflügel 249.
Thür 15, 271, 274, 287, 351, 432, 434, 437.
—, gefalzte 441.
Thürflügel 271, 272.
Thüröffnung 247.
Thransiederei 201, 208, 233.
Tiefbau 13, 258.
Tiefenabmessung 254.
Tiegelgießerei 201, 233.
Tischlerei 449.
Titel, privatrechtlicher 203, 207, 235.
Tod 167.
Tonnen, wasserdichte 259.
Tonnenstand 443.
Töpferarbeiten 259.
Torf 316, 415.
Torfstich 125.
Totalität 37.
Träger 277.
Tragfähigkeit 267.
Tragorgan 266.
Transport 125, 197, 262.
Traufe 429.
Treibcylinder 265.
Trennung, wirthschaftliche 58.
Trennungsstreifen 272.
Treppen 114, 130, 242, 248, 259, 270, 272, 274, 278, 281, 285, 292, 438, 446, 449.
Treppe, unverbrennliche 448.
Treppenbreite 249.
Treppenhaus 242, 263, 271, 272.
Treppenlauf 438.
Treppenlaufbreite 272.
Treppenöffnung 446.
Treppenpodeste 274, 439.
Treppenraum 248, 271, 272, 284.
Treppenstufe 437.
Treppenwand 273.
Treppenzugang 439.
Triebwerk 265, 268.
—, durch Wind bewegt 229.
Triebwerkstheil 267.
Trottoir 198, 336.
Trümmer 392.
Turbine 232.

U.

Ueberbau 437.
Ueberbauung 280.
Ueberbleibsel 170.
Ueberbrückung 343.
Ueberdachung 272, 429.
Ueberdruck 219, 224.
Ueberfluthung 333.
Ueberlastung, finanzielle 384.
Uebernahme, freiwillige 385.
— eines Grundstückes 389, 393.
Uebernehmer 133.
Ueberrest 119.
Ueberschreitung 96.
Ueberschüttung 332.
Ueberschwemmung 404.
Ueberschwemmungsgebiet 223, 404, 405, 409.
Ueberschwemmungsgefahr 405.
Ueberhitzung 243.
Uebersicht 212.
Uebertragung 273.
— des Eigenthums 336.
Uebertretung 6.
Ueberwachung 113, 145, 210, 212, 214, 222.
—, staatliche 227.
Ueberwachungsmaßregel, polizeiliche 325.
Ueberwölbung 401.
Ufer 5, 99, 404.
Ufergrundstück 333.
Uferlinie 101.
Umänderung 107, 111, 114, 165.
Umbau 20, 39, 40, 63, 183, 185, 191, 246, 276, 277, 341, 342, 362, 363, 364, 365, 367, 372, 373, 391, 450.
Umfang 38.
Umfassung 262.
Umfassungsmauer 14, 170, 278, 291.
Umfassungsstreifen 439.
Umfassungswand 241, 247, 261, 277, 284, 289, 430, 433, 434.
Umfriedung 15.
Umfüllen 262.
Umgänge 430.
Umgebung 207, 235, 400, 409.
Umgehung, dolose 163.
Umgestaltung 108.
Umkirchung 307.
Ummantelung 219, 224, 225, 441.
Ummauerung 225, 441.
Umschulung 307.
Umschließung der Fahrbahn 263.
Umwähren 369.
Umwährung 264, 350, 367, 368, 375.
Umwährungsmauer 16.
Umzäunen 369.
Unausführbarkeit 152.
Unbebaubarkeit 58, 353, 357, 426.

Unbebaut 394, 397.
Unbestimmtheit 4.
Unbeweglichkeit 14.
Unbewohnbar 111.
Unfall 127, 272.
Unfallversicherungsgesetz 180, 182.
Ungleichheit 81.
Unglücksfall 134.
Unhaltbarkeit 93.
Unregelmäßigkeit 225, 226.
Unschädlichkeit 233.
Unschicklich 83.
Unsicherheit 20, 34, 36, 77, 82, 103, 121, 345.
Unterbau 173.
Unterbehörde 161, 234.
Unterbrechung 223.
Unterfahren von Mauern 446.
Unterhaltung 119, 120, 129, 136, 154, 199, 339.
— einer Feuerstätte 181.
— von Gebäuden 123.
— einer Straße 396, 398.
Unterhaltungskosten 134.
Unterhaltungslast 398.
Unterhaltungspflicht 319, 339.
Unterhaltungspflichtiger 299.
Unterkellerung 275.
Unterkunft 259.
Unterkunftsraum 258.
Unterkunftsstätte 259, 322.
Unterlage 21, 53, 66, 203.
Unterlassen 85.
Unterlassung 103, 105, 146, 151.
Unternehmen 26, 203, 224, 245, 296, 366.
—, einheitliches, 309.
Unternehmer 28, 29, 57, 59, 80, 81, 117, 180, 207, 209, 216, 231, 237, 238, 306, 309, 363.
Unternehmung 4, 6, 34, 116.
—, spekulative 311.
Unterrichtshaus 254.
Unterrichtszweck 247.
Untersagung 141.
— des Baues 424.
— der Benutzung einer gewerblichen Anlage 239.
Untersagungsverfügung 103.
Untersuchung 20, 80, 103, 210, 212, 219, 220, 223, 225, 226, 228, 268.
—, äußere 223, 225.
—, innere 223, 225.
—, technische 221.
—, wiederkehrende 269.
Untersuchungsfrist 222, 223.
Untersuchungsstätte 317.
Unterthan 5, 99.
Unterzüge 271, 277.
Unvermögen 147.
Unzucht, gewerbsmäßige 254.
Unzulässigkeit 63, 90, 103.
Unzuständigkeit 308, 309, 311.
Unzuverlässigkeit des Unternehmens 240.
Urheber 145, 155.
— des polizeiwidrigen Zustandes 406.
Urheberschaft 155.
Urkunde 21, 217, 278, 294.
Ursächlicher Zusammenhang, Begriff desselben 155.
Urtheilsfindung 158.

V.

Ventilation 261.
Verabreichung 5.
Veranda 435.
Veränderung 6, 20, 34, 77, 103, 111, 119, 197, 276, 412, 416.
— von Anlagen 232.
—, bauliche 22, 23, 40, 41, 69, 181, 260, 366.
— von baulichen Anlagen 450.
— einer gewerblichen Anlage 231.
—, bleibende 219.
—, eingreifende 366.
— von Straßen 46, 333, 336, 339, 344, 347, 352, 363, 371, 377.
— der Substanz 365.
—, umgestaltende 276, 366.
—, wesentliche 228, 366.
Verankerung 215.
Veranlagung 190, 403.
Veranstaltung 132, 189, 190.
—, öffentliche 255.
Verantwortlichkeit 179.
Verantwortung 71.
Veräußerung 119, 156, 296, 394.
Verbauung 286.
Verbesserung 273.
Verbindlichkeit 130, 199.
Verbindung 63.
—, mechanische 14.
—, wirthschaftliche 295, 378.
— mit der Straße 427.
Verbindungsglied 384.
Verbindungsmittel 325.
Verbindungsöffnung 434, 438.
Verbindungsrohr 224.

Verbindungswand 277.
Verbindungsweg 383.
Verbleiungsanstalt 202.
Verbrechen 5.
Verbrecher 113.
Verbreiterung 336.
— einer Straße 379.
Verbreitung 140.
Verbot 21, 77, 86, 90, 100, 109, 151, 152, 164.
—, ortsstatutarisches 378.
Verbotsbefugniß 368.
Verdeckung 5.
Verengen 196, 374.
Vereinfachung 206.
Vereinigung 205, 272, 296.
Vereinigungsrecht 5.
Vereinsingenieur 212, 215, 226, 228.
Vereinsüberwachung 227.
Verfahren 45, 49, 101, 127, 209, 296, 297, 299, 303, 312, 321.
—, einheitliches 45, 311.
—, förmliches 370.
—, gleichmäßiges 363.
—, mündliches 236.
—, strafgerichtliches 231.
Verfall 416.
Verfassung 190.
— der Gemeinde 370.
Verfassungsurkunde 96, 122, 126, 144, 192.
Verfertigungsort 219.
Verfügung 21, 29, 35, 52, 69, 77, 79, 80, 83, 85, 93, 105, 106, 108, 109, 118, 156, 167, 388.
—, gegen wen sie zu richten ist 156.
—, baupolizeiliche 107.
—, beschränkende 425.
—, freie 29.
—, letztwillige 235.
—, polizeiliche 11, 28, 29, 32, 63, 68, 71, 86, 88, 89, 91, 97, 114, 145, 149, 150, 152, 157, 164, 166, 186, 194, 305, 344, 423, 425.
—, spezielle 25.
—, thatsächliche 153.
—, zurückweisende 150.
Verfügungsbefugniß 334.
Verfügungsberechtigt 157.
Verfügungsgewalt 151, 181, 340, 357, 375.
Verfügungsrecht 110.
Vergehen 5, 171.
Vergehungen, gemeingefährliche 172.
Vergünstigung 212, 213, 406.
Vergütung 43, 135, 189.
Verhalten 118, 145, 152.
—, rechtswidriges 129.
Verhältnisse, korporative 310.
—, nachbarliche 79, 286.
—, öffentlich-rechtliche 25.
—, privatrechtliche 62.
—, thatsächliche 63.
Verhandlung 332.
—, mündliche 147, 240, 255.
Verhandlungen, administrative 423.
Verhinderung 84, 99.
Verhütung 5, 32, 178.
Verjährung 180, 235.
Verkauf, öffentlicher 128, 132, 136.
Verkaufsraum 271, 273, 275.
Verkaufstisch 274.
Verkehr 2, 5, 39, 52, 72, 91, 140, 196, 285, 336, 378.
—, freier 195.
—, gemeiner 300.
—, innerer 339.
—, innerhalb der Ortschaft 344.
—, Förderung desselben 358.
—, von Haus zu Haus 282.
— von Menschen 262.
— mit Mineralölen 260.
—, öffentlicher 35, 195, 199, 299, 326, 334, 339, 340, 342, 349, 369, 374, 375, 380, 381, 382, 384, 387, 389, 392, 394, 396, 424.
—, örtlicher 339.
—, straßenmäßiger 349, 381.
Verkehrsanstalt 375.
—, öffentliche 125.
Verkehrsbedürfniß 334, 349.
Verkehrsbeziehung 335.
Verkehrshinderniß 274.
Verkehrsinteresse 334.
Verkehrsmittel 288, 335, 339.
—, öffentliches 397.
Verkehrsplatz 375.
Verkehrsrücksichten 446.
Verkehrsstraße 375.
Verkehrsweg 272, 274, 381.
—, öffentlicher 384.
Verlängerung einer bestehenden Straße 395.
Verlegung 95, 229.
— einer Feuerstätte 181, 182.
Verletzung 29, 56, 66.
— des Baupolizeirechts 167.
—, gesetzliche 121.
— eines Rechtes 423.
Verlust 124.

Vermauerung 112.
Vermessungsregister 411.
Vermiether 292.
Vermietherin 140.
Vermiethung 130.
Verminderung des Werthes 419.
Vermögen 28, 110, 154.
Vermögensinteresse 97.
Vermögensrechte 162.
Vermögenswerth 16.
Vermuthung 4, 82.
Vernachlässigung 136, 138.
Vernichtung 123.
Veröffentlichung 45.
Verordnung 5, 7, 56, 91, 108, 116. 149, 388.
Verordnungsrecht 491.
Verpackungsmaterial 262.
Verpflichtung 21, 68, 95, 159, 210, 423, 424.
—, kommunale 57, 380.
—, öffentlich-rechtliche 155, 192.
—, ortsstatutarische 398.
Verputz 142.
Verqualmung 272.
Versagen 52, 102.
Versagung 2, 3, 27, 28, 36, 46, 76, 78, 81, 86, 88, 93, 97, 98, 99, 139, 151, 163, 164, 166, 203, 297, 312, 329, 372.
— der Genehmigung 326.
— der Zustimmung 359.
Versagungsbefugniß, fakultative 320.
Versagungsberechtigung 77.
Versagungsbescheid 327.
Versagungsgrund 34, 301.
Versagungsrecht 78.
Versagungsverfügung 295.
Versammlung, öffentliche 247.
Versammlungsraum 246, 248, 267.
Versammlungsrecht 5.
Versammlungssaal 248.
Versatzstück 250.
Verschläge 272,
Verschluß 259, 266.
Verschlußriegel 265.
Verschlußthür 265.
Verschlußvorrichtung 254, 440.
Verschraubung 274.
Verschulden 129, 179.
Verschwiegenheit 235.
Versehen 76.
Versenkung 250.
Versenkvorrichtung 263.
Versicherungsgesellschaft 51.
Verstärkungsbau 416, 422.
Versteifung 215.
Versteigerung 135.
Versteigerungsverfahren 133, 135.
Verstoß 55, 117.
—, grober 105.
Versuch 168, 171.
Vertheidigung 415.
Vertheidigungslinie 409.
Vertrag 235.
Vertragsabschluß 382.
Vertragsverhältniß 235.
Vertretungsverbindlichkeit 424, 425.
Vertheuerung 207.
Verunreinigen 196, 374.
Verunreinigung 243.
Verunstalten 196, 374.
Verunstaltung 20, 26, 34, 56, 57, 77, 82, 83, 103, 109, 121, 131, 342, 358, 371.
—, grobe 34, 351, 372.
Verwalter 177.
Verwaltung 1.
— eines Grundstückes 153.
—, öffentliche 48, 308.
Verwaltungsakt 308.
Verwaltungsbehörde 206.
Verwaltungsbeschlußbehörde 360.
Verwaltungsgebühr 190.
Verwaltungsgericht 43.
Verwaltungsgerichtsbehörde 207, 306.
Verwaltungspraxis 308.
Verwaltungsrecht 110.
Verwaltungsrichter 27.
Verwaltungsstreitverfahren 93, 98, 147, 153, 241, 255.
Verwaltungsweg 152.
Verwaltungszwang 182.
Verwarnung 406, 411.
Verweigerung 44, 81, 86, 90.
Verwendung, bestimmte 157.
—, polizeiwidrige 157.
Verzicht 221.
Verzinkungsanstalt 202.
Verzinnungsanstalt 202.
Verzug 128, 132, 226.
Viehstall 443.
Volk 85.
Volkswirthschaftlich 170.
Vollbad 243.
Vollendung 16, 17, 174.
Vollmacht 222.
Vorarbeit 48.
Vorarbeiten, legislatorische 336.
Voraussetzung, thatsächliche 149.

Vorbau 196, 431, 434, 436.
Vorbedingung 86, 90, 286.
Vorbehalt 65, 202, 207, 237.
Vorbehaltung 86.
Vorbereitung 47.
Vorbereitungsverfahren 370.
Vorbescheid 216, 236, 316.
Vorbesitzer 403.
Vorenthaltung 52, 65.
Vorfluthverhältnisse 412.
Vorgarten 93, 94, 341, 350, 351, 353, 368, 386, 428, 437.
Vorgartenfläche 95.
Vorgartenland 351, 357.
Vorgehen 87.
—, polizeiliches 137.
Vorgelege 274, 449.
Vorhaben 303.
Vorhang 247, 272.
Vorkehrung 209.
Vorkehrungen, bauliche 32.
Vorlagen 232.
Vorland 357.
Vorplatz 248, 379.
Vorprüfung, technische 215.
Vorrathsraum 262.
Vorraum 265.
Vorrichtung 224.
—, dammähnliche 405.
Vorschlag, Kircheisen'scher 199.
Vorschrift 6, 66, 72, 78, 105, 150, 156, 159.
—, baupolizeiliche 113, 117, 166, 204, 209, 216, 389.
Vorschriften, baurechtliche 108.
—, erschöpfende 158.
—, feuerpolizeiliche 204, 209, 216.
—, formelle 135.
—, gesetzliche 160.
—, gesundheitspolizeiliche 204, 209, 216.
—, ortspolizeiliche 96.
—, statutarische 385.
Vorschriftsmäßigkeit 278.
Vorschriftswidrigkeit 105.
Vorsichtsmaßregel 172, 262, 286.
Vorsprung 198, 276, 343.
— über die Fluchtlinie 365.
Vorstellung 250, 360.
Vorterrain 412.
Vorwerk 41.
Vorzeit 119.

W.

Waare 271.
Waaren, feuergefährliche 449.
Waarenhaus 270.
Wachstuchfabrik 201, 208.
Wächter 414.
Wächterhütte 414.
Waffengebrauch 5.
Wahl 64.
Wald 298, 328.
Waldbestand 332.
Waldeigenthümer 330, 331, 332.
Wälder 6.
Waldgrundstück 332.
Waldkultur 333.
Waldschutzgesetz 332.
Waldung 318, 328, 330, 412.
Wall 405.
Wallbrustwehr 410.
Wallmeister 418.
Wand 16, 112, 113, 278, 284, 285, 286, 290, 446.
—, massive 270, 434.
—, unverbrennliche 269.
Wände, gegenüberliegende 288, 433.
—, parallele 288.
Wandung 266.
— eines Kessels 228.
Wangenstärke 441.
Wartehalle 435.
Wärterhaus 298.
Wartung, sachgemäße 222.
Waschküche 244, 442, 448.
Waschküchenherd 440.
Waschraum 257.
Wasser 219, 243.
Wasserablaßrohrleitung 224.
Wasserbau 17, 173.
Wasserbauten 13, 412.
Wasserbaubeamter 233.
Wasserbehälter 449.
Wasserbetriebswerk 231.
Wasserbezugsquelle 243.
Wasserdruck 222.
Wasserdruckprobe 212, 218, 219, 220, 222, 225.
Wasserführung 232.
Wasserlauf 234, 332.
—, schiffbarer 345.
Wasserleitung 13, 92, 254, 280, 442.
Wasserleitungsrohr 224.
Wasserleitungsröhren 397.
Wassermenge 232, 254.
Wasserrad 232.
Wassersammelbassin 280.
Wasserspiel 402.
Wasserstand 215, 232, 333.
Wasserstandsvorrichtung 223.

Wasserstandszeiger 224.
Wasserstraße 195, 344, 375.
Wassersturz 332.
Wassertriebwerk 208, 209, 238.
Wasserverschluß 442.
Wasserversorgung 250, 442.
Weg 5, 13, 176, 282, 296, 344, 384, 412.
—, bedeckter 410.
—, fahrbarer 317, 322.
—, jederzeit offener 322.
—, offener 61, 297, 299, 300, 317.
—, öffentlicher 35, 91, 140, 195, 207, 253, 294, 299, 323, 334, 349, 356, 375, 415.
Wegebau 398.
Wegebauten 178.
Wegebaulast 281, 398.
Wegebaupflicht 323, 349.
Wegebaupflichtiger 323, 340, 398.
Wegegeld 339.
Wegegerechtigkeit 28.
Wegegerechtsame 299.
Wegeordnung 354, 375.
Wegepolizei 35.
Wegepolizeibehörde 35, 282, 299, 323, 353, 354, 379, 398.
Wegerecht 299.
—, öffentliches 356.
Wegeverband 41.
Wehr 13.
Weiden 6.
Weigerung 52, 53, 100, 156, 179.
Weinberge 6.
Weinwirthschaft 5.
Weise, ortsübliche 406.
Weiterbau 17, 103.
Weiterleitung 198.
Wendelstufe 438.
Wendeltreppe 285.
Werk 111, 114, 168.
—, fertiges 172.
Werkmeister 232.
Werkstätte 38, 39, 260, 262, 271, 377, 387, 429, 448.
Werkstättenbetrieb 429.
Werth 41.
—, historischer 119.
—, wissenschaftlicher 119.
Wertherhöhung 324, 366.
Werthsteigerung 346, 367.
Werthverminderung 324, 357, 419, 420.
Wesen, gemeines 426.
Wetterdach 179, 198.
Widerruf 65, 67, 74, 104, 212.
Widerruflichkeit 66.
Widersprechender 207, 209, 237.
Widerspruch 24, 28, 30, 54, 67, 69, 70, 72, 74, 76, 116, 255, 423.
Widerspruchsfrist 234.
Widerstandsfähigkeit 224.
Widerstandskraft 405.
Wiederaufbau 40, 44, 78, 112, 275, 286, 388, 396.
Wiederaufnahme der Arbeiten 379.
Wiederbebauung 355, 394.
Wiedergenehmigung 218.
Wiederherstellung 75, 119, 123, 124, 127, 132, 136, 180.
— von Anlagen 409.
— des früheren Zustandes 404, 405, 424.
Wiederherstellungsbauten 416, 418.
Wiederholung eines Antrages 303.
Wiederinbetriebsetzung 221.
Wiese 6, 12.
Wiesenbau 12.
Wildpark 16.
Willenserklärung 53, 107, 348.
Willensentschließung 358, 394.
Willkür 95, 123, 308, 312, 451.
Windfang 272, 434, 436.
Windmühle 15, 264.
—, hölzerne 414.
Winkelrecht 78, 286.
Wirkung 24, 51, 55, 56, 155.
—, rechtliche 68, 165, 336.
Wirkungen, gesundheitsschädliche 32.
Wirksamkeit 142.
Wirthschaftlich 58.
Wirthschaftsabgänge 442.
Wirthschaftsgebäude 295.
Wirthschaftsgenosse 130, 143.
Wirthschaftsräume 244, 254, 255.
Wirthschaftswasser 442.
Wirthschaftszweck 254.
Witterung 74.
Wochenmarkt 376.
Wohl, allgemeines 192.
—, gemeines 96.
—, gemeinschaftliches 426.
—, öffentliches 4, 110.
Wohlfahrt, allgemeine 207.
Wohlfahrtsinteresse 193.
Wohlfahrtspflege 3, 4, 37.
Wohlfahrtspolizei 351.
Wohnen 139.
Wohngebäude 28, 72, 201, 295, 298, 369, 377, 378, 387, 414.

Wohngebäude, älteres 378.
—, zerstörtes 388.
Wohnhaus 61, 63, 74, 80, 98, 113, 169, 293, 295, 322, 379, 399.
Wohnhausbau 294.
Wohnplatz 306.
Wohnraum 113, 261, 364, 448.
Wohnstätte 296, 297, 306, 307, 309, 313, 323.
Wohnung 58, 61, 112, 113, 118, 261, 270, 272, 291, 322, 377.
Wohnungsbedürfniß 29, 377.
Wohnungseinrichtung 294. 312.
Wohnungsgenosse 130, 143.
Wohnviertel 38.
Wohnzweck 74, 113, 118, 254, 278, 294, 314.
Würdigung der thatsächlichen Verhältnisse 349.

Z.

Zaun 15, 101, 338, 339, 409, 447.
Zaunmaterial 373.
Zeichenleinwand 232.
Zeichenpapier 232.
Zeichnung 56, 103, 104, 202, 204, 209, 215, 217. 411.
—, maßstäbliche 215.
Zeit, bestimmte 25.
Zeitbeschränkung 25.
Zeitpunkt 86.
Zeitraum 25.
Zelt 16.
Zerlegung 14.
Zerstören 172.
Zerstörung 120, 392, 423.
— durch Brand 355.
Zeuge 208.
Ziegeldach 277.
Ziegeldachung 413.
Ziegelofen 274, 413.
Ziehbrunnen 16.
Ziertheile 436.
Zimmerdecke 284, 285.
Zimmerhöhe 284.
Zimmerleute 258.
Zimmerofen 441.
Zimmerplatz 369.
Zink 414.
Zinkbehälter 262.
Zone 39.
Zubehör 217, 350.
— unmittelbarer 381.
Zubereitungsanstalt für Thierhaare 201, 208.
Zufahrt 287, 428, 430.
Zuflußrohr 280.
Zugang 61, 195, 253, 254, 255, 271, 281, 298, 300, 339, 351, 382, 394, 448.
Zugänglichkeit 156, 299, 309, 323, 394.
—, ununterbrochene 317.
Zugangsöffnung 264, 265.
Zugangsseite 265.
Zugangsweg 98, 323.
Züge 224.
Zugspannung 266.
Zugvorrichtung 267.
Zulänglichkeit 311.
Zulässigkeit 80, 89, 90, 98, 106, 113 126, 164, 209, 216.
— eines Baues 185.
—, rechtliche 158, 163.
Zulassung 117.
Zuleitungsrohr 442.
Zumauern 113.
Zünder, elektrischer 202, 252.
Zündmaterial 261.
Zündschnur 202.
Zündstoff 232.
Zurücknahme 53, 65, 66, 67, 69, 70, 71, 74, 75, 97.
— der Bauerlaubniß 345.
— des Konsenses 372.
— einer Genehmigung 371.
Zurücknehmbar 67.
Zurücknehmbarkeit 66.
Zurückweisung von Einsprüchen 303, 304.
Zusammenbruch 125.
Zusammenfügung 169.
Zusammengehörigkeit, innere 362.
Zusammenhang 31, 81, 294, 295, 305, 316, 336.
—, mechanischer 295.
—, räumlicher 295, 296, 328.
—, wirthschaftlicher 58, 309.
Zusammenleben 2.
Zusammenschreibung 61.
Zusammensein 5.
Zuschauer 247.
Zuschauerhaus 247.
Zuschauerraum 250.
Zuschauersitz 247.
Zuschlag 132.
Zustand 27, 58, 59, 64, 75, 83, 85, 99, 104, 105, 108, 109, 111, 112, 114, 121, 137, 138.

Zustand, baulicher 127, 174, 180.
—, baupolizeiwidriger 141.
—, betriebsfähiger 222.
—, brandsicherer 180, 182.
—, gefahrdrohender 129, 250.
—, gefahrloser 210.
—, gegenwärtiger 171.
—, gesetzmäßiger 69.
—, gesetzwidriger 103, 146, 287.
—, illegaler 143.
—, ordnungsmäßiger 115.
—, polizeimäßiger 53, 143, 350.
—, polizeiwidriger 154, 155, 164, 371, 405, 406.
—, sanitätswidriger 65.
—, verfallener 123.
—, vorschriftsmäßiger 108, 225.
—, vorschriftswidriger 180, 308.
Zuständigkeit 3, 32, 46, 49, 71, 84, 85, 149, 160, 214, 255, 298, 305.
Zuständigkeitsgesetz 35, 79, 88, 159, 207, 208, 210, 230, 359, 377.
Zuständigkeitsverhältnisse 260.
Zustellung 237.
Zustellungsurkunde 237, 239.
Zustimmung 8, 61, 63, 109, 112, 333, 334, 348, 372, 391.
— der Ortspolizeibehörde 359.
Zutritt, unmittelbarer von Luft und Licht 292.
Zuwendung 51.
Zwang 54, 280.
—, unmittelbarer 90, 105, 136, 147, 230.
Zwang, obrigkeitlicher 121.
Zwangsandrohung 59, 103.
Zwangsbefugniß 146.
Zwangsetatisirung 190.
Zwangsmaßregel 4, 153.
Zwangsmittel 103, 104, 105, 111, 123, 128, 145, 147, 153, 262.
Zwangsrecht 4.
Zwangsverfahren 29, 59, 297, 300, 319.
—, polizeimäßiges 360.
Zwangsversteigerung 135.
Zwangsverwalter 154.
Zwangsvollstreckung 399.
Zwangsvollstreckungsgesetz 137.
Zwangsweg 146.
Zweck 24.
—, gewerblicher 38, 39, 197.
—, polizeilicher 312.
—, unerlaubter 139.
Zweckbestimmung 15, 16, 22, 58, 253, 276, 308, 365, 366.
Zweckmäßigkeit 57.
Zweckmäßigkeitsgründe 25.
Zwischendecke 261.
Zwischengang 248, 274.
Zwischengeschoß 266.
Zwischengeschoßräume 142.
Zwischenraum 269.
Zwischenrayon 410, 413, 415, 422.
Zwischenstreifen 395.
Zwischentreppe 272.
Zwischenwand 292.

Druck von Georg Reimer, Berlin.

FSC
www.fsc.org
MIX
Papier | Fördert
gute Waldnutzung
FSC® C083411

Kolibri 360 GmbH
Ferdinand-Jühlke-Straße 7
99095 Erfurt, Deutschland
produktsicherheit@kolibri360.de